Ludwig Markert
Struktur und Bezeichnung des Scheltworts

Ludwig Markert

Struktur und Bezeichnung des Scheltworts

Eine gattungskritische Studie
anhand des Amosbuches

W
DE
G

Walter de Gruyter · Berlin · New York
1977

Beiheft zur Zeitschrift für die alttestamentliche Wissenschaft
Herausgegeben von Georg Fohrer
140

CIP-Kurztitelaufnahme der Deutschen Bibliothek

Markert, Ludwig
Struktur und Bezeichnung des Scheltworts : e. gattungskrit.
Studie anhand d. Amosbuches. — 1. Aufl. — Berlin, New York:
de Gruyter, 1977.
    (Zeitschrift für die alttestamentliche Wissenschaft :
Beih. ; 140)
    ISBN 3-11-005813-8

©
1977

by Walter de Gruyter & Co., vormals G. J. Göschen'sche Verlagshandlung —
J. Guttentag, Verlagsbuchhandlung — Georg Reimer — Karl J. Trübner —
Veit & Comp., Berlin 30
Alle Rechte des Nachdrucks, der photomechanischen Wiedergabe,
der Übersetzung, der Herstellung von Mikrofilmen und Photokopien,
auch auszugsweise, vorbehalten.
Printed in Germany
Satz und Druck: Walter de Gruyter & Co., Berlin 30
Bindearbeiten: Lüderitz & Bauer, Berlin 61

Meinen Eltern

Vorwort

Die vorliegende Untersuchung wurde im Wintersemester 1973/74 von der Theologischen Fakultät der Friedrich-Alexander-Universität Erlangen-Nürnberg als Dissertationsschrift angenommen.

Den Druck der Arbeit haben die Evang.-Luth. Landeskirche in Bayern und die „Frau Dorothea und Dr. Dr. Richard Zantner-Busch-Stiftung", Erlangen, unterstützt.

Ihnen gilt mein Dank ebenso wie Herrn Prof. Dr. Gunther Wanke, der auf das Thema dieser Untersuchung aufmerksam gemacht hat, und Herrn Prof. Dr. Ernst Kutsch, der das Korreferat übernommen und für den Druck einige redaktionelle Veränderungen angeregt hat.

Vor allem gilt mein Dank Herrn Prof. D. Dr. Georg Fohrer DD. DD., der diese Arbeit betreut und gefördert und nun in die Reihe der „Beihefte zur Zeitschrift für die alttestamentliche Wissenschaft" aufgenommen hat.

Nürnberg, im Herbst 1974   Ludwig Markert

Inhaltsverzeichnis

Hinweise für den Leser

1. Zitationsweise. In der vorliegenden Arbeit werden Kommentare zum Amosbuch nur mit Verfassernamen zitiert. Auf die Angabe einer Seitenzahl oder der Kürzel „z. St." wird verzichtet, falls der Zusammenhng nicht mehrdeutig ist. Kommentare zu anderen Büchern, Monographien und Beiträge zu Sammelwerken erscheinen in der Regel mit einem gekürzten Titel, Beiträge zu Zeitschriften (ähnlich Lexikonartikel) ohne Titel mit Angabe des Fundorts. Wörterbücher o. ä. werden mit den Namen des Herausgebers oder mit gekürztem Titel zitiert. Die vollständigen bibliographischen Angaben finden sich in dem Literaturverzeichnis zum Schluß des Buches.

2. Abkürzungen. Titel von Zeitschriften, Kommentarreihen usw. werden nach dem System der „Religion in Geschichte und Gegenwart", 3. Auflage ed. K. Galling (RGG³), 1957—65, abgekürzt, die Namen der biblischen Bücher und grammatikalische, lexikalische o. ä. Ausdrücke nach dem System der ZAW. Neben Abkürzungen, deren Bedeutung aus dem Zusammenhang des Textes ersichtlich sind, werden folgende Abkürzungen verwendet:

ARM	Textes Cunéiformes Musée du Louvre (TCL). Archives royales de Mari (Paris).
Balla	E. Balla, Die Droh- und Scheltworte des Amos, 1926.
BH³	Biblia Hebraica, hg. von R. Kittel (A. Alt, O. Eißfeldt), 12. Auflage, hergestellt 1961.
BHH	Biblisch-Historisches Handwörterbuch, hg. von B. Reicke und L. Rost, I—III 1962—66.
BHS	Biblia Hebraica Stuttgartensia, hg. von K. Elliger und W. Rudolph, 1968ff. (in Einzelheften).
G-K	W. Gesenius-E. Kautzsch, Hebräische Grammatik, 1909²⁸.
Goetze	Trübners Deutsches Wörterbuch, hg. von A. Goetze—W. Mitzka im Auftrag der Arbeitsgemeinschaft für deutsche Wortforschung, I—VIII 1936—1957.
Grimm	Deutsches Wörterbuch, hg. von der Deutschen Akademie der Wissenschaften zu Berlin, I—XVI 1854—1954.
Kluge	F. Kluge—W. Mitzka, Etymologisches Wörterbuch der Deutschen Sprache, 1960¹⁸ (1967²⁰).
Maag	V. Maag, Text, Wortschatz und Begriffswelt des Buches Amos, 1951.
SZ	Kurzgefaßter Kommentar zu den Heiligen Schriften Alten und Neuen Testaments (hg. von Strack-Zöckler).
TCL	siehe ARM.
THAT	Theologisches Handwörterbuch zum Alten Testament, hg. von E. Jenni unter Mitarbeit von C. Westermann, I 1971.
WMANT	Wissenschaftliche Monographien zum Alten und Neuen Testament.

3. Bemerkungen zur Manuskriptgestaltung

In den Übersetzungspassagen werden als Zeichen verwendet:

(   )   Zusatz zum Verständnis der Übersetzung

[   ]   literarkritisch ausgesonderter Zusatz

〉   〈   Einfügung in MT

. . . . .   Textausfall in MT bzw. Text in MT, dessen Übersetzung unmöglich ist.

Einleitung

Die Bedeutung der Frage der Gattungen für das Verständnis des Alten Testaments ist seit Gunkels grundlegenden Forschungen fast allgemein anerkannt[1]. Seine Feststellung, daß die israelitische Literaturgeschichte nicht die »Geschichte von Schriftstellern und ihren Werken«, sondern die »Geschichte der literarischen Gattungen Israels« ist[2], hat die alttestamentliche Wissenschaft zu einer ganzen Reihe von Untersuchungen zu dieser Problematik angeregt. Seitdem wird daran gearbeitet, die Gattungen zu erfassen und zu beschreiben, ihren Wandel im Verlauf der Geschichte ihrer Verwendung unter Einbeziehung der altorientalischen Literatur darzustellen und diese Ergebnisse für die Interpretation der Texte auszuwerten. Dabei hat es sich immer wieder gezeigt, daß diese Arbeit nicht nur Aspekte zur Klärung literaturgeschichtlicher Fragen beizutragen vermag, sondern vor allem auch das Profil der Texte erkennen läßt und damit eine entscheidende Hilfe zu deren Verständnis darstellt[3].

Diese Implikationen der Gattungsforschung werden besonders deutlich in der Exegese der Prophetenliteratur[4]. So werden aus der Beschreibung der verwendeten Gattungen Kriterien für ein Verständnis der Prophetie abgeleitet. Der unterschiedlichen Bestimmung ihrer Redegattungen korrespondiert eine verschiedene Auffassung der prophetischen Verkündigung. Je nachdem, ob der unheilkündende Prophetenspruch als Drohwort oder Gerichtsankündigung aufgefaßt wird, werden die Propheten als Prediger der Umkehr oder als Künder des Gerichts geschildert und umgekehrt[5].

Auf diesem Hintergrund ist die Absicht dieser Studie zu sehen, die Behauptung einer prophetischen Gattung des Scheltworts kritisch zu

---

[1] Vgl. Klatt, Hermann Gunkel, 104—260; Westermann, Grundformen, 15—21 und die Einleitungswerke.

[2] Gunkel, Die Grundprobleme, 31.

[3] Vgl. das Urteil von Tucker, Form Criticism, 83: »Form criticism does not provide the key to all the puzzles of the Old Testament, but it is one of the essential tools for those who would understand this ancient and foreign book«.

[4] Auf diese Tatsache weist eindringlich Koch hin, wenn er feststellt, daß in der Beschäftigung mit den prophetischen Gattungen »der Schlüssel zur profetischen Sprache und zu dem theologisch ebenso schwierigen wie wichtigen Geheimnis der Profetie« liege (Koch, Formgeschichte, 270).

[5] Vgl. z. B. Fohrer, Einleitung, 384ff., mit Westermann, Grundformen, 46ff.; im einzelnen siehe dazu § 2.

prüfen. Denn diese Gattung wird einerseits für das Verständnis der
Prophetie ausgewertet, andererseits sind ihre Kriterien nicht genügend
geklärt, so daß ihre Untersuchung dringend geboten erscheint.

Davon abgesehen dürfte eine solche Arbeit auch aus einem ganz
anderen Grunde lohnend sein. Die neuere Sprach- und Literaturwissenschaft haben nämlich eine ganze Reihe von Fragestellungen
erarbeitet, deren kritische Berücksichtigung der alttestamentlichen
Exegese entscheidende methodische Impulse vermitteln dürfte. Bisher
wurden zwar nur in Einzelfällen Erkenntnisse der modernen Linguistik
und Sprachtheorie in der alttestamentlichen Wissenschaft aufgegriffen[6], doch allein diese wenigen Untersuchungen machen bereits deutlich, wie notwendig eine Auseinandersetzung mit den Ergebnissen
dieser Disziplinen für die exegetische Arbeit ist.

Eine gattungskritische Untersuchung in der gegenwärtigen Forschungssituation kann die Impulse dieser Forschungsrichtungen nicht
außer acht lassen. Vielmehr wird sie den Versuch zu unternehmen
haben, sprach- und literaturwissenschaftliche Fragestellungen und
Erkenntnisse auf ihrer methodischen Ebene in die alttestamentliche
Exegese zu integrieren.

Damit läßt sich das Ziel dieser Studie genauer beschreiben.
Einerseits soll sie die Frage der Gattung des prophetischen Scheltworts klären und damit einen Beitrag zum Verständnis der Prophetie
liefern. Andererseits hat sie sich der Aufgabe zu stellen, das methodische Verfahren der Gattungskritik unter den Gesichtspunkten zu
prüfen, die die moderne Sprachkritik und Linguistik zur Methodendiskussion beitragen.

Angesichts der Komplexität dieser Thematik, der Fülle der Perspektiven und vielschichtigen Zusammenhänge, die damit in den
Blick treten, erscheint eine Eingrenzung des Textmaterials gerechtfertigt. Dies um so mehr, als diese Studie nicht nur Ergebnisse darstellen, sondern den Leser an dem Gang der Überlegungen teilnehmen
lassen will, so daß er die einzelnen Schritte nachvollziehen und damit
deren Voraussetzungen und Konsequenzen überprüfen kann. Die Wahl
gerade des Buches Amos liegt nahe, da die alttestamentliche Wissenschaft sich schon immer, wenn sie Probleme der Schriftprophetie
behandeln wollte, vorzugsweise auf diesen ersten und ältesten Ver-
treter stützte, weil an ihm die Eigenart dieser Prophetie mit besonderer Prägnanz hervortritt.

In der Durchführung intendiert die Untersuchung damit insofern
»Exemplarisches«, als es ihr auf die erschließende Funktion eines am

---

[6] Ein Beispiel wäre das Buch »Die sogenannten vorprophetischen Berufungsberichte«
von Richter.

anschaulichen, prägnanten Fall gewonnenen »Allgemeinen« ankommt[7]. Das gilt für die Frage der Gattung des Scheltworts ebenso wie im Hinblick auf die Methodenfrage. Die Auswahl des Buches Amos und der anderen Beispiele in dieser Studie ist daher als erkenntniserhellende Möglichkeit zu verstehen. Die Ergebnisse ihrer Untersuchung sind auf Verallgemeinerung angelegt, ohne daß dadurch anderes ausgeschlossen wird.

Aus diesen Intentionen der Arbeit, den inhaltlichen ebenso wie den methodischen, ist ihr *Aufbau* erwachsen, der an dieser Stelle nur in Umrissen skizziert werden soll, da den einzelnen Sachkapiteln eine ausführlichere Darstellung ihres Gedankengangs und damit auch ihrer Gliederung vorangeht.

Zunächst soll ein forschungsgeschichtlicher Überblick die Problematik, der sich diese Studie widmet, in ihren verschiedenen Aspekten erschließen, um auf diese Weise die bezeichnete Fragestellung präzisieren zu können und Kriterien für das eigene Vorgehen zu gewinnen (Kap. 1).

Sodann soll die Strukturanalyse des Amosbuches das Material aufbereiten, das eine Untersuchung der fraglichen Gattung erlaubt. Dazu werden die einzelnen Texteinheiten literarkritisch abgegrenzt und gesondert und nach syntaktisch-stilistischen ebenso wie nach semantischen Gesichtspunkten analysiert. Die ausführliche Darstellung dieser Analysen führt zwar zu einer Ausweitung der Studie. Doch diesen Nachteil dürfte der Vorzug eines solchen Verfahrens weit überwiegen, da die Entscheidungsprozesse des Verfassers dadurch nachvollziehbar werden. Die Untersuchung des ganzen Buches stellt zudem sicher, daß nicht eine traditionelle Vorauswahl die Ergebnisse bestimmt. Ein Strukturvergleich zum Abschluß dieses Kapitels soll dann die Frage nach der Gattung des Scheltworts in Am zu beantworten suchen (Kap. 2).

Ziel des folgenden Arbeitsschrittes ist es, die fragliche Gattung in ihren kennzeichnenden Merkmalen zu beschreiben. Dazu sind die Ergebnisse des vorangegangenen Strukturvergleichs in Beziehung zu setzen zu dem Vorgang des Scheltens. Eine terminologische Untersuchung des betreffenden Wortfelds im Deutschen wie des entsprechenden im Hebräischen ist hierfür die Voraussetzung. Die Auswahl der Texte zur Bestimmung der Gattung versteht sich der Anlage der Studie entsprechend als exemplarisch, ohne damit andere Texte ausschließen zu wollen (Kap. 3).

---

[7] Siehe Klafki, Studien, 41. 121, über das Allgemeine als übertragbare Struktureinsicht. Zu Begriff und Bedeutung des Exemplarischen vgl. Klafki, Das pädagogische Problem, 383 ff., wo er die entscheidende Relevanz des Exemplarischen für die Erhellung von Methoden hervorhebt (S. 385).

Methodologische Überlegungen sollen abschließend das methodische Vorgehen dieser Arbeit reflektieren und begründen. Dabei
sind besonders die Impulse der Sprachtheorie und modernen Linguistik
zu diskutieren, die sich in der Untersuchung als relevant erwiesen
haben (Kap. 4).

Kapitel 1

Forschungsgeschichtlicher Überblick

Ziel dieses Kapitels ist es, aus einer forschungsgeschichtlichen Darstellung die Kriterien zu gewinnen, die zur Behauptung oder Bestreitung einer Gattung »Scheltwort« in der prophetischen Literatur geführt haben. Dazu werden zunächst Gattungsbestimmungen in Am — aus praktischen Gründen auf einige Forscher beschränkt — dargestellt und auf ihre Tragfähigkeit überprüft; Beispiele aus anderen Prophetenschriften ergänzen diesen Überblick (§ 1). Sodann wird in einem zweiten Schritt die theoretische Diskussion der prophetischen Redegattungen aufgenommen und auf ihre Voraussetzungen und Folgerungen hin untersucht, um auf diese Weise einen Ansatzpunkt sowie kritischen Maßstab für das eigene Vorgehen zu gewinnen (§ 2). Dieses Verfahren, das vom Besonderen und Einzelnen zum Allgemeinen führt, entspricht dem exemplarischen Ansatz dieser Arbeit und verwirklicht zugleich ihren methodischen Grundsatz, nicht nur die Ergebnisse vorangegangener Untersuchungen darzustellen, sondern auch Einblick in den Gang der Überlegungen zu verschaffen.

§ 1 BEISPIELE PROPHETISCHER REDEGATTUNGEN

1. Die Gattungsbestimmungen in Am im Vergleich

Die Aufgabe, die diesem Arbeitsschritt gestellt ist, kann nicht in solch umfassender Weise angegangen werden, daß hier eine Geschichte der Gattungsbestimmungen des Amosbuches geboten wird, sondern der begrenzte Raum macht eine Beschränkung auf charakteristische Positionen unumgänglich. Die getroffene Auswahl mag anfechtbar sein, doch können eventuelle Einwände mit Hinweis auf das Ziel dieser Untersuchung abgewehrt werden.

So wurde Balla im Hinblick darauf gewählt, daß er die »Droh- und Scheltworte des Amos« in auch heute noch maßstäblicher Weise untersucht hat[1]. Die Ergebnisse der

---

[1] Dieses Urteil wird von Westermann, Grundformen, 28, bestätigt, wenn er schreibt: »Die Arbeit von Balla zeigt, daß die Aufgabe der Untersuchung der prophetischen

Einleitungswissenschaft vertritt Fohrer, nicht nur weil seine Arbeit zu den neueren Einleitungen zählt, sondern auch weil er als einziger eine eingehende Bestimmung der Gattungen des Amosbuches vorgelegt hat[2]. Aus der Kommentarliteratur wurden die Arbeiten von Greßmann und Wolff gewählt, die gerade durch ihre zeitlich weit auseinander liegende Entstehung einen eventuellen Wandel in der Methodik der Gattungskritik deutlich machen können[3].

Die einzelnen Gattungsbestimmungen werden in der beigefügten Tabelle (*Die Gattungen des Amosbuches*) übersichtsweise dargestellt. Dabei sind die Autoren in alphabetischer Reihenfolge aufgeführt, Sprüche bzw. einzelne Verse, die als Zusatz angesehen werden, durch *Kursivdruck* gekennzeichnet.

Zunächst fällt auf, daß Balla und Fohrer von Drohworten sprechen und Greßmann von Drohung redet, Wolff dagegen in diesen Fällen ein Gerichtswort erkennt. Diese Unterschiede sind nicht nur terminologischer Art, sondern weisen vielmehr auf ein unterschiedliches Prophetieverständnis hin: Während eine Drohung das Eintreffen des Angedrohten offen läßt, ja meist den Charakter einer Bedingung hat, so daß die Verkündigung des Propheten intentional als Umkehrbotschaft begriffen wird, bezieht sich ein Gerichtswort auf ein abgeschlossenes Verfahren und hat damit unbedingten Charakter, so daß das Prophetenwort als Gerichtsurteil zu verstehen ist. Drohen in ersterem Fall die Propheten das unheilvolle Eingreifen Jahwes an, wenn sich nicht die geforderte Umkehr des Volkes zu Gott vollzieht, so verkündigen sie im zweiten Fall das Gericht Gottes über sein Volk, das beschlossen ist, das feststeht und kommen wird[4].

Die Gattungsbestimmungen von Balla und Fohrer stimmen in den Hauptzügen überein. In diesem Zusammenhang von Belang ist ihre Unterscheidung zwischen »Schelt- und Drohwort« und »Drohwort mit Begründung« bzw. »begründetem Drohwort«[5] sowie die Behaup-

---

Redeformen als etwas . . . Wesentliches erkannt ist, und es ist bedauerlich, daß sie so wenig Nachfolge gefunden hat«.

[2] Fohrer, Einleitung, 476ff.; Eißfeldt, Kaiser und Weiser weichen in ihren Einleitungen hiervon nicht wesentlich ab bzw. führen nur in beschränktem Umfang Gattungsbestimmungen auf.

[3] Rudolph steht in seinem Kommentar zu Am — anders als Wolff — nicht nur linguistisch-literaturwissenschaftlichen Fragestellungen sehr reserviert gegenüber, sondern stellt auch kaum gattungskritische Erwägungen an. Diese Tatsache ist die Erklärung dafür, daß diese Arbeit — obschon neueren Datums — hier unberücksichtigt bleibt.

[4] Die aufgezeigte Differenz im Verständnis der Prophetenworte wird in § 2 in ihren theoretischen Voraussetzungen diskutiert werden.

[5] Die terminologische Differenz zwischen »Drohwort mit Begründung« und »begründetem Drohwort« könnte darauf hindeuten, daß Balla das Element der Begründung stärker von der Drohung getrennt sieht als Fohrer, der diese beiden Teile — so scheint es zunächst — ursprünglich miteinander verbunden behauptet. Doch bestätigt sich diese Annahme nicht, denn an anderer Stelle kann Fohrer im

tung von Scheltworten ohne Verknüpfung mit anderen Redegattungen. Greßmann spricht statt dessen fast ausschließlich von »Drohung« und kennt nur wenige Scheltworte. Wolff schließlich stellt das »Gerichtswort« als »die Grundform der Verkündigung des Amos«[6] heraus und erkennt als Scheltworte nur die beiden Sprüche 4, 4f. und 6, 12 an. So ergibt sich eine verwirrende Vielfalt der Gattungsbestimmungen, die nicht auf formalen nachprüfbaren Kriterien zu beruhen, sondern eher willkürlich — zumindest nicht sachlich begründet — entstanden zu sein scheinen.

Wenn man versucht herauszufinden, welche Kriterien Balla (und ähnlich Fohrer) zur Unterscheidung eines »Drohwortes mit Begründung« von einem »Schelt- und Drohwort« führen, indem man die fraglichen Sprüche nach formalen Gesichtspunkten untersucht, so lassen sich keine syntaktischen, stilistischen oder gar semantischen Gründe erkennen[7], vielmehr scheint sie nur auf folgenden beiden Momenten zu beruhen: 1. Scheltworte gehen grundsätzlich dem Drohwort voran, Begründungen dagegen sind ihm vor- oder nachgestellt oder in ihm enthalten. 2. Als differentia specifica ist der Umfang anzusehen: Scheltworte sind in der Regel (nach metrischen Versen gerechnet) länger als die folgenden Drohungen, Begründungen hingegen kürzer als diese oder zumindest doch nur von gleichem Umfang.

Zur Veranschaulichung mögen folgende Tabellen dienen, die das Verhältnis des Umfangs der Scheltworte bzw. Begründungen und der zugehörigen Drohworte in Am in auf- bzw. abgerundeten Bruchzahlen ausdrücken[8].

Tabelle I

Scheltwort	Drohwort	Verhältnis des Umfangs
2, 6—11*	2, 12—16*	2:1
3, 9—10	3, 11	3:2
4, 1	4, 2—3	3:(2+ ?)
4, 6—11	4, 12a	12:(1+ ?)
5,7.10.11aαβ	5,11aγδ.b	3:2
6, 1. 3—6	6, 7	7:1
6, 13	6, 14	1:1
7, 16	7, 17	1:3
8, 4—5	8, 7	3:1

selben Falle von »Drohwort mit Begründung« sprechen; vgl. Fohrer, Einleitung, 387. 476.

[6] Wolff 117.

[7] Zur näheren Begründung siehe unten die formalen Analysen in § 3—6.

[8] Zu den Tabellen I—III vgl. Balla 22ff. 32.

Tabelle II

Drohung	Begründung	Verhältnis des Umfangs
8, 11—12	8, 13—14	2:1
3, 12a. b α	3, 12b*	3:1

Tabelle III

Begründung	Drohung	Verhältnis des Umfangs
1, 3	1, 4—5	1:3
1, 6	1, 7—8	1:3
1, 13	1, 14—15	1:3
2, 1	2, 2—3	1:3
5, 26	5, 27	1:1
5, 18a. b α	5, 20. 19	1:3
6, 8	6, 9—10	3:4

Eine Sonderstellung nehmen einerseits die Sprüche 3, 2; 3, 13—15; 5, 5b und 7, 8*—9 ein, da in ihrem Fall die Begründung in der Drohung selbst liegt; andererseits die Sprüche 1, 3—5; 1, 6—8; 1, 13—15; 2, 1—3 und 2, 6—16*, da deren Aufbau (aB: allgemeine Begründung; aD: allgemeines Drohwort; bB: besondere Begründung; bD: besonderes Drohwort) eine exakte Aufgliederung nicht zuläßt; doch liegt bei den ersten vier Sprüchen deutlich das Schwergewicht auf der Drohung (bB: bD = 1:3) und in letzterem Fall auf der »Begründung«. Unberücksichtigt bleiben in dieser Aufschlüsselung die Sprüche, die Balla dem Propheten Amos abspricht.

Zwar konstatiert Balla, daß sich das Scheltwort als »ausführlichere Begründung« als selbständiger Teil des Prophetenworts deutlich von der ihr folgenden Drohung abhebt[9], doch bleibt er den Beweis für diese Feststellung schuldig und eine genaue formale Analyse der fraglichen Sprüche liefert hierfür keinen Anhaltspunkt[10].

---

[9] Balla 6. 32.

[10] Siehe im einzelnen § 3—6. So ist es z. B. nicht einsichtig, weshalb Balla 6, 13f. als Schelt- und Drohwort, 6, 8—10 dagegen als »Drohwort mit Begründung« auffaßt, wenn nicht das Verhältnis des Umfangs beider Teile das ausschlaggebende Kriterium darstellt. Daß diese Darstellung keine Verzeichnung bedeutet, bestätigt Balla selbst, wenn er zunächst »Drohworte mit kurzer Begründung« und »Drohworte mit ausführlicher Begründung« unterscheidet und dann letztere als »Schelt- und Drohworte« bezeichnet (S. 6f.). Als einziges Gegenbeispiel könnte 7, 16f. dienen, da in diesem Fall die Begründung viel kürzer ist als die folgende Drohung, Balla aber diesen Spruch trotzdem unter die Schelt- und Drohworte einreiht. Doch bleibt die Begründung für diese Entscheidung unklar. Das Kriterium, ein Scheltwort sei anders als eine Begründung ein selbständiger Teil des Prophetenworts,

Die Gattung »Scheltwort« gewinnt auch dann nicht an Profil, wenn man die Sprüche untersucht, die in obiger Übersichtstabelle ausschließlich als Scheltworte aufgeführt werden. So bezeichnen Greßmann und Wolff 4, 4f. zwar als Scheltwort bzw. -rede, doch schränkt Wolff diese Bestimmung sofort mit dem Zusatz ein, der Spruch biete »eine ironisierte priesterliche Lehrrede«[11], und Balla bzw. Fohrer erkennen hier als Gattung gar ein (ironisches) Mahnwort.

Auch wenn es an dieser Stelle nicht darum geht, eine Entscheidung zugunsten oder -ungunsten einer dieser Ansichten zu fällen, so wird doch daran deutlich, daß die Kriterien der Gattungsbestimmung in der Forschung umstritten und unklar sind und demzufolge nicht einmal darüber Einigkeit besteht, was eine Gattung ausmacht und darstellt. Wie sollte es sonst dazu kommen, daß ein Text wie 4, 4f. aufgrund seiner Strukturelemente (?) als »ironisierte priesterliche Tora«, aufgrund seiner Funktion (?) aber als »eigentliches Scheltwort« bestimmt wird[12]?

Im Falle von 5, 12 ergibt sich kein viel anderes Bild. Balla und Fohrer sprechen von einem »Scheltwort«, das für sich allein besteht[13]; Greßmann faßt diesen Vers mit 5, 16f. als »Scheltwort und Drohung« zusammen; Wolff schließlich bezeichnet 5, 12. 16f. als »Gerichtswort«. Mag diese unterschiedliche Gattungsbestimmung zum Teil in der verschiedenen literarkritischen Abgrenzung begründet sein, so läßt sie sich doch nicht ausschließlich oder auch nur entscheidend daraus erklären; denn Greßmann faßt zwar ähnlich wie Wolff 5, 12 und 5, 16f. zu einem einzigen Spruch zusammen, doch erkennt er im Unterschied zu ihm gemeinsam mit Balla bzw. Fohrer in 5, 12 ein »Scheltwort«. Als Grund für diese unterschiedliche Gattungsbestimmung läßt sich — an dieser Stelle der Untersuchung — nur vermuten, daß ihr ein begründetes oder unbegründetes Vorverständnis der prophetischen Verkündigung zugrunde liegt[14], bzw. im Falle von Balla und Fohrer könnte auch die Tatsache eine Rolle spielen, daß 5, 12

---

kann nicht ausschlaggebend gewesen sein, wie ein Vergleich mit dem »Drohwort mit Begründung« 5, 26f. bzw. 6, 8—10 deutlich macht.

[11] Wolff 118.

[12] Wolff z. St. und 118. Sollte Wolff in 4, 4f. nicht die Gattung Scheltwort zugrunde liegen sehen, obschon er diesen Text in Parallele zur Gattung Gerichtswort unter dem Stichwort »Sonderformen« als »Scheltrede« aufführt, sondern die Gattung Kulttora in der Funktion einer Scheltrede annehmen, so wäre dies nur ein weiterer Hinweis auf die Notwendigkeit der Erarbeitung genauer Gattungskriterien und einer exakten terminologischen Differenzierung — in diesem Fall zwischen Gattung und Funktion.

[13] Balla 7; Fohrer, Einleitung, 388.

[14] Dieser Verdacht wird in § 2 zu überprüfen sein, wenn das methodische Vorgehen in der bisherigen Gattungskritik dargestellt und analysiert wird.

mit keiner folgernden Drohung verknüpft ist. So führt auch dieses
Beispiel zur Erkenntnis, wie umstritten und in ihren Kriterien unge-
klärt die Gattung des Scheltwortes ist.

Dieses Bild wird auch dadurch nicht entscheidend korrigiert, daß
6, 12 übereinstimmend von allen vier Forschern als »Scheltwort« bestimmt wird. So schränkt Wolff diese Bestimmung sogleich dadurch
ein, daß er diesen Spruch sich »spezieller überlieferter Formen« der
Weisheitslehre bedienen sieht[15], und die drei anderen Exegeten geben
für ihre Entscheidung keinen Grund an. Doch scheint bei ihnen allen
die Tatsache den Ausschlag gegeben zu haben, daß der fragliche
Spruch eine selbständige Schuldanzeige ohne Gerichtsankündigung
darstellt[16], so daß die Gattung »Scheltwort« als »eine formgeschichtliche
Verselbständigung der Begründung des Drohworts«[17] aufgefaßt wird.
Diese gattungskritische Ableitung wird noch auf ihre Tragfähigkeit zu
überprüfen sein[18]; an dieser Stelle soll lediglich auf sie verwiesen
werden. Festzuhalten ist die beachtenswerte Übereinstimmung in der
Gattungsbestimmung von 6, 12, da sie einen Ausgangspunkt zur Ge-
winnung intersubjektiver, nachprüfbarer Kriterien bieten kann.

Als *Ergebnis* dieses vergleichenden Überblicks kann festgestellt
werden: 1. Es sind keine formalen, d. h. es sind keine syntaktischen,
stilistischen, semantischen, kurz: strukturellen Kriterien erkennbar,
die zur Bestimmung der Gattung des Scheltworts in Am führten.
2. Statt dessen scheint die Behauptung dieser Gattung auf folgenden
Beobachtungen und Schlüssen zu beruhen: a) Es finden sich in Am
Drohworte mit einer ausführlichen Begründung, die sich infolge ihrer
Länge von der ihr folgenden Drohung abhebt. b) In diesen Fällen liegt
das Gewicht der Aussage auf der Begründung, nicht auf der Drohung,
so daß es berechtigt erscheint, in dieser Begründung eine eigene Gattung, »das Scheltwort«, zu sehen. c) Die Gattung »Scheltwort« ist daher
gattungskritisch als Verselbständigung der Begründung des Drohworts aufzufassen. d) Sie kann somit auch allein ohne folgendes Drohwort auftreten. e) Als Kriterien der Gattung »Scheltwort« gelten in der
Kombination »Schelt- und Drohwort«: α) Die Begründung stellt einen
selbständigen Teil des Prophetenspruchs dar; dies wird durch ihren
Umfang bzw. durch das Verhältnis des Umfangs von (verhältnismäßig langer) Begründung und (verhältnismäßig kurzer) Drohung erwiesen. β) Die Begründung, die ein Scheltwort bildet, geht dem Drohwort voraus. f) Im Falle allein auftretender Scheltworte gilt als das

---

[15] Wolff 118.

[16] So Wolff 118; vgl. dazu Balla 7. 32 und Fohrer, Einleitung, 388, die — wenn auch in
    anderer Terminologie (Begründung und Drohwort) — sachlich dieselbe Aussage
    machen.

[17] Fohrer, Einleitung, 388.

[18] Siehe unten zu § 9.

Kriterium der Gattung, daß sie α) ihre gattungskritische Herleitung von der Begründung des Drohworts erkennen lassen[19], β) der Bedeutung nach somit die Schuld der Hörer zum Gegenstand ihrer Aussage haben[20].

2. Die Gattung »Scheltwort« in anderen Prophetenbüchern

Das in bezug auf Am festgestellte Ergebnis wird durch eine Untersuchung von Gattungsbestimmungen in anderen prophetischen Büchern bestätigt. An einigen Beispielen, auf die sich zu beschränken der exemplarische Charakter dieser Arbeit erlaubt, soll dies nachgewiesen werden; ihre Auswahl ist dabei ausschließlich an praktischen Erwägungen orientiert.

a) Zunächst sollen dazu die Gattungsbestimmungen in Ez, die Fohrer in seinem Kommentar zu diesem Prophetenbuch gibt[21], im Hinblick auf die zu verhandelnde Fragestellung dargestellt werden, d. h. es werden nach den Angaben von Fohrer einerseits die Schelt- und Drohworte und andererseits die begründeten Drohworte in je einer Tabelle erfaßt und beide auf die oben angegebenen Kriterien hin untersucht[22].

Dabei sind aus Raumgründen nur solche Sprüche berücksichtigt, die Fohrer von dem Propheten selbst herleitet: zehn Schelt- und Drohworte (Tabelle IV) und neunzehn begründete Drohworte (Tabelle V). Seine exegetischen Einzelergebnisse werden vorausgesetzt. Zur Angabe des Umfangs der jeweiligen Teile wird auf seine metrische Gliederung in Kurzverse zurückgegriffen, deren Vorkommen zwar umstritten ist[23], an dieser Stelle aber zur ungefähren Messung der Länge angenommen wird. So gibt das jeweils aufgeführte Zahlenverhältnis das Verhältnis des Umfangs der jeweiligen Teile (Scheltwort bzw. Begründung und Drohung) nach Kurzversen gerechnet wieder. Durch die Buchstaben A bzw. U wird ausgedrückt, ob Anredeform (2. pers.) bzw. unpersönliche Redeweise (3. pers.) vorliegt. Unterscheiden sich hierin die beiden Spruchteile, so gilt das erste Siglum für den ersten, das zweite für den folgenden Teil. Schließlich ist in einer letzten Spalte noch die Stellung der Einleitungsformel כה אמר יהוה vermerkt; dabei bezeichnet »D« ihre Plazierung unmittelbar vor dem Drohwort, »S« dagegen die vor dem Scheltwort bzw. »B« vor der Begründung.

---

[19] So z. B. nach Balla 7. 32; Fohrer, Einleitung, 388.

[20] Siehe dazu z. B. Wolff 118.

[21] Die Beschränkung auf dieses eine Kommentarwerk erscheint angesichts der hier verfolgten Zwecke berechtigt. Seine Wahl ist nicht zuletzt durch die in ihm vollständig vorliegenden Gattungsbestimmungen der einzelnen Sprüche bedingt.

[22] Siehe im einzelnen Fohrer, Ezechiel, jeweils z. St.

[23] Siehe dazu Fohrer, Einleitung, 48f. (mit weiteren Literaturangaben).

Tabelle IV

Text	Scheltwort	Drohwort	Verhältnis des Umf.	Rede- form	Ein- leitungs- formel
13, 1f. 5. 7f.	13, 5. 7	13, 8	1:1	A	D
13, 3f. 6. 9	31, 3. 6	13, 9	1:1	U	S
13, 10—16	13, 10	13, 13f.	1:2	U/A	D
13, 17—18a α. 22f.	13, 22	13, 23	1:1	A	S
13, 18a β—21	13, 18a β—19	13, 20f.	7:6	A	D
14, 1—11	14, . . . (?)[24]	14, . . . (?)	—	—	—
22, 1—5. 14	22, 3a β—4a α	22, 4a β—5	1:2	A	S
22, 17—22	22, 18	22, 19—22	1:3	U/A	D
33, 23—29	33, 25f.	33, 27—29	1:2	A/U	S/D
35, 12a β—15	35, 12a β—13	35, 14f.	1:1	A	D

Tabelle V

Text	Begründung	Drohwort	Verhältnis des Umf.	Rede- form	Ein- leitungs- formel
23, 28—30	23, 29b—30	23, 28—29a	1:1	A	D
23, 31—34	23, 31a	23, 31b—34	1:11	A	D[25]
23, 35	23, 35a	23, 35b	3:2	A	B
25, 1—5	25, 3b	25, 4f.	1:2	A/(U)[26]	B
25, 6f.	25, 6	25, 7	2:3	A	B
25, 8—11	25, 8	25, 9—11	1:3	U	B
25, 12—14	25, 12	25, 13—14	1:2	U	B/D
25, 15—17	25, 15	25, 16—17	1:2	U	B
26, 1—6	26, 2	26, 3—5	1:2	U/A	D
28, 1—10	28, 2a γ—4	28, 6(7)—10*	1:1	A	B/(D)[27]
29, 6b—9a	29, 6b—7	29, 8—9a	1:1	A/(U)[26]	D
29, 9b—16	29, 9b	29, 10—16*	1:8	A/(U)[26]	—
35, 5—9	35, 5	35, 6—9*	1:2	A	D[28]
35, 10—12a α	35, 10	35, 11—12a α	1:1	A	D[28]

[24] In diesem Fall sind keine zwei Teile im Sinne eines Scheltworts und eines Drohworts voneinander abhebbar: v. 1—3a schildern die Lage, die durch das Kommen
von synkretistischen Fragern zu Ezechiel gekennzeichnet ist; v. 4—5. 8 wenden sich
ausführlich gegen das Vorhaben, den Synkretismus von neuem zu üben, indem sie
das Verhalten der Fragenden und die unheilvolle Antwort Jahwes darauf untrenn-
bar verknüpft darstellen; v. 9—11a ist ein begründetes Drohwort, das der Prophet
später nachgetragen hat. So wird auf eine genaue Aufgliederung verzichtet.

[25] Die Formel כה אמר יהוה nimmt in dem Spruch insofern eine besondere Stellung ein,
als sie nicht zur Einleitung der (allgemeinen und kurzen) ersten Drohung steht,
sondern erst deren ausführliche Erläuterung einführt.

Folgende Sprüche nehmen eine Sonderstellung ein: In 6, 1—7* und 6, 11—14* ist die Begründung, die einen mit על eingeführten Präpositionalausdruck darstellt, jeweils in dem Drohwort enthalten, ebenso in 29, 1—6a, wo vor allem ein Zitat die Begründung bildet, das die Anrede erweitert. In 21, 30—32 wird die Begründung nominal durch die Anrede ausgedrückt. In 14, 9—11a schließlich sind Begründung und Drohung syntaktisch so ineinander verwoben, daß eine unterscheidende Trennung nicht möglich erscheint.

Überblickt man vergleichend die aufgeführten Schelt- und Drohworte bzw. begründeten Drohworte, so sind keine ins Gewicht fallenden Unterschiede zwischen ihnen erkennbar. So steht bei ersteren die einleitende Wendung (כה אמר יהוה bzw. נאם יהוה) fünfmal vor dem Drohwort, dreimal vor dem Scheltwort und einmal vor dem Schelt- und dem Drohwort zugleich. Bei letzteren findet sich die Wendung — in ähnlicher Verteilung — sechsmal vor dem Drohwort, fünfmal vor der Begründung und zweimal (einmal) vor der Begründung sowie vor dem zugehörigen Drohwort. Die Stellung der einleitenden Formel trägt somit zur Frage der Unterscheidung von Schelt- und Drohwort und begründetem Drohwort offenbar nichts bei[29].

Ebenso liefert der Vergleich der Redeform keine erhellenden Aufschlüsse. In beiden Fällen — bei den Schelt- und Drohworten ebenso wie bei den begründeten Drohworten — finden sich durchgängig sowohl die direkte Anrede der Hörer als auch die unpersönliche Redeweise[30]. Ihr Vorkommen in den einzelnen Teilen der Prophetensprüche läßt ebenfalls keine charakteristische Verteilung erkennen. Direkte Anrede und unpersönliche Redeweise begegnen in Schelt- und Drohworten bzw. in begründeten Drohworten in dieser wie in umgekehrter Reihenfolge. So dürfte der Gesichtspunkt der direkten Anrede aufgrund ihres unspezifischen Vorkommens keine Rolle bei der Behauptung der beiden fraglichen Gattungen gespielt haben, so daß die Anredeform anscheinend nicht für ein konstitutives Kriterium der Gattung

---

[26] In den Drohworten 25, 4f.; 29, 8—9a und 29, 10—16* findet sich die Anredeform, nicht durchgängig sondern sie wechselt mit der Rede in der 3. pers.

[27] Zwar entspricht לכן in v. 6 der vorausgegangenen Partikel יען in v. 2, doch leitet eigentlich erst v. 7 die Drohung ein, nachdem in v. 6 nochmals die Begründung kurz zusammengefaßt ist. So beginnt das zur Begründung v. 2aγ—4 gehörige Drohwort nur mit Vorbehalt in v. 6.

[28] In 35, 6 und 35, 11 steht statt der Botenformel die Wendung נאם יהוה zur Einführung des Drohworts.

[29] Diese Tatsache gilt es im Auge zu behalten, da sie eine Aufteilung von Scheltwort bzw. Begründung als Prophetenwort und Drohwort als Jahwewort ebenso ausschließt wie die Annahme, das Scheltwort sei als Prophetenwort von dem begründeten Drohwort als Jahwerede zu unterscheiden.

[30] Dabei ist allerdings zu beachten, daß in einigen Sprüchen — wie z. B. Ez 25, 8—11; 25, 12—14 — die 3. pers. der Rede dadurch bedingt erscheint, daß in ihnen nicht von den Hörern die Rede ist, sondern Fremdvölkern das Unheil angekündigt wird.

des Scheltworts gehalten wird[31]. Diese Vermutung wird durch die
Tatsache bestätigt, daß die Begründung in begründeten Drohworten
sogar relativ häufiger in Anredeform gehalten ist als das Scheltwort
in der Kombination mit Drohworten.

Auch wenn man die syntaktische Zuordnung[32] von Schelt- und
Drohwort auf der einen Seite, von Begründung und Drohwort auf der
anderen Seite miteinander vergleicht, ergeben sich keine charakteristischen Unterschiede. In beiden Fällen sind die beiden Teile in
ähnlicher Weise syntaktisch miteinander verknüpft[33]. So geht die Begründung in der Mehrzahl der Fälle als ein mit den Konjunktionen
יען[34] oder יען אשר[35] eingeleiteter Kausalsatz bzw. als eine mit der Präposition יען eingeführte Infinitivkonstruktion[36] (als Äquivalent eines
vollständigen Kausalsatzes) der zugehörigen Drohung voraus, die in
diesen Fällen meist mit der folgernden Partikel לכן, selten mit dem
einfachen ו-cop. angeschlossen ist[37]. Die Begründung ist auch als
Aussagesatz konstruiert, mit dem die Drohung mit ו-cons. pf. verbunden ist[38]. In anderen Sprüchen stellt die Anrede den Angelpunkt
der Begründung dar[39] oder der Grund wird durch ein Substantiv mit
den Präpositionen ב bzw. על ausgedrückt[40], manchmal auch durch ein
Substantiv als Subjekt oder als Objekt ohne jede Präposition[41].

Bei den Schelt- und Drohworten stellen die Scheltworte Aussagesätze dar[42], mit der Partikel יען eingeleitete Kausalsätze bzw. Infinitiv-

---

[31] Diese Feststellung trifft zumindest für Fohrer zu, dessen Gattungsbestimmungen
in Ez hier analysiert werden. Ob sie allgemein gilt, wird in § 2 zu prüfen sein. Jedenfalls wird an dieser Stelle wiederum deutlich — und dies ist der beabsichtigte
Zweck —, daß anscheinend nicht syntaktische o. ä. Beobachtungen zur Annahme
der Gattung »Scheltwort« geführt haben, sondern andere, vorerst nicht klar erkennbare Erscheinungen sie konstituieren.

[32] Nachdrücklich sei der Ausdruck »syntaktisch« hervorgehoben, damit nicht das
Mißverständnis entsteht, es sei von der funktionalen Zuordnung die Rede. Mag das
Scheltwort auch in der Kombination mit einem Drohwort dieselbe Funktion haben
wie die Begründung in einem begründeten Drohwort, so ist doch eine andersartige
syntaktische Konstruktion zu erwarten, nachdem das Scheltwort als selbständige
Gattung behauptet wird.

[33] Es werden hier die Einzelanalysen von Fohrer, Ezechiel — wie bereits festgestellt —
vorausgesetzt.

[34] Z. B. Ez 23, 35b; 28, 2aγ.

[35] Ez 26, 2.

[36] Z. B. Ez 25, 12; 25, 15.

[37] Vgl. Ez 25, 4f.; 25, 7; 29, 8—9a; 35, 6—9* u. a. mit Ez 23, 35b.

[38] So Ez 23, 31—34.

[39] Vgl. Ez 21, 30—32; 29, 1—6a.

[40] Vgl. Ez 6, 1—7*; 6, 11—14*.

[41] So Ez 14, 9—11a; 23, 28—30.

[42] Ez 13, 5. 7; 22, 18; 33, 25f.; 35, 12aβ—13.

konstruktionen[43] oder mit הוי bzw. אוי eingeführte Weherufe[44]; die Drohworte sind in der Mehrzahl — wie im Falle der begründeten Drohworte — mit der folgernden Partikel לכן angefügt[45], seltener folgen sie ohne jede Verknüpfung[46] bzw. sind sie mit ו-cons. pf./impf. angeschlossen[47].

Wie unklar die gattungskritische Scheidung zwischen Schelt- und Drohwort und begründetem Drohwort in dem Kommentar von Fohrer ist, kann beispielhaft der Aufbau des Spruches Ez 22,17—22 verdeutlichen: Auf die prosaische Einleitung in v. 17 folgt in v. 18—22 ein Schelt- und Drohwort, das in vier Strophen zu je fünf Kurzversen gegliedert ist. In v. 18a wird zunächst der Prophet angeredet und ihm mitgeteilt, daß »das Haus Israel« Jahwe »zu Bleiglätte« geworden ist; diese Feststellung wird in v. 18b durch einen perfektischen Aussagesatz näher ausgeführt. In v. 19f. wird der mit der Partikel לכן eingeleitete Auftrag zur Verkündigung erteilt und dann entfaltet: Auf eine mit der Präposition יען eingeleitete Infinitivkonstruktion, die v. 18 in seiner Aussage kurz zusammenfaßt (v. 19a), folgt in v. 19b. 20 — nochmals mit לכן eingeleitet — die Ankündigung des Unheils. Angesichts dieses strukturellen Aufbaus bleibt es unerfindlich, weshalb Fohrer nicht — unter der Voraussetzung seiner Gattungsbestimmungen — von einem Scheltwort in Verbindung mit einem begründeten Drohwort spricht. Seine Bestimmung als Schelt- und Drohwort kann jedenfalls nicht einleuchten, selbst wenn man seine sonstigen Voraussetzungen teilte. Um so dringlicher erscheint daher die Aufgabe, die dieser Untersuchung gestellt ist.

Der Vergleich der syntaktischen Beziehungen zwischen Schelt- und Drohwort einerseits und Begründung und Drohwort andererseits läßt also in keiner Weise erkennen, weshalb in dem ersten Fall eine selbständige Gattung, das Scheltwort, angenommen wird, in dem zweiten Fall dagegen eine solche bestritten wird und statt dessen dieser Teil nur funktional als Begründung bestimmt wird. Lediglich diese Tatsache gilt es festzuhalten, daß die mit הוי (bzw. אוי) eingeleiteten Sprüche als Scheltworte bezeichnet werden[48].

---

[43] In dem Kausalsatz Ez 13, 10 wird die Konjunktion emphatisch wiederholt: יען וביען; vgl. dazu G—K § 158b. In Ez 13, 22 steht יען als Präposition in Verbindung mit einer Infinitivkonstruktion als Äquivalent eines vollständigen Kausalsatzes.

[44] In Ez 13, 3. 6 ist die Partikel הוי mit על + Substantiv verknüpft, in Ez 13, 18aβ—19 mit ל + pt. In Ez 22, 3aβ—4aα ist das textkritisch einzufügende אוי mit einem Substantiv ohne jede Präposition verbunden.

[45] Ez 13, 8; 13, 13f.; 13, 23; 13, 20f.; 22, 19—22.

[46] So Ez 33, 27—29; 35, 14f.; in beiden Fällen steht nur die Botenformel vor dem Drohwort. Bemerkenswert erscheint, daß in Ez 33, 23—29 als einzigem Spruch die Botenformel sowohl vor dem Schelt- als auch vor dem Drohwort erscheint. Ob sich darin eine Selbständigkeit — vor allem gattungskritisch — von 33, 25f. gegenüber 33, 27—29 andeutet? Dieser Frage wird in § 9 noch nachzugehen sein.

[47] Siehe Ez 13, 9; 22, 4aβ—5.

[48] Diese Beobachtung deckt sich mit der gattungsgeschichtlichen Bestimmung des prophetischen Scheltworts von Fohrer an anderer Stelle, der dieses auf zwei Wurzeln zurückführt: auf die Begründung des Drohworts und auf den im Ruf der Totenklage ursprünglich beheimateten Weheruf; vgl. Fohrer, Einleitung, 388.

Ein letzter Gesichtspunkt ist in dem angestellten Vergleich zu berücksichtigen. Wie verhalten sich der Umfang des Scheltworts und der des zugehörigen Drohworts zueinander im Vergleich zu dem entsprechenden Verhältnis des Umfangs von Begründung und Drohwort? Anders als in Am lassen sich hier keine kennzeichnenden Unterschiede erkennen. So begegnen in der Kombination Schelt- und Drohwort viermal das Verhältnis 1:1, dreimal 1:2 und je einmal 1:3 und 7:6, bei den begründeten Drohworten dagegen fünfmal 1:2, viermal 1:1 und je einmal 1:11, 1:8, 1:3, 2:3 und 3:2; d. h. nur in einem Fall ist der als Scheltwort bezeichnete Teil länger als das zugehörige Drohwort, in ähnlicher Weise ist aber auch einmal die Begründung länger als das entsprechende Drohwort. Damit läßt sich nicht — wie oben in Am — ein spezifisches Verhältnis von Scheltwort und Drohwort ihrem Umfang nach beobachten, so daß das dort in bezug auf die Länge der Teile festgestellte Ergebnis modifiziert werden muß. Die Begründung eines Drohworts wird danach dann als »Scheltwort« bezeichnet, wenn sie ausführlicher und damit *verhältnismäßig* lang ist. Wann dies der Fall ist, scheint eher die Intuition des einzelnen Wissenschaftlers zu bestimmen als eine präzise, damit nachprüfbare Festlegung, die nicht nur für den Einzelfall, sondern allgemein getroffen ist.

Die Kriterien werden auch dann nicht klarer, wenn die Sprüche berücksichtigt werden, die Fohrer in Ez für reine Scheltworte (ohne Drohworte) hält. Es sind dies 20, 1—32 (»Scheltwort mit angefügter Geschichtsbetrachtung«); 16, 16—21 und 16, 26—29 (»scheltwortartige geschichtsbetrachtende Nachträge«). Eigentlich kann nur der Text 20, 1—32 als reines Scheltwort gelten, nachdem die beiden anderen Sprüche lediglich als »scheltwortartig«[49] bezeichnet werden, und auch dieser nur bedingt, da er Scheltwort und Geschichtsbetrachtung miteinander verbindet und eine Trennung beider hier weder literar- noch gattungskritisch möglich ist. So ergibt sich der auffallende Tatbestand, daß nach der Analyse von Fohrer der Prophet Ezechiel zwar sechzehn Drohworte, neunzehn begründete Drohworte, zehn Schelt- und Drohworte[50], sechs Diskussionsworte usw., aber nur ein einziges (bedingt) eigentliches Scheltwort gesprochen hat. Auch wenn die Sachlage voreilige Schlüsse verbietet, so kann angesichts dieser Verteilung der Gattungen doch die Vermutung geäußert werden, daß das sogenannte »prophetische Scheltwort« nicht diese Rolle spielt, die ihm zuge-

---

[49] Fohrer, Ezechiel, XX.

[50] Die beiden Texte Ez 34, 1—16 und Ez 38, 1—39, 29 (»Schelt- und Drohwort mit Verheißung«) blieben in der entsprechenden Tabelle oben — und dementsprechend auch hier — unberücksichtigt, da sie in ihrer Kombination der Gattungen etwas Eigenes darstellen und daher auch von Fohrer, Ezechiel, XX, in der Aufstellung der Gattungen des Ezechielbuches extra aufgeführt werden.

schrieben wird[51], vielmehr die hier vorläufig als »Drohwort« bezeichnete
Gattung in der prophetischen Verkündigung dominiert. Ob diese
These nur im Hinblick auf Ez gilt oder ob sie für alle Prophetenbücher verallgemeinert werden darf, wird im Verlauf dieser Untersuchung zu prüfen und je nach ihrer Bewährung zu entscheiden sein.

b) In einem letzten Schritt sollen nunmehr noch einige Beispiele der Gattung »Scheltwort« in anderen Prophetenbüchern angeführt und auf die Tragfähigkeit ihrer Gattungsbestimmung hin untersucht werden. Das damit verfolgte Ziel, das inzwischen gewonnene
Bild von der Praxis der Gattungsbestimmung im Hinblick auf die
Fragestellung dieser Studie abzurunden, gestattet die Beschränkung
auf einige wenige charakteristische Texte.

α) Hos 7, 3—7

3	Mit ihrer Bosheit beglücken sie einen König	
	und mit ihren Trügereien Fürsten.	$3 + 3$
4	Sie alle treiben Ehebruch,	
	sie[a] gleichen einem brennenden Ofen,	$3 + 3$
	dessen[a] Bäcker aufhört zu heizen	
	vom Kneten des Teigs, bis er durchsäuert ist.	$3 + 3$
5	Den Tag ihres[b] Königs beginnen[c] die Fürsten,	
	daß sie sich erhitzen[d] vom Wein,	
	dessen Gewalt die Schwätzer hinreißt.	$3 + 2 + 3$
6	Denn sie sind entflammt[e] wie ein Backofen,	
	ihr Herz brennt in ihnen[f].	$3 + 3$
	Die ganze Nacht schläft ihr Zorn[g],	
	am Morgen brennt er lichterloh.	$3 + 3$
7	Sie alle glühen wie ein Ofen	
	und verzehren ihre Richter.	$3 + 3$
	All ihre Könige stürzen;	
	da gibt es keinen unter ihnen, der mich anruft.	$3 + 3$

a Da תנור maskulin ist, fällt die feminine Form בערה auf. Deshalb wird vorgeschlagen, statt 𝔐 בער הם אפהו כ׳ ת׳ zu lesen[52].

b 𝔐 (מלכנו) ist in der Jahwerede (vgl. v. 7b) unmöglich und wird mit 𝔗 in מלכם
geändert.

c 𝔊𝔖𝔙 und 𝔐^MSS haben הָחֵלּוּ (»sie fangen an«) vokalisiert[53].

d Nach החלו ist eher ein inf. cs. (חַמֹּת) als das Nomen (𝔐 חֲמַת) zu erwarten;
vgl. dazu 𝔊.

e Mit 𝔊 wird קָדְחוּ vorausgesetzt[54].

---

[51] So urteilt Fohrer, Einleitung, 388: ». . . das Scheltwort, dessen große Bedeutung sich
aus der Gegenwartsbeziehung der prophetischen Verkündigung ergibt«; vgl. Eißfeldt,
Einleitung, 106, der das Scheltwort als prophetische Urgattung bezeichnet.

[52] Mit Procksch (BH³); Rudolph, Hosea.

[53] Vgl. zu dieser Textänderung die Diskussion bei Wolff, Hosea und Rudolph, Hosea.

[54] Mit Wolff, Hosea gegen Rudolph, Hosea.

^f 𝔐 (»in ihrem Hinterhalt«) kann aus בַעֵר בַב entstanden sein[55].

^g Mit 𝔊𝔗 ist אָפְּסֵם zu punktieren; 𝔐 scheint von v. 4a beeinflußt zu sein.

Auch wenn dieser textlich schwierige Abschnitt nicht das Verständnis jeder Einzelheit erlaubt, da die textkritischen Entscheidun-
gen mehr als anderswo umstritten sind, können doch die in diesem
Zusammenhang interessierenden Beobachtungen angestellt werden[56].
Der Spruch, dessen literarkritische Abgrenzung fast unumstritten
erscheint[57], ergeht in der 3. pers. als Jahwerede[58]. Sind in v. 3f. 7a die
Verbalsätze imperfektisch formuliert, so in v. 5f. 7b perfektisch[59].
Bemerkenswert sind die relativ häufigen nominalen Sätze, die in Verbindung mit dem Wechsel des perfektischen und imperfektischen
Aspekts in v. 3—7 den schildernden Charakter der Einheit unterstreichen. Trifft v. 3 in der Form eines Aussagesatzes eine negative
Feststellung über das Verhalten einer bestimmten Personengruppe[60],
indem es dieses als Bosheit und Trug qualifiziert, so faßt v. 4 die angesprochenen Kreise mit dem königlichen Hof zusammen, bezeichnet
ihrer aller Verhalten in einem partizipialen Nominalsatz als Ehebruch
und charakterisiert diesen mit einem Vergleich als haltlose Leidenschaft. In v. 5f. wird — in v. 6 wiederum im Bild — das leidenschaft-
liche Treiben weiter ausgeführt. V. 7 schließlich geht — anfangs noch
im Bild — zum Allgemeinen und Grundsätzlichen über. Der abschließende Nominalsatz konstatiert knapp und geradezu formelhaft die
Nichtbeachtung Jahwes.

Dieser so strukturierte Spruch ist in diesem Zusammenhang nun
deshalb von Interesse, da er in der Literatur mehrfach als »Scheltwort«
bezeichnet wird. So reiht ihn Fohrer ebenso unter die Scheltworte ein
wie Kaiser[61]; doch verzichten beide auf eine nähere Begründung ihrer
Entscheidung, so daß über sie nur Vermutungen angestellt werden
können. So wäre es denkbar, daß für diese Bestimmung der Gattung

---

[55] So Wolff, Hosea; anders Rudolph, Hosea.

[56] Zu den Einzelheiten siehe die entsprechende Kommentarliteratur.

[57] Siehe die Kommentare zu Hos von Rudolph und Wolff; Fohrer, Einleitung, 464,
trennt v. 7 allerdings von v. 3—6 ab.

[58] Das Ich Jahwes erscheint nicht in v. 3—6, sondern erst in v. 7. Insofern ist die erwähnte literarkritische Entscheidung von Fohrer nicht eindeutig auszuschließen.
Auch Wolff hebt v. 7 als eine Art Zusammenfassung von v. 3—6 ab, die als Disputationswort verstanden werden können; siehe Wolff, Hosea, 139.

[59] Nach Rudolph, Hosea, »weist das Imperfektum von V. 3 auf ein wiederholtes Tun,
während in V. 5f. von einer einmaligen Begebenheit die Rede ist«; vgl. dazu G—K
§ 106 und § 107, wonach der Wechsel der Zeitstufe auch lediglich auf einer Änderung
des Aspekts beruhen kann.

[60] Rudolph, Hosea, schreibt dazu: »Das Subjekt von V. 3 kann natürlich nicht das
ganze Volk sein wie in V. 1f. ..., sondern ein ganz bestimmter Kreis, der den Sturz
von König und Obrigkeit beabsichtigt«.

[61] Siehe Fohrer, Einleitung, 484, und Kaiser, Einleitung, 227.

einerseits die strukturelle Nähe des Spruchs zur Begründung eines begründeten Drohwortes[62], andererseits sein selbständiges Vorkommen (ohne entsprechendes Drohwort) den Ausschlag gegeben haben. Da diese Kriterien aber keineswegs zwingend, vielmehr unklar und — in formaler Hinsicht — unzureichend sind, kann es nicht verwundern, wenn andere Forscher zu abweichenden Gattungsbestimmungen kommen. So erkennen Wolff und Westermann in dem vorliegenden Spruch eine »Anklage«, die in der Rechtsauseinandersetzung zweier Partner im Tor der israelitischen Städte ihren Sitz im Leben hat[63]. Als formales Kriterium nennen sie hierfür die 3. pers., in der der Spruch ergeht; zugleich verweisen sie auf seinen Inhalt, wonach das Verhalten einer bestimmten Personengruppe geschildert und negativ qualifiziert wird. Doch diese Angaben allein vermögen die getroffene Entscheidung nicht hinreichend zu begründen, da sie einerseits nicht eindeutig[64], andererseits für eine umfassende, exakte Gattungsbeschreibung zu wenig sind. So kann und soll an dieser Stelle nicht entschieden werden, welche der beiden Gattungsbestimmungen zutreffender ist. Es genügt festzuhalten, daß wieder einmal ein und dieselbe Einheit gattungskritisch und -geschichtlich völlig verschiedenen Bereichen zugeordnet wird, ohne daß hierfür in ausreichender Zahl stichhaltige, formalisierte Gründe angegeben werden bzw. erkannt werden können.

Wie schwierig die Problematik ist, macht Wolff deutlich, wenn er einerseits einen Teil des Spruches (Hos 7, 3—6) als »Disputationswort«, andererseits den Spruch als ganzen (Hos 7, 3—7) als »Anklage« bestimmt[65] und an anderer Stelle schließlich den Vorgang der Verkündigung des Spruches mit dem Ausdruck »schelten« charakterisieren kann[66]. Auch wenn diese Differenzen letztlich auf einer ungenauen Terminologie bzw. fehlenden Unterscheidung von Rahmen- und Gliedgattung beruhen, so werden doch an diesem Beispiel die Schwierigkeiten sichtbar, mit denen sich diese Studie auseinanderzusetzen hat.

β) Jes 1, 2f.

2 Höre, Himmel,
     und horche auf, Erde,
        denn Jahwe redet: 2 + 2 + 2
   Söhne habe ich großgebracht und aufgezogen,
        doch sie haben sich gegen mich aufgelehnt.   3 + 3

---

[62] Vgl. die These von Fohrer, Einleitung, 388, das Scheltwort sei »eine formgeschichtliche Verselbständigung der Begründung des Drohworts«. In ihm halte »der Prophet einem einzelnen oder dem Volk die Sünde und Schuld« vor.

[63] Siehe Wolff, Hosea, XV. 137, und Westermann, Grundformen, 128.

[64] Die Zweideutigkeit der genannten Kriterien wird allein dadurch schon belegt, daß Fohrer und Kaiser aufgrund fast derselben Kriterien zu einer anderen Gattungsbestimmung kommen.

[65] Wolff, Hosea, 139.   [66] Wolff, Hosea, 159.

2*

3   Ein Stier kennt seinen Besitzer
      und ein Esel die Krippe seines Herrn;   3 + 3
    Israel aber hat keine Einsicht,
      mein Volk hat keinen Verstand.   3 + 3

Obschon Einleitungs- und Schlußformeln fehlen, ist der Text klar
abzugrenzen: Nach der Überschrift v. 1 setzt v. 2 mit einem Ruf zum
Hören an Himmel und Erde neu ein; in v. 4 beginnt mit der Partikel
הוי und dem Wechsel von der 1. pers. zur 3. pers. Jahwes ein neuer
Abschnitt. Jes 1, 2f. stellt einen in sich abgerundeten Spruch dar[67].
    Der Text ist poetisch geformt und gliedert sich in vier Verse mit
ebenmäßigem Versmaß: Auf einen Tripelzweier zur Einführung folgen
in antithetischem (v. 2b) bzw. synonymem Parallelismus (v. 3) drei
Doppeldreier. Als poetische Kunstmittel sind Alliteration und Chiasmus verwendet.
    Die Einheit setzt mit zwei bedeutungssynonymen Imperativen
in Verbindung mit je einem Vokativ ein; zu ihrer Begründung folgt
ein mit כי eingeleiteter Verbalsatz (v. 3a): Der Prophet fordert Himmel
und Erde dazu auf, aufmerksam zu hören, und begründet diese Aufforderung mit einer Rede Jahwes. Diese Jahwerede in v. 2b. 3 setzt sich
aus mehreren Verbalsätzen zusammen, die zum Teil syndetisch (v. 2b),
zum Teil asyndetisch aneinandergereiht, stets jedoch perfektisch
formuliert sind; in v. 2bα wird durch betonte Anfangsstellung das
Objekt, in v. 2bβ. 3b jeweils das Subjekt hervorgehoben: Das Verhalten Jahwes wird dem Verhalten seines Volkes kontrastiert (v. 2b);
zwei Beispiele aus der Tierwelt (v. 3a), die dem Verhalten Israels entgegengesetzt verlaufen, verschärfen dessen negative Beurteilung durch
Jahwe (v. 3b). Die Einheit gliedert sich somit in v. 2a (Aufforderung
mit Begründung) und v. 2b. 3 (Jahwerede über den Abfall Israels).
    Die Gattung, die Jes 1, 2f. zugrunde liegt, wurde in der For-
schung verschieden bestimmt. Dem Urteil, es handle sich ohne
Zweifel um eine »Gerichtsrede«[68], steht die Ansicht gegenüber, der
Spruch stelle ein »Scheltwort« dar[69]. Doch können dieselben Forscher,
die letztere Bestimmung geben, den Spruch auch in die Nähe des
Gerichtsvorgangs rücken[70]. Diese Tatsache läßt sich nur als eine

---

[67] Diese Abgrenzung wird auch von Fohrer und Wildberger in ihren entsprechenden
   Kommentaren zu Jes vertreten; anders z. B. Kaiser, Jesaja, der v. 2—9 als Einheit
   betrachtet.
[68] So Wildberger, Jesaja; ähnlich Fohrer, Jesaja (»Anklagerede«); Koch, Formgeschichte, 236 (»prophetische Gerichtsrede«) u. a.
[69] So z. B. Schreiner, Formen und Gattungen, 212; ähnlich Eißfeldt, Einleitung, 106
   (»Scheltspruch«); Scott, Isaiah's Oracles, 180 (»reproach«).
[70] So spricht Schreiner a. a. O. davon, daß hier eine Anklage im Rechtsstreit vorliegt;
   Eißfeldt, Einleitung, 415, bezeichnet den Spruch als »eine prophetische Gerichtsrede

mangelhafte Unterscheidung von Gattung und Funktion, von »Sitz im Leben« und »Sitz in der Rede« erklären.

So bestätigt die unterschiedliche Gattungsbestimmung von Jes 1, 2f. nicht nur den Mangel an Formalkriterien, die allein eine intersubjektive, nachprüfbare Methodik begründen[71], sondern sie erweist auch die Praxis einer unpräzisen Terminologie. Beide Erscheinungen legen die Vermutung nahe, daß sich die bisherige Forschung über den Vorgang der Gattungsbestimmung noch kaum Rechenschaft abgelegt und damit auch für den Terminus »Gattung« noch keinen festen Bedeutungsumfang erzielt hat.

γ) Jes 5, 8—10

8	Wehe denen, die Haus an Haus reihen,	
	Feld an Feld fügen,	3 + 3
	bis kein Raum mehr ist und ihr ansässig seid	
	allein inmitten des Landes.	3 + 3
9	In meinen Ohren hat sich Jahwe Zebaot vernehmen lassen[a]:	4
	Wahrlich, viele Häuser sollen veröden,	
	große und schöne ohne Bewohner.	4 + 3
10	Denn zehn Joch Weinberg werden (nur) ein Bat ergeben	
	und ein Chomer Aussaat (nur) ein Epha.	4 + 3

[a] Mit 𝔊𝔏 (vgl. auch 𝔗𝔖) wird der schwierige 𝔐 (»in meinen Ohren ist Jahwe Zebaot«) in וְנִשְׁמַע (»sich vernehmen lassen«) geändert.

Der Abschnitt, dessen Abgrenzung im allgemeinen anerkannt wird[72], ist poetisch formuliert und weist synthetischen und synonymen Parallelismus auf. Alliteration und Assonanz dienen der kunstvollen Formung.

Der Spruch wird in v. 8 durch einen Weheruf eröffnet. Auf הוי in Verbindung mit einem Partizipialausdruck folgt ein imperfektischer Verbalsatz mit betonter Anfangsstellung des Objektes (v. 8a). Ein Raumbegriff unter Rektion von עַד־ schließt sich an und wird durch einen Verbalsatz (im pf. cons.) in Syndese fortgeführt (v. 8b). Bemerkenswert ist, daß in v. 8b der Weheruf in die direkte Anrede übergeht.

In v. 9f. wird in der Form eines Jahweschwurs eine Unheilsankündigung angereiht: Auf die Einleitung (v. 9a) folgt ein durch אִם־לֹא[73] eingeführter imperfektischer Verbalsatz, dessen Subjekt nunmehr betont am Anfang steht (v. 9b). Seine Fortsetzung findet er in

---

über Israels Undankbarkeit«; Scott a. a. O. schließlich erkennt als Struktur »summons, complaint, illustration, complaint restated«.

[71] Siehe dazu § 10.

[72] Siehe Fohrer, Jesaja; Wildberger, Jesaja; anders z. B. Budde, ZAW 50 (1932), 59.

[73] Vgl. zu dieser Einführung Jes 14, 24; 22, 14 und Wildberger, Jesaja.

zwei verbalen Begründungssätzen (כִּי), die syndetisch aneinandergereiht und imperfektisch formuliert sind (v. 10a); ihr Objekt ist
jeweils durch die Anfangsstellung hervorgehoben.

So gliedert sich der Spruch in v. 8, der den Weheruf über die
Haus- und Grunderwerber erhebt, da ihr Verhalten die Entrechtung
der übrigen Bevölkerung zur Folge hat, und in v. 9f., die in Jahwerede
Unheil ankündigen, dessen Ursache als Mißernte veranschaulicht
wird: Das Unheil wirkt sich in demselben Bereich aus, in dem das
angesprochene Verhalten geübt wird.

Gattungskritisch wird der Spruch unterschiedlich beurteilt. So
wird er einerseits als הוי-Spruch in Verbindung mit einer Weissagung[74],
andererseits als Schelt- und Drohwort[75] bestimmt. Die erste Ansicht
behauptet eine eigenständige Gattung der Weherufe, die zweite erkennt
in diesen eine Untergliederung der Gattung »Scheltwort«. Ein Vergleich mit den ebenfalls als Scheltworten bezeichneten Sprüchen Hos
7, 3—7 und Jes 1, 2f. verhilft nicht zu einer Entscheidung zwischen
diesen unterschiedlichen Positionen. Vielmehr weist er die zum Teil
völlig verschiedene Struktur dieser drei Einheiten auf und macht damit ein erneutes Mal auf die unpräzisen, unklaren Gattungskriterien
in der bisherigen Forschung aufmerksam.

Nur an einigen Punkten sollen die Unterschiede aufgewiesen werden: Hos
7, 3—7 ist ebenso wie Jes 1, 2f. als Jahwerede, Jes 5, 8 dagegen als Prophetenrede
formuliert. In den beiden ersten Sprüchen ist von der betroffenen Personengruppe in
der 3. pers. die Rede, Jes 5, 8b geht zur direkten Anrede über. In Hos 7, 3—7 wechselt
die Zeitstufe zwischen Perfekt und Imperfekt, Jes 1, 2f. ist durchgängig perfektisch,
Jes 5, 8 imperfektisch (impf. bzw. pf. cons.) formuliert.

Auch wenn die Weherufe nicht primärer Gegenstand dieser Untersuchung sind, so wird diese Studie angesichts der aufgezeigten Sachlage doch nicht umhin können, die offene Frage nach ihrer Gattung
aufzunehmen und im Rahmen des Ziels dieser Arbeit — von der Gattung »Scheltwort« abgrenzend oder mit ihr in Verbindung setzend —
einer Klärung zuzuführen[76].

δ) Ohne daß im einzelnen die Struktur analysiert wird, mag eine
Reihe von Texten aus verschiedenen Prophetenbüchern die Beispiele
von unterschiedlichen, unklaren Gattungsbestimmungen abschließen.
So wird Hos 6, 7—11 als »Scheltrede«[77] bzw. »Scheltwort«[78] und als

---

[74] So Krause, ZAW 85 (1973), 39. Seine Vermutung, v. 9f. seien sekundär oder doch
    zumindest sekundär an den הוי-Spruch v. 8 angefügt worden, kann hier außer Be-
    tracht bleiben, da sie für die Bestimmung der Gattung nicht entscheidend ist.
[75] So Fohrer und Wildberger in ihren Kommentaren zu Jes.
[76] Siehe dazu unten § 9, 3.
[77] So Eißfeldt, Einleitung, 520.
[78] So Fohrer, Einleitung, 464.

»Anklage«, die von dem Gerichtsvorgang herzuleiten ist[79], bestimmt. Mi 6, 1ff. (ähnlich Mal 3, 5) werden als »Scheltrede«, die den Stil einer Rede vor Gericht nachahmt[80] bzw. aus der kultischen Gerichtsrede erwachsen ist[81], und als »Gerichtsankündigung gegen das Volk« bezeichnet, die in die Form der Rechtsverhandlung gekleidet ist[82]. Bei Hab 2, 4f. wird die Gattung als »Scheltwort in der Form eines Maschal«[83], bei Jes 57, 7—13 als »Schelt- und Drohrede«[84] und als »prophetische Gerichtsrede mit Vorladung, Anklagerede und Urteil«[85] angegeben. Der Spruch Jes 1, 4—9 wird als »Scheltwort(e)«[86] und als »Klage« bestimmt, die eine Gerichtsankündigung einkleidet[87]. Jer 7, 16—20 wird einerseits als »Scheltrede«[88], andererseits als Musterbeispiel für die Gattung »Gerichtsankündigung gegen das Volk«[89] beschrieben.

Wenn diese Beispiele, deren Reihe beliebig verlängert werden könnte, im Vergleich überblickt werden, so fällt zunächst der terminologische Wirrwarr auf, der die Praxis der Gattungsbestimmung kennzeichnet. Es wird zu prüfen sein, ob sich hinter den verschiedenen Gattungsbezeichnungen sachliche Unterschiede — etwa ein unterschiedliches Prophetieverständnis — verbergen oder ob die Verschiedenheit nur in einer ungenauen Terminologie begründet ist[90].

Welche Kriterien gibt es für die Gattungsbestimmung? Wie kommt es zu der Gattungsbezeichnung? Was wird unter Gattung im Unterschied zu Form verstanden[91]? Worin werden die Unterschiede von »Sitz im Leben« einer Gattung und ihrer Funktion in der Rede gesehen[92]? Diesen und ähnlichen Fragen wird sich die folgende Unter-

---

[79] So Westermann, Grundformen, 49. 128.

[80] Gunkel, Die Propheten, LXVf.

[81] Würthwein, ZThK 49 (1952), 7ff.

[82] Westermann, Grundformen, 131. 143.

[83] Weiser, Einleitung, 233.

[84] Eißfeldt, Einleitung, 463.   [85] Fohrer, Einleitung, 423.

[86] So z. B. Eißfeldt, Einleitung, 415; Fohrer, Jesaja.

[87] So Westermann, Grundformen, 146.

[88] So z. B. Eißfeldt, Einleitung, 473.

[89] So Westermann, Grundformen, 125.

[90] Dieser Frage ist in § 2 nachzugehen. Doch kann schon jetzt festgestellt werden, daß die erste Annahme eine gewisse Berechtigung hat, insofern als in auffallender Einhelligkeit die einen Forscher (z. B. Eißfeldt) von »Schelt- und Drohrede«, die anderen (z. B. Westermann) in jeweils demselben Fall von »Gerichtsankündigung« mit den Elementen Anklage und Urteil sprechen; vgl. oben die einzelnen Bestimmungen.

[91] Diese Frage stellt sich eindringlich, wenn von der Gattung »Scheltwort« in der Form eines Maschal die Rede ist (so z. B. Weiser, Einleitung, 233, zu Hab 2, 4f.). Sollte hier statt des Terminus »Gattung« nicht zutreffender der Ausdruck »Funktion« stehen, der Terminus »Form« durch »Gattung« ersetzt werden?

[92] Auf diese Unterscheidung ist bereits an dieser Stelle nachdrücklich hinzuweisen, ihre methodische Bedeutsamkeit wird an anderer Stelle aufgezeigt werden (siehe

suchung zuzuwenden haben, wenn sie den bisher geübten Vorgang der Gattungsbestimmung aufhellen will.

Aufgrund des vergleichenden Überblicks läßt sich hierzu vermuten, daß die Gattungsbestimmung bisher entscheidend — dies ist eine weitere Beobachtung, die bemerkenswert erscheint — auf inhaltlichen Kriterien beruht. Je nach Inhalt des Spruches, d. h. je nach seiner Aussage und der vermuteten Intention des Sprechers, wird die Gattung beschrieben: Kündigt der Text ein unheilvolles Handeln Jahwes an, so stellt er der Gattung nach ein Gerichtswort bzw. eine Drohung dar, spricht er von einem fehler- bzw. schuldhaften Verhalten einer bestimmten Personen(gruppe), so wird er gattungskritisch als Scheltwort bzw. Anklage bestimmt. Formale, d. h. formalisierbare Kriterien fehlen fast völlig; an ihre Stelle treten Intuition des Wissenschaftlers und sein Verständnis des Einzeltextes im Rahmen des Kontextes[93].

3. Ergebnis

Als Ergebnis dieses ersten Überblicks ist festzuhalten: 1. Die Kriterien zur Bestimmung der prophetischen Redegattungen im allgemeinen und des prophetischen Scheltworts im besonderen sind ungenau, unpräzise, meist nicht formalisierbar, damit nicht intersubjektiv vermittelbar und insofern subjektiv-willkürlich. 2. Die Terminologie wird uneinheitlich verwendet; der Bedeutungsumfang von »Form« und »Gattung« ist ebenso umstritten wie die Unterscheidung von »Sitz im Leben« und »Sitz in der Rede« einer Gattung oder von Gattung, Funktion und Intention. 3. Es gibt sogar, wie es scheint, kein rechtes Kriterium dafür, was nun eine »Gattung« eigentlich ausmacht, »im Unterschiede zu bloß inhaltlichen Motiven, rein stilistisch-metrischen Eigentümlichkeiten oder anderen Einzelmerkmalen, in denen auch Texte sonst sehr verschiedenartiger Literaturgattung übereinstimmen können[94].« 4. Die Unterschiede, Gegensätze und Widersprüche in den verhandelten Gattungsbestimmungen beruhen nicht nur auf unterschiedlichen und unklaren Gattungsdefinitionen, sondern deuten auch ursäch-

---

§ 10). So dient es einer präzisen Gattungsbeschreibung, wenn z. B. im Falle des Spruchs Jes 1, 4—9 seine Gattung als Klage, deren Funktion in der Rede jedoch als Gerichtsankündigung (vgl. Westermann, Grundformen, 146) bestimmt wird — ohne Rücksicht auf die Frage, ob diese Gattungs- und Funktionsbestimmung zutrifft.

[93] So klagt schon Bernhardt, Die gattungsgeschichtliche Forschung, 25: »Praktisch liegt es heute so, daß sich jeder Exeget, der formgeschichtliche Arbeit treibt, hinsichtlich der schwieriger abzugrenzenden Formen auf sein eigenes besonderes Gattungsverständnis, das zumeist ohne nähere grundsätzliche literaturgeschichtliche Erwägungen einfach vorausgesetzt wird, gründet«.

[94] Bernhardt a. a. O. 30.

lich auf ein verschiedenes Prophetieverständnis hin: unbedingte
Unheilsankündigung (Gerichtsankündigung) auf der einen Seite, bedingte Unheilsankündigung (Drohwort) auf der anderen Seite, einerseits ein forensisches Verständnis, andererseits eine pädagogische Sicht
der prophetischen Verkündigung. 5. Die exemplarische Vorführung
der Ergebnisse der Gattungsforschung in der Prophetenliteratur regte
zu Vermutungen und Thesen an, die es im folgenden zu überprüfen gilt,
und ergab Fragestellungen, die in der weiteren Untersuchung aufzunehmen und auf ihre Tragfähigkeit hin zu erproben sind; kurz: sie
schärfte das Problembewußtsein und verhalf zu Aspekten für das
eigene Vorgehen.

§ 2 DIE BESTIMMUNG PROPHETISCHER REDEGATTUNGEN

Nachdem die Darstellung von Beispielen prophetischer Redegattungen insofern mit einem negativen Ergebnis endete, als sie einen
Mangel an eindeutigen Kriterien und einen terminologischen Dissensus in der Gattungsforschung aufdeckte, sollen in einem zweiten
Schritt diese Beobachtungen mit der theoretischen Diskussion der
prophetischen Redegattungen in Beziehung gesetzt werden. Rahmen
und Absicht dieser Arbeit verhindern es, daß hierzu ein umfassender
Überblick über die Forschungsgeschichte (einschließlich aller prophetischen Redegattungen) gegeben wird, vielmehr sollen nur charakteristische Positionen in exemplarischer Weise beschrieben und analysiert werden. Die Ergebnisse einer solchen Untersuchung werden in
Verbindung mit den Gesichtspunkten, die sich aus dem vorausgegangenen Paragraphen ergeben haben, dazu beitragen, Fragestellung und Aufgabe dieser Studie präziser als zuvor formulieren und
damit zugleich Leitlinien für ihr eigenes methodisches Verfahren gewinnen zu können.

1. Zur gattungskritischen Forschung. Ein Überblick

a) An den Anfang dieser Übersicht soll *Gunkel* gestellt werden,
da er eine erste zusammenfassende Darstellung der prophetischen
Redegattungen gegeben[1] und damit die Gattungsforschung in beson-

---

[1] Gunkel, Die Propheten als Schriftsteller und Dichter, XXXVI ff.; knapper, als eine
Art Zusammenfassung dieses Aufsatzes, doch zeitlich zuvor: ders., RGG[1], IV
1866—1886. Auf diese beiden Arbeiten bezieht sich die folgende Darstellung der
Position Gunkels.

derer Weise angeregt hat. Er geht von zwei Klassen der prophetischen
»Orakel« aus: den Visionen und den Auditionen[2]; der Stil der Visionen ist
fast immer die Erzählung, Auditionen sind die Worte, die der Prophet
verkündet.

Die Prophetenworte, denen in dieser Untersuchung allein das
Interesse gilt, lassen sich zunächst in drei Gruppen teilen: a) in Sprüche,
die in der 1. pers. Jahwes gehalten sind; b) in solche, die von Jahwe in
der 3. pers. sprechen; c) in Betrachtungen, Reden und Gedichte, die
der Prophet verfaßt und den Gottesworten hinzugefügt hat.

Diese Klassifizierung erscheint Gunkel aber noch zu allgemein,
und so spezifiziert er die Gattungen, indem er den Inhalt der Worte
berücksichtigt:»da finden wir Verheißungen und Drohungen, Schilderungen der Sünde, Ermahnungen, priesterliche Satzungen, geschichtliche Rückblicke, Disputationen, Lieder allerlei Art, religiöse Gedichte
und Nachahmungen von profanen, Klage- und Jubellieder, kurze
lyrische Stücke und ganze Liturgien, Parabeln, Allegorien usw.«[3]. Auf
die Einzelheiten der Aufzählung soll hier nicht näher eingegangen
werden. Lediglich auf zwei Momente, die es festzuhalten gilt, sei nachdrücklich hingewiesen: Zunächst ist die Tatsache bemerkenswert, daß
der Inhalt der Worte ausdrücklich als ein Gattungskriterium zählt;
sodann die Erscheinung, daß die meisten der genannten Gattungen
nicht ursprünglich prophetisch sind[4]. Die Frage, welches die eigentlich
prophetische Gattung sei, beantwortet Gunkel mit dem Hinweis auf
die Aufgabe der Propheten, die Zukunft zu verkündigen. Danach
stellt die »Weissagung« — je nach Inhalt »Verheißung« oder »Drohung«
genannt — die charakteristische Redegattung der Prophetie dar, da
in ihr »das eigentümlich Prophetische nach Inhalt und Form am deut-
lichsten hervortritt«[5].

Das Verhältnis, in dem diese eigentümlich prophetischen Redegattungen zu den anderen stehen, die die Propheten nur übernommen
haben, ist durch zwei verschiedene Entwicklungslinien gekennzeichnet:
die Propheten sind zu *Dichtern* und zu *Denkern* geworden. Als Dichter
haben sie auf die in Israel reich entwickelte lyrische Literatur, welt-
lichen und geistlichen Inhalts, zurückgegriffen und deren Gattungen
für ihre Zwecke gebraucht. Als Denker begnügten sie sich nicht damit,
die Zukunft zu verkündigen, obschon dies immer ihr erstes Anliegen

---

[2] Zur Problematik dieser Bezeichnungen siehe Westermann, Grundformen, 16.

[3] Gunkel, Die Propheten als Schriftsteller und Dichter, XLVIII f.

[4] Diese Erkenntnis hat die Erforschung der prophetischen Redegattungen entscheidend gefördert; vgl. das Urteil von Westermann, Grundformen, 17.

[5] Gunkel a. a. O. IL. Seine These, »besonders deutliche Muster dieses Stils« — und
damit die *spezifisch* prophetische Redegattung — seien die Völkersprüche, wurde
von anderen Forschern allerdings kaum aufgenommen; vgl. dazu Westermann,
Grundformen, 17 f.

blieb, sondern begannen, »den sittlichen Grund anzugeben, weshalb eben dieses kommen muß«[6] und wurden damit zu Predigern und Lehrern.

In diesem Zusammenhang führt Gunkel das »Scheltwort« ein: »Je mehr aber der sittliche Gedanke bei den Propheten in den Vordergrund trat, um so stärker ist solcher Hinweis auf die begangene Sünde ausgeführt worden. So ist neben die Drohung das 'Scheltwort' getreten ... Dieses Aufzeigen der Sünde ist nun den großen Unheilspropheten ein Hauptpunkt ihrer ganzen Tätigkeit geworden. Sie fühlen sich zu 'Prüfern' und 'Wächtern' ihres Volkes berufen ... So ist es zu einer neuen, eigentümlich-prophetischen Gattung, der selbständig auftretenden 'Scheltrede' gekommen.«[7]

Diese Bestimmung der Gattung des Scheltwortes bzw. der Scheltrede gilt es näher zu betrachten. Zunächst fällt auf, daß Gunkel zur Beschreibung der Gattung fast völlig auf formale Kriterien verzichtet[8], statt dessen vielmehr von einem bestimmten — vor allem ethischen — Verständnis der Schriftprophetie ausgehend sich auf inhaltliche Beobachtungen bezieht. Seinem Verständnis der Propheten als Denker gemäß erkennt er als Ursprung des Scheltworts deren Besinnung auf den Grund der Weissagung, die sie zu verkündigen haben[9]. So hat sich nach Gunkel — gattungsgeschichtlich gesehen — das Scheltwort aus der anfangs kurzen, dann immer ausgeführteren Begründung des Drohworts entwickelt, die den sittlichen Grund für das unheilvolle Handeln Jahwes in der Sünde der Menschen erblickte. Diese Beschreibung der Gattung macht aber den Unterschied zwischen Scheltwort und Begründung nicht einsichtig und läßt damit deren Behauptung überhaupt fragwürdig erscheinen[10]. Weshalb sollten die Propheten — so ist zu fragen — die Gattung des Scheltworts verwenden, wenn sie den sittlichen Grund für das kommende Unheil angeben? An dieser Stelle

---

[6] Gunkel, RGG[1], 1884. Als Beispiele nennt er hierfür Zeph 2, 10; Jer 2, 17; 13, 22; 16, 11ff.; Nah 3, 4; Mi 1, 5.

[7] Gunkel, Die Propheten als Schriftsteller und Dichter, LXV. In seinem Artikel zu den Propheten in RGG[1] stellt er das Buch Amos als Beispiel für eine der Prophetenschriften heraus, »die im wesentlichen diese beiden Gattungen, die Drohrede und die Scheltrede, enthalten« (Sp. 1884).

[8] In »Die Propheten als Schriftsteller und Dichter« führt Gunkel als Einleitung eines Scheltworts »Ha, die ihr« und »Höret, die ihr« an; ansonsten behandelt er nur noch die Stellung und Verknüpfung des Scheltworts in der Kombination mit einem Drohwort (S. LXV).

[9] Die Propheten sind erfüllt »von der Gewißheit, daß die Zukunft, die sie weissagen müssen, eine göttliche Notwendigkeit ist: sie fordern sie im Namen der Religion und der Sittlichkeit. Sie kennen die Gründe Jahwes für seine Pläne.« (Gunkel, Die Propheten als Schriftsteller und Dichter, LXIV).

[10] Dieses Ergebnis deckt sich mit den Beobachtungen, die anhand der Beispiele in § 1 gemacht werden konnten.

wird die Fragwürdigkeit der Gattungskriterien Gunkels offenkundig, der die Opposition »Inhalt und Form« eindeutig zugunsten der ersteren aufgelöst hat[11].

Sodann ist auf die bemerkenswerte Unklarheit hinzuweisen, die in bezug auf die Einordnung des Scheltworts in die prophetischen Redegattungen durch Gunkel herrscht. Einerseits sieht er diese Gattung »in die Form einer 'Gerichtsrede' Jahwes an Israel« gekleidet[12] und zählt sie unter der Überschrift »Die Propheten als Denker« zu den eindeutig *übernommenen,* der Prophetie nicht eigenen Redegattungen, andererseits spricht er von »einer neuen, eigentümlich-prophetischen Gattung« und unterscheidet sie damit von den Redegattungen, die die Propheten — wie z. B. die lyrischen Gattungen — aus anderen Bereichen entlehnt haben. So stellt sich die Frage: Handelt es sich bei Droh- bzw. Scheltwort um zwei eigenständige, ursprungsverschiedene Gattungen, die von den Propheten sekundär miteinander kombiniert wurden, oder bilden beide *eine* Gattung, »das prophetische Gerichtswort« (mit den Teilen Begründung bzw. Anklage und Ankündigung)?

b) Diese Frage wurde im Laufe der Gattungsforschung verschieden beantwortet. *Greßmann*[13] läßt sie ebenso wie Gunkel in der Schwebe. Auch er unterscheidet »Visionen« und »Auditionen« als die spezifisch prophetischen Gattungen, wobei letztere ihrem Inhalt nach in »Verheißungen« und in »Drohungen« zu teilen sind[14]. »Scheltworte« sind meist in Verbindung mit Drohungen überliefert und dienen zu deren Begründung, bisweilen sind sie zu einer eigenen Gattung erwachsen[15]. Worin der Unterschied zwischen einer solchen selbständigen Gattung und einer einfachen Begründung besteht, diese Frage bleibt weiterhin unbeantwortet. Die Kriterien, die nach Greßmann zur Unterscheidung allenfalls genannt werden könnten, nämlich Stellung, Umfang und

---

[11] Dieser Ausgang vom Inhalt hat die Gattungsforschung bis in die Gegenwart entscheidend bestimmt; vgl. dazu Richter, Exegese, 127ff.

[12] Gunkel, Die Propheten als Schriftsteller und Dichter, LXV; vgl. seine Feststellung in RGG¹, 1884, wonach die Scheltworte »mit Vorliebe den Stil einer Rede vor Gericht nachahmen . . .«.

[13] Greßmann, Die älteste Geschichtsschreibung, 323ff.; vgl. auch den Abschnitt »Prophetische Gattungen«, in: Der Messias, 65—148.

[14] Als Kriterium zur Unterscheidung dient wiederum der Inhalt des Textes, nicht ein formaler Gesichtspunkt; vgl. oben zu Gunkel.

[15] Als Beispiele führt Greßmann Jes 1, 2f.; 3, 13—15; Jer 2, 10—13 an (Die älteste Geschichtsschreibung, 326). Zu ihrer Entstehung und Charakterisierung führt er aus: »Aus ihnen spricht der Haß der Propheten gegen die Sünde . . .; sie sinnen darüber nach und bewegen es in einem feinen Herzen: Das Unheil, das sie verkünden sollen, ist so furchtbar, daß sie es selbst kaum fassen können. Daher forschen sie nach den Gründen des göttlichen Tuns . . .« (a. a. O.).

inneres Gewicht[16], sind zu unbestimmt und zweideutig, als daß sie zur Abgrenzung einer Gattung ausreichten. Zwei Hinweise, die Greßmann gegeben hat, sollten allerdings nicht außer acht gelassen werden: erstens seine Beobachtung, daß die Scheltworte im allgemeinen nicht, wie die Drohungen und Verheißungen, als Gottesrede eingeführt werden[17]; zweitens seine Feststellung, die übliche Einleitungsformel für das Scheltwort sei »Wehe«.

c) Ein neuer Abschnitt der Erforschung der prophetischen Redegattungen setzt mit den Arbeiten von *Lindblom* und *Köhler* ein, die etwa zur selben Zeit — obschon unabhängig voneinander entstanden — zu den gleichen Ergebnissen gekommen sind[18]. Die Analyse der Formel »So hat Jahwe gesprochen«, die ausschließlich in der Prophetenliteratur begegnet, führt zur Erkenntnis, daß der Prophetenspruch als Botenwort formuliert ist. Nach Lindblom geht die Wendung »einerseits auf die Proklamationsformel alter orientalischer Kundmachungen und Erlässe« zurück, »andererseits auf die Formel, mit der . . . die Botschaft . . . eingeleitet zu werden pflegte.«[19] Köhler erklärt den Prophetenspruch als Botenwort, dessen Sitz im Leben er in der profanen Botensendung erkennt.

In der Folgezeit wurden diese Erkenntnisse meist zustimmend aufgenommen. So wird der Prophetenspruch gattungskritisch vielfach als »Botenspruch« bestimmt, und die Botenformel dient dazu, Jahwe- und Prophetenwort zu unterscheiden: Die Scheltrede (bzw. die vorangehende Begründung) wird als »Menschenwort« von der folgenden Drohrede (bzw. Gerichtsankündigung) als »Gotteswort« abgehoben[20].

---

[16] So Greßmann a. a. O.: »Es ist von besonderem Interesse zu verfolgen, wie die Scheltworte allmählich immer größere Bedeutung für die Propheten erlangen, wie sie an Umfang und innerem Gewicht bisweilen die Drohung, die sie vorbereiten sollen, überwiegen«. An anderer Stelle nennt er allein den Inhalt als Kriterium: »Der Form nach sie (sc. die einleitende Reflexion über den Grund der folgenden Drohung) meist eine Begründung, dem Inhalt nach ein Scheltwort . . . Indem sie (sc. die Propheten) auf die Sünde hinwiesen, schalten sie.« (Greßmann, Deuterojesaja, 269f.). Doch diese Bestimmung ist ebenso unklar wie zweifelhaft. Welches Verständnis von Form bzw. Inhalt liegt hier zugrunde? Wie ist ihr gegenseitiges Verhältnis bestimmt?

[17] Greßmann a. a. O.: »Der Prophet unterscheidet zwischen dem Orakel, das er von Jahwe empfangen hat, und seiner eigenen Betrachtung darüber, durch die er jenes Orakel verständlich machen will.«

[18] Siehe Lindblom, Die literarische Gattung, und Köhler, Deuterojesaja; zur forschungsgeschichtlichen Würdigung vgl. Westermann, Grundformen, 23ff.

[19] Lindblom, Die literarische Gattung, 103f.

[20] Gegen dieses z. B. von Wolff, ZAW 52 (1934), 6, geübte Verfahren, weist Rendtorff, ZAW 66 (1954), 175 Anm. 30, zu Recht auf den keineswegs eindeutigen Textbefund hin, der es nicht gestattet, die Stellung der Formel zwischen den beiden Gliedern als einen ursprünglich einheitlichen Gebrauch anzunehmen.

Damit ist eine Auffassung, die bereits Gunkel vertreten hat, mit neuer Begründung aufgenommen.

d) An dieser Stelle der Darstellung dürfte es sinnvoll sein, zwei Konzepte zu behandeln, die in ihrer Gemeinsamkeit ebenso wie in ihrer Unterschiedlichkeit den weiteren Verlauf der Forschung erahnen lassen. Es handelt sich um die Arbeiten von α) *Hempel*[21] und β) *Wolff*[22], die je in ihrer Art eine Gesamtansicht des prophetischen Redens vermitteln.

α) Hempels Darstellung der prophetischen Rede orientiert sich an der Arbeit Gunkels. So unterscheidet er das Gotteswort im strengen Sinn, dessen Entstehung am ehesten bei den Orakeln zu sehen ist, von Erweiterungen, die der Prophet selbst hinzugefügt hat. Der Prophetenspruch beruht damit einerseits auf ekstatischen Erfahrungen, andererseits auf deren Deutung und rationalen Verarbeitung durch den Propheten.

Im einzelnen unterscheidet er »Epische Gattungen«, die Schilderungen der Heilszeit, des Gerichts und der Visionen umfassen, und »Prädikative Sprüche«, die sich in a) unbedingte und b) bedingte Sprüche gliedern: a) Drohwort, Heilswort, Scheltwort; b) Mahnung, Bußrede, bedingte Verheißung. Die Termini »Drohwort« und »Scheltwort«, die Gunkel geprägt zu haben scheint, sind damit ebenso übernommen wie die einfache Nebeneinanderordnung dieser beiden Gattungen, ohne daß doch ihr gegenseitiges Verhältnis zuvor eindeutig geklärt worden wäre. Hierzu reicht weder die Behauptung aus, daß »bei Schelt- und Drohwort der älteren Zeit Gottes- und Prophetenspruch« scharf voneinander unterschieden« sind[23], noch der Hinweis auf das pädagogisch-rationale Moment der Scheltrede, wonach »der Gottesentschluß für das religiöse Bewußtsein der Hörer bejahbar gemacht« werden soll[24]. Kriterien und Ursprung der Gattung des Scheltworts bleiben damit weiterhin unklar.

β) Die Untersuchung von Wolff widmet sich der Bestimmung und Beschreibung des Verhältnisses der Einzelteile des Prophetenspruchs. Im Gegensatz zu der Anschauung, die bis dahin allgemein

---

[21] Hempel, Die althebräische Literatur, 56—68.   [22] Wolff, ZAW 52 (1934), 1—22.

[23] Hempel, Die althebräische Literatur, 61; vgl. seinen Hinweis (a. a. O. 58. 61), daß wegen der unmittelbaren Wirksamkeit des Gotteswortes die Ankündigung unmittelbares, die begründende Scheltrede nur mittelbares Gotteswort sein kann.

[24] Hempel a. a. O. 60. Auch Jahre später bestimmt er die Gattung des Scheltworts nicht präziser, wenn er darin den Propheten für sich selbst und andere Klarheit verschaffen sieht, warum das göttliche »Drohwort« ergangen ist. »Auch der Profet ist ja Denker, der an der rationalistischen Geistesart seines Volkes Anteil hat, an dem Verstehenwollen der Wege seines Gottes.« (Worte der Propheten, 27). Seine ebenfalls dort (S. 37) angegebenen formalen Kriterien sind so ungenau und zweideutig, daß sie für die Gattungsbestimmung nichts austragen.

herrscht, erkennt er in dem »Scheltwort« nicht mehr eine eigenständige prophetische Redegattung, sondern er behandelt die Begründung von vornherein als Teil eines zusammengesetzten Ganzen, des prophetischen Unheilsspruchs. Als dessen »Normalform« beschreibt er: die Begründung als Aussagesatz, an den die Drohung mit der folgernden Partikel לכן o. ä. angeschlossen ist[25]. Das Verhältnis der beiden Teile zueinander bestimmt er in Übereinstimmung mit Hempel in der Weise, daß die Begründung wesentlich Wort des Propheten selbst, die Ankündigung hingegen Botenwort und damit offenbartes Wort ist[26].

Diesen Ansatz, der die Behauptung des »Scheltworts« als einer eigenen prophetischen Redegattung konsequent aufgegeben hat, verfolgt Wolff in einer anderen Arbeit weiter[27]. Ohne daß wesentlich neue Ergebnisse gewonnen werden, wird doch die aufgestellte These nach verschiedenen Seiten ausgebaut und durch andere Aspekte ergänzt. So wird der prophetische Unheilsspruch in die Nähe des Gerichtsvorgangs gerückt, so daß die Begründung als Anklage, die Ankündigung als Urteil verstanden werden kann[28]. Zugleich wird die Bestimmung des Prophetenspruchs als Botenwort stärker hervorgehoben und damit der Prophet als Bote, der das empfangene Wort vermittelt, von dem Ekstatiker, Mystiker und Orakelspender abgegrenzt[29]. Schließlich wird als fester Ort der Zitation von Menschenworten der Begründungsteil des Unheilsspruchs erkannt.

e) Die Untersuchung des Ursprungs der prophetischen Gerichtsrede durch *Würthwein* verdient in dieser Studie deshalb besondere Beachtung, da er den Anspruch erhebt, die Frage nach dem Ursprung der Scheltrede einer Lösung näherzuführen. Allerdings ist bereits sein Ausgangspunkt fragwürdig, da er in Aufnahme der Gattungsbestimmungen von Gunkel von der prophetischen Gerichtsrede als einer Sonderform der Scheltrede spricht[30] und damit ebenfalls nicht eindeutig zwischen einer Gattung und ihrer Funktion unterscheidet.

---

[25] Wolff, ZAW 52 (1934), 3.

[26] Vgl. Wolff. a. a. O. 6: »Deutlich wird, daß die Drohung das Stück des Spruches ist, welches er empfangen hat und nur weitergibt ... Demgegenüber erscheint die Begründung als ein Stück der prophetischen Reflexion und liegt somit in einer anderen (späteren) Sphäre als das offenbarte Wort«.

[27] Wolff, Das Zitat im Prophetenspruch.

[28] Vgl. Wolff a. a. O. 62: »Die Sprüche haben die Schärfe und Einseitigkeit des Anklägers, zugleich zeigen sie die Überlegenheit des Richters.« Oder einige Seiten weiter erkennt er »das Prozeßverfahren als den stilistischen Hintergrund prophetischer Zitationen« (S. 69).

[29] Siehe die Zusammenfassung der Arbeit Wolffs a. a. O. 91; zur Auseinandersetzung mit diesem Prophetenbild, das durch die Botentheorie und ein forensisches Verständnis der prophetischen Unheilssprüche geprägt ist, vgl. vor allem H. W. Hoffmann, Die Intention der Verkündigung Jesajas, 1974, 3—36.

[30] Würthwein, ZThK 49 (1952), 3.

Doch anders als Gunkel meint er die prophetische Gerichtsrede nicht als Nachahmung der profanen Gerichtsrede auffassen zu können, sondern er findet in einigen Psalmen, in denen Jahwe als Richter auftritt, den Hinweis auf den ursprünglichen Ort der prophetischen Gerichtsreden, d. h. er behauptet eine kultische Gerichtsszene als ihren Sitz im Leben. Diese These zeitigt nun auch Folgerungen für die Gattung der Scheltrede, da ihr Übergang zur Gerichtsrede nach Würthwein fließend ist. »Man wird zum mindesten erwägen müssen, ob sie nicht geradezu aus der kultischen Gerichtsrede der Propheten erwachsen ist. Das Gedankengut ist das gleiche, nur tritt die Gerichtssituation formal nicht so hervor.«[31]

Ohne daß diese These hier entschieden werden soll, ist doch festzuhalten, daß Würthwein zu seinen Vermutungen über den Sitz im Leben der Scheltrede nicht aufgrund einer eingehenderen Analyse dieser umstrittenen Gattung kommt, sondern Ergebnisse in bezug auf eine andere Redegattung — ob sie zutreffen, mag dahingestellt bleiben — einfach auf sie übertragen zu können meint, da er eine Gattungsverwandtschaft zwischen Scheltrede und prophetischer Gerichtsrede voraussetzt, die erst nachzuweisen wäre[32]. Die Struktur des Prophetenspruchs tritt jedenfalls völlig hinter dem Gesichtspunkt des Gedankenguts zurück, so daß dieser Aufsatz Würthweins insofern für die Erforschung der Gattung des Scheltworts nichts austrägt[33].

f) Die verschiedenen Anschauungen, die die Diskussion im Hinblick auf die hier anstehende Problematik in der Gegenwart bestimmen, lassen sich im wesentlichen auf zwei gegensätzliche Positionen zurückführen. Danach wird auf der einen Seite die Selbständigkeit der Gattung des Scheltworts bestritten und eine einzige Gattung, »das prophetische Gerichtswort« (mit den Teilen Begründung bzw. Anklage und Ankündigung bzw. Urteil), behauptet; auf der anderen Seite werden »das Drohwort« und »das Scheltwort« als zwei eigenständige, ursprungsverschiedene Gattungen betrachtet, die von den

---

[31] Würthwein a. a. O. 16.

[32] So macht Westermann, Grundformen, 55f. 63, nachdrücklich darauf aufmerksam, daß Würthwein selbst in einem Aufsatz zu Am einige Jahre zuvor das Scheltwort als selbständige Gattung abgelehnt und die Einheit des Prophetenworts aus den beiden Teilen »Anklage« und »Gerichtsankündigung« behauptet hat (Würthwein, ZAW 62, 1949/50, 41).

[33] Seine These, die prophetische Gerichtsrede stamme aus dem Kult, hat allerdings manche Zustimmung gefunden. So kommt Gunneweg, Mündliche und schriftliche Tradition, 122, gar zu dem Ergebnis, die Propheten seien »Inhaber eines offiziellen Amtes im Kult am Heiligtum« gewesen; vgl. Kaiser, Jesaja. Gegen die These Würthweins haben sich u. a. gewandt: Hesse, ZAW 65 (1953), 45—53; Westermann, Grundformen, 54—57; Fohrer, JBL 80 (1961), 310.

Propheten erst sekundär miteinander kombiniert wurden. Der Beschreibung dieser beiden Auffassungen wendet sich die Darstellung nunmehr zu.

α) *Westermann* knüpft in seinem Buch »Grundformen prophetischer Rede« an die Erkenntnisse Wolffs an, wonach das prophetische Gerichtswort, das nicht in Schelt- und Drohwort getrennt werden darf, ein Botenwort mit den Elementen Begründung und Ankündigung darstellt[34]. Zur eigenen Untersuchung der prophetischen Rede geht er von drei Fragen aus, die sich für ihn aus dem personalen Charakter des alttestamentlichen Wortes ergeben haben[35]: Wer redet? Zu wem wird geredet? Was geschieht in diesem Reden?

Die erste Frage, die auf den Ursprung des prophetischen Wortes zielt, beantwortet Westermann, indem er das Prophetenwort als Botenspruch bestimmt. Profane Botensendung und die Gottesbotschaften der Briefe von Mari dienen ihm zur Begründung[36]. Als

---

[34] So sieht er als kritisches Ergebnis der Forschung: »An diese neue Bestimmung des prophetischen Gerichtsworts als Botenwort in den beiden Teilen Begründung und Ankündigung muß nach meinem Verständnis die weitere Erarbeitung der prophetischen Redeformen anschließen« (Westermann, Grundformen, 61, in Kursivdruck).

[35] Westermann a. a. O. 66. An anderer Stelle kann er auch schreiben, die drei Fragen hätten sich aus der Struktur des Prophetenwortes ergeben (a. a. O. 69).

[36] Westermann (a. a. O. 91) beschreibt die Bedeutung der prophetischen Mari-Texte: »Für die Geschichte und das Verständnis des Prophetenspruches im AT ist das wichtigste Ergebnis, daß durch diese Mari-Texte der Charakter der Prophetensprüche als *Botensprüche* nun auch von einem religionsgeschichtlichen Hintergrund her voll bestätigt ist und damit die von Lindblom und Köhler eingeleitete Bestimmung des Prophetenwortes von seinem Charakter als Botenwort her nicht mehr mit Grund bestritten werden kann«. Diese These, die im Beweisgang Westermanns eine bedeutende Rolle spielt, ist aber keineswegs so unumstritten, wie er sie ausgibt. Nach einer genauen Untersuchung von Rendtorff gehören Botenformel und Botenspruch nicht so eng zusammen, »daß die Verwendung der Formel bei den Propheten schon einen sicheren Schluß auf die Übernahme der Gattung des Botenspruches zuließe« (ZAW 74, 1962, 169). Als Ergebnis stellt er fest: »Einerseits lassen sich keine einheitlichen Merkmale einer Gattung 'Botenspruch' feststellen; andererseits führen von den in einer kleineren Gruppe von Botenworten erkennbaren formalen Gemeinsamkeiten keine direkten Linien zum Prophetenwort. Man wird also den Satz, daß der Prophetenspruch aus dem Botenspruch hervorgegangen sei, nicht aufrechterhalten können« (a. a. O. 175). Es bleibt nur noch darauf hinzuweisen, daß Westermann diesen Aufsatz, der einen wesentlichen Punkt seiner Auffassung des Prophetenspruchs und damit seines Prophetieverständnisses überhaupt in Frage stellt, weder in der 1964 erschienenen zweiten, erweiterten Auflage noch in der seitdem erschienenen dritten Auflage erwähnt oder gar diskutiert. — Noch von einer anderen Seite her wurde die These Westermanns als unhaltbar zurückgewiesen. Ellermeier setzt sich mit ihr unter dem Aspekt der Mari-Texte eingehend auseinander und kommt aufgrund deren Analyse zu dem Ergebnis, daß die Briefe — anders als Westermann meint — keineswegs den grundsätzlichen Charakter der Prophetensprüche als

Adressaten unterscheidet er einzelne Personen, Israel und Fremdvölker.

Das prophetische Gerichtswort an einzelne, das er dann zunächst
behandelt, ist seiner Auffassung nach einem ordentlichen Gerichtsverfahren nachgebildet, anders als die Ankündigungen ohne Begründung, die aus dem Orakel herzuleiten sind. In einem weiteren Abschnitt stellt er die Gerichtsankündigung an das Volk dar. Sie findet
sich erst seit der Zeit der Schriftpropheten und hat sich gattungsgeschichtlich aus dem Gerichtswort an einzelne entwickelt. Vielfach
finden sich Erweiterungen der Anklage, der Ankündigung und des
Rahmens, ebenso Varianten des Gerichtswortes, zu denen vor allem
der Wehe-Ruf zu zählen ist. Schließlich gibt es noch solche Redegattungen in der Prophetenliteratur, die aus anderen Bereichen entliehen sind; dazu zählen z. B. die Rechtsverhandlung, das Disputationswort oder die Klage.

Die Grundform prophetischer Rede ist somit nach Westermann
das als Botenspruch formulierte Gerichtswort, dessen Teile Begründung und Ankündigung jeweils zweigliedrig sind, so daß sich als seine
Grundstruktur ergibt: a) Begründung (Anklage und ihre Entfaltung)
und b) Gerichtsankündigung (Eingreifen Gottes und dessen Folge).
Daneben gibt es selbständig weder Warnung noch Mahnung[37] noch
Scheltwort. Zum Beweis dieser These verweist Westermann auf die
»notwendige Inkongruenz zwischen Heils- und Unheilsankündigung«,
die sich daraus ergibt, daß die Anklage als Begründung notwendig
zur Unheilsankündigung gehört, die Heilsankündigung hingegen ihren
Grund nicht in einem positiven Tun der Menschen, sondern in Gottes
liebender Zuwendung zu seinem Volk hat[38].

In einem Exkurs im Rahmen seines forschungsgeschichtlichen
Überblicks setzt sich Westermann mit den beiden Bezeichnungen
»Drohwort« und »Scheltwort« auseinander und erklärt beide für unzu-
treffend und mißverständlich. Auf seine Argumentation im Falle des
Scheltworts ist in dieser Untersuchung näher einzugehen[39].

Botensprüche beweisen, vielmehr nur zeigen, daß das Prophetenwort als Botenspruch auftreten *kann* (Prophetie in Mari und Israel, 190 ff.).

[37] Westermann (a. a. O. 132 f.) führt diese beiden Gattungen unter dem Stichwort
»Erweiterungen der Anklage« an: »Mahnung und Warnung sind gewiß nicht genuin
prophetische Redeformen, sondern entstammen wahrscheinlich der Gebotsparä-
nese . . . Sie gehören dann ihrem Ursprung nach dem gebietenden Gotteswort und
dessen paränetischer Weiterbildung an.«

[38] Westermann a. a. O. 69. Ein solches Verfahren, das eine theologische Theorie in eine
Erkenntnis der Gattungskritik ummünzt, dürfte methodisch zu kurzschlüssig sein,
als daß sein Ergebnis ohne weiteres als zutreffend vorausgesetzt werden könnte.

[39] Vgl. dazu Westermann a. a. O. 48 f.

So geht er von der Erkenntnis aus, daß Schelten ein in sich durchaus selbständiger Vorgang ist, so daß die Begründung einer prophetischen Unheilsankündigung nur dann sinnvollerweise als »Scheltwort« bezeichnet wird, wenn sie völlig unabhängig von der Ankündigung bestehen kann. Dies ist aber — so Westermann — nicht der Fall, vielmehr erweist die Analyse des Gerichtsworts den Zusammenhang zwischen Begründung und Ankündigung. Bereits aufgrund dieses Tatbestands ist die Bezeichnung »Scheltwort« hinfällig geworden.

So zutreffend der Ausgangspunkt Westermanns ist, so fragwürdig erscheint seine Folgerung. Da »Begründung« ein funktionaler Terminus, »Scheltwort« hingegen eine Gattungsbezeichnung ist, mithin beide Termini auf verschiedenen Ebenen stehen, ist nicht einsichtig, weshalb ein Scheltwort in der Kombination mit einer Unheilsankündigung nicht die Funktion der Begründung haben sollte. Warum sollte eine Drohung nicht durch Schelten begründet werden[40]?

In der Fortführung seines Beweisgangs spielt dann die Frage, was denn Schelten eigentlich sei, die entscheidende Rolle. Danach stellt dieser Vorgang »ein sterilisiertes und domestiziertes Fluchen oder Bannen« dar; kennzeichnend für ihn ist zudem »die Direktheit des Redens, die Unmittelbarkeit der scheltenden Anrede«[41]. Beide Feststellungen — so Westermann — verbieten es, die prophetische

---

[40] Es liegt die Vermutung nahe, Westermann verneine diese Frage aufgrund seines Prophetieverständnisses, wonach der Prophet nicht droht oder zur Umkehr aufruft, sondern das von Gott beschlossene Unheil verkündet und geradezu in Gang setzt; vgl. Westermann a. a. O. 47. Wenn das Verhältnis zwischen Gott und Mensch aber nicht ausschließlich als die Beziehung des Richters zu dem Angeklagten, vielmehr auch als eine Beziehung von Vater und Sohn verstanden wird, dann wird der Zusammenhang von Schelten und Drohen verständlich: Die Schelte, die auf eine Änderung eines Verhaltens zielt, begründet nachdrücklich die Unheilsankündigung und verändert insofern deren Charakter, als die Ankündigung dadurch bedingt, d. h. zur Drohung wird. Ein Beispiel mag diesen Sachverhalt verdeutlichen. Ein Vater sagt zu seinem Sohn, der mit ungewaschenen Händen zum Essen kommt: »Du mußt ja in allen Drecklöchern herumgewühlt haben. Wie oft habe ich dir gesagt, daß du vor dem Essen die Hände waschen sollst! Warum willst du nicht hören? So ein Schmutz! Du bekommst nichts zum Essen.« Der Vater schilt seinen Sohn mit der Absicht, dessen Verhalten zu ändern. Diese Schelte dient funktional als Begründung der Ankündigung, daß der Sohn nichts zum Essen erhält. Die Strafankündigung selbst aber wird durch das vorangestellte Schelten von bedingter Art und damit zum Drohwort: Falls der Sohn seine Hände nicht wäscht, trifft die angekündigte Strafe zu. Wenn dagegen das intendierte Verhalten vollzogen wird, bleibt es bei der Drohung. — Mit dieser Verhältnisbestimmung von Scheltwort und Unheilsankündigung soll nicht das ganze Spektrum der Möglichkeiten erfaßt sein, sondern lediglich an einem Beispiel die sinnvolle Kombination beider Redegattungen als möglich erwiesen werden.   [41] Westermann a. a. O. 48.

Anklage als Scheltwort zu bezeichnen. Denn auf der einen Seite sei das
Schelten als ein Derivat des Fluchens unmittelbar wirksames Wort,
in der prophetischen Anklage hingegen gehe es um das Feststellen
eines Tatbestands; auf der anderen Seite stelle der Prophetenspruch
einen Botenspruch dar, damit aber sei die Unmittelbarkeit des
Scheltens nicht gegeben[42].

Anstatt von Scheltwort zu sprechen, schlägt nun Westermann
den Terminus »Anklage« vor. Zwar werde dieser Terminus bereits
anderweitig verwendet — in den Klagepsalmen ist von der »Anklage
Gottes« die Rede —, doch sei ein solcher verschiedener Gebrauch
sachlich durchaus berechtigt, wie ihrer beider Gegenüberstellung in
Deuterojesaja deutlich mache.

Damit rückt Westermann die Prophetenworte — trotz mancher
Einschränkungen — in die Nähe des Gerichtsvorgangs, so daß er
schließlich das Geschehen, das sich — nach seiner Anschauung durch
die Vermittlung der Propheten als Boten — zwischen Gott und den
Menschen vollzieht, in der Struktur eines Gerichtsaktes sehen kann
und somit den unheilkündenden Prophetenspruch letztlich rechtlich
bestimmt.

Dieser Gattungsbeschreibung entspricht seine rechtliche Auffassung des prophetischen Auftrags, wonach die Propheten das alte
apodiktische Gottesrecht, das in den fundamentalen Geboten vorgegeben ist, gegen Rechtsbruch und Rechtsmißachtung durchzusetzen
und dazu im gegebenen Fall Anklage zu erheben und das Urteil
Gottes zu verkünden hatten[43]. Es ist nicht mit Sicherheit auszumachen, ob ihn die Gattungsbestimmung zu dieser Auffassung geführt hat, oder ob der Weg umgekehrt verlaufen ist. Aufgrund mancher
Indizien ist fast zu vermuten, daß er zunächst ein bestimmtes Prophetieverständnis hatte, aufgrund dessen er dann sekundär die prophetischen Redegattungen bestimmte[44].

---

[42] Dieses Argument von Westermann ist allerdings hinfällig, wenn man seine Botentheorie nicht teilt; vgl. dazu den bereits erwähnten Aufsatz von Rendtorff, ZAW 74
(1962) ,165—177.

[43] Siehe Westermann, Grundformen, 95 ff. 126; ders., BHH, 1503 ff.: »Bei aller Ver-
schiedenartigkeit dieser Anklage ... bleibt es im Grunde das gleiche Geschehen:
Das Volk Israel hatte sich in einem Versprechen an seinen Gott gebunden ... Wenn
nun ein schweres Vergehen begangen wurde, und es erfolgte nichts darauf, so war
an dieser Stelle der Zusammenhang zerbrochen, aus dem das Volk lebte. Indem der
P. hier dazwischentritt und Anklage erhebt, wahrt er diesen Zusammenhang, die
geschichtliche Kontinuität« (BHH 1505).

[44] Vgl. dazu sein Verfahren, in dem Abriß der Geschichte der Prophetenforschung alles
das als Fortschritt darzustellen, was der eigenen These dient, oder die Tatsache, daß
er in der Einführung des Terminus Anklage dessen Problematik zwar anerkennt,
in seiner folgenden Verwendung aber schwerwiegende Konsequenzen aus ihm ableitet (Westermann, Grundformen, 49. 95 ff. 126).

Boecker ist in seiner Untersuchung der »Redeformen des Rechtslebens« zu ähnlichen Ergebnissen wie Westermann gekommen. So sieht er »die ganze Gattung der sogenannten 'Scheltrede' aus der Anklagerede erwachsen«, d. h. Stoff und Form entsprechen der prozessualen Anklage[45]. Die Verbindung von Schelt- und Drohwort ist demzufolge nicht eine sekundäre Kombination zuvor an sich selbständiger Bestandteile, sondern »dürfte in der Struktur des Gerichtsspruchs, der in seiner vollen Form aus Urteil und Tatfolgebestimmung besteht, ihren Ursprung haben«[46]. Boecker zieht diese Folgerung, obschon die Terminologie der Belegstellen meist nicht auf die Gerichtssituation hinweist und ein ausführlicher Strukturvergleich gerade die Unterschiede zwischen prophetischer Unheilsankündigung und profanem Gerichtsspruch deutlich macht[47]. Der Grund für ein solches

---

[45] Boecker, Die Redeformen des Rechtslebens, 92: »... die Propheten dürften sich bei der Benutzung dieser Redeform als Ankläger verstanden haben gegenüber einem Volk, das Satzung und Recht seines Gottes gebrochen hat.«

[46] Boecker a. a. O. 157. Es ist festzuhalten, daß er das prophetische Gerichtswort nicht wie Westermann aus den beiden Teilen »Anklage« und »Urteil« (Westermann, Grundformen, 96), sondern vielmehr aus »Urteil« und »Tatfolgebestimmung« bestehend denkt. Darin ist nicht nur ein terminologischer, sondern auch sachlicher Unterschied angezeigt. Bereits diese Tatsache sollte gegenüber einer gattungsgeschichtlichen Herleitung des Prophetenspruchs von der profanen Gerichtspraxis zurückhaltend machen.

[47] Anhand von zwei Punkten soll beispielhaft dieses Vorgehen Boeckers kritisch gewürdigt werden: 1. Bei der Frage nach dem »Sitz im Leben« einer Gattung sollte man — so Boecker zu Recht — nach einem möglichst konkreten Haftpunkt suchen, d. h. von einer Stelle ausgehen, bei der ein solcher sichtbar wird (a. a. O. 157). Als solchen Text behandelt er Hos 4, 1—3, der zweifelsfrei der Gerichtssituation zuzuweisen ist (vgl. Fohrer, Einleitung, 464). Soweit ist noch nichts dagegen einzuwenden. Problematisch wird das Verfahren Boeckers erst dann, wenn er diesen bestimmten Sitz im Leben einer fast allgemein anerkannten prophetischen Gerichtsrede auf alle Unheilsankündigungen der Propheten zu übertragen sucht, ohne daß er zuvor — seine eigenen methodischen Grundsätze mißachtend (vgl. a. a. O. 78) — die gattungsgeschichtliche Beziehung dieser beiden Gattungen positiv geklärt hätte. 2. Boecker legt zwar keinen ausführlichen Strukturvergleich der Gerichtssprüche und der Unheilsankündigungen vor — hierin liegt ein entscheidender Mangel seiner Arbeit —, doch gewisse formale Unterschiede entgehen ihm nicht. So weist er selbst darauf hin, daß a) in der Gesetzesliteratur Urteil und Tatfolgebestimmung stets von einer einzigen Person gesprochen werden, im Falle der Prophetensprüche jedoch Propheten- und Jahwerede zu unterscheiden sind (vgl. Jes 5, 11—13); b) der Prophet Urteil und Tatfolge von der 3. pers. der Rede in die Form der direkten Anrede umgesetzt hat. Als Begründung führt er einerseits ein seelsorgerlich-homiletisches Bemühen der Propheten an (»Der Prophet ist den Hörern näher, wenn er hier mit eigenen Worten spricht«), andererseits verweist er auf die prophetische Leidenschaft für das Volk, die über die Form siegt (a. a. O. 159). Mit einer solchen Begründung verläßt aber Boecker den Boden methodischer

Vorgehen scheint ähnlich wie bei Westermann in einem theologischen Interesse zu liegen, das das Verhältnis von Jahwe und Israel als Rechtsbeziehung verstehen will[48].

β) Die gegensätzliche Position, die in der Erforschung der prophetischen Redegattungen gegenwärtig vertreten wird, ist in den Einleitungswerken von *Eißfeldt, Fohrer* und — mit Vorbehalt — *Weiser* dargestellt. Diese Forscher schließen sich — teilweise ausdrücklich, teilweise unausgesprochen — der Bestimmung der prophetischen Redegattungen durch Gunkel in modifizierter Form an und unterscheiden daher vier prophetische Grundgattungen[49]: den Droh- und den Verheißungsspruch, den Schelt- und den Mahnspruch.

Das Scheltwort (bzw. der Scheltspruch) ist danach vom Propheten formuliert und hält einem einzelnen oder dem Volk die Schuld vor. Meist tritt es in der Kombination mit einem Drohwort auf, seltener besteht es für sich allein. Doch ist zwischen der Begründung eines Drohworts und dem eigenständigen Scheltwort sorgfältig zu unterscheiden. Formale Kriterien werden hierfür allerdings nicht genannt, ebensowenig wie für die Bestimmung der Gattung des Scheltworts überhaupt. Darin ist der entscheidende Mangel dieser Gattungsbeschreibungen zu sehen, da er nur sehr bedingt eine Diskussion dieser Anschauungen zuläßt.

Die gattungsgeschichtliche Herleitung des Scheltworts ist in den genannten Einleitungen unterschiedlich. Weiser vermutet eine im Kult verwurzelte Entwicklung[50], Fohrer (ähnlich Eißfeldt) führt es auf zwei Wurzeln zurück: Einmal ist es »eine formgeschichtliche Verselbständigung der Begründung des Drohworts«; zum anderen ist es — falls mit dem Weheruf הוי eingeleitet — im Ruf der Totenklage beheimatet[51].

Als theologisches Interesse, das hinter der Behauptung des Scheltworts als prophetischer »Urgattung« steht, läßt sich nur vermuten,

Nachprüfbarkeit und gibt Raum für willkürliche Gattungsbestimmungen. Welche formalen Unterschiede ließen sich nicht als Ausdruck des seelsorgerlichen Bemühens und der Leidenschaft der Propheten erklären? Man kann sich des Eindrucks nicht erwehren, daß hier der Grundsatz gilt, daß nicht sein kann, was nicht sein darf. Es ist zu fragen, ob es nicht angemessener wäre, wenn Boecker seine Gattungsbestimmung überprüfte, statt bestehende Schwierigkeiten mit Hilfe theologischer Theorien zu verneinen.

[48] So beschreibt Boecker — in zustimmender Aufnahme von Waldow, Der traditionsgeschichtliche Hintergrund der prophetischen Gerichtsreden — den Auftrag der Propheten folgendermaßen: »Die Propheten treten dem Volk mit einer Anklagerede gegenüber, weil es gegen das von Jahwe erlassene Bundesrecht verstoßen hat und sein Verhalten in scharfem Gegensatz zu der Bundesgeschichte steht.« (a. a. O. 93).

[49] Siehe Eißfeldt, Einleitung, 105 f.; Fohrer, Einleitung, 384 ff.; Weiser, Einleitung, 51 f.

[50] Weiser a. a. O. 52.

[51] Fohrer a. a. O. 388.

daß dadurch die Beziehung zwischen Gott und Mensch nicht in rechtlichen, sondern in personalen Kategorien erfaßt werden soll. Danach hatten die Propheten nicht nur zukünftiges Unheil zu verkünden, sondern sie deckten die menschliche Schuld auf, stellten Forderungen an die Gegenwart und forderten zur Umkehr auf. D. h. ihr Auftrag war es nicht, als Wahrer des Gottesrechts Anklage zu erheben und das Gerichtsurteil zu überbringen, sondern sie redeten über die Zukunft, um die Gegenwart, auf die sie einwirken sollten und wollten, zu bestimmen[52].

γ) Eine ähnliche, wenngleich auch in mancher Beziehung abweichende Ansicht vertritt *Koch*[53]. Seine Untersuchung geht von dem methodischen Grundsatz aus, daß der Aufbau prophetischer Sprüche zunächst den Erzählungen über die Propheten zu entnehmen ist, nicht aber den Redeteilen in den Prophetenbüchern; »denn hier finden sich lange Spruchkomplexe, bei denen die Abgrenzung der Einheit außerordentlich schwierig ist«[54].

Im einzelnen unterscheidet er Unheils- und Heilsprophezeiungen, von denen nur die erstere Gattung in dieser Studie von Interesse ist. Sie besteht in der Regel aus drei Teilen: 1. einem Lagehinweis oder Scheltwort, 2. einer Unheilsweissagung (einem Drohwort) und 3. einer abschließenden Charakteristik (des Betroffenen oder des Sendenden). Ihr erster Sitz im Leben ist in der Erscheinung des prophetischen Wortempfangs, ihr zweiter Sitz im Leben in dem öffentlichen Vortrag zu sehen[55].

Anders als Westermann behält also Koch den Terminus Scheltwort bei, wenn er ihn auch an manchen Stellen für unpassend hält und deshalb durch die Bezeichnung »Lagehinweis« ersetzen möchte[56]. Ein solcher Lagehinweis schildert »die religiöse, soziale oder politische Lage und das Verhältnis zwischen Gott und dem Adressaten der Profezeiung«[57]. Er will das heraufziehende Geschehen einsichtig machen, dient somit als Begründung der folgenden Unheilsweissagung, die »die eigentliche Substanz der gesamten Profezeiung« enthält[58].

---

[52] So Fohrer a. a. O. 385 (ähnlich Eißfeldt a. a. O. 106) gegen Westermann, Grundformen, 96. 126.

[53] Koch, Formgeschichte, 233 ff. 251 ff. 258 ff.

[54] Koch a. a. O. 258.

[55] Koch a. a. O. 266 ff. — Auf diese — zumindest terminologisch — unpräzise Unterscheidung von zwei »Sitzen im Leben« sei nachdrücklich hingewiesen, da manche Verständigungsschwierigkeiten in der Gattungsforschung auf solche Ungenauigkeiten zurückgehen; vgl. § 10.

[56] Siehe Koch a. a. O. 234 f. (mit seiner Auseinandersetzung mit Westermanns Exkurs zum Terminus Scheltwort).

[57] Koch a. a. O. 259.

[58] Koch a. a. O. 260.

Ein Vergleich der Prophezeiung mit dem Botenspruch läßt zwar eine gewisse Verwandtschaft erkennen, macht aber zugleich ihre Verschiedenheit deutlich. In bezug auf ihren ersten Teil liegt der Unterschied nach Koch vor allem darin begründet, daß die Skizzierung der Lage nicht nur ein allgemeiner Hinweis wie im Falle des Botenspruchs, sondern auch »Aufweis der Schuld, Scheltwort« ist[59]. Dennoch stellt nur die »Profezeiung« eine eigenständige Gattung dar, nicht aber das »Scheltwort«, das als begründender Lagehinweis das zukünftige Handeln Gottes aus der Gegenwart als notwendig erweist[60]. Das Wehelied hingegen, das keinesfalls mit einer Scheltrede verwechselt werden darf, faßt Koch in Übereinstimmung mit Westermann als selbständige Gattung auf.

2. Resümee. Aspekte und Folgerungen

Der Überblick über die Geschichte der Erforschung der prophetischen Redegattungen hat die Schwierigkeiten offen zutage treten lassen, mit denen eine gattungskritische Untersuchung angesichts der gegenwärtigen Forschungssituation zu rechnen hat.

a) So wurde deutlich, daß die Forschungsgeschichte keineswegs kontinuierlich verlaufen ist, sondern sehr verschiedene Ansätze aufweist, die frühere Ergebnisse nicht selten unkritisch übernommen haben.

Nachdem Gunkel die Mannigfaltigkeit der Redegattungen in der Prophetenliteratur herausgestellt und dabei die eigentümlich prophetischen von den anderen, nur entliehenen Redegattungen abgehoben hatte, bauten Greßmann und Hempel im wesentlichen zwar auf diesen Einsichten auf, kamen aber unter Verwertung neuer Aspekte zu modifizierten Ergebnissen. Grundlage der Gattungsbestimmung war für alle drei Forscher die gemeinsame Überzeugung, daß der eigentliche Prophetenspruch aus dem Orakel herzuleiten sei und sich hier mit der ekstatischen Erfahrung berühre.

Dieser Erlebnistheorie wurde im Laufe der Forschungsgeschichte — beginnend mit Lindblom und Köhler — die Botentheorie entgegengesetzt. Die Analyse der sogenannten Botenformel כה אמר יהוה führte im Zusammenhang mit anderen Beobachtungen zu der Ansicht, der Prophetenspruch sei als Botenspruch und damit der Prophet als Bote zu verstehen[61].

---

[59] Koch a. a. O. 266.

[60] Es ist nicht mit Sicherheit auszumachen, 1. ob Koch eine eigenständige Gattung der Scheltrede überhaupt bestreitet; 2. ob seine Beibehaltung des Terminus Scheltwort auf Erkenntnissen der Struktur oder der Funktion bzw. Intention des Lagehinweises basiert.

[61] »Weil der alttestamentlichen Prophetie die Gewißheit zugrunde liegt, kein eigenes Wort zu erzeugen, sondern Botschaftsdienst zu verrichten, kann man ihre Rede im Kernstück 'Zitat' nennen ... Prophetenrede ist ihrem Wesen nach in willigem oder erzwungenem Gehorsam weitergegebene Jahwerede ... Dabei ist Vorausset-

Dieses gegensätzliche Prophetieverständnis wurde noch durch andere unterschiedliche Entwicklungen in der Beschreibung der prophetischen Redegattungen verstärkt. Auf der einen Seite wurden die Bestimmungen Gunkels, der in der Prophetie vor allem die pädagogisch-rationalen Momente betonte, beibehalten (einschließlich der Terminologie), auf der anderen Seite wurde — vor allem in Aufnahme von Beobachtungen Wolffs — der Prophetenspruch als Gerichtswort bestimmt und damit ein forensisches Prophetenbild gezeichnet. Im Widerstreit zu dieser profanrechtlichen Bestimmung haben einige Forscher die prophetischen Gerichtsreden und schließlich die prophetische Verkündigung überhaupt aus dem Kultus herleiten wollen, so daß von ihnen die Propheten geradezu als Kultbeamte aufgefaßt werden.

Diese Skizzierung der verschiedenen Tendenzen mag genügen, da der Rahmen dieser Arbeit eine Beschränkung fordert. Es sei nur nochmals hervorgehoben, daß anders als Gunkel, der sich bei der Bestimmung der prophetischen Redegattungen von der Frage nach dem zugrunde liegenden Erlebnis des Propheten leiten ließ, die neuere Forschung die Frage nach Traditionszusammenhängen und institutioneller Verwurzelung in den Vordergrund stellt[62].

Da die Erfassung der prophetischen Redegattungen in Wechselbeziehung zum Verständnis der Prophetie steht, ergibt sich durch diese Vielfalt ein sehr uneinheitliches Prophetenbild: der Prophet wird als Denker und Erzieher, als Seelsorger und Wächter, als Ankläger und Gesetzeswahrer, als Traditionalist und Kultbeamter, als Individualist und Sozialrevolutionär geschildert[63]. Eine allgemein anerkannte Antwort auf die Frage, welche dieser Beschreibungen am zutreffendsten ist, konnte bis heute nicht gefunden werden und ist auch weiterhin nicht in Sicht.

Daß ein solches unterschiedliches Prophetieverständnis Konsequenzen für das Gottesbild hat, liegt auf der Hand. Je nach der Beschreibung der Stellung und des Auftrags der Propheten wird sich das Verständnis von Gott ändern: Gott als Ankläger und Richter, Gott als Pädagoge und Vater, der fordernde und strafende Gott, der mahnende und scheltende Gott.

Die Erforschung der in der Prophetenliteratur begegnenden Gattungen allein begründet ein solches Gottesverständnis zwar nicht, wohl aber kann sie Gesichtspunkte zur Antwort auf die Frage beitragen, welche Gottesvorstellung die prophetische Botschaft be-

---

zung, daß der entscheidende Offenbarungsempfang nicht in Rausch oder Schauung, sondern mittels des deutlichen Wortes geschieht.« (Wolff, Das Zitat im Prophetenspruch, 10). — »Damit wird die Möglichkeit, das prophetische Wort von einem prophetischen Erleben her zu verstehen, zugunsten einer scheinbaren Objektivierung des Prophetenspruchs als Gotteswort aufgegeben.« (Fohrer, Einleitung, 385). Mit diesen beiden Zitaten sind zwei Positionen markiert, die in ihren gegensätzlichen Auswirkungen die Gattungsforschung entscheidend bestimmen.

[62] Vgl. Rendtorff, RGG³, 635—638.

[63] Vgl. die Beschreibung dieser Situation der Prophetenforschung in der vor kurzem erschienenen Studie von Schmidt, Zukunftsgewißheit und Gegenwartskritik, 7 ff.

stimmte. Damit ist die *theologische Relevanz* der Problematik, der sich diese Studie widmet, offenkundig; sie gilt es in der folgenden Untersuchung im Auge zu behalten, auch wenn scheinbar allein literaturwissenschaftlich bedeutsame Fragen verhandelt werden.

Noch auf einen weiteren Aspekt der Bedeutung dieser Arbeit soll in diesem Zusammenhang hingewiesen werden. Die Korrespondenz zwischen Gattungsforschung und Prophetieverständnis hat auch *homiletische Relevanz*. Ohne daß kurzschlüssige Folgerungen gezogen werden dürfen, ist es doch für homiletische Überlegungen zu prophetischen Texten bedeutsam zu wissen, ob die Propheten gescholten und gemahnt oder ausschließlich das Gericht angekündigt haben. Ein verantwortlicher Prediger wird diese Frage nicht außer acht lassen. Ihre Beantwortung vermag sogar — mit allem Vorbehalt — einen Beitrag zur homiletischen Grundsatzdiskussion zu liefern, nämlich zur Frage des Anknüpfungspunktes wie zu der nach der Aufgabe des Predigers überhaupt[64]. Da der Ort der prophetischen Verkündigung von dem der kirchlichen Predigt verschieden ist, sind zwar keine unmittelbaren Übertragungen möglich, wohl aber kann eine »prophetische Homiletik« zur Auseinandersetzung und eigenen Standortbestimmung anregen.

Diese kurzen Striche dürften genügen, um deutlich zu machen, welche Absicht der Verfasser damit verfolgt: nämlich den Gesamtzusammenhang aufzuweisen, in den die folgende Detailarbeit einzuordnen ist. Daß dies ausdrücklich geschah, ist einerseits durch die Sache selbst bedingt, die hier verhandelt wird, andererseits sollte dadurch dem Mißverständnis vorgebeugt werden, exegetische Arbeit könnte ohne Berücksichtigung ihrer systematisch- oder praktisch-theologischen Relevanz getrieben werden.

b) Nachdem die theologische Bedeutsamkeit gattungskritischer Ergebnisse aufgezeigt ist, werden die Schwierigkeiten der gegenwärtigen Forschungssituation nur um so drängender. Die häufig unpräzise Redeweise, die keinen eindeutigen Unterschied zwischen Form

---

[64] An einem Beispiel soll aufgezeigt werden, was damit gemeint ist. So unterscheidet Bohren im Anschluß an M. Dibelius (Die Formgeschichte des Evangeliums, 1958[3], 15) drei Aufgaben einer Predigt: Kerygma, Schriftbeweis, Bußmahnung. Zur letzteren führt er aus: »Wir befinden uns hier an einer gefährlichen Stelle. Gerade evangelistische Prediger erliegen oft der Gefahr, ungeschickt zu werden, indem sie ihre Verkündigung überladen mit Bußmahnungen und Entscheidungsfragen ... Auf der anderen Seite gibt es viele gute Theologen, die aus Schüchternheit auf die Nötigung verzichten, so daß ihre Hörer nicht Folge leisten. Mahnung muß sein. Aber hier ist Weisheit vonnöten« (Bohren, Dem Worte folgen, 47f.). Kurz zuvor hatte Bohren ausdrücklich auf die Relevanz der formgeschichtlichen Forschung für die Homiletik hingewiesen, indem er die neutestamentlichen Paradigmen als beispielhaft für jede Predigt bezeichnete: In Barmherzigkeit mit dem primitiven Menschen brauche die Predigt Paradigmen (S. 46f.). Es dürfte einsichtig sein, daß in ähnlicher Weise auch ein Blick auf die alttestamentliche Prophetie und die Gestalt ihrer Rede Anregungen und Gesichtspunkte zur homiletischen Diskussion beitragen kann.

und Inhalt, Form und Gattung, Sitz im Leben und Sitz in der Rede, Funktion und Intention macht, und die unklare, manchmal geradezu willkürlich anmutende Terminologie, deren Dissensus nicht selten auf grundlegende hermeneutische Differenzen zurückzugehen scheint, weisen auf den Mangel an sachlich begründeten Kriterien und damit auf das Fehlen einer sachgemäßen, wissenschaftlich exakten Methodik als entscheidendes Manko der Gattungsforschung — zumindest in der Prophetenliteratur — hin.

Angesichts dieser Situation ist zu fragen, ob das geplante Arbeitsvorhaben nicht bereits als aussichtslos gelten muß, bevor es überhaupt in die Tat umgesetzt ist[65]. Diese Frage muß bejahen, wer das bisher geübte methodische Verfahren für zureichend hält. Denn in diesem Fall blieben die gattungskritischen Entscheidungen weiterhin von Faktoren abhängig, die zu subjektiv und insofern zu beliebig wären, als daß sie die Grundlage eines gemeinsamen Verständnisses bilden könnten. So macht die Forschungssituation mehr denn je die Anwendung einer Methodik erforderlich, die den Kriterien der Mitteilbarkeit und Nachvollziehbarkeit genügt[66], so daß die erzielten Ergebnisse überprüfbar sind.

Soll ein solcher neuer Ansatz gewagt werden, so darf die Gattung des Scheltworts, der diese Untersuchung gilt, nicht als bekannte Gegebenheit vorausgesetzt werden, ja selbst die Theorie der Gattung kann nur vorläufige Geltung beanspruchen und bedarf der ständigen Prüfung und eventuellen Korrektur. Es ist vielmehr von literarkritisch abgegrenzten und gesonderten Texten auszugehen[67], diese sind auf ihre Struktur[68] hin zu untersuchen und erst dann ist die Frage nach ihrer Gattung zu stellen. D. h. der methodische Weg soll nicht vom Allgemeinen zum Besonderen, von einer Theorie über die Gattung des Scheltworts zu ihren konkreten Vorkommen führen, sondern umgekehrt von einzelnen Texten aus zu einer Theorie, von Konkretionen zur Abstraktion.

c) Bevor dieses Vorhaben anhand des Amosbuches exemplarisch angegangen wird, sind die Gesichtspunkte und Fragestellungen auf-

---

[65] Dieser Meinung scheint Kaiser zu sein, wenn er in bezug auf die unterschiedliche gattungskritische Bestimmung des sogenannten prophetischen Scheltworts feststellt: »Solange das übergreifende rechts- und religionsgeschichtliche Problem nicht geklärt ist, wird sich kaum eine terminologische Übereinkunft erzielen lassen.« (Einleitung, 227).

[66] Zu diesem Methodenverständnis vgl. Richter, Exegese, 9ff.; siehe auch unten § 10.

[67] Zur methodischen Vorordnung der Literarkritik vor die Gattungskritik vgl. u. a. Richter, Exegese, 44ff.

[68] Dieser Terminus bezeichnet den »Ordnungszusammenhang zwischen den an einer Sache unterscheidbaren Teilen, Gliedern oder Bestandstücken« (Wittmann, Theorie und Praxis, 166); vgl. Ulrich 113.

zuführen, die sich aus dem zurückliegenden Überblick der Forschungsgeschichte ergeben haben. Ihre Beachtung kann dazu verhelfen, im
eigenen Vorgehen auf bestimmte Aspekte aufmerksam zu werden, und
dazu anregen, solche Aspekte, die sich als relevant erweisen, zu ver-
tiefen. Gleichzeitig ist dadurch auch ein kritischer Maßstab zur Überprüfung, Beurteilung und forschungsgeschichtlichen Einordnung der
eigenen Ergebnisse gegeben. Damit wird deutlich, daß sich diese
Studie trotz ihres neuen Ansatzes in der Methodik als in der Kontinuität mit der Forschungsgeschichte stehend versteht.

Im einzelnen hat der oben genannte Überblick auf folgende
Gesichtspunkte und Fragestellungen aufmerksam gemacht:

1. Ausgangspunkt zur Bestimmung der Gattung des Scheltworts
könnte die Überlegung sein, daß die Behauptung einer solchen Gattung
nur sinnvoll ist, wenn sie sich als eigenständig und unabhängig erweisen läßt. Es ist zu erwarten, daß solche Scheltworte nicht nur in
der Prophetenliteratur, sondern auch und gerade in den erzählenden
Partien der Geschichtsbücher begegnen[69]. Diese beiden Überlegungen
ergeben sich von selbst, wenn man den Vorgang des Scheltens ins
Auge faßt.

Danach dürfte es zweckmäßig sein, zunächst Texte scheltenden
Charakters zu suchen und zu analysieren und sich dabei nicht nur auf
die prophetischen Bücher zu beschränken, sondern das ganze Alte
Testament einzubeziehen; sodann die gewonnenen Kriterien auf fragliche Texte zu übertragen, d. h. vor allem auf solche Prophetensprüche,
die gattungskritisch als Kombination von Droh- und Scheltwort bzw.
als Gerichtsspruch bestimmt wurden; schließlich die Frage nach dem
Sitz im Leben zu stellen.

2. In diesem Zusammenhang sind verschiedene offene Fragen
aufzunehmen: Worin besteht der Unterschied zwischen einem begründeten Drohwort und einem Droh- und Scheltwort? Besteht der
unheilkündende Prophetenspruch stets aus den beiden Teilen der
Begründung und Ankündigung? Geht es in dem Begründungsteil um
die Feststellung eines Tatbestandes oder läßt er sich als Scheltwort
verstehen? Hängen Schelten und Drohen in irgendeiner Weise zusammen? Wie lassen sich die Weherufe gattungskritisch einordnen?
Vor allem: Wie verhalten sich in den fraglichen Texten Jahwerede
und Prophetenrede zueinander? Läßt sich eine charakteristische Verteilung beobachten? Wie ist in diesem Zusammenhang die Problematik des Botenspruchs zu sehen?

3. Die Fülle von Fragen läßt sich nur angehen, wenn voreilige
Schlüsse vermieden werden. So darf man nicht ohne weiteres Gattung

---

[69] Damit ist die These, das Scheltwort sei eine *prophetische Grundgattung*, bereits in
Frage gestellt, wenn sie ausschließenden Charakter haben sollte.

und Inhalt gleichsetzen. Auch ist der ursprüngliche Sitz im Leben einer Gattung nicht mit der Funktion des Spruches in der prophetischen Verkündigung oder mit der Intention des Propheten zu verwechseln; vielmehr ist auf eine präzise Unterscheidung von Gattung, Funktion und Intention zu achten[70]. Anders gesagt: Termini sind präzise und unmißverständlich einzuführen, auf ihre gegenseitige Abgrenzung ist besonders zu achten. Das methodische Vorgehen hat durchsichtig und nachprüfbar zu sein; eine methodische Reflexion zum Abschluß dieser Studie sollte dessen Bedingungen darlegen und damit zur wissenschaftlichen Kommunikation anregen.

---

[70] Als Beispiel einer solchen Vermischung mag eine Passage aus dem Buch »Prophetie in Mari und Israel« von Ellermeier dienen, der in der Auseinandersetzung mit Westermann feststellt: »Die aus der Form der Aussage gewonnenen einzelnen Bezeichnungen der Redeformen besagen vielfach noch nichts über die Intention der Aussage und damit über die 'eigentliche Gattung'.« (S. 210). So richtig dieser Einwand an sich ist, so ungenau und geradezu entlarvend ist die Rede von der »eigentlichen Gattung«. Danach scheint für Ellermeier »die Form der Aussage« die Gattung und »die Form der Aussage und ihre Intention« die eigentliche Gattung zu konstituieren. Die Problematik einer solchen Terminologie liegt auf der Hand.

Kapitel 2

Strukturanalyse des Amosbuches

Die Aufgabenstellung dieses Arbeitsschrittes, in exemplarischer Weise das Amosbuch auf Scheltworte hin zu untersuchen, macht eine literarkritische und sprachliche Analyse der Prophetenschrift erforderlich. Dazu wird zunächst der *Text* übersetzt und mit Erläuterungen versehen. Sodann wird in einem Abschnitt *Abgrenzung* die literarkritische Problematik abgehandelt, d. h. der vorliegende Text in seiner Abgrenzung und auf seine Einheitlichkeit hin untersucht. Ziel dieser Analyse ist die Bestimmung der einfachen Einheit[1], eventueller Fragmente und Erweiterungen. Dagegen ist es nicht ihre Aufgabe, die Echtheit[2] eines Textes zu beurteilen[3]; dieser Fragestellung ist ein eigener Abschnitt vorbehalten[4]. In einem dritten Teil wird die *Form*[5] der literarkritisch bestimmten[6] einfachen Einheit unter den Aspekten Ausdruck und Bedeutung untersucht[7]. Die Darstellung geht von dem poetischen Aufbau der Einheit aus, beschreibt dann deren Syntax und Stil und wertet schließlich semantische Gesichtspunkte aus. In einer Tabelle werden zum Abschluß die Ergebnisse der Analyse übersichtsweise zusammengefaßt, so daß die Struktur und damit auch das Ziel und der Horizont der untersuchten Einheit erkennbar werden. Falls die *Echtheit* eines Textes, d. h. seine Herleitung von Amos, umstritten ist, wird in einem zusätzlichen Abschnitt diese Frage aufgenommen und — soweit es aufgrund der formalen Analyse möglich ist — einer Klärung zugeführt. Da jedoch die Echtheit einer Einheit nur

---

[1] Dieser Terminus bezeichnet einen Text, der 1. aufgrund von im Text angegebenen Kriterien abgegrenzt ist, 2. keine störenden Wiederholungen und/oder Spannungen enthält, und dessen Gedankengang 3. zu dem angestrebten Abschluß kommt; vgl. Zenger, Ein Beispiel exegetischer Methoden, 108.

[2] Obwohl dieser Ausdruck unangemessene Vorstellungen erweckt, indem er ein Werturteil impliziert, wird er als term. techn. der alttestamentlichen Wissenschaftssprache trotz aller Bedenken auch in dieser Untersuchung verwendet.

[3] Zu dieser Eingrenzung der literarkritischen Aufgabe vgl. Richter, Exegese, 49—72, und Zenger, Ein Beispiel exegetischer Methoden, 105—117.

[4] Siehe unten die Ausführungen zur Aufgabenstellung dieses Abschnitts.

[5] Unter »Form« wird im folgenden die Beschreibung eines Einzeltextes aufgrund der sprachlichen Analyse verstanden; vgl. Richter, Exegese, 74. 132, und § 10.

[6] Zur unumkehrbaren Reihenfolge von Literarkritik und Formanalyse siehe Richter, Exegese, 34. 44f. 72.

[7] Zur Begründung und Entfaltung dieses methodischen Schrittes siehe § 10.

unter Berücksichtigung aller methodischen Gesichtspunkte beurteilt
werden kann, ist eine Entscheidung innerhalb dieser Untersuchung,
die sich auf die Analyse der Formen und deren Strukturvergleich
beschränkt, in der Regel nicht möglich.

Obschon ursprünglich beabsichtigt war, das ganze Amosbuch zu
analysieren, wurde doch im Hinblick auf den Umfang der Untersuchung eine Beschränkung des Textmaterials vorgenommen. So
bleiben unberücksichtigt die Überschrift 1, 1, die über die Person
des Propheten unterrichtet; das Motto 1, 2, das seine Botschaft zusammenfassen will; die Selbstberichte 7, 1—9; 8, 1—3; 9, 1—4, die
Visionen des Propheten schildern; der Fremdbericht 7, 10—17, der
über die Ausweisung von Amos in Betel informiert; das Hymnenstück 9, 5f., das an 4, 13; 5, 8f.; 8, 8 anschließt, und der als Jahwerede stilisierte Schluß des Buches 9, 11—15, der Heilsankündigungen
für Israel enthält[8].

Während der eine Teil dieser Texte (1, 1f.; 9, 5f.; 9, 11—15) für
die anstehende Problematik offenkundig ohne Belang ist, scheint
der andere Teil (7, 1—17; 8, 1—3; 9, 1—4) für die Fragestellung relevante Stücke zu enthalten. Doch ist in ihrem Fall eine sichere
Scheidung zwischen Bericht und Spruch, zwischen primärer Einheit
und sekundärer Erweiterung nicht ohne weiteres möglich[9], sondern
setzte eine genaue Analyse der fraglichen Berichte voraus. Da das
zur Verfügung stehende Beispielmaterial — auch unter Absehung
von diesen Texten — umfangreich genug erscheint, wird aus praktischen Erwägungen darauf verzichtet, die in den Berichten enthal-
tenen Sprüche in die Untersuchung einzubeziehen. Mit dieser Entscheidung ist der Textkomplex umgrenzt, der Gegenstand der folgenden Analyse sein soll. Er umfaßt 1, 3—6, 14; 8, 4—14 und 9, 7—10.

So werden in einem ersten Paragraphen (§ 3) die ersten beiden
Kapitel (Am 1—2) behandelt. Sie enthalten den Völkerzyklus, der
eine große, in sich geschlossene Komposition bildet und anscheinend
»von vornherein als solche geplant war und vorgetragen wurde«[10]. In
einem zweiten Abschnitt (§ 4) werden die beiden folgenden Kapitel
(Am 3—4) analysiert. Sie beginnen jeweils mit »Höret dies Wort« und

---

[8] Siehe zu den Einzelheiten der Abschnitte Rudolph, Wolff u. a.

[9] Zur Verdeutlichung der bestehenden Schwierigkeiten seien nur zwei unterschiedliche literar- und gattungskritische Bestimmungen angeführt. So zählt Balla 6
die Abschnitte 7, 8b—9; 8, 2b—3; 9, 1*—4 und 7, 11; 7, 16f. als drohende Prophetensprüche auf, während Wolff 7, 8b; 8, 2b von ihrer Funktion innerhalb der Visionsberichte her von Prophetensprüchen abhebt, 7, 9; 8, 3 als sekundäre, redaktionell bearbeitete Stücke beurteilt und nur in dem Jahwewort 9, 1*—4 eine nahe
Parallele zu einem Prophetenspruch erkennt.

[10] Fohrer, Einleitung, 477; siehe zu dieser Sonderstellung in Am Rudolph, Wolff und
die folgende Analyse, besonders § 7.

werden in 4, 13 durch ein Hymnenfragment abgeschlossen. In einem
dritten Paragraphen (§ 5) werden die Kapitel 5 und 6 (Am 5—6)
untersucht. Kapitel 5 beginnt ebenfalls mit der Aufforderung »Höret
dies Wort« und ist mit Kapitel 6 durch die in beiden Kapiteln zu
beobachtenden Weherufe eng verbunden. In einem vierten Abschnitt
(§ 6) werden schließlich die Sprüche der beiden letzten Kapitel (Am
8—9) analysiert. Es finden sich hier in größerem Maße als zuvor in
ihrer Echtheit umstrittene Stücke[11].

Mit dieser Einteilung des Textmaterials soll das Ergebnis einer redaktionskritischen Analyse des Amosbuches keineswegs präjudiziert werden. Die vorgenommene
Gliederung, die sich an der traditionellen Kapiteleinteilung orientiert, beruht auf
Erwägungen, das Beispielmaterial in sinnvoller und zugleich zweckmäßiger Weise in
etwa gleich umfangreiche Teile zu gliedern.

In einem abschließenden Arbeitsschritt (§ 7) werden die Ergebnisse der Textanalysen unter bestimmten Gesichtspunkten zusammengefaßt und mit Hilfe eines Strukturvergleichs der Formen
für die anstehende Problematik ausgewertet.

Wie bereits ein ungefährer Überblick über bibliographische Angaben zu den
Prophetenbüchern lehrt[12], ist die Literatur der letzten Jahrzehnte zu Am besonders
umfangreich. Doch erscheint es von der Zielsetzung dieser Arbeit her berechtigt, die
Auseinandersetzung mit dieser Literatur nur beschränkt zu führen; denn nicht das
Amosbuch an sich ist Gegenstand dieser Untersuchung, sondern eine behauptete pro-
phetische Redegattung. So wird im folgenden hauptsächlich auf die jüngst erschiene-
nen Kommentare von Wolff[13] und Rudolph zurückgegriffen, da sie die bisherige
Literatur verarbeitet haben, und nur in solchen Fällen werden Detailuntersuchungen
herangezogen, in denen sich durch sie wichtige Gesichtspunkte für die literarkritische
Scheidung bzw. sprachliche Analyse ergeben.

§ 3 AMOS 1—2

1. Amos 1, 3—5

Text

3   So hat Jahwe gesprochen:
    Wegen dreier Verbrechen von Damaskus
       und wegen vierer nehme ich es[a] nicht zurück,   3 + 3
    weil sie Gilead mit eisernen Dreschwagen gedroschen.   4

---

[11] Siehe die folgende Analyse in § 6.

[12] Siehe z. B. Fohrer, ThR NF 28 (1962), 1—75. 234—297. 301—374 oder die Literaturangaben in den Kommentaren von Rudolph und Wolff.

[13] An dieser Stelle sei vermerkt, daß dieser Kommentar — anders als Rudolph — linguistisch-literaturwissenschaftlichen Problemen gegenüber große Offenheit zeigt, so
daß er in den folgenden formalen Analysen häufig hilfreich benutzt werden konnte.

4 So schicke ich Feuer in Hasaels Haus,
　 daß es Benhadads[b] befestigte Häuser verzehre.   3 + 3
5 Ich rotte aus den Herrscher[c] aus Bikat-Awen
　 und den Szepterträger aus Bet-Eden.   3 + 3
　 [d]Ich zerbreche den Riegel von Damaskus[d],
　 und Arams Volk geht nach Kir in die Verbannung,   3 + 3
　 hat Jahwe gesprochen.

[a] Mit Rudolph, Wolff u. a. wird das Suffix hier wie 1, 6. 9. 11. 13; 2, 1. 4. 6
als Neutrum gedeutet. Ob es sich auf die drohende Strafe[1] oder auf das Wort Jahwes
als solches[2] bezieht, kann unentschieden bleiben, da diese Frage für die Bedeutung der
Einheit nicht relevant ist. Vielleicht ist der Bezugspunkt sogar absichtlich in der
Schwebe gelassen.

[b] 𝕲 liest ר statt ד: υἱοῦ Αδερ. Schreibfehler? Verwischung des Gottesnamens
Hadad?

[c] Mit Rudolph, Wolff u. a. wird יושׁב als »der Thronende« gedeutet. Die Versionen übersetzen zwar »Bewohner« (𝕲 κατοικοῦντας, 𝕾 𝕿 𝖁 kollektiver Singular),
doch legt v. 5 a γ als paralleles Versglied die Deutung »der Herrscher« nahe[3].

[d] V. 5 a α ist mit Marti, Balla[4], Procksch[5] u. a. hinter 5 a γ umgestellt, so daß
v. 5 — wie 1, 8 — einen strengen Parallelismus zweireihiger Perioden aufweist. Die
Änderung findet zwar in der Textüberlieferung keinen Rückhalt, aber sie ist ohne
weiteres als Wiederherstellung eines versehentlich gestörten Textes begründbar.

Abgrenzung

Einleitungs- und Schlußformel markieren deutlich Anfang und
Ende der Einheit, die in sich geschlossen ist und keine Verknüpfungen
mit 1, 2 bzw. 1, 6ff. aufweist.

Form

Der Text ist metrisch geformt und zeigt einen kunstvollen Aufbau. Der erste Vers hat die rhythmische Form eines Doppeldreiers,
seine beiden Halbverse sind in der Art eines Stufenparallelismus einander zugeordnet. Das einsilbig synkopische לא ist besonders betont.
Der zweite Vers, wie die beiden voraufgegangenen Halbverse mit על
eingeleitet, stellt eine eingliedrige viertaktige Periode dar[6], die wieder
in einer Art Stufenparallelismus, nun zum ganzen des voraufgehenden

---

[1] So Rudolph.
[2] So Wolff.
[3] Vgl. Jes 10, 13.
[4] Balla 19.
[5] BH³.
[6] Fohrer, Einleitung, 48, spricht hier von Kurzversen; vgl. Köhler, Der Prophet der
　 Heimkehr, 251 u. a. Da diese Theorie noch sehr umstritten ist, wird hier und im
　 folgenden nicht auf sie zurückgegriffen.

Doppeldreiers, steht[7]. Die drei folgenden Verse, drei Doppeldreier, sind jeweils in zwei synthetisch bzw. synonym parallele Reihen gegliedert. Sie verwenden poetische Mittel wie Alliteration und Assonanz.

Die Einheit wird von zwei Formeln umrahmt, die außerhalb des Metrums stehen. Die einleitende Wendung כה אמר יהוה, die die alltägliche Botenformel aufgreift[8], kennzeichnet das Wort als Jahwerede[9]. Ihr entspricht die knappe abschließende Formel אמר יהוה[10], deren Formulierung auf sie zurückgreift. Während also als Redender Jahwe identifiziert ist, bleibt offen, an wen sich der Spruch wendet, da er niemanden anredet.

Die Einheit bestimmen Verbalsätze, Nominalsätze fehlen. So wird die Jahwerede in v. 3a mit einem invertierten Verbalsatz[11] eingeleitet, dessen Wortfolge die Negation לא besonders hervorhebt. Ihm schließt sich in v. 3b ein Infinitivsatz an, der die Präposition על aufnimmt und sie mit dem suffigierten Infinitiv der Tat verknüpft[12]. Syntaktisch ist so v. 3b enger mit v. 3a als mit v. 4f. verbunden[13]. In v. 4. 5a folgen syndetisch angeschlossen vier Verbalsätze, die in verschiedener Weise miteinander verbunden sind: v. 4a und v. 4b durch die Aufnahme des Objekts als Subjekt, v. 4a und v. 5a durch das gemeinsame Subjekt, das auf v. 3a zurückweist. Ein fünfter Verbalsatz in v. 5b ist zwar syndetisch mit dem vorhergehenden Satz verknüpft, weist aber keinen Rückverweis auf.

Als Funktionswörter finden sich fast ausschließlich ו und Präpositionen; Artikel sind beinahe völlig vermieden. An Verba finden sich nur Aktionsverba; lediglich das Partizip יושב leitet sich von

---

[7] Vgl. Wolff 169.

[8] Vgl. hierzu Köhler, Deuterojesaja, 102ff.; Westermann, Grundformen, 71ff.

[9] Die Botenformel findet sich vierzehnmal in Am, davon elfmal in echten Amosworten (1, 3. 6. 13; 2, 1. 6; 3, 11. 12; 5, 3. 4. 16; 7, 17) und dreimal in umstrittenen Sprüchen (1, 9. 11; 2, 4). In Am 1 und 2 sowie in 3, 12 leitet die Formel deutlich eine neue Einheit ein. An den anderen Stellen ist ihr eine Konjunktion vorangestellt, und zwar dreimal לכן (3, 11; 5, 16; 7, 17) und zweimal כי (5, 3. 4).

[10] Diese Wendung findet sich in Am neunmal (1, 5. 8. 15; 2, 3; 5, 17. 27; 7, 3. 6; 9, 15), davon einmal in erweiterter Fassung im wahrscheinlich sekundären Buchschluß (9, 15). Während die vorexilische Prophetie sie sonst nicht kennt, kommt sie bei Hag, Sach und Mal häufig vor, aber durchweg erweitert. Sie ist also als »eine Eigenart ältester Amosüberlieferung zu werten, die nach 7, 3. 6 auf den Propheten selbst zurückgehen wird. Sie erscheint nur als Abschluß der Selbstankündigung künftigen Gotteshandelns und entspricht darin dem typischen Ort der einleitenden Botenspruchformel« (Wolff 169f.).

[11] Vgl. zur Terminologie Richter, Traditionsgeschichtliche Untersuchungen, 353ff.; derselbe, Exegese, 85 Anm. 34. Anders Hermisson, Studien, 141ff., besonders 142f. Anm. 2.

[12] Vgl. G—K § 158c.

[13] Vgl. Wolff; anders Rudolph.

einem Zustandsverb her. Bei den Substantiva fällt die große Zahl von Eigennamen, besonders von geographischen Bezeichnungen, auf[14]. Abstrakta fehlen fast völlig; unbelebte Konkreta überwiegen gegenüber belebten; die beiden partizipialen Nomina[15] sind im Zusammenhang Funktionsbezeichnungen. In v. 3a begegnen zwei Zahlwörter. Die Einheit ist als Jahwerede stilisiert. Die Verba stehen im impf. bzw. pf. cons. Sie kündigen Handlungen an, deren Subjekt — abgesehen von den beiden Verbalsätzen mit finalem bzw. konsekutivem Sinn — das »Ich« Jahwes darstellt. Die Bedeutung der Verba weist dieses Handeln als unheilvoll und zerstörerisch, als feindlich und kriegerisch aus.

שׁלח אשׁ Feuer diente der militärischen Eroberungstechnik zur Einnahme feindlicher Städte[16].

אכל ארמנות Das Feuer soll »fressen«[17], und zwar gerade die befestigten Häuser, in denen man sich sicher glaubt[18] und auf die man stolz ist[19]. Vielleicht handelt es sich dabei um Teile des königlichen Palastes[20] oder der Residenzstadt überhaupt[21].

כרת qal beschreibt das Fällen von Bäumen[22], כרת hi. ist als »ausrotten« zu deuten[23].

שׁבר בריח Die Riegelsicherung[24] zerbricht und gibt, doch wohl dem feindlichen Eroberer, den Weg durchs Stadttor frei.

Das unheilvolle Handeln Jahwes ist gegen Damaskus, allgemeiner: gegen den Aramäerstaat[25] gerichtet. Zur Begründung spricht die Jahwerede von drei und vier Verbrechen.

פשׁע erscheint in Am zwölfmal, zehnmal als Nomen (im pl.)[26] und zweimal als Verbum[27]. Dagegen finden sich die im Alten Testament weit häufigeren Wurzeln חטא und עוֹן nur dreimal[28] bzw. einmal[29]. פשׁע ist also das Kennwort des Amos für Hand-

---

[14] Allein sechs der acht Eigennamen sind geographische Begriffe.
[15] Partizipia nehmen eine mittlere Stellung zwischen Nomen und Verb ein; der Form nach Nomina, stellen sie doch nicht eine starre, endgültige Zuständlichkeit dar, sondern zeigen — als Partizipia activi — »eine Person oder Sache in der stetigen ununterbrochenen *Ausübung* einer Tätigkeit begriffen« (G—K § 116a).
[16] Siehe Wolff.
[17] Vgl. 1, 7. 10. 12. 14; 2, 2. 5; 5, 6; 7, 4; I Reg 18, 38; Lev 10, 2.
[18] Vgl. 3, 11.
[19] Vgl. 6, 8.
[20] Vgl. I Reg 16, 18; II Reg 15, 25.
[21] Vgl. 1, 7. 10. 12. 14; 2, 2. 4.
[22] I Reg 5, 20.
[23] Vgl. 1, 8; 2, 3; I Reg 9, 7; Jer 44, 7. 8. 11.
[24] Vgl. I Reg 4, 13.
[25] Vgl. v. 3a. 4f.
[26] 1, 3. 6. (9. 11.) 13; 2, 1. (4.) 6; 3, 14; 5, 12.
[27] 4, 4a. b.
[28] 5, 12 חטאות; 9, 8 החטאה; 9, 10 חטאים.
[29] 3, 2 עוונת.

lungen, die zu rügen sind. Es bezeichnet konkrete, rechtlich zu ahndende Delikte und dient als »rechtlicher terminus technicus zur Charakterisierung und Summierung bestimmter Fälle«[30], die in Am ausschließlich Eigentums- und Personaldelikte darstellen. — Während sich das Nomen nur neunmal im gesamten Pentateuch findet, kommt es zwölfmal in Prov vor[31].

Dabei greift sie auf Elemente des gestaffelten Zahlenspruchs zurück[32] und wandelt sie eigentümlich ab[33]. Anders als die überlieferten Zahlensprüche erwähnt sie von vier Verbrechen ausdrücklich nur das letzte: grausame Kriegshandlungen.

Der Spruch verwendet zur Beschreibung dieses Verbrechens eine Metapher, indem er auf das Bild vom Dreschen (דוש) zurückgreift. Tertium comparationis ist die Gewaltsamkeit der Handlungen[34], die das Korn zerschneidet und zermalmt.

Dieses Vergehen umfaßt gewissermaßen alle Verbrechen und macht das Maß der Schuld übervoll, »so daß Jahwes Eingreifen unausbleiblich ist«[35]. Seine Folge wird — so lapidar der letzte Verbalsatz, dessen Subjekt die Bedrohten sind — die Deportation (גלה) sein.
Überblickt man nun die Einheit im ganzen, so ergibt sich eine deutliche Gliederung: Während v. 3 als eine Art Überschrift Begründung und Ankündigung zusammenfaßt, entfalten v. 4f. den eigentlichen und hauptsächlichen Inhalt des Spruches[36], indem sie die Ankündigungen breit ausführen und die Folge für die Betroffenen nennen. Die Ergebnisse lassen sich in einer Tabelle darstellen:

Einleitungsformel	v. 3aα	כה אמר יהוה	Jahwerede
Allgemeine Begründung	v. 3aβγ	על (2×) + Zahlwörter/ Nomen	פשע

---

[30] Knierim, Hauptbegriffe, 127.

[31] Vgl. Wolff 185f.

[32] »Der Zahlenspruch stellt eine Reihe von Phänomenen zusammen, indem er einleitend deren Anzahl nach vorangehender Nennung der nächstniedrigen Zahl angibt und dazu vorausschickt, was die folgenden Phänomene miteinander verbindet« (Wolff 167). Zunächst vermutlich Lernbehelf der Bildungsweisheit, wurde der Zahlenspruch danach von der Lebensweisheit aufgegriffen, so daß sich in ihm Rätsel und Lehre verbinden. Vgl. auch Fohrer, Einleitung, 340, mit Literaturangaben, und G—K § 134s.

[33] Darauf weist besonders Rudolph hin, der deshalb die Abhängigkeit des Propheten von den Zahlensprüchen der Weisheitsliteratur in Frage stellt.

[34] Vgl. II Reg 13, 7; Mi 4, 13; Jes 41, 15.

[35] Wolff 168.

[36] »Dem Umfang wie der Voranzeige und endgültig beherrschenden Stellung nach . . . das Hauptelement« (Wolff 169).

Allgemeine Unheilsan-kündigung	v. 3aδ	iVS (impf.)	לא אשיבנו
Besondere Begründung	v. 3b	על + Infinitivsatz	דוש

Besondere Unheilsan-kündigung	v. 4—5bα		
Eingreifen Jahwes	v. 4. 5a	VS (pf. cons.)	שלחתי אש/שברתי/הכרתי
Folge	v. 5bα	VS (pf. cons.)	גלה

Schlußformel	v. 5bβ	אמר יהוה

2. Amos 1, 6—8

Text

6 So hat Jahwe gesprochen:
Wegen dreier Verbrechen von Gaza
　　und wegen vierer nehme ich es nicht zurück,　　　3 + 3
　weil sie ganze Ortschaften gefangen wegschleppten[a],
　　um sie an Edom auszuliefern.　　　3 + 2
7 So schicke ich Feuer an Gazas Mauer,
　　daß es seine befestigten Häuser verzehre.　　　3 + 3
8 Ich rotte aus den Herrscher[b] aus Asdod
　　und den Szepterträger aus Askalon.　　　3 + 3
Ich wende meine Hand wider Ekron,
　　daß der Rest der Philister umkommt,　　　3 + 3
　　hat [mein Herr][c] Jahwe gesprochen.

　[a] V. 6b wörtlich: »weil sie eine vollständige Verschlepptenschaft verschleppten«; zum effizierten Objekt siehe Brockelmann § 92a[37].

　[b] Siehe Textanm. [c] zu v. 5.

　[c] Die Erweiterung ist 𝔊 unbekannt, von 𝔗 und 𝔙 aber bezeugt. Mit Procksch[38], Balla[39], Wolff u. a. wird sie gestrichen[40]. Vielleicht läßt sich der Zusatz aus der liturgischen Verwendung des Am erklären.

Abgrenzung

　Der Umfang der Einheit ist durch Einleitungs- und Schlußformel klar bestimmt.

---

[37] Vgl. das effizierte Objekt in Gen 1, 11; 35, 14.
[38] BH³.
[39] Balla 19.
[40] Vgl. hierzu die Parallelstellen 1, 5. 15; 2, 3 sowie die in Am weiterhin häufig beobachtbare Hinzufügung von אדני 3, 8. 11. 13; 4, 2; 5, 16; 7, 1. 4; 8, 1. 3. 9. 11; 9, 5, wahrscheinlich auch 4, 5; 5, 3.

Form

Die Texteinheit zeigt fast denselben poetischen Aufbau wie
1, 3—5. Lediglich der zweite Vers ist nicht mehr eingliedrig, sondern
besteht aus zwei Reihen, die synthetisch parallel zueinander stehen
und das Versmaß des Klageliedes[41] aufweisen. Sonst lassen sich derselbe Rhythmus, dieselben Hervorhebungen und dieselbe poetische
Gliederung beobachten. Als poetische Kunstmittel sind vor allem
Alliteration, Assonanz und die figura etymologica eingesetzt.

Die Einheit ist durch die Einleitungs- und Schlußformel wieder
als Jahwerede stilisiert. Ein invertierter Verbalsatz, der — abgesehen
von dem Eigennamen — mit v. 3a identisch ist, eröffnet den Spruch.
Ein wiederum mit על eingeleiteter Infinitivsatz wird angeschlossen,
aber nun anders als in v. 3b mit einem von ihm abhängigen Finalsatz
fortgesetzt. In v. 7. 8a folgen syndetisch angeschlossen vier Verbalsätze, die bis in die Wortwahl v. 4. 5a entsprechen und auf dieselbe
Art wie diese verknüpft sind. Der Verbalsatz in v. 8b ist mit dem
vorhergehenden Satz durch ‍ו syndetisch verbunden, weist aber ebenso
wie v. 5b keinen Rückverweis auf und hat wie dieser konsekutiven
Sinn.

Funktions- und Hauptwörter stehen in 1, 6—8 etwa in dem
Verhältnis 2:3. Auffallend sind die zahlreichen präpositionalen Wendungen und damit die beschreibenden Elemente. Bei den Verba handelt es sich ausschließlich um Aktionsverba. Bei den Substantiva fällt
wieder die große Zahl von Eigennamen, besonders von geographischen
Bezeichnungen, auf[42]. Abstrakta sind selten; unbelebte Konkreta
dominieren; zwei partizipiale Wendungen stellen Funktionsbezeichnungen dar.

Als Tempora finden sich impf. bzw. pf. cons.; sie bestimmen die
Zeitsphäre, in der das handelnde Subjekt, das »Ich« Jahwes, auftritt.
Dieses Handeln — es richtet sich wie in 1, 3—5 gegen ein fremdes
Volk, hier gegen die Philister[43] — charakterisieren die verbalen
Wendungen als kriegerisch und unheilvoll[44].

השיב יד על Wer sich in jemands Hand befindet, ist in seiner Gewalt[45]. Die Konstruktion mit על macht den feindlichen Charakter der Zuwendung deutlich[46].

Die Ankündigung von Jahwes Einschreiten wird zunächst allgemein mit drei oder vier Verbrechen, dann konkret mit der Beschrei-

---

[41] Siehe zu 5, 1—3.

[42] Die sieben Eigennamen verteilen sich auf vier Städtenamen, eine Landschafts- und
eine Völkerbezeichnung.

[43] Vgl. die Eigennamen.

[44] Siehe zu שלח אש, אכל ארמנות, כרת v. 4f.

[45] Vgl. Dtn 26, 8; Jes 5, 25; 14, 27; Ez 20, 22.

[46] Brockelmann § 108b.

bung eines Verbrechens[47], der Verschleppung von Menschen, begründet.

גלה גלות spielt auf die Kriegspraxis an, Menschen zu verschleppen, die dann als Sklaven gehalten und als solche verkauft werden können[48].

סגר hi. hat die Grundbedeutung »(jemand jemandem) unter Verschluß geben, (in jemandes) Gewalt geben«[49]. Hier bezeichnet es den *willkürlichen* Umgang mit den wehrlosen Gefangenen[50].

Der Schlußsatz schildert als Folge des Handelns Jahwes die völlige Vernichtung (אבד) der Philister, von denen selbst ein Rest sich nicht dem Untergang zu entziehen vermag.

Vergleicht man 1, 6—8 mit 1, 3—5, so läßt sich in beiden Einheiten derselbe Aufbau erkennen:

Einleitungsformel	v. 6 aα	כה אמר יהוה		Jahwerede
Allgemeine Begründung	v. 6 aβγ	על (2×) + Zahlwörter/ Nomen		פשע
Allgemeine Unheilsankündigung	v. 6 aδ	iVS (impf.)		לא אשיבנו
Besondere Begründung	v. 6 b	על + Infinitivsatz mit Finalsatz (ל + inf. cs.)		הגלה/הסגיר
Besondere Unheilsankündigung	v. 7—8 bβ			
Eingreifen Jahwes	v. 7. 8 a.bα	VS (pf. cons.)	שלחתי אש/הכרתי/השיבותי	
Folge	v. 8 bβ	VS (pf. cons.)		אבד
Schlußformel	v. 8 bγ	אמר יהוה		

3. Amos 1, 9—10

Text

9 So hat Jahwe gesprochen:
Wegen dreier Verbrechen von Tyrus
und wegen vierer nehme ich es nicht zurück,		3 + 3
weil sie ganze[a] verschleppte Ortschaften Edom[b] auslieferten
und der Bruderpflicht nicht gedachten.		4 + 4
10 So schicke ich Feuer an Tyrus' Mauer,
daß es seine befestigten Häuser verzehre.		3 + 3

---

[47] Siehe v. 3.
[48] Vgl. Mendelsohn, Slavery, 1 ff.
[49] Vgl. 1, 9; Ps 78, 48. 50. 62.
[50] Wolff.

ª ⅏ liest τοῦ Σαλωμων; anscheinend hat sie den Text mißverstanden. Die Textüberlieferung bietet jedenfalls für diese Lesart keinen Anhalt. So ist auch der Vorschlag von Sellin[2] hinfällig, der (לאדום) גלות שלמה durch (לָאֱדָם) גְּבוּל שְׁלֹמֹה ersetzt.

ᵇ Robinson, Maag[51] u. a. lesen statt אדום aus geographischen Gründen ארם. Doch hat auch dieser Vorschlag keinen Rückhalt in der Textüberlieferung.

Abgrenzung

Während die Einleitungsformel den Beginn der Einheit anzeigt, fehlt eine Schlußformel. Die Abgrenzung ist dennoch nicht umstritten, da in 1, 11 deutlich ein Neueinsatz vorliegt[52].

Form

Die Einheit besteht aus drei Langversen: zwei Doppeldreiern, die einen Doppelvierer umschließen. Sie zeigt einen ähnlichen poetischen Aufbau wie 1, 3f. und 1, 6f.; allein in der zweiten Periode fällt der antithetische Parallelismus auf. Die Texteinheit ist durch die Einleitungsformel wieder als Jahwerede stilisiert. Sieht man von den wechselnden Eigennamen ab, stimmen v. 9a mit v. 3a bzw. v. 6a und v. 10 mit v. 7 wörtlich überein. Lediglich v. 9b zeigt eine von v. 3b bzw. v. 6b abweichende Konstruktion. Zwar wird auch hier der erste, invertierte Verbalsatz (im impf.) durch einen mit על eingeleiteten Infinitivsatz fortgesetzt, doch schließt sich diesem — anders als in v. 3b bzw. v. 6b — noch ein invertierter Verbalsatz (im pf.) an, der durch die Konjunktion וֹ dem Infinitivsatz beigeordnet ist[53] und durch die Aufnahme des Personalsuffixes der 3. pers. pl. als Subjekt auf ihn zurückweist. V. 10a und v. 9a sind dann wieder durch das gemeinsame Subjekt miteinander verbunden.

Die Funktions- und Hauptwörter stehen etwa im Verhältnis 2 : 3. Bei den Verba handelt es sich fast ausschließlich um Aktionsverba; lediglich זכר ist als Zustandsverbum anzusprechen. Als Substantiva bestimmen Eigennamen, Abstrakta und unbelebte Konkreta in gleicher Weise die Einheit. In v. 9a begegnen wiederum zwei Zahlwörter.

Die Ankündigung von Unheil für Tyrus tritt hinter ihrer Begründung zurück. Anders als in den beiden Textabschnitten 1, 3—5 und 1, 6—8 haben sich in 1, 9f. die Gewichte von der Ansage auf die Begründung verschoben. Diese Beobachtung wird noch besonders dadurch unterstrichen, daß innerhalb der Einheit allein v. 9b eine eigenständige Formulierung zeigt. Diese zusätzliche Begründung nennt

---

[51] Maag 7.
[52] Siehe dort unter *Abgrenzung*.
[53] Vgl. G—K § 114r.

allerdings weniger Tatsachen, sondern beschreibt vielmehr innere
Verhaltensweisen.

זכר (»gedenken«) wird erst im Dtn (14 ×), bei Ez (10 ×) und Dtjes (8 ×) ein
geläufiges Wort. In exilisch-nachexilischer Zeit wird es zum Vorzugswort der Ps
(44 ×)[54].

ברית (»Zusicherung, Verpflichtung«)[55] spielt im Alten Testament zunächst nur
in der Abraham- und Moseüberlieferung eine Rolle. Später wird der Begriff von der
deuteronomischen Theologie aufgegriffen und zu einem Leitgedanken entwickelt.

Die Verbindung זכר ברית ist vorexilisch nicht belegt, findet sich aber mehrmals
in der Priesterschrift[56]. זכר drückt dabei ein »tätiges, nicht nur denkendes Verhalten«
aus, es bezeichnet die »Wahrung« der gegenseitigen Verpflichtung[57].

ברית אחים ist im Alten Testament singulär. Da es bisher auch in der altorientalischen Umwelt keine Belege für diese Verbindung gibt, bleibt ihre Bedeutung unsicher.
Der Annahme, die Formulierung meine einen bestimmten politischen Vertrag[58], steht
die Vermutung gegenüber, sie spiele auf die Verbundenheit der Stammverwandten
Israel und Edom[59] an[60].

Die Ankündigung von Jahwes unheilvollem Handeln ist formelhaft knapp geworden; sie beschränkt sich auf die Wiederholung von
v. 7. Die Schilderung von dessen Folge für die Bedrohten ist völlig
weggefallen.

Somit ergibt sich folgender Aufbau der Einheit:

Einleitungsformel	v. 9 aα	כה אמר יהוה	Jahwerede
Allgemeine Begründung	v. 9 aβγ	על (2×) + Zahlwörter/ Nomen	פשע
Allgemeine Unheilsan- kündigung	v. 9 aδ	iVS (impf.)	לא אשיבנו
Besondere Begründung	v. 9 b	על + Infinitivsatz iVS (pf.)	הסגיר לא זכר ברית
Besondere Unheilsan- kündigung Eingreifen Jahwes	v. 10	VS (pf. cons.)	שלחתי אש

[54] Nach Fohrer, Einleitung, 308 ff., sind die Vorkommen zeitlich wie folgt einzuordnen:
1 × vorexilisch, 5 × spätvorexilisch, 38 × exilisch-nachexilisch.
[55] Vgl. Kutsch, Gesetz und Gnade; ders., Der Begriff בְּרִית.
[56] Gen 9, 15f.; Ex 2, 24; 6, 5; Lev 26, 42. 45; vgl. Kutsch, Verheißung und Gesetz,
53 Anm. 13.
[57] Schottroff, Gedenken, 159f.
[58] So Rudolph u. a.
[59] Vgl. Dtn 23, 8a; Gen 25ff.; Num 20, 14.
[60] So Wolff u. a.

Echtheit

Vergleicht man 1, 9f. mit den beiden Einheiten 1, 3—5 und 1, 6—8, so lassen sich folgende Unterschiede feststellen: Die Ausführung der Unheilsankündigung ist von drei Perioden auf eine Periode verkürzt. Die Angabe der Folge wie die abschließende Formel fehlen. Dagegen ist das Element der besonderen Begründung durch einen invertierten Verbalsatz erweitert.

Es fällt auch auf, daß v. 9a mit v. 3a. 6a und v. 10 mit v. 7 — abgesehen von dem Eigennamen — wörtlich übereinstimmen. Nur v. 9b greift einerseits auf das Vokabular von v. 6b zurück (v. 9bα)[61] und formuliert andererseits eigenständig die Erweiterung der Begründung (v. 9bβ). Allerdings weist gerade diese in ihrem Wortbestand in spätere Zeit[62]: »Der ganze Satz entspricht der ... Sprache und Denkweise deuteronomistisch geschulter Kreise.«[63]

Ohne voreilige Schlüsse ziehen zu wollen, legen die vorgetragenen Beobachtungen, die sich aufgrund der formalen Analyse ergeben haben, es nahe, 1, 9f. als Nachtrag anzusehen[64]. Ein sicheres Urteil kann im Rahmen dieser Arbeit allerdings nicht gefällt werden, sondern ist nur aufgrund einer Untersuchung des ganzen Amosbuches — unter Berücksichtigung aller methodischen Gesichtspunkte — möglich.

4. Amos 1, 11—12

Text

11 So hat Jahwe gesprochen:
   Wegen dreier Verbrechen von Edom
     und wegen vierer nehme ich es nicht zurück,   3 + 3
   weil es mit dem Schwert seinen Bruder verfolgt
     und sein Erbarmen erstickt,   3 + 2
   (weil) sein Zorn immer raubt[a]
     und seine Wut dauerhaft wirkt[b].   3 + 3
12 So schicke ich Feuer nach Teman,
     daß es Bozras befestigte Häuser verzehre.   3 + 3

[a] טרף heißt wörtlich »(zer)reißen« (Reißen des Raubtieres). אפו als Subjekt findet sich auch Hi 16, 9. Die von Procksch[65] nach 𝕾𝔙 und Jer 3, 5 vorgeschlagene Lesart ויטר wird nicht aufgenommen, da 1. 𝕲 ἥρπασεν liest, 2. die Verbindung טרף

[61] הסגיר, גלות, שלמה, אדום.
[62] Siehe oben die Wortanalysen.
[63] Wolff 194; vgl. auch Schmidt, Die deuteronomistische Redaktion, 174ff.
[64] Vgl. Wellhausen, Marti, Nowack, Weiser, Wolff u. a.; anders Maag 10; Neher, Amos, 49ff.; Reventlow, Das Amt, 56ff.; Rudolph u. a.
[65] BH³.

אַפּוֹ, in der אַפּוֹ Subjekt, als lectio difficilior zu gelten hat, 3. der syntaktische Bruch im Übergang zum impf. cons. auf einen Subjektswechsel hindeutet[66].

ᵇ Procksch[67] schlägt in Anlehnung an 𝔊 und mit Verweis auf Jer 3, 5 vor, שָׁמֹר לָנֶצַח zu lesen. Doch besteht zu dieser Textänderung, die als Glättung zu beurteilen ist, kein Anlaß. 𝔐 kann nur schwer als sekundär entstanden erklärt werden. So legt sich nahe, in Parallele zu dem vorangegangenen Halbvers עֶבְרָתוֹ als Subjekt zu fassen. שָׁמְרָה ist dann 3. pers. f. sg.; die masoretische Vokalisation ist vielleicht als Nesiga zu erklären[68]. Ob נֶצַח als Objekt (so die Übersetzung) oder als Adverb (Wolff)[69] aufzufassen ist, erscheint irrelevant.

Abgrenzung

Die Einleitungsformel zeigt den Beginn einer neuen Einheit an, deren Abgrenzung nach vorn durch den deutlichen Neueinsatz in 1, 13 gegeben ist. Es sind keine störenden Wiederholungen oder Spannungen feststellbar, der Abschnitt ist in sich einheitlich[70].

Form

Der Text läßt sich metrisch gliedern. Die vier Perioden sind im synthetischen bzw. synonymen Parallelismus aufgebaut und weisen verschiedene Kunstmittel auf, wie z. B. Assonanz und Chiasmus.

Die Einleitungsformel identifiziert das handelnde Ich mit Jahwe. Abgesehen von den Eigennamen stimmt v. 11a mit v. 3a. 6a. 9a wörtlich überein; auch v. 12 weist deutliche Verwandtschaft mit v. 4. 7. 10 auf. V. 11b beginnt zwar genauso wie v. 3b. 6b. 9b mit einem durch עַל eingeleiteten Infinitivsatz, aber dieser wird durch drei Verbalsätze (in pf. cons.[71], impf. cons. und im pf.) fortgesetzt. Alle drei Verbalsätze sind durch die Konjunktion וְ miteinander verknüpft, die Inversion des dritten ist durch den Chiasmus bedingt. Zahlreiche Verbinder und Trenner lassen ein Geflecht von Beziehungen entstehen: V. 11a und v. 11b sind auf der einen Seite durch den

---

[66] Vgl. Wolff, Rudolph.

[67] BH³.

[68] Wolff.

[69] Vgl. Ps 13, 2; 16, 11.

[70] Rudolph 120 möchte die dritte Periode aus historischen Gründen streichen. »Hier ist der Vorwurf unablässiger Feindschaft (v. 11 b β) in der Tat erst seit dem Verhalten der Edomiter beim Fall Jerusalems 587 und in der Folgezeit … voll verständlich«. Damit soll 1, 11f. der Beurteilung als Nachtrag entgehen. — Es ist hier nicht der Platz, Rudolphs Position in der Methodendiskussion, besonders im Blick auf die Literar- und Formkritik, zu erörtern. Es genügt, darauf hinzuweisen, daß formale Beobachtungen der sprachlichen Analyse den sekundären Charakter von 1, 11f. wahrscheinlich machen, so daß die Erwägungen Rudolphs auf einer falschen Voraussetzung beruhen. Vgl. unten den Abschnitt *Echtheit*.

[71] Hier in frequentativem Sinne, vgl. G—K § 112i.

Subjektswechsel voneinander getrennt, auf der anderen Seite weisen die Personalsuffixe der 3. pers. sg. (v. 11b) auf den appositionellen Genitiv (v. 11a) zurück. V. 11b läßt sich nochmals untergliedern: Tempus- und Subjektswechsel wirken als Trenner. Das Ich Jahwes als Subjekt in v. 12 greift auf v. 11a zurück. Die Einheit besteht also aus zwei deutlich voneinander abgehobenen Teilen: v. 11 und v. 12.

Das Verhältnis von Funktions- und Hauptwörtern ist mit etwa 2:3 ausgewogen. Artikel sind vermieden, die zahlreichen präpositionalen Verbindungen weisen auf beschreibende Elemente hin. Als Verba sind ausschließlich Aktionsverba vertreten. Bei den Substantiva fallen neben den Eigennamen und den beiden Zahlwörtern in v. 11a die zahlreichen Abstrakta bzw. Affektbezeichnungen auf. Es werden nicht nur Tatsachen aufgeführt, sondern verstärkt Motive und innere Verhaltensweisen beschrieben[72].

בחרב Das Schwert, anderwärts das Strafwerkzeug Jahwes, bewirkt den Tod dessen, den es trifft[73]. Die Verwandtschaftsbezeichnung אחיו qualifiziert die Tat der Bedrohten als Brudermord und damit als besonders verwerflich[74].

רחם (»Erbarmen«) und שחת pi. (»verderben, zerstören«) benennen zwei eigentlich einander ausschließende Verhaltensweisen. Ihre Verbindung ist daher besonders auffällig und will wohl zum Ausdruck bringen, wie ungewöhnlich und radikal verkehrt die beschriebene Handlungsweise ist.

אף und עברה bezeichnen Affekte: überwallenden Zorn und grimmige Wut. Die Verbindung mit טרף läßt den Zorn als reißendes Raubtier erscheinen[75]. Vielleicht soll damit auf Plünderungen angespielt werden[76].

Noch deutlicher als in 1, 9f. sind in 1, 11f. die Gewichte von der Ankündigung auf die Begründung verschoben. Die besondere Begründung umfaßt jetzt zwei Perioden, die Ausführung der Ankündigung nur noch eine[77]. Außerdem zeigt zwar die erweiterte Begründung eigenständige Formulierungen, die Unheilsankündigung jedoch lehnt sich an v. 4. 7. 10 an. Die Schilderung der Folge von Jahwes Eingreifen ist wie in 1, 9f. weggefallen.

Folgende Struktur läßt sich erkennen:

Einleitungsformel	v. 11aα	כה אמר יהוה	Jahwerede
Allgemeine Begründung	v. 11aβγ	על (2×) + Zahlwörter/ Nomen	פשע

---

[72] Vgl. 1, 9f.
[73] 4, 10; 7. 11. 17; 9, 1. 4. 10.
[74] Vgl. Ob 10. 12.
[75] Vgl. Textanm. ᵃ; Hos 5, 14; Hi 16, 9; 18, 4.
[76] Wolff.
[77] In 1, 3—5 und 1, 6—8 verhalten sich diese Teile ihrem Umfang nach 1:3, in 1, 9f. wenigstens noch 1:1.

Allgemeine Unheilsankündigung	v. 11aδ	iVS (impf.)	לֹא אֲשִׁיבֶנּוּ
Besondere Begründung	v. 11b	עַל + Infinitivsatz	רדף בחרב
		VS (pf. cons.)	שׁחת
		VS (impf. cons.)	טרף
		iVS (pf.)	שׁמר
Besondere Unheilsankündigung	v. 12		
Eingreifen Jahwes		VS (pf. cons.)	שׁלחתי אשׁ

Echtheit

Ein Strukturvergleich der beiden Einheiten 1, 9f. und 1, 11f. ergibt mehrere Übereinstimmungen, die sie von 1, 3—5 und 1, 6—8 unterscheiden: Das Element der besonderen Begründung ist erweitert, die Unheilsankündigung ist verkürzt. Die Angabe der Folge des unheilvollen Handelns Jahwes für die Bedrohten ist ebenso weggefallen wie die abschließende Formel. Der Schwerpunkt der Einheit liegt eindeutig auf der Begründung und nicht auf der Ankündigung von Jahwes Eingriff.

Diese Strukturübereinstimmungen legen es nahe, ebenso wie in 1, 9f. auch in 1, 11f. einen Nachtrag zu vermuten[78]. Doch ist auch in diesem Fall Zurückhaltung im Urteil geboten, da die formale Analyse allein nicht ausreicht, um so weitgehende Schlüsse zu ziehen.

5. *Amos 1, 13—15*

Text

13 So hat Jahwe gesprochen:
   Wegen dreier Verbrechen der Ammoniter
     und wegen vierer nehme ich es nicht zurück,   3 + 3
   weil sie die Schwangeren Gileads aufschlitzten,
     um[a] ihr Gebiet zu erweitern.   3 + 2
14 So schicke[b] ich Feuer an Rabbas Mauer,
     daß es seine befestigten Häuser verzehre,   3 + 3
   im Geschrei am Tage der Schlacht,
     im Wetter am Tage des Sturms.   3 + 3
15 Dann zieht ihr König in die Verbannung,
     er mitsamt seinen Fürsten,   3 + 3
       hat Jahwe gesprochen[c].

[78] So Wellhausen, Marti, Nowack, Weiser, Wolff u. a. gegen Reventlow, Das Amt, 56ff.; Robinson; Rudolph u. a.

ª Procksch[79], Morgenstern[80], Wolff u. a. lesen להרחיב statt למען הרחיב. Die Anknüpfung mit למען bevorzugt Ez (über 30 ×). Noch häufiger findet sie sich im deuteronomisch-deuteronomistischen Lehrstil[81].

ᵇ Wolff liest mit Verweis auf 1, 4. 7; 2, 2 ושלחתי statt והצתי. Vielleicht war einem späteren Abschreiber die Verbindung והצתי אש geläufiger[82], und er wandelte die sonst stereotype Eröffnung der Ansage ab[83].

ᶜ Der Vorschlag von Procksch[84], die Schlußformel zu streichen, hat in der Textüberlieferung keinen Anhalt und ist unbegründet.

Abgrenzung

Die Abgrenzung des Textes ist nicht zweifelhaft. Einleitungs- und Schlußformel markieren deutlich Anfang und Ende der Einheit, die in sich geschlossen ist und offenbar keine Erweiterungen sekundärer Art aufweist.

Form

Die metrische Gliederung des Abschnittes entspricht der von 1, 6—8. Der erste Vers in der rhythmischen Form eines Doppeldreiers besteht wieder aus zwei Versgliedern, die in der Art eines Stufenparallelismus einander zugeordnet sind und das synkopische לא besonders hervorheben. Der zweite Vers — im Versmaß des Klagelieds — steht als ganzer in einer Art Stufenparallelismus zum voraufgehenden Vers. Drei synthetisch bzw. synonym parallel gebaute Doppeldreier runden die Einheit ab. Auffällig ist der besonders kunstvolle Aufbau des vierten Verses (v. 14b), dessen beide Versglieder in strengem Parallelismus zueinander stehen und zweimalige Alliteration und Reim aufweisen.

Die Einheit ist durch die Einleitungs- und Schlußformel als Jahwerede stilisiert. Ein invertierter Verbalsatz (v. 13a) eröffnet den Spruch. Abgesehen von dem Eigennamen, der mit der Zugehörigkeitsbezeichnung בן verbunden ist, stimmt v. 13a mit v. 3a par. überein. Ein wiederum mit der Präposition על eingeleiteter Infinitivsatz wird angeschlossen, dieser mit einem abhängigen Finalsatz fortgesetzt (v. 13b). Syntaktisch ist v. 13b enger mit v. 13a verbunden als mit v. 14f.[85]. Es folgen in v. 14f. in Syndese drei Verbalsätze, die in verschiedener Weise miteinander verknüpft sind: v. 14aα und v. 14aβ

[79] BH³.
[80] Morgenstern, HUCA, 315.
[81] Vgl. Wolff.
[82] Vgl. Jer 49, 2. 27; auch Jer 11, 16; 17, 27; 21, 14; 43, 12 u. a.
[83] Anders Rudolph mit Rekurs auf die »Freiheit« des Propheten, »auch einmal vom Schema abzuweichen«.
[84] BH³.
[85] Vgl. die Analyse der Form von 1, 3—5.

durch die Aufnahme des Objekts als Subjekt sowie das rückweisende
Personalsuffix der 3. pers. sg., v. 14a und v. 15a durch das rückweisende Personalsuffix der 3. pers. pl., alle drei Sätze durch die Konjunktion וְ. Während v. 14a durch vier adverbielle Näherbestimmungen, von
denen je zwei zueinander in synonymer Parallele stehen, erweitert ist
(v. 14b), ist in v. 15b noch ein appositioneller Ausdruck angefügt.
Achtet man auf den Subjektswechsel als Trenner und berücksichtigt
man die beschriebenen Beziehungen, so läßt sich die Einheit in die
beiden Teile v. 13 (untergliedert in v. 13a und v. 13b) und v. 14f.
(untergliedert in v. 14 und v. 15) gliedern.

An Funktionswörtern finden sich fast ausschließlich וְ und Präpositionen. Das Verhältnis von Funktions- und Hauptwörtern ist mit
etwa 2:3 ausgewogen. An Verba sind in 1, 13—15 nur Aktionsverba
feststellbar. Bei den Substantiva fällt gegenüber 1, 3—5 oder 1, 6—8
die geringere Anzahl von Eigennamen auf. Es dominieren unbelebte
Konkreta und Abstrakta. Auch zwei Titel und zwei Zahlwörter finden
sich. Die Einheit ist deutlich nicht von Verba, sondern von Substantiva bestimmt, besonders von präpositionalen Wortgruppen und damit von beschreibenden Elementen.

Die Zeitsphäre, in der das handelnde »Ich« Jahwes auftritt, wird
durch die verwendeten Tempora impf. bzw. pf. cons. angegeben. Die
Bedeutung der einzelnen Wortgruppen weist dieses Handeln als
kriegerisch und feindlich aus[86].

תרועה ביום מלחמה Lautes Geschrei am Kampftag wird als Angriffssignal veranstaltet[87].
סער ביום סופה Sturmesbrausen ist oft Begleiterscheinung der Theophanie
Jahwes[88]. »סער ist der peitschende, jagende (Ps 83,16), auch Feuer anfachende Sturm
(Jer 23, 19: Wirbelsturm); סופה bezeichnet das zerstörerische Stürmen (Hos 8, 7)
mti verheerenden Folgen für den Menschen; vgl. Prv 1, 27; 10, 25.«[89]

Die Beschreibung der Umstände von Jahwes Handeln steht im
Dienst der Unheilsankündigung gegen die Ammoniter. Zur Begründung wird auf ihre Verbrechen verwiesen, von denen eines, der Mord
an schwangeren Frauen im Krieg, benannt wird.

Im Alten Orient war diese kriegerische Grausamkeit, die zwei Leben auf einmal
beendete, bekannt[90].

Der Expansionsdrang hat die Ammoniter zu solchen Greueln
verleitet. So stellt der angekündigte Eroberungskrieg, der mit der

---

[86] Zu שלח אש und אכל ארמנות siehe v. 4.
[87] Siehe I Sam 4, 5f.; Jer 4, 19; Ez 21, 27.
[88] Vgl. Ps 83, 16; Jes 29, 6; Jer 23, 19 u. a.
[89] Wolff.
[90] Siehe II Reg 15, 16; Hos 14, 1 u. a.

Deportation[91] des Königs und seiner höfischen und militärischen Beamten[92] endet, gewissermaßen eine Art Spiegelstrafe dar.

Vergleicht man 1, 13—15 mit 1, 3—5 oder 1, 6—8, so läßt sich in allen drei Einheiten derselbe Aufbau erkennen:

Einleitungsformel	v. 13aα	כה אמר יהוה	Jahwerede
Allgemeine Begründung	v. 13aβγ	על (2×) + Zahlwörter/ Nomen	פשע
Allgemeine Unheilsan- kündigung	v. 13aδ	iVS (impf.)	לא אשיבנו
Besondere Begründung	v. 13b	על + Infinitivsatz mit Finalsatz (ל + inf. cs.)	בקע
Besondere Unheilsan- kündigung	v. 14—15bα		
Eingreifen Jahwes	v. 14	VS (pf. cons.)	שלחתי אש
Folge	v. 15a. bα	VS (pf. cons.)	גולה
Schlußformel	v. 15bβ	אמר יהוה	

6. Amos 2, 1—3

Text

1 So hat Jahwe gesprochen:
Wegen dreier Verbrechen von Moab
   und wegen vierer nehme ich es nicht zurück,   3 + 3
weil es die Gebeine des Königs von Edom[a] zu Kalk verbrannt.   4
2 So schicke ich Feuer nach Moab[b],
   daß es Kerijots befestigte Häuser verzehre.   3 + 3
Dann stirbt Moab im Getümmel,
   im Kriegslärm[c] beim Schall des Horns.   3 + 3
3 Ich rotte den Herrscher aus seiner[d] Mitte aus
   und alle seine[d] Fürsten erwürge ich mit ihm,   3 + 3
       hat Jahwe gesprochen[e].

[a] Da es unwahrscheinlich ist, daß zwischen einem st. cs. und seinem folgenden Genitiv eine Zäsur steht, muß man מלך־אדום einhebig und v. 1b einzeilig lesen. Damit ist auch die Annahme von Procksch[93] u. a. hinfällig, daß in v. 1b der Name des Königs ausgefallen sei[94].

---

[91] Vgl. v. 5.
[92] Siehe Wolff.
[93] BH[3].
[94] Vgl. Rudolph, Wolff.

b Prockschs[95] Vorschlag, בְּעָרֵי מוֹאָב zu lesen, hat in der Textüberlieferung keinen Anhalt. »Moab« meint in v. 2b genauso wie in v. 1a die moabitische Bevölkerung.

c 5 MSS und 𝔊𝔖𝔗 lesen וּבְקוֹל. Doch entspricht die asyndetische Aneinanderreihung durchaus dem Stil des Propheten[96].

d Mit Wellhausen, Wolff u. a. werden die Suffixe maskulin gelesen und damit auf Moab bezogen.

e Der Vorschlag von Prlocksch[97], אָמַר יְהוָה als Zusatz zu streichen, hat keinen Anhalt in der Textüberlieferung[98].

Abgrenzung

Einleitungs- und Schlußformel grenzen die Einheit gegenüber dem Kontext deutlich ab.

Form

Der Textabschnitt zeigt dieselbe metrische Gliederung wie 1, 3—5. Auf einen Doppeldreier folgt eine eingliedrige viertaktige Periode, die dem ersten Vers parallelisiert ist[99]. Es schließen sich drei Verse, drei gleichmäßig gebaute Doppeldreier, an; sie sind jeweils in zwei synthetisch bzw. synonym parallele Reihen gegliedert. Die Einheit verwendet verschiedene poetische Figuren wie Alliteration oder Chiasmus.

2, 1—3 sind wie schon alle voraufgegangenen Einheiten wiederum als Jahwerede stilisiert. Ein invertierter Verbalsatz, der durch seine Wortfolge die Negation לֹא besonders hervorhebt, eröffnet den Spruch. Abgesehen von dem Eigennamen stimmt v. 1a mit 1, 3a par. wörtlich überein. Ein mit עַל eingeleiteter Infinitivsatz schließt sich in v. 1b an; er ist syntaktisch eng mit v. 1a verbunden, worauf der gleiche präpositionale Versanfang und das rückweisende Personalsuffix der 3. pers. sg. aufmerksam machen. In v. 2. 3a folgen vier Verbalsätze in Syndese, der dritte davon ist ähnlich wie in 1, 14 durch zwei parallele Appositionen erweitert. Ein mit der Kopula וְ angeschlossener invertierter Verbalsatz, dessen Inversion durch den Chiasmus bedingt ist, schließt die Jahwerede ab.

Vor- und Rückverweise wie Trenner lassen das Beziehungsgeflecht dieser Sätze erkennen: V. 2aα und v. 2aβ werden durch die Aufnahme des Objekts, v. 2aα und v. 2b durch die Aufnahme des Adverbiale als Subjekt miteinander verbunden. V. 3 weist ein mit v. 2aα gemeinsames Subjekt und zwei auf v. 2 rückweisende Suffixe

---

95 BH³.
96 Vgl. 1, 14.
97 BH³.
98 Vgl. Textanm.ᶜ zu 1, 15.
99 Siehe 1, 3 par.

der 3. pers. sg. auf. Die Beachtung des Subjektswechsels läßt v. 2 a und v. 3 als zusammengehörig gegenüber v. 2 b erscheinen[100].

Funktions- und Hauptwörter stehen in der Einheit wieder in dem ausgewogenen Verhältnis von etwa 2 : 3. Unter den Funktionswörtern dominieren die Präpositionen, während Artikel fast völlig vermieden sind. Bei den Verba herrschen Aktionsverba vor, lediglich מת ist als Vorgangsverbum zu bezeichnen. Bei den Substantiva fällt — wie schon in 1, 13—15 — im Vergleich zu 1, 3—5. 6—8 die geringere Anzahl von Eigennamen auf; sie beschränken sich zudem auf Völker- bzw. geographische Bezeichnungen. Statt dessen finden sich Umschreibungen, die den farbigen Stil von 1, 3—5 oder 1, 6—8 blaß machen[101]. Dementsprechend sind Abstrakta, Funktionsbezeichnungen und Titel für die Einheit bestimmend.

Die Verba stehen im impf. bzw. pf. cons. Sie kündigen Handlungen an, deren Subjekt — sieht man von den beiden Verbalsätzen mit finalem bzw. konsekutivem Sinn ab — Jahwe darstellt. Die Bedeutung der Wortgruppen charakterisiert dieses Handeln als kriegerisch-feindlich und damit als unheilvoll[102].

הרג kommt in Am viermal vor, davon dreimal in Verbindung mit בחרב zur Angabe der Art und Umstände des Todes[103].

Die Ankündigung hat einen Vernichtungskrieg im Auge[104]. Seine Folge wird der Tod (מת) der Bevölkerung sein, dem sich auch der Herrscher[105] und die politischen Führer nicht zu entziehen vermögen.

Wie in allen voraufgegangenen Einheiten ist die Unheilsankündigung gegen ein fremdes Volk, diesmal gegen Moab, gerichtet, von dem die Jahwerede in der 3. pers. spricht. Sie wird begründet mit drei oder vier Verbrechen, von denen eines näher beschrieben wird: eine besonders verwerfliche Totenschändung.

שרף עצמות ... לשיד Einen Toten zu verbrennen, war in Israel verpönt; die Verbrennung erscheint als Strafe[106]. Doch zielt die Aussage nicht hierauf, sondern die asche wurde anscheinend zu einem Material verarbeitet, das man zum Tünchen von

---

Verbrennung der Gebeine zu *Kalk* wird als Vergehen herausgestellt. Die Knochen-

[100] Es ist auffallend, daß die Folge des Eingreifens Jahwes nicht zum Abschluß des Spruches festgestellt wird wie in 1, 3—5. 6—8. 13—15, sondern die Ankündigung unterbricht. Die Umstellung von v. 2 b und v. 3 als literarkritische Konsequenz erscheint daher möglich, jedoch nicht zwingend geboten.

[101] Vgl. 1, 4f. mit 2, 2f.

[102] Siehe zu שׁלח אשׁ, שׁלח ארמנות 1, 4f.; zu תרועה 1, 14.

[103] 4, 10; 9, 1. 4.

[104] שׁאון bezeichnet Jes 13, 4 das Kampfgetöse vieler anstürmender Truppen und Hos 10, 14 das Kampfgetümmel beim Angriff auf befestigte Städte.

[105] Vgl. Wolff: »Damit wird der Regent gemeint sein, der sicher richterliche, darüber hinaus aber auch andere Entscheidungen zu treffen hatte . . ., also praktisch doch wohl der König.«   [106] Lev 20, 14; I Reg 13, 2.

Steinen[107] und Häusern[108] benutzte, »Daß der ganz wehrlose Menschenrest mißbraucht wird — daß der Mensch Material wird —, ist Grund genug zur Anklage.«[109]

Ein Vergleich der Form der vorliegenden Einheit mit der jeweiligen Form der vorausgegangenen Textabschnitte läßt die Strukturähnlichkeit von 2, 1—3 mit 1, 3—5; 1, 6—8 und besonders 1, 13—15[110] deutlich erkennen. Die Ergebnisse der Analyse lassen sich in einer Tabelle zusammenfassen:

Einleitungsformel	v. 1 aα	כה אמר יהוה	Jahwerede
Allgemeine Begründung	v. 1 aβγ	על (2x) + Zahlwörter/ Nomen	פשע
Allgemeine Unheilsankündigung	v. 1 aδ	iVS (impf.)	לא אשיבנו
Besondere Begründung	v. 1 b	על + Infinitivsatz	שרף עצמות
Besondere Unheilsankündigung	v. 2—3 bα		
Eingreifen Jahwes	v. 2 a	VS (pf. cons.)	שלחתי אש
Folge	v. 2 b	VS (pf. cons.)	מת
Eingreifen Jahwes	v. 3 a. bα	VS (pf. cons.) iVS (impf.)	הכרתי אהרג
Schlußformel	v. 3 bβ	אמר יהוה	

7. Amos 2, 4—5

Text

4 So hat Jahwe gesprochen:
  Wegen dreier Verbrechen von Juda
  und wegen vierer nehme ich es nicht zurück,   3 + 3
  weil sie Jahwes Weisung verwarfen

---

[107] Dtn 27, 2. 4.

[108] 𝔗: »es hat daraus Kalkverputz für sein Haus gemacht«.   [109] Wolff.

[110] Ohne im Rahmen dieser Arbeit näher darauf eingehen zu können, sollen doch die wesentlichen Übereinstimmungen von 1, 13—15 und 2, 1—3 gegenüber 1, 3—5 und 1, 6—8 festgehalten werden: Während die Beschreibung der Folge in 1, 5b. 8b jeweils nur einen Halbvers umfaßt, verdoppelt sich der Umfang in 1, 15 und 2, 2b, und zwar beide Male durch hinzugefügte Appositionen. 1, 3—5 und 1, 6—8 weisen bald ebensoviele Eigennamen wie Substantiva auf, in 1, 13—15 und 2, 1—3 dagegen treten die Eigennamen sehr zurück, statt dessen finden sich Pronominalsuffixe. Auch die beschreibenden Elemente nehmen in letzteren Einheiten zu. Schließlich ist in der Formulierung und Wortwahl eine nähere Verwandtschaft von 1, 5 und 1, 8 auf der einen Seite und 1, 14b. 15 und 2, 2b. 3 auf der anderen Seite feststellbar. — Sind diese Beobachtungen Hinweis dafür, daß das »Völkergedicht« ursprünglich aus drei Strophen bestanden hat: 1, 3—5. 6—8/1, 13—15; 2, 1—3/2, 6ff. ?

und seine Satzungen nicht hielten,   3 + 3
ihre Lügen(götter)ᵃ sie verführten,
    denen (schon) ihre Väter gefolgt waren.   2 + 3
5 So schicke ich Feuer nach Juda,
    daß es Jerusalems befestigte Häuser verzehre.   3 + 3

ᵃ כֹּזְבִים steht nur hier im Sinne von Lügengöttern, bei dem Deuteronomisten findet sich dafür gleichbedeutend הַהֲבָלִים[111], dementsprechend übersetzt ⅏ hier wie dort τὰ μάταια αὐτῶν.

Abgrenzung

Die Einleitungsformel markiert den Beginn der Einheit; die Schlußformel fehlt zwar, doch ist in 2, 6 mit einer abermaligen Einleitungsformel ein deutlicher Neueinsatz gegeben. Der Textabschnitt ist in sich nicht einheitlich: Trotz der Stilisierung des Spruches als Jahwerede erscheint in v. 4b statt der 1. pers. der Name Jahwe bzw. das Personalsuffix der 3. pers. Die dritte Periode v. 4bγδ fällt nicht nur metrisch aus dem Rahmen, sondern wirkt auch gegenüber der umfassenden Aussage in v. 4bαβ nachgetragen[112]. Die Frage, welche Konsequenzen aus diesen Beobachtungen zu ziehen sind, kann erst aufgrund der formalen Analyse beantwortet werden[113].

Form

Die Einheit ist metrisch geformt: Es ergeben sich drei Doppeldreier, deren Versglieder streng parallel einander zugeordnet sind, und eine fünftaktige Periode, die sich nur schwer untergliedern läßt. Während der erste und vierte Vers des Spruches in ihrem Wortlaut und damit auch in ihrem poetischen Aufbau 1, 3a. 4 par. entsprechen, weisen der zweite und dritte Vers, in ihrer Formulierung ohne Parallele in 1, 3—2, 16, unterschiedliche Gestaltung auf: V. 4bαβ zeigt mit dem antithetischen Parallelismus und der chiastischen Wortstellung eine kunstvolle Formung, der gegenüber v. 4bγδ trotz der Alliteration in der zweiten Vershälfte abfällt und wie ein Prosanachtrag wirkt.

Die Einleitungsformel identifiziert das handelnde Ich mit Jahwe. V. 4a stimmt, abgesehen von dem Eigennamen, mit 1, 3a par. wörtlich überein. Hier wie dort schließt sich dem invertierten Verbalsatz (im impf.) ein Infinitivsatz an, der die Präposition עַל aufnimmt und sie mit dem suffigierten Infinitiv der Tat verknüpft. Ähnlich wie 1, 9b wird er durch einen invertierten Verbalsatz (im pf.) in syndetischem Anschluß fortgeführt. Ein Verbalsatz (im impf. cons.) mit

---

[111] I Reg 16, 13. 26; II Reg 17, 15.
[112] Rudolph.
[113] Siehe unten den Abschnitt *Echtheit*.

einem durch אֲשֶׁר eingeleiteten Relativsatz (im pf.) folgt. V. 5 mit zwei
Verbalsätzen (im pf. cons.) stimmt dann wieder — unter Absehung
von den Eigennamen — mit 1, 4 par. wörtlich überein.

Die verschiedenen Sätze sind in vielfältiger Weise miteinander
verbunden: Die Präposition עַל parallelisiert v. 4a und v. 4b; zudem
weist das Personalsuffix der 3. pers. pl. im Infinitivsatz auf v. 4a
zurück. V. 4bα und v. 4bβ sind durch die Aufnahme des Suffixes als
Subjekt und des Genitivs als Personalsuffix miteinander verknüpft.
V. 4bγ nimmt das Subjekt des voraufgegangenen Satzes als Personalsuffix wieder auf, ebenso der untergeordnete Relativsatz[114]. V. 5a und
v. 4a sind dann durch das gemeinsame Subjekt miteinander verbunden. Die Einheit gliedert sich also in die beiden Teile: v. 4 (untergliedert in v. 4a und v. 4b) und v. 5.

Funktions- und Hauptwörter verhalten sich etwa 2:3. Bei den
Verba finden sich ausschließlich Aktionsverba. Bei den Substantiven
fällt die geringe Anzahl von Eigennamen auf; doch findet sich der Name
Jahwe zum erstenmal außerhalb der Formeln. Es dominieren Abstrakta und unbelebte Konkreta. In v. 4a begegnen wiederum zwei Zahlwörter.

Im Mittelpunkt der Jahwerede steht nicht die Ankündigung von
Unheil, wie sie in Anlehnung an 1, 4 par. formuliert ist, sondern deren
Begründung. Ähnlich wie in 1, 9f. und 1, 11f. sind so die Gewichte von
der Ankündigung auf die Begründung verschoben. Dabei werden
nicht — wie in den voraufgegangenen Einheiten — Vergehen genannt,
die sich im zwischenmenschlichen Bereich abgespielt haben, sondern
solche, die sich unmittelbar auf das Gottesverhältnis der Menschen
beziehen.

תּוֹרָה bezeichnet ursprünglich die konkrete mündliche Weisung oder Belehrung,
die der Priester oder Kultprophet erteilt[115]. Im deuteronomisch-deuteronomistischen
Sprachgebrauch wird das Wort zum term. techn. für die Gesamtweisung Jahwes in
der Gestalt des deuteronomischen Gesetzes[116], während deren Einzelsatzungen als
חֻקִּים bezeichnet werden[117]. In v. 4 liegt der letztere Sprachgebrauch vor, wie die
Parallelisierung von תּוֹרָה und חֻקִּים deutlich macht[118]. Jahwe und seine Worte zu
verwerfen (מָאַס), gilt in deuteronomisch-deuteronomistischen Texten als Sünde[119],
seine Satzungen zu wahren, als erste Forderung[120].

---

[114] Seine Funktion ist im Zusammenhang nicht, beschreibende Züge beizubringen,
sondern auf einen Sachverhalt zurückzuverweisen, der dem Autor wichtig ist.
[115] Siehe Fohrer, Religionsgeschichte, 188.
[116] Siehe II Reg 22, 8. 11; Dtn 1, 5; 4, 8 u. a.
[117] Vgl. Dtn 4, 44f.; 17, 19 u. a.
[118] Vgl. Maag 102, Wolff u. a.
[119] Z. B. II Reg 17, 15.
[120] שָׁמַר חֻקָּיו Dtn 4, 5f. 40; 5, 1; 7, 11; 26, 16f.; I Reg 3, 14; 8, 58; II Reg 17, 37 u. a.

In diesen Zusammenhängen findet sich auch sehr häufig die Verbindung der beiden Gedanken, wie sie in v. 4 gegeben ist: Gesetzesübertretung als Abfall zu anderen Göttern[121]. Während תעה hi. nur vereinzelt in diesen Texten auftaucht[122], ist der Ausdruck הלך אחרי, im Alten Testament geradezu der term. techn. für den Abfall zu den Fremdgöttern[123], im deuteronomisch-deuteronomistischen Sprachgebrauch besonders beliebt[124].

Die Bedeutung der Wortgruppen zeigt, daß in 2, 4f. ähnlich wie in 1, 9f. oder 1, 11f. nicht so sehr konkrete Tatsachen, sondern vielmehr innere Verhaltensweisen beschrieben werden. Hier wie dort fehlt auch die Schilderung der Folge von Jahwes Handeln. Die Struktur von 2, 4f., wie sie in der nachstehenden Tabelle überblicksweise dargestellt ist, läßt eine deutliche Verwandtschaft mit der von 1, 9f. bzw. 1, 11f. erkennen.

Einleitungsformel	v. 4aα	כה אמר יהוה	Jahwerede
Allgemeine Begründung	v. 4aβγ	על (2 ×) + Zahlwörter/ Nomen	פשע
Allgemeine Unheilsan- kündigung	v. 4aδ	iVS (impf.)	לא אשיבנו
Besondere Begründung	v. 4b	על + Infinitivsatz	מאס
		iVS (pf.)	לא שמר
		VS (impf. cons.) mit	כזב
		Relativsatz (pf.)	הלך אחרי . . .
Besondere Unheilsan- kündigung	v. 5		
Eingreifen Jahwes		VS (pf. cons.)	שלחתי אש

Echtheit

Die Strukturähnlichkeit der Einheit mit den beiden Textabschnitten 1, 9f. und 1, 11f., die beide als sekundär oder zumindest als sehr umstritten zu gelten haben[125], legt nahe, auch in 2, 4f. einen Nachtrag anzunehmen. Andere Beobachtungen unterstützen diese Vermutung: Bereits die Nennung Jahwes in der 3. pers. in einer als Jahwerede stilisierten Einheit ist auffallend und deutet auf sekundäre Entstehung hin. Stilistische Gründe treten hinzu: Die Sprache von v. 4b, der einzigen eigenständigen Formulierung in der Einheit[126],

---

[121] I Sam 12, 20f.; II Reg 17, 15 z. B.
[122] II Reg 21, 9 z. B.
[123] Kittel, ThWNT, I 211.
[124] Dtn 4, 3; 6, 14; 8, 19; 11, 28; II Reg 17, 15 u. a.
[125] Siehe dazu den jeweiligen Abschnitt *Echtheit*.
[126] V. 4a. 5 stimmen — siehe oben — mit 1, 3a. 4 par., abgesehen von den Eigennamen, wörtlich überein.

entspricht deuteronomisch-deuteronomistischem Sprachgebrauch[127]. Die Gedankenwelt weist in dieselbe Richtung. Schließlich ist noch darauf hinzuweisen, daß im Zusammenhang allein 2, 4b das Eingreifen Jahwes mit Verfehlungen begründet, die das Gottesverhältnis unmittelbar betreffen[128].

Obgleich ein abschließendes Urteil im Rahmen dieser Arbeit nicht möglich ist, legen die vorgetragenen Beobachtungen doch den Schluß nahe, in 2, 4f. einen Nachtrag zu sehen[129].

8. Amos 2, 6—16

Text

6 So hat Jahwe gesprochen:
   Wegen dreier Verbrechen von Israel
      und wegen vierer nehme ich es nicht zurück,   3 + 3
   weil sie für[a] Geld den Gerechten verkaufen[b]
      und den Armen wegen[a] eines Paars Sandalen.   3 + 3
7 Sie treten[c] [auf den Staub der Erde][d] nach dem Kopf
                                          der Hilflosen
      und weisen den (Rechts)weg[e] der Elenden ab.   3 + 3
   Ein Mann und sein Vater
      gehen zum (selben) jungen Mädchen   2 + 2
      [,um meinen heiligen Namen zu entweihen][f].
8 Auf gepfändeten Kleidern strecken sie sich aus
      [neben jedem Altar][g]
      und Wein von Bußgeldern trinken sie   3 + 3
      [im Haus ihres Gottes][g].
9 Und ich hatte doch den Amoriter ihretwegen[h] vertilgt,   4
   dessen Größe Zedern glich,
      und der stark war wie Eichen.   3 + 3
   [Und ich vernichtete seine Frucht oben
      und seine Wurzeln unten.][i]   (3 + 2)
10 [Und ich habe euch aus dem Land Ägypten heraufgeführt
   und euch in der Wüste geleitet vierzig Jahre, das Land
   der Amoriter in Besitz zu nehmen.
11 Ich habe aus euren Söhnen Propheten aufstehen lassen
   und aus euren jungen Männern Nasiräer. Ist es nicht so,
   ihr Israeliten? Spruch Jahwes.

---

[127] Wolff; siehe oben.

[128] Auch in 2, 6ff. ist nur von Verhaltensweisen im zwischenmenschlichen Bereich die Rede.

[129] So Wellhausen, Marti, Nowack, Weiser, Wolff, Maag 11 u. v. a.; anders Reventlow, Das Amt, 56ff.; Rudolph u. a.

12 Aber ihr gabt den Nasiräern Wein zu trinken und den
    Propheten gebotet ihr: Tretet nicht als Propheten auf!][j]
13 Siehe, ich lasse schwanken[k] (den Boden) unter euch[l],   4
    wie der Wagen schwankt,
        der voll geschnittener Ähren ist.   3 + 3
14 Da entschwindet die Zuflucht dem Schnellen,
        und den Starken stärkt nicht seine Kraft   3 + 3
        [, und der Held rettet sein Leben nicht][m].
15 Der Bogenschütze hält nicht stand[n],
        [und der Schnellfüßige kann nicht entrinnen[o],][p]
    und der Reiter rettet sich[q] nicht.   3 + 3
16 Selbst der Beherzteste unter den Helden
        flieht nackt an jenem Tage[r],   3 + 3(2)
                                        Spruch Jahwes.

[a] בְ wechselt mit בעבור wie in 8, 6. Während es sich bei בְ um das בְ pretii handeln
dürfte, wird für בעבור die Übersetzung »wegen« beibehalten[130].

[b] מכר heißt nur »verkaufen«, nie »kaufen«[131].

[c] שאף (»schnappen, lechzen nach«) wird immer mit dem Akkusativ verbunden[132],
nur an der textkritisch schwierigen Stelle Koh 1, 5 mit אל. ⑤ hat τὰ πατοῦντα und
liest demnach שפים von I שוף (»zertreten, zermalmen«)[133].

[d] Der Ausdruck עַל־עֲפַר־אָרֶץ überfüllt metrisch den Vers und wird als erklärender Zusatz gestrichen[134].

[e] So mit Maag[135], Wolff; anders Rudolph[136]. Vielleicht ist משפט aus metrischen
Gründen weggefallen.

[f] Der Finalsatz wird als erläuternde Glosse gestrichen. Die Verbindung את הלל
שם findet sich noch Jer 34, 16; Ez 20, 39; 36, 20. 21 und sechsmal im Heiligkeits-
gesetz. Alle Stellen sind jünger als Amos und abhängig von der deuteronomischen
Namenstheologie[137]. Die Anknüpfung mit למען ist in späterer Zeit besonders beliebt[138].
— Deutet die Glosse v. 7bα nach Hos 4, 14 im Sinne des Heiligkeitsgesetzes[139]? Hat
sie einen Halbvers anderen Inhalts verdrängt?

[g] אצל כל־מזבח und בית אלהיהם sind Zusätze, die die sozialen Verbrechen in
kultische Vergehen umdeuten[140]. Ohne diese Erweiterungen ergibt sich ein Doppeldreier, dessen beide Halbverse in strengem Parallelismus zueinander stehen.

---

[130] Mit Rudolph gegen Wolff.
[131] Mit Rudolph, Wolff gegen Neher, Amos, 54.
[132] Siehe Jer 2, 24; 14, 6; Ez 36, 3; Hi 7, 2; 36, 20; Ps 56, 2f.
[133] Im Alten Testament nur Gen 3, 15 belegt.
[134] Mit Wellhausen, Marti, Weiser, Wolff, Rudolph u. a.
[135] Maag 11. 73.
[136] Vgl. hierzu noch Prov 17, 23 und Dtn 16, 19, wo נטה hi. ארחות משפט bzw. משפט
     zum Objekt hat.
[137] Vgl. Blank, Isaiah, 6f.; Wolff; anders Rudolph.
[138] In Ez 30 ×, besonders häufig im deuteronomisch-deuteronomistischen Stil.
[139] So Wolff.
[140] So Marti, Nowack, Balla 20, Wolff, Elliger (BHS); anders Weiser, Robinson, Ru-
     dolph.

[h] Statt der 3. pers. die 2. pers. zu lesen[141], besteht kein Anlaß, da auch die voraufgegangenen Verse nicht in der Anredeform gehalten sind. Erst in den Zusätzen v. 10—12 erscheint die 2. pers.

[i] V. 9b wirkt nachklappend und wird als Erweiterung gestrichen. Der Halbvers spielt auf eine Wendung an, die sich in Jes 37, 31 (= II Reg 19, 30) findet, und die als Fluchformel aus dem Sidon des 5. Jh. belegt ist[142]. Er hebt auf die Totalität der Vernichtung ab und ist sachlich daher entbehrlich, denn diese ist bereits in v. 9a durch שמד (»vertilgen«) ausgedrückt[143].

[j] V. 10—12 werden als Einschub beurteilt. Zur Begründung siehe den Abschnitt *Abgrenzung*.

[k] Die Bedeutung des Hapaxlegomenon עוק (עיק) ist nicht eindeutig gesichert[144]. Auch die Übersetzungen können diese Schwierigkeiten nicht klar lösen. 𝔊 hat κυλίειν (»rollen, wälzen«), 'A τρίζειν (»knistern, knarren«), ebenso 𝔚. 𝔖 und 𝔗 fassen das Wort in seiner aramäischen Bedeutung »drängen, drücken«. Hier wird die Übersetzung »schwanken machen« vorgeschlagen, wie sie MSS von 𝔗 bezeugen[145].

[l] Da v. 6ff. — sieht man von dem Einschub v. 10—12 ab — sonst in der 3. pers. formuliert sind, ist es möglich, daß 𝔐 erst unter dem Einfluß der paränetisch stilisierten Erweiterung aus ursprünglichem תחתיהם entstanden ist.

[m] V. 14b wird von einigen MSS nicht überliefert. Wahrscheinlich handelt es sich um einen Zusatz, der im Interesse der Plerophorie nachgetragen ist. Der Vers stört den Parallelismus der Doppelreihen in v. 14f. und wirkt — der Wortbestand ist dem Kontext entnommen — gegenüber der eigenständigen Sprache von v. 14a blaß[146].

[n] So mit Wolff u. a. gegen Sellin², Rudolph; vgl. Ex 21, 21; Ps 33, 11; Hi 8, 15.

[o] 𝔊 hat διασωθῇ und setzt dementsprechend יִמָּלֵט voraus; 𝔐 ist vielleicht von v. 14b beeinflußt.

[p] V. 15aβ fehlt wieder in einigen MSS und ist als Dublette zu v. 14aα Zusatz[147].

[q] נפשו überfüllt das Metrum und wird gestrichen; statt dessen wird יִמָּלֵט gelesen.

[r] Man kann fragen, ob ביום ההוא ursprünglich ist, da die Wendung das Metrum 3 + 3 eigentlich sprengt, 3 + 2 dagegen in der Schlußzeile häufig ist[148].

Abgrenzung

Der Beginn der Texteinheit in 2, 6 ist mit der Einleitungsformel כה אמר יהוה deutlich markiert. Die Formel נאם יהוה in 2, 16 schließt den Abschnitt ab, da in 3, 1 mit der Aufforderung שמעו את־הדבר הזה eine neue Einheit beginnt[149].

---

[141] So Elliger (BHS), Rudolph.

[142] Siehe Wolff.

[143] Vgl. hierzu noch Nowack.

[144] Vgl. zur Diskussion Wolff und Rudolph.

[145] Siehe Maag 182, Rudolph.

[146] V. 14b streichen Weiser, Wolff u. a.; anders Rendtorff, ZAW 85 (1973), 226f.

[147] So mit Wolff u. a.; anders Rendtorff a. a. O.

[148] Dieses Metrum ergibt sich nur dann, wenn man den Ausdruck einhebig liest. Vgl. Elliger (BHS).

[149] Siehe Wellhausen, Marti, Balla 6, Weiser, Wolff, Rudolph u. v. a. Anders Maag 13; er scheidet den Relativsatz in 3, 1a als sekundär aus und sieht in 3, 1f. — unter Ver-

Der so abgegrenzte Text 2, 6—16 ist aber nicht in sich geschlossen. Sieht man von den Erweiterungen ab, die bereits als solche aufgrund vor allem stilkritischer Erwägungen erkannt und ausgeschieden wurden[150], so fallen v. 10—12 besonders auf. Sie gehen zur Anrede (2. pers. pl.) über und werden in v. 11 durch die Gottesspruchformel unterbrochen. Auch zeigen sie vorwiegend prosaischen Stil[151].

V. 10 setzt wie v. 9 noch einmal mit ואנכי ein und trägt die Ereignisse des Exodus und der Wüstenführung in traditioneller Sprache[152] nach. In einem Finalsatz kommt er dann zu dem Thema der Landnahme zurück und endet somit an genau der gleichen Stelle wie v. 9[153]. V. 10 klappt also nach und gibt sich damit als Einschub zu erkennen[154].

Auch v. 11f. scheinen sekundär zu sein. Sie sind vorwiegend prosaisch formuliert[155] und weisen einen paränetischen Stil auf[156], der sich deutlich in der Texteinheit abhebt; zudem ist הקים ein beim Deuteronomisten beliebter Ausdruck, der Jahwes Erwecken von Propheten und Richtern bezeichnet[157]. Auch sachlich erheben sich Bedenken gegen die Ursprünglichkeit von v. 11f. Während v. 9 das heilvolle Handeln Jahwes bei der Landnahme den Vergehen Israels kontrastiert, kehren v. 11f. zur Schuldaufdeckung von v. 6b—8 zurück. V. 11 stellt zunächst — mit einer rhetorischen Frage die Zu-

---

weis auf העליתי in 3, 1b — den Abschluß von 2, 6—16. Doch vermag diese Abgrenzung in keiner Weise zu überzeugen, da sie von fragwürdigen literarkritischen Voraussetzungen ausgeht (siehe die Analyse von 3, 1f.) und formen-, gattungs- und vor allem redaktionskritische Gesichtspunkte unberücksichtigt läßt.

[150] Siehe die Textanm. d. f. g. i. m. p.

[151] In Stichworten seien genannt: Häufung von Artikeln und von את; statt parallelismus membrorum ein Satzreihengeflecht von (invertierten) Verbalsätzen, einem Nominalsatz als Fragesatz, einem Finalsatz, einem Prohibitiv; abgesehen von v. 11a keine metrische Gliederung möglich.

[152] Zu v. 10a vgl. Jdc 6, 8; I Sam 10, 18; I Reg 12, 28; Am 3, 1; 9, 7; Mi 6, 4; zu v. 10b vgl. Dtn 29, 4, wo der Wortlaut genau belegt ist. Die Wendung לרשת את־ארץ in v. 10b findet sich mehrmals in Jos und Jdc (Jos 1, 11; 18, 3; Jdc 2, 6) und besonders in Dtn (2, 31; 9, 4. 5; 11, 31).

[153] Vollmer, Rückblicke, 24.

[154] So Marti; Wolff; Vollmer, Rückblicke, 24, u. a.; dagegen halten an der Echtheit fest Robinson, Weiser, Rudolph u. a. — In diesem Zusammenhang ist nachdrücklich darauf hinzuweisen, daß der Topos vom vierzigjährigen Wüstenaufenthalt in v. 10b α vor Dtn nicht nachgewiesen ist (gegen Rudolph sind die »vierzig Jahre« in Ex 16, 35 und Num 14, 33 P zuzurechnen, siehe Noth 109), dort aber häufig zu finden ist (2, 7; 8, 2. 4; 29, 4).

[155] Siehe oben Anm. 151.

[156] Siehe Wolff 172. 207.

[157] הקים נביא Dtn 18, 15. 18; הקים משפטים Jdc 2, 16; הקים מושיע Jdc 2, 18; 3,9. 15. Vgl. dagegen den andersartigen Gebrauch von הקים in Am 6, 14 und die Formulierung ויקחני in 7, 15, wo Amos von seiner Berufung spricht.

stimmung der Zuhörer herausfordernd — fest, daß Jahwe Propheten, nach dem literarischen Zusammenhang Unheilspropheten[158], und Nasiräer erweckt hat. Die Gottesspruchformel unterbricht dann den Zusammenhang[159], der in v. 12 dieser geschilderten Tat Jahwes das Verhalten Israels gegenüberstellt. Es ist unwahrscheinlich, daß die Verfehlung von v. 12, die sich auf die Vergangenheit bezieht, ein Übergewicht gegenüber den Verbrechen der Gegenwart (v. 6b—8) erhalten sollte, wie es jetzt durch die literarische Verbindung von v. 12 und v. 13 tatsächlich gegeben ist. V. 11f. lassen sich wesentlich besser als späterer Zusatz verstehen, der das eigene Geschick des Propheten[160] interpretiert[161].

Form

Der so abgegrenzte Text 2, 6—9*. 13—16* weist einen kunstvollen poetischen Aufbau auf: V. 6b—8 (außer v. 7b)[162] zeigen die Form synonymer, v. 14—16 die Form synonymer, antithetischer bzw. synthetischer Doppeldreier. Ein auffallendes Metrum findet sich in v. 9 und v. 13, die beide aus zwei Perioden bestehen, einem Viertakt und einem Doppeldreier, und einander in ihrer Form entsprechen[163]. Wie in allen voraufgegangenen Einheiten sind auch in 2, 6—16* verschiedene Kunstmittel verwendet: Alliteration, Assonanz, Chiasmus usw.

Die Einheit ist wieder als Jahwerede stilisiert. V. 6a stimmt — abgesehen von dem Eigennamen — mit 1, 3a par. wörtlich überein. Ein mit על eingeleiteter Infinitivsatz schließt sich hier wie dort an den durch die Negation לא invertierten Verbalsatz an, wobei beide Sätze syntaktisch eng miteinander verbunden sind, wie die Aufnahme von על und das rückweisende Personalsuffix der 3. pers. pl. in v. 6b deutlich machen. In v. 7 folgt — anders als in 1, 4 par. — eine Parti-

---

[158] Siehe v. 12, wo die Zuhörer zitiert werden; das Verbot, als Prophet aufzutreten, ist nur für Unheilspropheten verständlich.

[159] Ähnlich wie in den deuteronomistisch redigierten Stücken von Jer, z. B. 8, 3; 12, 17; siehe Wolff.

[160] 7, 13. 16

[161] Vgl. die ausführliche Begründung bei Schmidt, Die deuteronomistische Redaktion, 180ff.; ebenso Wolff; Vollmer, Rückblicke, 25. Nur v. 12 streichen Marti, Weiser, Rudolph u. a.

[162] Vielleicht ist die Tatsache, daß v. 7b als Doppelzweier metrisch an dieser Stelle aus dem Rahmen fällt, ein Hinweis darauf, daß der Halbvers hinter v. 8 zu stellen ist; dort schlösse er die Reihe der Doppeldreier gut ab; vgl. Weiser und Textanm. f. V. 8 setzte v. 7a passend fort.

[163] Siehe unten die formale Analyse.

zipialkonstruktion[164], die durch vier invertierte Verbalsätze (im impf.) fortgesetzt wird. Die einzelnen Sätze sind jeweils syndetisch angeschlossen und bis auf v. 7 b durch das gemeinsame Subjekt, das auf das Partizip bzw. das Personalsuffix der 3. pers. pl. im Infinitivsatz zurückweist, eng miteinander verbunden. V. 9 setzt mit dem vorangestellten und daher betonten אנכי und damit mit einem Subjektswechsel ein. Gleichzeitig wechselt auch das Tempus: pf. statt impf. So hebt sich v. 9 — trotz des syndetischen Anschlusses und des rückweisenden Personalsuffixes der 3. pers. pl. — von v. 6—8 deutlich ab. Auf den invertierten Verbalsatz folgt mit אשר angeschlossen ein Relativsatz, der der Näherbestimmung des Nomens אמרי dient. Er gliedert sich in zwei syndetisch verbundene und einander parallelisierte Nominalsätze, deren Wortfolge Prädikat — Subjekt besonders auffällt[165] und der Hervorhebung des Prädikats dient. V. 13 hebt wiederum das redende Ich Jahwes hervor: In Asyndese wird ein partizipialer Nominalsatz angeschlossen, dessen Subjekt wie in v. 9 אנכי darstellt.

Das einleitende הנה findet sich in Am vierzehnmal[166]. Gehäuft begegnet die Partikel in den Visionsberichten (5 ×), wo sie einleitet, was Jahwe dem Propheten zeigt[167], bzw. eine unheilvolle Jahwerede einführt[168]. Im Eingang der Gottesrede findet sich הנה noch an weiteren sechs Stellen[169], und dreimal[170] weist es auf Jahwes Handeln in der 3. pers. hin. Sieht man von den in ihrer Echtheit umstrittenen Worten[171] ab, so leitet הנה, das die Aufmerksamkeit der Hörer wecken soll[172], in Am immer eine Unheilsankündigung ein[173].

V. 13 geht zur Anredeform über, doch wird diese im folgenden nicht mehr aufgegriffen, so daß ihre Ursprünglichkeit unsicher

---

[164] Vgl. zur Bedeutung des pt. act. G—K § 116 a, zur Determination durch den Artikel § 126 b. — Am weist eine solche Partizipialkonstruktion mehrmals auf (z. B. 4, 1; 5, 7; 6, 13; 8, 4), vor allem in Verbindung mit dem Weheruf (5, 18; 6, 1. 3—6). — Die Annahme, daß der Israelspruch in 2, 6 als Fragment endet und in 2, 7 ein neuer Spruch beginnt, der etwa ein Weheruf gewesen wäre (Reventlow, Das Amt, 57 f.), erscheint unwahrscheinlich, da 2, 6b—8 »nach Stil und Inhalt eine deutlichere Anlehnung an einen ausgeführten vierreihig gestaffelten Zahlenspruch als alle vorhergehenden Amossprüche« (Wolff 172) zeigt. Vgl. auch die Partizipialformen in dem gestaffelten Zahlenspruch Prov 6, 16—19.

[165] Die für den Nominalsatz charakteristische Wortstellung ist die Folge Subjekt — Prädikat; siehe G—K § 141 l.

[166] 2, 13; 4, 2. 13; 6, 11. 14; 7, 1. 4. 7. 8; 8, 1. 11; 9, 8. 9. 13.

[167] 7, 1. 4. 7; 8, 1.

[168] 7, 8.

[169] 2, 13; 9, 9 (הנה אנכי), 6, 14 (הנני) und 4, 2; 8, 11; 9, 13 (הנה ימים באים).

[170] 4, 13; 6, 11; 9, 8.

[171] Siehe die Einzelanalysen.

[172] Vgl. Lande, Formelhafte Wendungen, 15.

[173] Vgl. den Exkurs von Wolff 173.

bleibt[174]. Wie in v. 9 folgt auch hier auf die viertaktige Einzelreihe ein Doppeldreier, der einen Vergleich enthält; diesmal allerdings in der Gestalt eines untergeordneten, mit כאשר eingeleiteten Komparativsatzes mit verbalem Charakter. Das Jahwewort runden — jeweils syndetisch angeschlossen — ein Verbalsatz (im pf. cons.), drei invertierte Verbalsätze (im impf.) mit der Negation לא und ein invertierter Verbalsatz (im impf.) ohne Negation ab, ohne daß irgendein Rückbezug dieser Sätze in der Einheit erkennbar ist. Der Einleitungsformel כה אמר יהוה korrespondiert schließlich als Schlußformel die Wendung נאם יהוה, die sog. Gottesspruchformel, die an die Stelle von אמר יהוה in 1, 5 par. tritt.

Die Formel kommt in Am insgesamt 21 × vor, davon 13 × in Schlußstellung[175], 6 × im Rahmen einer Spruchheinleitung[176], 2 × als Zwischenformel[177]. Bei Hos fehlt sie, bei Jes ist sie sehr selten. Gehäuft tritt sie bei Jer (169 ×) und Ez (85 ×) auf. Es läßt sich angesichts dieses Befundes nicht mit Sicherheit sagen, ob die Formel in Am zur ältesten Fassung der Worte gehört oder erst durch die literarische Form hinzukam[178]. Doch erscheint sie in 3, 15 und 9, 7 als unentbehrlich, da das sprechende Ich nicht durch eine andere Rahmenformel mit Jahwe identifiziert ist, so daß man wohl mit einer Verwendung der Formel durch Amos selbst rechnen kann. In v. 16 könnte diese Formel dann dazu dienen, »den Höhepunkt des Ganzen mit auffälliger, ja feierlicher Betonung zu schließen«[179].

Ein Überblick über die festgestellten Beziehungen läßt folgende Gliederung der Texteinheit erkennen: *v. 6* (par. 1, 3 par.); *v. 7f.* (Partizipialkonstruktion, die durch invertierte Verbalsätze im impf. fortgesetzt wird): *v. 9* (invertierter Verbalsatz im impf. mit Vergleich); *v. 13* (Nominalsatz mit Zukunftsbezug[180] und Vergleich); *v. 14—16* (ein Verbalsatz im pf. cons. und vier invertierte Verbalsätze im impf.).

Im Vergleich zu den voraufgegangenen Einheiten fällt in 2, 6—16* die Häufung der invertierten Verbalsätze auf, die gegenüber den anderen Satzarten deutlich dominieren[181]. Verbalsätze treten so in der vorliegenden Einheit klar zurück; doch finden sich erstmals Nominalsätze, die die Funktion der Beschreibung besitzen.

---

[174] Siehe Textanm. 1; es erscheint trotz 4, 2 und 6, 14 durchaus möglich, daß מפניהם in v. 9 ursprünglich ein תחתיהם in v. 13 korrespondierte (Wolff 173).

[175] 2, 11. 16; 3, 15; 4, 3. 5. 6. 8. 9. 10. 11; 9, 7. 8. 12.

[176] 3, 13; 6, 8; 8, 3. 9. 11; 9, 13.

[177] 3, 10; 6, 14.

[178] Siehe Westermann, Grundformen, 136.

[179] So Wolff 174; anders Rudolph 119, der angesichts des sonstigen Sprachgebrauchs in Am einen solchen qualitativen Unterschied zwischen אמר יהוה und נאם יהוה ablehnt.

[180] הנה mit pt. dient zur »Ankündigung unmittelbar oder doch nahe bevorstehender (und zwar sicher eintretender) Ereignisse« (G—K § 116p).

[181] Die Inversion ist dabei durch rhythmische Gründe (Chiasmus in v. 14a), durch die Negation לא (v. 14f.) und durch Gründe der Hervorhebung (v. 9a) bedingt.

Bemerkenswert ist die große Zahl von Funktionswörtern, die sich in gleicher Weise auf die Konjunktion ‍ן, auf Präpositionen und Artikel verteilen. Sie stehen zu den Hauptwörtern fast im Verhältnis 1:1. An Verba finden sich in der Mehrzahl Aktionsverba; die wenigen Vorgangs- bzw. Zustandsverba beschränken sich auf Passagen beschreibender Art. Es fällt die große Anzahl von Partizipien und substantivisch verwendeten Adjektiven, besonders in v. 14—16, auf. Sie sind ebenso Hinweis auf schildernde Elemente wie die zahlreichen Präpositionalausdrücke, die sich gleichmäßig über die Einheit verstreut finden. Bei den Substantiva treten die Abstrakta deutlich hinter den unbelebten bzw. den menschlichen Konkreta zurück. Auch lassen sich nur zwei Eigennamen, zwei Völkerbezeichnungen, feststellen. In v. 6a begegnen zwei Zahlwörter. Der ganze Textabschnitt ist von Bildern geprägt, wie eine Analyse der Verwendung der Verba und Substantiva ergibt[182].

Während v. 6a — gleichlautend mit 1, 3a par. — nur allgemein von drei oder vier Verbrechen spricht, werden in v. 6b. 7f. — anders als in den voraufgegangenen Textabschnitten — die verbrecherischen Taten in vier Perioden einzeln aufgezählt[183]. Sie stellen auch nicht wie in den vorhergehenden Sprüchen Kriegsverbrechen gegen andere Völker dar, sondern sind Vergehen sozialer Art.

    1. מכר צדיק bezeichnet den Verkauf von Personen, die persönlich unschuldig sind, in Schuldsklaverei[184]. מכר אביון בעבור נעלים meint den Verkauf von Hilfsbedürftigen, die nur eine Kleinigkeit schulden[185].
    2. V. 7a spricht von der Unterdrückung der Armen, insbesondere durch Rechtsbeugung[186].

---

[182] Siehe v. 7. 9. 13—16.

[183] 2, 6ff. zeigen in dieser Erweiterung der Verbrechensanzeige eine deutlichere Anlehnung an einen ausgeführten vierreihigen gestaffelten Zahlenspruch als alle voraufgegangenen Einheiten. Vgl. Wolff 167. 172; auch Prov 6, 16—19.

[184] מכר nur 2, 6 in Am; derselbe Tatbestand wird auch in Gen 37, 28; Ex 21, 7f.; Lev 25, 39 u. a. mit מכר benannt. צדיק wird wie 5, 12 den rechtlich Schuldlosen bezeichnen; doch läßt sich nicht ausschließen, daß hier die abgeschwächte Bedeutung »recht, richtig« (so Rudolph) anzunehmen ist. Jedenfalls ist nicht an den Tatbestand der Bestechung von Richtern zu denken (Sellin, Robinson), da davon Amos nachweislich anders spricht (5, 12!), wie auch die Parallele des Armen in andere Richtung weist (siehe Rudolph, Wolff).

[185] אביון 2, 6; 5, 12 // צדיק; 4, 1; 8, 6 // דל; 8, 4 // עני. נעלים (dual) kommt in Am nur hier und 8, 6 vor; »ein Paar Schuhe« ist vielleicht eine Redewendung für »eine Kleinigkeit« (Rudolph).

[186] דל 48 × im Alten Testament, davon 15 × in Prov, 12 × in prophetischen Büchern, 6 × in Hi, je 5 × in Ps und Pentateuch; die restlichen Vorkommen verteilen sich auf Jdc, I/II Sam und Ruth. Jedesmal dient das Wort zur Bezeichnung des Geringen, Kleinen und Hilflosen, wie die häufige Parallelisierung mit אביון (I Sam 2, 8; Jes 14, 30; 25, 4; Ps 82, 3; 113, 7 u. a.) und עני (Jes 10, 2; 11, 4; 26, 6; Ps 82, 3 u. a.)

3. V. 7b prangert den Mißbrauch von Mädchen an, deren Person als solche und deren kommende Ehe geschützt sein sollen[187].

---

ebenso wie der Gegensatz zum »Reichen« (Ex 30, 15; Prov 10, 15; 22, 16 u. a.) deutlich machen.

עני als Bezeichnung des Elenden, Armen, Niedergedrückten wird dagegen zu den Gewalttätigen und Stolzen (Prov 16, 19; 22, 22 u. a.) in Gegensatz gesetzt; insofern »enthält der Begriff einen Rechtsanspruch« (Kuschke, ZAW 57, 1939, 49f.).

נטה דרך hi. wird verstanden als Bezeichnung der Rechtsbeugung (vgl. 5, 12; Ex 23, 2. 6; Dtn 24, 17; 27, 19 u. a.).

[187] Diese Deutung ist nicht unumstritten, wie ein Blick in die Literatur schnell lehrt. Während die Bedeutung von הלך אל »geschlechtlichen Umgang haben mit« (Maag 176, Wolff) nicht zweifelhaft ist, werden für נערה verschiedene Übersetzungen vorgeschlagen: a) Hure, Dirne (z. B. Orelli); b) Hure, Tempeldirne (z. B. Weiser); c) Hausmagd (z. B. Maag 175); d) Mädchen (z. B. Wolff). Da allein die Übersetzung von נערה somit über die Bedeutung von v. 7b entscheidet, soll die Verwendung des Wortes im Alten Testament überblicksweise untersucht werden: נערה kommt 62 × vor, davon *28 ×* in der Bedeutung »*heiratsfähiges Mädchen*« [Gen. 24, 14. 16. 28. 55. 57; 34, 3 (2 ×). 12; Dtn 22, 23ff. (7 ×); Jdc 21, 12; I Reg 1, 2ff. (3 ×); Est 2, 2ff. (3 ×). 7ff. (3 ×). 12 (2 ×). 13], *14 ×* in der Bedeutung »*Magd*« [Gen 24, 61; Ex 2, 5; I Sam 25, 42; Prov 9, 3; 27, 27; 31, 15; Ruth 2, 8. 22. 23; 3, 2; Est 2, 9 (2 ×); 4, 4. 16], je *6 ×* in der Bedeutung »*jung verheiratete Frau* (die in ihr Elternhaus zurückgekehrt ist)*« [Dtn 22, 15f. (3 ×). 19—21 (3 ×)) bzw. »*Nebenfrau* (die in ihr Elternhaus zurückgekehrt ist)«* [Jdc 19, 3—6 (4 ×). 8f. (2 ×)], je *3 ×* in der Bedeutung »*junge weibliche Person* (ohne Rücksicht auf deren Zivilstand)« (I Sam 9, 11; Ruth 2, 5f.) bzw. »*kleines Mädchen*« (II Reg 5, 2. 4; Hi 40, 29) und *1 ×* in der Bedeutung »*junge Witwe*« (Ruth 4, 12). נערה heißt also an keiner der angeführten Stellen »Dirne, Hure«, so daß auch in 2, 7 kein Grund besteht, diese Übersetzung anzunehmen (gegen Orelli, Weiser u. a.). Warum sollte allein Amos נערה in diesem ungewöhnlichen Sinn verwenden, zumal ihm zur Darstellung des Sachverhalts unzweideutige Wörter zur Verfügung standen (קדשה bzw. זנה)? — Der wortstatistische Befund weist in eine andere Richtung: In der Mehrzahl der Fälle bezeichnet נערה das heiratsfähige Mädchen bzw. eine Frau, deren Zivilstand dem eines jungen Mädchens vergleichbar ist. Nur in vierzehn Fällen ist die Vokabel mit »Magd« zu übersetzen, wofür das Hebräische in der Regel die beiden Ausdrücke אמה und שפחה verwendet. So erweisen sich von den oben angeführten vier Möglichkeiten die zwei letzteren zwar beide als zutreffend, doch wird der Übersetzung »Mädchen« gegenüber »Hausmagd« der Vorzug gegeben (mit Wolff gegen Maag 175). Denn wollte der Text auf den sozialen Mißstand des Mißbrauchs Abhängiger abheben (Maag 176), so stünde zu erwarten, daß deren Wehrlosigkeit und Abhängigkeit betont wäre (Wolff). Warum sollte Amos auch statt אמה oder שפחה die Vokabel נערה verwenden?

Die auffällige Reihenfolge »Sohn-Vater« dient der Steigerung: Junge Mädchen im heiratsfähigen Alter werden vom Sohn und sogar von dem Vater zum Objekt ihrer Lust gemacht. Damit ist nicht gesagt, daß es sich dabei um dasselbe Mädchen handelt (mit Maag 176 gegen Wolff); Sohn und Vater können sich durchaus verschiedenen Mädchen zugewandt haben. An der Beurteilung ihres Tuns ändert sich damit nichts (vgl. Dtn 22, 28f., wonach der geschlechtliche Umgang mit einem Mädchen zur Ehe verpflichtet).

4. In v. 8 ist von der Ausnutzung Verschuldeter die Rede, deren Pfandstücke und Strafgelder mißbraucht werden[188].

Die angeführten Verbrechen sind nicht auf die Vergangenheit beschränkt, sondern dauern in der Gegenwart des Propheten noch an[189]. Sie werden nicht wie in den vorhergehenden Sprüchen einem fremden Volk zugeschrieben, sondern von Israel selbst ausgesagt[190].

ישראל kommt in Am 30 × vor, davon 10 × alleinstehend[191], 8 × in Verbindung mit בית[192], 5 × mit בני[193], 4 × mit עמי[194], 2 × mit מלך[195] und 1 × mit בתולת[196]. Die Wendung בית ישראל findet sich, wenn es um den Staat des Nordreichs mit seinen machtpolitischen und kultischen Stützen inmitten der übrigen Völkerwelt geht[197]. ישראל allein bzw. in der Verbindung mit עמי erscheint demgegenüber im Sinne des Gottesvolkes[198]. Die Verbindung עמי ישראל ist dabei offenbar eine Eigenart des Amos, denn Hosea, zeitlich und örtlich ihm nahe, kennt diese Formulierung nicht[199]. Der Zusatz ישראל greift aus dem עם יהוה den Teil heraus, »der staatsrechtlich die Bezeichnung 'Israel' trägt«[200]. — Eine ähnliche Bedeutung hat בני ישראל. Diese Wendung erscheint — außer in 3, 12 — immer in Verbindung mit der 2. pers. pl., also bei direkter Anrede, während ישראל in der Regel — außer in 4, 12 — mit der 3. pers. sg. verbunden ist.

Den Taten Israels wird in v. 9 das Handeln Jahwes für Israel eigentümlich kontrastiert. Der Vers stellt das gegenwärtige soziale Fehlverhalten in Israel dem geschichtlichen Handeln Jahwes zugunsten Israels bei der Landnahme gegenüber.

---

[188] חבל (»pfänden«) findet sich im Alten Testament 12 ×: Ex 22, 25; Dtn 24, 6 (2 ×); 24, 17; Ez 18, 16; Am 2, 8; Hi 22, 6; 24, 3. 9; Prov 13, 13; 20, 16; 27, 13; ענש (»eine Geldbuße auferlegen, strafen«) 9 ×: Ex 21, 22 (2 ×); Dtn 22, 19; Am 2, 8; Prov 17, 26; 21, 11; 22, 3; 27, 12; II Chr 36, 3. Die Rechtsüberlieferung des Pentateuchs macht deutlich, welches Unrecht angesprochen ist: Es ist von Menschen die Rede, die den Rechtsschutz in Not Geratener nicht beachten (vgl. Ex 22, 25f.; Dtn 24, 12f. 17) bzw. Bußgelder statt zur Deckung des angerichteten Schadens zur Finanzierung von Weingelagen verwenden (vgl. Ex 21, 22; Dtn 22, 19).

[189] Siehe zur Bedeutung des verwendeten impf. G—K § 107a.

[190] Es wird vorausgesetzt, daß Amos in Israel als Prophet aufgetreten ist; siehe 7, 10ff.

[191] 1, 1b; 2, 6; 3, 14; 4, 12a. b; 7, 9. 11. 16. 17; 9, 7b.

[192] 5, 1. 3. 4. 25; 6, 1. 14; 7, 10b; 9, 9.

[193] 2, 11; 3, 1. 12; 4, 5; 9, 7a.

[194] 7, 8. 15; 8, 2; 9, 14.

[195] 1, 1b; 7, 10a.

[196] 5, 2.

[197] Vgl. 7, 10b; 5, 1. 3f. u. a.

[198] Wolff.

[199] In Hos findet sich עמי 1, 9; 2, 1. 3. 25; 4, 6. 8. 12; 6, 11; 11, 7, doch kein einziges Mal in Verbindung mit ישראל; siehe Hoffmann, ZAW 82 (1970), 121f.

[200] Rost, Israel bei den Propheten, 18.

שָׁמַד hi. (»zerstören, vernichten, vertilgen«) findet sich im Alten Testament 68 ×, und zwar bevorzugt in Landnahmeerzählungen[201] und im sakralen Bannrecht, wo es die völlige Vernichtung bezeichnet[202].

אֱמֹרִי Wie beim Elohisten[203] und später beim Deuteronomisten[204] werden die vormaligen Bewohner des Landes »Amoriter« genannt.

חֹסֶן אַלּוֹן/גֹּבַהּ אֶרֶז Die Rede von der Höhe der Zedern und Stärke der Eichen, beide vielleicht sprichwörtlich[205], veranschaulicht die Stärke und Macht jener Landesbewohner und hebt damit die Größe der Tat Jahwes hervor[206].

Das Urteil, das sich aus dieser Gegenüberstellung ergibt, kann nicht zweifelhaft sein. So leitet das Aufmerksamkeit heischende הִנֵּה die Ankündigung des unheilvollen Eingreifens Jahwes ein[207], das als Beben vorgestellt ist[208]. Seinen zerstörerischen und vernichtenden Auswirkungen vermag niemand zu entkommen. Panik, Flucht und schließlich Tod sind seine Folge.

Die Deutung von v. 13—16 hängt von der Bedeutung des nur hier im Alten Testament vorkommenden Verbums עוּק ab. In der obigen Übersetzung wird die Vokabel mit »schwanken« wiedergegeben[209] und das Bild auf ein Erdbeben gedeutet. עָמִיר meint die geschnittenen Ähren, die vom Feld zur Dreschtenne gefahren werden[210]. Der Vergleich mit dem anscheinend überfüllten[211], schwankenden Erntewagen unterstreicht den endgültigen Charakter der angekündigten Vernichtung Israels[212].

V. 14ff. zeigen einen klimaktischen Aufbau: V. 14 parallelisiert den Schnellen (קַל) und den Starken (חָזָק), für beide gibt es keinen Zufluchtsort (מָנוֹס); v. 15 enthält eine Steigerung: weder der Bogenschütze (תֹּפֵשׂ הַקֶּשֶׁת) noch der Reiter (רֹכֵב הַסּוּס)[213] vermögen lebend zu entrinnen[214]; v. 16 schließlich steigert das Bild nochmals, indem er ein Einzelgeschick herausgreift: Selbst der mutigste Kämpfer flieht nackt[215].

---

[201] Jos 9, 24; 11, 14; 24, 8 u. a.

[202] Jos 7, 12; 11, 20 u. a.

[203] Num 21, 21. 25f. 31; 22, 2 u. a.

[204] Dtn 1, 7. 19f. 27 u. a.

[205] So Wolff mit Verweis auf Jes 2, 13; vgl. Sach 11, 2.

[206] Vgl. Num 13, 28. 32f., auch Dtn 1, 28; 9, 2 u. a.

[207] Zum formalen Parallelismus zwischen v. 9 und v. 13, der den Kontrast zwischen dem Einst und Jetzt besonders deutlich unterstreicht, siehe oben.

[208] Vgl. 9, 1—4.

[209] So mit Rudolph, Wolff u. a.; vgl. 𝔗, Maag 182 und die einschlägigen Lexika.

[210] Jer 9, 21; Mi 4, 12.

[211] Siehe die ungewöhnliche Konstruktion הַמְלֵאָה לָהּ.

[212] Vgl. 8, 1f.; auch Mi 4, 12f.; Joel 4, 13.

[213] Vielleicht ist auch der Lenker des Streitwagens gemeint; vgl. Wolff.

[214] עָמַד im Sinne von »Bestand haben, am Leben bleiben« auch Ex 21, 21; vgl. II Reg 6, 31; Hi 8, 15. מָלַט ni. oder מִלֵּט נַפְשׁוֹ bezeichnen ein Entrinnen als Ergebnis der Flucht vor todbringender Bedrohung (vgl. Jdc 3, 29; I Sam 30, 17 und Wolff).

[215] Zur Betonung des Zustandsadjektivs (»nackt«) siehe G—K § 118n. Rudolph schildert die Situation so: »er flieht, wie er geht und steht, und denkt in diesem Augenblick nicht daran, wie gering die Möglichkeit des Entkommens ist«. — V. 16 greift

Überblickt man die Einheit im ganzen und vergleicht ihren Aufbau mit der Gliederung der voraufgegangenen Einheiten, so lassen sich — kurz zusammengefaßt — folgende Besonderheiten erkennen: 1. Während die allgemeine Begründung und Ankündigung gleichlautend mit 1, 3a par. wiederkehren, ist das Element der besonderen Begründung in doppelter Weise erweitert: Auf der einen Seite ist die Form des gestaffelten Zahlenspruchs hier zum erstenmal völlig aufgenommen, indem nach der Ankündigung von x und x + 1 Verbrechen auch x + 1 Verbrechen ausgeführt werden[216], auf der anderen Seite wird diesen Vergehen das geschichtliche Handeln Jahwes für Israel gegenübergestellt[217]. 2. Die besondere Ankündigung und die Schilderung der Folge sind auf fünf Perioden angewachsen[218]. Dabei ist die stereotype Ankündigung . . . וְשִׁלַּחְתִּי אֵשׁ weggefallen und an ihre Stelle eine eigenständige Formulierung getreten[219]. Die Beschreibung der Folge von Jahwes Eingriff umfaßt drei Reihen und ist damit weiter ausgebaut.

Somit ergibt sich folgender Aufbau der Einheit:

Einleitungsformel	v. 6aα	כה אמר יהוה	Jahwerede
Allgemeine Begründung	v. 6aβγ	עַל (2 ×) + Zahlwörter/ פשע Nomen	
Allgemeine Unheilsankündigung	v. 6aδ	iVS (impf.)	לא אשיבנו
Besondere Begründung	v. 6b—9*		
Vergehen Israels	v. 6b—8*	עַל + Infinitivsatz מכר Partizipialkonstruktion שאף (pt. pl.)/ נטה/הלך אל iVS (impf.) בגדים חבלים/יין ענושים	
Jahwes Heilstat	v. 9*	iVS (pf.) השמדתי (NS) mit Relativsatz	
Besondere Unheilsankündigung	v. 13—16bα*		Anrede(?)

in dieser Schilderung auf zwei Wurzeln von v. 14a zurück, גוס und אמץ, und verwendet zugleich לב zur Bezeichnung des menschlichen Lebenszentrums als Sitz von Kraft und Mut (Wolff).

[216] Siehe oben zu 1, 3—5, besonders auch Anm. 32 und 183.

[217] Auf diese Weise wird die besondere Schwere der Verbrechen Israels verdeutlicht und Jahwes unmittelbar bevorstehendes Eingreifen, das seinem früheren Tun genau entgegengesetzt sein wird, von einem völlig neuen Gesichtspunkt aus begründet.

[218] In 1, 3—5. 6—8. 13—15; 2, 1—3 umfassen sie drei Perioden, in den wahrscheinlich sekundären Sprüchen 1, 9f. 11f.; 2, 4f. nur eine.

[219] Wie schon ausgeführt, kontrastiert diese Ankündigung in der Sache der unmittelbar vorhergehenden geschichtlichen Erinnerung, obschon sie mit jener in Rhythmus und Stil nahe verwandt ist.

Eingreifen Jahwes	v. 13	הנה + NS (pt.)	עוק
Vergleich		Komparativsatz	
		(כאשר + VS/impf.)	
Folge	v. 14—16bα*	VS (pf. cons.)	אבד
		iVS (impf.)	לא אמץ/לא עמד
			לא מלט/נוס
Schlußformel	v. 16bβ	נאם יהוה	

§ 4 AMOS 3—4

1. Amos 3, 1—2

Text

1 Hört dieses Wort, das Jahwe über euch geredet hat[a], ihr
Israeliten [, über das ganze Geschlecht, das ich aus dem Land
Ägypten heraufgeführt habe][b]:
2 Euch allein habe ich erkannt
     von allen Geschlechtern des Kulturlands[c].   3 + 3
Darum suche ich an euch heim
     alle eure Vergehen.   3 + 3

[a] Marti u. a. sieht אשר דבר יהוה als sekundär an, Procksch[1] möchte עליכם
בני ישראל streichen. In beiden Fällen ergäbe sich in v. 1a ein Doppeldreier, der
metrisch gut zu v. 2a. b passen würde. Doch werden nach dem gleichen Aufruf zum
Hören auch in 5, 1 Sprecher und Adressat »dieses Worts« in ähnlicher Weise eingeführt. So können beide Vorschläge nicht überzeugen, zumal ihnen die Literarkritik
keinen entscheidenden Anhalt bietet[2]. — Vielleicht ist der ganze Vers redaktionell?

[b] V. 1b wird als literarischer Nachtrag beurteilt. Zur Begründung siehe den
Abschnitt *Abgrenzung*.

[c] Gewöhnlich wird מכל משפחות האדמה mit »von allen Geschlechtern der Erde«
bzw. »von allen Völkern der Erde« wiedergegeben[3]. Aber אדמה ist von ארץ zu unterscheiden und meint »die lichtbraune Erde des Ackers, die dem Menschen nach mühe-
voller Arbeit den Ertrag zum Leben spendet und den Völkern der Erde die Existenz-
möglichkeit gewährt«[4]. אדמה dürfte also hier mit »Kulturland« zu übersetzen sein[5].

Abgrenzung

3, 1 setzt mit der Aufforderung שמעו את־הדבר הזה neu ein[6].
Doch im Fortgang stört v. 1b den Textzusammenhang. Denn während

[1] BH³.   [2] Siehe Wolff.   [3] So Sellin², Rudolph, Wolff u. a.
[4] Rost, Die Bezeichnungen für Land und Volk, 128.
[5] Mit Vollmer, Rückblicke, 30.
[6] Zu Budde, JBL 43 (1924), 79; Maag 9. 13, die 3, 1f. als Abschluß von 1, 3—2, 16
ansehen, siehe oben zu 2, 6ff. und Wolff.

die Einführung v. 1 a von Jahwe in der 3. pers. redet, ist v. 1 b als Jahwerede stilisiert. V. 1 b erscheint als Nachtrag, der עליכם (v. 1 a) im Vor-
griff auf v. 2 a interpretiert und es damit sachlich vor einer exklusiven
Deutung schützt[7]. V. 2 b rundet den Spruch ab, während sich 3, 3 ff.
durch den Übergang zum Fragestil und zur 3. pers. Jahwes[8] deutlich
davon abheben. 3, (1) 2 bildet so eine in sich geschlossene Einheit, die
in sich verständlich ist und keiner Fortsetzung bedarf[9].

Form

    Sieht man von der Einleitung v. 1 a ab, die vielleicht als drei-
gliedrige Periode im Dreiertakt zu lesen wäre, so ergeben sich als
eigentliches Jahwewort zwei in synthetischem Parallelismus aufge-
baute doppelgliedrige Perioden, die einander auch in der metrischen
Formung, jeweils ein Doppeldreier, genau entsprechen. Als literarische
Kunstmittel finden sich Alliteration ebenso wie Reim.

    Die Texteinheit wird durch eine pluralische Aufforderung zum
Hören eröffnet[10]. Dieser Aufruf ist als *Aufmerksamkeitsruf* zu verstehen[11], durch den sich der Sprecher in direkter Anrede den Hörern
zuwendet. In einem angefügten verbalen Relativsatz, dessen einleitende Partikel אשר das innere Objekt einer figura etymologica aufnimmt[12], werden als Sprecher bzw. Adressat Jahwe bzw. Israel
genannt.

    3, 2 ist als Jahwerede stilisiert. Der Vers besteht aus zwei Sätzen,
einem invertierten Verbalsatz (im pf.) und einem mit על־כן eingeführten Verbalsatz (im impf.). Beide Sätze sind in Anredeform gehalten, beide Male erscheint das redende Ich Jahwes als Subjekt. Sachlich stehen die beiden Sätze in dem Verhältnis von Voraussetzung
und Folgerung.

    Funktions- und Hauptwörter verhalten sich mit etwa 1:1 aus-
geglichen. Während sich in der Einleitung v. 1 a zwei Eigennamen
finden, fehlen sie in v. 2 völlig und werden statt dessen umschrieben.

---

[7] Vgl. Marti, Rudolph, Wolff u. a., die v. 1 b ebenfalls als Glosse streichen. — Die
    prosaische Formulierung, die einerseits die Sprache des Ergänzers aus 2, 10 a, ande-
    rerseits die Wendung כל־משפחה aus v. 2 a aufnimmt, weist v. 1 b ebenfalls als
    literarischen Nachtrag aus.   [8] Vgl. v. 6. 8.
[9] Gegen Cramer, Amos, 17; Harper u. a.
[10] Vgl. 4, 1; 5, 1; Hos 4, 1; Jer 10, 1 u. a.
[11] Im Anschluß an Zimmerli, Ezechiel, 360; vgl. Wolff, ähnlich Rudolph. Lescow,
    ZAW 84 (1972), 55 ff., spricht statt dessen von »Weckruf«. — Ein solcher Ruf ist
    zwar auch im Munde von Weisen belegt (z. B. Prov 8, 32; Jdc 9, 7), doch erscheint
    es fragwürdig, seinen Sitz im Leben schon deshalb in der Weisheit zu lokalisieren
    (gegen Wolff). Die Aufforderung zum Hören durchzieht vielmehr alle literarischen
    Schichten des Alten Testaments; ihre genaue Untersuchung steht noch aus.
[12] Vgl. Brockelmann § 93 e.

Bei den beiden Verba in v. 2 handelt es sich um Aktionsverba, bei den Substantiva finden sich ein Abstraktum, ein belebtes und ein unbelebtes Konkretum.

V. 2a gibt den Grund für das Eingreifen Jahwes an, wie es v. 2b ankündigt: Jahwes Heilshandeln[13].

Der Halbvers redet von der exklusiven Gemeinschaft, die zwischen Jahwe und Israel besteht: ידע kann sowohl mit »wahrnehmen, erkennen, verstehen«[14] wie auch mit »vertraut sein, Gemeinschaft haben«[15] wiedergegeben werden. Hier trifft wohl die Bedeutung »kennen« im Sinne einer engen, intimen Gemeinschaft den Sinn am besten[16]. Dabei gibt jedoch der Kontext über den zeitlichen Beginn dieser Gemeinschaft keinerlei Aufschluß[17], so daß unentschieden bleiben muß, worauf v. 2a genau anspielt[18].

Die betont vorangestellte Partikel רק hebt Israel ebenso hervor[19] wie die Präposition מן, die in privativem Sinne zu deuten ist[20] und ihr korrespondiert.

Die Wendung כל משפחות האדמה ist nur noch Gen 12, 3; 28, 14 belegt und bezeichnet die Völkerschaften, unter denen Israel im Kulturland lebt[21].

Nicht die Vergehen Israels sind in 3, 1f. die Begründung für das Eingreifen Jahwes[22], sondern die ausschließliche Gemeinschaft, die er mit seinem Volk von sich aus eingegangen ist.

Dabei bleibt die Ankündigung seines unheilvollen Handelns in v. 2b allgemein und summierend; sie nennt weder die Art und Weise seines Einschreitens noch dessen aktuelle Veranlassung.

פקד (»(unter)suchen, heimsuchen«), in Am noch 3, 14, ist hier im Sinne von »zur Verantwortung ziehen, bestrafen« zu deuten[23].

עון (»Vergehen, Sünde, Schuld«) erscheint bei Am nur hier. Es bezeichnet »die ‚Verkehrtheit' des Verhaltens, wobei nicht so sehr bewußte Bosheit im Blickfeld liegt, sondern mehr die Realität der Tat im Zusammenhang mit ihren konkreten Folgen«[24]. Das Wort zielt also mehr auf das Verhalten als auf die Haltung.

---

[13] Es kann in diesem Rahmen unentschieden bleiben, ob der Prophet in v. 2a einen Einwand aufgreift (so Balla 27f.; Fohrer, Einleitung, 476; Vollmer, Rückblicke, 32 u. v. a.; anders Wolff u. a.), und ob er den Anspruch dieses Einwandes teilt (vgl. 9, 7!), da diese Fragestellung in vorliegendem Zusammenhang ohne Belang ist.

[14] Vgl. Hos 8, 4; Prov 4, 19 u. a.

[15] Vgl. Gen 4, 1; I Reg 1, 4 u. a.

[16] Vgl. Fohrer, Religionsgeschichte, 183; ähnlich Vollmer, Rückblicke, 30. Anders Rudolph, Wolff u. a.

[17] Vgl. Rudolph, Wolff. Das Perfekt ist hier nicht Ausdruck für eine vollendete Handlung, sondern für ein in der Vergangenheit begonnenes und in der Gegenwart andauerndes Geschehen; vgl. G—K § 106a. g.

[18] Der Glossator von v. 1b hat diesen Mangel empfunden und darum v. 2a mit der Heraufführung aus Ägypten in Beziehung gebracht.

[19] Vgl. die Verwendung der Partikel in Dtn 10, 15 u. a.

[20] Vgl. Brockelmann § 111c.   [21] Siehe Textanm. c.

[22] Von der Schuld Israels ist in v. 2b nur summarisch die Rede.

[23] Rudolph, Wolff.

[24] Wolff; vgl. Knierim, Hauptbegriffe, 236. 238. 242.

Die Einheit zeigt somit folgenden Aufbau:

Einleitung	v. 1a	שמעו את־הדבר הזה	Jahwerede
Sprecher/Adressat		+ Relativsatz (pf.)	Anrede
Begründung	v. 2a		
Jahwes Heilstat		iVS (pf.)	ידעתי
Unheilsankündigung	v. 2b		
Eingreifen Jahwes		על־כן + VS (impf.)	אפקד

2. Amos 3, 3—8

Text

3 Gehen auch zwei miteinander,
   ohne daß sie sich getroffen haben[a]?   3 + 2
4 Brüllt der Löwe im Dickicht
   und hat keine Beute?   3 + 2
   Erhebt der Junglöwe seine Stimme [aus seinem Versteck][b],
   ohne daß er (etwas) gefangen hat?   3 + 2
5 Fällt ein Vogel [auf das Klappnetz][c] zur Erde,
   und ist kein Wurfholz[d] da?   3 + 2
   Schnellt die Falle vom Boden
   und fängt dann nicht?   3 + 2
6 Oder wird ein Horn in der Stadt geblasen,
   und die Leute erschrecken nicht?   3 + 2
   Oder geschieht ein Unglück in der Stadt,
   und Jahwe hat's nicht gewirkt?   3 + 2
7 [Denn der Herr Jahwe tut nichts, er habe denn seinen
   Beschluß seinen Knechten, den Propheten, enthüllt.][e]
8 Ein Löwe brüllt,
   wer fürchtet sich nicht?   2 + 2
   [Herr][f] Jahwe redet,
   wer verkündet dann nicht?   2 + 2

---

   [a] יעד ni. heißt in der Regel »sich verabreden, sich versammeln«, doch ist auch die Bedeutung »sich treffen lassen, sich einfinden, sich begegnen« für den Ausdruck nicht auszuschließen[25]. (S liest γνωρίσκωσιν ἑαυτούς und setzt damit anscheinend נֹודָעוּ voraus; vielleicht ist sie von ידעתי in v. 2a beeinflußt[26].

   [b] ממענתו wird gestrichen[27]. Die Ortsbestimmung sprengt das Metrum und ist vermutlich aus Gründen der Parallelität[28] nachgetragen.

---

[25] So mit Rudolph, Weiser, Wolff u. v. a.; vgl. die einschlägigen Lexika sowie Jos 11, 5; I Reg 8, 5.
[26] Gegen Marti, Nowack u. a.
[27] Mit Procksch (BH³), Wolff u. a. gegen Rudolph, Weiser.
[28] In v. 4—6 fehlt sonst nirgends eine Ortsbestimmung.

c פה fehlt in ⅁ und wird gestrichen[29]; der Ausdruck überfüllt das Metrum und ist vielleicht durch aberratio sculi von v. 5b in v. 5a eingedrungen.

d Die Bedeutung von מֹקֵשׁ ist umstritten[30]. Hier wird der Interpretation von Wolff gefolgt, der das Wort mit »Wurfholz« übersetzt[31].

e V. 7 fällt sachlich und formal aus dem Zusammenhang und wird als Zusatz gestrichen. Zur Begründung siehe den Abschnitt *Abgrenzung*.

f אֲדֹנָי ist metrisch überschüssig, wie der parallele Aufbau von v. 8a und 8b deutlich macht, und ist vielleicht aus dem Sprachgebrauch von v. 7 eingedrungen.

Abgrenzung

Es wurde schon festgestellt, daß in 3, 3 gegenüber 3, 1f. deutlich ein Neueinsatz beobachtbar ist. Doch gehört v. 3 ursprünglich zu v. 4ff.? Diese Frage wird von manchen Exegeten verneint[32]. Sie verweisen dabei darauf, daß nur in v. 3 eine Parallele fehlt, daß nur hier nicht zwei verschiedene Subjekte genannt werden, daß v. 3 eine Binsenwahrheit enthalte. Dieser Ansicht gegenüber ist festzuhalten: Der Vers gliedert sich seiner Frageform und seinem Metrum nach in den Zusammenhang ein. Auch sachlich erheben sich keine Einwände: V. 3 zielt ebenso wie v. 4ff. auf Zustimmung zu der Behauptung, daß jeder Vorgang seine Ursache hat[33].

V. 7 fällt dagegen aus mehreren Gründen auf: 1. ein Aussagesatz unter lauter Fragesätzen; 2. prosaische Formulierung; 3. Anklang an deuteronomistischen Sprachgebrauch[34]. Der Vers verbindet die Aussage von v. 6b — Jahwe wirkt das Unheil — mit der von v. 8b — die Verkündigung des Propheten hat Anlaß in dem Reden Jahwes — und gibt sich damit als reflektierender, belehrender Zusatz zu erkennen, dem anscheinend die Verbindung von v. 6 und v. 8 schon vorgegeben war[35].

---

[29] Mit Procksch (BH³), Wolff gegen Rudolph, Weiser.

[30] Vgl. die Auseinandersetzung bei Rudolph.

[31] Anders Rudolph, der diese Bedeutung ohne nähere Begründung ablehnt (». . . sich . . . nicht halten läßt«) und statt dessen »Köder« übersetzt.

[32] Im Anschluß an Marti vor allem Gese, VT 12 (1962), 425; ebenso Schmidt, Die deuteronomistische Redaktion, 183; Mittmann, ThQ 151 (1971), 136.

[33] Siehe Rudolph, Wolff und deren ausführliche Diskussion anderer Ansichten.

[34] Die Propheten werden in der deuteronomistischen Literatur gerne als Knechte Jahwes bezeichnet, z. B. II Reg 17, 13. 23; 24, 2.

[35] Wolff beschreibt die Verschiebung der Aussage so: »Den Amostext beschäftigt das Verhältnis des Prophetenwortes zum voraufgehenden Jahwewort, den Deuteronomisten hingegen das Verhältnis des verkündigten Wortes zur folgenden Jahwetat.« — V. 7 wird auch von Marti; Nowack; Sellin; Weiser; Lehming, ZThK 55 (1958), 152; Schmidt, Die deuteronomistische Redaktion, 185ff.; Elliger (BHS); Rudolph u. v. a. als Zusatz angesehen. Anderer Meinung sind Robinson; Maag 15; Reventlow, Das Amt, 26ff.

V. 8 hebt sich metrisch von v. 3—6 klar ab. Es stellt sich so die Frage: Handelt es sich bei v. 8 um einen selbständigen Spruch[36] oder sind v. 3—6 mit v. 8 von vornherein zu einer Einheit verbunden gewesen[37]? Während v. 9 mit der Aufforderung הַשְׁמִיעוּ einen klaren Neueinsatz zeigt, ist in v. 8 eine solche eindeutige Beobachtung nicht zu machen, so daß man bei dem Entscheid der gestellten Frage auf andere Überlegungen angewiesen ist.

a) Es ist in v. 8 ein deutlicher stilistischer Bruch feststellbar: Die Frage rückt jeweils in die zweite Reihe, Aussagesätze gehen voran. Zwar handelt es sich dabei in v. 8 ebenso wie in v. 3—6 um rhetorische Fragen, doch erwartet man jeweils eine verschiedene Antwort[38].

b) V. 3—6 zeigen in v. 6 mit dem Übergang von der Fragepartikel הֲ zu אִם eine Steigerung. Die Umkehrung der Fragerichtung in v. 6a — es wird von der Ursache her nach der Wirkung gefragt — dient als rhetorisches Mittel, um die Aufmerksamkeit der Hörer vor der siebten und letzten Frage zu wecken, der die Funktion der Konklusion zukommt: Wie jedes Geschehen eine Ursache hat, so auch jedes Unglück in einer Stadt. Die Pointe von v. 3—6 liegt in der Überführung der Hörer, für die der Schluß, daß Jahwe alles herbeiführt, unumgänglich geworden ist[39].

---

[36] So z. B. Greßmann; Fohrer, Einleitung, 477; Schmidt, Die deuteronomistische Redaktion, 183 f.

[37] So z. B. Marti, Wolff, Rudolph.

[38] Siehe die Einleitung der Fragen in v. 3—6 mit הֲ bzw. אִם und in v. 8 mit מִי.

[39] Anscheinend wendet sich der Prophet damit gegen die Ansicht, daß Jahwe kein Unheil über Israel bringen kann. Vielleicht ist er dazu durch einen Einwand der Hörer provoziert worden, der auf das besondere Verhältnis von Jahwe und Israel — vgl. 3, 2a — verwies. Demgegenüber erinnert der Spruch daran, daß Jahwe durchaus Unheil bewirkt. — Mit dieser Deutung von v. 6b ist die Ansicht von Wolff abgelehnt, der in Übereinstimmung mit Marti u. a. v. 3—6. 8 als ursprüngliche Redeeinheit behauptet und dementsprechend in v. 6b keine eigenständige Pointe erkennen kann: »Schließlich wirkt 6b sachlich nicht so scharf und grundsätzlich, als stünde die entscheidende Verkündigung des Amos vom Ende Israels zur Debatte.« Wenn er dann fortfährt: »V. 6b wird man eher auf der Linie der in 4, 6—11 genannten Katastrophenfälle sehen müssen, d. h. allenfalls als Erinnerung an Jahwes Macht, Unheil zu senden«, so hat er damit zweifelsohne recht; nur gestattet es ihm sein Prophetieverständnis, das Amos nichts anderes als nur den unbedingten Untergang Israels verkünden (vgl. 8, 2) und keine Möglichkeit der Umkehr (trotz 5, 4. 14f.) erkennen läßt, nicht, die notwendigen Schlüsse daraus zu ziehen. Gibt man dagegen die Voraussetzung von Wolff auf, Amos habe *nur* das unausweichliche Gericht verkündigt, so bilden v. 3—6 eine in sich abgerundete Einheit, die auf den Schluß zielt: Es kommt kein Unheil, das nicht von Jahwe stammt (vgl. Greßmann). Inwiefern damit eine Binsenwahrheit ausgesprochen sein soll (so u. a. Mittmann, ThQ 151, 1971, 137, im Anschluß an Marti), ist nicht einsichtig. Wenn man v. 6b in den Zusammenhang der vorauszusetzenden Diskussion stellt und nicht von

c) V. 8 zielt demgegenüber auf eine andere Pointe. Die Paralleli-sierung des Löwengebrülls[40] und des Redens Jahwes läßt nur diesen Schluß zu: Die Verkündigung des Propheten ist unumgängliche Kon-sequenz von Jahwes Reden.

Damit sind v. 3—6 und v. 8 als getrennte Einheiten erwiesen. Sie heben sich metrisch und stilistisch deutlich voneinander ab und ver-folgen jeweils ein anderes Ziel[41]. Die Analyse ihrer Form und die Darstellung ihrer Struktur werden dementsprechend voneinander un-abhängig erfolgen[42].

v. 3—6

Form

Die Einheit gliedert sich in sieben Perioden, die alle dasselbe Metrum 3 + 2 aufweisen. Während ihre Reihen antithetisch parallel zueinander verlaufen, bilden der zweite und dritte Vers einen syn-onymen (v. 4a//v. 4b), der vierte und fünfte einen antithetischen Parallelismus (v. 5a//v. 5b). Besonders streng sind einander die sechste und siebte Periode parallelisiert, wie ein Vergleich ihres Aufbaus deutlich macht:

אם־יתקע שופר בעיר ועם לא יחרדו

אם־תהיה רעה בעיר ויהוה לא עשׂה

Während die ersten fünf Verse mit der Fragepartikel הֲ beginnen, fangen die beiden letzten mit אִם an. Endet der zweite bis fünfte Vers abwechselnd mit denselben Wörtern: אין לו (v. 4a)//אין לה (v. 5a) und לכד (v. 4b)//ילכוד (v. 5b), so entsprechen einander in der ersten und dritten Periode בלתי אם־נועדו und בלתי אם־לכד. Schließlich findet sich in den letzten drei Versen jeweils im zweiten Glied die Negation לא.

---

diesem Situationshintergrund löst, ergibt sich eine durchaus sinnvolle Argumen-tation.

[40] Es ist auffällig, daß v. 8 zwei Wörter von v. 4a, שׁאג und אריה, aufgreift. Sollte ein und dasselbe Bild in *einer* Redeeinheit verschieden verwendet werden?

[41] Gegen Wolff, Rudolph u. a. — Wenn Wolff die Zusammengehörigkeit von v. 3—6. 8 mit dem Hinweis auf den der Gattung der lehrhaften Disputation eigentümlichen Übergang zur These (»Denn auch sonst gehen die vorbereitenden Lehrfragen mit der conclusio zum Aussagesatz ... oder zur Aufforderung über«) erweisen will, so übersieht er dabei, daß v. 8 eben nicht zum Aussagesatz oder zur Aufforderung übergeht, sondern vielmehr zu einer im Vergleich mit v. 3—6 anders gestalteten Form der Diskussionsfrage, wie die strikte Parallelisierung von Bild- (v. 8a) und Sachhälfte (v. 8b) deutlich macht.

[42] Es sprengte den Rahmen dieser Arbeit, sollte das Verhältnis von v. 3—6 und v. 8 näher untersucht werden. So bleibt die Frage, ob die beiden Einheiten auf dieselbe Diskussion zurückgehen, ebenso außerhalb der Betrachtung wie die redaktionelle Fragestellung.

Alle diese Beobachtungen unterstreichen nicht nur die besonders kunstvolle Gestaltung der Einheit, sondern führen auch — in Beachtung der verschiedenen Bezüge der Verse — zu einer poetischen Gliederung des Textes in v. 3, v. 4f. und v. 6.

Dem kunstvollen poetischen Aufbau korrespondiert eine ebenso vollendete strukturelle Gliederung. So wird die Einheit in v. 3a durch einen Verbalsatz eröffnet, der mit der Fragepartikel הֲ eingeleitet und mit der konjunktionellen Verbindung בלתי אם[43] in v. 3b verbal weitergeführt wird. Es folgen in v. 4f. vier Fragesätze, die alle durch הֲ als solche gekennzeichnet sind und Verbalsätze darstellen, in der Fortführung aber Unterschiede aufweisen: In v. 4aβ und v. 5aβ findet sich, durch die Konjunktion וְ syndetisch angeschlossen, je ein Nominalsatz, in v. 4bβ ein mit בלתי אם und in v. 5bβ ein mit וְ eingeführter Verbalsatz. In v. 6 runden die Einheit zwei mit der Partikel אם eingeleitete verbale Fragesätze ab, die jeweils durch einen in Syndese angeschlossenen invertierten Verbalsatz, der das jeweilige Subjekt hervorhebt, fortgeführt werden.

Alle sieben Perioden sind als Satzfragen, und zwar als rhetorische Fragen formuliert[44]. Dabei ist der erste Teil jeder Periode im impf. gehalten. Im zweiten Teil finden sich dagegen verschiedene Zeitverhältnisse, so in v. 3b. 4b. 6b das pf., in v. 5b. 6a das impf.[45] und in v. 4a. 5a je ein zeitneutraler Nominalsatz.

Jede der Fragen ist in sich abgeschlossen[46] und weist nur insofern über sich hinaus, als sie auf eine Antwort bzw. Pointe zielt. Andere Vor- oder Rückweiser fehlen völlig. Lediglich v. 6a und v. 6b unterstreichen ihre enge Verbindung durch dieselbe Ortsangabe בעיר. So ergibt sich folgende vorläufige Gliederung: v. 3; v. 4; v. 5; v. 6. Dabei gehören v. 4 und v. 5 gegenüber v. 3 — gewissermaßen dem Auftakt, einer Einzelfrage ohne die im folgenden regelmäßige Parallele — und v. 6 — dem Abschluß, der sich durch die einleitende Partikel אם wie die Inversion abhebt — zusammen.

Funktions- und Hauptwörter verhalten sich in der Einheit etwa 1:1. Die große Zahl der Funktionswörter ist dabei durch die zahlreichen Fragepartikel und die ihnen korrespondierenden Negationen

---

[43] בלתי אם mit finitem Verb findet sich nur hier und v. 4; vgl. Maag 132 und G—K § 163c.

[44] »Die 'rhetorische Frage' ... peitscht die Affekte durch die Evidenz der Unnötigkeit der fragenden Formulierung auf.« (Lausberg, Rhetorik, 145).

[45] In v. 5b werden zwei gleichzeitige Vorgänge beschrieben, in v. 6a dient das impf. nach אם zum Ausdruck des Iterativs; vgl. Brockelmann § 164b. 169c.

[46] In sich weisen die Fragen verschiedene Beziehungen auf: V. 3. 4b. 5b haben jeweils gemeinsames Subjekt, in v. 4a und v. 5a wird das Subjekt als Dativobjekt aufgenommen, und in v. 6a. b verlangt der Vordersatz durch seine Formulierung jeweils die Fortsetzung.

bedingt[47]. Bei den Verba finden sich hauptsächlich Aktionsverba und nur einzelne Vorgangsverba. Bei den Substantiva handelt es sich um belebte Konkreta, Tiere bzw. Menschen in gleicher Weise, und unbelebte Konkreta. Nur in v. 6b finden sich ein Eigenname, der Gottesname, und ein Abstraktum. Ein Zahlwort (v. 3a) ist singulär. Die fünf auftretenden Präpositionalausdrücke sind über den ganzen Textabschnitt verteilt.

Damit tritt die Bedeutung der einzelnen Wortgruppen und Sätze in den Blick. Sie lassen in der Gedankenführung eine aufsteigende Klimax erkennen: V. 3 Anknüpfung an die allgemeine Erfahrung, v. 4 ein Tier bezwingt das andere, v. 5 der Mensch bezwingt das Tier, v. 6a Zwang über den Menschen, v. 6b Konklusio: Alles Unheil kommt von Jahwe[48].

Der mit יעד ni. beschriebene Vorgang in v. 3 meint das Zusammentreffen zweier Personen[49].

אריה ist das im Alten Testament geläufigste Wort für den Löwen, כפיר bezeichnet dagegen den jungen Löwen.

שאג (»brüllen«) findet sich in Am dreimal: 1, 2 Jahwe zugeschrieben, 3, 4 vom Löwen ausgesagt und 3, 8 ebenfalls vom Löwen. An den beiden ersten Stellen steht das Wort in Parallele zu נתן קול, in 3, 8 zu יהוה דבר. Eine Übersicht über alle Vorkommen im Alten Testament macht es wahrscheinlich, daß das Verbum ursprünglich völlig mit *einer* Lebensäußerung des Löwen verknüpft war[50]: Der Löwe brüllt, wenn er eine Beute gefunden hat[51].

נפל (»fallen«) und עלה (»aufschnellen«) sind einander parallelisiert. מוקש bezeichnet das Wurfholz, das bewirkt, daß der Vogel zur Erde fällt[52]. Es ist hier wie so häufig פח (»Falle«) parallelisiert[53].

שופר ist ein aus einem Widderhorn angefertigtes Blasinstrument[54], das der Wächter in der Stadt zum Alarmblasen benutzt[55]. Dessen Folge: die Bevölkerung »erbebt« (חרד).

[47] Es finden sich sieben Fragewörter; dreimal die Negation לא und je zweimal בלתי אם bzw. אין.

[48] Nach Schreiner, Einführung, 324, wird ein solcher Spruchaufbau als *Priamel* bezeichnet: Eine umständliche Vorrede in gnomischer Form, die durch Anhäufung von gleichwertigen, aber ungleichartigen Unterbegriffen gekennzeichnet ist, kommt am Schluß zu einer überraschenden Auflösung.

[49] Siehe Textanm. ᵃ; vgl. Jos 11, 5; I Reg 8, 5.

[50] Maag 196.

[51] »So enthalten . . . die . . . Stellen, bei denen Jahwe Subjekt ist, שאג nicht als zufälligen akustischen Terminus, sondern verbinden damit die Stimmung des Furchtbaren und Drohenden. Überall schimmert das Bild von dem seinen Raub suchenden und die Mitwelt bedrohenden Löwen durch.« (Maag 197).

[52] Siehe Textanm. ᵈ.

[53] Vgl. u. a. Jes 8, 14; Ps 69, 13; 141, 9.

[54] Maag 100, Wolff 50.

[55] Vgl. Hos 5, 8; Joel 2, 1.

Vergleicht man die logischen Beziehungen der einzelnen Sätze
zueinander, so ergibt sich: In v. 3—5. 6b wird jeweils von der Wirkung auf die Ursache, in v. 6a umgekehrt von der Ursache auf die
Wirkung geschlossen. Diese Umkehrung der Fragerichtung hat jedoch
keine logische Bedeutung, sondern bereitet nur rhetorisch den Übergang von den Beispielfragen zur Konklusion vor. »Dem Propheten
kommt es sachlich ausschließlich auf den untrennbaren Zusammenhang von Wirkung und Ursache, von Folge und Grund an.«[56] Er will
durch den Erweis dieses Wirkungszusammenhangs Zustimmung zu
seiner These erlangen: Jahwe wirkt alles Unheil (v. 6b). Der Textabschnitt 3, 3—6 setzt somit eine Gesprächssituation voraus, in der der
Prophet belehren und überzeugen will. Seine Struktur läßt sich also
wie folgt darstellen:

Rhetorische Fragen	v. 3—6	Prophetenrede
Beispielfragen	v. 3—6a	
Folge-Grund	v. 3	VS (impf.) — בלתי אם VS (pf.)
Folge-Grund	v. 4a	VS (impf.) — ו . . . אין NS
Folge-Grund	v. 4b	VS (impf.) — בלתי אם VS (pf.)
Folge-Grund	v. 5a	VS (impf.) — ו . . . אין NS
Folge-Grund	v. 5b	VS (impf.) — ו . . . לא VS (impf.)
Grund-Folge	v. 6a	VS (impf.) — ו . . . לא iVS (impf.)
Konklusion	v. 6b	
Folge-Grund		VS (impf.) — ו . . . לא iVS (pf.)
		רעה/יהוה

v. 8

Form

V. 8 weist einen streng parallelen antithetischen Aufbau der beiden Doppelzweier a. b auf:

אריה שאג מי לא יירא

יהוה דבר מי לא ינבא

Zwei Aussagesätze in der Form invertierter Verbalsätze[57] eröffnen
jeweils den Vers, zwei je durch מי לא eingeleitete verbale Fragesätze
setzen sie fort. Alle vier Sätze sind in sich abgeschlossen und weisen
keine Vor- und Rückweiser auf. Nur die beiden rhetorischen Wort-
fragen weisen insofern über sich hinaus, als sie nach einer negativen
Antwort verlangen.

Das Verhältnis von Funktions- und Hauptwörtern ist 2:3 und
damit ausgewogen. Artikel sind vermieden, die Konjunktion ן fehlt.

---

[56] Wolff.
[57] Die Inversion hebt die beiden Subjekte יהוה//אריה hervor.

Die Verba sind — abgesehen von ירא — Aktionsverba, die beiden Substantiva der Eigenname Jahwes und eine Tierbezeichnung. Präpositionale Wortgruppen sind in v. 8 nicht vertreten.

Die Zeitenfolge macht die logischen Beziehungen in den beiden Perioden deutlich: Die im pf. formulierte konstatierende Aussage bildet die Voraussetzung für das im impf. beschriebene fortwährende Geschehen, wie es die Frage zum Ausdruck bringt. V. 8aα. bα schildern die unabhängige Handlung (Ursache), v. 8aβ. bβ die abhängige (Wirkung)[58].

Die Bedeutungsanalyse der beiden parallelen Perioden v. 8a. b gibt Aufschluß über ihre gegenseitigen Beziehungen: V. 8a steht als Bildhälfte der Sachhälfte v. 8b gegenüber. So ist Jahwes Reden in Parallele zum Löwengebrüll und die prophetische Verkündigung in Parallele zum reflexartigen Erschrecken gesetzt[59].

Zeigt das Löwengebrüll in v. 4 an, daß das Raubtier eine Beute gefunden hat[60], so signalisiert es hier auf der einen Seite den drohenden, unheilvollen Charakter von Jahwes Reden und hebt auf der anderen Seite auf die reflexartige schreckhafte Reaktion der Menschen ab.

דבר erscheint nur 3, 1. 8 für das Reden Jahwes und meint im Unterschied zu אמר »das Reden als solches«[61], hebt also den Akt des Redens als solchen hervor.

נבא ni. (»verkünden, als Prophet auftreten«) findet sich in Am sechsmal (2, 12; 3, 8; 7, 12. 13. 15. 16). Sieht man von der wahrscheinlich sekundären Stelle 2, 12[62] ab, so wird das Verb — außer in 3, 8 — ausschließlich in dem Bericht über die Auseinandersetzung des Propheten mit Amazja 7, 10—17 verwendet; es dient dort zur Beschreibung des prophetischen Auftretens.

Ähnlich wie in 3, 3—6 weist die Struktur der Einheit auf eine Gesprächssituation hin, in der der Prophet sich anscheinend mit Hörern auseinandersetzt: Auf eine knapp formulierte Aussage folgt in der Bild- und Sachhälfte eine in gleicher Weise prägnant gestellte rhetorische Frage, die auf den Wirkungszusammenhang abhebt und eine negative Antwort herausfordert. Der prophetische Zwang zum Reden wird so als unweigerliche Folge von Jahwes Reden erwiesen.

	v. 8		Prophetenrede
Bildhälfte	v. 8a		
Feststellung (Ursache)	v. 8aα	iVS (pf.)	אריה שאג
rhetor. Frage (Wirkung)	v. 8aβ	מי לא VS (impf.)	ירא

---

[58] Zu diesem konditionalen Verhältnis siehe G—K § 159h.

[59] Wenn Mittmann, ThQ 151 (1971), 144, in 3, 8 nur »eine Belehrung über das Wesen jedweden prophetischen Offenbarungsempfanges« sieht und daher die Verbindung mit 3, 3—6 als dunkler Folie für nötig erachtet, so übersieht er die Bedeutung der Bildhälfte.

[60] Siehe oben zu שאג.

[61] Wolff.

[62] Siehe oben 2, 6—16*.

```
--------------------------------------------------------------
```

Sachhälfte	v. 8b		
Festellung (Ursache)	v. 8bα	iVS (pf.)	יהוה דבר
rhetor. Frage (Wirkung)	v. 8bβ	מי לא VS (impf.)	נבה

3. *Amos 3, 9—11*

Text

9 Laßt es hören über den befestigten Häusern zu Asdod[a]
und über den befestigten Häusern[b] im Lande Ägypten   3 + 3
[und sprecht][c]: Sammelt euch auf Samarias Berg[d]
und seht den [großen][e] Terror[f] in seiner Mitte   3 + 3
[und die Bedrückung in seinem Inneren][g]!

10 [Und][h] sie verstehen nicht, das Rechte zu tun, [Spruch Jahwes,][i]
die Gewalttat und Bedrückung [in ihren befestigten
                              Häusern][j] anhäufen.   3 + 3

11 Darum so hat [Herr][k] Jahwe gesprochen:
Ein Feind wird das Land[l] umstellen[m].
Da wird dir niedergerissen[n] deine Schutzwehr
und geplündert werden deine befestigten Häuser. 3 + 3 + 3

---

[a] 𝕲 setzt באשור voraus. 𝔐 verdient als lectio difficilior jedoch den Vorzug: Asdod ist parallel zu dem Großreich Ägypten als sekundäre Lesart nicht erklärbar, anders Assur[63].

[b] 𝕲 liest ἐπὶ τὰς χώρας τῆς Αἰγύπτου; sie setzt anscheinend — wie in 3, 9a. 10. 11; 6, 8 — ארצות statt ארמנות voraus und läßt τῆς γῆς als Entsprechung zu בארץ dementsprechend weg. Die Wiederholung von ארמנות ist zwar auffällig, doch kann sie im Blick auf v. 11b beabsichtigt sein. 𝔐 ist als schwierigere Lesart beizubehalten.

[c] Die Wendung ואמרו überfüllt das Metrum, wirkt schwerfällig und ist entbehrlich. Sie wurde vielleicht hinzugefügt, um den Beginn der Rede zu kennzeichnen[64].

[d] 𝕲 setzt sg. הר voraus. Im Hinblick auf 4, 1; 6, 1 scheint diese Lesart ursprünglich zu sein[65].

[e] רבות wird mit Procksch[66], Balla[67], Maag[68] u. a. gestrichen, da der Ausdruck das Metrum sprengt. Er wurde vielleicht von einem Glossator eingefügt, um die Größe der Vergehen zu betonen, zumal מהומת meist mit einer Form von רב[69] oder גדול[70] verbunden ist.

[f] מהומת wird mit »Terror« übersetzt[71] und somit als Abstraktplural mit intensivierender Bedeutung aufgefaßt[72]. So dient die Pluralform auch dazu, auf die einzelnen Akte des Terrors anzuspielen.

---

[63] Vgl. Hos 7, 11; 9, 3 u. a., wo Ägypten und Assur einander parallelisiert sind.
[64] Vgl. Procksch (BH³), Balla 13; anders Wolff, Rudolph.
[65] Mit Balla 13, Wolff u. a. gegen Rudolph.
[66] BH³.   [67] Balla 13.   [68] Maag 15.
[69] Ez 22, 5; Sach 14, 13; II Chr 15, 5.
[70] Dtn 7, 23; I Sam 5, 9; 14, 20.
[71] So mit Maag 84, Wolff.   [72] Vgl. G—K § 124e.

ᵍ Der Ausdruck בקרבה ועשוקים überfüllt das Metrum und wirkt in seiner Erläuterung zu v. 9 b β als Nachklapp[73]. Er greift in seiner Wortwahl auf 4, 1 zurück[74].

ʰ Die Konjunktion וְ wird gestrichen[75]; v. 10 erscheint syntaktisch von v. 9 unabhängig[76].

ⁱ Mit Balla[77], Elliger[78], Wolff u. a. wird die Formel נאם יהוה gestrichen[79]. Sie unterbricht den Zusammenhang, da das Jahwewort erst in v. 11 eingeführt wird, in v. 9f. dagegen der Prophet redet.

ʲ Die Ortsangabe בארמנותיהם ist metrisch überschüssig und wird gestrichen[80].

ᵏ Die Erweiterung fehlt in 𝔊 und Sah und ist bei Am in der Botenformel nicht üblich[81].

ˡ 𝔊 liest ἡ γῆ σου; ihr folgen Balla[82], Maag[83], Robinson u. a. Doch handelt es sich hier um eine unnötige Angleichung an die Anredeform in v. 11 b[84].

ᵐ 𝔐 versteht die st. cs. Form וּסְבִיב parallel zu צַר; in diesem Falle fehlte in v. 11 a β ein Prädikat, der Vers wäre als Ausruf aufzufassen. Der Kontext macht es aber wahrscheinlicher, in Anlehnung an 𝔗 und 𝔙 יְחוֹבֵב zu lesen; eine Verwechslung von ו und י ist ohne weiteres denkbar.

ⁿ Im Anschluß an 𝔗 und 𝔙 wird וְהוֹרַד in הוּרַד geändert und damit in Parallele zu dem Passiv וּנבזו gesetzt[85].

Abgrenzung

3, 9—11 heben sich stilistisch und thematisch deutlich von ihrem literarischen Kontext ab. Der Einsatz השמיעו in v. 9 signalisiert gegenüber der Fragereihe in 3, 3—6. 8 einen neuen Gedankengang, der in v. 11 seinen Abschluß findet, wie der Neueinsatz כה אמר יהוה in v. 12 klar erkennen läßt. Die Analyse der Form wird diese Geschlossenheit der Einheit bestätigen.

Form

Der Textabschnitt ist metrisch geformt und zeigt einen kunstvollen Aufbau. Es finden sich durchweg dreitaktig zu lesende Reihen. Während sie in v. 9f. zu zweigliedrigen Perioden zusammengefaßt werden, deren Halbverse in synthetischem bzw. synonymem Paralle-

---

[73] Balla 13; vgl. Elliger (BHS).
[74] Pt. pass. qal ועשוקים in 3, 9, pt. act. העשקות in 4, 1.
[75] So mit Procksch (BH³) u. a.
[76] Siehe unten die formale Analyse.
[77] Balla 13.
[78] BHS.
[79] Vgl. 6, 14.
[80] So mit Procksch (BH³), Balla 13, Maag 15; anders Wolff, Rudolph.
[81] Wolff; vgl. Elliger (BHS) und Textanm. ᶜ zu 1, 8.
[82] Balla 13.
[83] Maag 15.
[84] Wolff, Rudolph.
[85] So mit Procksch (BH³), Balla 13, Elliger (BHS) gegen Wolff, Rudolph.

lismus jeweils einander zugeordnet sind, bilden sie in v. 11 zum Abschluß eine dreigliedrige Periode. Die außerhalb des Metrums stehende
Einleitungsformel לכן כה אמר יהוה trennt diese beiden »poetischen
Einheiten« und unterstreicht damit ihre Unterschiedlichkeit. Als
poetische Hilfsmittel sind in 3, 9—11 Alliteration, Chiasmus, konsonantische Assonanz und sogar der Binnenreim verwendet. Das Wort
ארמנות erscheint sowohl in v. 9 als auch in v. 11 an hervorgehobener
Stelle. Schließlich ist noch auf die Häufung dumpfer Vokale hinzuweisen, die in der Einheit deutlich vorherrschen und ihr — mit allem
Vorbehalt — einen düsteren Klang geben[86].

Der Textabschnitt wird durch einen pluralischen Imperativ eingeleitet, dem zwei syndetisch verknüpfte doppelte Adverbialia loci
folgen[87]. In v. 9b werden zwei einander parallele Imperative (im pl.)
angeschlossen, die — syndetisch miteinander verbunden — einerseits
durch ein Adverbiale loci, andererseits durch ein Objekt, das ebenfalls
durch ein Adverbiale loci näher bestimmt wird, erweitert sind. In
v. 10 folgt ein invertierter Verbalsatz (im pf.), dessen Inversion durch
die betont vorangestellte Negation לא bedingt ist. Er wird durch eine
Partizipialkonstruktion fortgesetzt[88]. V. 11 leitet mit לכן[89] zur Folgerung aus v. 9f. über, die durch die Botenformel als Jahwerede qualifiziert ist. Ein invertierter Verbalsatz (im impf.), der das Subjekt hervorhebt, und zwei mit וֹ angeschlossene und miteinander verbundene
Verbalsätze (im pf. cons.) bilden die Sätzestruktur dieser Jahwerede.

Untersucht man das Verhältnis der Sätze zueinander, so lassen
die syndetische Verbindung bzw. die asyndetische Aneinanderreihung
folgende erste Gliederung der Einheit erkennen: v. 9a; v. 9b; v. 10;
v. 11aα; v. 11aβ. b. Die Imperative in v. 9a weisen dabei auf v. 9b
vor, in v. 9b auf v. 10. V. 9bβ ist mit v. 9bα durch die Aufnahme
des Adverbiale loci eng verbunden. So bilden v. 9f. den ersten Unter-

---

[86] Dieser Versuch, die im Vergleich zu anderen Einheiten auffallende Häufigkeit der
o- (16 ×) und u-Laute (9 ×) in 3, 9—11 zu deuten, ist sich der Schwierigkeiten, die
sich einem solchen Unternehmen stellen, wohl bewußt. Trotzdem soll eine solche
Deutung hier und anderwärts gewagt werden, um auf diese Weise auf die Problem-
stellung hinzuweisen und — ohne voreilige Schlüsse zu ziehen — vielleicht erste
Ansätze zu einer Theorie über die Bedeutung des Klangbilds für den Inhalt einer
Einheit zu gewinnen.

[87] Wolff bezeichnet im Anschluß an Crüsemann, Studien zur Formgeschichte, 50—55,
diesen Spruncheingang als »Heroldsinstruktion«, deren Sitz im Leben »die Stunde
der Beauftragung von Gesandten« ist.

[88] Das Partizip mit den beiden Objekten faßt in prägnanter Formulierung die Person
und ihr Verhalten in einem Ausdruck zusammen. Ein Relativsatz wirkte schwerfällig und verschöbe die Gewichte. Die Partizipialkonstruktion stellt dagegen eine
enge Verbindung zum Vordersatz her und läßt die Sprache direkter und unmittelbarer werden.

[89] Vgl. die Funktion der Partikel in 5, 11. 16; 6, 7; 7, 17.

abschnitt der Einheit⁹⁰. Die Partikel לכן mit der folgenden Botenformel ist deutlich die Überleitung zu dem zweiten Unterabschnitt
v. 11 aβ. b, der durch das Fehlen von Rückverweisen klar von v. 9 f.
getrennt ist. V. 11 aβ ist durch die Inversion von den beiden folgenden
Verbalsätzen abgesetzt, die ihre Zusammengehörigkeit ihrerseits durch
das gemeinsame Personalsuffix der 2. pers. sg. deutlich machen.

Als Funktionswörter finden sich fast ausschließlich die Konjunktion ו und Präpositionen; Artikel sind fast völlig vermieden.
Das Verhältnis von Funktions- und Hauptwörtern erscheint mit
etwa 2:3 ausgewogen. An Verba finden sich fast ausschließlich
Aktionsverba; lediglich ידע kann diesen nicht zugeordnet werden.
Bei den Substantiva fällt die große Anzahl von Eigennamen in v. 9
auf. Abstrakta sind selten und beschränken sich im wesentlichen auf
v. 10; unbelebte Konkreta dominieren vor belebten. Die präpositionalen Wortgruppen treten gehäuft in v. 9 auf. So läßt sich bereits von
diesem Überblick über den Wortbestand her feststellen: V. 9 ist von
konkreten Angaben mit beschreibenden Elementen geprägt⁹¹, v. 10
enthält Wertungen⁹²; ארמנות⁹³ hat gewissermaßen die Funktion eines
Leitworts⁹⁴.

V. 9a fordert die Hörer auf, Boten an ausländische Mächte aus-
zusenden.

השמיעו stellt eine Botenanweisung dar⁹⁵.

Die Philisterstadt Asdod wird in Am nur 1, 8 im Rahmen einer Unheilsankündigung genannt, Ägypten dagegen kommt mehrmals vor: (2, 10; 3, 1;) 3, 9; 9, 7 in
Verbindung mit ארץ, 4, 10; 8, 8; (9, 5) ohne ארץ.

Als Botschaft folgen in v. 9b zwei Aufforderungen, die auf
Augenzeugenschaft dieser Mächte von den Verhältnissen in Samaria
abzielen. Sie sollen das als gewalttätig und mörderisch beschriebene
gesellschaftliche Verhalten (v. 10) beobachten.

שמרון Die Hauptstadt »Samaria« kommt in Am 3, 9. 12; 4, 1; 6, 1; 8, 14 vor.
Dabei zeigen 3, 9; 4, 1; 6, 1, »dass Samaria dem Propheten Paradigma und Prototyp
aller Üppigkeit und Hochfahrenheit ist«⁹⁶, was die Verbindung mit הר noch unterstreicht. Bei der Verwendung von שמרון scheint also der soziale Gesichtspunkt eine
gewisse Rolle zu spielen.

מהומת steht in II Chr 15, 5⁹⁷ im Gegensatz zu שלום, dem Zustand der Unver-
sehrtheit, des Heils und des Friedens. Anderwärts bezeichnet das Wort »die zerstöre-

---

⁹⁰ Damit wird die oben festgestellte poetische Gliederung der Einheit bestätigt.
⁹¹ Vgl. die Vielzahl der Eigennamen bzw. der Präpositionalausdrücke.
⁹² Vgl. die auftretenden Abstrakta.
⁹³ Zu seiner Bedeutung siehe zu 1, 4.
⁹⁴ V. 9a 2 ×, v. 11b.
⁹⁵ Siehe oben Anm. 87. — Vgl. Jer 4, 5. 16; 5, 20; Jes 48, 20 u. a.
⁹⁶ Maag 204.
⁹⁷ Nur dort findet sich im Alten Testament noch die Pluralform.

rische Verwirrung, die Jahwe selbst im Kriege über ein Heer kommen läßt«[98]. So meint es wohl hier ein gesellschaftliches Verhalten, das gewalttätig und lebensbedrohend ist[99]. Das positive Verhalten, das zwar gefordert, nicht aber praktiziert wird, ist mit נכח »recht, richtig« umschrieben[100].

Das Wortpaar המס ושד findet sich häufig: Jer 20, 8; Hab 1, 3; 2, 17; Ez 45, 6 u. a. Während חמס »den Angriff auf Leib und Leben«[101] meint, bezeichnet שד »die Schädigung von Sachwerten«[102]. Das Wortpaar vereint also Gewalt gegen Menschen und gegen ihren Besitz.

אצר (»anhäufen, Schätze sammeln«)[103] macht die Ironie deutlich, mit der hier gesprochen wird: Gewalttat und Bedrückung sind die angehäuften Schätze!

Während v. 10 im pf. formuliert ist[104], geht v. 11aβ zum impf. bzw. pf. cons. über: Auf die Begründung folgt die Ankündigung. Die Bedeutung der Sätze charakterisiert diese Ankündigung als unheilvoll-kriegerisch: Es werden eine feindliche Invasion und als deren Folge Zerstörung der Verteidigungsmittel und Plünderung der Häuser angedroht.

צר kann »Not, Bedrängnis« oder »Feind« heißen. Der Kontext, vor allem v. 11b, verlangt die persönliche Fassung[105].

עז (»Stärke, Macht, Schutz«) bezeichnet hier die Stadtbefestigung, die als Schutzwehr dient[106].

בזז (»plündern«) kommt in Am nur hier vor. Das Subjekt ארמנותיך zeigt an: Der Ort der Schuld wird zum Ort der Strafe (Entsprechungsstrafe).

Ein Überblick über die Einheit im ganzen ergibt eine klare Gliederung:

Einleitung	v. 9a	Prophetenrede/Anrede
Botenanweisung	imp. (pl.)	השמיעו

---

[98] Wolff. — Vgl. I Sam 14, 20; Jes 22, 5; Sach 14, 13.

[99] Vgl. Ez 22, 5; Prov. 15, 16.

[100] נכח kommt im Alten Testament achtmal vor: II Sam 15, 3; Am 3, 10; Prov 8, 9; 24, 26; Jes 26, 10; 30, 10; 57, 2; 59, 14. — Wolff sieht das Wort ursprünglich in der weisheitlichen Rechtsbelehrung der israelitischen Sippen und dann auch am Jerusalemer Hof beheimatet. Dagegen wendet sich Rudolph unter Verweis auf Schmid, WuD NF 10 (1969), 90.

[101] Wolff.

[102] Wolff.

[103] Vgl. II Reg 20, 17 = Jes 39, 6; Jes 23, 18 ni., Neh 13, 13 hi. (»zum Schatzaufseher machen«).

[104] Das perfektische Tempus dient hier nicht zur Darstellung von vergangenen Handlungen, sondern ist verwendet, um die beschriebene Handlungsweise als zwar in der Vergangenheit begonnen, in der Gegenwart aber noch andauernd zu bezeichnen; vgl. G—K § 106 a. g.

[105] Auffällig ist die Unbestimmtheit dieser militärischen Macht.

[106] Vgl. Jdc 9, 51.

Begründung   v. 9b. 10
  Botschaft:

Allg. Begründung	imp. (pl.)	‏. . . האספו וראו מהומת‎	
Besondere Begründung	iVS (pf.)	‏חמס ושד‎	

		Partizipialkonstruktion (pt. pl.)	
Einleitungsformel	v. 11aα	‏לכן כה אמר יהוה‎	Jahwerede
			Anrede

Unheilsankündigung	v. 11aβ.b		
Feindeinfall	v. 11aβ	iVS (impf.)	‏צר‎
Folge	v. 11b	VS (pf. cons.)	‏הורד עז/בזז‎

4. Amos 3, 12—15

Text

12 So hat Jahwe gesprochen:
    Wie der Hirt rettet

aus dem Rachen des Löwen	3 + 2
zwei Wadenbeine	
oder einen Ohrzipfel,	2 + 2
so werden die Israeliten gerettet,	
die in Samaria sitzen	3 + 2
am Fußende[a] des Lagers	
und am Kopfstück[b] des Ruhebetts.	2 + 2

13 Hört und bezeugt in Jakobs Haus	4
[Spruch des Herrn Jahwe, des Gottes der Heerscharen][c]:	
14 Ja, am Tage, da ich heimsuche	
Israels Verbrechen an ihm,	3 + 3
[da suche ich heim an den Altären Betels,][d]	
da werden die Hörner des Altars zerbrochen	
und fallen zu Boden.	3 + 2
15 Ich zerschlage das Winterhaus	
mitsamt[e] dem Sommerhaus.	3 + 2
Die Elfenbeinhäuser werden zerstört,	
die Großbauten[f] verschwinden,	3 + 3
Spruch Jahwes.	

---

[a] 𝔊 übersetzt ‏בפאת מטה‎ irrtümlich mit κατέναντι φυλῆς (»dem Stamm gegenüber«), Α Σ Θ 𝔙 bestätigen 𝔐. ‏פאה‎ wird als »Fußende« gefaßt[107].

[107] Mit Gese, VT 12 (1962), 430; vgl. das akkadische pūtu, das die Fußwand des assyrischen Bettes bezeichnet. Rudolph lehnt diese Herleitung ab und übersetzt mit »Ecke, Seite«. Maag 17f. 185f., ähnlich HAW, folgt KBL und leitet ‏פאה‎ von ‏יפה‎ ab, so daß es sich um ein Prachtlager handelt. — Da die Vokabel ein Hapaxlego-

ᵇ ובדמשק ערש steh parallel zu בפאת מטה und wird als באמשת ערש (»Kopf-
stück des Betts«) gelesen[108]. 𝔐 וּבְדְמֶשֶׁק ist unverständlich (Damast?) und in Parallele
zu בשמרון von allen Übersetzungen in וּבְדַמֶשֶׁק verlesen worden. Wer »Damaskusbett«
übersetzt, muß die Umstellung ובערש דמשק vornehmen, wogegen aber die parallele
Verbindung בפאת מטה spricht[109].

ᶜ נאם אדני יהוה אלהי הצבאות wird als erläuternde Glosse gestrichen. Die
Wendung nimmt die Gottesspruchformel in v. 15b vorweg, um das in v. 14f. redende
Ich sogleich als Jahwe zu identifizieren[110].

ᵈ V. 14bα ist eine deutende Glosse, die ihren Wortschatz dem Kontext ent-
nimmt[111] und v. 14 auf Betel (vgl. 4, 4) bezieht[112].

ᵉ על hier »zu-hinzu, mitsamt«[113].

ᶠ Marti liest unter Verweis auf Ez 27, 15 בתי הבנים; ihm haben sich mehrere
Exegeten angeschlossen[114]. Doch stützen 𝔊𝔗𝔙 das masoretische בתים רבים, das am
zutreffendsten mit »Großbauten« übersetzt werden dürfte[115].

Abgrenzung

Die Abgrenzung des vorliegenden Textabschnitts scheint eindeutig zu sein: 3, 12 setzt mit der Botenformel כה אמר יהוה erkennbar neu gegenüber der vorhergehenden Einheit 3, 9—11 ein. 3, 15
zeigt mit der abschließenden Gottesspruchformel נאם יהוה deutlich
das Ende einer Einheit an; 4, 1 beginnt so denn auch mit שמעו הדבר
הזה klar ein neuer Spruch.

So zweifellos die Abgrenzung des Textes im literarischen Kontext
ist, so fraglich ist seine Einheitlichkeit. Allgemein werden v. 12—15
in zwei eigenständige Einheiten gegliedert, doch werden diese ihrem

---

menon darstellt, ist eine sichere Entscheidung zugunsten eines dieser Vorschläge
nicht möglich. Dieser Tatbestand hat Balla 13 Anm. 1 sogar zu der resignierten
Feststellung geführt: »Der Schluß ist verderbt. Sicher sind wohl nur die beiden
Worte מטה und ערש.« So kann der hier gemachte Übersetzungsvorschlag keine
eindeutige Lösung bieten, sondern nur ein Versuch sein, unter Berücksichtigung
der Parallele v. 12bγ die Problematik angemessen zu lösen.

[108] Im Anschluß an Gese, VT 12 (1962), 430f.; vgl. das neubabylonische amaštu, das
im Gegensatz zu pūtu (siehe Textanm. ᵃ) das Kopfende des Bettes bedeutet.

[109] Zur Diskussion anderer Vorschläge siehe Wolff und Rudolph. — Auch in diesem
Fall ist eine sichere Entscheidung nicht möglich (siehe Textanm. ᵃ). Unter Abwägung aller in Betracht kommenden Gesichtspunkte erscheint der Vorschlag von
Gese aber am wahrscheinlichsten, zumal er in Vergleich zu anderen Konjekturen
auch nur geringfügig in den Konsonantenbestand von 𝔐 eingreift.

[110] Vgl. Wolff (»Der plerophorische Stil entspricht eher dem Glossator als Amos«);
Elliger (BHS).

[111] V. 14a פקד; v. 14b מזבה.

[112] Der Kontext läßt sonst an Samaria denken; vgl. v. 9. 12. 15.

[113] Vgl. Brockelmann § 110, Maag 114.

[114] So z. B. Procksch (BH³), Maag 18, Robinson.

[115] Vgl. Rudolph, der Wolffs Wiedergabe »die zahlreichen Bauten« mit Verweis auf
den fehlenden Artikel ablehnt.

Umfang nach unterschiedlich bestimmt[116]. Wie die obige Übersetzung andeutet, wird hier vorgeschlagen, den Textabschnitt in v. 12
und v. 13—15* aufzuteilen. Eine solche Abgrenzung ergibt zwei in
sich geschlossene Einheiten, die einen gleichmäßigen Aufbau aufweisen[117] und in sich verständlich sind[118]. Auch wenn eine letzte
Sicherheit nicht erreichbar ist, so erscheint dieser Lösungsvorschlag
aufs ganze gesehen doch am zutreffendsten, denn — im Vergleich zu
anderen Auffassungen — bietet nur er zwei geschlossene Einheiten
an, wie auch die folgende formale Analyse deutlich machen wird[119].

[116] Es werden im wesentlichen folgende vier Gliederungen vertreten: a) v. 12a. b α
und v. 12bβ—15 (Maag 17; Weiser; Fohrer, Einleitung, 477, z. B.), b) v. 12 und
v. 13—15 (Balla 6, Wolff z. B.), c) v. 12f. und v. 14f. (Robinson z. B.), d) v. 12 (13)
und v. 14f. (Rudolph z. B.). Wie schwierig die Problematik ist, zeigt der Meinungs-
wechsel von Wolff während der Lieferungen seines Kommentars: Entschied er sich
zunächst für die Auffassung a) (S. 111. 115. 119), so rückte er z. St. von dieser Ansicht ab und nahm die Position b) ein.

[117] In 3, 12 umfassen Gleichnis- wie Anwendungssatz je zwei Verse mit der metrischen Gliederung 3 + 2/2 + 2. Daß die Einleitungsformel den Spruch als Jahwewort bezeichnet, das göttliche Ich aber nicht erscheint, spricht nicht gegen die
angenommene Abgrenzung, wie die Beobachtung derselben Erscheinung in v. 11
lehrt. — In 3, 13—15 folgen auf eine Art Auftakt vier Verse mit einer chiastischen
metrischen Gliederung. Es wäre auffällig, sollte der Spruch mit einem Partizip
(v. 12bβ) begonnen haben; denn in 2, 7; 3, 10; 4, 1; 5, 12 werden Partizipia erst
in der Fortführung verwendet und die beiden Stellen 5, 7; 6, 13, die als partizipiale
Spruchanfänge reklamiert werden könnten, bieten selbst textliche Schwierigkeiten
und sind daher als Beispielmaterial unbrauchbar.

[118] Der Einwand, die Einheit v. 13—15 enthalte keine Begründung der ausgeführten
Unheilsankündigung, vermag nicht zu überzeugen, da er das Problem nur verschiebt: Zieht man den Partizipialsatz zu v. 13, so fehlt er in v. 12. Es wäre auch
nicht einsichtig, weshalb die in dem Partizipialsatz beschriebenen Personen Zeugen
des Eingreifens Jahwes sein sollten; eher erscheinen sie als solche, denen die Ankündigung Jahwes gilt.

[119] So muß Robinson infolge seiner Abgrenzung, die formal von den Einleitungs- und
Schlußformeln ausgeht, zu v. 12f. auf die Frage: »Wer wird in der Aufforderung
v. 13a angeredet?« eingestehen: »Es ist ... mit der Möglichkeit zu rechnen, daß eine
Zeile, die nähere Angaben enthielt, ausgefallen ist.« Einen Satz zuvor wird seine
Verlegenheit ebenso sichtbar: »Vielleicht ergeht die Aufforderung an die Mensch-
heit überhaupt.« Zu v. 14f. muß er feststellen: »Das Stück hat wohl am Anfang
einen oder mehrere Sätze verloren«. Trotz dieser offenkundigen Schwierigkeiten
hält Robinson an seiner Abgrenzung fest. Doch die erweiterte Gottesspruchformel
in v. 13b, sein Abgrenzungskriterium, wurde oben als Glosse wahrscheinlich gemacht; damit ist seine entscheidende Voraussetzung hinfällig. — Der Vorschlag von
Rudolph, v. 12 und v. 14f. als selbständige Einheiten aufzufassen und v. 13 als
verbindenden Zusatz zu streichen, kann ebenfalls nicht befriedigen: Warum sollten
in v. 13a die in v. 9 angesprochenen Völker gemeint sein und damit »der Halbvers
auf das Vorhergehende zurückblicken«? Was spricht dagegen, v. 13a als Auftakt
zu v. 14f. zu betrachten? Der Hinweis auf die Abschlußformel v. 13b sticht nicht,

v. 12

Form

Die Einheit gliedert sich in vier Perioden, die einen kunstvollen Aufbau aufweisen: Auf die Einleitungsformel, die außerhalb des Metrums steht, folgen zwei Verse mit synthetischem bzw. synonymem Parallelismus. Ihnen sind zwei Verse, wiederum mit synthetischem bzw. synonymem Parallelismus, parallel geschaltet. Auch rhythmisch entsprechen die beiden Versgruppen einander: Im ersten Vers folgt auf den eintaktigen Auftakt כאשר bzw. כן je ein Doppelzweier, dem im zweiten Vers ebenfalls je ein Doppelzweier gegenübersteht. Die Aufnahme des Verbums יציל (v. 12a) in ינצלו (v. 12b) unterstreicht diese völlige Entsprechung. Als poetische Hilfsmittel sind Alliteration und vokalische Anklänge verwendet.

Der Textabschnitt wird durch die Botenformel eingeleitet. Sie qualifiziert die Einheit als Jahwerede, wenn auch das Ich Jahwes in ihr nicht erscheint[120]. Ein mit der komparativen Konjunktion כאשר eingeleiteter Vergleichssatz[121] schließt sich an. Er ist als Verbalsatz gestaltet und im impf. gehalten. Es entspricht ihm der mit כן eingeführte Nachsatz, der einen Verbalsatz (im impf.) darstellt. Eine angefügte Partizipialkonstruktion nimmt fortführend dessen Subjekt auf. So gliedert sich die Einheit in zwei ganz ebenmäßig gestaltete, gleich lange Sätze, einen Vergleichs- und einen Anwendungssatz.

Das Verhältnis von Funktions- und Hauptwörtern mit etwa 2:3 erscheint ausgewogen. Die Funktionswörter verteilen sich in der Hauptsache auf Artikel und Präpositionen; die Konjunktion ו kommt nur ein einziges Mal vor, was die Prägnanz der Rede unterstreicht. Bei den Verba fällt der zweimalige Gebrauch von נצל ins Auge, das als Aktionsverbum anzusprechen ist; das pt. הישבים leitet sich von einem Zustandsverbum her. An Substantiva finden sich in der Mehrzahl unbelebte Konkreta; in der ersten Texthälfte fallen je ein menschliches und ein animalisches Konkretum, in der zweiten zwei Eigennamen auf; ein Zahlwort ist singulär; Abstrakta fehlen völlig. Die vorwiegend in v. 12b festzustellenden Präpositionalausdrücke bringen beschreibende Elemente bei, enthalten aber keine Wertung.

Die Einheit stellt zwei Vorgänge nebeneinander, deren Vergleichspunkt das Verbum נצל[122] anzeigt: Die »Rettung« einiger unbedeutender

---

da sie — siehe oben — sekundär sein dürfte. — Mit der oben erstgenannten Auffassung, v. 12a.bα und v. 12bβ—15 bildeten je eine Einheit, wurde die Auseinandersetzung in den beiden vorhergehenden Anmerkungen implizit geführt, so daß hierauf verwiesen werden kann.

[120] Vgl. 3, 11 und siehe oben.

[121] Vgl. G—K § 161.

[122] Es findet sich in Am nur hier; um so auffälliger ist der zweimalige Gebrauch.

Tierteile[123] aus dem Rachen des Löwen wird mit der »Rettung« der Israeliten verglichen. Ein solcher Vorgang kann jedoch eigentlich gar nicht als »Rettung« bezeichnet werden, wie die in dem Vergleichssatz vorausgesetzte Situation deutlich macht. Die ironische Verwendung von נצל in v. 12b ist damit offenkundig[124].

Als die Betroffenen nennt v. 12b — ähnlich wie 3, 9—11 — die Bewohner von Samaria, die ein luxuriös-selbstsicheres Leben führen. Mit dieser Charakterisierung, die in dem Partizipialsatz nachgetragen ist, wird der Grund für die Ankündigung angedeutet, die der Anwendungssatz implizit enthält.

ישב (»sich setzen, sitzen, wohnen«) ist hier von 6, 4 her, wo מטה (»Liege, Couch«) und ערש (»Bett«) ebenfalls in Parallele stehen, als »faules Dasitzen« zu deuten.

Die Ergebnisse können nunmehr in einer Tabelle dargestellt werden:

Einleitungsformel	v. 12aα	כה אמר יהוה	Jahwerede
Gleichnis	v. 12aβ—ε	כאשר + VS (impf.)	נצל
Anwendung			
Unheilsankündigung	v. 12bα	כן + VS (impf.)	נצל
Begründung	v. 12bβ—δ		
Schilderung des Verhaltens		Partizipialkonstruktion (pt. pl.)	ישב

v. 13—15*

Form

Auf einen viertaktig zu lesenden, eingliedrigen Auftakt folgen vier zweigliedrige Perioden, deren metrische Gliederung eine chiastische Anordnung der Verse ergibt: Zwei Doppeldreier umschließen zwei Verse mit dem Metrum 3 + 2. Die ersten drei dieser Verse zeigen synthetischen, der letzte — als Steigerung und Abschluß — weist synonymen Parallelismus auf. Als poetische Kunstmittel lassen sich Alliteration ebenso wie Binnenreim, konsonantischer ebenso wie vokalischer Anklang feststellen. Besonders fällt das betonte כי in v. 14a auf, ebenso das viermalige Vorkommen der Wurzel בית in v. 15.

[123] Anscheinend wird hier das Hirtenrecht vorausgesetzt, das — vgl. Ex 22, 9—12 — bestimmte, daß bei Diebstahl der Hirte zur Erstattung des Verlustes verpflichtet ist, bei Raub durch ein wildes Tier aber Beweisstücke zur Vermeidung dieser Pflicht beizubringen hat. Solche »geretteten« Belege, die nur den Verlust und Tod des Tieres sicher beweisen, sind offenbar in v. 12a angesprochen.

[124] Die Leitwort-Funktion von נצל deutet darauf hin, daß der Prophet damit ein Stichwort von solchen Hörern aufnimmt, die seine Unheilsverkündigung mit dem Verweis auf Jahwe als Retter Israels zurückweisen.

Mit zwei in Syndese stehenden pluralischen Imperativen setzt die Einheit ein. Es schließt sich ein mit der Partikel כי eingeführtes Satzgeflecht an: Zunächst folgt ein Adverbiale temporis, das durch eine abhängige Infinitivkonstruktion näher bestimmt wird[125]. Sodann reihen sich fünf Verbalsätze an, die jeweils syndetische Verknüpfung besitzen. Die Gottesspruchformel schließt die Einheit ab.

Überblickt man die Beziehungen der Sätze zueinander, so ergibt sich folgendes Bild: Die Imperative in v. 13a weisen auf v. 14f.* voraus. Das Personalsuffix der 1. pers. sg. in v. 14a wird in v. 15a als Subjekt aufgenommen und verknüpft damit die Infinitivkonstruktion mit dem dritten Verbalsatz. Die beiden vorausgehenden Verbalsätze sind ihrerseits eng durch das gemeinsame Subjekt miteinander verbunden; dagegen weisen die beiden abschließenden Sätze weder eine derartige Verknüpfung noch einen anderen Rückweiser auf. So ergibt sich ein kunstvolles Beziehungsgeflecht, das folgende vorläufige Gliederung der Einheit erkennen läßt: V. 13a als Einleitung, v. 14a als eine Art Überschrift, v. 14b* als deren Explikation, v. 15a als Weiterführung dieser Explikation unter Aufnahme der handelnden 1. pers. von v. 14a, v. 15b als Schilderung der Folgen, die sich aus v. 15a ergeben.

Es finden sich in der Einheit als Funktionswörter, die mit den Hauptwörtern wiederum im Verhältnis 2:3 stehen, vorzugsweise die Konjunktion ו und Artikel. Bei den Verba handelt es sich um Aktionsverba; nur נפל ist als Vorgangsverbum anzusprechen. Bei den Substantiva herrschen unbelebte Konkreta vor[126]; zwei Eigennamen und zwei Abstrakta kommen hinzu.

Der Textabschnitt ist als Jahwerede stilisiert. Die abschließende Gottesspruchformel identifiziert das redende Ich als Jahwe. In den beiden die Einheit einleitenden Imperativen werden Menschen, die nicht näher bezeichnet sind[127], aufgefordert zu hören und Zeuge gegen Israel zu sein.

עוד hi. hat die Bedeutung a) beteuern, ermahnen, warnen[128], b) Zeuge sein[129], c) zum Zeugen berufen[130]. ב führt bei a) den Adressaten ein, bei b) und c) den, gegen

---

[125] Diese Konstruktion ist in der Übersetzung durch einen Relativsatz wiederzugeben. Vgl. G—K § 115.
[126] Es wurde oben schon festgestellt, daß das viermalige Vorkommen der Wurzel בית in v. 15 besonders auffällig ist.
[127] Es ist für die Bedeutung der Einheit nicht entscheidend zu wissen, wer hier angeredet ist: Israeliten? Ausländer? Welche Ausländer? Die Formanalyse kann auf diese Frage auch gar keine Antwort geben, andere methodische Schritte müßten folgen.
[128] Ex 19, 21 u. a.
[129] I Reg 21, 10. 13 u. a.
[130] Dtn 4, 26; Jes 8, 2 u. a.

den der Zeuge auftreten soll[131]. Doch werden im letzten Fall die Zeugen stets im Akkusativ genannt. Fehlt diese Zeugenangabe wie hier, so schränkt sich das Bedeutungsfeld
des Verbums auf die beiden erstgenannten Möglichkeiten ein[132]. Da in v. 14 die Partikel כי als Überleitung folgt, schlägt die Übersetzung vor, die zweite Möglichkeit zu
wählen[133], doch läßt sich die erste Möglichkeit nicht ausschließen.

Die Formulierung בית יעקב findet sich in Am nur noch in der in ihrer Echtheit
umstrittenen Einheit 9, 8. יעקב ohne die Verbindung mit בית begegnet 6, 8; 8, 7 und
im Rahmen der ersten beiden Visionsberichte (7, 2. 5) — statt »Volk Israel« (7, 8).
Diese Bedeutung ist wohl auch hier anzunehmen, wie ישראל in v. 14a erkennen
läßt[134].

Die zu bezeugenden Fakten werden in v. 14f.* aufgeführt. Jahwe
kündigt die Strafe[135] für die Verbrechen[136] Israels an und schildert
deren Vollzug als Zerstörung jeglicher Zufluchtsstätte und Vernichtung
aller luxuriöser und großer Bauten.

Die Hörner des Altars sicherten dem Flüchtigen Schutz vor Verfolgung zu[137]; ihr
Zerbrechen bedeutete die Zerstörung der Zufluchtsstätte.

נכה hi. meint ähnlich wie 6, 11 auch hier »das zerstörerische Zerschlagen der
Bauwerke, das nur Trümmer übrigläßt«[138]. Die Zusammenstellung von Winter- und
Sommerhaus ist im Alten Testament singulär. Sie spielt anscheinend auf die Praxis an,
für die verschiedenen Jahreszeiten Häuser in verschiedener klimatischer und geo-
graphischer Lage zu errichten.

Elfenbeinhäuser sind »Prachtvillen mit elfenbeinerner Innenausstattung«[139].

Die beiden Verba ואבדן und וספו fassen die Ankündigung gewissermaßen noch
einmal zusammen: Untergang und Ende sind das Ergebnis des unheilvollen Handelns
Jahwes.

Das in allen Verbalsätzen verwendete Tempus pf. cons. macht
den Zusammenhang zwischen ihnen und der vorhergehenden Infinitiv-

---

[131] Dtn 30, 19 u. a.

[132] Es erscheint daher nicht angebracht, im Zusammenhang mit v. 13 von einer Zeugen-
bestallung zu reden, wie Wolff vorschlägt. Seine angeführten Belegstellen — Dtn
4, 26; Jes 8, 2; Jer 32, 10 — weisen allesamt die Zeugenangabe im Akkusativ auf,
das Verbum עוד hi. hat dort jeweils eindeutig die Bedeutung »zum Zeugen berufen«.

[133] Vgl. כי nach עוד hi. in Dtn 8, 19 u. a; die Partikel führt die zu bezeugenden Fakten ein.

[134] Wolff will in der Benennung Israels als »Haus Jakob« eine Erinnerung an die Erwählung ausgedrückt sehen und verweist dazu auf Jes 8, 17; Mi 2, 7; Ob 17f. Doch
machen gerade diese Belegstellen den Unterschied deutlich, da sie allesamt auf
Verheißung oder Erwählung anspielen, Amos statt dessen aber auf die Kleinheit
Jakobs abhebt (7, 2. 5).

[135] Zu פקד siehe zu 3, 2.

[136] Zu פשע siehe zu 1, 3.

[137] I Reg 1, 50f.; 2, 28ff.; vgl. auch Ex 21, 12—14.

[138] Wolff.

[139] Wolff.

konstruktion deutlich: Der Vordersatz nennt den Termin für die Geschehnisse, die die fünf Nachsätze ankündigen, und zugleich die Voraussetzung und Umstände, als deren zeitliche und logische Folge sie erscheinen[140].

Es ergibt sich somit folgende Übersichtstabelle:

Einleitung	v. 13a	שמעו והעידו	Jahwerede
Allgemeine Unheilsankündigung	v. 14a		
Eingreifen Jahwes		כי ביום + Infinitiv-konstruktion	פקדי פשע
Besondere Unheilsankündigung	v. 14b*—15bβ		
Folge	v. 14b*	VS (pf. cons.)	גדע/נפל
Handeln Jahwes	v. 15a	VS (pf. cons.)	הכיתי
Folge	v. 15bαβ	VS (pf. cons.)	אבד/סוף
Schlußformel	v. 15bγ	נאם יהוה	

5. Amos 4, 1—3

Text

1 Hört[a] dieses Wort,
  ihr Basanskühe
    [die][b] auf dem Berg von Samaria,   2 + 2
  die Hilflose bedrücken,
    Arme mißhandeln,   2 + 2
  die zu ihren[c] Herren sagen:
    »Schaff[d] herbei, daß wir saufen!«   2 + 2
2 Geschworen hat [Herr][e] Jahwe bei seiner Heiligkeit:
  Ja, siehe Tage kommen [über euch][f],   3
  da schleppt man euch[g] fort[h] mit Haken[i]
  und euren Rest[j] mit Fischdornen[k].   3 + 3
3 Durch die Mauerlücken[l] werdet ihr hinausgebracht[m],
  eine jede vor sich hin,
    und werdet zum Hermon[n] hin geworfen[o],   2 + 2 + 2
        Spruch Jahwes.

  [a] Zuweilen tritt die maskuline Form an die Stelle der femininen[141].
  [b] Das Relativpronomen אשר wird als prosaisierender Zusatz gestrichen[142].

[140] Vgl. G—K § 112a. oo.
[141] Vgl. Joel 2, 22 u. a.; siehe Brockelmann § 50a, G—K § 135o. 144a.
[142] So mit Greßmann, Balla 17; vgl. auch Elliger (BHS).

c Es ist auffallend, daß statt der 2. pers. pl. — analog der Anrede in v. 1 a — die 3. pers. pl. steht. Doch wird 𝔐 von 𝔊 bestätigt[143]. Zum maskulinen Suffix siehe Textanm. ᵃ.

d 𝔊 (ἐπίδοτε) 𝔖 𝔙 gleichen die Form dem pluralischen Adressaten an; sie sind Glättung von 𝔐, der an die einzelnen denkt[144].

e אֲדֹנָי fehlt in 𝔊 𝔖 und wird gestrichen[145].

f עֲלֵיכֶם wird als erläuternder Zusatz mit Balla[146] gestrichen[147].

g Es kann nicht sicher entschieden werden, ob hier ursprünglich ein Femininsuffix stand wie in v. 2b β, oder ob 𝔐 doch den korrekten Text überliefert[148].

h וְנִשָּׂא hat unbestimmtes Subjekt und kann pi. oder ni. sein[149], da auch bei passivischem Verständnis die akkusativische Formulierung möglich ist[150].

i 𝔊 (ἐν ὅπλοις) und 𝔙 (in contis) setzen anscheinend צִנָּה pl. (»Setzschild, Waffe«) voraus. Die Parallelisierung mit סִירוֹת legt jedoch nahe, die Vokabel von צֵן (»Dorn, Haken«) abzuleiten und eine unregelmäßige Pluralform צִנּוֹת (statt צִנִּים) anzunehmen[151].

j Für אַחֲרִית wurden die Übersetzungen »Nachkommenschaft«[152], »Hinterteil«[153], »Ende«[154] und »Rest«[155] vorgeschlagen. Während die beiden ersten Bedeutungen nirgends belegt sind, ist der dritte Vorschlag zwar möglich, aber für den Textzusammenhang unpassend. »Rest« dürfte dagegen den Sinn treffen[156].

k 𝔊 𝔖 𝔙 leiten סִירוֹת anscheinend von סִיר (»Topf, Kessel«) ab; der Textzusammenhang führt jedoch zur Herleitung von סִיר (»Dorn«)[157].

l פְּרָצִים wird als Akkusativ der Richtung aufgefaßt[158].

m Statt תֵּצֶאנָה wird ho. תָּצֶאנָה gelesen[159].

n 𝔐 הַהַרְמוֹנָה ist unverständlich. 𝔊 (εἰς τὸ ὄρος τὸ Ρεμμαν) setzt הָהָר הָרִמּוֹן voraus, 𝔊ᵸ liest Ἕρμωνα, 𝔙 Armon, Σ ἀρμενίαν. Da die Textüberlieferung keinen sicheren Anhalt für das Verständnis von 𝔐 bietet, ist man auf eine Konjektur angewiesen.

---

143 Vgl. 5, 12, wo sich im Zusammenhang einer Partizipialkonstruktion ein ähnlicher Wechsel von 2. pers. und 3. pers. findet.

144 So mit Wolff gegen Rudolph.

145 Mit Wolff gegen Rudolph; vgl. 1, 8; 3, 8. 11 u. a.

146 Balla 17.

147 Vgl. die Formel und ihre Verwendung in 8, 11; 9, 13; Jer 7, 32; 9, 24; 16, 14 u. a. Die Betroffenen werden an keiner dieser Stellen durch einen solchen Präpositionalausdruck wie hier eingeführt.

148 Vgl. die Ersetzung der femininen Form durch die maskuline in v. 1.

149 Vgl. Brockelmann § 36 a. d.

150 Siehe Brockelmann § 35 d, G—K § 121 a. b.

151 So mit Balla 17, Maag 19, Rudolph, Wolff u. a.

152 Maag 19; vgl. 𝔗𝔥.

153 Marti, Duhm.

154 Cramer, Amos, 35; vgl. 𝔖.

155 Wolff, Rudolph; vgl. 𝔙.

156 Vgl. den Gebrauch des Wortes in 9, 1.

157 Mit Balla 17, Robinson, Rudolph, Wolff.

158 Siehe Brockelmann § 89; vgl. Gen 9, 10; 44, 4 u. a.

159 Vgl. ἐξενεχθήσεσθε in 𝔊 und die Hophalform in v. b.

Hier wird vorgeschlagen, הָרְמֹ֫ונָה zu lesen[160]. Der Text setzt einen erfolgreichen Feindeinfall voraus, der mit der Verschleppung der Bewohner endet[161].

° Mit ⑥ wird ho. וְהָשְׁלַ֫כְתֶּֽנָה gelesen.

Abgrenzung

3, 13—15 konnte als in sich geschlossene Einheit erwiesen werden. 4, 1 setzt demgegenüber mit der Wendung שמעו הדבד הזה neu ein und in 4, 3 markiert die Formel נאם יהוה deutlich den Abschluß des Textabschnitts. 4, 1—3 ist also eine in sich geschlossene Texteinheit, deren Abgrenzung keinem Zweifel unterliegt.

Form

Der Text zeichnet sich durch einen klaren poetischen Aufbau aus. Zunächst lassen sich drei Doppelzweier feststellen, deren Halbverse in synthetischem bzw. synonymem Parallelismus zueinander stehen. Sodann folgen eine eingliedrige, dreitaktig zu lesende Periode, ein Doppeldreier mit synonymem Parallelismus und zum Abschluß ein Tripelzweier. Während die ersten drei Verse durch ihre kurzen schlagenden Rhythmen vorwärts drängen, erweckt der vierte, eingliedrige Vers die Aufmerksamkeit, da er keinen Parallelismus aufweist. Der abschließende Vers erzielt durch den Zweiertakt einen gewissen Stakkatoeffekt. Einleitungs- und Schlußformeln (v. 1aα. 2aα. 3bβ) sind metrisch nicht geformt.

Die Einheit weist eine ganze Reihe poetischer Mittel zu ihrer kunstvollen Gestaltung auf: Assonanz in fast allen Versen, Binnenreim und Alliteration. Besonders fallen der ebenmäßige Bau des zweiten Verses, der vokalische und konsonantische Assonanz zeigt, und des sechsten Verses auf, der sich durch eine chiastische Wortstellung und eine fünfmal hintereinander verwendete Endsilbe הָ auszeichnet. Schließlich ist noch auf das gehäufte Auftreten dumpfer Vokale in v. 1 hinzuweisen, die den ersten drei Versen eine gewisse Schwere zu verleihen scheinen[162].

Ein pluralischer Aufmerksamkeitsruf[163] eröffnet den Textabschnitt: Der Sprecher wendet sich in direkter Anrede den Hörern zu, die sogleich durch einen Nominalausdruck in Verbindung mit einem Adverbiale loci näher bezeichnet werden. Es folgen in appositioneller Anfügung drei Partizipialsätze zur genaueren Bestimmung und Beschreibung der Adressaten; sie gipfeln in einem Zitat, das aus einem

---

[160] So mit Rudolph, Wolff. Anders Orelli (»Rimmonbild«), Duhm, Robinson (»Misthaufen, Düngergrube«).

[161] Siehe unten die Bedeutungsanalyse.

[162] Vgl. die Häufung dumpfer Vokale in 3, 9—11.

[163] Siehe oben zu 3, 1.

Imperativ und einem mit וְ eingeleiteten verbalen Finalsatz besteht.
Die Aneinanderreihung der Partizipialsätze erfolgt in Asyndese. In
v. 2 wird ebenfalls asyndetisch ein Verbalsatz angeschlossen, die sog.
Schwurformel[164]. Mit ihr durch כִּי verknüpft[165] folgt ein partizipialer
Nominalsatz. Ein Verbalsatz (im pf. cons.)[166], ein invertierter Verbalsatz (im impf.) und nochmals ein Verbalsatz (im pf. cons.) — jeweils
in asyndetischer Verbindung — und die Gottesspruchformel schließen
den Spruch ab.

Überblickt man nun die Beziehungen der Sätze in der Einheit
zueinander, so ergibt sich eine erste vorläufige Gliederung: Der Imperativ und das deiktische Pronomen הַזֶּה in v. 1 weisen auf v. 2f. voraus; die drei Partizipialausdrücke sind als Appositionen eng mit der
Anrede verknüpft. Die perfektisch formulierte Schwurformel in v. 2a
stellt einen Einschnitt dar; sie entspricht in ihrer Funktion der
Botenformel. Die Partikel הִנֵּה signalisiert den Einsatz des eigentlichen
Jahwewortes[167], das in 2aαβ. b. 3 entfaltet wird. Auf die formal —
sowohl hinsichtlich ihrer poetischen als auch syntaktischen Form —
sich deutlich abhebende eingliedrige Periode folgen zwei Verse, deren
Sätze in Anredeform gehalten sind und damit ihre Zusammengehörigkeit zu erkennen geben, wobei die syndetische Verbindung diese noch
unterstreicht. Die abschließende Gottesspruchformel entspricht dem
einleitenden Gottesschwur.

Funktions- und Hauptwörter verhalten sich etwa 2:3. Die Funktionswörter verteilen sich im wesentlichen auf Artikel, Präpositionen
und die Konjunktion וְ. Als Verba finden sich ausschließlich Aktionsverba. Bei den Substantiva dominieren unbelebte Konkreta; menschliche Konkreta, zwei geographische Bezeichnungen, Abstrakta und
ein singuläres animalisches Konkretum treten dahinter zurück. Bemerkenswert ist der verbale Stil in v. 1aδε. b und der nominale Stil in
v. 2b. 3. Die Präpositionalausdrücke verteilen sich über die ganze
Einheit, finden sich jedoch vor allem in v. 2.

Der Aufmerksamkeitsruf zur Eröffnung der Einheit spricht in
metaphorischer Anrede die — nach der folgenden näheren Bestim-

---

[164] Diese Schwurformel findet sich noch in 6, 8 und 8, 7; in 8, 14 steht nur das Verbum
שָׁבַע בְּ ni. In der älteren Prophetenliteratur läßt sich die Formel sonst nicht feststellen. In der jüngeren Prophetie eröffnet sie Drohungen gegen fremde Völker;
vgl. Jes 14, 24; Jer 49, 13. In der deuteronomisch-deuteronomistischen Literatur
sind Gottesschwur und Landzusage häufig miteinander verbunden; vgl. Dtn 6, 10.
18. 23 u. a.

[165] נִשְׁבַּע כִּי ist eine häufigere Verbindung; vgl. Gen 22, 16; I Reg 1, 13. 17. 30 u. a.;
כִּי bekräftigt.

[166] Zur Tempusfolge vgl. G—K § 112x.

[167] Siehe zu הִנֵּה 2, 13.

mung — vornehmen Frauen in Samaria an[168] und charakterisiert zugleich ihr Verhalten als unsozial[169] und genußsüchtig.

Die beiden Verba עשק (»bedrücken, erpressen«) und רצץ (»stoßen, schlagen«), die auch Hos 5, 11; I Sam 12, 3f.; Dtn 28, 33 parallel stehen, beschreiben das Verhalten als Unterdrückung und Mißhandlung.

Das genußsüchtige Wesen belegt der Prophet mit einem Zitat, in dem die Frauen von ihren Männern[170] das Herbeischaffen von Getränken verlangen.

Die Schwurformel — statt der Botenformel — in v. 2aα leitet die folgende Jahwerede besonders feierlich ein[171]: Jahwe schwört bei seiner Heiligkeit[172].

Die Wendung נשבע יהוה בקדשו findet im Alten Testament nur in Ps 89, 36[173] eine Parallele. »Der Schwur Jahwes bei seiner Heiligkeit schließt (dort) jede Änderung (35) und jede Täuschung (36b) im Sinne eines Vertrags- und Treuebruchs aus (34f.)«[174]. Die Heiligkeit ist so die überlegene Erhabenheit und schlechthinnige Weltmächtigkeit Gottes.

Der Schwur enthält zunächst die Ankündigung eines Umbruchs, sodann dessen nähere Ausführung[175] als restlose Deportation der vornehmen Frauen[176].

---

[168] Es geht aus dem Zusammenhang nicht eindeutig hervor, weshalb der Prophet die Frauen als Basanskühe bezeichnet. Die Landschaft Basan war durch fettes Weideland (Jer 50, 19; Mi 7, 14) und fettes, starkes Vieh (Dtn 32, 14; Ez 39, 18) bekannt, »so daß der Ausdruck 'Basanskühe' eine Qualitätsmarke war« (Rudolph). Wählte Amos das Bild wegen des Kontrastes zu v. 2f. ? Wollte er die Hörer einfangen ? Spielte er auf die Körperfülle der Frauen in doppeldeutiger Weise an ? Handelt es sich um ein Schimpfwort ?

[169] Zu דל siehe 2, 7; zu אביון 2, 6.

[170] Es fällt auf, daß die Ehemänner mit אדון (vgl. Gen 18, 12; Ps 45, 12) und nicht mit בעל oder איש, wie es die Regel ist (Ex 21, 22; II Sam 11, 26 u. a.), bezeichnet werden. So könnte es sich hier um eine ironische Verwendung von אדון handeln (Rudolph). Vielleicht sollen auch die Konkubinen miteingeschlossen werden (Wolff) ?

[171] Die perfektische Formulierung unterstreicht die Unumstößlichkeit des Spruches.

[172] Vgl. die Wurzel קדש in dem deuteronomistischen Zusatz 2, 7b.

[173] Bei Ps 89, 20—53 handelt es sich um ein vorexilisches Königslied nach verlorenem Krieg (Fohrer, Einleitung, 314).

[174] Wolff.

[175] Die Verba sind wie zumeist nach der vorhergehenden Wendung (G—K § 112x; vgl. 8, 11; 9, 13; Jer 9, 24) — bis auf das durch die Inversion bedingte impf. in v. 3a — im pf. cons. gehalten; dadurch kommt der Folgecharakter der angekündigten Geschehnisse klar zum Ausdruck (vgl. G—K § 112a).

[176] Diese Aussage über die Art des Unheils setzt die Textherstellung voraus, wie sie in den Textanm. i-n vorgenommen wurde. Andere Versuche, wie z. B. die Textkorrektur von Robinson (siehe Textanm. n), führen zu abweichenden Ergebnissen.

Die Formel **הנה ימים באים** kündigt Ereignisse eines Umbruchs der Gegenwart an, der diese total verändert[177], heil-[178] oder unheilvoll[179].

צן (»Dorn, Haken«) und **סיר דוגה** (»Fischdornen, -haken«) bezeichnen das Gerät, das bei der Verschleppung zur Verwendung kommt.

Die Hervorhebung des Restes ist eine rhetorische Figur, um die Totalität der Deportation deutlich zu machen[180]. Die Angabe **פרצים** (»Breschen«)[181] veranschaulicht den vorausgesetzten Hintergrund: Die feindliche Zerstörung hat so viele Lücken in den Mauern verursacht, daß man von der Stadt nach außerhalb überall direkt, ohne Umweg durchs Tor, gelangen kann.

שלך ho. (»hingeworfen werden«) wird von Leichen[182] und völlig verachteten Lebewesen[183] ausgesagt. In Jer 22, 28 dient das Verbum zur Bezeichnung der Deportation. Die Ortsangabe **הַהַרְמוֹנָה** (»zum Hermon hin«) bleibt allgemein.

Die folgende Tabelle faßt die Ergebnisse der Analyse zusammen:

Einleitung	v. 1aα	שמעו הדבר הזה	Prophetenrede Anrede
Begründung Adressat	v. 1aβ—b		
Bezeichnung		Nominalausdruck	פרות הבשן
Verhalten (Entfaltung)		Appositionen (pt. pl.)	עשק/רצץ/אמר
Zitat		imp. (sg.), Finalsatz (cohort.)	שתה
Einleitungsformel	v. 2aα	נשבע יהוה בקדשו	Jahwerede Anrede
Allg. Unheilsan-kündigung	v. 2aβ	כי הנה + NS (pt.)	ימים באים
Besondere Unheils-ankündigung	v. 2b—3bα	VS (pf. cons.) iVS (impf.) VS (pf. cons.)	נשא תוצא השלך
Schlußformel	v. 3bβ	נאם יהוה	

6. Amos 4, 4—13

Text

4 Kommt nach Betel und übt Verbrechen,
     nach Gilgal, übt noch mehr[a] Verbrechen!   3 + 3
    Bringt am Morgen eure Schlachtopfer dar,
     am dritten Tag eure Zehntabgaben!   3 + 3

---

[177] Vgl. 8, 11; 9, 13; Jes 39, 6; Jer 7, 32; 9, 24; 19, 6; 23, 5. 7; 31, 27. 31 u. a.
[178] 9, 13 z. B.   [179] Jer 7, 32 z. B.
[180] Rudolph; vgl. 8, 10; 9, 1.
[181] Vgl. 9, 11; I Reg 11, 27; Neh 6, 1.
[182] I Reg 13, 24f.; Jer 14, 16 u. a.   [183] Ez 16, 5.

5   Laßt[b] vom Gesäuerten Rauch als Dankopfer aufsteigen,
     und ruft freiwillige Gaben aus! Hörbar[c]!   3 + 3
   Denn so liebt ihr es,
     ihr Israeliten,   2 + 2
       Spruch [des Herrn][d] Jahwes.

6   Ich gab[e] euch [so auch][f]
   blanke Zähne
     in allen euren Städten   2 + 2 + 2
  und Mangel an Brot
   in allen euren Ortschaften.
     Doch ihr seid nicht zu mir umgekehrt,   2 + 2 + 2
       Spruch Jahwes[g].

7   Ich[h] enthielt euch den Regen vor,
  [als es noch drei Monate bis zur Ernte waren.
  Ich lasse auf eine Stadt regnen,
  aber auf eine andere Stadt lasse ich nicht regnen;
  ein Feld wird beregnet, und ein Feld, auf das es nicht
  regnet, vertrocknet.][i]

8   so daß zwei, drei Städte wankten   3 + 3
   zu einer anderen Stadt,
     um Wasser zu trinken
      [,ohne doch satt zu werden][j].
     Doch ihr seid nicht zu mir umgekehrt,   2 + 2 + 2
       Spruch Jahwes[g].

9   Ich schlug euch mit Getreidebrand und Getreiderost.
   Ich ließ[k] eure Gärten und eure Weinberge vertrocknen.   4 + 3
  [Und][l] Eure Feigenbäume und eure Ölbäume
   frißt die Heuschrecke.
     Doch ihr seid nicht zu mir umgekehrt,   2 + 2 + 2
       Spruch Jahwes[g].

10   Ich sandte unter euch die Pest [nach der Art Ägyptens][m].
    Ich tötete mit dem Schwert eure Jugend   3 + 3
    [mitsamt euren gefangenen Rossen][n].
  Ich ließ aufsteigen den Gestank
   eures Lagers [und zwar][o] in eure Nasen.
     Doch ihr seid nicht zu mir umgekehrt,   2 + 2 + 2
       Spruch Jahwes[g].

11   Ich stürzte bei euch um,
   wie Gott[p] umstürzte
    Sodom und Gomorrha[q].   2 + 2 + 2
  Ihr wart wie ein Holzscheit,
   das aus dem Brand gerissen wurde.
     Doch ihr seid nicht zu mir umgekehrt,   2 + 2 + 2
       Spruch Jahwes[g].

12 Darum, so will ich dir tun, Israel
...............................[r]

[Eben weil ich dir dieses tun will, mache dich bereit
zur Begegnung mit deinem Gott, Israel!][s]
13 [Denn siehe:
Er, der Berge bildet und Hauch erschafft,
der dem Menschen kündet, was sein Plan,
der Morgenröte zu[t] Finsternis macht
und über die Höhen der Erde schreitet:
Jahwe, [Gott Zebaot][u] ist sein Name.][v]

[a] Vgl. G—K § 114n.

[b] Wellhausen u. a. gleichen die Form dem Kontext an und lesen וקטרו. Doch
ist der inf. abs. in der Funktion eines imp. durchaus möglich[184].

[c] Wörtlich: »Laßt hören!«

[d] Die Schlußwendung ist wahrscheinlich eine Erweiterung der bei Am üblichen
einfachen Form נאם יהוה[185].

[e] 𝔊 (καὶ ἐγὼ δώσω) versteht das neue Wort als Ankündigung; 𝔙 (dedi) stützt 𝔐.

[f] Streiche וגם אני als redaktionellen Zusatz[186].

[g] Streiche vielleicht נאם יהוה?[187].

[h] וגם אנכי ist zu streichen[188].

[i] V. 7 weist mehrere Erweiterungen auf. Die Zeitbestimmung v. 7aβ stellt eine
nachträgliche Glosse dar: Sie interpretiert v. 7aα im Zusammenhang mit v. 9 als
Ausbleiben des Spätregens, während die Wortwahl in v. 7aα auf den Winterregen
abzuheben scheint[189]. V. 7aγδ. b ist ein Nachtrag, der sich als solcher durch den
Prosastil und die Abschwächung der allgemeinen Aussage von v. 7aα zu erkennen
gibt. Anscheinend hat der Glossator v. 8 mißverstanden[190].

[j] Die Verbindung ולא ישבעו überfüllt das Metrum und wird gestrichen[191].

---

[184] Vgl. G—K § 113z.

[185] Vgl. Textanm. c zu 1, 8 und zu 3, 8.

[186] Mit Nowack, Balla 18 u. a.; vgl. auch Wolff. Anders Vollmer, Rückblicke, 10, u. a.
Mit der Beurteilung von וגם אני hängt die Frage nach der Zusammengehörigkeit
von 4, 4f. und 4, 6ff. zusammen; vgl. dazu den Abschnitt *Abgrenzung*.

[187] Die Formel beschließt jede Strophe, während sonst in Am strophenartige Gebilde
mit אמר יהוה abgeschlossen sind (vgl. 1, 3ff.; 7, 1ff.). Wolff verwendet diese
Häufung als Beleg für die Unechtheit des ganzen Textes; vgl. dazu den Abschnitt *Echtheit*.

[188] Es beginnen alle Strophen direkt mit dem pf. Verbum (vgl. v. 6. 9. 10. 11); vgl.
Procksch (BH³), Wolff u. a.

[189] גשם bezeichnet den heftigen Regenguß; (מ)יורה dagegen den Frühregen und
מלקוש den Spätregen. Entscheidend für den Wasservorrat ist der starke Winterregen
(Hertzberg, BHH, III 1568—1571), für den das Hebräische kein gesondertes Wort
hat und der somit hier mit der Vokabel גשם anscheinend gemeint ist.

[190] Siehe Marti, Vollmer, Rückblicke, 10, u. a.; vgl. Wolff.

[191] Mit Duhm, ZAW 31 (1911), 6.

[k] Statt des inf. cs. הרבות von רבה ist die 1. pers. sg. pf. החרבתי von חרב zu lesen[192]. Es scheint ein Abschreibeversehen vorzuliegen[193].

[l] Die Konjunktion ו ist zu streichen; die asyndetische Verbindung entspricht eher der poetischen Struktur der Strophe[194].

[m] בדרך מצרים wird als erläuternder Zusatz gestrichen[195]. Der Ausdruck überfüllt das Metrum und begegnet im Alten Testament sonst nur noch zweimal in Jes 10, 24—27a, einem eschatologischen, aus der nachexilischen Zeit stammenden Text[196].

[n] עם שבי סוסיכם ist mit Balla[197], Procksch[198], Weiser u. a. zu streichen. Der Ausdruck sprengte das Metrum und ist auch sachlich störend: Warum sollten die gefangenen Pferde noch getötet werden[199]?

[o] Es wird ו vor באפכם gestrichen; anscheinend handelt es sich um einen Schreibfehler[200].

[p] אלהים ist innerhalb der Jahwerede auffallend. Doch liegt in der Wendung »wie Gott Sodom und Gomorrha zerstörte« eine Formel vor[201], deren verfestigter Sprachgebrauch אלהים auch in der Jahwerede stehen ließ[202].

[q] Zur verbalen Rektionskraft des nomen verbale siehe G—K § 115d.

[r] V. 12 muß ursprünglich einmal enthalten haben, was Jahwe Israel ankündigt; anscheinend fiel zumindest ein Stichos aus[203]. Siehe den Abschnitt *Abgrenzung*.

[s] V. 12b wird als Nachtrag gestrichen. Anscheinend soll die Mahnung zu v. 13 überleiten und damit das Gedicht aktualisieren. Das deiktische זאת läßt sich — da jeder Bezugspunkt fehlt — nur als allgemeine, rückweisende Zusammenfassung verstehen und weist damit in dieselbe Richtung[204].

[t] 𝔊 setzt wie 𝔐^{MSS} ועיפה voraus; hier wird die Lesart לעיפה vorgeschlagen[205].

---

192 Mit Wellhausen; vgl. die Struktur der anderen Strophen.

193 Rudolph, Wolff u. a.

194 Siehe unten unter *Form*; vgl. Procksch (BH³).

195 So Nowack; Marti; Vollmer, Rückblicke, 11, u. a.

196 Siehe Fohrer, Einleitung, 406.

197 Balla 19.

198 BH³.

199 So mit Recht Vollmer, Rückblicke, 11.

200 Mit Wellhausen, Rudolph u. v. a.

201 Jes 13, 19; Jer 50, 40; abgewandelt Jer 49, 18; Dtn 29, 22.

202 Aufgrund der erst späten Bezeugung der Formel (siehe zu den angegebenen Stellen Fohrer, Einleitung) läßt sich eine redaktionelle Hinzufügung von אלהים nicht mit Sicherheit ausschließen. Doch sind die Überlegungen von Rudolph zu beachten, der auf den heidnischen Ursprung der Überlieferung von der Katastrophe der beiden Städte hinweist und damit den »Gottesnamen« als Beleg für das Alter der Formel auffaßt. Zur Beibehaltung von אלהים — so Rudolph — könnte beigetragen haben, »daß das genitivische א' . . . nicht selten zum Ausdruck des Gewaltigen, Superlativischen, Übermenschlichen dient«; vgl. I Sam 14, 15.

203 Vgl. Wellhausen, Marti u. a.

204 Die hier vertretene Auffassung von v. 12b entspricht der fast allgemeinen Annahme vom Ende des Gedichtes in v. 12a; vgl. Marti, Nowack, Elliger (BHS) u. v. a.; anders Weiser, Rudolph.

205 Mit Wolff; vgl. 5, 8a.

^u Die parallelen Hymnenfragmente belegen die kürzere Form[206]. Der plerophorische Stil läßt sich vielleicht auf denselben Glossator wie in 3, 13 zurückführen.

^v Das Hymnenstück v. 13 wird Amos ebenso wie die anderen Hymnenfragmente 5, 8f., 9, 5f. fast einhellig abgesprochen[207].

Abgrenzung

Gegenüber 4, 1—3 beginnt in 4, 4 deutlich ein neuer Textabschnitt[208]. So eindeutig dieser Neueinsatz ist, so umstritten ist die Frage, ob und wie 4, 4ff. zu gliedern sind; denn nach 4, 4 setzt erst 5, 1 eindeutig neu ein. Zunächst heben sich v. 4f. von v. 6ff. klar ab[209]: Der Text wird durch die Gottesspruchformel abgeschlossen, sein von Imperativen geprägter Stil und sein strenges Metrum weisen ihn als Einheit gegenüber v. 6ff. aus. Der so abgegrenzte Spruch erscheint abgerundet und in sich verständlich[210]. Die Suffixe der 2. pers. pl., das Verbum

---

[206] Vgl. 5, 8; 9, 6.

[207] Siehe Horst, ZAW 47 (1929), 45—54, und neuerdings Wolff 254—256 mit ausführlicher Begründung; anders Rudolph 181—183, dessen Überlegungen zwar vor voreiligen Schlüssen warnen, jedoch angesichts seiner form- und traditionskritischen Abstinenz nicht überzeugen können.

[208] Vgl. die Schlußformel in v. 3 und den stilistischen Neueinsatz mit imp. in v. 4.

[209] Vgl. zu dieser Abgrenzung Eißfeldt, Einleitung, 539; Fohrer, Einleitung, 476; Rudolph; Wolff u. v. a.; anders Marti; Duhm, ZAW 31 (1911) 6f.; Vollmer, Rückblicke, 13ff.

[210] Wenn Vollmer, Rückblicke, 14f., bezweifelt, ob v. 4f. eine selbständige Einheit darstellt, und daher den Abschnitt mit v. 6ff. unter den Stichworten Kritik (v. 4f.) und Begründung (v. 6—11) zusammenfaßt, so übersieht er auf der einen Seite, daß v. 4f. als selbständige Einheit in einer Diskussionssituation durchaus denkbar ist, und verschiebt auf der anderen Seite die Gewichte in v. 6ff., denn v. 6—11 sollen nicht die Berechtigung der Kultkritik nachweisen, sondern die in v. 12 nur fragmentarisch überlieferte Ankündigung begründen. — Andere Überlegungen bestätigen die Zäsur zwischen beiden Abschnitten. So nötigt Vollmer seine Feststellung: »Inhaltlich besteht freilich kein direkter Bezug zwischen den beiden Abschnitten« zu dem Schluß, daß die Partikel עד im Kehrvers diese vermißte Verbindung herstellt: »Die Kultpraxis, zu der Amos in bitterer Ironie auffordert, ist keine Umkehr *bis zu* Jahwe und darum Frevel.« (Vgl. Budde, JBL 43, 1924, 97, der in der Verwendung der Präposition עד statt אל ebenfalls einen bewußten Gegensatz zu dem nur äußerlichen Gottesdienst v. 4f. erkennen wollte.) Doch spricht die unterschiedslose Verwendung von שׁוּב עַד (Hos 14, 2) und שׁוּב אל (Hos 14, 3) gegen diese Ansicht; vgl. Rudolph. Auch macht der geschichtliche Rückblick v. 6ff. in keiner Weise einsichtig, weshalb die Kultpraxis Frevel ist; es fehlt jede Art von Bezugnahme. Der Hinweis auf den Eingang von v. 6 וגם אני, der nicht wie der Beginn einer selbständigen Einheit anmutet, kann nicht verfangen, da sowohl die Partikel וגם zur Verknüpfung von Sprüchen wie das Personalpronomen in der Form אני Am sonst fremd sind (Wolff). Die Annahme einer redaktionellen Überleitung legen auch die bisherigen literarkritischen Überlegungen nahe (vgl. Textanm. ^f).

פשע und die Schlußzeile sind Hinweise, wie der Prophet verstanden werden will: Kritik nicht am Jahwekultus, sondern an dem Kultus, wie ihn seine Hörer üben.

4, 6 ff. gliedern sich in fünf Strophen: v. 6, v. 7aα. 8*, v. 9, v. 10* und v. 11. Jede dieser Strophen ist in sich abgeschlossen und in sich verständlich. Ihre Zusammengehörigkeit geben sie durch den Refrain des Schlußsatzes ולא־שבתם עדי נאם־יהוה zu erkennen. 4, 12 setzt mit . . . לכן כה deutlich abgesetzt ein. Nach der Logik der Gedankenführung ist die Folgerung aus den vergeblichen Plagen zu erwarten. Doch ist von ihr nur die Einleitung erhalten. Anscheinend wurde die Ankündigung zugunsten der Doxologie v. 13 weggebrochen[211]. So stellt der Abschnitt 4, 6—12a* eine nur unvollständig erhaltene Einheit dar, die nichtsdestoweniger verständlich und — nach Ausscheidung der Erweiterungen — einheitlich ist.

v. 4f.

Form

Die Einheit besteht aus vier Versen, drei ebenmäßigen Doppeldreiern und einem abschließenden Doppelzweier mit Stakkatoeffekt. Alle Perioden weisen einen klaren Parallelismus der Glieder auf, doch fällt in der zweiten Reihe des ersten und dritten Verses die Steigerung in der Aussage auf. Die beiden Halbverse der ersten Periode enden auf dieselbe Wurzel und lassen zudem eine Art chiastische Wortstellung erkennen. Im zweiten Vers findet sich Endreim, im ersten und vierten Alliteration. Schließlich ist noch auf das Oxymoron in v. 4a hinzuweisen.

In 4, 4f. herrschen pluralische Imperative vor, lediglich die abschließende Begründung stellt ein perfektischer Verbalsatz dar. So wird die Einheit durch einen Imperativ in Verbindung mit einem Adverbiale loci eröffnet und durch einen syndetisch angeschlossenen

---

211 Vgl. Wellhausen; Marti; Horst, ZAW 47 (1929), 45; Eißfeldt, Einleitung, 541, u. a. Obwohl sich diese Auffassung vom Ende des Gedichtes in v. 12a fast allgemein durchgesetzt hat, wurden neuerdings wieder zwei gegenteilige Meinungen laut. So versteht Wolff v. 6—13 als Wort eines Liturgen, »der unter dem Eindruck der Tat Josias in Bethel auftrat«, und Rudolph trennt zwar v. 6—12 und v. 13, doch leitet er *beide* Abschnitte von Amos her und interpretiert v. 12 als Strafankündigung. Beide Positionen vermögen jedoch nicht zu überzeugen. Während die Interpretation von Wolff vor allem an der fraglichen Voraussetzung der Unechtheit des Textes krankt (siehe den Abschnitt *Echtheit*), die seine literarkritischen Überlegungen mit zu vielen Unbekannten belastet, kann Rudolph nicht gefolgt werden, da sein Textverständnis wesentlich auf einer Konjektur beruht, die der sonstigen Konkretheit und formalen Gestaltung der Unheilsankündigungen in Am nicht entspricht.

ن

Imperativ, der die Folge des ersten beschreibt, weitergeführt. Ein Adverbiale loci, das von dem ersten Imperativ abhängt[212], und — in Asyndese — ein dem zweiten Imperativ paralleler Imperativ mit abhängigem Infinitiv des Zweckes schließen sich an. Es folgt in Syndese ein Imperativ mit zwei parallelen Zeitangaben und Objekten. Ein Infinitiv absolutus in der Funktion eines Imperativs[213] und ein Imperativ setzen in syndetischer Verknüpfung und in Verbindung mit je einem Objekt die Reihe der pluralischen Aufforderungen fort, die durch einen Imperativ in Asyndese ihren Abschluß findet. Der Spruch wird durch einen mit כי eingeleiteten und mit der Partikel כן rückweisenden Verbalsatz (im pf.) abgerundet. Die außerhalb des Metrums stehende Gottesspruchformel schließt die Einheit ab.

Der Textabschnitt weist einen kunstvollen Aufbau auf. Die Imperative treiben die Handlung weiter; die durchgängige Anredeform, die der abschließende invertierte Verbalsatz sogar in betonter Schlußstellung expliziert, verbindet die einzelnen Sätze miteinander. Die a/syndetische Verbindung gliedert die Einheit in v. 4a, v. 4b, v. 5a und v. 5b, wobei v. 4. 5a gegenüber v. 5b zusammengehören. Asyndese in v. 4aβ. 5aβ sowie die auffallende Verwendung des Infinitivs anstelle des Imperativs unterstreichen den kurzen, gedrängten Stil.

Funktions- und Hauptwörter stehen etwa in dem Verhältnis 1:2. Als Funktionswörter finden sich besonders die Konjunktion ו und Präpositionen. Bei den Verba sind Aktionsverba dominierend; lediglich das Verbum אהב fällt aus diesem Rahmen. Bei den Substantiva fehlen — sieht man von der Anrede ab — menschliche Konkreta; statt dessen herrschen in der Einheit unbelebte Konkreta vor. Abstrakta sind ganz beschränkt, ein Zahlwort ist singulär. Bei zwei der drei Eigennamen handelt es sich um Ortsbezeichnungen. Als präpositionale Wendungen finden sich zwei Zeitangaben.

Der Textabschnitt ist durch die abschließende Gottesspruchformel als Jahwerede gekennzeichnet. Die Bedeutung der Verben und ihre Form des pluralischen Imperativs zeigen, daß Jahwe — dessen redendes Ich in der Einheit nicht erscheint — die Israeliten[214] zwar zu kultischen Handlungen auffordert, ihre Handlungsweise doch zugleich als verbrecherisch qualifiziert.

Betel und Gilgal sind zwei Orte, die als Sitz eines Heiligtums bekannt waren[215].

בוא bezeichnet häufig und — aufgrund des Zusammenhangs — wohl auch hier den Einzug der Wallfahrer ins Heiligtum[216] und könnte in Verbindung mit »Betel«

---

[212] Es liegt in 4, 4a somit ein Zeugma vor; vgl. zur Terminologie Schreiner, Einführung, 329.   [213] Siehe Textanm. b.
[214] Siehe die Anrede in v. 5b.
[215] Vgl. 5, 5; 7, 10. 13; I Reg 12, 29.
[216] Vgl. 5, 5; Ps 95, 6; 100, 2.

einer offiziellen Priesteranweisung entsprechen[217]. בוא hi. meint den »Opfervorgang als
ganzen«[218]. Hier ist das Verbum auf זבחים (»Schlachtopfer«) und auf מעשרת (»Zehnt-
abgaben«)[219] bezogen.

קטר pi. (»räuchern, Rauchopfer darbringen«) weist ebenso in Richtung Kultus
wie תודה (»Dankopfer«). Auch das Nomen חמץ, das sich im Alten Testament elfmal
findet, steht an allen Stellen im Zusammenhang mit Opfervorschriften bzw. mit dem
Passa[220]. נדבה bezeichnet die »freiwillige Opfergabe«, die durch spontanen Entschluß
dargebracht wird[221].

Die Zeitangaben sind nicht distributiv, sondern als Termine zu verstehen[222],
und lassen damit als Hintergrund der Aufforderungen die Kulthandlungen bei einer
Wallfahrt erkennen.

Das Verbum פשע (»Verbrechen üben«) findet sich in Am nur hier; sonst wird
das Nomen gebraucht, das zur Bezeichnung von Verbrechen gegen die menschliche
Gemeinschaft dient[223]. Die Verwendung von פשע macht deutlich, daß der Spruch auf
solche Vergehen anspielt und damit soziales und kultisches Verhalten in Korrelation
zueinander setzt[224]. »Genau genommen übt er gar keine Kritik am Kultus, sondern am
kultischen Menschen.«[225]

Der abschließende Begründungssatz bringt die mit der ironischen
Aufforderung פשעו in v. 4a sich ankündigende Beurteilung auf den
Nenner der Eigenliebe. Die Begründung für die Kultanweisungen
liegt nach v. 5b nicht im Willen Jahwes, sondern im Eigenwillen
der Kultteilnehmer[226].

Als Struktur der Einheit ergibt sich:

Kultanweisung	v. 4a*	imp. (pl.)	Jahwerede Anrede
			בֹּאוּ
Folge	v. 4a*	imp. (pl.)	פשעו
Kultanweisung	v. 4b. 5a	imp. (pl.)	הביאו זבחיכם
		inf. abs.	קטר
		imp. (pl.)	קראו נדבות

[217] Wolff.   [218] Rendtorff, Geschichte des Opfers, 148.
[219] Vgl. dazu Fohrer, Religionsgeschichte, 204ff.
[220] Vgl. u. a. Ex 23, 18; 34, 25; Lev 2, 11; 6, 10; 7, 13; Dtn 16, 3.
[221] Vgl. Lev 7, 16; Num 15, 3.
[222] So mit Wolff, Rudolph gegen Robinson und Delekat, VT 14 (1964), 8.
[223] Siehe 1, 3.
[224] Vgl. 5, 4f. in Verbindung mit 5, 14f.; 5, 21—24. Dieselbe Art von Kultkritik läßt
sich auch in Jes 1, 10—17 beobachten.
[225] So das Urteil von Fohrer, Jesaja 1, 158, zu Jesaja, das ebenso auf Amos zutrifft.
[226] Darauf weist die Betonung der 2. pers. pl. in v. 4f. Eine weitergehende Interpretation kann im Rahmen dieser Arbeit nicht geleistet werden, da sie sich im wesentlichen auf die Formbeschreibung der Einheit beschränken muß. Es darf auch nicht
außer acht gelassen werden, daß 4, 4f. — siehe oben — anscheinend aus einer Diskussion entstanden sind und daher zur genauen Beschreibung des Inhalts die
Kenntnis dieser Gesprächssituation nötig ist.

Begründung	v. 5 bαβ	כי + iVS (pf.)	אהב
Schlußformel	v. 5 bγ	נאם יהוה	

v. 6—12a*

Form

Die Einheit ist metrisch geformt, weist aber keinen allzu strengen poetischen Aufbau auf[227]. Sieht man von v. 12a ab, so gliedert sie sich zwar in fünf Strophen, die aus zwei Versen bestehen und jeweils mit einem Kehrvers schließen, doch liegt ein ebenmäßiger Parallelismus nur in v. 6. 9aαβ. 10a vor; ansonsten finden sich rhythmisch lockere Parallelen.

Trifft die Bestimmung der Einheit zu, so lassen sich im einzelnen folgende Beobachtungen machen: Während das Metrum der ersten Periode wechselt, doch in der ersten und fünften (2 + 2 + 2) bzw. zweiten und vierten Strophe (3 + 3) jeweils übereinstimmt, weisen alle Strophen eine dreigliedrige zweite Periode mit sechs Hebungen (2 + 2 + 2) auf. So entsprechen sich die beiden ersten und beiden letzten Strophen ihrem Rhythmus nach, während die dritte, mittlere Strophe gewissermaßen die Achse darstellt. An poetischen Mitteln verwendet die erste Strophe Assonanz und Binnenreim, die zweite Alliteration und Assonanz, die dritte Alliteration, Assonanz und Binnenreim, die vierte Alliteration und Binnenreim und die fünfte schließlich Alliteration und figura etymologica. So stellt die Einheit trotz ihres nicht strengen poetischen Aufbaus einen kunstvoll geformten Abschnitt dar.

In dem Text herrschen Verbalsätze vor, Nominalsätze fehlen. Invertierte Verbalsätze treten — abgesehen von dem jeweils hervorgehobenen Kehrvers — nur beschränkt auf. So besteht die erste Strophe aus einem Verbalsatz (im pf.) und dem Kehrvers, einen durch die Negation לא invertierten Verbalsatz (im pf.), der mit der Konjunktion ו adversativ[228] angeknüpft wird. Die zweite Strophe wird durch einen Verbalsatz (im pf.) eröffnet, der mit einem verbalen Konsekutivsatz (im pf.)[229] mit abhängigem finalen Infinitiv in Syndese verbunden ist. Ihren Abschluß findet sie wieder in dem adversativ

---

[227] Vgl. die Formanalyse von Maag 21: »Der Parallelismus ist stellenweise straff, stellenweise locker oder in auffallend langen Perioden durchgeführt, oder er verschwindet sozusagen ganz. Man kann sich daher fragen, ob nicht eher gehobene Prosa vorliegt.« Auch wenn dieses Urteil im einzelnen der Korrektur bedarf, wie die folgende Analyse erweisen wird, so ist dennoch die Beobachtung eines lockeren poetischen Aufbaus festzuhalten.

[228] G—K § 163a; Brockelmann § 135b.

[229] 𝔐 möchte — wie aus der Akzentsetzung hervorgeht — ועו als pf. cons. auffassen. Nach der Ausscheidung von v. 7b dürfte aber dieses Verständnis unzutreffend sein.

angeschlossenen Kehrvers. Die dritte Strophe gliedert sich in zwei
Verbalsätze (im pf.), die in Asyndese einander parallel zugeordnet
sind, in einen asyndetisch abgehobenen invertierten Verbalsatz (im
impf.)[230] und den abschließenden Kehrvers. Die vierte Strophe besteht
aus zwei asyndetisch aneinander gereihten Verbalsätzen (im pf.) und
einem mit וְ angeschlossenen Verbalsatz (im impf. cons.), die fünfte
Strophe aus einem Verbalsatz (im pf.) und einem in Syndese angefügten verbalen Konsekutivsatz (im impf. cons.), der durch einen
Partizipialausdruck erweitert ist, der als Relativsatz wiedergegeben
werden kann. Beide Strophen schließt jeweils der adversative Kehrvers ab. V. 12a stellt einen durch die folgernde Partikel לכן mit den
vorhergehenden Versen verbundenen invertierten Verbalsatz (im
impf.) dar.

Jede der Strophen ist in sich geschlossen und weist keine Überleitung auf. Doch läßt der fünfmalige Kehrvers, der jeweils gemeinsam
mit der Gottesspruchformel[231] den Abschluß einer Strophe bildet, die
Zusammengehörigkeit aller fünf Abschnitte erkennen. Gemeinsam ist
allen Strophen auch, daß sie mit einem Verbum in der 1. pers. sg. pf.
beginnen und in Anredeform[232] gehalten sind. Ebenso nimmt die
Folgerung in v. 12a die 1. pers. sg. und die Anrede auf, die hier allerdings als 2. pers. sg. erscheint[233]. Sieht man von der dritten Strophe
ab, so folgt in v. 6—11* einem bis drei Verbalsätzen (im pf. bzw.
impf. cons.) jeweils ein invertierter Verbalsatz (im pf.), der adversativ
angeschlossen ist und das Subjekt der 1. pers. sg. durch ein Pronominalsuffix aufnimmt. Redendes Ich und angeredete Ihr werden einander kontrastiert, wobei die Negation und die dadurch bedingte
Inversion des Kehrverses diesen Gegensatz noch unterstreichen.

Funktions- und Hauptwörter verhalten sich fast 1:1. Auffallend
ist die große Zahl von Präpositionen, während Artikel fast völlig ver-
mieden sind. Bei den Verba finden sich ausschließlich Aktionsverba.
Bei den Substantiva sind Abstrakta selten, es dominieren unbelebte
Konkreta. Ein animalisches Konkretum ist singulär, menschliche
Konkreta finden sich fast nur im übertragenen Sprachgebrauch[234].

---

[230] Das impf. hat vielleicht iterativen Charakter; so Rudolph. Doch läßt sich auch die
Möglichkeit nicht ausschließen, daß es zum Ausdruck der Andauer der Handlung
dient. Vgl. G—K § 107b. e.

[231] Es kann nicht mit Sicherheit entschieden werden, ob die Formel ursprünglich ist;
vgl. Textanm. g.

[232] Auf das Verbum folgt jeweils das Pronominalsuffix der 2. pers. pl. in Verbindung
mit einer Präposition bzw. der nota accusativi: V. 6 לכם, v. 7 מכם, v. 9 אתכם,
v. 10 בכם, v. 11 בכם.

[233] Der Wechsel von der Plural- zur Singularform ist durch die Anrede ישראל bedingt
und bewirkt, daß v. 12a deutlich gegenüber v. 6—11* abgesetzt und hervorgehoben
ist.   [234] Vgl. עיר v. 8a; מחנה v. 10b.

Zahlwörter sind auf v. 8a beschränkt. Sieht man von der Gottes-spruchformel ab, so handelt es sich bei den drei Eigennamen, die in der Einheit vorkommen, um zwei Ortsnamen und eine Völkerbezeichnung. Der Textabschnitt ist als Jahwerede stilisiert[235]. Die Verba stehen in v. 6—11* im pf., impf. cons. bzw. impf. iterativum. Sie schildern zurückliegende unheilvolle Ereignisse, deren Urheber Jahwe als das redende Ich und deren Betroffene die Israeliten als die angeredeten Ihr darstellen.

1. V. 6 spricht von einer allgemeinen[236] Hungersnot[237].

2. V. 7f.* reden von einer Dürre[238], als deren Folge die Bevölkerung vieler Städte[239], um nicht zu verdursten[240], nur auf den Trinkwasservorrat einzelner Orte noch zurückgreifen kann.

3. In v. 9 ist von Ernteschäden infolge von Getreidekrankheiten[241], Dürre (?)[242] und mehrfachem[243] Heuschreckenfraß[244] die Rede.

4. V. 10* berichtet von einer tödlichen Krankheit[245] und von einem Kriegstod[246] gerade der jungen Leute, die die Elite der Truppen darstellen[247]. V. 10b setzt die Ver-

---

[235] Auch wenn die Gottesspruchformel, die das redende Ich mit Jahwe identifiziert, nicht ursprünglich sein sollte (vgl. Textanm. ᵍ), so lassen der literarische Kontext und die Bedeutung der Einheit diese Feststellung zu.

[236] Vgl. die beiden parallelen Wendungen בכל־עריכם und בכל מקומתיכם.

[237] נקיון שנים (»Reinheit der Zähne«) ist ein euphemistischer Ausdruck für die paral-lele Verbindung חסר לחם.

[238] גשם bezeichnet den »heftigen Regenguß« und meint hier anscheinend den Winter-regen; vgl. Textanm. ⁱ. Sein Ausbleiben hat Wassermangel zur Folge.

[239] Die Aneinanderreihung der beiden Zahlwörter שתים שלש drückt die Unbestimmt-heit aus; vgl. G—K § 134s.

[240] Das Verbum נוע (»schwanken«) spielt auf die Erschöpfung der Menschen aufgrund des Durstes an, indem es ihren Gang als unsicher beschreibt; vgl. die Verwendung des Verbums in 8, 12; Jes 6, 4; 7, 2; 19, 1 (»beben, zittern«); Jer 29, 9 (»taumeln«); Gen 4, 12. 14 (»unstet sein«).

[241] שדפון findet sich stets in Verbindung mit ירקון; vgl. Dtn. 28, 22; I Reg 8, 37; Hag 2, 17; II Chr 6, 28. Während ירקון in dieser Verbindung das »Blaßwerden der Spitzen des grünen Getreides infolge Würmerbildung« (Dalman, Arbeit und Sitte, I 326) meint, bezeichnet שדפון eine Getreidekrankheit, deren Ursache entweder in dem heißen Ostwind, der das Getreide versengt, oder in Pilzbildung gesehen wird (vgl. Dalman, Arbeit und Sitte, I 158. 326; II 333f.).

[242] Gärten und Weinberge sollen vertrocknen (חרב ?).

[243] Vgl. das impf. iterativum.

[244] גזם (»Heuschrecke«) bezeichnet das Tier »hinsichtlich seiner zerstörenden Tätig-keit ..., da die Wurzel im Aramäischen, Syrischen und Arabischen ... überall 'schneiden' bedeutet« (Wolff 31). Zu den verheerenden Wirkungen einer Heu-schreckenplage in Palästina siehe Dalman, Arbeit und Sitte, I 393f.; vgl. auch 7, 1.

[245] דֶּבֶר bezeichnet eine tödliche Seuche (Ex 9, 6; Jes 14, 12; Ez 14, 19), die Tiere (Ex 9, 3ff.) und Menschen (Ex 9, 15) befällt, und dürfte mit »Pest« wiederzugeben sein (so Rudolph, Wolff u. v. a.).

[246] Zu בחרב siehe 1,11. Bemerkenswert ist, daß die Vokabel häufig neben דֶּבֶר steht; vgl. Ex 5, 3; Ez 5, 17; 14, 12 u. a. [247] Vgl. I Sam 9, 2; Jes 9, 16.

nichtung des gesamten Heeres voraus[248], indem er dessen Verwesungsgeruch[249] beschreibt.

5. V. 11 spielt auf ein Erdbeben an[250] und verdeutlicht mit einem geprägten Vergleich dessen verheerende Wirkung[251].

Die Sprucheinheit reiht die einzelnen Taten Jahwes nicht im Sinne eines historischen Ablaufs aneinander, sondern enthält vielmehr in sich geschlossene Einzelbilder, deren Reihenfolge ohne weiteres geändert werden könnte[252]. Es kommt ihr nicht auf zeitlich und örtlich bestimmte Angaben an, sondern sie berichtet allgemeine, immer wieder mögliche Ereignisse[253].

Dieser Schematisierung des Geschichtsablaufs[254] entspricht es, wenn dem Eingreifen Jahwes das Verhalten Israels jeweils mit denselben Worten gegenübergestellt wird. Danach zielte Jahwes unheilvolles Handeln auf Umkehr, die jedoch — wie der Kehrvers lapidar feststellt — jedesmal verweigert wurde.

Der fünfmalige Kehrvers verwendet mit der Verbindung שׁמע צד eine Formulierung, die sich im Alten Testament noch Dtn 4, 30; 30, 2; Jes 9, 12; 19, 22; Hos

---

[248] מחנה (»Kriegslager«) meint hier das gesamte Heer; vgl. Dtn 23, 10; Jdc 7, 10.

[249] באשׁ findet sich im Alten Testament nur hier und Jes 34, 3; Joel 2, 20 und meint den »Leichengestank, Verwesungsgeruch«.

[250] Das Verbalsubstantiv מהפכה (»Zerstörung«), das sich von הפך (»umkehren, umwenden«) herleitet, findet sich im Alten Testament an sechs Stellen und ist dabei Bestandteil einer Formel (siehe Textanm. P); es steht fünfmal in Verbindung mit »Sodom und Gomorrha« (Dtn 29, 22; Jes 13, 19; Jer 49, 18; 50, 40; Am 4, 11) und einmal mit »Sodom« allein (cj. Jes 1, 7). Als Folge der »Zerstörung« kann niemand mehr an dem betroffenen Ort wohnen (vgl. Jes 13, 19; Jer 49, 18; 50, 40), da dort nichts mehr wächst (Dtn. 29, 22) und eine Wüste entsteht (Jes 1, 7). So dient die Formel nicht zur Verdeutlichung der totalen Vernichtung politischer Größen (so Wolff), sondern — wie die Etymologie von הפך ebenfalls nahe legt — zur Beschreibung eines Erdbebens (so Rudolph u. v. a.).

[251] אוד מצל משׂרפה meint »ein Entrinnen mit knapper Not« (Rudolph); vgl. dieselbe Wendung in Sach 3, 2; ähnlich Jes 7, 4.

[252] Vgl. Fey, Amos und Jesaja, 94.

[253] Zeitangaben fehlen ebenso wie eine nähere Bestimmung der Umstände, unter denen die beschriebenen Katastrophen eingetroffen sind. Auch die Tatsache, daß in v. 6—11* — sieht man von den beiden Ortsnamen in v. 11 ab, die einem typisierenden Vergleich dienen — keine Eigennamen vorkommen, unterstreicht die Unbestimmtheit der Rede. So erscheint jede Identifikation der Geschehnisse mit bestimmten geschichtlichen Ereignissen dem Text nicht angemessen. Diese Feststellung gilt sowohl gegenüber Rudolph, der die Pest mit einer Seuche im Heer von Jerobeam II. in Verbindung bringt, als auch gegenüber Wolff, der v. 11 vom Untergang des Nordreichs her interpretiert.

[254] Dieser Tatbestand hat zu (aktualisierenden) Ergänzungen angeregt, die wegen der »typischen« Art der berichteten Katastrophen nicht immer eindeutig abhebbar sind; vgl. Textanm. i. m. n.

14, 2 findet. Sie meint nicht »vornehmlich die Rückkehr von den Fremdgöttern zu Jahwe«[255], sondern Umkehr im vollen Sinne des Wortes als gehorsame Ausrichtung des Verhaltens nach dem Willen Jahwes[256].

Doch der geschichtliche Rückblick trägt seinen Zweck nicht in sich selbst, sondern dient ausschließlich zur Begründung der nur noch in ihren Einleitungsworten überlieferten und im impf. formulierten Ankündigung v. 12a, auf die der ganze Abschnitt zuläuft[257]. Ziel der Einheit ist nicht eine Information über Ereignisse der Vergangenheit, auch nicht über die Korrelation von Jahwes und Israels Handeln, sondern die Ankündigung des Eingreifens Jahwes, die nach der logischen Stringenz der Gedankenführung das Ende Israels verkündigt haben dürfte[258].

Es können nunmehr die Ergebnisse der formalen Analyse in einer Tabelle übersichtsweise dargestellt werden:

Begründung	v. 6—11*		Jahwerede
			Anrede
1. Bericht	v. 6		
a) Handeln Jahwes		VS (pf.)	נתתי . . . חסר לחם
b) Kontrast:			
Handeln Israels		iVS (pf.)	ולא־שבתם עדי
(Schlußformel)			נאם יהוה
2. Bericht	v. 7f.*		
a) Handeln Jahwes		VS (pf.)	מנעתי . . . גשם
Folge		VS (pf.) mit Finalsatz	נעו
		(ל + inf. cs.)	
b) Kontrast:			
Handeln Israels		iVS (pf.)	ולא־שבתם עדי
(Schlußformel)			נאם יהוה
3. Bericht	v. 9		
a) Handeln Jahwes		VS (pf.)	הכיתי . . . החרבתי
		iVS (impf.)	יאכל הגזם

---

[255] So Wolff mit Verweis auf Dtn 4, 30; Hos 14, 2; doch siehe Jes 9, 12; 19, 22; wo eine solche Interpretation der Wendung zu einseitig erscheint.

[256] Vgl. Jes 9, 12; 19, 22 und die Parallelisierung der Verbindung mit שמע קולו in Dtn 4, 30; 30, 2.

[257] Vgl. Vollmer, Rückblicke, 19: »Amos denkt von der Zukunft her, von der Zukunft her gestaltet er sein Bild der Vergangenheit.«

[258] Es ist hier nicht der Platz, die Frage nach der Intention des Propheten zu beantworten. Dazu bedürfte es zusätzlicher exegetischer Schritte. Doch sollte wenigstens — um Mißverständnisse zu vermeiden — auf diese offene Fragestellung aufmerksam gemacht werden.

  b) Kontrast:
     Handeln Israels   iVS (pf.)   ולא־שבתם עדי
     (Schlußformel)   נאם יהוה

---

  4. Bericht   v. 10*
  a) Handeln Jahwes   VS (pf.)   שלחתי . . . דבר
                                      VS (impf. cons.)   הרגתי
  b) Kontrast:
     Handeln Israels   iVS (pf.)   ולא־שבתם עדי
     (Schlußformel)   נאם יהוה

---

  5. Bericht   v. 11
  a) Handeln Jahwes   VS (pf.)   הפכתי
     Folge   VS (impf. cons.)   תהיו כאוד
  b) Kontrast:
     Handeln Israels   iVS (pf.)   ולא־שבתם עדי
     (Schlußformel)   נאם יהוה

Unheilsankündigung   v. 12a
  Eingreifen Jahwes   לכן + iVS (impf.)   כה אעשה

Echtheit

Nachdem die Herleitung des Textabschnitts von Amos bisher im allgemeinen unbestritten war, wurde er neuerdings von Wolff dem Propheten aus form- und traditionskritischen Gründen abgesprochen. Doch vermögen weder seine Argumentation, mit der er diese Entscheidung begründet, noch sein eigenes Textverständnis zu überzeugen, das 4, 6—12 einem Liturgen zur Zeit Josias zuschreibt[259].

Auch wenn im Rahmen dieser Arbeit die Frage nach der Echtheit nicht endgültig entschieden werden kann, so ist doch festzustellen, daß aufgrund formkritischer Überlegungen jedenfalls keine Nötigung besteht, den Text Amos abzusprechen. Denn die beobachteten Erweiterungen und der festgestellte rhythmisch lockere Parallelismus können den sekundären Charakter nicht beweisen, sondern sind — besonders wenn man die Gliederung in Strophen und deren einheitliche Form berücksichtigt — eher als Ergebnis einer vielleicht mehrfachen Überarbeitung des Textabschnitts zu verstehen.

---

[259] Vgl. die ausführliche Diskussion von Wolffs Argumentation durch Rudolph, dem hier im wesentlichen zugestimmt wird.

§ 5 AMOS 5—6

1. Amos 5, 1—17

Text

1 Hört dieses Wort[a], das ich über euch[b] als Totenklage
   anstimme, Haus Israel:

2 Gefallen ist, nicht steht mehr auf
      die Jungfrau Israel,   3 + 2
   liegt hingestreckt auf ihrem Boden,
      niemand hilft ihr auf.   3 + 2

3 Denn so hat [Herr][c] Jahwe gesprochen:
   Die Stadt, die als Tausendschaft ausrückt,
      behält Hundert zurück,   3 + 2
   und die als Hundertschaft ausrückt,
      behält Zehn zurück [für das Haus Israel][d].   2 + 2

4 [Ja][e] So hat Jahwe gesprochen zum Hause Israel:
   Suchet mich! So lebt ihr!   2

5 Doch suchet nicht Betel
   und nach Gilgal zieht nicht   3 + 3
      [und geht nach Beerseba nicht hinüber][f]!
   Denn Gilgal geht gefangen fort[g],
   und Betel wird zuschanden[g].   3 + 3

6 Suchet Jahwe! So lebt ihr!   3
   Damit er nicht wie Feuer ins Haus Joseph[h] einbricht,
   das frißt — und es ist keiner da, der löscht [für Betel][i]. 3 + 3

7 ›Wehe‹[j] denen, die Recht zu Wermut[k] verkehren
   und Gerechtigkeit zu Boden stoßen.   3 + 3

8 [[Der Siebenstern und Orion schuf,][l]
   der zum Morgen die Finsternis wandelt,
   der den Tag zur Nacht verfinstert,
   der den Wassern des Meeres ruft
   und sie über die Erdoberfläche ergießt:
   Jahwe ist sein Name.

9 [Der Verheerung herbeigeführt wider den Starken
   und Verheerung[m] über die Festung bringt[n].][o]][p]

10 Sie hassen im Tor den, der zurechtweist,
   und den, der vollständig[q] aussagt, verabscheuen sie.   3 + 3

11 [Darum:][r] Weil ihr auf den Hilflosen tretet[s]
   und Kornsteuer von ihm nehmt: 3 + 3
   Quaderhäuser habt ihr gebaut,
   doch wohnen werdet ihr nicht darin.   3 + 3
   Prächtige Weingärten habt ihr gepflanzt,
   doch trinken werdet ihr nicht ihren Wein.   3 + 3

12 Ja[t], ich kenne eure zahlreichen Verbrechen
    und eure[u] starken Verfehlungen[u]:   3 + 3
sie bedrängen den Schuldlosen,
    sie nehmen Bestechungsgelder an
    und weisen die Armen im Tor ab[v].   2 + 2 + 3
13 [Darum schweigt der Verständige zu jener Zeit, denn es
ist böse Zeit.][w]
14 Suchet das Gute und nicht das Böse,
    damit ihr lebt;   3 + 2
dann ist Jahwe [Gott Zebaot][x] mit euch,
    wie ihr behauptet.   3 + 2
15 Haßt das Böse und liebt das Gute!
    Richtet [im Tor][y] das Recht auf!   3 + 2
Vielleicht ist Jahwe [Gott Zebaot][x] gnädig
    dem Rest Josephs.   3 + 2
16 Darum so hat Jahwe gesprochen [Gott Zebaot, der Herr][z]:
Auf allen Plätzen Trauerfeiern,
    in allen Gassen ruft man: O weh! O weh!   3 + 3
Man ruft den Landarbeiter[aa] zur Trauer,
    zum[bb] Wehgeschrei die Klagekundigen.   3 + 3
17 In allen Weinbergen Wehgeschrei.
Denn ich schreite durch deine Mitte,   3 + 2
    hat Jahwe gesprochen.

[a] ⑤ (τὸν λόγον κυρίου) versteht 5, 1f. als Jahwewort, 𝔐 hebt aber klar das
Prophetenwort von dem erst v. 3 a α eingeführten Jahwewort ab.
  [b] Zur pluralischen Auslegung von kollektivem בית ישראל vgl. 5, 4. 25; 6, 14.
  [c] אדני ist zu streichen[1].
  [d] Die Verbindung לבית ישראל stört den Zusammenhang und wird gestrichen[2].
Vielleicht ist sie aus aberratio oculi zu erklären? Oder ist sie eine nachträgliche Unter-
schrift unter 5, 1—3?
  [e] Die Partikel כי dürfte redaktionelle Verknüpfung sein[3].
  [f] V. 5 a γ findet in v. 5b keine Entsprechung, zerstört den chiastischen Parallelismus (Betel-Gilgal // Gilgal-Betel) und sprengt das Metrum. Der Satz wird als Nachtrag gestrichen[4].
  [g] Die beiden Ortsnamen werden als Maskulin behandelt, da an ihre Bewohner
gedacht ist[5].

---

[1] Vgl. Textanm. [c] zu 1, 8 und Elliger (BHS).
[2] Procksch (BH[3]) schlägt vor, den Ausdruck der Einleitungsformel v. 3 a α anzu-
schließen; Wolff folgt ihm mit Hinweis auf die Parallele in v. 4, ebenso Elliger
(BHS). Balla 17 und Rudolph streichen die Verbindung.
[3] So mit Wolff, der die Selbständigkeit der beiden Einheiten 5, 1—3 und 5, 4f. aufgrund formaler und thematischer Überlegungen betont.
[4] Mit Wolff u. a.; anders Rudolph.
[5] Vgl. Mi 5, 1.

[h] בית יוסף wird als Akkusativ der Richtung aufgefaßt[6]. Es könnte auch ב infolge von Haplographie ausgefallen sein.

[i] לבית־אל schränkt das Unheil auf Betel ein und wird als »Leitvermerk« eines Glossators gestrichen[7].

[j] Mit den meisten Exegeten wird parallel zu 5, 18 und 6, 1 . . . הוי gelesen[8]. Da die Textüberlieferung für diesen Vorschlag aber keinen Anhalt bietet, stellt die Einfügung nicht eine sichere, sondern nur eine mögliche Lösung dar.

[k] 𝔊 (εἰς ὕψος) setzt למעלה voraus. Doch ist ihr trotz Jdc 7, 13 nicht zu folgen, da die Parallele 6, 12b 𝔐 bestätigt[9].

[l] V. 8aα fehlt ein paralleles Versglied und ist daher vielleicht zu streichen[10].

[m] Es ist ungewöhnlich, daß dasselbe Wort im parallelismus membrorum wiederholt wird. Vielleicht ist in einem Fall שבר statt שד zu lesen[11].

[n] Statt qal יבוא wird hi. יביא gelesen und damit ein Subjektswechsel vermieden[12].

[o] Mit Wolff wird v. 9 als Zusatz gestrichen; der Vers hinkt dem Abschluß v. 8bγ nach[13] und ist schwer deutbar.

[p] Das Hymnenstück unterbricht den Zusammenhang von v. 7 und v. 10 und wird als sekundärer Zusatz gestrichen[14]. Vielleicht ist seine Einfügung an dieser Stelle durch Stichwortanknüpfung[15] bedingt.

[q] תמים ist als Akkusativ des Modus zu verstehen[16].

[r] Die Verbindung לכן יען ist im Alten Testament einmalig[17] und macht einen für die vorauszusetzende mündliche Verkündigung stilistisch schwerfälligen Eindruck. Sie läßt sich aber ohne weiteres als Ergebnis redaktioneller Arbeit verstehen, die v. 10 mit v. 11 verknüpfen wollte. לכן dürfte daher als sekundäre Verknüpfung zu streichen sein[18].

[s] Das Verständnis der Form בושסכם ist umstritten. Wolff deutet das Wort von der akkadischen Vokabel šabāsu (»Steuern erheben«) her als inf. cs. pol. (mit Suffix) von בשס; Wellhausen und neuerdings Rudolph lesen בוסכם von בוס (»niedertreten«). Hier wird die letztere Auffassung vorgezogen, da ihr Verständnis die Annahme einer ungewöhnlichen Polelform vermeidet[19] und der Konstruktion des Verbums mit על eher entspricht.

---

[6] Mit Rudolph gegen Wolff.

[7] So mit Rudolph; vgl. Balla 14; Maag 26f.; Robinson. Anders Wolff, der v. 6 für sekundär hält. Die Lesart von 𝔊 (τῷ οἴκῳ Ισραηλ), der Procksch (BH^3), Weiser u. a. folgen, verallgemeinert und ist als Glättung zu verstehen.

[8] Siehe Fohrer, Einleitung, 478; Rudolph; Weiser; Wolff u. v. a.; anders Balla 15; Marti; Robinson.

[9] Mit Rudolph, Wolff gegen Budde, JBL 43 (1924), 109; Maag 30.

[10] Vgl. Robinson, Wolff.

[11] Vgl. Maag 25, Rudolph.

[12] Siehe Procksch (BH^3), Rudolph u. a.

[13] Vgl. 4, 13; 9, 5f.

[14] Siehe Textanm. [v] zu 4, 13.

[15] ההפכים v. 7, הפך v. 8.

[16] Wolff, Rudolph.

[17] לכן findet sich etwa 200 ×, יען etwa 100 ×; doch nur hier sind beide Konjunktionen miteinander verbunden.

[18] Vgl. dazu den Abschnitt *Abgrenzung*, in dem die Auffassung von 5, 7. 10 und 5, 11 als selbständigen Einheiten begründet wird.

[19] בּוֹשַׁסְכֶם ist als Kombination von בּוֹשְׁסֶם und בּוֹסְכֶם aufzufassen: das corrigendum blieb neben dem correctum stehen (Rudolph); vgl. Neh 7, 52; 11, 13, wo derselbe Vorgang zu beobachten ist.

ᵗ Es ist nicht sicher auszumachen, ob כֹּי ursprünglich ist bzw. wie in v. 4 literarisch verknüpft[20].

ᵘ Die maskuline Form עֲצֻמִים hat oft zur Lesung חַטָּאיכֶם geführt[21]. Doch ist bei vorausgehendem Prädikat eine Inkongruenz des Genus durchaus möglich[22] und angesichts des Parallelismus zu v. 12 a α hier auch leicht erklärlich.

ᵛ Vgl. zum Übergang in die 3. pers. innerhalb der partizipialen Anrede 4, 1.

ʷ Der Vers — mit לָכֵן eingeleitet — zieht aus der in v. 12 geschilderten Situation die Konsequenz für das menschliche Verhalten, wie sie sich einem weisheitlichen Glossator dargestellt hat[23], und ist mit der Mehrzahl der Exegeten als prosaischer Einschub zu streichen[24].

ˣ אלהי צבאות überfüllt den Vers und ist zu streichen[25].

ʸ בשער wird mit Balla[26] aus metrischen Gründen gestrichen[27]. Vielleicht handelt es sich bei diesem Zusatz um eine erklärende Glosse ? Vielleicht um aberratio oculi ?

ᶻ ⑥ hat ὁ θεὸς ὁ παντοκράτωρ, läßt also אדני unübersetzt. Mit Wolff wird der gesamte Ausdruck als plerophorischer Stil der Redaktion gestrichen[28].

ᵃᵃ אכר wird als Objekt aufgefaßt[29]; ein Verständnis als Subjekt zerstörte den Parallelismus von v. 16 b α und v. 16 b β.

ᵇᵇ Mit ⑤𝔚 ist אל umzustellen[30]. Anscheinend liegt in 𝔐 ein Schreibversehen vor.

Abgrenzung

Der Textabschnitt stellt vor literarkritisch schwierige Probleme. »Von v. 1 bis v. 17 sind die Worte teils so merkwürdig miteinander verknüpft und teils so schwer deutbar ineinander verschlungen, daß die Fragen nach den ursprünglichen rhetorischen Einheiten und ihrer Form . . . am besten gemeinsam erörtert werden.«[31]

[20] Vgl. Wolff.

[21] So Wellhausen u. a.

[22] Vgl. G—K § 145o.

[23] Vgl. die sachliche Nähe zu Prov 10, 19 und anderen weisheitlichen Verhaltensregeln.

[24] So Wolff, Rudolph (»kluges vorsichtiges Schweigen in der bösen Zeit ist nicht Sache eines Amos, den der göttliche Ruf zum Auftreten zwingt«) u. a.; anders Budde, JBL 43 (1924), 110.

[25] So Balla 4, Wolff, Rudolph u. a.; vgl. 4, 13.

[26] Balla 4.

[27] Ohne diesen Ausdruck ergibt sich in 5, 14f. eine ebenmäßige metrische Gliederung: vier Langverse mit 3 + 2.

[28] Vgl. 5, 3. 14f. u. a.

[29] Mit Marti, Weiser, Wolff u. a. gegen Duhm, Sellin², Rudolph u. a.

[30] Procksch (BH³), Wolff, Elliger (BHS).

[31] So das Urteil von Wolff; ähnlich Rudolph u. a. — Wie schwierig die Problemlage ist, macht ein Vergleich der Lösungen deutlich, die diese beiden, erst in den letzten Jahren erschienenen Kommentare geben. Sie kommen zu völlig verschiedenen Ergebnissen: Wolff scheidet v. 6; v. 8f.; v. 13; v. 14f. als sekundär aus und unterscheidet fünf ursprüngliche rhetorische Einheiten: v. 1—3; v. 4f.; v. 7. 10; v. 11; v. 12. 16f.; Rudolph hält nur v. 13 für unecht und gliedert in folgende Spracheinheiten: v. 1—3; v. 4f. 14f. 6; v. 7. 10; v. 11; v. 12. 16f.; v. 8; v. 9. Angesichts dieser Sach-

In 5, 1 beginnt mit dem Aufmerksamkeitsruf unbestreitbar eine neue Einheit[32]. Es ist auch fast allgemein anerkannt, daß dieser erste Spruch v. 1—3 umfaßt[33]. Klar erscheint auch der Neueinsatz mit der Botenformel in v. 4[34]. Bei der Bestimmung des Abschlusses dieser Einheit erheben sich aber Schwierigkeiten. V. 6 nimmt die beiden Imperative von v. 4b auf, setzt aber die 1. pers. der Jahwerede in die 3. pers. um. Gehört der Vers noch zu v. 4f.* oder bildet er selbst eine Einheit? Formale Beobachtungen legen es nahe, die Frage im Sinne einer Trennung von v. 4f.* und v. 6 zu beantworten[35]. Denn v. 4f.* bilden eine abgerundete, in sich verständliche Einheit[36], von der sich v. 6 durch den Wechsel von der Jahwe- in die Prophetenrede und einen schwerfälligen, vielleicht sogar prosaischen Stil[37] deutlich abhebt[38].

V. 7 setzt partizipial ein. Da er sonst keine Verbindung mit den vorhergehenden Versen erkennen läßt, markiert er den Beginn eines neuen Spruches[39]. Der Zusammenhang von v. 7 und v. 10 wird zwar meist anerkannt[40], aber die Frage nach dem Ende der Einheit wird

---

lage resignierten manche Exegeten und verzichteten auf den Versuch, den Abschnitt in seine ursprünglichen Einheiten zu gliedern, so z. B. Budde, JBL 43 (1924), 105, nach dem der jetzige Zustand des Kapitels das Ergebnis eines mechanischen Unfalls ist, dessen Ursache nicht mehr aufgehellt werden kann. Trotzdem sollen im folgenden Vorschläge einer Abgrenzung gewagt werden; allerdings handelt es sich dabei mehr denn je um Lösungs*versuche* und nicht um Lösungen.

[32] Vgl. 3, 1; 4, 1.

[33] Es ist zwar nicht selbstverständlich, daß v. 1f. und v. 3 zu einer Einheit zusammengehören, denn die Leichenklage des Propheten und das Jahwewort sind in sich verständlich und könnten durch כִּי erst sekundär verknüpft sein (vgl. v. 4), doch setzt sich das Metrum aus v. 2 in v. 3 fort, und auch thematisch läßt sich ein enger Anschluß beider Verse feststellen, so daß die Annahme *einer* Einheit berechtigt erscheint. Vgl. Marti, Weiser, Wolff u. a.; anders Robinson.

[34] כִּי ist literarische Verknüpfung; vgl. Textanm. ᵉ und Wolff. Anders Rudolph, der die Partikel konzessiv versteht und v. 4 als Einwand der Gegner in einer Diskussion auffaßt, den der Prophet aufgreift und in v. 5. 14f. 6 abweist; zu dieser bereits früher von ihm vertretenen Ansicht siehe Maag 28 und die Abgrenzung der Sprüche v. 6 und v. 14f. unten.

[35] Mit Wolff; ähnlich Rudolph. Anders Eißfeldt, Einleitung, 539; Fohrer, Einleitung, 477; Maag 29; Robinson.   [36] Siehe unten die sprachliche Analyse.

[37] Siehe unten die Formalanalyse.

[38] Die Frage, ob v. 6 ein Nachtrag ist, der vielleicht v. 4f. interpretieren sollte, wird nach der sprachlichen Analyse des Verses in dem Abschnitt *Echtheit* unten aufgegriffen.

[39] Da das den Vers eröffnende Partizip ohne Rückbezug ist, wurde oben vorgeschlagen, die Interjektion הוֹי einzufügen (siehe Textanm. ʲ). Doch läßt sich ein anderes Textverständnis, das v. 7 als Fragment (Robinson) oder als Ausruf (Marti) auffaßt, nicht ausschließen.

[40] Vgl. Maag 30, Rudolph, Wolff u. v. a.; anders Robinson, der v. 10 für ein Fragment hält. — Das Hymnenstück v. 8f. wurde als nachträglicher Zusatz gestrichen; siehe Textanm. ᵖ.

wieder unterschiedlich beantwortet[41]. Hier wird vorgeschlagen, v. 7. 10 und v. 11 als selbständige Einheiten aufzufassen. Streicht man nämlich die Konjunktion לכן als sekundäre Verknüpfung[42], so bilden die beiden Textabschnitte je eine abgerundete, in sich geschlossene Einheit. Diese Abgrenzung wird nicht zuletzt auch dadurch nahegelegt, daß v. 7. 10 und v. 11 eine unterschiedliche Form und Bedeutung aufweisen[43].

In v. 12 wird — mit der vielleicht redaktionellen Konjunktion כי[44] — eine Schuldfeststellung eingeführt. Sie ist in sich einheitlich und verlangte eigentlich nicht nach einer Fortsetzung. Doch liegt es nahe, sie mit der Ankündigung v. 16f. zu verbinden, da das v. 16 eröffnende לכן nach einer Begründung fragen läßt und eine solche im Kontext nur v. 12 bietet[45].

Wenn man von dem Nachtrag v. 13 absieht[46], so wird der Zusammenhang von v. 12. 16f. nur durch den Abschnitt v. 14f. unterbrochen. Diese beiden Verse könnten zwar je eine Einheit für sich selbst bilden, da sie in sich verständlich sind, doch lassen ihr imperativischer Stil und der jeweils selbe poetische Aufbau[47] es wahrscheinlicher erscheinen, daß sie gemeinsam eine Einheit bilden[48]. Die Aufnahme von טוב und רע (v. 14) in v. 15 unterstreicht zudem die sachliche Verbindung beider Verse.

Überblickt man nunmehr den Textabschnitt 5, 1—17 als ganzen, so läßt sich feststellen, daß trotz des häufigen Fehlens von Einleitungs-

---

[41] Balla 15; Fohrer, Einleitung, 478, fassen v. 7.10f., Greßmann, Maag 30f. v. 7.10 — 12 zu einer Einheit zusammen. Wolff, ähnlich Rudolph und Weiser, sieht den Abschluß der Einheit in v. 10 gegeben.

[42] Siehe Textanm. r.

[43] Während der Wehespruch in der 3. pers. formuliert ist und Rechtsbeugung voraussetzt, geht v. 11 zur Anredeform über und handelt von Mißhandlung und Abgabeforderungen an Arme.

[44] Siehe Textanm. t.

[45] So mit Wolff; ähnlich Rudolph. Balla 6. 12 trennt beide Textabschnitte und ist daher gezwungen, לכן in v. 16 zu streichen; ähnlich Fohrer, Einleitung, 478. Auch wenn eine sichere Entscheidung nicht möglich ist, so spricht doch die Tatsache, daß es sich bei v. 12 um einen in der Prophetenliteratur singulären Fall einer Schuldfeststellung ohne folgende Ankündigung, Mahnung oder Warnung handelte, für die Verbindung mit v. 16f. (Ein Verständnis von v. 12 als Scheltwort [so Balla 6; Fohrer, Einleitung, 478] widerspräche einer solchen Verbindung nicht, wird aber im folgenden — siehe § 9 — als unzutreffend nachgewiesen.).

[46] Siehe Textanm. w.

[47] Beide Verse gliedern sich in zwei Perioden mit dem Metrum 3 + 2.

[48] Vgl. Eißfeldt, Einleitung, 540; Fohrer, Einleitung, 478; Maag 32; Wolff u. a. Rudolph versteht v. 14f. als positive Erklärung des überlieferten Jahwewortes v. 4b und verweist dabei auf die beiden Stichwörter דרש und חיה; doch vermag seine Auffassung von v. 4f. 14f. 6 als einer Einheit nicht zu überzeugen, siehe oben zu v. 4f.

und Schlußformeln und trotz der Schwierigkeiten infolge einer anscheinend mehrfachen Bearbeitung des Textabschnittes durch verschiedene Hände sieben Einheiten abgegrenzt werden konnten: v. 1—3;
v. 4f.*; v. 6; v. 7. 10; v. 11; v. 12. 16f.; v. 14f. Sie sollen im folgenden
einzeln sprachlich analysiert und in ihrer Struktur dargestellt werden[49].

v. 1—3

Form

Sieht man von der Einleitung v. 1, die vielleicht ähnlich wie 3, 1a
als dreigliedrige Periode im Dreiertakt zu lesen wäre, und von der wie
immer außerhalb des Metrums stehenden Botenformel v. 3aα ab, so
ergibt sich ein klarer poetischer Aufbau der Einheit. V. 2 besteht aus
zwei einander synonym parallelen Perioden mit dem für ein Leichenlied typischen Metrum[50] 3 + 2. Solche »hinkenden Rhythmen« bewirken eine »trostlose Stimmung«[51] und entsprechen damit der Bedeutung der Einheit. V. 3* weist ebenfalls zwei Perioden auf, die in
synonymem Parallelismus zueinander stehen. Doch während der erste
Langvers das Metrum des Leichenlieds fortsetzt, weist der zweite mit
einem Doppelzweier zum Abschluß einen Stakkatoeffekt auf. An
poetischen Hilfsmitteln finden sich vor allem Alliteration und Assonanz.
Die Litotes in v. 2 dient der Steigerung[52]. Auffallend ist die mehrfach
zu beobachtende Wiederholung derselben Vokabel bzw. Wurzel[53].
Sie bewirkt eine gewisse Eindrücklichkeit des Spruches.

Ebenso kunstvoll wie der poetische Aufbau der Einheit ist ihre
syntaktische Gliederung. Der Aufmerksamkeitsruf in Form eines
pluralischen Imperativs[54] eröffnet in v. 1 den Abschnitt. Ein mit אֲשֶׁר
eingeführter, unselbständiger[55] Relativsatz in der Gestalt eines partizipialen Nominalsatzes schließt sich an. Der Imperativ wie die deiktische Partikel זֹאת weisen auf v. 2 voraus. Es folgt in v. 2a ein Verbalsatz, dessen Prädikat aus zwei asyndetisch aneinandergefügten Verba[56]
besteht, von denen das eine im pf., das andere — durch לֹא verneint —
im impf. formuliert ist. Ein Verbalsatz (im pf.) und ein negierter
partizipialer Nominalsatz schließen sich in v. 2b in Asyndese an. Alle

---

[49] Die Formanalyse wird die in diesem Abschnitt durch literarkritische Überlegungen
gewonnenen Abgrenzungen überprüfen und gegebenenfalls korrigieren. Auch kann
sie erste Kriterien für den sekundären Charakter eines Textabschnitts liefern.

[50] Vgl. die metrische Gliederung von Thr; siehe auch Budde, ZAW 2 (1882), 1ff.; Wolff.

[51] Jahnow, Leichenlied, 90—92.

[52] Vgl. Lande, Formelhafte Wendungen, 60f.

[53] יִשְׂרָאֵל (v. 1. 2a), קוּם (v. 2a. b), יָצָא (v. 3a. b), מֵאָה (v. 3a. b), שָׁאַר (v. 3a. b).

[54] Vgl. 3, 1; 4, 1.

[55] Siehe zu dieser Terminologie G—K § 155a.

[56] Vgl. zu dieser Aneinanderreihung Brockelmann § 33a—c

drei Sätze in v. 2 sind durch das gemeinsame Subjekt bzw. dessen
Aufnahme als Pronominalsuffix eng miteinander verbunden. Der
streng parallele Aufbau der beiden Perioden v. 2a und v.
2b wird durch
die Zeitenfolge der Verba ebenso deutlich wie durch das logische
Verhältnis der Sätze zueinander als Grund und Folge[57]. Die Negation
in dem jeweils zweiten Glied unterstreicht diese beobachtete Beziehung.

In v. 3 folgt die Botenformel. Die Konjunktion כִּי dient dabei der
Verknüpfung mit v. 1f., so daß das folgende Jahwewort als Begründung eingeführt wird. Die Jahwerede besteht aus zwei syndetisch
miteinander verbundenen invertierten Verbalsätzen (im impf.), deren
gemeinsames Subjekt jeweils durch ein Partizip in Verbindung mit
einer Zahl als Zustandsakkusativ[58] näher bestimmt wird. Die besonders enge Verbindung der beiden Sätze wird durch die gleichlautenden
Partizipia und Verba hervorgehoben, die einander streng parallel
zugeordnet sind.

Funktions- und Hauptwörter verhalten sich etwa 1:2. An Funktionswörtern finden sich vor allem Artikel, die Konjunktion וְ begegnet
nur ein einziges Mal. Bei den Verba dominieren Aktionsverba; doch
lassen sich daneben auch Vorgangsverba feststellen. Bei den Substantiva beschränken sich Abstrakta auf die Einleitung v. 1, sind unbelebte
Konkreta ebenso wie menschliche Konkreta nicht allzu häufig. Sieht
man von den beiden Einleitungen v. 1 und v. 3aα ab, so findet sich
in der Einheit als einziger Eigenname eine Völkerbezeichnung. Ebenso
sind präpositionale Wendungen selten; nur in v. 1 und v. 2 begegnet
je ein Präpositionalausdruck. Dagegen finden sich mehrere Zahlwörter
in v. 3. Die vorkommende Metapher (»Jungfrau Israel«) ist in Am singulär.

Dieser Überblick macht zweierlei deutlich. Auf der einen Seite
läßt er erkennen, daß der Spruch keine Wertungen enthält und auf
die Beschreibung von Umständen keinen Wert legt, sondern auf die
Information der Hörer zielt. Auf der anderen Seite verhilft er zu
stilistischen Beobachtungen: Während v. 1 durch eine Häufung von
Funktionswörtern und Nomina gekennzeichnet ist, sind für v. 2 und
in abgeschwächter Weise auch für v. 3 das Zurücktreten von Funktionswörtern und die Dominanz verbaler Wendungen charakteristisch[59].

Die Einleitung v. 1 wendet sich durch den pluralischen Aufmerksamkeitsruf in direkter Anrede den Hörern zu und nennt in dem ab-

---

[57] Während das Verbum im pf. jeweils eine Feststellung über ein vorliegendes Faktum
trifft, zieht das Verbum im impf. bzw. der zeitneutrale Nominalsatz die Folgerung
aus dieser festgestellten Tatsache.

[58] Vgl. König § 332k.

[59] Diese Beobachtung bestätigt das Urteil, daß v. 2f. einen poetischen Aufbau zeigen,
v. 1 hingegen prosaisch formuliert ist.

hängigen Relativsatz als Sprecher ein redendes Ich, das im Hinblick
auf die erst in v. 3 angekündigte Jahwerede als Ich des Propheten zu
deuten ist, und als Adressaten Israel[60]. Zugleich kennzeichnet sie das
angekündigte Wort als Leichenlied.

Die Vokabel קינה, die sich in Am noch 8, 10 findet, wird hier im Zusammenhang
einer Formel verwendet[61]. Sie bezeichnet das Trauer- und Klagelied, das seinen ursprünglichen Sitz im Leben an der Totenbahre eines Menschen hat.

Das Außergewöhnliche an der Rede des Propheten wird deutlich,
wenn man sich vergegenwärtigt, daß die Totenklage über die Hörer
selbst angestimmt wird, die Hörer selbst also die beklagten Toten
sind[62].

Das Lied in v. 2 berichtet knapp und ohne Ausmalung den Tod
der »Jungfrau Israel«[63] und hebt die Unabänderlichkeit dieses Ereignisses hervor[64].

Die Vokabel נפל (»fallen«) findet sich häufig in Leichenliedern[65]: »Immer ist
dabei der Tod durchs Schwert gemeint«[66]. Die perfektische Form macht jedesmal und
so auch hier die Endgültigkeit dieses Ereignisses deutlich. Die Metapher »Jungfrau
Israel«[67], mit der der Prophet das Volk Israel bezeichnet, bringt zum Ausdruck, daß
der beklagte Tod besonders schmerzlich ist. Denn בתולה bezeichnet das unverheira-
tete junge Mädchen, dessen Leben noch nicht zur Erfüllung, d. h. zur Ehe und Mutter-
schaft gelangt ist[68].

In beiden Perioden wird lapidar festgestellt, daß es gegen den Tod keine Hilfe
gibt (אין מקימה/לא־תוסיף קום). Während קום qal mit »aufstehen« zu übersetzen ist,
bezeichnet קום hi. »den Akt, mit dem einem tödlich Verwundeten aufgeholfen, d. h.
wieder zum Leben geholfen wird«[69].

Eine Ankündigung, die durch die Botenformel als Jahwewort gekennzeichnet ist, schließt in v. 3 die Einheit ab. Dieses Jahwewort,

---

[60] Zur Verbindung בית ישראל siehe zu 2, 6ff.

[61] Vgl. נשא קינה על־ in Jer 7, 29; 9, 9; Ez 26, 17; 27, 2; 28, 12; 32, 2.

[62] Hiervon sind die vergleichbaren Totenklagen in Ez über Tyrus (26, 17; 27, 2. 32)
und Ägypten (32, 2) zu unterscheiden, die — obschon ebenfalls auf eine kollektive
Größe bezogen — die beklagten Toten nicht selbst anreden.

[63] Es kann aufgrund des Textes nicht sicher gesagt werden, welches Ereignis den Tod
herbeiführt. Das Suffix »auf ihrem Boden« setzt jedenfalls ein Geschehen in Israel
voraus. Vielleicht ist — besonders wenn man v. 3 berücksichtigt — an einen Feind-
eseinbruch gedacht.

[64] Es kann hier nicht näher untersucht werden, welche Funktion dieses Leichenlied
in der Verkündigung des Propheten hat. Doch dürfte die Annahme, das Lied stelle
eine Unheilsankündigung dar, zutreffend sein. Vgl. Weiser, Wolff u. a.

[65] Vgl. II Sam 1, 19. 25. 27; 3, 34; Thr 2, 21.

[66] Wolff.

[67] Vgl. dazu Jer 18, 13; 31, 4. 21 u. a.

[68] Vgl. die Klage der Tochter Jeftas Jdc 11, 37; Rudolph, Wolff.

[69] Wolff.

das als Begründung eingeführt ist, dient als eine Art Legitimation des Leichenlieds, indem es die näheren Umstände des beklagten Todes expliziert. Es kündigt einen militärischen Zusammenbruch an, der das Ende Israels[70] zur Folge hat[71].

Das Verbum יצא bezeichnet hier das Ausrücken der Truppen zur Schlacht[72], während אלף (»Tausendschaft«) und מאה (»Hundertschaft«) militärische Kontingente meinen[73]. שאר hi. (»übrig lassen/haben«) findet sich in Am nur hier[74].

Die Ergebnisse der Formanalyse lassen sich in einer Tabelle zusammenfassen:

Einleitung	v. 1	שמעו את־הדבר הזה	Prophetenrede
Sprecher/Adressat		+ Relativsatz (NS)	Anrede
Leichenklagelied	v. 2	VS (pf.), VS (impf.)	נפלה לא־תוסיף קום
		VS (pf.), NS (pt.)	נטשה ... אין מקימה
Begründung	v. 3		Jahwerede
Einleitungsformel	v. 3aα	כי כה אמר יהוה	
Unheilsankündigung	v. 3aβγ.b	iVS (impf.)	אלף־מאה מאה־עשרה

*v. 4f.**

Form

Der Textabschnitt ist metrisch geformt und weist einen besonders kunstvollen poetischen Aufbau auf. Läßt man die erweiterte Einleitungsformel (v. 4a) unberücksichtigt, so ergibt sich folgende rhythmische Gliederung: Auf einen Auftakt (v. 4b), der zweihebig zu lesen ist, folgen zwei Perioden mit je einem Doppeldreier (v. 5a*, v. 5b), deren Reihen synonym parallel laufen. Während der Auftakt der ersten

---

[70] העיר ist als kollektiver Singular zu verstehen; vgl. G—K § 126m. So ist die Aussage über »die Stadt« exemplarisch aufzufassen und damit auf ganz Israel zu beziehen.

[71] Vgl. Wolffs Feststellung: »Wenn in Israels Städten von tausend nur hundert und von hundert nur zehn Männer aus dem Krieg heimkehren, dann ist über den Staat Israel das Todesurteil gefällt.«

[72] Vgl. die Vokabel in II Reg 5, 2; Jes 37, 9 u. a.

[73] Vgl. I Sam 10, 19; 22, 7; II Sam 18, 1.

[74] Manche Exegeten, wie z. B. Preuß, Jahweglaube, 159f. 181, sehen in der Ankündigung von v. 3 und besonders in dem Verbum שאר den Gedanken eines geretteten Restes anklingen. Auch wenn eine endgültige Entscheidung des damit gestellten Problems nur unter Berücksichtigung der Gesamtverkündigung des Propheten möglich ist, so läßt sich doch von der Form von 5, 1—3 her feststellen, daß der Akzent der Aussage in dieser Einheit auf der Ankündigung des Endes Israels liegt, während eventuelle Rettungsmöglichkeiten für einen Rest nicht im Blickfeld liegen; vgl. den Zusammenhang von v. 2 und v. 3.

Periode antithetisiert ist, verhalten sich die beiden Perioden synthetisch parallel zueinander. Die kunstvolle Gestaltung unterstreichen die
chiastische Stellung der Reihen zueinander[75] ebenso wie die Allitera-
tionen[76], die Aufnahme der Wurzel דרשׁ von v. 4b in v. 5a* ebenso wie
das Wortspiel in v. 5b[77].

V. 4b. 5* werden durch zwei pluralische Imperative eröffnet, die
mit der Konjunktion וְ miteinander verknüpft sind[78]. In Syndese folgen
ein Vetitiv[79] und ein Prohibitiv, beide ebenfalls in Pluralform[80].
Zwei mit der Konjunktion כי angeschlossene invertierte Verbalsätze
(im impf.) schließen die Einheit ab. Auch sie sind syndetisch miteinander verknüpft.

Funktions- und Hauptwörter verhalten sich mit etwa 1:1 ausgeglichen. Bemerkenswert ist auch das ausgewogene Verhältnis von
Verba und Nomina[81]. Bei den Verba finden sich Aktions- und Vorgangsverba; nur היה dürfte als Zustandsverbum anzusprechen sein.
Bei den Substantiva fällt die große Anzahl von Eigennamen auf, d. h.
zwei geographische Bezeichnungen finden sich je zweimal. Davon
abgesehen ist in der Einheit nur noch ein Abstraktum festzustellen,
während Konkreta völlig fehlen. Eine präpositionale Wendung ist
singulär.

Die Einheit ist als Jahwerede stilisiert. Die Einleitung v. 4a nennt
als Sprecher Jahwe und als Adressaten das Haus Israel[82]. Die beiden
Imperative in v. 4b, die in dem Verhältnis von Bedingung und Folge
zueinander stehen[83], fordern die Hörer auf, Jahwe zu suchen[84], und
stellen ihnen in diesem Fall Leben in Aussicht.

Die Vokabel דרשׁ kommt in Am viermal vor, davon dreimal als imp. mit Jahwe
bzw. Gutes als Objekt[85] und einmal als Vetitiv mit Betel als Objekt[86]. Ihre Bedeutung

---

[75] Betel-Gilgal v. 5a* // Gilgal-Betel v. 5b.
[76] Bemerkenswert ist die vierfache Konsonantenfolge גל in v. 5b, die auf eine Ton-
stelle hindeutet.
[77] גלגל in Verbindung mit dem Verbum גלה.
[78] Da der zweite Imperativ nahezu finalen Sinn besitzt, erhält der erste den Charakter
einer Bedingung; vgl. G—K § 110f.
[79] Siehe zu dieser Terminologie Richter, Recht und Ethos, 71ff., bes. 78 Anm. 88, der
in dem Gebrauch von Vetitiv und Prohibitiv Unterschiede erkannt hat.
[80] Die Folge Vetitiv-Prohibitiv läßt ebenso eine Steigerung erkennen wie die chiastische Wortstellung in v. 5a* (אל־תדרשׁו בית־אל // הגלגל לא תבאו).
[81] Sieht man von v. 4a ab, so stehen sechs Verba sechs Nomina unter Einschluß des
inf. abs. als nomen abstractum (G—K § 113m) gegenüber.
[82] Vgl. zu diesem Ausdruck 5, 1 und siehe zu 2, 6ff.
[83] Siehe oben Anm. 78.
[84] Das Suffix der 1. pers. sg. weist auf die Botenformel zurück.
[85] 5, 4. 6. 14.
[86] 5, 5.

»fragen« ist in der Verbindung mit Jahwe genauer zu fassen[87] als a) die Kultstätte aufsuchen[88], b) Jahwe durch Orakel oder einen Propheten befragen[89] und c) sich zu Jahwe
halten[90]. Im Blick auf die Verwendung der Vokabel in v. 14 wird vorgeschlagen, דרשׁ
in v. 4b in letzterem Sinne zu deuten[91]. Der Imperativ von חיה erscheint im Alten
Testament achtmal nach einem vorhergehenden Imperativ[92]. Dabei sagt er jedesmal
»Leben« zu, das »nicht das bloße physische Lebendigsein, sondern das heile, erfüllte
Leben meint«[93].

Die Formulierung des Propheten erweist sich als eigenständig
und nicht von einer kultischen Formtradition abhängig[94]. Ebenso
läßt sich kein Hinweis darauf finden, daß v. 4b nicht erst von Amos
formuliert wurde, sondern bereits in der Tradition vorgegeben war und
ihm so als Einwand entgegengehalten wurde[95].

---

[87] Mit Cripps, Amos, 180.

[88] II Chr 1, 5.

[89] I Reg 22, 5 = II Chr 18, 4; Jer 21, 2.

[90] Jes 9, 12; 55, 6.

[91] Vgl. Rudolph, dessen Verknüpfung von v. 4f. und v. 14f. zu einer Einheit allerdings
abgelehnt wird. Anders Wolff im Anschluß an Westermann, KuD 6 (1960), 22, der
die zweite Bedeutung vorschlägt. Seine Auffassung scheint jedoch u. a. auch von
seinem Verständnis von v. 4b als einer Parole, die Amos aufnimmt, und von v. 14f.
als einem späteren Zusatz bedingt zu sein. Da es fraglich ist, ob diese Annahmen
zutreffen (siehe unten), wird auch seine Auffassung von דרשׁ zumindest zweifelhaft. Unwahrscheinlich wird sie spätestens dann, wenn man sich die damit verbundenen Konsequenzen für das Prophetieverständnis (Westermann a. a. O.: »es
stünde hier Institution gegen Institution«) vergegenwärtigt.

[92] Gen 42, 18; II Reg 18, 32; Jer 27, 12. 17; Ez 18, 32; Am 5, 4. 6; Prov 9, 6. Abgese-
hen von dem schwierig einzuordnenden Nachtrag Ez 18, 32 (siehe Fohrer, Ezechiel)
wird »das Leben denen in Aussicht gestellt, die einem klugen (Gn 42, 18), weisen
(Prv 9, 6), ja konkreten politischen Rat (2 Kö 18, 32 Jer 27, 12. 17) folgen« (Wolff).
In der deuteronomischen Literatur wird der Gehorsam gegen die Gebote mit der
Lebensverheißung verknüpft (Dtn 4, 1; 5, 33; 8, 1; 16, 20; 30, 15—20 u. a.).

[93] Gerleman, THAT, I 551.

[94] Gegen Begrich, Tora, 63ff., der 5, 4f. ähnlich wie 4, 4f. als »formelle Nachahmung
priesterlicher Thora« interpretiert. Zwar sind hinter v. 5a negierte Wallfahrtsanwei-
sungen zu sehen, doch in v. 4b liegen keine kultischen Anweisungen vor; ebenso
fehlt deren für die priesterliche Tora charakteristische Begründung mit dem Jahwe-
willen.

[95] Gegen Rudolph und Wolff, die beide, allerdings mit unterschiedlichen Voraussetzungen und Folgerungen, v. 4b für ein traditionelles Jahwewort halten. So nimmt
Rudolph, der v. 4b als »Einwand der Gegner auf 5, 1—3« versteht, an, »es habe im
Spruchgut des alten Israel ein solches knappes und zugleich umfassendes und deshalb
besonders einprägsames Jahwewort gegeben«. Freilich muß er eingestehen, daß »dem
Wortlaut nach« ein solcher Spruch »in der uns erhaltenen alttestamentlichen Literatur« nicht vorliegt. Sein Versuch, v. 4b wenigstens seiner Bedeutung nach nachzuweisen, erscheint nur dann gelungen, wenn man einen sehr großzügigen Maßstab
anlegt und z. B. die Verbindung von Gehorsamsforderung und Lebenszusage in der
deuteronomischen Literatur bereits für einen ausreichenden Beweis hält. Sollte

In v. 5a* wird dem Verhalten, wie es der Mahnung v. 4b entspricht, eine kultische Handlungsweise gegenübergestellt[96]. Diese
Antithese stellt funktional eine Warnung dar, wie der Zusammenhang
von v. 5a* mit v. 5b, einer Ankündigung der Deportation[97] von Gilgal[98] und der Vernichtung von Betel[99], deutlich macht. V. 5* unterstreicht so in seinen beiden Teilen v. 4b.

allerdings ein solches methodisches Vorgehen Schule machen, so dürfte noch manches
andere »traditionelle Jahwewort« in Am und nicht nur dort entdeckt werden. —
Zu einem ähnlichen Ergebnis wie Rudolph kommt Wolff: »Man wird damit rechnen
müssen, daß in ... 4b ... eine Parole aufgenommen wird, die dem Propheten nach
seiner Todesanzeige von 2f. von seinen Hörern entgegengehalten wurde.« Sieht man
von dem Problem ab, ob die so zwischen v. 1—3 und v. 4f. hergestellte Verbindung
tatsächlich besteht — methodisch hat diese Frage innerhalb der Redaktionskritik
ihren Platz und ist somit auf jeden Fall zunächst außer acht zu lassen —, so stellt
sich die Frage, wie Wolff zu seinem Urteil über v. 4b kommt. Soweit zu erkennen ist,
geht er davon aus, daß »die kurze Mahnung in 5, 4b ganz in den Schatten der weit
längeren Warnung« tritt (119) und beides zusammen durch die Unheilsankündi-
digung v. 5b beherrscht wird (».. . ins Dunkel der Gerichtsankündigung gerückt,
die hier eindeutig das letzte Wort behält«). Doch vermögen diese Überlegungen nicht
zu überzeugen, denn die Struktur der Einheit läßt auch den gegenteiligen Schluß
zu: V. 5b motiviert die Hörer zu dem Verhalten, zu dem v. 4b auffordert; v. 5*
unterstreicht die Mahnung v. 4b. Untersucht man nunmehr die Argumentation
von Wolff näher, so kann man sich nicht völlig dem Eindruck entziehen, daß hier
nach dem Grundsatz verfahren wird, daß nicht sein kann, was nicht sein darf.
Wenn Wolff in seiner Gesamtdarstellung der Verkündigung des Propheten behauptet: »Was Amos von seinem Hörer erwartet, ist nicht mehr Umkehr, sondern höchstens die Bereitschaft, die Anklage als gerechte Begründung des angekündigten
finsteren Jahwetages anzuhören« (125) oder feststellt: »Alles was . . . über
Israels Zukunft von Amos gesagt wird, legt diesen härtesten Satz (sc. »Das Ende ist
gekommen für mein Volk Israel« 8, 2) aus« (124), so wird deutlich, daß ein Mahnspruch wie 5, 4f. im Rahmen einer solchen Amosinterpretation keinen Platz
haben *kann*. — Auch wenn eine abschließende Würdigung von Wolff erst aufgrund
einer genauen Exegese — unter Berücksichtigung aller methodischen Schritte —
des ganzen Amosbuches möglich ist, so kann für 5, 4f.* jedenfalls festgehalten
werden, daß der Spruch als solcher keinen Anhalt für die Annahme bietet, daß v.
4b nicht von Amos selbst formuliert wurde.

[96] Die Aufnahme von שׁרד aus v. 4b unterstreicht wirkungsvoll diese antithetische
Gegenüberstellung. — Zu Betel, Gilgal und dem Wallfahrtsterminus בוא siehe oben
zu 4, 4.

[97] Zu גלה vgl. 1, 5. Der inf. abs. dient als Verstärkung des Verbalbegriffs zur Hervorhebung der Gewißheit und der Vollständigkeit des Geschehens; vgl. G—K
§ 113n.

[98] Vgl. Wolff: »Hier steht der Ort Gilgal für die, die sich dort versammeln.«

[99] Die Vokabel און, in Am singulär, umfaßt dieses Bedeutungsfeld: Unheil, Unrecht,
Trug, Nichtigkeit; vgl. die einschlägigen Lexika. Sie persifliert das אל von Betel
und kehrt damit die Appellativbedeutung »Gotteshaus« ins Gegenteil um (Rudolph);
vgl. die Wendung בית און für Betel in Hos 4, 15; 5, 8; 10, 5.

Die Beziehungen der einzelnen Teile des Spruches lassen sich nunmehr zusammenfassend beschreiben. Auf die durch den Adressaten erweiterte Einleitungsformel v. 4a folgt als Auftakt in v. 4b eine Mahnung, die aus zwei Imperativen in dem Verhältnis von Bedingung und Folge besteht. Sie wird durch einen Vetitiv und Prohibitiv in v. 5a* fortgeführt, die dieser Mahnung antithetisch parallelisiert sind und innerhalb des Spruches die Funktion der Warnung besitzen. V. 5b fügt als Begründung eine Unheilsankündigung an, die durch den Moduswechsel der Verba ebenso wie durch die Inversion stilistisch von v. 4b. 5a* klar abgehoben ist.

Einleitungsformel	v. 4a		כה אמר יהוה לבית ישראל Jahwerede
			Anrede
Mahnung	v. 4bα	imp. (pl.)	דרשוני
Begründung	v. 4bβ		
Bedingte			
Heilszusage		imp. (pl.)	חיו
Warnung	v. 5a*	Vetitiv (pl.),	אל־תדרשו
		Prohibitiv (pl.)	לא תבאו
Begründung	v. 5b		
Unheilsankündigung		כי + VS (impf.)	גלגל גלה/בית־אל און

v. 6

Form

Vergleicht man die Gestaltung der Einheit mit der poetischen Form von 5, 4f., so ist ein deutlicher Abfall beobachtbar. Es ist weder ein eindeutiger parallelismus membrorum noch der Einsatz poetischer Hilfsmittel erkennbar. Eine metrische Gliederung läßt sich daher nur mit Vorbehalt angeben. Danach folgte auf einen dreihebig zu lesenden Auftakt ein Doppeldreier, dessen beide Reihen in synthetischem Parallelismus zueinander stünden. Doch läßt sich die Möglichkeit nicht ausschließen, daß v. 6 prosaisch formuliert ist[100].

Die Einheit wird in v. 6a durch zwei pluralische Imperative in Syndese eröffnet. Sie entsprechen — bis in den Wortlaut — der Mahnung v. 4b, nur mit dem Unterschied, daß hier die Jahwerede in Prophetenrede umgesetzt ist. Es folgt in v. 6b eine mit der Konjunktion פן[101] eingeleitete abhängige Satzreihe, die aus drei Teilen besteht, aus zwei Verbalsätzen (im impf. bzw. pf. cons.) und einem durch אין negierten partizipialen Nominalsatz. Obschon alle drei Sätze mit ו miteinander verknüpft sind, läßt sich eine Gliederung der Satzreihe

---

[100] Vgl. die umständliche Syntax des Spruches.
[101] פן ist als finales *ne* zu verstehen; vgl. G—K § 152w.

erkennen. V. 6 bα nimmt als Subjekt das Objekt von v. 6a auf, während v. 6 bβ mit seinem Subjekt auf den Vergleich in v. 6 bα zurückweist und gemeinsam mit dem Nominalsatz, der keinen Rückbezug aufweist, diesen näher ausführt. Die Zeitenfolge, der Wechsel vom impf. ins pf. cons., unterstreicht die Berechtigung dieser Gliederung. Funktions- und Hauptwörter verhalten sich in v. 6 etwa 2:3. Nominale und verbale Wortgruppen sind in ausgewogener Weise vertreten[102], präpositionale Wendungen fehlen. Bei den Verba finden sich Aktionsverba und ein Zustandsverbum. Die Substantiva verteilen sich auf zwei Eigennamen, den Gottesnamen und eine Stammesbezeichnung, und unbelebte Konkreta.

In pluralischen Imperativen fordert v. 6a die Hörer, die nicht näher bezeichnet sind, auf, Jahwe zu suchen, und sagt ihnen als Folge dieses Tuns Leben zu[103]. In v. 6b wird dieser positiv bestimmten Folge eine negativ formulierte Konsequenz einer solchen Handlungsweise zur Seite gestellt. Es wird das vernichtende Unheil beschrieben, das über das Haus Joseph[104] hereinbräche, würde die Mahnung nicht befolgt.

Die Beschreibung des Unheils bleibt allgemein und gibt keinen Hinweis auf seine Art oder die näheren Umstände seines Eintreffens. Sie nimmt das Bild von dem verzehrenden Feuer auf[105] und stellt seine vernichtende Wirkung fest[106].

Anders als in 5, 4f. wird in 5, 6 das Unheil konditionalisiert. Die Mahnung v. 6aα wird so »in eine ultimative Verwarnung«[107] verwandelt, während v. 6b die Funktion der Begründung besitzt[108]. Als Struktur der Einheit ergibt sich somit:

	v. 6		Prophetenrede
			Anrede
Mahnung	v. 6aα	imp. (pl.)	דרשׁו את־יהוה

---

[102] Sieht man von dem Partizip als nomen verbale ab, so finden sich in der Einheit je vier Verba und Nomina.

[103] Zur Bedeutung von v. 6a siehe oben zu v. 4b.

[104] Diese Verbindung taucht in Am nur hier auf; in 5, 15 und 6, 6 findet sich יוסף allein. Ursprünglich bezeichnet der Ausdruck die mittelpalästinischen Stämme, später wird er — wie hier — für das Nordreich überhaupt verwendet; vgl. u. a. II Sam 19, 21; Ez 37, 16. Als Hinweis auf eine sekundäre Entstehung von v. 6 vermag er nicht zu dienen (mit Rudolph gegen Wolff).

[105] Siehe oben zu 1, 4. 7. 14; 2, 2; vgl. 7, 4—6.

[106] Die Wendung אין מכבה findet sich noch Jes 1, 31; Jer 4, 4; 21, 12 und stellt dabei jedesmal auf die Radikalität des Unheils ab.

[107] Wolff.

[108] Vgl. Richter, Recht und Ethos, 39, und seine dort gegebene Strukturbeschreibung des motivierenden Mahnspruchs.

Begründung	v. 6 a β. b		
Bedingte Heilszusage	v. 6 a β	imp. (pl.)	וחיו

Bedingte Un-heilsankündi-gung	v. 6 b	פן + VS (impf.), VS (pf. cons.), NS (pt.)	צלח כאש אין מכבה

Echtheit

Es wurde bereits festgestellt, daß nicht sicher zu entscheiden ist, ob v. 6 prosaisch oder poetisch formuliert ist. Wie es sich damit auch verhalten mag, es fällt der schwerfällige Stil, für den der dreimalige Subjektswechsel charakteristisch ist, ebenso auf wie die unoriginelle Redeweise[109]. Bemerkenswert ist auch der Wechsel von der Anrede-form in v. 6a zur 3. pers. in v. 6b.

Alle diese Beobachtungen, die sich allein aus der formalen Analyse ergeben, deuten auf eine sekundäre Entstehung von v. 6 hin[110]. Doch läßt sich ein sichereres Urteil erst dann fällen, wenn alle methodischen Gesichtspunkte bei der Exegese der Einheit Berück-sichtigung gefunden haben[111]. Ein solches Verfahren geht allerdings über die Aufgabenstellung dieser Arbeit hinaus. So muß es bei der Vermutung der Unechtheit bleiben, ohne daß sie sicher nachgewiesen werden kann.

v. 7. 10

Form

Die Einheit ist metrisch geformt und weist einen kunstvollen poetischen Aufbau auf. Sieht man von der Partikel הוי ab, die als Anakrusis außerhalb des Metrums steht, so läßt sich der Text in zwei Doppeldreier gliedern, dessen Reihen zueinander in synonymen Paral-lelismus stehen. Als poetische Hilfsmittel sind Assonanz und Chias-mus[112] verwendet.

---

[109] Siehe oben zu v. 6a und vgl. das Bild des verzehrenden Feuers.

[110] Den Vers für ursprünglich halten Marti, Maag 28f., Rudolph u. a.; als Nachtrag beurteilt ihn Wolff; zurückhaltend äußert sich Weiser.

[111] So wäre vor allem der Frage nachzugehen, ob und wie sich 5, 6 im Vergleich mit 5, 4f. und eventuell 5, 14f. in die Gesamtverkündigung des Propheten einordnet. Auch die redaktionskritische Argumentation von Wolff, mit der er seine Beurteilung von 5, 6 als Nachtrag stützt, bedürfte einer genauen Überprüfung. Schließlich wäre die These, daß 5, 6 zwar eine »Exegese« oder »Interpretation« von 5, 4f. darstelle, aber von Amos selbst herrühre (Hesse, ZAW 68, 1956, 6; Neubauer, ZAW 78, 1966, 315f.), auf ihre Entscheidungskriterien hin zu untersuchen und kritisch zu diskutieren.

[112] In beiden Perioden findet sich je eine chiastische Wortstellung, die durch die Inver-sion in der zweiten Reihe bedingt ist.

Der Textabschnitt wird in v. 7 durch die Interjektion[113] הוי eingeleitet[114]. Sie ist mit einem pluralischen Partizip verknüpft, das in Syndese durch einen invertierten Verbalsatz (im pf.) fortgeführt wird. In v. 10 wird in Asyndese ein Verbalsatz (im pf.) angeschlossen. Ein invertierter Verbalsatz (im impf.)[115] schließt die Einheit ab. Partizipialkonstruktion und (invertierte) Verbalsätze sind dabei durch die 3. pers. pl. miteinander verbunden, die jeweils das Subjekt darstellt.

Das Verhältnis von Funktions- und Hauptwörtern ist mit etwa 2:3 ausgewogen. Auffallend ist die Tatsache, daß sich mehrere Präpositionalausdrücke und damit beschreibende Elemente in der Einheit finden lassen. Bei den Verba dominieren Aktionsverba; die beiden Verba שׂנא und תעב dürften zu den Zustandsverba zu zählen sein. Bei den Substantiva sind Abstrakta und unbelebte Konkreta in gleicher Weise vertreten; belebte Konkreta fehlen. Bemerkenswert ist in v. 7 die allgemeine, bildliche Ausdrucksweise, der in v. 10 eine konkrete, exemplifizierende Aussageweise korrespondiert.

Die Einheit stellt einen Weheruf dar[116].

Die Interjektion הוי (»ach!, wehe!«) läßt im Alten Testament eine dreifache Verwendung erkennen: a) als Leichenklageruf[117], b) als auffordernder, erregter Ruf[118] und c) als Einleitung zum Weheruf[119].

Während הוי im ersten Fall zumeist mit einem Substantiv verknüpft ist, das die Beziehung des Klagenden zu dem Toten angibt, ist es im letzten Fall mit einem Partizip oder einem Substantiv verbunden, das ein bestimmtes Verhalten einer Person oder einer Gruppe von Menschen charakterisiert. Es ist sowohl seiner Konstruktion als auch seiner Bedeutung nach deutlich von dem Angst- und Klageruf אוי[120] zu unter

---

[113] Siehe dazu G—K § 105.

[114] Vgl. Textanm. ʲ.

[115] Zu der Zeitenfolge pf./impf. vgl. Brockelmann § 41i. 42; G—K § 106g. l. Sie bringt zum Ausdruck, daß »Zustände« geschildert werden, die — obschon in der Vergangenheit bereits vorliegend — in der Gegenwart noch andauern.

[116] In den letzten Jahren wurde der הוי-Ruf häufig untersucht. Aus der Vielzahl der Arbeiten sollen besonders erwähnt werden: Westermann, Grundformen, 139ff.; Gerstenberger, JBL 81 (1962), 249ff.; Wolff, Amos, 12ff.; Wanke, ZAW 78 (1966), 215—218, und neuerdings wieder Wolff in seinem Kommentar; Janzen, Mourning Cry and Woe Oracle, und Krause, ZAW 85 (1973), 15—46. Ohne auf die Diskussion im einzelnen eingehen zu können, sollen im folgenden die als unumstritten geltenden Ergebnisse dieser Untersuchungen aufgegriffen und unter Berücksichtigung der Themenstellung dargelegt werden.

[117] I Reg 13, 30; Jer 22, 18; 34, 5; vgl. הו־הו in Am 5, 16.

[118] Jes 1, 24; 17, 12; 18, 1; 55, 1; Jer 47, 6; Sach 2, 10f. An allen diesen Stellen wäre הוי mit »ha!« oder »auf!« zu übersetzen.

[119] Dieser Gebrauch von הוי, der sich auf die prophetische Literatur beschränkt, umfaßt etwa drei Viertel aller Belegstellen; vgl. Wolff. Siehe z. B. Jes 5, 8. 11. 18. 20—22; Mi 2, 1; Nah 3, 1.

[120] Vgl. Wanke a. a. O.

scheiden. הוֹי-Rufe stellen so eine eigenständige Prägung dar[121], deren Funktion vielleicht die einer begründeten Unheilsankündigung ist[122]. Dabei bringt das wohl ursprünglich der Totenklage zugehörige הוֹי zum Ausdruck, »daß einem bestimmten menschlichen Verhalten der Keim des Todes bereits innewohnt.«[123]

Der Leichenklageruf הוֹי wird über eine Gruppe von Menschen ausgerufen, die zwar nicht näher bezeichnet sind, aber durch ihr Verhalten charakterisiert werden[124]. Ihr Handeln wird als Mißachtung der Rechtsordnung beschrieben, die nicht nur einmal, sondern andauernd gebrochen wird[125].

Das Wortpaar מִשְׁפָּט/צְדָקָה findet sich in Am noch an zwei weiteren Stellen[126], der Ausdruck מִשְׁפָּט allein dazu noch einmal[127]. Während die beiden Vokabeln in Rechtstexten des Pentateuchs fehlen, begegnen sie gemeinsam vor allem in Weisheitssentenzen[128] und in Jes[129]. Bezeichnet מִשְׁפָּט »die den Rechtsfrieden aufrichtende und

---

[121] Vgl. Wolff; Jenni, THAT I 476 gegen Westermann a. a. O., der die Weherufe für eine Abwandlung kultischer Fluchworte hält.

[122] Mit dieser Vermutung wird die Frage nicht entschieden, ob die Weherufe eine prophetische Prägung darstellen (so Wanke a. a. O. ?) oder bereits für eine pädagogische Sippenweisheit zu postulieren sind (so Wolff). Auch wenn dieses Problem hier ohne Belang ist, so sollen doch — ohne eine Entscheidung präjudizieren zu wollen — einige Bedenken aufgeführt werden, die den Beweisgang von Wolff betreffen: 1. Auf der einen Seite betont Wolff den deutlichen Unterschied zwischen הוֹי und אוֹי-Worten, auf der anderen Seite bezieht er letztere »angesichts einiger formgeschichtlich fließender Übergangsstellen« in seine Überlegungen zu den הוֹי-Rufen mit ein. Ein solches methodisches Vorgehen erscheint jedoch nicht gerechtfertigt; denn die drei angeführten Stellen (Jes 3, 11; Koh 10, 16f.; Prov 23, 29f.) sind in ihrer Beweiskraft gering (vgl. dazu Wanke a. a. O. 217) und berechtigen nicht, die Unterschiede zwischen הוֹי und אוֹי zu nivellieren (Wanke a.a.O. 218: »Berücksichtigt man all diese Beobachtungen, so wird man zugestehen müssen, daß die Verwendung der beiden Worte אוֹי und הוֹי als Argument für eine Herleitung der prophetischen Weherufe aus weisheitlicher Tradition kaum brauchbar ist.«). 2. Die Tatsache, daß die Wehesprüche in keinem einzigen weisheitlichen Buch begegnen, sondern sich auf die prophetische Literatur beschränken, ist auffallend und bedarf der Erklärung. Sie kann nicht damit in ihrer Bedeutung heruntergespielt werden, daß man — wie Wolff — auf die Zahlensprüche verweist; denn gerade sie sind — wenn auch nicht ihrem Inhalt nach, so doch in ihrer Struktur — in Prov mehrmals belegt. 3. הוֹי als Leichenklageruf hat seinen Sitz im Leben sachgemäß im Familienverband, d. h. in der Sippe. Doch sagt dieser Sachverhalt nichts über eine eventuelle Herkunft der Weherufe aus der Sippen*weisheit* aus.

[123] Wanke a. a. O. 218; vgl. auch Janzen a. a. O. 64 und Krause a. a. O. 44f.

[124] Der Wendung הוֹי + pt. fehlt die persönliche Zuspitzung; vgl. die Formulierung der Einheit in der 3. pers.

[125] Vgl. oben die Beobachtungen zur Zeitenfolge.

[126] 5, 24; 6, 12.

[127] 5, 15.

[128] Prov 16, 8; 21, 3 u. a.

[129] 1, 21; 5, 7; 28, 17.

bewahrende Ordnung«[130], die die soziale Gerechtigkeit ebenso einschließt wie die un-
parteiische Rechtspflege, so meint צדקה das Verhalten, »also den rechtlichen Einsatz
dessen, der als צַדִּיק 'im Recht' ist und so für den צַדִּיק eintritt, der als 'Unschuldiger'
angeklagt wird«[131].

V. 7 beschreibt in zwei Bildern, wie »Recht« und »Gerechtigkeit« mißachtet
und aufgelöst werden. Der Ausdruck הפך ללענה macht deutlich, daß die Rechtsordnung in ihr Gegenteil verkehrt wird[132] und, statt zum Heile zu dienen, zu einem
»Bitterkraut« gemacht wird[133]. Die Verbindung צדקה לארץ הניחו (»Gerechtigkeit
zu Boden stürzen«), in der »Gerechtigkeit« personifiziert wird, bringt zum Ausdruck, »was den Schuldlosen widerfährt und denen, die für sie eintreten.«[134]

In v. 10 werden nicht mehr bildlich, sondern konkret Verhaltensweisen geschildert. Man verfolgt mit Haß[135] den Schiedsmann[136] bei Gericht[137] und mit Abscheu den
aufrichtigen Zeugen[138].

Überblickt man nun die Einheit als ganze, so läßt sich eine eindeutige Gliederung erkennen. Während v. 7 den Weheruf enthält und
das Verhalten der fraglichen Personengruppe in zwei Bildern zum
Ausdruck bringt, schildert v. 10 — durch Asyndese klar von v. 7
geschieden — zwei bestimmte Verhaltensweisen bei Gericht.

Wehe-Ausruf	v. 7a	הוי	Prophetenrede?
Schilderung des	v. 7aβ. b. 10		
Verhaltens			
Bildrede	v. 7aβ. b	Partizipialkonstr.	הפכים . . . משפט
		(pt. pl.), iVS (pf.)	צדקה . . . . הניחו
Konkretion	v. 10	VS (pf.),	שנאו . . . מוכיח
		iVS (impf.)	דבר תמים יתעבו

---

[130] Wolff.

[131] Wolff.

[132] Zu הפך ל (»wenden, umstürzen, verwandeln«) vgl. 5, 8; 6, 12; 8, 10; Ps 66, 6; Jer
31, 13 u. a.

[133] לענה (»Wermut«) bezeichnet eine Pflanze, die einen besonders scharfen Bitter-
stoff enthält. Obwohl ungiftig, wird die Pflanze infolge ihres üblen Geschmacks
meist mit ראש (»Gift«) parallelisiert; vgl. 6, 12; Dtn 29, 17 u. a., anders Thr 3, 15;
Prov 5, 4.

[134] Wolff.

[135] Vgl. zu שנא 5, 10. 15. 21; 6, 8. Die Vokabel, die sich im Alten Testament häufig in
Parallele zu dem Verbum אהב (»lieben«) findet (vgl. Gen 26, 27; 37, 8; Jes 1, 14),
bezeichnet genau wie dieses ein Grundgefühl des Menschen. Sie bringt die schärfste
emotionale Ablehnung zum Ausdruck.

[136] Vgl. zu מוכיח Hi. 9, 33 u. a. Es handelt sich um den Mann, der nach Anhören der
Prozeßgegner und ihrer Zeugen Recht spricht, indem er den Schiedsspruch fällt;
vgl. Wolff.

[137] Das Tor war der Platz der öffentlichen Gerichtsverhandlungen; siehe Delekat,
BHH, III 2009f.

[138] דבר תמים meint den Zeugen, der vollständig und aufrichtig aussagt; vgl. Textanm. q.

v. 11

Form

Die Einheit besteht aus drei Doppeldreiern, von denen der erste in sich synonym parallele Reihen aufweist und die beiden anderen — antithetisch aufgebaut — sich zueinander synonym parallel verhalten. Der solcherart kunstvolle Aufbau wird durch eine chiastische Wortstellung in allen drei Perioden unterstrichen. An poetischen Kunstmitteln wird vor allem Assonanz verwendet[139].

In v. 11 herrschen invertierte Verbalsätze vor[140]. Ein Verbalsatz findet sich nur in v. 11a zur Eröffnung, Nominalsätze fehlen völlig. Im einzelnen läßt der Textabschnitt eine deutliche syntaktische Gliederung erkennen. V. 11aαβ stellt einen mit der Konjunktion יַעַן[141] eingeleiteten kausalen Nebensatz dar, dessen beide Teile, ein Verbal- und ein invertierter Verbalsatz, durch die Konjunktion וְ und durch die Aufnahme eines Objekts als Pronominalsuffix in v. 11aβ miteinander verknüpft sind. Der Hauptsatz v. 11aγδ. b besteht aus vier invertierten Verbalsätzen, von denen je zwei eng miteinander verbunden sind. So werden sowohl v. 11aγ und v. 11aδ wie auch v. 11bα und v. 11bβ durch וְלֹא, das ein adversatives Verhältnis anzeigt, und durch die Aufnahme eines Objekts als Pronominalsuffix (in v. 11aδ bzw. v. 11bβ) miteinander verknüpft. Das gemeinsame Subjekt der 2. pers. pl. *aller* Sätze hält die Einheit als ganze zusammen und hebt sie zugleich von ihrem Kontext ab[142].

Funktions- und Hauptwörter verhalten sich etwa 2:3. Bei den Verba dominieren Aktionsverba; lediglich יֵשֵׁב stellt ein Zustandsverbum dar. Bei den Substantiva sind Abstrakta selten, ein menschliches Konkretum singulär. Den überwiegenden Anteil nehmen unbelebte Konkreta ein. Präpositionale Wortverbindungen treten nur beschränkt auf[143].

Der Textabschnitt läßt nicht erkennen, wer als Sprecher gedacht ist. Auch die angeredeten Zuhörer werden nicht genannt. Lediglich ihre Handlungsweise wird angeführt und als soziale Bedrückung beschrieben[144].

---

[139] Siehe u. a. die Endsilben תֶּם .../בֶּ ... (v. 11aγδ), תֶּם .../נֶ ... (v. 11b) oder die beiden parallelen Verbalausdrücke וְלֹא־תֵשְׁבוּ (v. 11a) und וְלֹא תִשְׁתּוּ (v. 11b).

[140] Die Inversion ist in v. 11aδ. bβ durch die Negation, in v. 11aβ.γ.bα durch den Chiasmus bedingt.

[141] Zur Streichung von לכן siehe Textanm. ʳ.

[142] Vgl. den Abschnitt *Abgrenzung*.

[143] Von drei Präpositionalausdrücken in v. 11 finden sich allein zwei in v. 11aαβ.

[144] Zu דל vgl. 2, 7; 4, 1. Der Ausdruck findet sich hier wie dort innerhalb des Teiles der Einheit, der funktional die Begründung einer Unheilsankündigung darstellt.

Der Ausdruck בוס (»niedertreten«)[145] hat in der Regel »Feind, Bedränger« als Objekt[146]. Seine auffallende Verbindung mit דל bringt daher zum Ausdruck, daß die Hörer sich zu den Armen wie gegenüber Feinden verhalten.

בר bezeichnet im Unterschied zu דגן das Korn, das sich im Handel befindet[147]. So ist hier von Getreideabgaben die Rede, die man von den Armen verlangt[148].

Die Zeitenfolge (pf./impf.) macht dabei deutlich, daß es sich wie in 5, 7. 10 nicht um einmalige Vorgänge, sondern um sich wiederholende und auch in der Gegenwart noch andauernde Handlungen handelt[149].

In v. 11 a γ δ. b folgt die Unheilsankündigung, die eine in Am einmalige Form aufweist: Während der Vordersatz eine Tätigkeit (im pf.) konstatiert, kündigt der Nachsatz (im impf.) deren Vergeblichkeit an[150]. Ihre Bedeutung weist sie als eine Art Entsprechungsstrafe aus; denn weder die kostspielig gebauten Häuser[151] noch die prächtig angelegten Weingärten[152], für die anscheinend das Geld verwendet wurde, das den Armen in verschiedener Weise abverlangt worden war, werden danach von ihren Besitzern genutzt werden können.

Als Struktur der Einheit ergibt sich:

	v. 11	Jahwerede? Prophetenrede?
		Anrede
Begründung	v. 11 a α β	יען + VS (pf.), iVS (impf.) בוס/משׁאת־בר
Unheilsankündi-gung	v. 11 a γ δ. b	
Tätigkeit (Fest-stellung) —		iVS (pf.), iVS (impf.) בתי . . . ולא־תשׁבו
Vergeblichkeit (Ankündigung)		iVS (pf.), iVS (impf.) ברמי . . . ולא־תשׁתו

v. 12. 16f.

Form

Der Textabschnitt ist metrisch geformt und zeigt einen kunstvollen poetischen Aufbau. Sieht man von den Einleitungs- und

---

[145] Siehe oben Textanm. ⁸.

[146] Vgl. Jes 14, 25; 63, 6; Ps 44, 6; 60, 14 u. a.

[147] Vgl. 8, 5f.; Gen 42, 3. 25f. u. a.

[148] Es wird allgemein vermutet, daß im Hintergrund dieser Feststellung das Zinsverbot steht, das zum Schutz der Armen erlassen worden war; vgl. Ex 22, 24; Lev 25, 36f. u. a. (Rudolph, Wolff).

[149] Vgl. G—K § 106 g. 1; 107 g. h.

[150] Vgl. zu dieser Redeform u. a. Hos 4, 10; Mi 6, 14f.; Dtn 28, 30. Wolff sieht eine formgeschichtliche Verbindung zwischen ihr und den Flüchen der Vergeblichkeit oder Nutzlosigkeit.

[151] Vgl. Jes 9, 9 und Knierim, BHH, II 657ff.   [152] Vgl. Jes 5, 2.

Schlußformeln ab, so ergibt sich folgende rhythmische Gliederung: Auf einen Doppeldreier in v. 12a, dessen beide Reihen synonym parallel zueinander laufen, folgt in v. 12b eine im Siebenertakt zu lesende Periode, die aus einem Doppelzweier und einem dazu parallelen Dreier besteht. In v. 16 a γ δ. b schließen sich zwei Doppeldreier mit in sich synonymem Parallelismus an. Eine Periode in dem Qina-Versmaß 3 + 2, deren Halbverse synthetisch parallel zueinander stehen, schließt den Spruch in v. 17 wirkungsvoll ab. An poetischen Hilfsmitteln sind Alliteration[153] ebenso wie Chiasmus[154], Assonanz[155] ebenso wie Binnenreim[156] verwendet. Bemerkenswert ist die z. T. mehrfache Wiederholung einiger Ausdrücke, jeweils an hervorgehobener Stelle. So korrespondiert der Vokabel מספד der Ausdruck בכל[157] und die Interjektion הו wird unmittelbar hintereinander wiederholt. Schließlich ist noch auf die auffallende Tatsache hinzuweisen, daß die Vokalhäufung in v. 12 und in v. 16f. unterschiedliche Klangfärbung bewirkt. Während in der ersten Spruchhälfte der Halbvokal י klar dominiert, herrscht in der zweiten der o-Laut vor[158]. V. 16f. erhält so gegenüber v. 12 einen dumpfen Klang.

Die Einheit wird in v. 12 durch einen Verbalsatz (im pf.)[159] eröffnet[160]. Zwei einander parallele, partizipiale Ausdrücke[161] schließen sich in Asyndese an, ein invertierter Verbalsatz (im pf.) führt sie in Syndese fort. In v. 16 folgen auf die durch die folgende Partikel לכן eingeführte Botenformel ein Nominalsatz und in Syndese ein invertierter Verbalsatz (im impf.), der zur Einführung der wörtlichen Rede הו־הו dient. In Syndese werden ein Verbalsatz (im pf. cons.) und in v. 17a ein Nominalsatz angefügt. Ein mit der Konjunktion כי eingeführter begründender Verbalsatz (im impf.) und die Schlußformel אמר יהוה schließen die Einheit ab.

---

[153] Siehe vor allem v. 16b אכר אל־אבל.

[154] V. 16b: (Verb)-Objekt-Präpositionalausdruck // Präpositionalausdruck-Objekt; vgl. auch v. 12b.

[155] Vgl. z. B. רבים ... וַעֲצָמִים v. 12a.

[156] V. 12a פִּשְׁעֵיכֶם ... חַטֹּאתֵיכֶם.

[157] V. 16a β γ ... בכל־רחבות מספד ובכל; v. 16b ... מספד; v. 17a ... ובכל־ כרמים מספד.

[158] Beide »Vokale« finden sich in v. 12 bzw. in v. 16f. jeweils 12 ×.

[159] Bei ידע handelt es sich um ein Verbum, das eine geistige Tätigkeit bezeichnet und dessen perfektische Form daher im Deutschen durch Präsens wiedergegeben werden kann; vgl. Brockelmann § 41c; G—K § 106g.

[160] Zu der Partikel כי siehe Textanm. ᵗ.

[161] Beide Male ist ein pt. pl. im st. cs. mit einem Nomen verbunden. Vielleicht stellt der Ausdruck jeweils einen Nominalsatz dar, dessen Subjekt in der Form eines Pronomen personale ausgelassen wurde; vgl. G—K § 116s.

V. 12 stellt die Begründung für v. 16f. dar. Während v. 16f. durch die Einleitungs- und Schlußformel als Jahwerede qualifiziert sind, ist nicht sicher zu entscheiden, ob in v. 12 der Prophet oder ebenfalls Jahwe redet[162]. Im einzelnen lassen sich folgende Beziehungen der Sätze zueinander feststellen: V. 12a und v. 12b sind auf der einen Seite durch die asyndetische Verknüpfung klar voneinander getrennt. Auf der anderen Seite deutet die Aufnahme der Suffixe der 2. pers. pl. als Subjekt in v. 12b in der Form der 3. pers. pl. darauf hin, daß v. 12b als Entfaltung von v. 12a zu verstehen ist. V. 16aα setzt dann mit der Einleitungsformel deutlich neu ein und hebt gemeinsam mit der Schlußformel v. 17bβ den Textabschnitt v. 16f. von v. 12 ab. Die folgenden Sätze in v. 16aγδ. b. 17a werden durch die Syndese, das Leitwort מספד und z. T. auch durch das gemeinsame Subjekt der 3. pers. pl. eng miteinander verbunden. V. 17bα dagegen ist durch den Subjektswechsel — statt der 3. pers. pl. das redende Ich — und die Anredeform[163] hiervon deutlich abgesetzt. Die Konjunktion כי kennzeichnet die Vershälfte als Begründung. So ergibt sich ein besonders kunstvoller Aufbau: Einerseits stellt v. 12 die Begründung zu v. 16f. dar, andererseits werden v. 16. 17a durch v. 17bα begründet.

Das Verhältnis der Funktions- und Hauptwörter in der Einheit erscheint mit etwa 1:2 ausgewogen. An Funktionswörtern finden sich in der Hauptsache die Konjunktion ו und Präpositionen. Bei den Verba herrschen Aktionsverba vor; lediglich ידע läßt sich hierunter nicht ohne weiteres einreihen. Bei den Substantiva dominieren unbelebte Konkreta; Abstrakta und menschliche Konkreta treten dahinter zurück. Präpositionalausdrücke und damit beschreibende Elemente sind über die Einheit gleichmäßig verteilt.

Vergleicht man die Häufigkeit der verbalen Wortgruppen mit der der nominalen, so fällt die Dominanz der Nomina auf[164]. Die nominale Konstruktion der Partizipia als st. cs. in v. 12b und die Nominalsätze in v. 16f. weisen in dieselbe Richtung. Der so erkannte Nominalstil dient durch seine lapidare Kürze der Prägnanz und vermittelt den Eindruck einer gewissen Atemlosigkeit.

---

[162] Wolff möchte unter Verweis auf die Einleitungsformel in v. 16aα und auf die Struktur der Sprüche 3, 9—11; 4, 1—3; 7, 16f. v. 12 als Prophetenrede von v. 16f. als Jahwerede trennen. Rudolph stellt dagegen fest: »Das 'ich weiß' paßt besser in den Mund des allwissenden Gottes als in den des Propheten«. Die Botenformel könnte danach vielleicht redaktioneller Zusatz sein, der durch die Zwischenschaltung von v. 14f. bedingt wäre.

[163] Im Unterschied zu v. 12a findet sich hier allerdings nicht die Plural-, sondern die Singularform.

[164] Es stehen den fünf Verba in v. 16f. etwa fünfmal soviele nominale Wortgruppen gegenüber.

In v. 12a konstatiert[165] das redende Ich in allgemeiner Weise zahlreiche Verbrechen[166] und starke[167] Verfehlungen[168] der nicht näher bestimmten angeredeten Personengruppe. In v. 12b werden diese verbrecherischen Handlungen als Bruch der Rechtsordnung auf Kosten der Armen beschrieben.

Unschuldige[169] werden danach feindselig bedrängt[170] und man nimmt Bestechungsgeld[171]. Arme[172] werden — so die dritte Explikation als eine Art Zusammenfassung — vor Gericht in ihrem Rechtsanspruch zu Boden gestreckt[173].

Der als Jahwerede stilisierte Abschnitt v. 16f. kündigt Leichenklagefeiern im ganzen Land an, in den Städten[174] wie in den ländlichen Gebieten[175].

Der Ausdruck מִסְפֵּד (»Trauerbrauch, -feier, Klage«), dessen Leitwortfunktion in v. 16f. durch die dreimalige Verwendung deutlich wird, meint hier die Leichenklage[176], die öffentlich angestimmt wird: Die Interjektion הוֹ stellt einen Leichenklage-

---

[165] Vgl. die perfektische Formulierung.

[166] Zu פֶּשַׁע siehe oben zu 1, 3.

[167] עָצַם steht im Alten Testament mehrmals zu רַב in Parallele; vgl. Ex 1, 9; Dtn 7, 1; 9, 14; 26, 5; Jes 8, 7; Mi 4, 3; Sach 8, 22; Prov 7, 26 u. a. Dabei sind die beiden Adjektiva zumeist auf Völker bezogen. Hier dagegen bekräftigen und unterstreichen sie als Attribute die Schwere der Verbrechen.

[168] Die Vokabel חַטָּאָה (»Verfehlung«) charakterisiert ein bestimmtes Verhalten als Verletzung eines Gemeinschaftsverhältnisses und damit auch der Normen, die diesem Verhältnis entsprechen. Sie umfaßt so unterschiedslos rechtliche, sozialethische und kultische Verfehlungen; vgl. Knierim, THAT, I 544f.

[169] Siehe zu צַדִּיק oben zu 2, 6; vgl. 5, 7.

[170] Vgl. zu צָרַר 3, 11, wo צַר den militärischen Feind bezeichnet, der seinen Gegner bedrängt.

[171] כֹּפֶר (»Sühnegeld, Schweigegeld«) wird in Am nur hier verwendet; vgl. zur Terminologie I Sam 12, 3; zur Sache Jes 1, 23; 5, 23.

[172] Vgl. zu אֶבְיוֹן 2, 6; 4, 1.

[173] נָטָע hi. (»ausstrecken«) findet sich häufig in Verbindung mit מִשְׁפָּט im Sinne von »das Recht beugen«; vgl. z. B. Dtn 16, 19; 24, 17; I Sam 8, 3. »Amos aber sieht in seinem verkürzenden Ausdruck die Armen selbst direkt 'hingestreckt' (d. i. von ihrem Recht abgedrängt) werden.« (Wolff).

[174] רְחֹב bezeichnet den freien Platz auf der Stadtseite der Toranlage (Maag 193), חוּץ meint die Gasse zwischen den Häusern der Stadt (Maag 75).

[175] אִכָּר ist nach Gese, VT 12 (1962), 432, die Bezeichnung für den »grundbesitzlosen Landarbeiter«; vgl. Weiser, Wolff. Anders Rudolph, der die Vokabel mit »Bauer« übersetzt. Welche dieser Ansichten zutreffend ist, kann in diesem Zusammenhang unentschieden bleiben, da die Bedeutung der Einheit davon nicht entscheidend berührt wird. — כֶּרֶם meint die Weingärten, »die sonst Stätten schönster Erwartungen und ausgelassener Freude sind« (Wolff); vgl. Jdc 9, 27; Jes 16, 10 u. a.

[176] Vgl. Gen 50, 10 z. B., wo die Klage bei dem Begräbnis von Jakob angestimmt wird. Das Verbum סָפַד wird ähnlich verwendet. So wird in Gen 23, 2; I Sam 25, 1 u. a. um einen Verstorbenen, in Jes 32, 12; Jer 49, 3 über die Zerstörung von ländlichen und städtischen Gebieten geklagt.

ruf dar, dessen Unterscheidung von הוי vielleicht auf dialektartigen Differenzen beruht[177]. אבל bezeichnet »die Trauer« und die Verbindung יודעי נהי meint die »Leichensängerzunft«[178].

Als Grund für diese Klagen nennt v. 17bα das Eingreifen Jahwes, das allerdings in seinen Umständen nicht näher bestimmt wird, sondern lediglich lapidar angekündigt wird.

Die Wendung עבר ב, die an die Verbindung עבר ל in 7, 8; 8, 2 erinnert, ist ein term. techn. für die Theophanie Gottes[179]. Sie bezeichnet das persönliche Einschreiten Jahwes, das sich — so v. 17bα — in der Mitte des Volkes vollzieht.

Ein Überblick über die Einheit als ganze läßt nunmehr deren strukturell klare Gliederung erkennen. So stellt v. 12 die Begründung der Unheilsankündigung v. 16f. dar, indem er das rechtswidrige Verhalten einer nicht näher bestimmten Personengruppe feststellt. Die Ankündigung selbst gliedert sich in eine Beschreibung allgemeiner Trauer und deren Begründung durch das Einschreiten Jahwes. Einleitungs- und Schlußformeln setzen v. 16f. von v. 12 deutlich ab.

Begründung	v. 12		Prophetenrede ?
			Anrede
Allgemeine B.	v. 12a	VS (pf.)	פשע/חטאה
Besondere B.	v. 12b	pt. (pl.) Ausdrücke	
			צררי צדיק לקחי כפר
		iVS (pf.)	ואביונים בשער הטו
Einleitungsformel	v. 16aα	לכן כה־אמר יהוה Jahwerede	
			Anrede
Unheilsankündigung	v. 16aγ—17bα		
Wirkung:	v. 16aγ—17a	NS, iVS (impf.)	מספד/הו־הו
Allgemeine Trauer		VS (pf. cons.), NS	אבל/נהי
Ursache:	v. 17bα	כי + VS (impf.)	אעבר ב
Einschreiten Jahwes			
Schlußformel	v. 17bβ		אמר יהוה

v. 14f.

Form

Die Einheit läßt sich metrisch gliedern[180]. Sie besteht aus vier Perioden im Rhythmus 3 + 2. Der Parallelismus ist allerdings nicht

---

[177] Vgl. Jenni, THAT, I 475; Wolff 286.

[178] Jahnow, Leichenlied, 2. 58; vgl. zur Sache 8, 10 und Kutsch, Trauerbräuche, 25ff.

[179] Vgl. Ex 12, 12f. 23; Nah 2, 1 und Crenshaw, ZAW 80 (1968), 206f.

[180] Gegen Wolff, der den Nachweis für seine Behauptung, v. 14f. seien prosaisch formuliert, schuldig bleibt.

allzu streng durchgeführt[181]. Das erste Versglied der ersten und dritten
Periode ist jeweils antithetisch formuliert und wird in synthetischem
bzw. synonymem Parallelismus fortgesetzt. Die Reihen der zweiten
und vierten Periode verlaufen jeweils in synthetischem Parallelismus
zueinander. An poetischen Kunstmitteln sind Chiasmus[182] und Assonanz verwendet.

Der Textabschnitt wird in v. 14a durch einen pluralischen Imperativ und einen verkürzten Vetitiv[183] in syndetischer Verknüpfung
eröffnet; ein mit der Konjunktion למען eingeleiteter verbaler Finalsatz
(im impf.) folgt. Imperativ und Vetitiv weisen voraus, der Finalsatz —
ebenfalls in Anredeform — rundet den Satz ab. In v. 14b schließt sich
in syndetischer Verbindung ein Verbalsatz (im juss.) an, der seine
Fortsetzung in einem mit באשר eingeführten Verbalsatz (im pf.) findet,
der das Suffix der 2. pers. pl. als Subjekt aufnimmt. V. 14b stellt
einen selbständigen Hauptsatz dar[184], der durch die Aufnahme des
Subjekts bzw. der Anredeform als Pronominalsuffix der 2. pers. pl.
eng mit v. 14a verbunden ist. Die deiktische Partikel כן[185] und die
Zeitenfolge[186] lassen vermuten, daß v. 14a und v. 14b zueinander in
konditionalem Verhältnis stehen[187].

In v. 15a — der Vers ist in Asyndese angeschlossen — sind drei
pluralische Imperative mit je einem Objekt durch die Konjunktion ו
syndetisch miteinander verknüpft. Die Imperative weisen auf v. 15b
vor. Diese abschließende Periode ist asyndetisch angeschlossen und
zeigt auch sonst keinen Rückverweis auf. Als invertierter Verbalsatz
(im impf.) hebt sie sich deutlich innerhalb der Einheit ab. Sachlich
besteht zwischen v. 15a und v. 15b wiederum ein konditionales Verhältnis[188].

In v. 14f. findet sich als Funktionswort vorzugsweise die Konjunktion ו. Bei den Verba sind Aktions- und Zustandsverba in gleicher
Weise vertreten. Bemerkenswert ist bei den Substantiva die Tatsache,
daß Konkreta fehlen. Statt dessen herrschen Abstrakta, vor allem

---

[181] Vgl. die poetische Form von 4, 6—12a.

[182] טוב־רע (v. 14a) // רע־טוב (v. 15a).

[183] Der vorhergehende Imperativ דרשו ist gedanklich zu ergänzen; vgl. G—K § 152g.

[184] So mit Neubauer, ZAW 78 (1966), 304f.; anders Wolff, der v. 14b als Fortsetzung
des Finalsatzes ansieht.

[185] Die Partikel weist auf v. 14a zurück; vgl. Neubauer a. a. O. 305. Wolff möchte כן
auf כאשר beziehen, doch vermag dieser Vorschlag nicht zu überzeugen, zumal
כאשר als komparativische Konjunktion in der Regel im Vorder- und nicht im
Nachsatz steht; vgl. 3, 12; G—K § 161b. In 4, 5 ist כן ebenfalls rückweisend verwendet.

[186] Vgl. G—K § 109h.159b zur Verwendung der Jussivform im Hebräischen.

[187] Vgl. Neubauer a. a. O. 305f.

[188] Vgl. G—K § 107x. 159b.

substantivierte Adjektiva, vor. Zwei Eigennamen — davon der Jahwe-
name in zweimaliger Verwendung — treten dahinter zurück. Ein
Präpositionalausdruck ist singulär. Schon dieser Überblick macht
deutlich, was die Bedeutungsanalyse bestätigen wird: Die Einheit
bestimmen wertende und nicht beschreibende Elemente, ihre Redeweise ist allgemein und nicht konkret.

Vergleicht man nunmehr die syntaktisch-stilistische Struktur der
beiden Verse, so fallen ihre Übereinstimmungen bzw. Unterschiede
deutlich ins Auge. V. 14 wie v. 15 werden jeweils durch einen pluralischen Imperativ eröffnet. In beiden Fällen gibt diese Aufforderung
die Voraussetzung für die Folge an, die in v. 14b bzw. v. 15b in
einem Aussagesatz formuliert ist. Doch während v. 15 einen einfachen
Aufbau aufweist, stellt v. 14 eine Satzreihe mit mannigfachen Bezügen
dar und zeigt einen andersartigen Stil. Während in v. 14 das Verhältnis von Funktions- und Hauptwörtern mit 1:1 ausgeglichen ist,
finden sich in v. 15 etwa dreimal soviele Hauptwörter wie Funktionswörter[189]. Auch das Verhältnis der Verba zu den Nomina ist in beiden
Versen unterschiedlich. Je vier Verba stehen in v. 14 bzw. in v. 15
drei bzw. sechs nominale Wortgruppen gegenüber. So sind v. 14 und
v. 15 trotz ihres übereinstimmenden poetischen Aufbaus deutlich voneinander abgehoben[190].

Der Spruch fordert in v. 14a die Hörer, die nicht näher bezeichnet
sind, in allgemeiner Weise auf, Gutes und nicht Böses zu suchen[191],
und nennt als Ziel eines solchen Verhaltens das Leben[192]. In v. 14b
wird als seine Folge das Mitsein Jahwes zugesagt, wobei ein Votum
der Zuhörer aufgenommen wird.

Der Ausdruck יהוה אתכם spielt auf ein gängiges Schlagwort an[193], das im Alten
Testament in verschiedener Weise verwendet ist. Es bezeichnet zunächst allgemein

---

[189] Dieser Tatbestand könnte zu der Annahme führen, daß v. 14 anders als v. 15 prosaisch formuliert ist. Auch wenn diese Vermutung nicht völlig von der Hand zu
weisen ist, so reicht die angeführte Beobachtung zu einem solchen Schluß nicht aus.
V. 14 könnte auch gehobene Prosa sein, die aus der vorauszusetzenden Diskussionssituation zu erklären wäre.

[190] Die Möglichkeit, daß die beiden Verse ursprünglich keine Einheit gebildet haben,
daß v. 14 vielleicht sogar sekundär ist, kann nicht ausgeschlossen werden; vgl. dazu
auch unten den Abschnitt *Echtheit*. Doch legen die oben aufgeführten Übereinstimmungen in der Struktur sowie die sachliche Verbindung beider Verse, die der
Chiasmus Gutes-Böses // Böses-Gutes anzeigt, die vorgenommene *Abgrenzung* (siehe
oben) nahe.

[191] Zu דרש siehe oben zu v. 4; vgl. v. 5f.

[192] Zu חיה siehe oben zu v. 4; vgl. v. 6.

[193] Vgl. Gen 26, 3; Dtn 20, 4; Mi 3, 11; Jes 7, 14 u. a.

die hilfreiche Nähe Jahwes[194] und findet sodann seinen speziellen Platz im Heilsorakel und im Berufungsschema, als Verheißung und als Segenswunsch[195].

V. 15 setzt nochmals neu ein. Er fordert die Hörer auf, das Böse zu hassen[196] und das Gute zu lieben[197], und konkretisiert diese Forderung als Achtung der Rechtsordnung[198]. Als mögliche, nicht sichere[199] Folge eines solchen Verhaltens nennt der Spruch in v. 15b ein gnadenvolles Handeln Jahwes gegenüber einem Rest des Volkes.

Das Verbum חנן, das sich in Am nur hier findet, bezeichnet ursprünglich die Pflicht eines Herrn, seinem Untergebenen gegenüber rücksichtsvoll und beschützend zu handeln[200]. Herablassung auf Seiten des Höhergestellten und Loyalität auf Seiten des Unterlegenen sind in dem Wort mit eingeschlossen. In bezug auf Jahwe kommt das Verbum in der Form eines suffigierten Imperativs häufig in den Psalmen als Gebetsruf vor[201]. Hier wie auch anderwärts bezeichnet es die huldvolle Zuneigung Jahwes in einer konkreten Not von Beter oder Volk.

Die Formulierung שארית יוסף bringt zum Ausdruck, daß der Zuneigung Jahwes zu Israel[202] eine vernichtende Katastrophe vorausgeht[203].

Die Ergebnisse der Formanalyse lassen sich nunmehr wieder im Überblick darstellen:

Mahnwort	v. 14a		Prophetenrede
			Anrede
Mahnung	v. 14aα	imp. (pl.)	דרשׁו־טוב
Warnung	v. 14aβ	verkürzter Vetitiv	ולא־רע
Begründung	v. 14aγ	Finalsatz (למען + VS/impf.)	היה
Begründung	v. 14b		
Bedingte Heils-ankündigung		VS (juss.)	יהוה אתכם
		כאשׁו + VS (pf.)	אמר
Mahnung	v. 15a	imp. (pl.)	טוב/משׁפט
Begründung	v. 15b		
Bedingte Heils-ankündigung		iVS (impf.)	אולי יחנן יהוה

[194] Vgl. Preuß, ZAW 80 (1968), 139ff., der den Ausdruck aus der Nomadenzeit herleitet: »Religion des Weges«.

[195] Vgl. Neubauer, ZAW 78 (1966), 295ff.

[196] Zu שׂנא siehe oben zu 5, 10; vgl. 6, 8.

[197] Zu אהב vgl. 4, 5.

[198] Zu משׁפט siehe oben zu 5, 7.

[199] Die Inversion des Verbalsatzes in v. 15b hebt das modale Adverb אולי hervor und betont damit den Vorbehalt, unter dem die folgende Ankündigung steht; vgl. I Sam 6, 5; Zeph 2, 3 u. a.   [200] Vgl. Stoebe, THAT, I 591f.

[201] Z. B. Ps 4, 2; 6, 3; 9, 14; 27, 7; 86, 16.

[202] Zur Bezeichnung יוסף siehe oben zu v. 6; vgl. auch den Zusatz 6, 6b.

[203] Vgl. Fohrer, Religionsgeschichte, 273; auch Ex 10, 12; Jos 11, 22 u. a.

Echtheit

Die Einheit ist in ihrer Herleitung von Amos umstritten[204]. Sieht man von redaktionskritischen Überlegungen ab, die zu diskutieren hier nicht der Platz ist[205], so konzentrieren sich die Bedenken gegen die Echtheit des Abschnitts auf sprachliche Beobachtungen. Doch kann weder seine behauptete prosaische Form wahrscheinlich gemacht werden[206], noch sind die Hinweise auf die im Vergleich zu v. 4 abweichende Konstruktion v. 14a (Finalsatz statt imp.) und auf die auffallende Volksbezeichnung »Joseph« in v. 15b so schwerwiegend, daß sie die Annahme einer sekundären Entstehung bedingen[207].

Obschon ein abschließendes Urteil hier nicht gefällt werden kann, da es dazu weiterer methodischer Schritte bedürfte, so kann doch festgehalten werden, daß sich aus der sprachlichen Analyse allein keine entscheidenden Kriterien gegen die Herleitung des Spruches von dem Propheten ergeben.

2. Amos 5, 18—20

Text

18 Wehe denen, die sich nach Jahwes Tag sehnen!
    Was soll euch denn[a] Jahwes Tag?   4 + 3
    [Er ist Finsternis und nicht Licht.][b]
19 Wie wenn jemand flieht
    vor einem[c] Löwen,   3 + 2

---

[204] 5, 14f. halten für ursprünglich Marti; Maag 29; Fohrer, Einleitung, 478; Rudolph u. a.; für sekundär Weiser und neuerdings Wolff.

[205] Man weist vor allem darauf hin, daß »14f. sich als eine Interpretation von 4b (vgl. 14a) mit Hilfe von 7 + 10—12 (vgl. 15a mit 7a. 10a. 12b) ausweist, die in einem bei Amos unbekannten, dem hoffenden Hörer entgegenkommenden Diskussionsstil (14b) die vernichtenden Strafansagen von v. 5b. 2f. und 16f. ersetzt durch ein bei Amos sonst nie anzutreffendes 'Vielleicht' des Erbarmens Gottes mit einem Rest (15b).« (Wolff). Einer solchen Argumentation gegenüber ist zu fragen: Sind Interpretationen eo ipso sekundär? Weisen nicht auch v. 12 und v. 7. 10 thematische Querverbindungen auf, ohne daß v. 12 für einen Zusatz erklärt wird? Wenn die Mahnung v. 4f. von Amos herzuleiten ist, warum nicht auch die Mahnung v. 14f. ? Sollte die bedingte Möglichkeit der Rettung eines Restes (!) der Verkündigung des Amos nicht entsprechen? — Eine Entscheidung dieser Fragen ist in dem Rahmen dieser Arbeit allerdings nicht möglich, sie forderte zuvor eine Würdigung der gesamten Verkündigung des Propheten.

[206] Gegen Wolff; siehe oben die Formanalyse.

[207] Warum sollte der Prophet nicht die Konstruktion des Finalsatzes wählen, nachdem er — anders als in v. 4 — den imp. mit einem verkürzten Vetitiv kombinierte? Auch die Bezeichnung Israels als Joseph ist im Munde des Propheten zwar auffällig, doch nicht unmöglich; vgl. Rudolph, der allerdings 6, 6b für ursprünglich hält.

und ein^c Bär stellt ihn,
    aber er kommt (noch) ins Haus   2 + 2
und stützt seine Hand an die Wand,
    da beißt ihn die Schlange —   3 + 2
20 ist nicht (so) Finsternis Jahwes Tag und kein Licht?
    Ja, Dunkel^d und ohne Glanz ist er^e.   4 + 3

     ^{a} Die Partikel הֲ dient zur Verstärkung des Fragewortes[208]. Anders ᵺ und 𝔙, die die Vokabel als Demonstrativpronomen auffassen.

     ^{b} Der Halbvers wird als interpretierender Zusatz gestrichen; zur Begründung siehe den Abschnitt *Abgrenzung*.

     ^{c} Zur Übersetzung des Artikels הַ mit dem unbestimmten Artikel siehe G—K § 126r.

     ^{d} אָפֵל begegnet nur hier und ist als Adjektiv neben den drei parallelen Substantiven wenig wahrscheinlich. In Übereinstimmung mit der substantivischen Übersetzung von ᵺ und 𝔙 wird die Vokalisation geändert und אֹפֶל gelesen[209].

     ^{e} Trotz der Konjunktion וְ, die v. 20a mit v. 20b verbindet, ist nur der erste Halbvers als Frage zu übersetzen. Der zweite Halbvers stellt, wie das abschließende לוֹ deutlich macht, einen *selbständigen* Nominalsatz dar[210].

Abgrenzung

5, 18—20 heben sich deutlich von ihrem literarischen Kontext ab. Nach der abschließenden Formel אמר יהוה in v. 17 setzt v. 18 mit der Interjektion הוי neu ein. V. 21ff. markieren dagegen durch den Übergang zur 1. pers. der Jahwerede den Beginn einer neuen Einheit.

So zweifellos diese Abgrenzung ist, die Einheit in sich ist nicht geschlossen. V. 18bβ ist nicht nur metrisch schwierig einzuordnen, sondern nimmt auch als Feststellung die rhetorische Frage von v. 20a voraus. Streicht man den Halbvers, so ergibt sich ein kunstvoller Spannungsbogen, der von dem Weheruf über die Frage nach der Bedeutung des Jahwetages zu einer Vergleichserzählung führt, die die Antwort vorbereitet. Eine Zustimmung heischende Frage[211] und eine die Summe ziehende Feststellung schließen die Einheit ab[212].

---

[208] Vgl. Gen 18, 13; I Sam 17, 28 u. a. und G—K § 136c.

[209] So mit Wolff gegen Rudolph.

[210] Vgl. ᵺ (καὶ γνόφος οὐκ ἔχων φέγγος αὐτῇ).

[211] Brockelmann § 54c: »Eine bejahende Antwort wird ... durch הֲלֹא suggeriert«; vgl. z. B. Gen 37, 13.

[212] So mit Wolff; ähnlich Sellin, Weiser. Balla 13 u. a. streicht zwar v. 18bβ, stellt aber statt dessen v. 19 und v. 20 um. Maag 34, Rudolph u. a. behalten den Halbvers bei und zerstören damit den Spannungsbogen; v. 20 wird zur bekräftigenden Schlußfolgerung. Ihnen gegenüber ist mit Wolff zu fragen: »Sollte sie (sc. die Vergleichserzählung) ... nicht mehr sagen wollen als dies, daß der Jahwetag als finsterer Gerichtstag unentrinnbar ist? Muß die Geschichte nicht direkt darauf eingehen wollen, daß die Hörer sich den Jahwetag wünschen, weil sie ihn als Siegestag kennen?«

Form

Die Einheit ist metrisch geformt und zeigt einen besonders kunstvollen poetischen Aufbau. Sie besteht aus fünf Perioden, deren rhythmische Gliederung eine chiastische Anordnung ergibt. Ein Doppelzweier ist von zwei Versen mit dem Metrum 3 + 2 umgeben, und diese sind wiederum von zwei Versen mit dem Metrum 4 + 3 umschlossen. Abgesehen von der letzten Periode, deren Reihen synonym parallel laufen, weisen alle Perioden synthetischen Parallelismus auf. Als poetische Kunstmittel sind Alliteration und Chiasmus, Assonanz und Reim verwendet. Besonders eindrucksvoll ist die Gestaltung von v. 18* und v. 20. Während die beiden Reihen in der ersten Periode jeweils auf יוֹם־יהוה enden und damit diesen Ausdruck besonders hervorheben, fällt in der letzten Periode der strenge Parallelismus ebenso auf wie die Häufung der Negation לֹא. V. 20 wird zudem von dumpfen o-Lauten beherrscht[213], die an den Leichenklageruf הוֹ erinnern und damit der Einheit einen drohenden Abschluß geben. Die verwendete Stilform der Litotes, die der Steigerung dient, verstärkt diesen Eindruck.

Der Textabschnitt wird in v. 18a durch die Interjektion הוֹי eröffnet, die durch ein pluralisches Partizip fortgesetzt wird. In v. 18bα schließt sich ein Fragesatz in der Form eines Nominalsatzes an. V. 19 bietet eine Satzreihe komparativer Art. Auf die einleitende Konjunktion בַּאֲשֶׁר folgen fünf Verbalsätze (im impf. bzw. pf. cons.)[214], die durch die Konjunktion וְ jeweils syndetisch miteinander verbunden sind. Das gemeinsame Subjekt des ersten, dritten und vierten Verbalsatzes und seine Aufnahme als Pronominalsuffix der 3. pers. sg. im zweiten und vierten Verbalsatz schließen diese Sätze eng zusammen[215]. Deutlich davon abgehoben wird in v. 20a — statt der in einem Vergleichssatz üblichen Fortführung durch einen mit der Partikel כִּי eingeleiteten Nachsatz[216] — ein mit הֲלֹא eingeführter Fragesatz[217] in Asyndese angeschlossen. Er besteht aus einem Nominalsatz, dessen Wortfolge das Prädikat klar hervorhebt[218]. In v. 20b wird die Einheit durch einen syndetisch mit וְ angefügten Nominalsatz abgeschlossen, der aber nicht die Fortsetzung des Fragesatzes bildet, sondern einen

---

[213] Ändert man die Vokalisation von אֹפֶל (siehe Textanm. c), so finden sich in dem kurzen Vers neun o-Laute.

[214] Zur Zeitenfolge siehe G—K § 112 m.

[215] Bemerkenswert ist die chiastische Anordnung der Sätze, die eine besonders kunstvolle Gestaltung darstellt: Verb mit Suffix—Verb // Verb—Verb mit Suffix.

[216] Vgl. G—K § 161.

[217] Siehe oben Anm. 211 zu הֲלֹא.

[218] Im Nominalsatz ist die Wortfolge in der Regel die Folge Subjekt—Prädikat; vgl. G—K § 141 l. Hier dagegen findet sich die Folge Prädikat—Subjekt.

unabhängigen Aussagesatz darstellt[219]. Trotzdem sind beide Sätze durch die Aufnahme des Subjekts von v. 20a als Dativobjekt (לֹו) in v. 20b eng miteinander verknüpft.

Überblickt man nunmehr die syntaktischen Beziehungen der Sätze und Satzreihen zueinander, so läßt sich eine klare Gliederung des Textabschnittes erkennen. V. 18*. 20 sind von Nominalsätzen bestimmt, v. 19 weist nur Verbalsätze auf. V. 18a, v. 18bα und v. 20 werden durch das gemeinsame Stichwort יום יהוה zusammengehalten. In v. 19 sind die einzelnen Sätze durch mehrfache Rückverweise miteinander eng verknüpft[220]. Über sich selbst weist der Vers nur insofern hinaus, als die Konjunktion כאשר nach einer Fortführung verlangt. So besteht die Einheit aus drei Teilen, aus v. 18*, v. 19 und v. 20.

Das Verhältnis von Funktions- und Hauptwörtern ist in 5, 18—20* mit etwa 1:1 ausgeglichen. Als Funktionswörter finden sich vorzugsweise die Konjunktion וְ und in v. 19 der Artikel. Bei den Verba ist ihre Verteilung bemerkenswert. Abgesehen vom Partizip in v. 18a sind die Verba, ausschließlich Aktionsverba, auf v. 19 beschränkt. Damit bestätigt sich die Feststellung, daß v. 18*. 20 im Unterschied zu v. 19 einen nominalen Stil zeigen. Bei den Substantiva läßt sich eine ähnlich auffallende Verteilung der Bedeutungsklassen beobachten. Während in v. 18*. 20 Abstrakta vorherrschen, treten in v. 19 nur unbelebte und belebte Konkreta auf. V. 19 beschreibt also Vorgänge und Handlungen, v. 20 dagegen bringt in Bildrede Wertungen und schildert Zustände. Schließlich ist nochmals auf die dreimalige Verwendung des Ausdrucks יום יהוה in v. 18*. 20 hinzuweisen; er besitzt Leitwortfunktion.

Damit kommt die Bedeutung der Einheit in den Blick. Die semantische Analyse ihrer Wortgruppen macht ihren unheilvollen Charakter deutlich. So stimmt der Prophet[221] den Leichenklageruf הוי an[222] und beklagt damit die, die sich nach dem Tag Jahwes sehnen.

Die Wendung יום יהוה, die in Am nur hier begegnet, ist auf die prophetische Literatur beschränkt[223]. Die Frage, welche Vorstellungen sich im einzelnen mit diesem Ausdruck verknüpften, muß in diesem Zusammenhang, der sich nur mit der *Bedeutung* der Einheit beschäftigt, außer acht gelassen werden. Der Prophet jedenfalls, das geht

---

[219] Das abschließende לֹו legt dieses Verständnis nahe; vgl. 𝔊 und Wolff. Die Konjunktion וְ ist danach explikativ zu verstehen.

[220] Siehe oben die Formanalyse des Verses. — Die Satzreihe läßt sich nicht in zwei Erzählungen v. 19a und v. 19b gliedern (so Brockelmann § 41k), sondern ist als *eine* Erzählung aufzufassen. Für ein solches Verständnis sprechen sowohl die einmalige Nennung von אש als auch die Kette der pf. cons., die das impf. in v. 19aα fortführen; vgl. Wolff.

[221] 5, 18—20* sprechen von Jahwe in der 3. pers., so daß es sich nicht um Jahwe-, sondern um Prophetenrede handelt.   [222] Siehe dazu oben zu 5, 7.

[223] Vgl. Jes 13, 9; Ez 13, 5; Ob 15; Zeph 1, 7. 14; Mal 3, 23 u. a.

aus 5, 18—20 hervor, verband damit Unheilserwartungen und befand sich dabei im Gegensatz zu seinen Hörern[224].

Zur Begründung der Totenklage stellt der Textabschnitt — von der 3. pers. in die Anredeform überwechselnd — in v. 18bα zunächst die Frage nach der Bedeutung des Jahwetages für die Hörer[225]. In der Vergleichserzählung v. 19 bereitet er dann die negative Antwort vor: Ein Mann, der der Bedrohung durch wilde Tiere zweimal entkommt und sich in ein Haus retten kann, wird dort von einer Schlange — anscheinend tödlich[226] — gebissen[227]. Die rhetorische Frage in v. 20 als Anwendung dieses Vergleichs fordert Zustimmung zu der Behauptung, die die abschließende Feststellung v. 20b wiederholt: Der Tag Jahwes bedeutet nicht Heil und Leben, sondern Unheil und Tod.

Licht und Glanz bedeuten Wohlergehen und Heil[228], Finsternis und Dunkel bezeichnen den Bereich des Todes und damit Verderben und Unheil[229].

Ein Vergleich der Einheit mit dem Weheruf 5, 7. 10 macht die unterschiedliche strukturelle Gliederung deutlich. Während 5, 7. 10 aus dem Leichenklageruf הוי und der Schilderung des Verhaltens der betreffenden Personengruppe besteht, geht der Spruch 5, 18—20* darüber hinaus, indem er sich mit didaktischen Fragen und einer Vergleichserzählung argumentierend den Hörern zuwendet. Seine Struktur läßt sich somit wie folgt darstellen:

Wehe-Ausruf	v. 18aα	הוי	Prophetenrede
Kennzeichnung des Verhaltens	v. 18aβ	Partizipialkonstruktion (pt. pl.)	אוה יום יהוה
Begründung	v. 18b—20*		Anrede
Frage	v. 18bα	למה־זה ל + NS	יום יהוה
Vergleich: Erzählung	v. 19	כאשר+VS (impf.), נחש ←דב ←ארי VS (pf. cons.)	
Anwendung: Frage	v. 20a	הלא + NS	חשך יום יהוה
Konklusion: Feststellung	v. 20b	NS	אפל לו

---

[224] Vgl. die antithetischen Gegenüberstellungen von Finsternis und Licht, von Düsternis und Glanz in v. 20 sowie die beiden Fragen in v. 18bα und v. 20a, deren Form auf eine Diskussion als Situationshintergrund des Spruches hindeutet.

[225] למה ל fragt nach dem Nutzen oder Schaden von etwas für jemanden; vgl. Hi 30, 2 (Wolff).

[226] Die Schlange gilt im Alten Testament als Todfeind des Menschen; vgl. z. B. Gen 3, 15; Jer 8, 17.   [227] Zur Steigerung Löwe—Bär—Schlange vgl. Hos 13, 7.

[228] Vgl. Jes 9, 1; Ps 97, 11; 112, 4 u. a.

[229] Vgl. Zeph 1, 15; Joel 2, 1f.; Hi 10, 21f. u. a.

3. *Amos 5, 21—27*

Text

21 Ich hasse, ich verwerfe[a] eure Feste
    und mag eure Festversammlungen nicht riechen.   3 + 3
22 [Außer wenn ihr mir Brandopfer darbringt][b]
    An euren Gaben habe ich kein Gefallen,
    das Mahlopfer eures Mastviehs blicke ich nicht an.   3 + 3
23 Haltet[c] von mir fern den Lärm eurer[d] Lieder,
    das Klimpern eurer[d] Leiern[e] mag ich nicht hören.   4 + 4
24 Doch wie Wasser ströme[f] das Recht,
    und die Gerechtigkeit wie ein nie versiegender Bach.   3 + 3
25 [Habt ihr mir etwa Schlachtopfer und Gabe in der Wüste
    vierzig Jahre lang dargebracht, Haus Israel,
26 und getragen Sakkut[g] [, euren König,][g] und Kewan[i], eure
    Bilder, [den Stern eurer Götter,][j] die ihr euch gemacht
    habt]?[k]
27 So führe ich euch in die Verbannung
    noch über Damaskus hinaus,   2 + 2
    hat Jahwe gesagt [, Gott Zebaot ist sein Name][l].

[a] Die perfektische Form von Verba, die »Gemütszustände und geistige Tätig-
keiten« zum Ausdruck bringen, hat präsentisch-konstatierende Bedeutung[230].

[b] V. 22 a α stört im Zusammenhang und wird als Glosse gestrichen; zur Begründung siehe unten den Abschnitt *Abgrenzung*.

[c] Der inf. abs. hat hier die Funktion eines pluralischen Imperativs[231].

[d] Die Singularsuffixe sind in Pluralsuffixe zu verwandeln; vgl. die pluralische
Anredeform in v. 21 f. Die singularische Form rührt vielleicht von einem Mißverständnis von הָסֵד als imp. sg. her[232].

[e] Die Übersetzung von נבל ist umstritten. Manche geben das Wort mit »Harfe«
wieder[233], manche mit »Leier« bzw. »Laute«[234]. Auf jeden Fall bezeichnet der Ausdruck
ein Saiteninstrument[235].

[f] וְיִגַּל ist nicht von גלה (»offenbaren«) herzuleiten[236], sondern von גלל ni.
(»sich wälzen«)[237].

[g] Die Vokalisation ist in סַכּוּת zu ändern[238]. Es handelt sich bei dem Ausdruck
um einen alten Götternamen, der anscheinend nach שִׁקּוּץ vokalisiert wurde.

[230] Vgl. Gen 22, 2 (שָׂמַחְתִּי), Ps 103, 13 (רָחַם), Am 5, 12 (יָדַעְתִּי): siehe Brockelmann
§ 41 c.

[231] Vgl. קְטַר in 4, 5.

[232] So mit Weiser, Rudolph u. a. gegen Maag 34 f., Wolff.

[233] Z. B. Maag 35, Weiser.

[234] Z. B. Rudolph, Wolff.

[235] Vgl. die einschlägigen Lexika.

[236] So 𝔊 𝔗 𝔚.

[237] Vgl. den Vergleich mit dem Wasser.

[238] So mit Procksch (BH[3]), Rudolph, Wolff u. a.

ʰ Die Apposition scheint ein erklärender Nachtrag zu sein²³⁹.

ⁱ Die Vokalisation von כִּיוּן ist in כֵּיָן zu ändern²⁴⁰.

ʲ Die Apposition כוכב אלתיכם wird als erklärender Zusatz gestrichen²⁴¹.

ᵏ V. 25f. werden als Nachtrag gestrichen; zur Begründung siehe unten den Abschnitt *Abgrenzung*.

ˡ Die ursprüngliche Schlußformel אמר יהוה ist liturgisch erweitert²⁴².

Abgrenzung

Der Textabschnitt hebt sich von 5, 18—20 durch den Übergang von der 3. pers. in die 1. pers. deutlich ab. Sein Abschluß wird durch die Schlußformel אמר יהוה (v. 27) und durch den Beginn einer neuen Einheit in 6, 1 (הוי) markiert.

So zweifellos diese Abgrenzung ist, so uneinheitlich erscheint der Abschnitt. V. 22aα stört den strengen Parallelismus der Reihen in v. 21—24; zudem fällt sein Subjektswechsel von der 1. pers. sg. in die 2. pers. pl. auf. V. 25f. lassen keinen Parallelismus der Glieder erkennen; sie heben sich von v. 21—24 durch ihre syntaktisch-stilistische Form klar ab²⁴³. Wie sind diese Beobachtungen literarkritisch zu beurteilen?

Es ist unumstritten, daß v. 22aα nicht als Vordersatz zu v. 22aβ. b aufgefaßt werden kann. Eine solche Lösung sprengte auf der einen Seite den Parallelismus der Glieder²⁴⁴, auf der anderen Seite stieße sie auf die sachliche Schwierigkeit, daß עלה als übergreifender Begriff zu מנחה und שלם angenommen werden müßte, was jedoch nur schwer möglich wäre²⁴⁵. Auch der Vorschlag, v. 22a als einen Satz aufzufassen²⁴⁶, kann nicht überzeugen, da der parallele Aufbau von v. 22aβ und v. 22b deutlich erkennen läßt, daß ומנחתיכם als Objekt auf ארצה und nicht auf תעלו zu beziehen ist²⁴⁷. So bleiben nur zwei Möglichkeiten: Entweder ist ein Halbvers ausgefallen, oder v. 22aα ist als Zusatz zu beurteilen. Auch wenn eine sichere Entscheidung nicht

---

²³⁹ So mit Wolff u. a.; vgl. Textanm. ʲ.

²⁴⁰ Vgl. Textanm. ᵍ.

²⁴¹ So mit Wolff, Elliger (BHS) u. a.; vgl. 𝕲, die die beiden sekundären Appositionen noch nebeneinander gestellt hat und den Relativsatz auf צלמיכם bezieht: ... τοῦ Μολοχ καὶ τὸ ἄστρον τοῦ Θεοῦ ὑμῶν Ραιφαν, τοὺς τύπους αὐτῶν, οὓς ... ..

²⁴² Vgl. 1, 5. 8. 15; 2, 3; 5, 17 mit dem Doxologieabschluß 4, 13b.

²⁴³ Statt der 1. pers. des Sprechers wie vorher sind in v. 25f. die Angeredeten Subjekt der Aussage, statt der indikativischen bzw. imperativischen Sätze finden sich Fragen.

²⁴⁴ Siehe oben und unter *Form*.

²⁴⁵ Wolff; vgl. unten die Bedeutungsanalyse dieser Ausdrücke.

²⁴⁶ Vgl. 𝕲: διότι ἐὰν ἐνέγκητέ μοι ὁλοκαυτώματα καὶ θυσίας ὑμῶν, οὐ προσδέξομαι; ähnlich 𝔗𝔙.

²⁴⁷ Vgl. Rudolph.

möglich ist, so können die bisher unternommenen Rekonstruktions-
versuche[248], die ohne Anhalt an der Textüberlieferung notgedrungen
hypothetisch sein müssen, nicht überzeugen. Sie vermögen weder
einen solchen Parallelismus wie im Kontext herzustellen[249] noch den
Textausfall einsichtig zu machen. So wird vorgeschlagen, v. 22aα
als Glosse zu streichen[250]. V. 21—24* bilden dann einen in sich einheitlichen und geschlossenen Abschnitt[251].

Wie sind demgegenüber v. 25—27 zu beurteilen? Zunächst sind
v. 25f. nicht nur aus formalen[252], sondern auch aus sachlichen Gründen von v. 21—24* zu unterscheiden. So wenden sich v. 21—24*
gegen die Kultpraxis der Angeredeten[253], v. 25 dagegen zielt auf eine
grundsätzliche Verneinung des Kultus[254] und v. 26 redet vom Kult
für fremde Götter. Weiterhin ist auffällig, daß v. 25 den sg. מנחה
neben den pl. מנחתיכם (v. 22aβ) und den pl. הזבחים (v. 25a) setzt[255]
und auf den vierzigjährigen Wüstenaufenthalt anspielt, der erst in
späteren Texten als Motiv begegnet[256]. Nimmt man die Beobachtung
hinzu, daß wahrscheinlich beide Verse, zumindest aber v. 25, prosaisch
formuliert sind[257], so legt sich der Schluß nahe, daß v. 25f. als sekundärer Zusatz zu beurteilen sind[258].

---

[248] Vgl. Budde, JBL 43 (1924), 115 (לא שמח); Sellin[2] (לא אנחם); Morgenstern, HUCA,
302. 319 (לא אקחנה מידיכם); Rudolph (הנה בעיני) u. a.

[249] Wolff; vgl. besonders seine Hinweise auf den Wechsel des Subjekts in v. 22aα und
auf das Fehlen des Suffixes bei עלות.

[250] V. 22aα stellt im jetzigen Zusammenhang einen Exzeptionssatz dar; vgl. G—K
§ 163c. Eine solche Ausnahme dürfte aber eher einem Glossator als dem Propheten
zuzuschreiben sein; vgl. Wolff.

[251] Siehe unten die Formanalyse.

[252] Siehe oben Anm. 243.

[253] Daß nicht der Kultus an sich, sondern nur die Kultpraxis zur Debatte steht, machen
die Suffixe der 2. pers. pl. deutlich.

[254] Vgl. Marti, der auf die betonte Voranstellung von הזבחים verweist.

[255] Die Unterscheidung der Opfer als tierische und pflanzliche findet sich zudem erst
in späterer Zeit; vgl. I Sam 2, 29; Jes 19, 21; Jer 17, 26 u. a. (Wolff).

[256] Vgl. dazu oben zu 2, 10. In diesem als sekundär beurteilten Vers findet sich dieselbe
Vorstellung.

[257] In beiden Versen ist kein Parallelismus erkennbar. Beide Male finden sich Prosaisie-
rungen wie z. B. die Verwendung des Artikels oder der nota accusativi. V. 25 läßt
sich nicht, v. 26 kaum metrisch gliedern; vgl. Procksch (BH[3]), Wolff u. a. gegen Rudolph u. a.

[258] Vgl. Vollmer, Rückblicke, 37—43, und seine ausführliche Diskussion der verschiedenen Lösungsversuche innerhalb der Forschung; Wolff u. a. Anders Rudolph; er
lehnt zwar die Verbindung von v. 21—24 mit v. 25 ab (»dort affektgeladene, teilweise absichtlich verletzende Ausdrücke, hier eine nüchterne geschichtliche Erinnerung und ein Appell an den gesunden Menschenverstand«), möchte aber in dem
Vers »ein Bruchstück aus einem anderen Streitgespräch erkennen«. Doch die oben
angeführten formalen Gründe sprechen gegen eine solche Herleitung von Amos. —

Wie steht es dann mit v. 27? Bildet der Vers den Abschluß des Textabschnitts v. 21—24*? Stellt er ein Fragment dar? Kann er mit v. 26 zu einer Einheit zusammengefaßt werden, die aus den Teilen Begründung und Ankündigung bestünde?

Eine sichere Antwort auf diese Fragen ist im Rahmen dieser Arbeit nicht möglich, da sie sich von ihrem Selbstverständnis her auf literar- und formkritische Methoden beschränkt. Doch scheint unter Abwägung dieser Gesichtspunkte die zweite Möglichkeit die größte Wahrscheinlichkeit für sich beanspruchen zu können. So spricht gegen den ersten Vorschlag, den z. B. Wolff macht, daß v. 21—24* in sich abgerundet sind[259] und keiner Fortsetzung bedürfen[260]. Auch die dritte Möglichkeit, die v. 26f. als eine begründete Unheilsankündigung versteht[261], kann nicht überzeugen. Dagegen sprechen nicht nur das oben wahrscheinlich gemachte Verständnis von v. 25f. als Doppelfrage, sondern auch die bereits ebenfalls oben entfalteten poetisch formalen Schwierigkeiten[262].

V. 26 verbindet Rudolph dann mit v. 27 zu einer Einheit; dabei streicht er v. 26b als »Mißverständnis« eines Glossators. Doch vermag auch dieser Vorschlag nicht zu überzeugen. Da Subjekt und Tempus in v. 25 und v. 26 übereinstimmen, legt sich für die beiden Verse das Verständnis als Doppelfrage nahe (so Wolff im Anschluß an Marti, Maag 35 u. a. gegen Nowack, Robinson, Weiser). Damit wäre sein Vorschlag bereits hinfällig. Doch selbst wenn man einer solchen syntaktischen Bestimmung von v. 25f. nicht folgt, erheben sich gegen eine Verbindung von v. 26 und v. 27 zu einer Ankündigung schwere Bedenken. Man ist in diesem Fall nicht nur gezwungen, Streichungen vorzunehmen, um v. 26 als Teil eines poetisch geformten Spruches postulieren zu können, sondern muß auch das einhellige perfektische Verständnis der Versionen von v. 26 übergehen. Zudem wäre es ungewöhnlich, wenn der Prophet die Folge des Handelns Jahwes (v. 26) vor dessen Eingreifen (v. 27) darstellte.

[259] Siehe unten die Formanalyse.

[260] Auch in diesem Fall kann man sich nicht ganz des Eindrucks erwehren, daß Wolff zu seiner Entscheidung nicht aufgrund literar- oder formkritischer Erwägungen, sondern aufgrund eines vorgefaßten Prophetieverständnisses kommt, das es ihm nicht erlaubt, v. 21—24* als selbständiges Mahnwort aufzufassen; vgl. seine Exegese von 5, 4f. Welchen Sinn, so wäre zu fragen, sollte v. 24 im Rahmen eines Schuldaufweises haben? Gerade dieser Vers enthält doch nicht den Aufweis eines falschen Verhaltens der Angeredeten, sondern eine Aufforderung zu richtigem Handeln. Der Feststellung von Wolff (»Auch die Mahnrede dient, da sie nicht befolgt wird, dem Schuldaufweis«) könnte nur dann zugestimmt werden, wenn dieser angesprochene Ungehorsam in dem Spruch in irgendeiner Weise zum Ausdruck gebracht würde. So aber fehlt gerade dieses entscheidende Zwischenglied.

[261] So z. B. Fohrer, Einleitung, 478.

[262] Negativ entschiedene Überlegungen, »ob eine Verehrung des babylonischen Saturngottes Sakkut-Kaiman in der Zeit des Amos stattgehabt hat« (Galling, ZDPV 67, 1945, 39), gehen zwar über den hier gesteckten Rahmen hinaus, verdeutlichen aber die Zweifelhaftigkeit einer Herleitung von v. 26 von Amos. Bemerkenswert ist auch

So bleibt v. 27 — eben so wie v. 25 f. — in der folgenden Formbeschreibung außer Betracht. Denn nur v. 21—24* bilden eine geschlossene Einheit, und nur in ihrem Fall ist es also sinnvoll, die
Struktur zu erheben.

Form

Die Einheit ist metrisch geformt und zeigt einen kunstvollen
poetischen Aufbau. Auf zwei Doppeldreier, deren Reihen in synonymem Parallelismus zueinander verlaufen, folgt ein Doppelvierer mit
synthetischem Parallelismus. Ein Doppeldreier — mit wiederum
synonymem Parallelismus — schließt die Einheit ab. Bemerkenswert
ist der streng chiastische Aufbau der vier Perioden. So läßt sich auf der
einen Seite eine chiastische Stellung der beiden ersten Verse zueinander erkennen[263], während auf der anderen Seite die Reihen der beiden
folgenden Verse untereinander chiastische Wortstellung aufweisen[264].
Die kunstvolle Gestaltung der Einheit zeigen darüber hinaus Assonanz
und Reim an.

5, 21—24* werden durch ein Zeugma eröffnet: Zwei Verba (im
pf.)[265] ist *ein* Objekt zugeordnet. Ihre asyndetische Aneinanderreihung
weist auf eine Klimax hin[266]. In Syndese werden drei durch die
Negation לא invertierte Verbalsätze (im impf.) angeschlossen; sie sind
jeweils mit der Konjunktion ן miteinander verknüpft. Überdies werden
sie durch das Ich der redenden Person und die Anredeform der
2. pers. pl. eng miteinander verbunden. In v. 23 ist dagegen ein deutlicher Neueinsatz erkennbar. In Asyndese wird hier ein inf. abs. in
der Funktion eines pluralischen Imperativs[267] angefügt und mit einem
Präpositionalausdruck und einem Objekt verbunden. Die Anredeform
dieses Satzes wie die Aufnahme des Subjekts der 1. pers. sg. als Suffix
stellen die Verbindung mit v. 21f.* her. Es folgt ein syndetisch angefügter invertierter Verbalsatz (im impf.), dessen Anredeform und
mit v. 21f.* gemeinsames Subjekt Rückweiser darstellen. In v. 24
schließt ein Verbalsatz (im juss.) die Einheit ab. Einerseits ist dieser
Satz durch die Konjunktion ן mit v. 23 verknüpft, andererseits fehlen
in ihm jegliche Rückverweise. Bemerkenswert ist die Tatsache, daß

die sachliche Parallele dieses Verses zu der deuteronomistischen Stelle II Reg 17,
29—31. So kann zwar die Verbindung von v. 26 und v. 27 zu einer Einheit nicht
völlig ausgeschlossen werden, auch wenn sie aus den erwähnten formalen Gründen
sehr unwahrscheinlich erscheint, doch kann in einem solchen Fall die Einheit nicht
mehr von Amos hergeleitet werden, sondern muß als eine spätere Aktualisierung
gelten.

[263] V. 21 Verb—Objekt, Verb—Objekt // v. 22* Objekt—Verb, Objekt—Verb.
[264] V. 23 Verb—Objekt // Objekt—Verb; v. 24 Vergleich—Subjekt // Subjekt—Vergleich.   [265] Siehe Textanm. ᵃ.
[266] Vgl. G—K § 154a.   [267] Siehe Textanm. ᶜ.

auch hier ein Zeugma vorliegt: Auf *ein* Prädikat sind zwei Subjekte bezogen. Insofern korrespondiert der Vers v. 21a.

Funktions- und Hauptwörter stehen innerhalb der Einheit in dem Verhältnis von etwa 2:3. Als Funktionswörter finden sich vor allem die Konjunktion וְ und die Negation לֹא. Bei den Verba finden sich Zustandsverba nur beschränkt, Aktionsverba dominieren. Bei den Substantiva sind unbelebte Konkreta selten, belebte Konkreta und Eigennamen fehlen. Den überwiegenden Anteil nehmen Abstrakta ein. Ein abgeleitetes Adjektiv ist singulär. Auffallend sind die beiden Vergleiche in v. 24.

Damit kommt die Bedeutung der einzelnen Wortgruppen in den Blick. Die Einheit ist als Jahwerede stilisiert[268]; die angeredete Personengruppe wird nicht näher bezeichnet. In scharfen Worten formulieren v. 21—23* Jahwes Ablehnung der kultischen Praxis der Hörer.

Die radikale Ablehnung des kultischen Treibens wird zunächst in allgemeiner und grundsätzlicher Weise zum Ausdruck gebracht (v. 21) und sodann am Beispiel der Kultopfer und der Festmusik verdeutlicht (v. 22f.*). Im einzelnen werden dazu Kulttermini[269] ebenso wie Ausdrücke des Alltagslebens[270] verwendet.

Ihr wird in v. 24 in einer vergleichenden Bildrede als Wunsch[271] ein Verhalten nach Recht und Gerechtigkeit gegenübergestellt[272]. Die Bildrede bringt dabei zum Ausdruck, daß ein solches gemeinschaftsgemäßes Verhalten, wenn es von Dauer[273] und großer Intensität[274] ist, Heil und Leben bedeutet[275].

Faßt man nunmehr die Ergebnisse der Analyse zusammen, so ergibt sich diese strukturelle Gliederung:

---

[268] Auch wenn die abschließende Gottesspruchformel in v. 27 aufgrund der literarkritischen Überlegungen hier keine Berücksichtigung finden kann, so legt doch die Bedeutung der Einheit (siehe unten) es nahe, das redende Ich mit Jahwe zu identifizieren.

[269] רצה ist der übliche Ausdruck für die Annahme des Opfers durch Jahwe (vgl. Ez 20, 41 u. a. und Rendtorff, Geschichte des Opfers, 253ff.); מנחה ist entweder die Sammelbezeichnung für alle Opferdarbringungen (vgl. Jes 1, 13 u. a.) oder meint speziell das Speiseopfer (vgl. II Reg 16, 15 u. a.); שְׁלֶם, das nur hier im sg. vorkommt, bezeichnet wahrscheinlich das Mahl- oder Abschlußopfer (vgl. Rendtorff a. a. O. 132f.).

[270] Z. B. die Verba שׂנא (vgl. 5, 10. 15; 6, 8), נבט, שׁמע. הריח ב (»riechen«) wird manchmal auch auf Jahwe im Zusammenhang mit Opfern bezogen; vgl. Gen 8, 21; Ex 30, 38 u. a. [271] Siehe Brockelmann § 8.

[272] Zu der Bedeutung des Wortpaares משׁפט/צדקה siehe oben zu 5, 7; vgl. 5, 15; 6, 12.

[273] Das Attribut איתן (»stark fließend«) dient dazu, den Bach von solchen zu unterscheiden, die nur in der Winterzeit Wasser führen; vgl. Jes 48, 18 und Rudolph, Wolff.

[274] Das Verbum גלל ni. (»einherwälzen«) spielt auf die Gewalt der Wasser an.

[275] In dem regenarmen Palästina spielt das Wasser als Voraussetzung für die Fruchtbarkeit und damit das Gedeihen des Landes eine besonders wichtige Rolle; vgl. Dtn 8, 7; I Reg 17, 4. 6 u. a.

11*

Kultbescheid	v. 21f.*		Jahwerede/Anrede
Ablehnung der		VS (pf.)	שְׂנֵאתִי . . . חַגֵּיכֶם
Kultpraxis		iVS (impf.)	לֹא אָרִיחַ/לֹא אֶרְצֶה/לֹא אַבִּיט
Kultanweisung	v. 23a	inf. abs.	הָסֵר
Kultbescheid	v. 23b	iVS (impf.)	לֹא אֶשְׁמָע
Kontrast:	v. 24		
Anweisung		VS (juss.)	מִשְׁפָּט/צְדָקָה

4. Amos 6, 1—7

Text

1   Wehe [den Sicheren in Zion und][a] den Sorglosen auf dem
           Berg Samarias,
  den Vornehmen des Erstlings der Völker,   3 + 3
  [und das Haus Israel kommt zu ihnen.][b]
2   [Zieht nach Kalne hinüber und schaut,
  geht von dort nach Hamat[c] Rabba
  und steigt hinab nach Gat der Philister!
  Seid (ihr)[d] etwa besser als diese Reiche,
  oder ist ihr Gebiet größer als euer Gebiet?][e]
3   die den[f] Unheilstag ferne wähnen,
  doch die Herrschaft[g] der Gewalt herbeiführen[h],   3 + 3
4   die auf Elfenbeinbetten liegen,
  und auf ihren Ruhelagern sich räkeln,   3 + 3
  die junge Widder aus der Herde verzehren
  und Kälber mitten aus der Mast,   3 + 3
5   die zum Klang der Leier plärren,
  [wie David][i] sich allerlei[j] Lieder ersinnen,   3 + 3
6   die aus[k] Schalen Wein trinken
  und bestes Öl versalben.   3 + 3
  [Aber um das Verderben Josephs kümmern sie sich nicht.][l]
7   Darum nun:
  Sie ziehen an der Spitze der Gefangenen in die Verbannung;
  da ist es aus mit dem Gelage der Sichräkelnden.   3 + 3
    >Spruch Jahwes [, des Gottes Zebaot]<[m].

   [a] Da der Auftrag des Propheten nur für das Nordreich gilt[276], fällt die Erwähnung Zions in seinem Munde auf. Es wird vorgeschlagen, den Ausdruck als Glosse zu
streichen[277]; anscheinend handelt es sich um eine judäische Aktualisierung[278].

---

[276] Siehe 7, 15.

[277] So mit Wolff u. a.; vgl. seine ausführliche Diskussion anderer Lösungsvorschläge.
  Anders Rudolph, dessen Änderung von צִיּוֹן in בְּצָרוֹן (»Festung«) jedoch nicht zu

ᵇ Der Halbvers stört den Parallelismus von v. 1 a β und v. 1 b α und unterbricht auch die partizipiale Konstruktion des Weherufs[279]. Bereits 𝔊 (vgl. 𝔖𝔙) hatte Schwierigkeiten mit dem Text, wie die Aufteilung der Wortgruppe auf den vorangehenden und den folgenden Satz erkennen läßt. So dürfte der nachklappende Prosasatz ein späterer Zusatz sein[280].

ᶜ Der st. cs. חֲמַת statt üblichem חֵמָה beruht auf Breviloquenz, vgl. dazu G—K § 125 h.

ᵈ Procksch[281] schlägt vor, היטבתם statt הטבים zu lesen; doch ist eine solche Änderung nicht nötig, da v. 2 b β einen eingliedrigen Nominalsatz darstellt, dessen selbstverständliches Subjekt wegfallen kann.

ᵉ V. 2 wird als Zusatz beurteilt und daher gestrichen; zur Begründung siehe unten unter *Abgrenzung*.

ᶠ Zu לְ beim Akkusativ siehe G—K § 117 n.

ᵍ Die Bedeutung des Ausdrucks שֶׁבֶת חמס ist umstritten; seine hier gegebene Übersetzung schließt sich Wellhausen an, der שֶׁבֶת als inf. cs. von ישׁב im Sinne von »thronen« deutet[282].

ʰ Da v. 2 als Erweiterung gestrichen ist, fällt der Übergang zum Anredestil in 𝔐 auf. V. 5—7 sind zudem wiederum in der 3. pers. formuliert. So legt sich die Annahme nahe, ursprüngliches ויגישׁון sei nach der Einfügung von v. 2 dessen Anredeform angeglichen worden.

ⁱ Der Ausdruck schießt metrisch über, er sprengt die Reihe der Doppeldreier innerhalb der Einheit[283].

ʲ Der Text von 𝔐, der gewöhnlich mit »(wie David) erfinden sie sich Musikinstrumente« wiedergegeben wird, fällt im Zusammenhang von v. 4 b. 6 a auf: Musikinstrumente werden gewöhnlich nicht bei Mahlzeiten erfunden[284]. Auch kann in v. 5 b in dieser Fassung kein Vorwurf erkannt werden. Die Schwierigkeiten lösen sich, wenn man eine kleine Textänderung vornimmt und כְּל־ statt כְּלִי־ liest[285]. Der Prophet spricht dann in v. 5 a vom Plärren zur Leier und in v. 5 b in Parallele dazu vom Improvisieren von Liedern und charakterisiert damit das Singen als lärmendes, ausgelassenes Gejohle.

überzeugen vermag, da die einzige Belegstelle für בצרון Sach 9, 12 textkritisch umstritten ist.

[278] Vgl. die Erweiterung 3, 1 b, auch 2, 4 f.; 9, 11.

[279] Vgl. unten den Abschnitt *Form*.

[280] So mit Wolff; anders Rudolph u. a. Zur Auseinandersetzung mit Textänderungsvorschlägen, wie sie Robinson, Marti u. a. gemacht haben, siehe im einzelnen Wolff.

[281] BH³.

[282] Vgl. 𝔙 (solio iniquitatis). — Anders Rudolph, der שֶׁבֶת von dem Verbum שׁבת (»aufhören«, hi. »ein Ende machen«) ableitet und demgemäß »ein gewaltsames Ende« übersetzt; dagegen lesen Balla 15 Anm. 6, Weiser שֶׁבֶר, und Marti liest שֹׁד. Während die letzteren Textänderungen sich zu sehr von dem Konsonantentext entfernen, wäre der Vorschlag von Rudolph zwar durchaus einleuchtend, doch hat er für seine Deutung des Ausdrucks keinen Anhalt in der Textüberlieferung.

[283] Vgl. Procksch (BH³), Wolff u. a.

[284] So mit Rudolph.

[285] Mit Nowack; vgl. Balla 16, Maag 37. Anders Rudolph, Wolff.

ᵏ Wörtlich: »aus Weinschalen trinken«; den st. cs. מִזְרְקֵי durch den st. abs. zu ersetzen, ist unnötig[286]. Die Präposition בְּ dürfte instrumental gemeint sein[287].

ˡ Der Halbvers stört innerhalb der Reihe der Doppeldreier und fällt auch formal insofern aus dem Rahmen, als er die einzige negierte Aussage enthält. Es dürfte sich daher um einen Nachtrag handeln[288].

ᵐ Die Gottesspruchformel wird mit Balla[289], Rudolph, Wolff u. v. a. aus 6, 8, wo sie nicht ursprünglich ist[290], hierher umgestellt. Es dürfte ein Abschreibeversehen vorliegen. Ähnlich wie in 3, 13; 4, 13; 5, 16 u. a. wird allerdings die liturgische Erweiterung der Formel gestrichen[291].

Abgrenzung

Obwohl Einleitungs- und Schlußformeln in der Textüberlieferung fehlen, ist die Abgrenzung des Textabschnittes deutlich. In 6, 1 setzt mit dem Wehe-Ruf הוֹי klar eine neue Einheit ein, und in 6, 8 beginnt mit der Schwurformel als Einleitung ebenfalls ein neuer Textabschnitt. Daß v. 7 mit v. 1—6* eine rhetorische Einheit bildet, wird sowohl durch die Verknüpfung beider Teile durch לָכֵן wie durch die Stichwortaufnahme von רֵאשִׁ(ית) (v. 1. 6) und סְרֻ(ו)חִים (v. 4) in v. 7 angezeigt.

Sieht man von einigen kleineren Zusätzen ab, deren Ausscheidung bereits begründet wurde[292], so fällt in der Einheit nur v. 2 aus dem Rahmen. Die Anredeform der 2. pers. pl., die Reihe der Imperative (v. 2a) und die Fragen (v. 2b) sprengen den in v. 1. 3—6* wie üblich in Partizipialformen und in 3. pers. pl. einhergehenden Stil des Weherufs[293]. Außerdem fällt metrisch die dreigliedrige Periode v. 2a auf, da sich innerhalb der Einheit sonst nur Doppeldreier finden lassen. Sachlich ist schließlich bemerkenswert, daß in v. 2a mit Gat gerade die Philisterstadt genannt wird, die in 1, 6—8 übergangen ist. So er-

---

[286] Rudolph u. a. gegen Weiser.

[287] So Robinson; vgl. G—K § 119 o und Gen 44, 5. Anders Wolff, der im Anschluß an Brockelmann § 106a feststellt: »בְּ als praep. denkt an die Ruhe, mit der der Mund des Trinkers am Gefäß haftet«.

[288] Vgl. Balla 16, Wolff; anders Rudolph. Procksch (BH³), Marti u. a. möchten v. 6b mit v. 13f. verbinden. Da dort ein Halbvers fehlt, würde sich v. 6b metrisch gut einfügen. Doch gilt für eine solchen Vorschlag derselbe Einwand, den Wolff bereits in bezug auf die Einordnung des Satzes in 6, 1. 3—7 gemacht hat: »Eine solche Aussage (sc. vom »Zusammenbruch Josephs«) innerhalb einer Anklage wäre in Amos' Munde ungewöhnlich.«

[289] Balla 16.

[290] Siehe Textanm. ᵇ zu 6, 8.

[291] Vgl. Wolff 332 ff.

[292] Siehe oben die Textanm. ᵃˑᵇˑⁱˑˡˑᵐ.

[293] Siehe oben zu 5, 7. 10.

scheint es wahrscheinlich, daß v. 2 eine aktualisierende Glosse darstellt[294].

Form

Die Einheit weist einen klaren poetischen Aufbau auf. Sie besteht
aus sieben Perioden, deren Reihen in synonymem bzw. antithetischem
Parallelismus einander zugeordnet sind und ausschließlich Doppeldreier darstellen. הוי (v. 1) und לכן עתה (v. 7) stehen dabei als Anakrusis
ebenso außerhalb des Metrums wie נאם יהוה als Schlußformel. Als
poetische Hilfsmittel sind Alliteration, Assonanz, Binnenreim und
Chiasmus verwendet. Besonders auffällig ist in v. 1—6* der fünfmalige Versbeginn mit ה, der die strenge Parallelisierung der Perioden
verdeutlicht. Einen sehr kunstvollen Eindruck macht auch der abschließende v. 7, der nicht nur die beiden Stichwörter ראש(ית) und
סר(ו)חים aufnimmt, sondern auch durch die Wiederholung der Kon-
sonanten גל (v. 7a) bzw. סר (v. 7b) besonders eindrücklich wird.
       Der Abschnitt v. 1—6* weist einen syntaktisch-stilistisch ähn-
lichen Aufbau wie die beiden Einheiten 5, 7. 10; 5, 18—20 auf. Die
Interjektion הוי wird in v. 1 mit zwei parallelen, pluralischen Partizipialkonstruktionen verknüpft. In den folgenden Versen findet sich
im ersten Glied ebenfalls je ein pluralischer Partizipialsatz, im zweiten
Glied dagegen wechseln Partizipialsätze[295], Verbalsätze[296] und ein invertierter Verbalsatz[297] als Abschluß ab. Die verschiedenen Sätze werden
durch die Formulierung in der 3. pers. pl., der Subjektsfunktion zukommt, miteinander verbunden. Im einzelnen lassen a- bzw. syndetische Verknüpfung erkennen, welche Sätze innerhalb des Abschnitts v. 1—6* enger zusammengehören. So stellen die beiden asyndetisch aneinandergefügten Partizipialausdrücke in v. 1 gewissermaßen
die Überschrift dar, von der sich v. 3—6a insofern deutlich abheben,
als die Sätze innerhalb dieser Verse — abgesehen von v. 5 — syndetisch miteinander verknüpft sind. Während die einzelnen Verse
asyndetisch aneinander angeschlossen und damit zunächst einmal voneinander getrennt sind, führt der Einsatz der verwendeten Satzarten
auf die nähere Unterscheidung von v. 3, der durch einen Verbalsatz
abgeschlossen wird, und v. 4—6a, deren beide Teile v. 4f. bzw. v. 6a

---

[294] So mit Wolff. Anders Rudolph, der lediglich v. 2bα aus metrischen und sachlichen
   Gründen streicht, dann aber gezwungen ist — um ein Amos angemessenes Textverständnis zu erhalten —, die Suffixe in v. 2bγ zu vertauschen.

[295] V. 4aβ; in v. 4bβ wird der vorangehende Partizipialsatz durch einen zweiten Ob-
   jektausdruck erweitert.

[296] V. 3b im impf. cons.; v. 5b im pf.

[297] V. 6aβ im imp.

durch einen Verbalsatz bzw. durch einen invertierten Verbalsatz abgeschlossen werden.

In v. 7 wird mit der Konjunktion לכן die Folgerung aus v. 1—6* eingeführt. Sie besteht aus zwei syndetisch aneinandergefügten Verbalsätzen (im impf. bzw. pf. cons.) und hebt sich damit deutlich von dem vorhergehenden Abschnitt ab. Das mit v. 1—6* gemeinsame Subjekt sowie die Aufnahme der »Kennwörter« ראש(ית) und סר(ו)חים stellen aber die Verbinder zwischen beiden Teilen der Einheit her.

Funktions- und Hauptwörter stehen in der Texteinheit in dem ausgewogenen Verhältnis von etwa 2:3. Als Funktionswörter finden sich vor allem Artikel und Präpositionen. Bei den Verba dominieren Aktionsverba; die Zustandsverba treten dahinter zurück. Bemerkenswert ist die große Anzahl der Partizipia, deren Mittelstellung zwischen Verbum und Nomen bewirkt, daß die geschilderten Geschehnisse und Handlungen als zuständlich und andauernd aufzufassen sind. Bei den Substantiva herrschen unbelebte Konkreta und Abstrakta vor. Doch finden sich daneben auch belebte Konkreta, vor allem Tierbezeichnungen. Ein Eigenname ist singulär. Auffällig ist der beschreibende Gebrauch vieler Nomina, den die Vielzahl der präpositionalen Ausdrücke unterstreicht. Das Gewicht der Einheit liegt damit weniger auf der Wertung, mehr auf der Beschreibung.

Der Prophetenspruch 6, 1. 3—7* betrifft die selbstsichere Oberschicht Samarias. Sein »Wehe« der Totenklage[298] in v. 1 wird über die Prominenz der Hauptstadt Israels ausgerufen.

Das pt. pass. נקבי leitet sich von dem Verbum נקב her, das sich in Am sonst nicht mehr findet. Es hat ursprünglich die Bedeutung »durchbohren«, dann »punktieren, festsetzen«, schließlich »auszeichnen«. In letzterer Bedeutung ist es hier verwendet, indem es um das Ansehen der betreffenden Leute geht[299].

ראשית meint hier wie I Sam 15, 21; Num 24, 20 das qualitativ Erste[300] und bringt damit einen sachlichen Vorzug Israels vor den Völkern zum Ausdruck[301].

Ihr Verhalten wird in v. 3—6* als selbstsichere Sorglosigkeit beschrieben, die sich in einem luxuriösen Wohlstandsleben kundtut[302].

Die trügerische Selbstsicherheit kommt darin zum Ausdruck, daß man den Unheilstag, den man selbst durch sein Verhalten herbeiführt, ferne wähnt (v. 3) und

---

[298] Zu הוי siehe oben zu 5, 7.
[299] Vgl. Jes 62, 2.
[300] So mit Rudolph, Wolff. Anders Maag 192 f., der auf den zeitlichen Anfang abhebt.
[301] Vgl. 3, 2.
[302] Mit diesem Verständnis wird die Deutung von Maag 39 u. a. abgelehnt, der als Hintergrund nicht ein profanes, sondern ein kultisches Festmahl erkennt. Die verwendeten Termini könnten zwar einen solchen Schluß nahelegen, doch spricht der Zusammenhang von v. 1—6* dagegen; vgl. Robinson, Weiser, Wolff.

ein luxuriöses Genießerleben führt (v. 4—6a), das als faules Daliegen[303] auf kostbaren Polstermöbeln[304], als genießerisches Essen[305], als lärmendes Musizieren[306], als maßloses Trinken[307] und als verschwenderische Körperpflege[308] beschrieben wird.

In v. 7 wird die Folgerung aus einem solchen Verhalten gezogen[309]. Der Wehe-Ruf wird damit zur Begründung der folgenden Ankündigung, die der Prominenz des Volkes die Deportation — ihren Ansprüchen gemäß an der »Spitze« des Volkes — ansagt. Folge dieses Geschehens — und damit greift v. 7 auf v. 4—6a zurück — wird für sie das Ende des geschilderten Wohlstandslebens sein[310]. So wird das einleitende Wehe der Totenklage durch die Unheilsankündigung der Deportation ironisch expliziert[311].

Damit läßt sich die Struktur der Einheit in Tabellenform darstellen:

---

[303] Zu dem Verbum סרח (»über-, herabhängen«) verweist Wolff auf Ex 26, 12 f.; Ez 23, 15 und stellt dann fest: »Amos bedient sich in aufreizender Weise eines Wortes, das sonst nur von schlaff herunterhängenden Textilien oder wuchernden Weinranken, aber nie von Menschen gebraucht wird.«

[304] Vgl. dazu 3, 12—15.

[305] Sowohl das Fleisch der Lämmer (כר) als auch der Kälber (עגל) ist von besonders zarter und damit guter Qualität; vgl. Maag 167 f.; Rudolph.

[306] Die Bedeutung des Hapaxlegomenon פרט ist noch nicht sicher geklärt. 𝔊 𝔖 (»schlagen«) beziehen die Vokabel auf das Spielen von Instrumenten; doch paßt hierzu der Ausdruck על־פי nicht. So dürfte das Verbum am zutreffendsten mit »plärren, grölen« im Sinne eines abgehackten, ungeordneten Singens zu übersetzen sein; vgl. 𝔙 und Rudolph.

[307] Der Ausdruck מזרק, der von זרק (»sprengen«) abgeleitet ist, bezeichnet in der Regel eine weite kultische Sprengschale und ist hier nur deshalb gewählt, um die Maßlosigkeit im Trinken hervorzuheben; vgl. Rudolph, Wolff, anders Sellin², Maag 39. 161.

[308] Das Verbum משח wird zwar meist für das kultische Salben verwendet, ist hier jedoch — ähnlich wie Jer 22, 14; Jes 21, 5 — für das kosmetische Salben gebraucht; vgl. Rudolph; Kutsch, Salbung, 5. 9. ראשית bezeichnet wie in v. 1 die Qualität, d. h. das Wort hebt auch hier nicht auf einen zeitlichen Anfang ab.

[309] Vgl. zu dem Ausdruck לכן עתה Lande, Formelhafte Wendungen, 48—52; er dient der Hervorhebung der folgenden Ankündigung.

[310] Der Ausdruck מרזח, der im Alten Testament nur hier und Jer 16, 5 vorkommt, ist von רזח (»schreien, kreischen«) abzuleiten und damit mit »Gelärme, Geschrei, Gelage« wiederzugeben; vgl. Eißfeldt, OrAnt 5 (1966), 165—176, bes. 176.

[311] Vgl. Wolff: »Der kurze Doppelsatz ist derart geschliffen, daß der Zusammenhang von Schuld und Geschick gleich doppelt durch Stichwortaufnahme ironisch verdeutlicht wird: Die sich an der 'Spitze' der Völker wissen und 'Spitzen'-Qualität beanspruchen . . ., dürfen 'an der Spitze' . . . ins Exil marschieren; und die sich bei ihren Festgelagen herumräkeln, müssen das Ende ihrer Bettkultur erleben«.

Begründung	v. 1—6*		Prophetenrede? Jahwerede?
Weheruf	v. 1—6*		
Wehe-Ausruf	v. 1aα*	הוי	
Kennzeichnung der Betroffenen	v. 1*	Partizipialkonstruktion (2×) (pt. pl.)	בטחים נקבי ראשית הגוים
Schilderung des Verhaltens	v. 3—6	Partizipialkonstruktion (pt. pl.), VS (impf. cons.)	המנדים ליום רע/חמס
		Partizipialkonstruktion (4×) (pt. pl.), VS (pf.)	שכב/סרח/אכל פרט/חשב
		Partizipialkonstruktion (pt. pl.), iVS (impf.)	שתה משח
Unheilsankündigung	v. 7	לכן עתה	Jahwerede
Deportation	v. 7a	VS (impf.)	גלה
Folge	v. 7b	VS (pf. cons.)	סר מרזח
Schlußformel	cj. (v. 8)	נאם יהוה	

5. Amos 6, 8—14

Text

8 Geschworen hat [Herr]ᵃ Jahwe bei seinem Leben [, Spruch
Jahwes, des Gottes Zebaot]ᵇ:
Ich verabscheueᶜ Jakobs Hochmut.
    Seine befestigten Häuser hasse ich.   4 + 3
So gebe ich die Stadt preis mit allem, was in ihr ist.   3

9 [Und selbst wenn zehn Männer in *einem* Hause übrigbleiben:
sie sterben doch.

10 Undᵈ man nimmt einen Verwandten und zwingt ihnᵈ, die
Leichen aus dem Hause zu schaffen. Und er sagt zu dem im
hintersten Winkel des Hauses: »Ist noch einer bei dir?«
Und der sagt: »Neinᵉ!«, und er sagt: »Still! Denn man darf
Jahwe nichtᶠ mit Namen nennen.«]ᵍ

11 [Denn siehe Jahwe gebietet:]ʰ
Er schlägt das große Haus in Brüche
und das kleine Haus in Stücke.   4 + 3

12 Laufen Rosse auf Felsen?
    Oder pflügt man mit Rindern das Meerⁱ?   3 + 3
Doch ihr verwandelt in Gift das Recht
und die Frucht der Gerechtigkeit in Wermut.   3 + 3

13 . . .ʲ die sich freuen über Lodebarᵏ,
die da sagen: »Haben wir nicht mit eigener Kraft
uns Karnajimˡ genommen?«   3 + 3

14 Ja, siehe ich biete wider euch,
   Haus Israel, [Spruch Jahwes, des Gottes Zebaot,]ᵐ ein
                                              Volk,   3 + 3
   das wird euch bedrängen
   von Lebo-Hamatⁿ
   bis zum Bach der Arabaᵒ.   2 + 2 + 2

ᵃ אדני fehlt in ⑮ und wird mit Marti, Wolff u. a. gestrichen.

ᵇ Die Gottesspruchformel ist der ⑮ an dieser Stelle unbekannt. Da die Schwurformel den Spruch bereits als Jahwerede kennzeichnet, ist eine nochmalige Einführung
als Jahwewort überflüssig. Die Kurzform der Gottesspruchformel dürfte daher hinter
6, 7 zu stellen sein³¹².

ᶜ Statt תעב pi. (»verabscheuen«) findet sich in 𝔐 תאב pi. in derselben Bedeutung. Vielleicht liegt ein Abschreibeversehen vor? Oder eine Nebenform³¹³?

ᵈ 𝔐 (»sein Onkel und sein Verbrenner tragen ihn«) ist im Kontext sinnlos³¹⁴. So
hat der vorliegende Text zu manchen Rekonstruktionsversuchen geführt³¹⁵, die jedoch
allesamt hypothetisch sein müssen, da sie keinen sicheren Anhalt in der Textüberlieferung besitzen. Hier wird vorgeschlagen, in Anlehnung an ⑮ und Wolff 𝔐 in וְנִשָּׂאוֹ
דּוֹד וּפָצְרוּ zu ändern³¹⁶.

ᵉ Zu אפס als Verneinung vgl. G—K § 152s.

ᶠ Zur Bedeutung der Konstruktion לא ל mit Infinitiv siehe G—K § 114 l.

ᵍ V. 9f. werden als prosaischer Zusatz beurteilt; zur Begründung siehe unten den
Abschnitt *Abgrenzung*.

ʰ V. 11a α wird als sekundäre Verknüpfung gestrichen³¹⁷. In etwas abgewandelter
Form findet sich die Wendung in Am noch an der literarkritisch schwierigen und in

---

³¹² Siehe oben Textanm. ᵐ zu 6, 7.

³¹³ Vgl. die ähnliche Erscheinung bei dem synonymen גאל/געל.

³¹⁴ Vgl. Rudolph, Wolff u. v. a. Auch sachlich erheben sich Bedenken. Leichenver-
brennung war in Israel nicht üblich, so daß ein Fachausdruck »Verbrenner« ungewöhnlich wäre.

³¹⁵ Manche Exegeten — wie z. B. Balla 15 — halten die textlichen Schwierigkeiten
sogar für so groß, daß sie jeden Rekonstruktionsversuch als vergeblich ablehnen.
Vgl. auch das Urteil von Robinson: »Das . . . Stück hat im Laufe seiner Überlieferung offenbar so mannigfache Entstellungen und Beschädigungen erfahren, daß
jeder Wiederherstellungsversuch von vornherein zum Scheitern verurteilt ist.«

³¹⁶ Dieser Rekonstruktionsversuch des ursprünglichen Textes stimmt mit dem Vorschlag von Wolff nur darin nicht überein, daß er nicht das Suffix der 3. pers. sg. bei
דוד liest. Worauf sollte sich das Suffix beziehen? Die Erklärung von Wolff, das
Suffix weise auf בית als Familie zurück, erscheint gekünstelt, zumal die verschiedenartige Verwendung von בית in v. 9 und v. 10 zumindest ungewöhnlich wäre. So ist
das Suffix wohl zu streichen. Vielleicht liegt Dittographie vor? Vielleicht eine spätere
Angleichung an ומסרפו, nachdem der Text verstümmelt war? Andere Rekonstruk-
tionsversuche, wie z. B. der von Rudolph (ונשאו ידיהם מפני לחוץ), führen auch
zu keinem besseren oder sichereren Textverständnis. Da sie sich zudem zu sehr von der
Textvorlage entfernen, bleiben sie hier unberücksichtigt.

³¹⁷ So mit Wolff gegen Rudolph.

ihrer Echtheit umstrittenen Stelle 9, 9. Hier wie dort verknüpft die Partikel כִּי eine Unheilsankündigung mit der anderen; ein in Am sonst nicht belegter Fall. Der sekundäre Charakter des Halbverses kommt auch dadurch zum Ausdruck, daß dem angekündigten Gebieten Jahwes nicht ein Jahwewort folgt, sondern eine Aussage über sein Handeln in der 3. pers.

i Ꮇ bietet einen sprachlich und sachlich anstößigen Text. Auf der einen Seite ist der Plural בִבְקָרִים auffällig, da בָקָר ein Kollektiv bezeichnet; auf der anderen Seite ist die Frage: »Pflügt einer mit Rindern?« im Kontext sinnlos. Die Parallelität von v. 12 a α und v. 12 a β legt es nahe, statt dessen בַבָקָר יָם zu lesen[318].

ʲ Der Beginn des Spruches ist nicht überliefert[319], und alle Versuche, den Text zu rekonstruieren, sind willkürlich. Diese Feststellung gilt sowohl gegenüber dem Vorschlag, am Spruchanfang הוֹי zu ergänzen[320], als auch gegenüber der Annahme, es sei eine ähnliche Aufforderung zum Hören wie in 4, 1 o. ä. ausgefallen. 6, 13 f. sind also als Fragment zu beurteilen.

ᵏ Ꮹ übersetzt wörtlich: ἐπ' οὐδενὶ λόγῳ. Doch scheint der auch anderwärts bezeugte Ortsname Lodebar gemeint zu sein[321].

ˡ Auch für diesen Ortsnamen bringen die Versionen Deutungen; z. B. Ꮹ gibt קרנים mit κέρατα wieder. Der Ortsname erscheint zwar sonst im Alten Testament an keiner Stelle, doch ist er in anderer Literatur gut bezeugt[322].

ᵐ Die Gottesspruchformel נְאֻם־יְהוה אלהי הצבאות fehlt in Ꮹᴬᴼ und unterbricht den Zusammenhang von בֵית ישֹראל und גוֹי. Ihre Stellung deutet auf sekundäre Einschaltung hin. Doch läßt sich ohne Kenntnis des Spruchanfangs eine sichere Entscheidung nicht fällen, so daß die Möglichkeit, daß die Wendung den Spruch abgeschlossen hat, nicht völlig auszuschließen ist[323].

---

[318] So mit Balla 11, Procksch (BH³), Rudolph, Wolff u. a.

[319] Gegen die Annahme, die Einheit sei durch Partizipia eröffnet worden, spricht einerseits, daß eine solche Spru_heröffnung in Am singulär wäre (vgl. die Verwendung der Partizipia in 2, 7; 3, 12; 5, 12), andererseits, daß die Partikel כִּי v. 14 es verbietet, v. 13 als Vokativ oder bloßen Ausruf aufzufassen; vgl. Rudolph.

[320] So z. B. Maag 42, Rudolph. Gegen diese Lösung spricht, daß 6, 13 f. eine von den eindeutigen Weherufen in Am abweichende Struktur aufweisen; vgl. Wolff. Besonders fällt dabei auf, daß in v. 13 f. nicht der Prophet, sondern Jahwe redet, und daß ein eventueller Weheruf mit der Ankündigung eines unheilvollen Eingreifens Jahwes verbunden wäre. Hinzu kommt, daß sich die Verse nur mit Mühe metrisch gliedern lassen, da ein klarer Parallelismus fehlt; d. h. jedenfalls, daß sie das Ebenmaß vermissen lassen, das die Weherufe sonst auszeichnet. Doch kann — dies ist festzuhalten — eine sichere negative Entscheidung über obigen Lösungsvorschlag solange nicht gefällt werden, als eine detaillierte Untersuchung aller Weherufe der alttestamentlichen Literatur noch aussteht.

[321] Vgl. II Sam 17, 27 לֹא דָבָר; II Sam 9, 4 f. לוֹ דְבָר. Die auffallende, da nur hier bezeugte Vokalisation לֹא דָבָר könnte darauf hindeuten, daß man aus dem Ortsnamen die ironische Bedeutung »Unding« heraushören sollte; vgl. Wolff.

[322] Vgl. I Makk 5, 26. 43 f. u. a., auch den Hinweis von Sauer, BHH, II 935, auf assyrische Listen.

[323] Vgl. Wolff; Procksch (BH³) streicht die Formel, Rudolph stellt sie an den Schluß von v. 14.

ⁿ Es muß offenbleiben, ob Lebo-Hamat ein Ortsname ist oder ob dabei an einen Landstrich gedacht ist[324]. Fest steht jedenfalls, daß es sich um die Bezeichnung der Nordgrenze Israels handelt[325].

ᵒ Der Ausdruck נחל הערבה bezeichnet die Südgrenze des Nordreichs, die in der Nähe des Nordendes des Toten Meeres verläuft. Es ist allerdings umstritten, welches Wadi genau mit dieser Bezeichnung gemeint ist[326].

Abgrenzung

Nachdem 6, 1—7* sich als abgerundete Einheit erwiesen haben, weist die Schwurformel נשבע יהוה בנפשו, die 6, 8 eröffnet[327], deutlich auf einen Neueinsatz hin. Ein ähnlich klarer Beginn einer neuen Einheit läßt sich erst in 7, 1 mit der Wendung כה הראני אדני יהוה feststellen. So erscheint es berechtigt, die literarkritischen Probleme des Textabschnittes 6, 8—14 im Zusammenhang zu behandeln.

Zunächst stellt sich die Frage, wie weit der in 6, 8 eingeführte Gottesschwur reicht. Umfaßt die Einheit nur v. 8[328] oder auch noch v. 9f.[329]? Oder ist gar v. 11 noch zu der Einheit hinzuzunehmen[330]? Diese Frage wird nicht allein mit literarkritischen Methoden entscheidbar sein, sondern es werden formale Gesichtspunkte, die aus der sprachlichen Analyse gewonnen werden, hinzutreten müssen.

Während 6, 8 eine abgerundete Redeeinheit darstellt[331], die in sich verständlich ist und keiner Fortsetzung bedarf, hebt sich die Erzählung v. 9f. davon deutlich ab[332]. Bereits die Verknüpfung mit והיה könnte auf eine sekundäre Zwischenschaltung der beiden Verse hinweisen. Schwerer wiegt die Beobachtung, daß v. 9f. prosaisch formuliert sind. Es fehlt jeglicher parallelismus membrorum, so daß eine metrische Gliederung der Verse völlig willkürlich wäre[333]. Statt dessen finden sich — vor allem in v. 10 — syntaktisch verschlungene Satzreihen. So stehen vier verschiedenartige Nebensätze in dem kurzen Erzählstück

---

[324] In diesem Fall wäre zu übersetzen: »von da, wo es nach Hamat geht«. — Vgl. zu dieser Problematik Elliger, BHH, II 630.

[325] Vgl. Num 34, 8; Ez 47, 16f.; 48, 1 u. a.

[326] Vgl. Rudolph, Wolff und deren Diskussion der verschiedenen Möglichkeiten.

[327] Vgl. die Schwurformel in 4, 2; 8, 7.

[328] So Wolff.

[329] So z. B. Fohrer, Einleitung, 478.

[330] So z. B. Rudolph, der v. 8. 11. 9f. zu einer Texteinheit zusammenfaßt, oder Maag 40, der v. 8b—11 als eine Einheit auffaßt.

[331] Vgl. unten die Formanalyse des Verses.

[332] Vgl. Wolff, dessen Argumentation hier im wesentlichen aufgenommen wird.

[333] Vgl. z. B. Balla 15, der v. 9 als Doppeldreier liest: »Und wenn dann zehn Männer übrig bleiben // in einem Hause, die werden sterben.« — Läßt man sich auf ein solches Verfahren ein, so stellt sich die Frage, welche Texte dann noch prosaisch formuliert sind.

nebeneinander: ein Konditionalsatz (v. 9), ein finaler Infinitivsatz
(v. 10aβ), ein Relativsatz (v. 10aγ) und ein Begründungssatz (v. 10bβ).
Auf einen prosaischen Stil deuten auch Partikel wie אם (v. 9) oder
אשר (v. 10) hin. Auch das dreimalige ואמר, dessen Beziehung im
letzten Fall unklar bleibt, entspricht eher dem Stil eines Berichts als
dem eines Prophetenspruchs[334]. Schließlich ist auf die Tatsache hinzuweisen, daß in v. 8 Jahwe in der 1. pers. spricht, in v. 10 dagegen
von Jahwe in der 3. pers. die Rede ist. V. 10bβ ist als Gottesschwur
kaum denkbar.

Doch wird dieses zuletzt genannte Problem nicht dadurch gelöst,
daß man v. 8 als Jahwerede und v. 11. 9f. als Prophetenrede versteht, die den Gottesschwur erläutert[335]? Diese Frage kann nur bei
oberflächlicher Betrachtung bejaht werden. Wie sollte es zu der vorausgesetzten Umstellung gekommen sein[336]? Auch wenn v. 11 mit
v. 9f. durch das Stichwort בית verbunden ist und thematisch gut zu
v. 8 paßt, so wirkt der Abschnitt v. 11. 9f. in Verbindung mit v. 8 doch
als Nachklapp. Warum sollte der Prophet so umständlich den Jahweschwur bekräftigen[337], daß er in v. 11 — nach der feierlichen Einleitung
der Jahwerede als Gottesschwur in v. 8 — noch einmal betont, daß
Jahwe es ist, der das angekündigte Unheil durch sein Eingreifen herbeiführt? Schließlich bleiben auch die formalen Bedenken gegenüber
v. 9f. bestehen[338]. Sie legen es nahe, in diesen beiden Versen eher
einen sekundären ausmalenden Zusatz zu sehen als das Fragment
eines Amosspruchs oder gar die Fortsetzung von v. 8[339]. So erscheint
es berechtigt, im folgenden 6, 9f. außer Betracht zu lassen und 6, 8
als selbständige und in sich geschlossene Einheit für sich allein zu
analysieren[340].

---

[334] Vgl. den Berichtsstil der Visionsbeschreibungen 7, 8f. oder 8, 1f.

[335] So z. B. Nowack, Rudolph.

[336] Maag 40 nimmt diese Umstellung zwar nicht vor (vgl. oben), aber ihm gegenüber
ist auf das Urteil Nowacks zu verweisen: »... als Forts. von v. 10 läßt sich v. 11
kaum begreifen«. Denn es ist nur schwer denkbar, daß der Prophet so zweideutig und
umständlich geredet hat, daß er — ohne das Jahwewort deutlich von seinem eigenen
Wort abzusetzen — zwei Begründungssätze hintereinander geschaltet und diese
beiden Sätze wiederum mit einer Ankündigung als Folgerung verbunden hat. Maag
hat so für seine Abgrenzung auch keine Zustimmung erfahren.

[337] Vgl. die Übersetzung von Rudolph, die den nachtragenden Charakter von v. 11. 9f.
deutlich macht: »Es geschieht also auf Jahwes Befehl, daß man ...« Streicht man
mit Nowack v. 11a (vgl. Textanm. ʰ zu v. 11), so wird der Übergang von v. 8 zu
v. 11. 9f. noch härter.

[338] Siehe oben.

[339] Damit scheidet auch der Vorschlag von Fohrer, Einleitung, 478, u. a. aus, wonach
6, 8—10 eine rhetorische Einheit bilden.

[340] Mit dieser Entscheidung soll einer endgültigen Beurteilung von v. 9f. nicht vorge-
griffen werden. Es wird damit lediglich der Tatsache Rechnung getragen, daß die

Wie ist dann v. 11 zu beurteilen? Sieht man von der wahrscheinlich sekundären Einführung v. 11aα ab[341], so stellt der Vers eine
kunstvoll geformte Ankündigung dar. Er besteht aus zwei Reihen,
die in synonymem Parallelismus zueinander verlaufen und Assonanz
aufweisen[342]. So dürfte v. 11* durchaus auf den Propheten selbst
zurückgehen. Doch die verwendete Zeitstufe des pf. cons. setzt eigentlich ein vorhergehendes imperfektisches Tempus voraus[343] und deutet
damit darauf hin, daß v. 11* ein Fragment darstellt[344]; vielleicht ist
die Begründung der Unheilsankündigung ausgefallen[345]. Im Rahmen
dieser Untersuchung kann 6, 11* jedenfalls nicht berücksichtigt werden, da die zu erhebende Struktur aufgrund des fragmentarischen
Charakters des Verses keinen Aussagewert besitzt.

6, 12 stellt demgegenüber eine geschlossene und in sich verständliche Einheit dar. Der Vers kann weder mit v. 11 noch mit v. 13f.
eine rhetorische Einheit gebildet haben. Stilistische wie thematische
Gründe stehen einer solchen Annahme entgegen[346]. So handelt es sich
bei diesem Vers um einen selbständigen Spruch, der vollständig erhalten ist.

6, 13f. sind dagegen wiederum fragmentarisch überliefert; es
fehlt der Beginn der Einheit[347]. Auch die fragwürdige Einfügung von
6, 6b[348] vermag dieses Problem nicht zu lösen. Auch wenn in v. 13f.
die Struktur einer begründeten Unheilsankündigung zu erkennen ist[349],

---

Verse nicht als Fortsetzung von v. 8 verstanden werden können. Gleichzeitig wird
die vorliegende Arbeit von ungewissen Schlüssen entlastet, die aufgrund der unsicheren Textgrundlage in v. 10 (vgl. dazu Textanm. d) unvermeidlich wären.

[341] Siehe oben Textanm. h.

[342] Die obige Übersetzung von בְּסִיסִים // בְּקָעִים (Brüche // Stücke) versucht diesen
Anklang nachzubilden.

[343] Vgl. G—K § 112.

[344] Vgl. Wolff. — Selbst wenn man v. 11a nicht streicht, bildet v. 11 nicht eine in sich
geschlossene Einheit (vgl. Textanm. h). Dazu müßte man entweder mit Marti u. a.
annehmen, daß der zu v. 11aα parallele Stichos ausgefallen ist, oder mit Balla 11
u. a. hi. וְהָכָּה in ho. וְהֻכָּה umvokalisieren. Beide Möglichkeiten vermögen jedoch
die bestehenden metrischen und literarkritischen Schwierigkeiten nur zum Teil zu
lösen (vgl. Textanm. h). So erscheint die Annahme eines Fragments die zutreffendste
Lösung zu sein.

[345] Vgl. den Einsatz des pf. cons. in 1, 4. 7; 2, 2; 3, 15 u. a.

[346] Siehe Wolff; ähnlich Balla 6f., Maag 41f., Rudolph u. a. Anders Marti u. a.

[347] Siehe oben Textanm. j.

[348] Dieser Halbvers wurde oben (vgl. Textanm. l zu 6, 6) als Nachtrag beurteilt. Er
fügte sich in v. 13 zwar metrisch gut ein (vgl. Marti, Nowack u. a.), aber seine Formulierung in der 3. pers. stieße sich mit der Anredeform in v. 14. Wie sollte es auch
zu der heutigen Stellung des Halbverses in 𝔐 gekommen sein?

[349] Auf die partizipiale Schilderung des Verhaltens der betroffenen Menschengruppe, die
durch ein Zitat zusätzlich näher charakterisiert wird, folgt in v. 14 die Unheilsan-

so soll doch dieses Spruchfragment innerhalb dieser Arbeit außer Betracht bleiben, damit auch in diesem Fall keine voreiligen Schlüsse gezogen werden.

Zusammenfassend läßt sich für den Textabschnitt 6, 8—14 feststellen: Der Abschnitt vereinigt 1. die beiden in sich geschlossenen und verständlichen Einheiten 6, 8 und 6, 12, die im folgenden sprachlich analysiert werden sollen; 2. die beiden fragmentarischen Prophetensprüche 6, 11 und 6, 13f.; 3. die wahrscheinlich sekundäre Erzählung 6, 9f. Damit nicht unsichere Hypothesen Eingang in das Ergebnis dieser Analyse der Prophetensprüche in Am finden, bleiben die Spruchfragmente als nicht in sich geschlossene Einheiten im folgenden außerhalb der Betrachtung; ihre Struktur wäre nicht eindeutig zu erheben. Ebenso wird die Kurzerzählung 6, 9f. nicht berücksichtigt.

v. 8

Form

Der Textabschnitt weist eine metrische Gliederung auf. Auf eine zweigliedrige Periode in synonymem Parallelismus (v. 8a) folgt ein Einzeldreier, der die Einheit mit Stakkatoeffekt wirkungsvoll lapidar abschließt (v. 8b). Die Schwurformel steht als Einleitungsformel wiederum außerhalb des Metrums. An poetischen Kunstmitteln sind Alliteration und Chiasmus verwendet.

Die Einheit wird durch die Schwurformel eröffnet. Sie kennzeichnet den folgenden Spruch als Jahwerede. Ein partizipialer Nominalsatz schließt sich an. Es fällt auf, daß das Personalpronomen der 1. pers. sg. als Subjekt erst an zweiter Stelle hinter dem Partizip steht und damit die reguläre Wortstellung des Nominalsatzes umgekehrt ist. Damit wird die partizipiale Aussage besonders hervorgehoben[350]. In Syndese folgt ein invertierter Verbalsatz (im pf.), dessen Inversion sowohl durch das Kunstmittel des Chiasmus bedingt ist als auch dem Zwecke der Gliederung dient und so v. 8a von v. 8b trennt. Ein syndetisch angefügter Verbalsatz (im pf. cons.) schließt die Einheit ab. Alle drei Sätze sind durch die syndetische Verknüpfung und das gemeinsame Subjekt der 1. pers. sg. eng miteinander verbunden.

---

kündigung, die durch das deiktische כִּי und das die Aufmerksamkeit weckende הִנֵּה mit Suffix und Partizip (vgl. 2, 13) eröffnet wird und das Eingreifen Jahwes und dessen Folge im Ich-Stil der Gottesrede ankündigt.

[350] Vgl. G—K § 141 l.n (»Das Prädikat *kann* voranstehen . . . wenn das Subj. ein Pronomen ist, denn 'die hier als allgemein bekannt vorausgesetzte Person erregt nicht das Interesse, wie das, was von ihr ausgesagt wird'«).

Das Verhältnis von Funktionswörtern und Hauptwörtern ist in 6, 8 mit etwa 1:2 ausgewogen. An Funktionswörtern findet sich fast ausschließlich die Konjunktion ו. Bei den Verba lassen sich zwei Verba der Gefühlsbewegung und ein Aktionsverbum unterscheiden. Bei den Substantiva finden sich ein Eigenname und je zwei Abstrakta und unbelebte Konkreta. Belebte Konkreta fehlen. Ebenso sind in 6, 8 aβγ. b präpositionale Ausdrücke vermieden. Das Gewicht der Aussage liegt also nicht auf der Beschreibung, sondern auf der Wertung.

Die Einheit stellt einen besonders feierlichen Jahweschwur dar: Jahwe schwört bei sich selbst.

נפש bedeutet ursprünglich »Kehle«[351], sodann den durch die Kehle gehenden »Atem« und das an diesem erkennbare »Leben«, von da aus »Mensch«, »Wesen«, »Ich«[352]. Hier dürfte es in letzterem Sinne verwendet sein[353].

Ohne eventuelle Hörer anzureden, konstatiert das Ich Jahwes in lapidaren Worten die radikale Ablehnung[354] des Hochmuts[355] des Volkes Israel[356], der sich in seinen stattlichen Wohnpalästen[357] beispielhaft manifestiert. Ebenso lapidar kündigt es sein unheilvolles Eingreifen an, das sich als völlige Preisgabe[358] der Stadt und aller ihrer Bewohner und Schätze vollziehen wird.

Überblickt man nunmehr die Einheit als ganze, so fällt zunächst die Kürze ihrer Formulierung auf, die auch dadurch zum Ausdruck kommt, daß die Folge des Eingreifens Jahwes diesmal nicht wie sonst genannt wird[359]. Bemerkenswert ist sodann die Tatsache, daß die Begründung (v. 8aβγ) der Unheilsankündigung (v. 8b) als solche nicht durch eine Partikel deutlich markiert wird, sondern in dieser Funktion

---

[351] Wolff stellt die Vermutung an, daß in 6, 8 auf alte Schwurriten angespielt wird, die in Mari belegt sind: Man berührte die Kehle als ein lebenswichtiges Organ, um damit die Erdrosselung bei einem Schwurbruch anzudeuten.

[352] Vgl. die einschlägigen Lexika und Fohrer, Religionsgeschichte, 213.

[353] Vgl. das Urteil von Wolff, der feststellt: »Jahwe kann bei keinem Höheren schwören als bei 'sich selbst'.«

[354] Die beiden verwendeten Verbalausdrücke שנא/תאב bezeichnen in 5, 10 das Verhalten von Menschen. Ihre Beziehung auf Jahwe unterstreicht die Radikalität der Aussage, denn Haß und Abscheu meinen nicht eine unbeteiligte Ablehnung, sondern sind Ausdrücke für feindselige Gefühle, die die ganze Person in Beschlag nehmen.

[355] Ⓖ gibt גאון mit ὕβρις wieder, 𝔙 mit superbia. Zur Bedeutung »Hochmut, Anmaßung« vgl. Hos 5, 5; 7, 10; Zeph 2, 10; Prov 8, 13; 16, 18.

[356] Zu יעקב vgl. 7, 2. 5; 8, 7; aber auch 3, 13; 9, 8. Der Ausdruck steht hier für das Volk des Nordreichs; vgl. Rost, Israel bei den Propheten, 19.

[357] Zu ארמנת vgl. 1, 4. 7. 10. 12. 14; 2, 2. 5; 3, 9ff.

[358] Zu הסגיר vgl. 1, 6. Das Verbum meint hier wie dort die Auslieferung von Menschen (und Sachen), die einen willkürlichen und gewalttätigen Umgang mit ihnen miteinschließt.

[359] Zumeist wird die Ankündigung des Handelns Jahwes mit der Angabe seiner Folge abgeschlossen; vgl. 1, 5. 8; 2, 14—16; 3, 11; 6, 7 u. a.

aufgrund der Zeitenfolge[360] und der Bedeutung der beiden sich syntaktisch voneinander abhebenden Vershälften v. 8aβγ und v. 8b zu bestimmen ist. Schließlich ist noch darauf hinzuweisen, daß die Einheit zwar als Jahwerede stilisiert, jedoch nicht in Anredeform gehalten ist.

Einleitungsformel	v. 8aα	נשבע יהוה בנפשו	Jahwerede
Begründung	v. 8aβγ		
Jahwes Ablehnung		NS (pt.)	מתאב אנכי את־גאון
		iVS (pf.)	ארמנתיו שנאתי
Unheilsankündigung	v. 8b		
Eingreifen Jahwes		VS (pf. cons.)	הסגרתי

v. 12

Form

Die Einheit zeigt einen kunstvollen poetischen Aufbau. Sie besteht aus zwei Doppeldreiern, deren Reihen in synonymem Parallelismus zueinander verlaufen. Die beiden Perioden ihrerseits verhalten sich antithetisch zueinander. An poetischen Kunstmitteln sind Assonanz und Chiasmus verwendet.

Der Textabschnitt gliedert sich in zwei Teile: V. 12a stellt eine rhetorische Doppelfrage dar, die sich aus zwei Verbalsätzen (im impf.) zusammensetzt. V. 12b enthält einen Verbalsatz (im pf.), dessen antithetische Beziehung zu v. 12a das einleitende adversative כי zum Ausdruck bringt[361]. Beide Teile sind ohne Verbinder und damit deutlich voneinander unterschieden.

Das Verhältnis von Funktions- und Hauptwörtern ist in der Einheit mit 2:3 ausgewogen. Bemerkenswert ist bei den Funktionswörtern die große Anzahl der Präpositionen. Diese Tatsache deutet auf die Dominanz beschreibender Elemente hin. Als Verba finden sich in 6, 12 ausschließlich Aktionsverba. Bei den Substantiva sind belebte Konkreta, Bezeichnungen für Tiere, auf v. 12a, Abstrakta, damit wertende Elemente, auf v. 12b beschränkt. Unbelebte Konkreta sind in beiden Vershälften zu beobachten. Auffallend sind weiterhin die beiden Metaphern in v. 12b.

Faßt man alle diese Beobachtungen zusammen, so wird deutlich, wie kunstvoll die Einheit gestaltet ist. Auf zwei rhetorische Fragen, die unpersönlich formuliert sind, folgt in Anredeform eine Feststellung.

---

[360] Das pf. cons. in v. 8b läßt die Ankündigung als Folge der Feststellungen v. 8a βγ erscheinen; vgl. G—K § 112a.

[361] Nach negativen Sätzen — und als solche sind auch die negativ zu beantwortenden rhetorischen Fragen zu betrachten — kommt der Partikel כי adversative Bedeutung zu; vgl. G—K § 163a.

Diese Kombination von rhetorischen Fragen, die eine negative Antwort verlangen, und einer Aussage, die adversative Bedeutung besitzt, deutet auf eine didaktische Absicht des Sprechers hin. Der knappe und prägnante Stil unterstreicht wirkungsvoll diesen Zweck. Da Einleitungs- und Schlußformeln fehlen, ist nicht sicher zu entscheiden, wer in 6, 12 redet. Auch die angeredeten Personen sind nicht mit Namen genannt, sondern lediglich durch ihr Verhalten näher charakterisiert. Die Bedeutung der Wortgruppen bestätigt die Gliederung des Abschnittes in v. 12a und v. 12b. So stellt v. 12a gewissermaßen die Bildhälfte dar, der die Sachhälfte in v. 12b entspricht. »An Gegenbildern aus dem Tierleben soll der Mensch die Verkehrtheit seines Verhaltens erkennen.«[362]

Im einzelnen enthält v. 12a zwei Bilder aus dem Naturleben, deren Absurdität sogleich einsichtig ist: Das Pferd läuft nicht über Felsen[363], denn es ist kein Gebirgstier[364]; und das Rind — eine Steigerung des Bildes — wird nicht auf das Meer zum Pflügen getrieben, sondern auf den Acker[365]. Doch so absurd auch solche Geschehnisse wären, in v. 12b wird den angeredeten Personen gerade solch eine absurde Handlungsweise zur Last gelegt. Danach verkehren sie die Rechtsordnung in ihr Gegenteil[366], indem sie durch ihr rechtliches und soziales Verhalten das Gemeinschaftsleben vergiften[367] und verbittern[368].

Die pädagogische Abzweckung des Spruches liegt auf der Hand. So kommt den beiden rhetorischen Fragen in v. 12a eine doppelte Funktion innerhalb der Einheit zu. Auf der einen Seite werten sie das Verhalten der Hörer, wie es v. 12b feststellt, negativ, auf der anderen Seite zielen sie auf eine Änderung eben dieses Verhaltens, indem sie durch ihre Form auf die Einsicht der Hörer in die Falschheit ihres Handelns abheben. Die Funktion der Einheit liegt somit nicht in der Information der Hörer, sondern in ihrer überzeugen-

---

[362] Wolff.

[363] Der Ausdruck סלע bezeichnet sowohl die steilen Wände und spitzen Klippen in einer Gebirgslandschaft als auch den steinigen Boden in einem felsigen Bergland; vgl. I Sam 13, 6; 23, 25; Jes 2, 21; 42, 11 u. a.

[364] Pferde wurden in der Zeit des Propheten nur als Kriegspferde verwendet; vgl. Rudolph, Wolff. Auch wenn diese Tatsache nicht bekannt wäre, leuchtete der Vergleich unmittelbar ein; denn Pferde sind keine Klettertiere wie z. B. die Steinböcke; vgl. Ps 104, 18.

[365] Die besonders kunstvolle Gestaltung der vorliegenden Einheit kommt auch dadurch zum Ausdruck, daß die beiden Wörter »Pferde« und »Meer«, die die Absurdität der Bilder hervorrufen, jeweils an letzter Stelle der beiden Halbverse stehen und damit deutlich hervorgehoben sind.

[366] Zu הפך, משפט, צדקה siehe oben zu 5, 7.

[367] In Hos 10, 4 wird der Ausdruck ראש (»Gift«) ebenfalls in Verbindung mit משפט gebraucht.   [368] Zu ענה siehe oben zu 5, 7.

12*

den Belehrung und ist damit didaktischer Art. Die Struktur des Verses läßt sich wie folgt darstellen:

	v. 12		Prophetenrede?
Bildhälfte	v. 12a		
Rhetorische	ה VS (impf.) —	ירצון בסלע סוסים	
Doppelfrage	אם VS (impf.)	יחרוש בבקר ים	

	v. 12b		
Kontrast:			Anrede
Sachhälfte			
Verhaltensfeststellung	כי + VS (pf.)	הפכתם...משפט...צדקה	

§ 6 AMOS 8—9

1. Amos 8, 4—8

Text

4 Höret dies,
    die ihr den Bedürftigen tretet[a]
    und[b] die Bedrückten[c] im Lande vernichten wollt[b],   2 + 2
5 die ihr sagt[d]:
    »Wann ist der Neumond vorbei, daß wir Getreide verkaufen,
    und der Sabbat, daß wir Korn feilhalten können,   4 + 3
    daß wir das Hohlmaß verkleinern
    und den Gewichtsstein vergrößern
    und mit falscher Waage betrügen   2 + 2 + 2
6 [, daß wir für Geld die Hilflosen kaufen
    und den Bedürftigen wegen eines Paars Schuhe][e]
    [und den Abfall vom Korn verkaufen][f]?«
7 Geschworen hat Jahwe beim Stolz Jakobs:
    Niemals[g] vergesse ich alle ihre Taten.   3
8 [Sollte darum nicht die Erde erzittern
    und trauern alles, was auf ihr wohnt,
    sich ganz heben wie der Strom[h]
    [und aufgewühlt sein][i]
    und sinken[j] wie Ägyptens Strom?][k]

   [a] Statt הַשֹּׁאֲפִים (𝔐) ist mit 𝔊𝔙 הַשָּׁ(א)פִים zu lesen[1].
   [b] Die Kopula וֹ ist nicht zu streichen[2]. Sie macht deutlich, daß der folgende inf. cs. mit לֹ, der eine Absicht zum Ausdruck bringt, dem vorausgehenden Partizip sachlich beigeordnet ist[3]. — לשבית ist kontrahierter inf. cs. hi.[4].

---

  [1] Siehe Textanm. [c] zu 2, 7.   [2] Gegen Procksch (BH[3]).
  [3] Zu dieser Konstruktion vgl. G—K § 114p; König § 413 u. auch Jer 17,10; Hos 12,3.
  [4] Vgl. G—K § 53q.

c Ketib עֲנָוֵי, Qere עֲנִיֵּי[5].

d לֵאמֹר steht in der Regel nach verba dicendi, doch ist der Ausdruck nicht auf diese Verwendung beschränkt[6].

e V. 6a wird als Glosse beurteilt; zur Begründung siehe unten unter *Abgrenzung*.

f Auch v. 6b wird als Glosse gestrichen; zur näheren Begründung siehe ebenfalls unter *Abgrenzung*.

g אִם ist als Schwurpartikel elliptisch verwendet und hat negativen Sinn[7].

h 𝔐 כְּאֹר hat ursprüngliches כַּיְאֹר verlesen[8].

i In 𝔊 fehlt der auch metrisch überschießende Ausdruck. Anscheinend handelt es sich um eine interpretierende Glosse zu v. 8b.

j 𝔐 נִשְׁקָה ist sachlich (»getränkt werden«) und grammatisch (mask.) unmöglich. Statt dessen ist mit Qere und MSS נָשְׁקָעָה zu lesen[9]. Anscheinend liegt in 𝔐 ein Schreibfehler vor.

k V. 8 wird als Zusatz gestrichen; zur Begründung siehe den Abschnitt *Abgrenzung*.

Abgrenzung

Der Textabschnitt hebt sich im Kontext klar hervor. Der Ausdruck שִׁמְעוּ־זֹאת in 8, 4 markiert gegenüber dem Visionsbericht 8, 1—3 deutlich den Beginn einer neuen Einheit. Dabei weist die deiktische Partikel זֹאת auf den Gottesschwur 8, 7 voraus. In 8, 9 setzt mit der Wendung וְהָיָה בַיּוֹם הַהוּא נְאֻם (אֲדֹנָי) יְהוִה dann eindeutig ein neuer Spruch ein.

So zweifellos diese Abgrenzung ist, so wenig ist die Einheit in sich geschlossen. Sowohl v. 6a. b als auch v. 8 fallen in verschiedener Hinsicht aus dem Rahmen. So ist v. 6a als Anschluß an v. 4f. fehl am Platz. Nicht um den Ankauf von Armen und Bedürftigen ist es den Kornwucherern zu tun, sondern um den Verkauf ihrer Vorräte und das Erzielen eines möglichst hohen Preises. Dagegen paßte v. 6a sachlich zu v. 4. Doch formale Gründe machen eine solche Umstellung unwahrscheinlich. Denn es wäre ungewöhnlich, wenn die partizipiale Konstruktion in v. 4a durch eine Reihe asyndetisch aneinandergefügter Infinitivkonstruktionen fortgesetzt würde. Wie sollte es auch zu der heute vorliegenden Umstellung gekommen sein? So wird vorgeschlagen, v. 6a als erklärenden Zusatz zu v. 4 zu streichen[10]. Vielleicht ist der Halbvers aus 2, 6b als Glosse zu שָׁאֲפִים, das sich in v. 4a und

---

[5] Siehe Delekat, VT 14 (1964), 46f.

[6] Vgl. 7, 10; Elliger (BHS) streicht den Ausdruck.

[7] Siehe Brockelmann § 170c.

[8] Vgl. das parallele Glied v. 8bβ und 𝔊 𝔖 𝔗. Auch 9, 5 belegt כיאר.

[9] Da das Verbum sonst im Niphal nicht belegt ist, läßt sich mit Wolff fragen, ob nicht wie in 9, 5 שָׁקְעָה zu lesen ist.

[10] V. 6a streichen Wellhausen, Marti, Procksch (BH³), Balla 4 u. a. Anders Rudolph und Wolff, deren Argumentation allerdings nicht zu überzeugen vermag, zumal sie beide zur Umstellung von v. 6a bzw. v. 6b gezwungen sind.

2, 7a findet, hierher an den Rand versetzt und bei der Aufnahme in den Kontext durch die Einleitung mit לקנית dessen syntaktischer Konstruktion nachträglich angeglichen worden.

Auch v. 6b macht einen sekundären Eindruck. Der Satz gehört zwar nach Form (1. pers. pl.) und Bedeutung zur Rede der Kornwucherer, doch stört er aus metrischen und syntaktisch-stilistischen Gründen an seiner jetzigen Stelle. Er hat kein paralleles Versglied und fällt als invertierter Verbalsatz zwischen lauter Infinitiven syntaktisch aus der Reihe. Sachlich erscheint der Halbvers eher zu v. 5a gehörig als als Abschluß von v. 4—6* denkbar. Da jedoch eine Umstellung zu v. 5a aus z. T. denselben Gründen auch nicht befriedigt, erscheint die Annahme am zutreffendsten, v. 6b stelle eine Glosse zu v. 5a oder v. 5b dar[11].

Schließlich stellt v. 8 vor literarkritische Probleme. Auf der einen Seite ist auffallend, daß dieser Vers fast wörtlich mit dem sekundären Hymnusteil 9, 5 übereinstimmt. Auf der anderen Seite ist die Anknüpfung von v. 8 mit על זאת nicht nur ungewöhnlich, sondern auch sprachlich nicht einfach: Aufgrund des engen Anschlußes an v. 7, wo das in v. 4f. beschriebene Verhalten durch den Ausdruck מעשׂיהם zusammengefaßt wird, erwartete man eigentlich על אלה. So dürfte auch in diesem Fall die Annahme einer sekundären Interpolation durch spätere Hände am zutreffendsten sein[12].

Form

Sieht man von den als sekundär beurteilten Zusätzen ab, so läßt die Einheit einen klaren poetischen Aufbau erkennen. Sie besteht aus vier Perioden, deren rhythmische Gliederung einen gleichmäßigen Wechsel des Metrums ergibt: Auf eine als Auftakt außerhalb des Metrums stehende Einleitung folgt ein synonymer Doppelzweier. Nach einer abermaligen Anakrusis schließt sich ein zweigliedriger Vers in ebenfalls synonymem Parallelismus an. Ein synonymer Tripelzweier rundet den ersten Teil der Einheit wirkungsvoll ab. Der zweite Teil besteht nur aus einer eingliedrigen dreitaktigen Periode mit Stakkatoeffekt. Er hebt sich so klar von den vorhergehenden Versen ab. Als poetische Hilfsmittel sind in v. 5b. 7 Alliteration, in v. 5a Assonanz und figura etymologica eingesetzt.

Die Einheit wird durch einen Imperativ (im pl.) eröffnet, der als Objekt die deiktische Partikel זאת bei sich hat. Es schließt sich ein

---

[11] V. 6b beurteilen als Zusatz Marti, Procksch (BH³), Balla 4 u. a. Anders Rudolph und Wolff, deren Beurteilung von v. 6b mit der oben abgelehnten Auffassung von v. 6a mehr oder weniger zusammenhängt.

[12] Trotz einiger Unterschiede in der Beurteilung von v. 8 im einzelnen stimmen die meisten Exegeten darin überein, daß v. 8 nicht von Amos herzuleiten ist; vgl. Fohrer, Einleitung, 478; Weiser; Rudolph; Wolff.

Vokativ an, der sich aus drei Teilen zusammensetzt: einer partizipialen Konstruktion, die den Imperativ fortsetzt, einem syndetisch
mit ‏ו‎ angefügten Infinitivsatz (inf. cs. mit ‏ל‎) und ‏לאמר‎ als Einleitung
einer wörtlichen Rede. Das angeführte Zitat seinerseits besteht aus
einem Fragesatz, der einen klaren Aufbau erkennen läßt: Der mit der
Fragepartikel ‏מתי‎ eingeführte Hauptsatz, der einen invertierten Verbalsatz (im impf.) darstellt, weist ein Zeugma auf. Sein Prädikat
bezieht sich auf zwei Subjekte, denen je ein mit ‏ו‎ angeschlossener
Verbalsatz (im cohort.) mit finalem Sinn[13] folgt. Drei finale Infinitiv-
sätze (inf. cs. mit ‏ל‎), die von dem Hauptsatz abhängig sind, schließen
den Fragesatz ab. Sie sind durch ‏ו‎ jedoch ihrerseits eng miteinander
verbunden.

Überblickt man v. 4f., so lassen sich die einzelnen Beziehungen klar erkennen. Grammatisch bilden v. 4f. eigentlich einen einzigen
Satz. Er besteht aus Imperativ, Objekt und Vokativ. Doch das letzte
Element, der Vokativ, ist seinerseits gegliedert. Die Beachtung der
syndetischen Verbindung bzw. der asyndetischen Aneinanderreihung
führt zur Gliederung der Verse in v. 4 und v. 5 (untergliedert in v. 5a
und v. 5b).

Demgegenüber setzt v. 7 neu ein. Auf die Einleitungsformel, die
in Asyndese angefügt ist, folgt ein invertierter Verbalsatz (im impf.),
dessen Inversion durch die Schwurpartikel ‏אם‎ bedingt ist. Der Subjektswechsel in v. 7a bzw. v. 7b markiert den tiefen Einschnitt, der
v. 7 von v. 4f. trennt, ebenso wie der Übergang von der Anredeform
(v. 4) zur 3. pers. pl. (v. 7)[14]. Die Verbindung zwischen den beiden
Teilen der Einheit ist durch die vorweisende Funktion der Partikel
‏זאת‎ gegeben.

Das Verhältnis von Funktions- und Hauptwörtern ist mit etwa
2 : 3 ausgewogen. Bei den Funktionswörtern dominieren die Konjunktion ‏ו‎ und Präpositionen. Als Verba finden sich fast ausschließlich Aktionsverba; nur ‏שכח‎ ist als Vorgangsverbum zu bezeichnen.
Bei den Substantiva herrschen unbelebte Konkreta vor, belebte Konkreta und Abstrakta treten dahinter zurück. Eigennamen finden sich
außerhalb der Einleitungsformel nicht. Bemerkenswert ist die Verteilung der verbalen bzw. nominalen Wortgruppen. Während beide in
v. 4f. gleichgewichtig nebeneinander stehen, dominieren in v. 7 eindeutig die Abstrakta und damit die nominalen Wortgruppen. V. 4f.
reden so viel konkreter als v. 7, der allgemein und summierend spricht.

Damit tritt die Bedeutung der Einheit in den Blick. V. 4—7*
werden durch den Aufmerksamkeitsruf in pluralischer Form eröffnet[15].

---

[13] Zu dieser Bedeutung des Kohortativs vgl. G—K § 108d.
[14] Marti, Balla 4 u. a. möchten mit ⑥ die Anredeform beibehalten und ändern ‏מעשיהם‎
dementsprechend. Doch dürfte ein solches Verfahren als Glättung zu beurteilen sein;
vgl. Rudolph, Wolff.   [15] Vgl. 3, 1; 4, 1; 5, 1.

Während der Sprecher nicht genannt ist, werden die Adressaten dagegen sogleich durch die Beschreibung ihres Verhaltens näher charakterisiert. Danach unterdrücken sie die Armen, und zwar mit dem Ziel, sie zu vernichten[16]. Ein fingiertes Zitat, das ihnen in den Mund gelegt wird, macht ihre Erwerbsgier deutlich und deckt ihre betrügerischen Machenschaften im Handel auf.

Anscheinend war an den beiden Tagen שבת und חדש, am Sabbat und am Neumondstag, Arbeitsruhe geboten, zumindest Handel verboten[17]. Jedenfalls können die Händler das Ende dieser Feiertage kaum erwarten, um wieder Getreide[18] verkaufen zu können.

Dabei betrügen sie in dreifacher Weise: a) Sie verkleinern das Epha, mit dem die verkaufte Ware gemessen wird[19]; b) sie vergrößern den Seqel, mit dem der Kaufpreis gewogen wird[20]; c) sie verbiegen die Waage so, daß sie ein falsches Gewicht bei dem Auswägen der Ware anzeigt[21].

Eine ironisch formulierte Schwurformel[22] leitet zur Ankündigung über, auf die das einleitende שמעו־זאת vorausgewiesen hat. Im Ich-Stil kündigt hier Jahwe lapidar an, daß er die Taten der Hörer nicht vergessen wird[23]. Welche Konsequenzen ein solches Verhalten Jahwes nach

---

[16] Zu den Ausdrücken שאף, אביון und ענו siehe oben zu 2, 7. Das Verbum שבת hi. (»vernichten«) ist in Am singulär. In Hos 1, 4 bezeichnet es die Ausrottung des israelitischen Königshauses, in Ez 7, 24 wird es im Zusammenhang der Ankündigung der Vernichtung allen Stolzes durch Jahwe verwendet; vgl. Wolff.

[17] Die beiden Feiertage finden sich u. a. II Reg 4, 23; Jes 1, 13; Hos 2, 13 nebeneinander; doch nur aus der ersten Stelle läßt sich das Gebot der Arbeitsruhe für das Nordreich erschließen.

[18] שבר bezeichnet ebenso wie בר das Handelsgetreide; vgl. Gen 42, 1—3 z. B.

[19] Vgl. Lev 19, 36; Mi 6, 10 und Strobel, BHH, II 1163.

[20] Vgl. Lev 19, 36; Mi 6, 11 und Strobel a. a. O. 1167.

[21] Vgl. Lev 19, 36; Mi 6, 11; Prov 11, 1; 16, 11 und Smend, BHH, III 2121f.

[22] Im Unterschied zur Schwurformel in 4, 2 oder 6, 8 schwört Jahwe hier nicht bei sich selbst, sondern bei dem »Stolz Jakobs«. Welche Bedeutung hat dieser Ausdruck? Dieselbe Wendung findet sich noch in 6, 8; dort meint sie die Anmaßung und den Hochmut Israels. Sollte sie hier in demselben Sinne gebraucht sein, so würde Jahwe höhnisch bei dieser unabänderlichen Tatsache schwören (Wellhausen). Andere — wie z. B. Marti — vertreten die Ansicht, daß der Ausdruck eine Prädikation Jahwes darstelle, so daß die Ironie sich zum Sarkasmus steigern würde: »so wahr ich der Stolz Jakobs bin, . . .« (Marti). Doch ist »Stolz Jakobs« nicht als Selbstbezeichnung oder Epitheton Jahwes belegt. So wird man das Verständnis von Wellhausen vorziehen. »Jahwes Schwur gilt ebenso unabänderlich, wie die freche Anmaßung Israels unverbesserlich erscheint.« (Wolff; ähnlich Rudolph).

[23] Das Verbum שכח (»vergessen«, Antonym: זכר »gedenken«) findet sich in der prophetischen Literatur in der Regel für das Vergessen Jahwes durch die Menschen (vgl. Jes 51, 13; Jer 2, 32; 3, 21; Hos 2, 15; 4, 6 u. a.), in den Ps dagegen oft für das Vergessen der Menschen durch Jahwe (vgl. 10, 11; 13, 2; 44, 25; 77, 10 u. a.). Dies könnte auf einen Einfluß der Kultsprache hindeuten. Doch sind voreilige Schlüsse zu vermeiden, da eine genaue Analyse aller betreffenden Stellen noch nicht vorliegt.

sich zieht, wird nicht ausgesprochen. Die Ankündigung wird nicht konkret, sondern bleibt allgemein.

Der Aufbau der Einheit läßt sich zusammenfassend in einer Tabelle darstellen.

Einleitung	v. 4aα	שמעו־זאת	Prophetenrede Anrede
Begründung Anrede	v. 4aβ—5		
Schilderung des Verhaltens		Partizipialkonstruktion (pt. pl.) שאף ל + Infinitivsatz, ל + inf. cs.	
Zitat		מתי + iVS (impf.) mit zwei Finalsätzen (cohort.)	
		ל (3 ×) + Infinitivsätze הקטין/הגדיל/עות	
Einleitungsformel	v. 7a	נשבע יהוה בגאון יעקב	Jahwerede
Unheilsankündigung	v. 7b		
Verhalten Jahwes		אם + VS (impf.)	אם אשכח

Echtheit

Nachdem die Herleitung von 8, 4—7* von Amos bisher im allgemeinen unumstritten war, hat neuerdings Wolff entschiedene Bedenken dagegen angemeldet. Seine formalen Beobachtungen, die ihn im wesentlichen zu dieser Ansicht führten, sind zweifelsohne von einigem Gewicht. So verweist er auf folgende Auffälligkeiten: 1. Der Spruch wird statt »Hört dieses Wort« (3, 1; 4, 1; 5, 1) mit »Hört dies« eingeleitet. 2. In v. 4 wird im Wortbestand auf 2, 7 zurückgegriffen. 3. Die Einleitung eines Zitats mit לאמר findet sich in Am nur hier und an den sekundären Stellen 2, 12; 3, 1. 4. Die Kette der Infinitive in v. 5b ist in Am singulär. 5. Die Schwurformel v. 7a verknüpft Material von 6, 8. 6. In 4, 2; 6, 8 wird die Schwurpartikel אם nicht als Einleitung des Schwurs verwendet. 7. Die Ankündigung v. 7b ist gegenüber anderen Unheilsankündigungen des Propheten blaß und allgemein.

Auch wenn diese Beobachtungen im einzelnen von verschiedenem Gewicht sind, so ist doch ihre Häufung auffallend[24]. Ein abschließendes

---

[24] Rudolphs Einwand gegen Wolff (»Für wie ausdrucksarm hält man eigentlich den Amos, . . .«) vermag nicht zu überzeugen. Mit einer solchen Argumentation ließe sich vielleicht die eine oder andere Beobachtung als irrelevant für die Echtheitsfrage erweisen, doch die auffallende Häufung von Stilabweichungen läßt sich damit nicht erklären. Auch der Hinweis von Rudolph auf Jer 18, 23; Jes 22, 14, mit dem er den allgemeinen Charakter der Unheilsankündigung zu widerlegen sucht, ist nicht durchschlagskräftig. Es ist in der Tat auffallend, wie Wolff mit Recht feststellt, daß die Ankündigung nicht wie in anderen Fällen konkret wird und zumindest die Folgen an-

Urteil über die Echtheit von 8, 4—7* kann allerdings im Rahmen dieser Untersuchung nicht gefällt werden; dazu bedürfte es vor allem einer redaktionskritischen Analyse des ganzen Amosbuches. So muß hier die Feststellung genügen, daß die formale Analyse der Einheit ihre Herleitung von Amos unsicher, wenn nicht sogar unwahrscheinlich macht.

2. *Amos 8, 9—10*

Text

9   Und an jenem Tage geschieht es, Spruch [des Herrn]ᵃ Jahwes,
      da lasse ich die Sonne am Mittag untergehen
          und verfinstere die Erde am hellen Tag.   3 + 3
10 Ich verwandle eure Feste in Trauer
          und alle eure Lieder in Totenklage.   3 + 2
      Ich bringe auf alle Hüften Sackzeug
          und auf jeden Kopf eine Glatze.   3 + 2
      Ich mache esᵇ wie Trauer um den Einzigen
          und das Ende davonᵇ wie einen bitteren Tag.   3 + 3

    ᵃ אדני könnte wie in 1, 8; 3, 8. 11. 13 u. a. Nachtrag sein. Doch ist auch mit der Möglichkeit zu rechnen, daß der Ausdruck nicht zu streichen ist, sondern einen Hinweis auf den sekundären Charakter von v. 9aαβ insgesamt darstellt[25].

    ᵇ Die Femininsuffixe haben hier neutrische Bedeutung und sind auf den in v. 10a geschilderten Vorgang im ganzen zu beziehen[26].

Abgrenzung

   Die Einheit ist von dem vorhergehenden Textabschnitt klar abgehoben. Der Ausdruck והיה knüpft zwar an ihn an, doch die Gottesspruchformel markiert deutlich einen Neueinsatz. In v. 11 beginnt dann mit der Wendung הנה ימים באים — wiederum in Verbindung mit einer Gottesspruchformel — ein neuer Textabschnitt.

   So klar diese Abgrenzung ist, v. 9aαβ hebt sich innerhalb der Einheit deutlich ab und geht vielleicht auf redaktionelle Hände zurück. Zunächst fällt die Verknüpfung mit v. 8 durch והיה auf. Sie findet sich in 6, 9 zu Beginn der interpolierten Erzählung 6, 9f. und ist ebenso eine beliebte Redaktionsformel wie der Ausdruck ביום ההוא, mit dem sie sich häufig verbindet[27]. Sodann ist die Verwendung der Gottesspruchformel als Einleitungsformel auffallend, denn in dieser Funktion findet sie sich in Am nur noch an sekundären Stellen bzw. aufgrund redaktio-

---

    gibt. Doch läßt sich nicht mit Sicherheit ausschließen, daß die Einheit einmal eine solche Beschreibung enthalten hat, und daß diese durch v. 8 verdrängt wurde.

    [25] Siehe dazu unten den Abschnitt *Abgrenzung*.

    [26] Vgl. G—K § 122q. 135p.

    [27] Vgl. Jes 7, 18. 21. 23; Hos 1, 5; 2, 18; Mi 5, 9 z. B.

neller Arbeit[28]. So erscheint die Annahme berechtigt, daß v. 9aαβ redaktionell bearbeitet ist oder sogar eine redaktionelle Überleitung darstellt[29]. Daher bleibt die Einleitung im folgenden unberücksichtigt, zumal sie als solche ohne weiteres außer acht gelassen werden kann, ohne daß sich dadurch der strukturelle Aufbau der Einheit ändert.

Form

Der Textabschnitt zeigt eine kunstvolle poetische Gliederung. Zwei Doppeldreier in synonymem Parallelismus umschließen zwei Verse im Qina-Rhythmus 3 + 2, deren Reihen ebenfalls synonym parallel zueinander verlaufen. Diese besonders kunstvolle Gestaltung der Einheit unterstreicht die Verwendung verschiedener poetischer Hilfsmittel. So beginnen alle Verse mit einem Verbum in der 1. pers. sg., die ersten drei sogar mit demselben Anlaut ה. Die Endsilben der vier Perioden zeigen chiastische Assonanz: Es entsprechen sich אוֹר und מַר (v. 9b. 10b) bzw. קִינָה und קָרְחָה (v. 10aαβ. aγδ). Innerhalb der Verse fallen andere Entsprechungen auf: לְקִינָה // לְאֵבֶל (v. 10aαβ), עַל־כָּל־רֹאשׁ // עַל־כָּל־מָתְנַיִם (v. 10aγδ) und כְּיוֹם מַר // כְּאֵבֶל יָחִיד (v. 10b). Die beiden Ausdrücke יוֹם und אֵבֶל finden sich in der Einheit je zweimal, davon bezeichnenderweise einmal im letzten Vers; sie stellen anscheinend Leitwörter dar. Insgesamt gesehen handelt es sich bei der Texteinheit also um eine kunstvolle Komposition, die einen strengen parallelen Aufbau aufweist.

Die Einheit besteht aus lauter Verbalsätzen, Nominalsätze fehlen. Während der erste Vers sich aus zwei Verbalsätzen (im pf. cons.) zusammensetzt, enthalten die drei anderen Verse nur je einen Verbalsatz (im pf. cons.). Alle Sätze sind syndetisch durch וְ miteinander verknüpft und durch das gemeinsame Subjekt der 1. pers. sg. eng miteinander verbunden. Die Anredeform der 2. pers. pl. findet sich dagegen nur innerhalb der zweiten Periode.

Funktions- und Hauptwörter verhalten sich mit etwa 2:3 wiederum ausgewogen. Bei den Funktionswörtern finden sich fast ausschließlich die Konjunktion וְ und Präpositionen. Bei den Verba handelt es sich nur um Aktionsverba. Bei den Substantiva fehlen belebte Konkreta; Abstrakta und unbelebte Konkreta stehen gleichgewichtig nebeneinander. Bemerkenswert ist die Vielzahl von Präpositionalausdrücken und damit von beschreibenden Elementen. In v. 10b finden sich zudem zwei Vergleiche, die einen beschreibenden Gebrauch von Nomina aufweisen.

Die Einheit ist als Jahwerede stilisiert. Die Verba, die im pf. cons. stehen, kündigen Handlungen an, deren Subjekt das redende Ich

---

28 Vgl. 3, 13; 6, 8; 8, 3. 11; 9, 13.
29 Eine Interpolation nehmen u. a. Nowack, Robinson, Weiser an; anders Rudolph.

Jahwes darstellt[30]. Die Bedeutung der verbalen und nominalen Wortgruppen weist dieses Handeln als unheilvoll aus: Jahwe bewirkt am
hellen Tag eine Sonnenfinsternis[31], er verkehrt Feste und Festlieder
in ihr Gegenteil, d. h. in Trauer und Leichenlieder[32], er ruft eine allgemeine Übung der Trauerriten hervor[33]. Wie umfassend die Trauer
der Hörer sein wird, verdeutlichen summierend[34] die beiden abschließenden Vergleiche: Die Trauer wird so radikal wie bei dem Tod eines
einzigen Sohnes sein[35], das Ende aber von allem wird Hoffnungslosig-
keit und vielleicht sogar der Tod der Klagenden selbst sein[36].

Wenn man den Textabschnitt mit anderen Einheiten ähnlicher
unheilvoller Bedeutung vergleicht, so fallen zwei Unterschiede auf:
1. 8, 9f. kündigen eigentlich nicht das Unheil selbst an, sondern
dessen Folge. Nicht vom Tod ist die Rede, sondern von der Trauer,
die ein Tod hervorruft. 2. Eine Begründung für das Eingreifen Jahwes
wird nicht gegeben.

Damit kann der strukturelle Aufbau der Einheit wiederum in
einer Tabelle übersichtsweise dargestellt werden.

(Einleitung)	v. 9 a α β	והיה ביום הוא נאם (אדני) יהוה	Jahwerede
			Anrede

Unheilsankündigung v. 9 a γ—10
Eingreifen Jahwes   VS (pf. cons.)   ובאתי השמש
                                                    והפכתי חגיכם לאבל
                                                    והעליתי על־כל־ . . . שׂק
                                                    כאבל יחיד . . . כיום מר

Echtheit

Im allgemeinen wird die Herleitung der Einheit von Amos nicht
bestritten. Nur von einzelnen Exegeten — wie z. B. von Marti oder
in jüngster Zeit von Wolff — sind entschiedene Zweifel an ihrer Echtheit geäußert worden. Im wesentlichen wird dabei auf die anscheinend
sekundäre Einleitung v. 9 a α β und die abweichende Struktur der

---

[30] Auch wenn v. 9 a α β nicht ursprünglich ist, so läßt die Bedeutung von v. 9 a γ. b eine
solche Identifikation durchaus zu.

[31] Vgl. dazu 5, 8; Ps 105, 28; Joel 3, 4; 4, 5.

[32] Zu חג und שיר vgl. oben zu 5, 21—23 bzw. 6, 5; zu קינה 5, 1; zu אבל 5, 16f.

[33] Vgl. dazu u. a. Oßwald, BHH, III 2021f.

[34] Die beiden Femininsuffixe sind neutrisch verstanden und fassen damit den in v. 10a
geschilderten Vorgang zusammen (vgl. Textanm. ᵇ zu v. 10).

[35] Vgl. Jer 6, 26; Sach 12, 10. Der Tod des einzigen Sohnes wird deshalb so schmerzlich
empfunden, weil er das Ende der Familie bedeutet.

[36] Der Ausdruck יום מר ist im Alten Testament singulär; insofern kann nicht mit Sicherheit gesagt werden, wie er zu verstehen ist. Vielleicht ist מר hier in ähnlichem
Sinne wie in I Sam 15, 32; Koh 7, 26 u. a. verwendet, wo von der Bitternis des Todes
die Rede ist.

Unheilsankündigung verwiesen. Außerdem sei v. 10b zu blaß für Amos[37] bzw. v. 9f. malten für den Propheten die Trauerriten zu breit aus[38]. Doch diese letzten Argumente vermögen nicht zu überzeugen, da sie das unheilsschwere Gewicht der Ankündigung übersehen bzw. die ebenfalls ausführliche Schilderung der Trauer in 5, 16f. unberücksichtigt lassen. Die ersten Hinweise sind dagegen von einigem Gewicht, so daß mit der Möglichkeit gerechnet werden muß, daß die Einheit nicht nur redaktionell bearbeitet wurde, sondern gar von anderen Händen als Amos herrührt. Doch ist auch in diesem Fall ein sichereres Urteil erst nach einer redaktionskritischen Analyse von Am möglich.

3. *Amos 8, 11—14*

Text

11	Siehe, es kommen Tage, [Spruch [des Herrn][a] Jahwes,][b]	
	da sende ich Hunger ins Land	3 + 3
	[, nicht Hunger nach Brot,	
	und nicht Durst nach Wasser,	
	sondern Jahwes Worte[c] zu hören][d].	
12	Da werden sie wanken von Meer zu Meer,	
	vom Norden zum Osten werden sie herumstreifen[e]	3 + 3
	[, um Jahwes Wort zu suchen,	
	aber sie werden (es) nicht finden][f].	
13	[An jenem Tag][g] Es verschmachten[h] die schönen Jungfrauen	
	und die starken[i] Jünglinge.	3 + 2
14	[j] Es fallen um und stehen nicht mehr auf,[j]	
	die da schwören bei der Aschera[k] Samarias	3 + 3
	und sprechen: »So wahr[l] dein Gott lebt, Dan!«	
	und »So wahr dein Schutzgott[m] lebt, Beerseba!«	3 + 3

   [a] אדני scheint Qere zu יהוה zu sein und wird mit ⑤ gestrichen[39].

   [b] Die Gottesspruchformel findet sich in Verbindung mit הנה ימים באים in Am nur noch an der sekundären Stelle 9, 13, dagegen häufig in Jer[40]. Da sie als Einleitungsformel in Am verdächtig ist[41], dürfte sie als Kennzeichnung der Einheit als Jahwewort nachgetragen worden sein.

   [c] Es ist möglich, daß in 𝔐 Dittographie vorliegt und statt der Pluralform sg. דבר יהוה zu lesen ist[42]; vgl. ⑤ ⑥ 𝔚. Doch kann diese geläufigere Lesart auch eine stilistische Glättung der Übersetzungen sein.

---

[37] So Marti.
[38] So Wolff.
[39] Vgl. 3, 8. 11. 13; 4, 2 u. a.
[40] Z. B. 7, 32; 9, 24.
[41] Vgl. oben zu 8, 9a β.
[42] Vgl. die singularische Form in v. 12b.

^d Der Halbvers wird als Zusatz gestrichen; zur Begründung siehe unten den Abschnitt *Abgrenzung*.

^e יְשׁוֹטְטוּ steht parallel zu וְנָעוּ, so daß in 𝔐 der Atnach zu versetzen ist.

^f Der Halbvers stellt wiederum eine Glosse dar; zur Begründung siehe unten unter *Abgrenzung*.

^g Die Formel בַּיּוֹם הַהוּא verknüpft v. 11f. mit v. 13f., doch paßt sie kaum zu dem pl. יָמִים in v. 11a. Da sie auch metrisch überschießt, dürfte sie nachträglich eingefügt worden sein[43], als die Zusammengehörigkeit von v. 11—14 nicht mehr erkannt wurde[44].

^h Die Femininform des Verbums ist durch das nachfolgende erste Subjekt הַבְּתוּלַת bedingt, obschon das Verbum sich auch auf das zweite maskuline Subjekt bezieht[45].

ⁱ Es wird 𝔐 בַּצָּמָא in הָאֹמְצִים geändert[46]. Dieser Vorschlag findet zwar an der Textüberlieferung keinen Anhalt, doch ist eine Verlesung durchaus denkbar[47]. Es ist auch möglich, daß בַּצָּמָא zur Verbindung von v. 11f. und v. 13f. nachträglich eingefügt wurde und aus Gründen der Similigraphie הָאֹמְצִים verdrängte. Das Attribut הַיָּפוֹת zu הַבְּתוּלַת läßt jedenfalls bei הַבַּחוּלִים nach einer Parallele fragen.

^j V. 14b wird aus metrischen und sachlichen Gründen hierher umgestellt[48]. Während er an seiner jetzigen Stelle in 𝔐 wie ein Nachklapp wirkt, ergibt sich durch die Umstellung ein paralleler Aufbau der Verse: V. 14b // v. 14aα, v. 14aβ // v. 14aγ. Zugleich wird damit die sachliche Zusammengehörigkeit von v. 13 und v. 14b besser zum Ausdruck gebracht[49].

^k 𝔐 ist unklar. Was meint בְּאַשְׁמַת? So wird vorgeschlagen, בַּאֲשֵׁרַת zu lesen[50]; vgl. I Reg 16, 33; II Reg 13, 6. Vielleicht handelt es sich um ein Schreibversehen? Vielleicht um eine theologische Glosse[51]?

^l Wie ein Überblick über die Verwendung von חֵי erkennen läßt, ist חַי vokalisiert, wenn bei Jahwe geschworen wird[52], in allen anderen Fällen dagegen חֵי[53]. Es kann vermutet werden[54], daß in den zitierten Wendungen v. 14aβ und v. 14aγ חַי gesagt wurde, die Masoreten aber deshalb חֵי vokalisierten, weil ihnen schon das

---

⁴³ Vgl. 8, 9f.; Jes 7, 20 und die redaktionellen Verknüpfungen in Sach 12—14; Jes 24. 27; Ez 38f.

⁴⁴ Zu dieser Abgrenzung siehe unten den betreffenden Abschnitt.

⁴⁵ Vgl. Gen 33, 7; Num 12, 1.

⁴⁶ Mit Sellin[2], Maag 55.

⁴⁷ Vgl. 2, 16, wo 𝔊 ursprüngliches וְאַמִּיץ zu וְיִמְצָא verlesen hat.

⁴⁸ So mit Procksch (BH[3]), Maag 55, Robinson, Rudolph gegen Weiser, Wolff.

⁴⁹ Die Umstellung enthebt auch von der Schwierigkeit erklären zu müssen, weshalb nur die jungen Leute des Schwörens beschuldigt werden. Das Partizip הַנִּשְׁבָּעִים schließt sich nunmehr nicht unmittelbar an v. 13 an, sondern setzt v. 14b fort. Vgl. Rudolph.

⁵⁰ Mit Maag 55. 128ff.; vgl. auch Elliger (BHS).

⁵¹ Der Ausdruck אַשְׁמָה (»Schuld«) ist im Alten Testament ausschließlich in nachexilischer Literatur zu finden; vor allem dem chronistischen Geschichtswerk ist er geläufig; vgl. Lev 4, 3; 5, 24. 26; Esr 9, 6f. 13. 15; 10, 10. 19; I Chr 21, 3; II Chr 24, 18; 28, 13 u. a.

⁵² Vgl. Jdc 8, 19; II Sam 2, 27 u. a.

⁵³ Vgl. Gen 42, 15; I Sam 1, 26 u. a.

⁵⁴ Mit Maag. 147f.

Aussprechen von חַי vor einer nicht Jahwe bezeichnenden Größe als »Gotteslästerung« erschien.

ᵐ Statt דֶּרֶךְ wird mit Marti, Maag[55] und Galling[56] דֹּדְךָ gelesen. Damit wird die strenge Parallelität von v. 14aβ und v. 14aγ gewahrt[57].

Abgrenzung

Der Textabschnitt hebt sich nach hinten und nach vorne im Kontext klar ab. So setzt 8, 11 mit הִנֵּה יָמִים בָּאִים gegenüber 8, 9f. deutlich neu ein, und ebenso zweifelsfrei markiert רָאִיתִי in 9, 1 den Beginn einer neuen Einheit. Doch damit ist das Problem der Abgrenzung noch nicht endgültig entschieden. Vielmehr stellt sich die Frage: Wie weit reicht die in v. 11 beginnende Einheit? Umfaßt der Textabschnitt zwei Sprüche[58], v. 11f. und v. 13f., oder bildet er eine einzige Einheit[59]?

Die Antwort auf diese Frage kann mehr denn je nur vorläufig sein. Zuviele Faktoren, die sich gegenseitig bedingen, spielen in der Entscheidung eine Rolle[60]. So gilt: Unter der *Voraussetzung*, daß die oben vorgeschlagenen Textänderungen zutreffen[61], stellt der Abschnitt eine einzige Einheit dar.

Während dann v. 13f. nach der oben begründeten Umstellung[62] von v. 14a und v. 14b einen in sich geschlossenen Gedankengang aufweisen, der v. 11f. sinnvoll weiterführt, ergeben sich hinsichtlich des ersten Teils der Einheit zwei literarkritische Probleme: 1. Obschon als Jahwerede stilisiert (הִשְׁלַחְתִּי v. 11a), ist in v. 11b. 12b von *Jahwes* Wort(en) die Rede[63]. 2. Kündigt v. 11a nur Hunger an, so spricht die negativ formulierte Erläuterung v. 11b von Hunger *und* Durst.

---

[55] Maag 55f.

[56] Galling, ZDPV 67 (1945), 38.

[57] Zur Bedeutung von דֹּד vgl. u. a. Maag 139 und Wolff, wo weitere Literatur genannt ist. — Auch wenn דֶּרֶךְ בְּאֵר־שֶׁבַע »Wallfahrt nach Beerseba« (so Rudolph, ähnlich Wolff) sachlich möglich wäre (gegen Marti), so gilt doch der Einwand von Maag 139: »... würde 'die Wallfahrt nach Beerseba' doch gegenüber 'dein Gott, Dan' befremdlich stark abfallen und sehr blaß anmuten, was offenbar auch G empfunden hat.« (𝕲 liest: ὁ θεός σου; vgl. Elliger, BHS).

[58] So z. B. Maag 54ff., Robinson, Wolff; ähnlich Rudolph.

[59] So z. B. Balla 6; Fohrer, Einleitung, 478; Eißfeldt, Einleitung, 540.

[60] So wird das Urteil über 8, 11—14 ganz verschieden ausfallen, je nachdem ob man z. B. בַּיּוֹם הַהוּא (v. 13a) streicht oder nicht, בַּצָּמָא durch הָאֱמֻצִים ersetzt oder beibehält. Vgl. dazu auch Rudolph und Wolff, deren Darlegungen beispielhaft deutlich machen, wie eine Beurteilung des fraglichen Textabschnitts nur in dem Zusammenwirken der verschiedenen methodischen Gesichtspunkte möglich wird.

[61] Vgl. vor allem Textanm. ᵍ⁻ⁱ zu v. 13. [62] Vgl. Textanm. ʲ zu v. 14.

[63] Rudolphs Argumentation, »Jahwewort« könnte ein geprägter Ausdruck sein, bzw. es sei in vielen als Jahwewort stilisierten Prophetensprüchen von Jahwe in der 3. pers. die Rede, ist ohne jeden Beleg nicht beweiskräftig.

Wie sind diese Beobachtungen zu werten? V. 11b wie v. 12b deuten רעב und damit v. 11f. insgesamt um. Sie fassen den ange-kündigten Hunger in übertragenem Sinne auf, d. h. sie interpretieren v. 11f. theologisch. Streicht man die beiden Halbverse, so lösen sich nicht nur die oben bezeichneten literarkritischen Probleme, sondern es entfallen auch formkritische Bedenken gegen die Herleitung der Verse von Amos[64]. V. 11—14* bilden dann eine in sich geschlossene Einheit, deren Abrundung auch die folgende Formanalyse bestätigen wird.

Form

Die literarkritisch bestimmte Einheit besteht aus fünf Perioden, deren Reihen in synthetischem bzw. synonymem Parallelismus zu-einander verlaufen. Je zwei Doppeldreier umschließen einen Vers im Rhythmus 3 + 2. ואמרו (v. 14aβ) stellt eine Anakrusis dar. Allitera-tion, Assonanz, Binnenreim, Litotes (v. 14b) und Chiasmus (v. 12a) sind als poetische Hilfsmittel verwendet und tragen zur kunstvollen Gestaltung des Textabschnitts bei.

Die Einheit wird in v. 11a durch die deiktische Partikel הנה[65] in Verbindung mit einem partizipialen Nominalsatz eröffnet. Ein Verbal-satz (im pf. cons.) setzt die Konstruktion in Syndese fort. Es schließen sich in v. 12a ein Verbalsatz (im pf. cons.) und ein invertierter Verbal-satz (im impf.), dessen Inversion durch den Chiasmus bedingt ist, in Syndese an. In v. 13. 14b werden in Asyndese[66] ein Verbalsatz (im impf.), ein Verbalsatz (im pf. cons.) und ein aufgrund der Negation לא invertierter Verbalsatz (im impf.) angefügt, die ihrerseits syndetisch miteinander verknüpft sind. Ein Partizipialsatz und ein ihn syndetisch fortführender Verbalsatz (im pf. cons.), der der Einführung zweier in

---

[64] Besonders Wolff hat darauf aufmerksam gemacht, daß v. 11b. 12b in ihrer sprach-lichen Formulierung auf eine spätere Zeit hindeuten. So findet sich die Wendung »Jahwes (alle) Worte hören« nur noch in den Jeremiaerzählungen; vgl. Jer 36, 11; 37, 2. Dabei ist jedesmal im Kontext von der Ablehnung des Jahwewortes die Rede; vgl. dazu auch die anscheinend deuteronomistisch bearbeiteten Stellen Jer 7, 24. 26— 28; 11, 8 u. a. oder spätere Erweiterungen wie 29, 19; 36, 31; 40, 3 u. a., wo ebenfalls von der Ablehnung der Jahweworte die Rede ist. Auch die Nomina »Hunger« und »Durst« fallen auf. Sie sind bemerkenswert selten unmittelbar nebeneinander zu finden; vgl. Dtn 28, 48; Jes 5, 13; Neh 9, 15; II Chr 32, 11. Schließlich ist der Ge-danke, daß »der Mensch nicht von Brot allein« lebt, »sondern von allem, was aus dem Munde Jahwes hervorgeht«, erst in der deuteronomischen Verkündigung anzutref-fen; vgl. Dtn 8, 3; 30, 15f.; 32, 14.

[65] Siehe dazu oben zu 2, 13.

[66] Es besteht die Möglichkeit, daß diese asyndetische Verknüpfung nicht ursprünglich ist, sondern erst durch die Einfügung der Formel ביום ההוא zustande kam.

Syndese parallelisierter eingliedriger Nominalsätze[67] dient, schließen
in v. 14a die Einheit ab.

Die Beachtung von a- und syndetischer Verknüpfung, von Verbinder und Trenner macht den Aufbau der Einheit deutlich. So markiert der Subjektswechsel in v. 11aβ bzw. v. 12a trotz der syndetischen
Verbindung jeweils einen tiefen Einschnitt. Einerseits hebt sich v. 11aα
von v. 11aβ. 12—14* klar ab und bildet gewissermaßen die Überschrift über den ganzen Abschnitt, auf den das einleitende הנה voraus-
weist; andererseits hebt sich in ähnlicher Weise v. 11aβ von den folgenden Versen ab, die sich durch den Übergang von der 1. pers. sg. zur
3. pers. pl. auszeichnen. V. 12—14* gliedern sich ihrerseits in vier
Teile: in v. 12a, der durch einen invertierten Verbalsatz abgeschlossen
wird; in v. 13, der sich durch asyndetische Anfügung und Subjektswechsel heraushebt; in v. 14b, dessen Verbalsätze ihre Zusammengehörigkeit durch die syndetische Verknüpfung wie das gemeinsame
Subjekt der 3. pers. pl. erweisen; und in v. 14a, der durch eine Partizipialkonstruktion eng anschließt und mit zwei Nominalsätzen, die
das einleitende ואמרו als Zitate kennzeichnet, abgeschlossen wird.

Funktions- und Hauptwörter verhalten sich in der Einheit mit
etwa 4:5 fast ausgeglichen. Die Funktionswörter verteilen sich im
wesentlichen auf die Konjunktion ו und Präpositionen. Bei den Verba
dominieren Aktionsverba; doch lassen sich daneben auch Vorgangsverba feststellen. Bei den Substantiva sind alle Wortklassen vertreten.
Bemerkenswert ist die Häufung von Eigennamen in v. 14. Der nicht
primäre, d. h. beschreibende Gebrauch von nominalen Ausdrücken beschränkt sich auf v. 13f. Präpositionale Wortverbindungen — und
damit ebenfalls beschreibende Elemente — begegnen vorzugsweise
in v. 12a.

Der Textabschnitt wird in v. 11aα durch die Ankündigung eines
Umbruchs eröffnet[68]. Das einleitende הנה dient dabei dazu, die Aufmerksamkeit der Hörer zu wecken[69]. In v. 11aβ wird dieser Umbruch
näher als unheilvolles Eingreifen Jahwes beschrieben, das sich als
Hungersnot auswirkt.

Das Verbum שׁלח hi. kommt im Alten Testament nur fünfmal vor, und jedesmal
ist dabei Jahwe Subjekt und eine »Plage« Objekt[70].

Der Ausdruck רעב ist in Am nur hier belegt; dagegen findet er sich in Gen und
Jer sehr häufig[71]. Es läßt sich fragen, ob Amos diese Art des Unheils erwartet hat,

---

[67] Vgl. dazu Brockelmann § 13a.
[68] Vgl. dazu 4, 2.
[69] Siehe oben zu 2, 13.
[70] Siehe Ex 8, 17; Lev 26, 22; II Reg 5, 17; Ez 14, 13.
[71] Allein in Gen 41 ist die Vokabel zwölfmal bezeugt. Vgl. auch Jer 11, 22; 14, 12f. 15f.
18; 15, 2 u. a.

d. h. ob auf ihn die Einheit zurückgeht. Doch ist das nur einmalige Vorkommen kein ausreichender Beweis für eine sekundäre Entstehung des Abschnitts, zumal 4, 6 durchaus von einer Hungersnot als Plage Jahwes weiß. So ist nicht ausgeschlossen, daß nicht erst Jesaja[72] und vor allem Jeremia, sondern bereits Amos diese Art von Unheil angekündigt hat.

Die Folgen einer solchen Hungersnot beschreiben anschaulich die folgenden Verse: Die Menschen laufen von Hunger getrieben ziellos durch das ganze Land. Sogar die Jugend[73] wird vor Hunger schwach und hinfällig. Das Ende ist für alle der Tod[74].

Bezeichnet נוע in 4, 8 das unsichere, schwankende Laufen von durstigen Menschen, so hier »das von Not getriebene, unruhige und ziellose Hin- und Herlaufen«[75]. In ähnlicher Weise meint שוט pil. das weiträumige Umherschweifen[76].

Der Ausdruck מים עד־ים ומצפון ועד־מזרח ist in seiner Bedeutung umstritten. Als Lösungen werden vor allem vorgeschlagen: 1. »Von Meer zu Meer« bezeichnet die äußersten Grenzen der Erde, »von Norden nach Osten« die Weiten, in die das exilierte Gottesvolk verstreut ist[77]; 2. »Von Meer zu Meer« meint die West-Ost-Richtung vom Mittelmeer zum Toten Meer. Da darin aber nur geringe Teile des Nordreichs eingeschlossen sind, war die Erwähnung der viel längeren eigentlichen Ostgrenze nötig. Die Südgrenze dagegen fehlt, weil den Israeliten der judäische Bereich verschlossen war, nachdem sie den von dort kommenden Propheten verjagt haben[78]. 3. »Von Meer zu Meer« bezeichnet die Süd-West-Richtung[79], d. h. der Ausdruck faßt das Tote Meer als Südgrenze und das Mittelmeer als Westgrenze des Nordreiches auf[80].

---

[72] Vgl. 5, 13.

[73] Die Anordnung Jungfrauen — Jünglinge widerspricht zwar der normalen israelitischen Denkweise (Rudolph), doch sollte man daraus keine literarkritischen oder die Echtheit der Verse betreffenden Folgerungen ziehen (gegen Rudolph). Der Prophet wollte damit vielleicht eine Steigerung zum Ausdruck bringen, etwa in dem Sinn: die schönen Jungfrauen und sogar die kräftigen Jungmänner . . ., um die Größe und Totalität des Unheils hervorzuheben. Auf die besondere Stellung von v. 13 als ganzen hat bereits die syntaktische Gliederung des Abschnitts hingewiesen.

[74] Vgl. zu נפל und קום 5, 2. — Manche Exegeten möchten diese Beziehungen als Indiz für sekundäre Entstehung von v. 13f. werten: »Der Schlußsatz des vierten Visionsberichts (2bβ) wird hier durch die Leichenklage des Amos (5, 2) ausgelegt.« (Wolff, ähnlich Rudolph). Doch so richtig die formalen Beobachtungen sind, so vorschnell erscheinen die Folgerungen. Warum sollte der Prophet nicht einmal ähnlich formulieren? Warum könnte er nicht selbst der Ausleger sein? Wie kommt man dazu, »die schönen Jungfrauen« als Umdeutung der Symbolgestalt »Jungfrau Israel« aufzufassen? Mit welchem Recht?

[75] Wolff; vgl. auch Jes 24, 20; Thr 4, 14f.

[76] Vgl. Jer 5, 1; Sach 4, 10 und besonders Num 11, 8, wo das Verbum für das Aufsuchen des Manna verwendet wird.

[77] So z. B. Wolff.

[78] So Rudolph.

[79] Vgl. II Reg 14, 25.

[80] So z. B. Marti.

Da der erste Vorschlag auf der fraglichen Annahme der sekundären Entstehung
der Einheit beruht, der zweite nicht nur eine umstrittene Abgrenzung zur Voraussetzung hat, sondern auch zu kompliziert erscheint, als daß er Hörern unmittelbar
eingeleuchtet haben dürfte, wird der dritten Lösung der Vorzug gegeben. Damit bedeutet der Ausdruck: Die Menschen streiften im ganzen Land umher — von Süden
nach Westen, von Norden nach Osten[81].

עלף hitp. wird in Jon 4, 8 für Jona verwendet, als er in der schattenlosen Hitze
lebensmatt wird. »Von 'Ohnmacht' kann man nicht sprechen, da er sich noch bittend
an Gott wendet, wohl aber von völliger Schwäche und Hinfälligkeit«[82].

Was ist der Grund für das Eingreifen Jahwes? Er dürfte in v. 14a
genannt sein, auch wenn er als solcher nicht ausdrücklich eingeführt
wird. Hier ist von der Verehrung fremder Gottheiten die Rede, die
durch zitierte Schwurleistungen[83] zum Ausdruck kommt.

Wer bei einem Gott schwört, ruft ihn als Zeugen an und bekennt sich damit zu
ihm. Der Schwörende unterstellt sich der Macht dieses Gottes und bezeugt ihn als
lebendig (חי)[84]. So gilt der Eid bei anderen Göttern als Abfall von Jahwe[85].

Aschera war eine im phönizisch-kanaanäischen Raum verehrte Vegetations-
göttin, die sowohl als Gattin von El wie Baal erscheint[86]. Als ihr Symbol gelten Holz-
pfähle, die sog. Ascheren[87]. Ihr Kult ist — wie aus I Reg 16, 33 erhoben werden kann —
in der Hauptstadt Samaria geübt worden.

Dan war eine nordisraelitische Kultstätte, die unter Jerobeam I. zum Reichs-
heiligtum wurde[88]. Dagegen ist *Beerseba* ein Heiligtum im Süden Judas[89]. Doch scheinen zu dem Ort Wallfahrtsverbindungen aus dem Nordreich bestanden zu haben[90].

Damit ist der Aufbau der Einheit und die Funktion der einzelnen
Glieder deutlich:

	v. 11—14*		Jahwerede
Allg. Unheils- ankündigung	v. 11aα	הנה + NS (pt.)	ימים באים
Besondere Unheils- ankündigung	v. 11aβ—13*. 14b		
Eingreifen Jahwes	v. 11aβ	VS (pf. cons.)	השלחתי

[81] Vielleicht sollte die Art der Kombination der Himmelsrichtungen das Ziellose des
Umherstreifens unterstreichen.

[82] Wolff.

[83] Zu der sonst andersartigen Verwendung von נשבע in Am vgl. 4, 2; 6, 8; 8, 7.

[84] Wolff; vgl. Lande, Formelhafte Wendungen, 110.

[85] Vgl. Dtn 10, 20; Zeph 1, 5; Jer 12, 16.

[86] Vgl. Maag, BHH, I 136f.

[87] Vgl. Jdc 6, 25; I Reg 14, 23.

[88] Vgl. I Reg 12, 28—30.

[89] In Jdc 20, 1; I Sam 3, 20 u. a. wird die Formel »von Dan bis Beerseba« gebraucht, um
die Ausdehnung Israels zu bezeichnen.

[90] Vgl. I Sam 8, 2; I Reg 19, 3f.

Folge	v. 12a. 15. 14b	VS (pf. cons.)	נוע
		iVS (impf.)	שוט
		VS (impf.)	עלף
		VS (pf. cons.)	נפל
		iVS (impf.)	לא קום

Begründung	v. 14a		
Schilderung des		Partizipialkonstruktion	נשבע
Verhaltens		(pt. pl.), VS (pf. cons.)	אמר
Zitate		NS	

Echtheit

Der Textabschnitt ist in seiner Echtheit umstritten. Sieht man von der Frage der Abgrenzung ab, so lassen sich im wesentlichen drei Positionen innerhalb der Forschung feststellen: 1. Der Abschnitt geht auf Amos zurück[91]. 2. 8, 11f. und 8, 13f. sind zwei von verschiedenen Händen stammende Zusätze[92]. 3. Während 8, 11f. auf Amos zurückgeht, stellen 8, 13f. zwei verschiedene Erläuterungen zu 8, 9f. und 8, 11f. dar[93].

Bereits dieser Überblick läßt erkennen, wie schwierig die Problematik ist. Vergegenwärtigt man sich, daß schon die literarkritische Abgrenzung des Abschnittes und die Ausscheidung von Zusätzen sehr umstritten waren, so wird deutlich, daß innerhalb dieser Untersuchung die Frage der Echtheit nur mit *ersten* Hinweisen beantwortet werden kann.

Als Argumente für die sekundäre Entstehung werden vor allem genannt: a) die Beziehung zu 5, 2 bzw. 8, 2; b) die in Am singuläre Ankündigung von Hunger; c) die ebenso singuläre Begründung mit der Verehrung fremder Gottheiten; d) die Erwähnung eines judäischen Heiligtums[94]; e) der in Am singuläre Aufbau, in dem die Unheilsankündigung der Begründung vorausgeht; f) die verdächtige Häufung von Ausdrücken, die einem späteren Sprachgebrauch angehören.

Auch wenn die einzelnen Einwände von unterschiedlichem Gewicht sind, so überrascht doch ihre Zahl. Nicht das einzelne Argument an sich, sondern die Häufung von Indizien macht die Echtheit des Textabschnittes fraglich. Solange aber eine Ausscheidung von v. 11b. 12b als späteren Zusätzen die Frage einer sekundären Entstehung in einem anderen Licht erscheinen läßt, besteht aus formkritischen

---

[91] So z. B. Marti; Fohrer, Einleitung, 478; ähnlich Weiser und Robinson.
[92] So z. B. Wolff.
[93] So Rudolph.
[94] Vgl. die anscheinend judäische Glosse 5, 5a γ.

Überlegungen kein Anlaß, 8, 11—14* Amos abzusprechen[95]. Zudem lassen sich die aufgeführten Einwände einzeln ohne weiteres in ihrer Beweiskraft in Frage stellen[96]. So muß es an dieser Stelle bei dem vorläufigen Urteil bleiben, daß die Einheit — unter der Voraussetzung, daß ihre Rekonstruktion zutrifft — vom Gesichtspunkt der Strukturanalyse her auf den Propheten selbst zurückgehen kann.

4. Amos 9, 7—10
Text

7 Seid ihr denn nicht wie die Kuschiten[a] für mich,
 ihr Söhne Israels? [Spruch Jahwes.][b]   3 + 2
Habe ich denn nicht Israel heraufgeführt
 aus dem Land Ägypten   3 + 2
und die Philister aus Kaftor
 und die Aramäer aus Kir?   2 + 2
8 Siehe mein[c] Auge [Herr Jahwe][c] (ist gerichtet) auf das
          sündige Königreich[d].
Ich vertilge es vom Antlitz des Landes.   4 + 4
[Jedoch will ich das Haus Jakob nicht unbedingt[e] vertilgen,][f]
         Spruch Jahwes.
9 [Denn][g] Siehe, ich gebe Befehl
 und schüttle [unter alle Völker][h] das Haus Israel,   3 + 3
wie man mit dem Sieb schüttelt[i],
 und kein Kiesel[j] fällt zur Erde.   3 + 3
10 Durchs Schwert sterben alle Sünder meines Volkes,
 die da sagen: »Nicht führst du herbei, nicht bringst du an
      uns heran[k] das Unheil[l]«.   4 + 4

 [a] Wörtlich: »die Söhne der Kuschiten«. Eigentlich wäre »die Kuschiten« oder »die Söhne von Kusch« zu erwarten. Vielleicht ist בְּנֵי nachträglich an v. 7aβ angeglichen worden. Eine solche Annahme verbesserte auch das Metrum.

 [b] Die Gottesspruchformel stört an dieser Stelle, indem sie den Zusammenhang der beiden Fragen unterbricht. Vielleicht ist sie an den Schluß von v. 7 zu stellen[97] oder in Übereinstimmung mit manchen Forschern zu streichen[98]. Letzterer Lösung wird hier aus literar- und formkritischen Gründen der Vorzug gegeben; siehe unten den Abschnitt *Abgrenzung*.

 [c] Statt des st. cs. עֵינֵי wird עֵינַי gelesen[99] und אֲדֹנָי יהוה gestrichen; zur Begründung siehe den Abschnitt *Abgrenzung*.

---

[95] Damit ist noch kein abschließendes Urteil in dieser Sache gesprochen. Dazu bedürfte es weiterer methodischer Schritte, vor allem der Redaktionskritik, die jedoch im Rahmen dieser Überlegungen nicht geleistet werden können.

[96] Siehe dazu die sprachliche Analyse der Einheit.

[97] So z. B. Maag 58, Robinson.

[98] So z. B. Procksch (BH³) mit Hinweis auf einige 𝔊-Handschriften aus dem 11./12. Jh.

[99] Vgl. 9, 4 und Elliger (BHS).

ᵈ Es kann hier nicht mit Sicherheit entschieden werden, ob מִמְלָכָה mit »König-tum« oder »Königreich« wiederzugeben ist. Es besteht die Möglichkeit, daß die Bedeu-tung des Ausdrucks mit der Einfügung von v. 8b wechselte[100].

ᵉ Die Negation לֹא steht gewöhnlich zwischen inf. abs. und verbum finitum[101]. Wenn sie — wie hier — vorangestellt ist, so negiert sie die Gewißheit und Vollständig-keit, die der inf. abs. in dieser Verbindung zum Ausdruck bringt[102].

ᶠ V. 8b wird als Zusatz beurteilt und gestrichen; zur Begründung siehe unten unter *Abgrenzung.*

ᵍ כִּי ist sekundäre Verknüpfungspartikel und wird als solche gestrichen[103].

ʰ Die Textüberlieferung von בְּכָל־הַגּוֹיִם ist unsicher. Zwar fehlt der Ausdruck nirgends ganz[104], doch bleibt גוים in einigen MSS von 𝔊 unübersetzt, und in 𝔊 L sind die Worte hinter τὸν οἶκον Ἰσραήλ gestellt. Da der folgende Vergleich den Aus-druck nicht voraussetzt, wird er als interpretierender Zusatz gestrichen[105]. Anschei-nend handelt es sich um eine nachexilische Glosse, die — indem sie v. 9f. auf das Exil bezieht — den ursprünglichen Unheilsspruch in ein Trostwort verwandelt[106].

ⁱ Wörtlich: ni. »geschüttelt wird«. Eine Texteinfügung von בַּר (»Getreide«)[107] hat keinen Anhalt in der Textüberlieferung und ist sachlich wie grammatisch unnötig.

ʲ 𝔊 übersetzt zwar σύντριμμα, das in der Regel שֶׁבֶר (»Bruch, Bruchstück«) ent-spricht, doch 'A (ψήφιον), 𝔙 (lapillus) und 𝔗 (אַבְנָא) verstehen 𝔐 als »Steinchen«[108].

ᵏ בְּעַד als Präposition kann den Gedanken des Einkreisens wie in Thr 3, 7 u. a. anklingen lassen[109] oder/und das schützende Eintreten zugunsten jemandes ausdrük-ken[110].

ˡ Oft faßt man הָרָעָה als Subjekt auf und liest dementsprechend statt der 2. pers. m. sg. die 3. pers. f. sg.[111]. Doch erfordert ein solches Textverständnis nicht nur eine Änderung der Vokalisation, sondern nimmt auch dem Satz seinen »protestierenden Anredecharakter«[112].

Abgrenzung

Die Abgrenzung des Textabschnittes gegenüber 9, 1—6, einem Visionsbericht (v. 1—4) und einer später angefügten Doxologie (v. 5f.), ist nicht zweifelhaft. 9, 7 setzt mit zwei als Jahwerede stilisierten Fragen klar neu ein. Von ihnen hebt sich ebenso deutlich der Ab-schnitt 9, 8—10 ab. Er setzt mit הִנֵּה ein und enthält eine Unheils-

[100] Vgl. den Abschnitt *Abgrenzung.*
[101] Vgl. G—K § 113v.
[102] Vgl. G—K § 113 l. n und Gen 3, 4.
[103] Vgl. 3, 7; 5, 4.
[104] Gegen Wolff.
[105] So mit Procksch (BH³), Rudolph, Wolff u. a.
[106] Vgl. Rudolph.
[107] So z. B. Budde, JBL 44 (1925), 111.
[108] Vgl. II Sam 17, 13.
[109] Wolff.
[110] Rudolph.
[111] So z. B. Maag 60 in Anlehnung an die Versionen.
[112] Wolff.

ankündigung. 9, 11f. und 9, 13—15 dagegen kündigen Heil an und können hier außer Betracht bleiben. Untersucht man den Textabschnitt auf literarkritischem Wege näher, so fallen verschiedene Auffälligkeiten ins Auge. Die Gottesspruchformel trennt die beiden Fragen in v. 7. Zugleich läßt sich ein Wechsel von der Anredeform (אתם v. 7a) zur Rede über Israel in der 3. pers. (v. 7b) feststellen. Sind diese beiden Beobachtungen ein Hinweis darauf, daß sich v. 7 aus zwei Einheiten (v. 7a und v. 7b) zusammensetzt?

Auch wenn eine eindeutige Lösung nicht möglich ist, so wird hier doch vorgeschlagen, v. 7 als eine einzige rhetorische Einheit aufzufassen. Die beiden Fragen sind ihrer sprachlichen Gestaltung und ihrer Bedeutung nach so eng miteinander verwandt[113], daß diese Annahme am zutreffendsten erscheint. Zudem läßt sich die Gottesspruchformel durchaus als ein Zusatz verständlich machen, der v. 7a als Jahwerede kennzeichnen sollte[114], und die Rede über Israel läßt sich durch die Aufnahme einer Formel erklären[115].

Im überlieferten Text fällt sodann in v. 8a der Übergang von der 3. pers. Jahwes (v. 8aα) zur 1. pers. (v. 8aγ) auf. Zu literarkritischen Fragen gibt auch v. 8b Anlaß. Dieser Halbvers relativiert die vorhergehende Unheilsankündigung, indem er eine Ausnahme anführt. Er wird durch eine Gottesspruchformel abgeschlossen, obschon v. 9f. sich mit כי eng an v. 8 anschließen. Schließlich ist in v. 8b von dem »Hause Jakob« die Rede, während v. 9a von dem »Hause Israel« und v. 10a von »meinem Volk« sprechen.

Wie lassen sich diese Beobachtungen erklären? Zunächst wird vorgeschlagen, den Ausdruck אדני יהוה zu streichen[116]. 𝔐 läßt sich als Dittographie von י verständlich machen, das für die Abkürzung des Gottesnamens gehalten wurde[117]. Damit ist die erste Schwierigkeit, der Wechsel von der 3. pers. zur 1. pers., behoben. Sodann wird v. 8b als Glosse gestrichen. Der Halbvers scheint nicht nur prosaisch formuliert zu sein[118], sondern fällt auch im Zusammenhang dadurch auf, daß er eine unmotivierte Unterscheidung von Vernichteten und Ver-

---

[113] Siehe unten die formale Analyse.
[114] Vgl. Textanm. b.
[115] Vielleicht spielt v. 7b auf eine Bekenntnisformel an; vgl. 2, 10; 3, 1. — Zudem ist die Tatsache zu beachten, daß Jahwe zwar Israel, nicht aber die *angeredeten* Israeliten aus Ägypten heraufgeführt hat!
[116] So mit Nowack, Robinson u. a.; vgl. Textanm. c.
[117] Vgl. dieselbe Erscheinung in Jes 40, 2.
[118] Rudolph versucht zwar den Text metrisch zu gliedern, doch sein Unternehmen macht nur deutlich, daß ein solcher Versuch — ohne jeden Parallelismus der Glieder — nur willkürlich und damit ohne jede Berechtigung geschehen kann (»nur ist es nicht so, daß ich durchaus vertilge // das Haus Jakob«).

schonten vornimmt[119]. Er läßt sich ohne weiteres als einschränkender Zusatz, der v. 8a und — die falsch verstandenen — v. 9f. verbindet, oder als späterer heilseschatologischer Nachtrag verständlich machen[120]. Die Gottesspruchformel markiert dann das Ende des Spruches.

In v. 9 setzt demgegenüber mit הנה אנכי מצוה eine neue Einheit ein. Ihre Verknüpfung mit v. 8* erweist sich somit als sekundär; vielleicht wurde כי als Überleitungspartikel gemeinsam mit v. 8b eingefügt[121].

v. 7

Form

Die Einheit setzt sich aus drei Perioden zusammen. Auf zwei Verse im Qina-Rhythmus, deren Reihen synthetisch parallel zueinander verlaufen, folgt abschließend ein Doppelzweier in synonymem Parallelismus. Bemerkenswert ist derselbe Versanfang in v. 7a und v. 7b (הלוא), die sogenannte Anapher, sowie das zweimalige Vorkommen von ישראל, dem in der Einheit anscheinend eine gewisse Leitwortfunktion zukommt. Als poetische Hilfsmittel sind auch Alliteration und Assonanz eingesetzt. 9, 7 besteht aus zwei Fragesätzen, die die Antwort »Ja« herausfordern[122]. Im einzelnen handelt es sich bei dem ersten Fragesatz um einen Nominalsatz, dessen Wortstellung das Prädikat כ . . . כשיים heraustellt[123], und bei dem zweiten um einen invertierten Verbalsatz (im pf.), dessen Inversion der Hervorhebung des Objektes ישראל dient. Das gemeinsame Subjekt der 1. pers. sg. verbindet beide Sätze, obschon sie sich durch den Wechsel von der Anredeform (2. pers. pl.) zur 3. pers. voneinander abheben.

Funktions- und Hauptwörter verhalten sich mit etwa 1:1 ausgeglichen. Bemerkenswert bei den Funktionswörtern ist die Dominanz der Präpositionen, die auf beschreibende Elemente hindeuten. Der einzige Verbalausdruck stellt ein Aktionsverbum dar. Bei den Substantiva fällt die große Zahl von Eigennamen auf, bei denen es sich um Volks- bzw. geographische Bezeichnungen handelt. Nur die beiden Nomina בן und ארץ gehören anderen Substantivklassen an. So macht

---

[119] Damit geht der Exzeptionssatz über das »Vielleicht« in 5, 15 weit hinaus.

[120] Vgl. Marti, Nowack, Maag 59 u. a., die v. 8b ebenfalls streichen.

[121] Das gemeinsame »Stichwort« חטא (v. 8a. 10a) erleichterte eine solche Verknüpfung. Dennoch ist die verschiedene Zielrichtung der beiden Sprüche deutlich: Während v. 8a dem *sündigen Königreich* (oder Königtum ?) Unheil ankündigt, sprechen v. 9f. von der Vernichtung *aller Sünder*.

[122] Zu der Fragepartikel הלוא siehe oben Anm. 211 zu § 5.

[123] Im Nominalsatz folgt in der Regel das Prädikat auf das Subjekt und nicht — wie hier — das Subjekt auf das Prädikat; vgl. G—K § 141 l. n.

bereits der Wortbestand deutlich, daß v. 7 erstens einen nominalen
Stil zeigt und zweitens ein hohes Maß an Information voraussetzt.
Die Einheit ist als Jahwerede stilisiert[124]. In Form einer rhetorischen Frage (v. 7a) behauptet sie die Gleichrangigkeit Israels mit
anderen Völkern[125] vor Jahwe. Eine zweite rhetorische Frage (v. 7b)
verdeutlicht diese Gleichstellung, indem sie die Führung fremder
Völker, wie der Philister[126] und Aramäer[127], ebenso auf Jahwe zurückführt wie die Führung Israels aus Ägypten[128].

Beide Fragen verlangen nach Zustimmung und weisen insofern
über sich hinaus auf eine Situation, in der Rede und Gegenrede
wechselt, in der der Prophet seine Hörer überzeugen und belehren
will. Eine genauere Bestimmung der Redesituation und damit der
Intention des Sprechers kann innerhalb dieser sprachlichen Analyse
allerdings nicht gegeben werden; dazu bedürfte es einer Würdigung
der theologischen Traditionen in Israel und der zeitgeschichtlichen
Umstände. Dennoch ist der strukturelle Aufbau der Einheit klar erkennbar[129]: In Form von rhetorischen Fragen wird in v. 7a eine These
aufgestellt und in v. 7b wird sie veranschaulicht und begründet.

Rhetorische Fragen	v. 7		Jahwerede Anrede
These Verhältnis Jahwes zu Israel und den Völkern	v. 7a	NS	כ . . . כשיים אתם לי
Veranschaulichung Handeln Jahwes	v. 7b	iVS (pf.)	3. pers. ישראל העליתי ופלשתיים . . . וארם

Echtheit

Nachdem die Herleitung der Einheit von Amos bisher im allgemeinen unumstritten war, hat neuerdings Wolff Bedenken dagegen
erhoben. Doch seine Argumentation beruht weniger auf formkritischen
Erwägungen zu 9, 7 als auf seiner Beurteilung von 9, 7—10 als des Nie-
derschlags einer Diskussion, bei dessen Formulierung die sogenannte

---

[124] Auch wenn die Gottesspruchformel zu streichen ist, so geht doch aus der Bedeutung
des Verses, vor allem von v. 7b, eindeutig hervor, daß Jahwe der Sprecher ist.

[125] Bei den Kuschiten handelt es sich um die nubischen Stämme südlich des zweiten
Nilkatarakts (Wolff); vgl. Gen 10, 6; Jes 11, 11.

[126] Siehe 1, 8.

[127] Siehe 1, 5.

[128] מצרים . . . עלה hi. scheint eine Formel zu sein; vgl. 2, 10; 3, 1; Hos 12, 14; Dtn 20, 1.

[129] Es besteht kein Anlaß, v. 7 als Fragment zu beurteilen, da die Einheit — obschon
nicht geschlossen — in sich verständlich ist (gegen Robinson).

Amosschule am Werke war[130]. Da eine umfassende Auseinandersetzung mit dieser These, die nötig wäre, um die Argumentation von Wolff würdigen zu können, den Rahmen dieser Untersuchung sprengte, läßt sich ein abschließendes Urteil über 9, 7 hier nicht fällen. Jedoch kann festgehalten werden, daß aus *formkritischen* Gründen die Echtheit von 9, 7 nicht zweifelhaft ist.

v. 8a

Form

Der Textabschnitt besteht aus zwei Doppelzweiern in synthetischem Parallelismus. Bemerkenswert ist die Tatsache, daß die beiden Perioden je mit ה beginnen und auch reimähnlich schließen (האדמה/ החטאה).

Ebenso einfach wie der poetische Aufbau der Einheit ist ihre syntaktische Gliederung. Auf das einleitende הנה folgt ein zeitneutraler Nominalsatz[131], der in Syndese durch einen Verbalsatz (im pf. cons.) fortgeführt wird. Die Aufnahme des Suffixes der 1. pers. sg. (v. 8aα) als Subjekt (v. 8aγ) sowie des Präpositionalausdruckes (v. 8aβ) als Objekt (v. 8aγ) verbindet beide Sätze eng miteinander.

Ein Überblick über den Wortbestand der Einheit läßt ihren nominalen Stil erkennen. Ein einziges Verbum, ein Aktionsverbum, steht fünf Nominalausdrücken, Abstrakta und unbelebten Konkreta, gegenüber. Das Verhältnis von Funktions- und Hauptwörtern ist mit etwa 1:1 fast ausgeglichen. Es fällt auf, daß Artikel nicht vermieden sind[132].

Die Einheit ist wiederum als Jahwerede gestaltet und sogar als solche — anders als 9, 7 — durch die abschließende Gottesspruchformel gekennzeichnet. Auf das die Aufmerksamkeit weckende הנה folgt eine allgemeine Aussage, daß das Auge[133] Jahwes auf das sündige[134] Königreich[135] gerichtet ist, ohne daß diese Sünde näher ausge-

---

[130] Vgl. sein Urteil zu 9, 7—10: »Der Anschluß an Amos ist ebenso deutlich wie der Abstand von ihm.«

[131] Vgl. zu dieser Konstruktion 2, 13; 4, 2; 6, 14 u. a.

[132] Diese Beobachtung könnte ein Hinweis darauf sein, daß v. 8a prosaisch formuliert ist. Da der Vers nur synthetischen — und damit uneigentlichen — Parallelismus aufweist, läßt sich diese Möglichkeit solange nicht mit Sicherheit ausschließen, als es für die poetische Gestaltung eines Textes keine anderen Kriterien als den Parallelismus der Glieder gibt.

[133] Die Erwähnung des Auges dient der nachdrücklichen Betonung der angekündigten Handlung; vgl. Lande, Formelhafte Wendungen, 59.

[134] Zur Wurzel חטא siehe oben zu 5, 12.

[135] ממלכה stellt einen politischen Terminus dar, der das Staatswesen als solches bezeichnet; vgl. Rudolph.

führt oder das Königreich[136] genauer bezeichnet wäre. Als Folge[137] seiner Aufmerksamkeit[138] kündigt Jahwe sein unheilvolles Eingreifen an, das die Vernichtung des Staatswesens bewirkt[139].

Die Struktur der Einheit kann wiederum übersichtsweise dargestellt werden:

	v. 8*		Jahwerede
Allgemeine Unheilsankündigung v. 8aαβ	הנה + NS		עיני ב
Besondere Unheilsankündigung v. 8aγδ			
Eingreifen Jahwes	VS (pf. cons.)		השמדתי
Schlußformel	v. 8bγ	נאם יהוה	

Echtheit

Die sprachliche Analyse liefert verschiedene Indizien dafür, daß 9, 8* einen sekundären Nachtrag darstellt. So nimmt v. 8aα das Stichwort »mein Auge ist gerichtet auf . . .« aus 9, 4b auf. Das Adjektiv חטא (v. 8aβ) begegnet in Am nur noch in der ebenfalls in ihrer Echtheit umstrittenen Einheit 9, 9f.[140]. Auch das Nomen ממלכה findet sich in Am nur noch an solchen Stellen, die in ihrer Formulierung nicht auf den Propheten selbst zurückgehen[141]. Schließlich fällt die allgemeine Redeweise des Spruches auf, die weder den Adressaten noch die Ursache des angekündigten Unheils genau bezeichnet[142].

Obschon auch in diesem Fall ein abschließendes Urteil hier nicht gefällt werden kann, so legen doch die vorgetragenen Beobachtungen es nahe, in der Einheit einen Nachtrag zu sehen[143]. Allerdings wird erst

---

[136] Aus dem Text geht nicht hervor, ob damit das Nordreich gemeint ist. Es wäre auch möglich, den Artikel generell zu verstehen, so daß jedes beliebige sündige Königreich gemeint wäre (so Robinson u. a.). Erst eine Analyse der Verkündigung des Propheten kann Anhaltspunkte für eine genauere Bestimmung liefern unter der Voraussetzung, daß der Spruch überhaupt von Amos herrührt; vgl. unten den Abschnitt *Echtheit*.

[137] Siehe das verwendete Tempus pf. cons.

[138] Die Aussage, daß Jahwe sein Auge auf das sündige Königreich richtet, ist zunächst wertneutral und schließt nicht von vornherein sein *unheilvolles* Eingreifen ein; vgl. auch 9, 4, wo ausdrücklich darauf abgehoben ist: »Ich richte mein Auge auf sie / zum Unheil und nicht zum Heil.«

[139] Zu שמד siehe oben zu 2, 9. Zu אדמה siehe oben zu 3, 2; vgl. auch 3, 5; 5, 2 u. a.

[140] Siehe unten den Abschnitt *Echtheit* zu 9, 9f.

[141] Siehe 6, 2; 7, 13.

[142] Vgl. Fohrer, Einleitung, 479: »Die blutarme und kraftlose Drohung gegen *das sündige Königreich* . . .«.

[143] So mit Marti; Fohrer, Einleitung, 479; Wolff u. a. gegen Eißfeldt, Einleitung, 540; Maag 59; Rudolph u. a. Es ist allerdings zu beachten, daß die Abgrenzung der Einheit bei den verschiedenen Exegeten z. T. von der hier vertretenen abweicht, so daß sich auch eine unterschiedliche Argumentation in der Frage der Echtheit ergibt.

eine redaktionskritische Analyse von Am die Berechtigung dieser Annahme wahrscheinlich machen und vielleicht Hinweise auf den Verfasser von 9, 8 geben können.

v. 9f.

Form

Die Einheit wird durch einen Doppeldreier in synonymem Parallelismus eröffnet. Ein Doppeldreier in antithetischem Parallelismus
führt ihn weiter, und ein Doppelvierer in synthetischem Parallelismus
schließt den Textabschnitt ab. האמרים (v. 10b) steht außerhalb des
Metrums.

Sieht man von der sekundären Verknüpfung mit v. 8 ab, so wird
die Einheit ebenso wie der voraufgegangene Abschnitt mit der Interjektion הנה eingeleitet. Sie ist mit einem partizipialen Nominalsatz
verknüpft, der in Syndese durch einen Verbalsatz (im pf. cons.) fortgesetzt wird. Beide Sätze (v. 9a) sind durch das gemeinsame Subjekt
der 1. pers. sg. eng miteinander verbunden. In v. 9b folgt in Unter-
ordnung ein mit כאשר eingeleiteter verbaler Komparativsatz (im impf.),
der durch einen infolge der Negation לא invertierten Verbalsatz (im
impf.) mit adversativem Sinn fortgesetzt wird. In v. 10 wird der Hauptsatz fortgeführt: In Asyndese ist ein invertierter Verbalsatz (im impf.)
angeschlossen, dessen Inversion der Hervorhebung des Präpositional-
ausdrucks בחרב dient. Der Satz ist durch die Aufnahme des Subjekts
(v. 9a) als Pronominalsuffix mit v. 9 verknüpft. Ein pluralisches
Partizip, das sich auf das Subjekt des vorangehenden Satzes bezieht,
führt ein Zitat ein (v. 10b), das aus einem invertierten Verbalsatz (im
impf.) besteht. Dieser Satz, dessen Inversion durch die Negation לא
bedingt wird, ist in Anredeform (2. pers. sg.) gehalten und weist ein
Zeugma auf, indem sich zwei Verba auf ein einziges Objekt beziehen.
Ein Pronominalsuffix der 1. pers. pl. verweist auf das Subjekt des
übergeordneten Satzes zurück und stellt damit die Verbindung mit
v. 10a her. So ist der Aufbau der Einheit deutlich: Sie gliedert sich
in die beiden Teile v. 9 und v. 10.

Funktions- und Hauptwörter verhalten sich in 9, 9f. mit etwa
2:3 ausgewogen. Als Verba dominieren Aktionsverba, doch finden
sich auch Vorgangsverba. Bei den Substantiva herrschen — vor allem
in v. 9 — unbelebte Konkreta vor, menschliche Konkreta und Abstrakta treten dahinter zurück. Ein Eigenname ist singulär. Präpositionalausdrücke spielen keine dominierende Rolle.

Die Einheit ist ähnlich wie 9, 8 als Jahwerede stilisiert, doch
anders als dieser Abschnitt nicht ausdrücklich als solche gekennzeichnet. Das einleitende הנה fordert zur Aufmerksamkeit auf[144]; die fol-

---

[144] Siehe oben zu 2, 13.

gende Ankündigung, die im Ich Jahwes ergeht, redet zunächst allgemein von seinem Gebieten[145], beschreibt jedoch dieses dann sofort näher als Sichtung Israels.

Der Sinn des Bildes vom Sieben hängt von der Bedeutung der Vokabel צרור ab. Sie kommt nur noch in II Sam 17, 13 vor und wurde im Anschluß an 𝔊 häufig mit »Korn« wiedergegeben[146]. Doch ist diese Übersetzung unzutreffend[147], der Ausdruck hat die Bedeutung »Stein, Kiesel«. Damit ist auch entschieden, welche Art von Sieb das Hapaxlegomenon כברה bezeichnet. Da das Unbrauchbare zurückbleibt, das Brauchbare aber durchfällt, handelt es sich um ein grobmaschiges Sieb, wie es z. B. auf der Tenne verwendet wurde, um das Getreide von Unrat wie Steinen, Erdklumpen oder Stroh zu scheiden[148]. So ist der Sinn des Vergleichs erkennbar: Jahwe schüttelt[149] Israel wie in einem Getreidesieb, um das Volk zum Gericht zu sichten.

Die Fortführung der Ankündigung erläutert diese Sichtung, indem allen Sündern[150] des Volkes der Tod durchs Schwert[151] angekündigt wird. Israel unterliegt also einem *Säuberungsgericht*, das den Tod all derer bringt, die — wie aus dem Zitat zu erschließen ist — die Möglichkeit von Unheil für sich negieren[152]. Damit werden Tod und Sünde auf der einen Seite und Sünde und Heilszuversicht auf der anderen Seite in Zusammenhang gebracht und somit die Unheilsankündigung auf die Selbstsicheren in Israel beschränkt.

Die Struktur des Textabschnittes läßt sich nunmehr in einer Tabelle darstellen:

	v. 9f.		Jahwerede
Allg. Unheilsankündigung	v. 9a	הנה + NS (pt.)	אנכי מצוה
Besondere Unheilsankündigung	v. 9aβ—10a		
Eingreifen Jahwes	v. 9	VS (pf. cons.)	הגעותי
Vergleich		כאשר + VS (impf.)	כברה

---

[145] Zu צוה vgl. 6, 11; 9, 3f.

[146] So z. B. Robinson.

[147] Siehe Textanm. j zu v. 9.

[148] Wolff; vgl. Sir 27, 4 (»Beim Schütteln des Siebes bleibt Unrat zurück«). — Maag 156 denkt an ein Sandsieb, wie es die Maurer verwenden. Rudolph weist darauf hin, daß es sich auch um ein Mehlsieb handeln kann.

[149] Die Verwendung des Verbums נוע (v. a hi., v. b ni.) dürfte nicht auf ein Erdbeben hindeuten (gegen Weiser) oder durch die Vision der Erschütterung der Schwellen unter Jahwes Schlag angeregt sein (gegen Wolff), sondern durch das Bild vom Sieb hervorgerufen sein, »das seine Funktion nur erfüllen kann, wenn es geschüttelt wird« (Rudolph).

[150] Zur Wurzel חטא vgl. 5, 12; 9, 8.

[151] Zu חרב vgl. 4, 10; 7, 9. 11. 17; 9, 1. 4.

[152] Es kann nicht sicher entschieden werden, wer in dem Zitat angeredet ist: Gott selbst (so Rudolph) oder der Prophet (so Wolff)? Doch ist diese Frage für die Bedeutung der Einheit irrelevant, so daß auf ihre Beantwortung verzichtet werden kann.

		iVS (impf.)	
Folge	v. 10a	iVS (impf.)	מות
Begründung	v. 10b		
Schilderung des		Partizipialkonstruktion	האמרים
Verhaltens		(pt. pl.)	
Zitat		iVS (impf.)	לא . . . הרעה

Echtheit

Der Aufbau von 9, 9f. zeigt eine deutliche Übereinstimmung mit der Gliederung des in seiner Echtheit umstrittenen Abschnittes 8, 11—14*. In beiden Einheiten geht die Begründung der Unheils-ankündigung nicht wie sonst voraus, sondern folgt ihr, in beiden Einheiten besteht sie aus einem Zitat. Beide Male folgt auch auf eine allgemeine Ankündigung[153] deren Entfaltung, indem das unheilvolle Eingreifen Jahwes und dessen Folgen beschrieben werden.

Diese Strukturübereinstimmung der beiden Einheiten beweist zwar nicht die sekundäre Entstehung von 9, 9f. — zumal der sekundäre Charakter von 8, 11—14* formkritisch nicht mit Sicherheit zu erweisen war[154] —, doch stellt sie ein erstes Fragezeichen für ihre Herleitung von Amos dar.

Andere Beobachtungen kommen hinzu, die die Echtheit des Textabschnittes unsicher machen. So greift der Spruch mehrfach auf den Visionsbericht 9, 1—4 zurück: Das einleitende אנכי מצוה (v. 9 a α) kann als Interpretation des doppelten אצוה (v. 3 b. 4 a) verstanden werden[155]. הרעה (v. 10 b) spielt auf den Schlußsatz v. 4 b an. Die Ankündigung des tödlichen Schwertes findet sich in v. 10a wie in v. 1a und v. 4a.

Bemerkenswert sind weiterhin das Vorkommen der Wurzel חטא, die bereits in 9, 8 als mögliches Indiz für eine sekundäre Entstehung gewertet wurde, die in Am singuläre Verwendung von עמי (v. 10a) ohne den Zusatz ישראל[156] und der Gebrauch des einfachen ו als Kopula zwischen zwei Verba (v. 10b), der erst in exilisch-nachexilischer Zeit häufig wird[157].

Ein beachtenswertes Kriterium gegen die Echtheit von 9, 9f. stellt schließlich die Bedeutung der Einheit dar. Sie verkündigt zwar ebenfalls Unheil, doch schränkt sie es ausdrücklich — ein in echten Amosworten sonst nicht zu beobachtender Vorgang — durch den

---

[153] Hier ist allerdings auf einen Unterschied hinzuweisen. In beiden Fällen handelt es sich zwar um einen partizipialen Nominalsatz, der in Verbindung mit der einleitenden Interjektion הנה steht, doch in 8, 11 ist allgemein von kommenden Tagen die Rede, während in 9, 9 bereits hier das Eingreifen Jahwes angekündigt wird.
[154] Siehe oben den Abschnitt *Echtheit* zu 8, 11—14*.   [155] Wolff.
[156] Siehe dazu Hoffmann, ZAW 82 (1970), 121f.
[157] So Robinson.

Vergleich mit der Aussiebung (v. 9b) und die Verbindung כל חטאי עמי auf eine bestimmte Menschengruppe ein[158]. Doch mit diesem Hinweis wird bereits der Rahmen gesprengt, der dieser Arbeit gesetzt ist. So muß eine ausführliche Auseinandersetzung mit Gegenpositionen, die dieses Kriterium nicht für stichhaltig halten, hier unterbleiben. Ein solches Unternehmen setzte voraus, daß die Verkündigung des Propheten in ihrer Gesamtheit gewürdigt würde, und dies ist hier nicht möglich. Dennoch kann von den aufgeführten formalen Beobachtungen her der Schluß gezogen werden, daß in 9, 9f. vermutlich ein sekundärer Nachtrag vorliegt[159].

§ 7 STRUKTURVERGLEICH

Nachdem in den voraufgegangenen Textanalysen die Struktur der einzelnen Einheiten des Amosbuches bestimmt wurde, soll in diesem Arbeitsschritt versucht werden, die anfangs gestellte Frage nach den Scheltworten in Am mit Hilfe eines Strukturvergleichs zu beantworten. Im einzelnen wird dazu zunächst ein zusammenfassender Überblick über die Gestaltung aller analysierten Einheiten gegeben[1]. Sodann werden die erarbeiteten Formen in ihrer Struktur verglichen und strukturähnliche oder -gleiche Einheiten zu Formengruppen zusammengefaßt (*Formenkritik*)[2]. In einem dritten Abschnitt wird die von der obigen Fragestellung her relevante Formengruppe näher untersucht; gemeinsame Strukturmerkmale und Stilelemente der einzelnen Einheiten werden analysiert. Ein vierter Abschnitt zieht abschließend das Resümee.

---

[158] Rudolph versucht diesem Argument u. a. mit dem Hinweis zu begegnen, daß der Prophet mehrmals — z. B. 4, 2f.; 5, 11; 6, 7 — nur bestimmten Gruppen im Volk Unheil angekündigt hat. So richtig diese Feststellung ist, in diesem Zusammenhang hat sie keine Beweiskraft; denn Rudolph übersieht, daß im Unterschied zu allen aufgeführten Stellen in 9, 9f. das Unheil nicht nur einer bestimmten Personengruppe angekündigt, sondern auch auf sie *beschränkt* wird.

[159] Vgl. Fohrer, Einleitung, 479; Wolff und Kellermann, EvTh 29 (1969), 169ff. Anders Eißfeldt, Einleitung, 540f.; Rudolph.

[1] Diese Zusammenfassung soll nicht dazu dienen, die sprachliche Gestaltungskraft oder gar die Verkündigung des Propheten zu würdigen, sondern sie will — in Beschränkung auf die für die Fragestellung dieser Arbeit relevanten Gesichtspunkte — einen Überblick über die formale Gestaltung der Sprüche vermitteln.

[2] Dieser Terminus ist in der alttestamentlichen Forschung bisher nicht üblich, da man den damit bezeichneten methodischen Schritt unter »Formgeschichte« subsumiert. Doch erweist sich seine Einführung als hilfreich und von dem methodischen Ansatz dieser Untersuchung her auch als notwendig; vgl. dazu § 10.

1. Zusammenfassender Überblick

Die literarkritische Analyse des Amosbuches (Am 1—6; 8, 4—14; 9, 7—10) hat zur Abgrenzung von 35 Texteinheiten geführt[3]. Es handelt sich um: 1, 3—5; 1, 6—8; 1, 9f.; 1, 11f.; 1, 13—15; 2, 1—3; 2, 4f.; 2, 6—16*; 3, 1—2*; 3, 3—6; 3, 8; 3, 9—11; 3, 12; 3, 13—15*; 4, 1—3; 4, 4f.; 4, 6—12a*; 5, 1—3; 5, 4f.; 5, 6; 5, 7. 10; 5, 11; 5, 12. 16f.; 5, 14f.; 5, 18—20*; 5, 21—24*; 6, 1—7*; 6, 8; 6, 12; 8, 4—7*; 8, 9f.; 8, 11—14*; 9, 7; 9, 8a; 9, 9f.

Aufgrund der formalen Analyse sind — abgesehen von den zahlreichen Erweiterungen[4] — 1, 9f., 1, 11f., 2, 4f. und 5, 6 als Nachträge zu beurteilen[5]. 8, 4—7*, 8, 9f., 8, 11—14*, 9, 8abγ und 9, 9f. könnten ebenfalls sekundär sein, doch ist die Sachlage in diesen Fällen nicht eindeutig[6]. Bei allen anderen Sprüchen bestehen aufgrund der formalen Analyse keine entscheidenden Bedenken, sie von dem Propheten selbst herzuleiten.

a) Poetische Gestaltung

Alle Texteinheiten scheinen poetisch geformt zu sein. Doch können infolge der Verderbnis des überlieferten Textes bestimmte Angaben über die metrische Struktur nur mit Vorbehalt gemacht werden. Mit dieser Einschränkung lassen sich folgende zusammenfassende Feststellungen treffen:

1. Einleitungs- und Schlußformeln stehen in der Regel außerhalb des Metrums. Lediglich die Einleitungswendungen ... השמיעו (3, 9), ... שמעו והעידו (3, 13) und ... ימים באים (8, 11) scheinen poetisch geformt zu sein.

2. Etwa ein Drittel der Sprüche besteht aus vier Perioden[7]. In Abstand folgen solche mit fünf[8], zwei[9] und drei[10] Perioden. Einheiten mit einem Vers[11], sechs[12], sieben[13], zehn[14] oder zwölf[15] Versen treten nur vereinzelt auf.

---

[3] Die beiden Fragmente 6, 11 und 6, 13f. bleiben im folgenden unberücksichtigt.

[4] Sieht man von kleineren Zusätzen ab, so wurden als Glossen gestrichen: 2, 10—12; 3, 1b. 7. 13b. 14bα; 4, 7*. 12b. 13; 5, 8f. 13. 18bβ. 22aα. 25f. 27?; 6, 2. 6b. 9f.; 8, 6. 8. 11b. 12b; 9, 8b.

[5] Dieser Sachverhalt wird im folgenden durch eine Klammersetzung ( ) zum Ausdruck gebracht.

[6] Auf diese Tatsache weist im folgenden ein Fragezeichen in Klammern (?) hin.

[7] (1, 11f.); (2, 4f.); 3, 9—11; 3, 12; 4, 4f.; 5, 1—3; 5, 12. 16f.; 5, 14f.; 5, 21—24*; 8, 4—7*(?); 8, 9f. (?).

[8] 1, 3—5; 1, 6—8; 1, 13—15; 2, 1—3; 3, 13—15*; 5, 18—20*; 8, 11—14*(?).

[9] 3, 1—2*; 3, 8; (5, 6); 5, 7. 10; 6, 8; 6, 12.

[10] (1, 9f.); 5, 4f.; 5, 11; 9, 7; 9, 9f. (?).   [11] 9, 8a (?).

[12] 4, 1—3.   [13] 3, 3—6; 6, 1—7*.

[14] 4, 6—11*.   [15] 2, 6—16*.

3. Es finden sich ein-, zwei- und dreigliedrige Verse.
4. Etwa die Hälfte der ca. 150 Perioden weist das Metrum 3 + 3 auf. In weitem Abstand folgt das Qina-Metrum 3 + 2. Andere Metra, wie z. B. 2 + 2, 2 + 2 + 2, 4 + 4, sind noch seltener.
5. Am Schluß einer Einheit wird zuweilen das Metrum verkürzt und damit ein Stakkatoeffekt erzielt[16].

b) Einleitungs- und Schlußwendungen

Nur in wenigen Fällen werden Anfang *und* Ende einer Einheit durch charakteristische Wendungen gekennzeichnet[17]. Meist ist nur eine Einleitungs-[18] *oder* Schlußwendung[19] vorhanden. Oder es fehlt sogar jede ausdrückliche Kennzeichnung des Beginns und Schlusses des Spruches[20].

Als Einleitungswendung findet sich am häufigsten die Botenformel[21] כה אמר יהוה, die — abgesehen von 5, 4f. — nur Unheilsankündigungen[22] bzw. Unheilsankündigungen mit Begründung[23] einleitet[24]. Seltener finden sich der Aufmerksamkeitsruf[25] שמעו(את־)הדבר הזה, der nur in 3, 1 unmittelbar ein Jahwewort einführt, und die Schwurformel[26] נשבע יהוה ב, die ähnlich wie die Botenformel verwendet wird[27]. Andere Einleitungswendungen wie die Botenanweisung

---

[16] 2, 16?; 5, 17; vgl. auch 4, 5; 5, 3.

[17] 1, 3—5; 1, 6—8; 1, 13—15; 2, 1—3; 2, 6—16*; 3, 13—15; 4, 1—3.

[18] (1, 9f.); (1, 11f.); (2, 4f.); 3, 1—2*; 3, 9—11; 3, 12; 5, 1—3; 5, 4f.; 6, 8; 8, 4—7* (?); 8, 9f.? (?).

[19] 4, 4f.; 5, 12. 16f.; 6, 1—7*; 9, 7?; 9, 8* (?).

[20] 3, 3—6; 3, 8; 4, 6—12a*; (5, 6); 5, 7. 10; 5, 11; 5, 14f.; 5, 18—20*; 5, 21—24*; 6, 12; 8, 11—14* (?); 9, 9f. (?).

[21] 1, 3. 6. (9). (11). 13; 2, 1. (4). 6; 3, 11. 12; 5, 3. 4. 16. — Zur Stellung und Bedeutung dieser Formel siehe oben Anm. 8 und 9 zu § 3.

[22] So 3, 11; 5, 3; 5, 16.

[23] So in Kap. 1—2 und in 3, 12.

[24] Wolff zieht aus dieser Tatsache den Schluß, daß der eigentliche Kern der Botenrede in der Gerichtsankündigung zu suchen ist (S. 109). Dieser Folgerung kann zugestimmt werden, wenn damit nicht eine Unterscheidung von Begründung (Prophetenrede) und Unheilsankündigung (Jahwerede) zum Ausdruck gebracht werden soll bzw. nicht die Behauptung begründet werden soll, der Prophet habe nur das unausweichliche Gericht zu verkünden. Vor voreiligen Schlüssen in diese Richtung warnt nicht nur die erwähnte Ausnahme 5, 4f., eine Mahnung, sondern auch die Tatsache, daß die Botenformel meist solchen Einheiten zugeordnet ist, die aus einer Unheilsankündigung *und* einer Begründung bestehen.

[25] 3, 1; 4, 1; 5, 1; in Abwandlung 8, 4 (?).

[26] 4, 2; 6, 8; 8, 7 (?).

[27] In 4, 2 und 8, 7 (?) leitet die Formel nach einer vorhergehenden Begründung, die als Prophetenrede gestaltet ist, die Unheilsankündigung ein, in 6, 8 eröffnet sie eine Einheit, in der Begründung und Unheilsankündigung durch die Konjunktion ו

... הַשְׁמִיעוּ (3, 9) oder der Aufruf שִׁמְעוּ וְהָעִידוּ (3, 13), die eine Prophetenrede zur Begründung einer Unheilsankündigung einführen, sind in Am singulär.

Als Schlußformeln finden sich in gleicher Weise, ohne daß ein entscheidender Unterschied erkennbar wäre, die Formel אָמַר יהוה[28] und die Gottesspruchformel נְאֻם יהוה[29].

c) Jahwerede und Prophetenrede

Die Mehrzahl der Sprüche ist als Jahwerede ausdrücklich bezeichnet oder als solche in eindeutiger Weise gestaltet[30]. Nur wenige Einheiten bestehen z. T. aus Prophetenrede, z. T. aus Jahwerede[31], oder sind gar ausschließlich als Prophetenrede geformt[32]. In drei Fällen kann die Frage, Jahwe- oder Prophetenrede, nicht entschieden werden[33].

Ein Bedeutungsvergleich der solcherart unterschiedlich gestalteten Einheiten läßt eine bemerkenswerte Verteilung der Texte erkennen:

1. Etwa vier von fünf als Jahwerede geformten Einheiten stellen Unheilsankündigungen (mit und ohne Begründung) dar. Nicht dazu zu zählen sind nur vier sehr verschiedenartige Sprüche, und zwar 4, 4f.; 5, 4f.; 5, 21—24* und 9, 7.

2. Bei der Verbindung von Propheten- und Jahwerede handelt es sich fast ausschließlich um solche Sprüche, die Begründung (Prophetenrede) und Unheilsankündigung (Jahwerede) kombiniert haben. Nur in einem Fall verdeutlicht das Prophetenwort (5, 1f.) das in der Botenrede (5, 3) angekündigte Unheil.

3. Alle als Prophetenrede gestalteten Sprüche lassen erkennen, daß sie in einer Gesprächssituation formuliert sind: die Mahnung 5, 14f. oder der Weheruf 5, 18—20* ebenso wie die beiden »Argumentationsworte« 3, 3—6 und 3, 8. Dagegen findet sich keine einzige als Prophetenrede geformte Unheilsankündigung.

---

eng miteinander verknüpft sind. Auch in diesem Fall kann der Folgerung Wolffs, die Schwurformel hebe wesentlich die Gerichtsbotschaft als Jahwes Wort heraus (S. 110), nur mit den oben (Anm. 24) gemachten Einschränkungen zugestimmt werden.

[28] 1, 5. 8. 15; 2, 3; 5, 17.

[29] 2, 16; 3, 15; 4, 3. 5; cj. 6, 7; 9, 7 ?; 9, 8* (?). In 4, 6ff.* markiert die Formel — falls dort überhaupt ursprünglich — Strophenabschnitte.

[30] 1, 3—5; 1, 6—8; (1, 9); (1, 11); 1, 13—15; 2, 1—3; (2, 4f.); 2, 6—16*; 3, 1—2*; 3, 12; 3, 13—15*; 4, 4f.; 4, 6—12a*; 5, 4f.; 5, 21—24*; 6, 8; 8, 9f. (?); 8, 11—14*(?); 9, 7; 9, 8a(?); 9, 9f. (?).

[31] 3, 9—11; 4, 1—3; 5, 1—3; 8, 4—7*(?); wahrscheinlich auch 5, 12. 16f. und 6, 1—7*.

[32] 3, 3—6; 3, 8; (5, 6); 5, 14f.; 5, 18—20*.

[33] 5, 7. 10; 5, 11; 6, 12.

Ohne diese Beobachtungen in ihrer Aussagekraft zu überschätzen, verdient es doch festgehalten zu werden, daß in Am alle (begründeten) Unheilsankündigungen als Jahwerede gestaltet sind, so daß vermutet werden darf, daß der Prophet in dieser Verkündigung den Kern seiner von Jahwe gestellten Aufgabe sah[34]. Wie die als Prophetenrede stilisierten Sprüche erkennen lassen, bestand sein eigener besonderer Beitrag nicht zuletzt darin, diese Verkündigung zu begründen, Einwände gegen sie zu entkräften, ihre Konsequenzen aufzuzeigen, kurz: sich mit den Hörern argumentierend auseinanderzusetzen.

Daß damit der Auftrag des Propheten noch nicht zureichend beschrieben ist, darauf machen Jahweworte mahnender Art wie 5, 4f. und 5, 21—24* aufmerksam. Solche Sprüche, die zudem in der Prophetenrede Parallelen besitzen (5, 14), sollten ausdrücklich davor warnen, die prophetische Verkündigung in ausschließender Weise als Gerichtsbotschaft zu beschreiben.

d) Eigentümliche Stilelemente

Die Sprache des Propheten läßt eine didaktische Absicht erkennen, indem sie gehäuft entsprechende Stilelemente aufweist: *Vergleiche*, die einen Sachverhalt veranschaulichen und damit verständlicher machen; didaktische *Fragen*, die auf die Einsicht der Hörer zielen; *Zitate* der angeredeten Personen, die als unmittelbare Belege dienen.

1. Bildrede

Der Vergleich von Nomina wird mit כְּ durchgeführt[35]. Dagegen wird ein Geschehen, das in einem Satz beschrieben ist, mit einem anderen Geschehen so verglichen, daß ein Komparativsatz (כַּאֲשֶׁר) angefügt wird[36]. »Typisch jedoch für Amos ist, daß meistens das Bild einfach an die Stelle der Sache (1, 3b; 4, 1; 5, 7. 20; 6, 12b) oder ohne Vergleichsformel vor die Sache tritt (3, 3—6. 8; 5, 2; 6, 12a. b). So wird die ohnehin stets konkrete Sprache nicht nur nochmals verständlicher, sondern zu einer extremen Eindeutigkeit (5, 2; 3, 12; 5, 7), ja zuweilen schockierenden Schärfe gesteigert (1, 3b; 4, 1; 5, 19; 6, 12b).«[37]

---

[34] Die Frage, welche Intention der Prophet mit der Unheilsverkündigung verfolgte, ob er z. B. die Hörer nur von dem unausweichlichen Ende Israels unterrichten oder sie zur Umkehr im letzten Augenblick veranlassen wollte, ist damit — darauf sei nachdrücklich hingewiesen — noch nicht entschieden.

[35] 2, 9*; 5, 24; vgl. auch 4, 11; 8, 10 (?); 9, 7.

[36] 2, 13; 3, 12; 5, 19; 9, 9 (?).

[37] Wolff 117.

Die Bildrede ist nicht auf bestimmte Einheiten oder Teile davon beschränkt, sondern findet sich in Unheilsankündigungen[38] ebenso wie in deren Begründungen[39], in einer Mahnung[40] ebenso wie in Streitworten[41]. »So verfehlt Amos bei keiner Gelegenheit Ohr und Einsicht seiner Hörer.«[42]

2. Fragestil

Ohne Berücksichtigung der beiden Stellen, an denen der Prophet Fragen seiner Hörer zitiert[43], findet sich die Frageform in fünf Einheiten[44]: in 3, 3—6; 3, 8; 5, 18—20*; 6, 12 und 9, 7. In dem ersten Spruch versucht der Prophet durch eine Kette von Beispielfragen (אם בלתי/אין ... ה) Zustimmung zu einem Analogieschluß zu gewinnen, den er ebenfalls in Frageform (אם ... ולא) formuliert. In ähnlicher Weise, wenn auch in abgewandelter Form (מי לא), sind in 3, 8 zwei rhetorische Fragen verwendet. In 5, 18—20* finden sich ebenfalls zwei Fragen: Die erste (למה זה) bereitet eine Vergleichserzählung vor, die zweite (הלא ... ולא) fordert Zustimmung zu deren Anwendung. In dem Spruch 6, 12 leitet eine absurde Doppelfrage (ה ... אם)[45] zur Beurteilung des eigenen Verhaltens an, wie es im folgenden beschrieben wird. In 9, 7 schließlich, der hier einzigen als Jahwerede gestalteten Einheit, zielen zwei rhetorische Fragen (הלא), die eine These und deren Begründung zum Ausdruck bringen, wiederum auf die Zustimmung der Hörer.

Überblickt man die Verwendungsweise der Fragen, so fällt auf, daß sie alle auf Schlüsse der Hörer abheben. Z. T. fordern sie Zustimmung zu einer These heraus, z. T. leiten sie zur Selbstbeurteilung an. Bisweilen vertreten sie auch die Stelle einer strikten Verneinung bzw. einer Ablehnung[46]. Da sie in jedem Falle auf die Einsicht der Hörer zielen, können sie als *didaktische* Fragen bestimmt werden.

---

[38] Vgl. z. B. 2, 13; 3, 12; 9, 9 (?), aber auch 5, 2 und 5, 19.

[39] Vgl. 1, 3b; 2, 9*; 4, 1. 11 u. a.

[40] 5, 21—24*.

[41] 3, 3—6. 8.

[42] Wolff 117.

[43] Siehe 6, 13; 8, 5 (?).

[44] Die Fragen in 2, 11; 5, 25f. und 6, 2 sind zwar ebenfalls didaktischer Art, doch werden sie hier nicht berücksichtigt, da sie sich innerhalb sekundärer Erweiterungen finden.

[45] Die Disjunktion dient dazu, dieselbe Frage mit anderen Worten zu wiederholen und auf diese Weise nachdrücklich zu gestalten (G—K § 150h).

[46] Vgl. G—K § 150d.

3. Zitate

In den unbezweifelt echten Amosworten werden die Zitate mit einem pluralischen Partizip von אמר eingeführt[47], in den sekundären bzw. umstrittenen Stücken mit לאמר[48] bzw. ויאמרו[49]. In allen Fällen steht das Zitat innerhalb des Begründungsteils von Unheilsankündigungen[50], entweder allein[51] oder in hervorgehobener Schlußstellung[52]. So werden die Hörer unmittelbar überführt, ihr Verhalten durch ihre eigenen Worte anschaulich belegt. In Am dienen also die Zitierungen dazu, die Begründungen der Unheilsankündigungen eindringlicher und damit auch nachdrücklicher zu machen.

2. Formenkritik

Vergleicht man den Aufbau der Texteinheiten in Am, wie er in den voraufgegangenen Paragraphen (§§ 3—6) übersichtsweise jeweils in einer Tabelle dargestellt wurde, so lassen sich die Formen ohne weiteres in mehrere Gruppen einteilen, die — trotz aller Unterschiede im Detail — eine ähnliche oder gleiche Struktur aufweisen[53].

a) 1, 3—5; 1, 6—8; (1, 9f.); (1, 11f.); 1, 13—15; 2, 1—3; (2, 4f.); 2, 6—16*; 3, 1—2*; 3, 9—11; 3, 12; 3, 13—15*; 4, 1—3; 4, 6—12a*; 5, 11; 5, 12. 16f.; 6, 1—7*; 6, 8; 8, 4—7* (?); 8, 9f. (?); 8, 11—14*(?); 9, 8a(?); 9, 9f.(?)

Diese Formengruppe umfaßt solche Einheiten, die aus einer Unheilsankündigung (mit oder ohne Begründung) bestehen. Ihre gemeinsamen Strukturmerkmale werden genauer im folgenden Abschnitt[54] beschrieben werden.

b) 5, 4f.; (5, 6); 5, 14f. und mit Einschränkung 4, 4f.

---

[47] האמרת in 4, 1 und האמרים in 6, 13; vgl. auch האמרים in 9, 10b (?).

[48] (2, 12); 8, 5 (?).

[49] 8, 14 (?); vgl. aber das vorhergehende pt. pl. נשבעים.

[50] Nur das Mahnwort 5, 14, das in seiner Begründung durch eine bedingte Heilsankündigung auf eine Äußerung der Hörer zurückgreift, bildet in gewisser Weise eine Ausnahme von dieser Regel. Doch handelt es sich dabei nicht um ein wörtliches Zitat, sondern um eine Anspielung auf eine Behauptung der Hörer (. . . יהיה אתכם כאשר אמרתם). Diese Beobachtung sollte vor einer Überbewertung der Ausnahme warnen, so daß ein Zweifel an der Echtheit der Sprüche jedenfalls aufgrund dieser Tatsache nicht berechtigt erscheint (gegen Wolff 116).

[51] 6, 13; 8, 14 (?); 9, 10 (?).

[52] (2, 12); 4, 1; 8, 5 (?).

[53] In Beschränkung auf das Ziel, das dieser Untersuchung gesteckt ist, wird darauf verzichtet, für sie irrelevante Formengruppen in ihrer Struktur genauer zu beschreiben, als es zum Zwecke der Einteilung nötig ist.

[54] Siehe unter 3. *Formengruppe »Unheilsankündigung«.*

Trotz unterschiedlicher Kombination sind im wesentlichen zwei Teile zu unterscheiden: (1) Mahnung oder/und Warnung (Imperativ; auch Vetitiv und Prohibitiv); (2) Begründung (כי, A- und Syndese, פן). Während das erste Element in den Einheiten in gleicher Weise gestaltet ist und (außer in 4, 4f.) ähnliche Bedeutung besitzt, weist das zweite eine sehr unterschiedliche Form auf: Es finden sich Urteile oder bedingte Heilszusagen, bedingte oder nicht bedingte Unheilsankündigungen, jeweils in verschiedener syntaktischer Konstruktion.

c) 3, 3—6; 3, 8 und mit Vorbehalt 9, 7

Während sich die beiden ersten Einheiten des Analogiebeweises bedienen, indem sie Bild- und Sachhälfte in der Art eines Vergleichs einander gegenüberstellen[55], gibt 9, 7 eine Begründung der eigenen These. Allen Formen gemeinsam ist das Stilelement der rhetorischen Frage, die auf die Zustimmung der Hörer zu einer These zielt.

d) 5, 7. 10; auch 6, 1—6* und mit Einschränkung 5, 18—20*

Charakteristisch für die vorliegende Formengruppe ist die Einleitung des Textes mit הוי in Verbindung mit einem pluralischen Partizip, das den Betroffenen nicht anredet, sondern mit seinem Verhalten kennzeichnet. Während in den ersten beiden Texten die Partizipialkonstruktion in der Fortführung in finite Verbformen übergeht bzw. mit ihnen wechselt, wird in 5, 18—20* diese Struktur durch einige andere Elemente (Fragen, Vergleichserzählung) gesprengt und eigentümlich abgewandelt.

e) Eine in Am singuläre Form weisen auf 5, 1—3, ein Leichenlied (v. 2) mit einer Unheilsankündigung (v. 3) als Begründung; 5, 21—24*, ein Kultbescheid in Verbindung mit einer kontrastierenden Anweisung; 6, 12, ein Wort scheltenden Charakters, das Elemente des Analogiebeweises verwendet.

Übersieht man nunmehr die Formengruppen im Hinblick auf die Fragestellung dieser Untersuchung, so erweist sich — außer 6, 12 — nur die erste Gruppe als relevant. Ihr charakteristisches Strukturmuster näher zu beschreiben und zu untersuchen, ist Aufgabe des folgenden Abschnitts.

3. Formengruppe »Unheilsankündigung«

Die Formengruppe umfaßt in Am etwa zwei Drittel der analysierten Einheiten[56].

---

[55] Vgl. Prov 6, 27—29; Hi 8, 11—13.

[56] Nach der obigen Aufstellung sind 23 (von 35) Einheiten hierher zu zählen. Hinzu kommen noch drei Unheilsankündigungen (5, 3; 5, 5b; 5, 6b), die im Rahmen anderer Strukturmuster als Begründung dienen.

a) Ihrem *Aufbau* nach bilden sie vier Untergruppen:

(1) B — A — B — A

1, 3—5; 1, 6—8; (1, 9f.); (1, 11f.); 1, 13—15; 2, 1—3; (2, 4f.); 2, 6—16*

In diesem Fall folgt auf eine allgemeine Begründung (aB) eine allgemeine Ankündigung (aA) und auf eine besondere Begründung (bB) eine besondere Ankündigung (bA).

(2) B — A

3, 1f.*; 3, 9—11; 4, 1—3; 4, 6—12a*; 5, 11; 5, 12. 16f.; 6, 1—7*; 6, 8; 8, 4—7* (?)

Die Grundstruktur B — A kann variiert werden, indem eine allgemeine Begründung oder eine ebensolche Ankündigung näher entfaltet werden[57].

(3) A — B

3, 12; 8, 11—14* (?); 9, 9f. (?)

In den beiden letzten Einheiten wird eine zunächst allgemeine Ankündigung näher ausgeführt (aA — bA), die Begründung stellt einen Partizipialsatz dar.

(4) A

3, 13—15*; 8, 9f. (?); 9, 8a (?) und 5, 3 (5, 1—3); 5, 5b (5, 4f.); 5, 6b (5, 6)

Die Einheiten 3, 13—15* und 9, 8a (?) weisen den Aufbau aA — bA auf.

Wie der Überblick zeigt, können die Strukturmuster der vier Untergruppen auf zwei Grundmuster reduziert werden. Das eine besteht aus den Elementen Ankündigung und Begründung (1)—(3), das andere — viel seltener vertretene — dagegen enthält nur eine Ankündigung (4).

b) Das Strukturelement *Begründung* bei Am ist in *syntaktisch-stilistischer* Hinsicht auf verschiedene Weise gestaltet:

(1) Angabe des Grundes durch ein Nomen mit Präposition (עַל)[58] oder als Objekt[59];

(2) Angabe des Grundes durch einen präpositional (עַל) eingeleiteten Infinitivsatz[60];

(3) Partizipialkonstruktionen oder/und Aussagesätze, an die die Unheilsankündigung mit לָכֵן[61], עַל־כֵּן[62], כִּי הִנֵּה[63] oder ו-cons.[64] angeschlossen ist;

---

[57] So zeigen 3, 9—11 und 5, 12. 16f. den Aufbau aB—bB—A und 4, 1—3 B—aA—bA.

[58] 1, 3. 6. (9). (11). 13; 2, 1. (4). 6.   [59] 3, 9.

[60] 1, 3. 6. (9). (11). 13; 2, 1. (4). 6.

[61] 3, 11; 4, 12a; 5, 16; 6, 7.   [62] 3, 2b.

[63] 4, 2; vgl. 2, 13 und 8, 7 (?)   [64] 6, 8.

(4) Partizipialkonstruktionen (mit verbalen Aussagesätzen), die an die Unheilsankündigung unmittelbar anschließen[65];

(5) Kausalsatz, eingeleitet durch die Konjunktion יַעַן[66].

Dieser Überblick läßt erkennen, daß das Begründungselement syntaktisch meist unselbständig ist. Eigentlich ist nur bei den Sprüchen, die unter (3) einzuordnen sind, in gewissem Umfang eine syntaktische Selbständigkeit zu beobachten.

So stellt die Begründung in 3, 2a einen selbständigen Aussagesatz dar; in 3, 9b. 10 bildet sie eine in sich geschlossene Botschaft, durch eine Botenanweisung eingeleitet (3, 9a); in 4, 6—11* wird sie durch fünf Berichte, die je für sich bestehen könnten, ausgedrückt; in 5, 12 findet sich wieder ein selbständiger Aussagesatz, nunmehr durch eine Partizipialkonstruktion ergänzt; in 6, 1—6* begegnet ein in sich geschlossener Weheruf; die Begründung 6,8a wird durch zwei selbständige Aussagesätze ausgedrückt. Die beiden Textabschnitte 4, 1 und 8, 4—6* (?), die ebenfalls eine Begründung darstellen, können hingegen hier nicht eingereiht werden, da sie als Entfaltung einer Anrede eindeutig auf Fortsetzung hin angelegt und insofern auch syntaktisch unselbständig sind.

Bemerkenswert erscheint die Tatsache, daß im Falle von 3, 2a; 4, 6—11*; 5, 12; 6, 8aβγ die Rede im Ich Jahwes und — bis auf 6, 8aβγ — in Anredeform gehalten ist, hingegen 3, 9b. 10 und 6, 1—6* von Jahwe und den angesprochenen Personen in der 3. pers. reden. So zeigen auch die syntaktisch selbständigen Stücke keine einheitliche Gestaltung.

Diese häufige syntaktische Unselbständigkeit des Begründungsteils weist auf seine enge Verknüpfung mit der Unheilsankündigung hin und macht damit die Hypothese einer Verbindung von Droh- und Scheltwort in diesen Fällen fraglich.

Vergleicht man die Gestaltung des Begründungselements näher, so fällt zunächst der häufige Gebrauch von Partizipialkonstruktionen auf.

Sieht man von den Fremdvölkersprüchen (Am 1—2) ab, so sind Partizipia in fast allen betreffenden Formen zu finden. Sie begegnen in appositioneller Verwendung[67] oder an der Stelle eines Vokativs[68], sie leiten einen Satz ein[69] oder vertreten das Subjekt[70]. In vielen Fällen kennzeichnen sie die Person, indem sie ihr Verhalten beschreiben[71]. Anders gesagt: Sie dienen häufig der Entfaltung einer zuvor getroffenen allgemeinen Feststellung.

---

[65] 3,12; 8, 14a; 9, 10b (?)
[66] 5, 11.
[67] 3,12; 4,1; 9,10(?). Zur Verwendung des Artikels in diesen Fällen siehe G—K § 126b.
[68] 8, 4 (?).
[69] 2, 7; 5, 12; 8, 14 (?).
[70] 3, 10.
[71] Vgl. z. B. 3, 10; 5, 12.

Ein solcher Partizipialstil begegnet in Am nur noch in den Weherufen[72]. Da er in beiden Fällen in ähnlicher Weise verwendet wird, nämlich zur Beschreibung des Verhaltens von Menschen dient, denen Unheil angesagt bzw. über die die Totenklage erhoben wird, legt sich die Annahme nahe, er sei aus den Weherufen in die Begründungen eingedrungen[73].

Doch ein solcher Schluß kann nur mit Vorbehalt gezogen werden. Da die partizipiale Beschreibung sich nicht nur im Weheruf, sondern auch im Fluch (z. B. Dtn 27, 15—26) und in Makarismen (z. B. Jes 30, 18), nicht nur in weisheitlichen Texten (z. B. Prov 6, 16—19), sondern auch in Rechtssätzen (z. B. Ex 22, 19) und in der priesterlichen Tora (z. B. Ex 29, 37) findet, sind alle Bestimmungen der Herkunft des Partizipialstils solange mit zu vielen Unbekannten belastet, als seine umfassende Untersuchung noch aussteht[74]. So können zwar auch in dem Fall, der hier verhandelt wird, Vermutungen geäußert, aber keine sicheren Folgerungen gezogen werden.

Sieht man von den nominalen Partizipialkonstruktionen ab, so begegnen fast ausschließlich Verbalsätze[75], vor allem solche mit Inversion, die meistens der Hervorhebung dient. Eine charakteristische Zeitstufe läßt sich nicht erkennen: es kommen in gleicher Weise das Perfekt[76] und das Imperfekt[77] — jeweils mit und ohne ו-cons. — vor, zudem findet sich ja besonders häufig das zeitneutrale Partizip.

Wie lassen sich diese Beobachtungen erklären? Ohne auf diese Frage eine endgültige Antwort geben zu können — dazu bedürfte es einer hebräischen Syntax, die auf moderner sprachwissenschaftlicher Basis erarbeitet ist —, erscheint doch der Schluß berechtigt, das betreffende Strukturelement beschreibe in der Regel Verhaltensweisen und zuständliche Handlungen, berichte aber nicht von Personenmerk-

---

[72] 5, 7. 10; 5, 18—20*; 6, 1—6*. — Von den sonst in Am vertretenen Partizipialformen kann hier abgesehen werden, da sie sich im *Ankündigungsteil* in singularischer Form als Prädikat eines Nominalsatzes — meist in Verbindung mit היה — finden. Lediglich in 6, 8 begegnet im *Begründungsteil* noch ein partizipialer Nominalsatz (pt. sg.); doch dieser beschreibt nicht das Verhalten der betreffenden Personengruppe, sondern Jahwes.

[73] Wie strukturverwandt Begründung und Wehruf sein können, belegen nachdrücklich 2, 7—9*. Für diesen Text haben manche Exegeten — wie z. B. Reventlow, Das Amt, 57, oder Fey, Amos und Jesaja, 62 Anm. 4 — nicht ohne Grund die Ergänzung von הוי erwogen; siehe oben Anm. 164 zu § 3. — Vgl. auch 6, 1—6*, den Weheruf, dem innerhalb der Einheit 6, 1—7* die Funktion der Begründung zukommt.

[74] Während für Richter, Recht und Ethos, 174, der Partizipialstil auf einen eigenen Sitz im Leben zurückgeht, erscheint er Schottroff, Der altisraelitische Fluchspruch, 111, an einen »bestimmten Inhalt« und an einen »bestimmten 'Sitz im Leben'« nicht gebunden .Ohne eine genaue Analyse aller betreffenden Stellen wird eine Entscheidung zwischen diesen beiden Positionen nicht möglich sein. Um so dringender erscheint die damit bezeichnete Aufgabe.

[75] Lediglich der partizipiale Nominalsatz in 6, 8a bildet eine Ausnahme.

[76] Z. B. 3, 10; 5, 11; 6, 8.   [77] Z. B. 2, 7f.; 5, 11 (!).

malen oder von abgeschlossen vorliegendenen Tatsachen[78]. Anders als ein Gerichtsurteil, das bestimmte Tatbestände als gegeben feststellt, hebt es dann nicht auf endgültig abgeschlossene, der Vergangenheit angehörige Taten ab, sondern schildert Zustände und Handlungen, die in der Gegenwart noch andauern bzw. in sie hineinragen[79].

Mit dieser Beschreibung des Begründungselements wird sein Verständnis als Gerichtsurteil zweifelhaft. So stellt ein solches Urteil zum Abschluß eines Verfahrens fest, welche der streitenden Parteien im Recht, welche im Unrecht ist, und bezieht sich damit auf einen *unabänderlichen* Tatbestand. Anders das hier verhandelte Strukturelement: Es schildert ein bestimmtes Handeln als unabgeschlossen und schließt damit die Möglichkeit seiner *Änderung* ein. Dieser Feststellung entspricht die Beobachtung, daß sich weder konstatierend-abschließende Nominalsätze[80] noch — statt dessen — Verbalsätze mit perfektischen Zustandsverba finden, die beide für die Struktur eines Gerichtsurteils charakteristisch sind[81].

Aus der Strukturbeschreibung ergeben sich damit Gesichtspunkte, die in ihren Konsequenzen für die Bestimmung der Aussageabsicht des Sprechers im Einzelfall zu prüfen sind. So könnte die Beschreibung der Handlung als nicht endgültig abgeschlossen ein Hinweis darauf sein, daß das Begründungselement eine Änderung des Verhaltens, d. h. Umkehr intendiert[82].

Nur in einigen Fällen sind die betreffenden Personen bzw. -gruppen angeredet, häufiger ist von ihnen in der 3. pers. die Rede. An mehreren Stellen sind sie als Subjekt konstruiert.

In 3, 2a; 5, 12a wird die Anrede durch Personalsuffixe (2. pers. pl.) ausgedrückt, in 5, 11a α β erscheinen die Adressaten als Subjekt (Verbalform, 2. pers. pl.); in 4, 6—11* finden sich beide Formen, erstere jeweils im Vordersatz, letztere im adversativen Kehrvers. In 4, 1f. und 8, 4f. (?) begegnet die Anrede in der Gestalt pluralischer Imperative, die durch Partizipialkonstruktionen fortgesetzt werden. Ansonsten steht die 3. pers.: so in 1—2; 3, 10; 3, 12*; 6, 1—6*; 8, 14a (?); 9, 10b (?), auch hier teilweise in der Form des Subjekts.

Dieser Befund berechtigt von sich aus nicht, den Begründungsteil als Anklagerede zu verstehen, obschon beide darin übereinstimmen,

---

[78] Zur Bedeutung der Verbal- bzw. Nominalsätze siehe G—K § 140e und Brockelmann § 33, zum Gebrauch der Tempora G—K § 106; 107; 111; 112.

[79] Diese Feststellung beruht nicht zuletzt auf dem häufigen Vorkommen von Partizipia, die nicht »eine starre, endgültige Zuständlichkeit darstellen, sondern eine solche, die irgendwie mit einem *Handeln* . . . zusammenhängt.« (G—K § 116a). Das aktive Passiv zeigt danach »eine Person oder Sache in der stetigen ununterbrochenen *Ausübung* einer Thätigkeit begriffen«.

[80] Die nominalen Partizipialkonstruktionen können nicht als Gegenargument angeführt werden, da die Zeitsphäre des Partizips als offen erkannt wurde.

[81] Siehe Boecker, Redeformen des Rechtslebens, 154f.

[82] Es soll hier keine Entscheidung getroffen, vielmehr nur auf die Fragestellung aufmerksam gemacht werden. Auch ist keine generelle Lösung möglich, sondern der Einzelfall ist genau zu prüfen. Siehe zu diesem Sachverhalt die methodische Unterscheidung von Gattung, Funktion und Intention in § 10.

daß von den betroffenen Personen in der 3. pers. die Rede ist[83]. Doch reicht diese Beobachtung allein zu einem so weitgehenden Schluß nicht aus. Auch besteht die Schwierigkeit, daß in der Mehrzahl der Fälle die Sprüche als ganze als Jahwerede bezeichnet bzw. gestaltet sind[84]. Damit scheidet ein generelles Verständnis des Begründungsteils als Anklage des Propheten, der die Unheilsankündigung als Gerichtsurteil folgt, aus. Die Auffassung, daß Gott eben als Ankläger und Richter zugleich fungiert, wird dadurch unwahrscheinlich, daß die »Angeklagten« in der 3. pers., nicht aber in der 2. pers. erscheinen, wie es in diesem Fall zu erwarten wäre[85]. Die Frage, wie die Unterschiede in der Anrede zu erklären sind, scheint also primär gattungskritisch nicht beantwortbar zu sein. Es läßt sich — zumindest vorerst — nur vermuten, daß sie auf einer verschiedenen Redesituation, vielleicht auch unterschiedlichen Redeabsicht des Propheten beruhen.

Diese Überlegung erklärt vielleicht auch die Tatsache, daß in einer ganzen Reihe von Sprüchen zunächst das Vergehen in allgemeiner, begrifflicher Form genannt und erst dann konkretisierend bzw. exemplifizierend entfaltet wird[86]. Diese Aufgliederung des Begründungsteiles in zwei Glieder ist auch dort zu erkennen, wo auf die Feststellung von Vergehen zur Illustration ein Zitat der betreffenden Personen folgt[87]. So läßt sich dieser Aufbau fast nur in solchen Begründungsteilen nicht beobachten, die in irgendeiner Weise eine Sonderform darstellen.

Hierzu zählen die Sprüche, deren Begründungsteil a) als eine Partizipialkonstruktion — teilweise zur Einleitung eines Zitats — auf die Ankündigung folgt[88], b) eine eigenständige Gattung darzustellen scheint[89] oder c) seiner Bedeutung nach abweicht[90]. Lediglich der Spruch 5, 11 läßt sich hier nicht ohne weiteres einreihen, da sein Begründungsteil die Vergehen sogleich konkret benennt; er stellt insofern eine echte Ausnahme dar.

Die Unterscheidung der beiden Glieder (allgemeine Feststellung/ Entfaltung) hat damit in Am als Regelfall des strukturellen Aufbaus des Begründungselements zu gelten[91].

---

[83] Boecker (a. a. O. 72 ff.) erkennt in dieser »Stilisierung« ein entscheidendes Merkmal der Anklagerede.

[84] Siehe im einzelnen oben unter Abschnitt 1c.

[85] Vgl. dazu Boecker a. a. O. 86 f.

[86] Siehe Am 1—2; 3, 9—11; 5, 12. 16 f.

[87] So in 4, 1—3; 8, 4—7*(?).   [88] 3, 12; 8, 11—14*(?); 9, 9 f.(?).

[89] 4, 6—11* (eine Art geschichtlicher Rückblick) und 6, 1—6* (Weheruf).

[90] 3, 1 f.* und mit Vorbehalt 6, 8; letzterer Spruch zeigt in gewisser Weise die Entfaltung (6, 8 aγ) einer begrifflichen Aussage (6, 8 aβ).

[91] Damit bestätigt sich die Beobachtung Westermanns, der in dem Gerichtswort gegen Israel das Begründungselement in die Glieder »Anklage und ihre Entfaltung« aufgeteilt erkannte, zumindest für Am.

Ein abschließender Überblick über die *Bedeutung* des Begründungselements ergibt kein ganz einheitliches Bild. In den meisten Sprüchen ist allerdings eine Handlung oder Haltung Israels angesprochen, die durch die Zuordnung zu einer Unheilsankündigung bzw. häufig auch ausdrücklich als negativ, d. h. als Vergehen qualifiziert ist. Vor allem in drei Bereichen zeigt sich dieses Verhalten: im sozialen[92], im rechtlichen[93] und im kultischen Leben[94]. Gerechte Ordnung und rechtliches Verhalten haben danach keinen Platz in Israel[95].

In ähnlicher Weise lautet die Begründung des Unheils, das Jahwe den Völkern ankündigt: Ihr Vergehen ist die Mißhandlung schwächerer Menschen und damit die Mißachtung des auch für sie gesetzten Rechtes[96]. Lediglich im Falle Judas werden keine Verbrechen gegen Menschen, sondern solche gegen Jahwe genannt[97].

Im Unterschied zu diesen Begründungen, nach denen die Ankündigung des Unheils jeweils durch ein Vergehen der betroffenen Personen bedingt ist, wird an einer Stelle (3, 2) als Grund für Jahwes unheilvolles Eingreifen gegen Israel allein seine eigene vorausgegangene heilvolle Tat der Erwählung genannt[98]. Obschon diese Beobachtung sich dadurch erklären läßt, daß der Spruch anscheinend einen Einwand der Hörer aufnimmt, verdient sie doch festgehalten zu werden, da sie als Indiz für eine eigenständige prophetische Gattung der begründeten Unheilsankündigung gewertet werden kann. Die Annahme hingegen, jedes prophetische Unheilswort stelle ein Gerichtswort mit den Elementen Anklage und Urteil bzw. Urteil und Tatfolgebestimmung dar, erweist sich damit auch von dieser Seite her als fragwürdig.

Es ist in diesem Zusammenhang noch auf die Sonderstellung der Begründung 4, 6—11* hinzuweisen, die nicht nur aufgrund ihrer syntaktisch-stilistischen Struktur, sondern auch aufgrund ihrer Bedeutung etwas Eigenes darstellt. Sie kontrastiert der Beschreibung eines unheilvollen Verhaltens Jahwes, das im Ich-Stil erzählt wird, lapidar die Feststellung der nicht erfolgten Umkehr Israels. Damit liegt der Grund des angekündigten unheilvollen Eingreifens Jahwes zwar in einer Handlungsweise des Volkes, doch wird diese nicht im einzelnen beschrieben, sondern allgemein als Verweigerung der Umkehr bestimmt,

---

[92] Siehe 2, 6ff.*; 4, 1; 5, 11 u. a.

[93] Z. B. 5, 10. 12.

[94] Siehe 4, 4f.; 5, 4; 5, 21—23*.

[95] Das Wortpaar צדקה/משפט begegnet in Am charakteristischerweise an drei Stellen: 5, 7. 24; 6, 12. Damit wird jedesmal positiv umschrieben, welche Handlungsweise bzw. Haltung an sich gefordert ist.

[96] Siehe 1, 3. 6. 13; 2, 1.

[97] Siehe (2, 4).

[98] Die Erwähnung der heilvollen Tat Gottes in 2, 9 ist dort den Vergehen Israels kontrastiert und unterscheidet sich damit funktional von 3, 2a.

auf die die erwähnten Plagen unmittelbar zielten. D.h. das Begründungselement konstatiert in der Art eines Geschichtsrückblicks bestimmte Tatsachen und kann damit weder als gerichtliches Urteil noch als gerichtliche Anklage verstanden werden.

c) Das Strukturelement *Ankündigung* soll angesichts der speziellen Fragestellung dieser Untersuchung nur in großen Linien dargestellt werden. Mit dieser Einschränkung ergibt sich dieses Bild: Das Strukturelement besteht häufig aus den beiden Teilen der Beschreibung des Eingreifens Jahwes und dessen Folge[99]. Doch in fast ebenso vielen Fällen fehlt einer dieser Teile[100] bzw. ist die Ankündigung gänzlich anders gestaltet[101]. Auch wenn diese strukturell abweichenden Sprüche in der Mehrzahl zu den in ihrer Echtheit umstrittenen Texten gehören, kann ein solcher Hinweis doch nicht den Tatbestand der unterschiedlichen Gestaltung dieses Strukturelements ändern oder ihn in seiner Bedeutung entscheidend mindern, da die Herleitung von Amos auf dieser Frageebene ohne Belang ist.

Ein Vergleich der verwendeten Satzarten und Tempora ergibt: Die Ankündigung ergeht in der Regel in Verbalsätzen, ihre eventuelle Inversion dient der Hervorhebung eines Satzteiles; die wenigen Nominalsätze, die in ihrem Rahmen begegnen, stehen meist in Verbindung mit der Partikel הנה, einer in Am charakteristischen Einleitung von Unheilsankündigungen[102], und werden sogleich durch Verbalsätze fortgeführt und in ihrer Aussage entfaltet. Die Zeitsphäre ist durch das Auftreten von imperfektischen Verba charakterisiert, das Fehlen des pf. propheticum ist bemerkenswert. Der Wechsel ins pf. cons. zeigt häufig den Übergang von der eigentlichen Ankündigung zur Beschreibung ihrer Folgen an.

Im einzelnen läßt sich beobachten: Die Ankündigungen, die nicht ausdrücklich von einem Eingreifen Jahwes sprechen, setzen sich meist aus Verbalsätzen (mit und ohne Inversion) zusammen, die in der Regel imperfektisch formuliert sind. Nur in

---

[99] Siehe 1, 3—5; 1, 6—8; 1, 13—15; 2, 1—3; 2, 6—16*; 3, 13—15; 5, 12. 16f.; 8, 11—14*(?); 9, 9f.(?). Die übliche Aufeinanderfolge (Eingreifen Jahwes — Folge) ist an manchen Stellen abgewandelt: So ist in 5, 12. 16f. die Reihenfolge gerade umgekehrt; in 2, 1—3 folgt der Beschreibung des Eingreifens Jahwes und dessen Folge nochmals eine Schilderung des Eingreifens Jahwes; in 3, 13—15* findet sich die Beschreibung des Eingreifens Jahwes und dessen Folgen gleich zweimal.

[100] In (1, 9f.); (1, 11f.); (2, 4f.); 3, 1f.*; 4, 12a (Textverderbnis); 6, 8; 8, 4—7*(?); 8, 9f.(?); 9, 8a (?) fehlt die Angabe der Folge, in 3, 9—11 und 6, 1—7* findet sich statt der Beschreibung des Eingreifens Jahwes eine allgemeine Unheilsankündigung (mit Angabe der Folgen).

[101] Siehe 3, 12; 4, 1—3 und 5, 11, wo zwar nicht ein Eingreifen Jahwes und dessen Folge geschildert werden, wohl aber Unheil angekündigt wird. Ähnlich verhält es sich im Falle von 5, 1—3; 5, 4f.; (5, 6), wo allerdings die Unheilsankündigung mit anderen Formen kombiniert ist.

[102] Siehe oben zu 2, 6ff.* (§ 3, 8).

einem Fall (4, 2f.) begegnet ein partizipialer Nominalsatz, der durch die Partikel הנה eingeleitet und durch Verbalsätze (im pf. cons. bzw. impf.) fortgeführt wird.

Das Eingreifen Jahwes wird ebenfalls häufig durch Verbalsätze zum Ausdruck gebracht; doch begegnen auch mehrmals Nominalsätze, jedesmal in Verbindung mit הנה und damit zur Einführung der Ankündigung. Als Tempora finden sich in gleicher Weise impf. und pf. cons., letzteres in der Regel bei der Entfaltung einer zuvor imperfektisch (bzw. partizipial) formulierten allgemeinen Ankündigung[103].

Die Folge wird fast stets in Verbalsätzen, meist ohne Inversion, und zwar im pf. cons. formuliert. Die wenigen Ausnahmen in Satzart und Zeitstufe fallen nicht entscheidend ins Gewicht, zumal da sie sich anscheinend gegenseitig bedingen und erklärbar sind[104].

Sieht man diese Beobachtungen zusammen, so wird deutlich: Es geht in der Ankündigung nicht um Zustände, sondern um Ereignisse, und zwar um solche, die schon im Begriffe sind, Wirklichkeit zu werden; es geht nicht um eine ferne Zukunft, sondern um Geschehnisse, die sogleich die Gegenwart bestimmen werden.

Ähnlich wie im Begründungsteil ist auch in der Ankündigung von den betroffenen Personen häufiger in der 3. pers. die Rede; die direkte Anrede tritt dahinter jedoch nur wenig zurück.

So erscheint in Am 1—2; 3, 12; 6, 1—7*; 6, 8; 8, 11—14* (?) und 9, 9f. (?) in beiden Spruchteilen die 3. pers.[105], in 3, 1f.*; 4, 1—3; 4, 6—12a*; 5, 11; 5, 12.16f. hingegen die 2. pers.; in 8, 4—7* (?) ist die Ankündigung, in 3, 9—11 die Begründung in der 3. pers. formuliert, der jeweils andere Spruchteil aber in direkter Anrede gehalten. Bei den Texten, die allein eine Ankündigung (ohne Begründung) enthalten, sind die betroffenen Personen in 8, 9f. (?) direkt angeredet, in 3, 13—15*; 9, 8a (?) und 5, 3; 5, 5b; 5, 6b jedoch ist von ihnen in der 3. pers. die Rede.

Bemerkenswert ist die Tatsache, daß die Mehrzahl der Ankündigungen nicht nur als Jahwerede bezeichnet, sondern auch als solche gestaltet ist. Abgesehen von einigen wenigen Texten[106] begegnet hier überall das redende Ich Jahwes. Damit kommt zum Ausdruck, daß anders als im Begründungsteil, wo die angesprochenen Personen als

---

[103] Siehe z. B. in Am 1—2 die imperfektisch formulierte allgemeine Ankündigung אשיבנו und ihre jeweilige Fortsetzung ... ושלחתי (pf. cons.); vgl. auch 3, 14f.*; 8, 11* (?) u. a.

[104] So treten die Abweichungen in Satzart und Tempus ausschließlich gemeinsam auf. In 2, 14—16* und 8, 12—14* (?) dient die Beschreibung der Folgen der Ausmalung der kurzen und prägnanten Unheilsankündigung; in 5, 16f. wird zunächst die Wirkung geschildert, dann erst deren Grund angegeben; in 9, 10a wird die bildhafte Unheilsankündigung konkretisiert. Jedesmal bedingt die Inversion, die der Hervorhebung dient, eine imperfektische Formulierung.

[105] Lediglich 2, 6—16* bildet eine Ausnahme, insofern als die Ankündigung in 2, 13 zur direkten Anrede übergeht. Doch ist 𝔐 möglicherweise zu ändern; vgl. dazu Textanm. 1.

[106] Dazu zählen 3, 9—11; 3, 12; 4, 1—3; 5, 11; 6, 1—7* und 5, 3; 5, 5b; 5, 6b.

handelnd vorgestellt werden, in der Ankündigung Jahwe selbst die handelnde Person darstellt.

Der *Bedeutung* nach kündigt das fragliche Strukturelement Unheil an, das das Volk Israel treffen wird. Es ist entweder durch Naturkatastrophen[107] oder durch verheerende militärische Niederlagen[108] bedingt, deren Folgen der Tod oder zumindest die Deportation sind. In ähnlicher Weise wird auch das Unheil beschrieben, das die Fremdvölker treffen wird.

4. Resümee

a) Ein Vergleich der Gattungsbestimmungen in Am, die anfangs — in exemplarischer Auswahl der Forscher — dargestellt wurden[109], mit den Ergebnissen dieses Strukturvergleichs macht offenkundig, daß die Unterscheidung von begründetem Drohwort einerseits und Schelt- und Drohwort andererseits nicht auf nachprüfbaren Kriterien beruht. So haben sich in keiner Hinsicht Anhaltspunkte ergeben, die eine solche Trennung rechtfertigten, weder in syntaktisch-stilistischer noch in semantischer Hinsicht. Ein Vergleich der Strukturen von sogenannten Scheltworten und von Spruchteilen, die allein als Begründung aufgefaßt werden, zeigt vielmehr, daß die Trennlinien nicht zwischen ihnen beiden, sondern quer durch sie verlaufen. Das eine und andere sogenannte Scheltwort weist so größere strukturelle Übereinstimmung mit einem nur als Begründungselement bezeichneten Spruchteil auf als mit einem anderen »Scheltwort« und umgekehrt.

Diese Feststellung soll an einem Beispiel illustriert werden, auf das sich zu beschränken der Rahmen dieser Arbeit erlaubt[110].

So bezeichnet Balla (ähnlich Fohrer)[111] 2, 6—16* ebenso wie 4, 1—3 als Schelt- und Drohwort, hingegen 1, 3—5 als Drohwort mit Begründung. Ein Vergleich der Strukturen ergibt: 1, 3—5 und 2, 6—16* werden in ihren beiden Teilen als Jahwerede bezeichnet, der Ankündigungsteil enthält jeweils im Ich Jahwes die Ankündigung seines Eingreifens. Anders 4, 1—3, wo 4, 1 als Prophetenrede gestaltet und nur 4, 2f. als Jahwerede eingeleitet wird; zusätzlich nicht ein Eingreifen Jahwes, sondern in allgemeiner Weise Unheil angekündigt wird. Während der letztere Spruch in Anredeform gehalten ist, kann diese — wenn überhaupt — nur für den Ankündigungsteil von 2, 6—16* festgestellt werden. In allen drei Fällen findet sich die Erscheinung, daß der funktional als Begründung fungierende Spruchteil syntaktisch unselbständig ist und insofern der Fortführung durch die Ankündigung bedarf. Weisen 1, 3—5 und 2, 6—16* den Aufbau aB—aA—bB—bA auf, so läßt 4, 1—3 die Gliederung B (eventuell aB—bB)—aA—bA erkennen.

---

[107] Vgl. 2, 13.   [108] Vgl. 3, 11; 5, 3; 6, 7 u. a.   [109] Siehe oben § 1, 1.

[110] Falls noch Zweifel bestehen sollten, so kann das beschriebene Ergebnis unschwer an jedem Einzelfall aufgrund der Analysen von § 3—6 überprüft werden.

[111] Siehe die Tabellen in § 1, 1.

Die Reihe der unterschiedlichen oder übereinstimmenden Gestaltungselemente ließe sich fortsetzen, doch mag es hiermit sein Bewenden haben. Es dürfte bereits deutlich geworden sein: die Bestimmung der Gattung von 1, 3—5 als begründetes Drohwort und im Unterschied dazu die Gattungsbestimmung von 2, 6—16* und 4, 1—3 als Schelt- und Drohwort erscheint in dieser Weise nicht gerechtfertigt.

Das Kriterium, das »Scheltwort« sei dem Umfang nach relativ länger als eine »Begründung« und hebe sich zudem als selbständiger Teil des Spruches deutlich von der ihr folgenden Drohung ab, muß endgültig als unzureichend bzw. unzutreffend zurückgewiesen werden[112]. Auf der einen Seite kann ein zweideutiger Umfangsvergleich nicht die Bestimmung einer Gattung entscheiden, auf der anderen Seite ist die Behauptung der syntaktischen Selbständigkeit des sogenannten Scheltworts in der Kombination mit einem Drohwort nicht stichhaltig.

Ein Vergleich des Umfangs der beiden Strukturelemente Begründung (B) und Ankündigung (A), der auf den Ergebnissen der Analysen von § 3—6 basiert und nach den metrischen Versen berechnet ist, führt zu einer meist geringfügigen Korrektur der Verhältniszahlen, die oben aufgrund der Angaben Ballas festgestellt wurden[113].

Text	B:A	Text	B:A
1, 3—5[114]	2:3	3, 12	1:3
1, 6—8[114]	2:3	4, 1—3	3:3
(1, 9f.)[114]	2:1	4, 6—12a*	10:?
(1, 11f.)[114]	3:1	5, 11	1:2
1, 13—15[114]	2:3	5, 12. 16f.	2:3
2, 1—3[114]	2:3	6, 1—7*	6:1
(2, 4f.)[114]	3:1	6, 8	1:1
2, 6—16*[114]	7:5	8, 4—7* (?)	3:1
3, 1f.*	1:1	8, 11—14* (?)	3:7
3, 9—11	2:1	9, 9f. (?)	1:5

Diese Übersicht macht deutlich, daß aufgrund des Umfangs eines Strukturelements die Gattung eines Textes nicht bestimmt werden kann. Sollte allgemein jede relativ ausführliche Begründung als »Scheltwort« gelten, so zählten hierzu gerade die Nachträge (1, 9f.); (1, 11f.) und (2, 4f.), bei denen aber die Dominanz des Begründungselements eindeutig nicht gattungskritisch bedingt ist, sondern auf andere — überlieferungs- und redaktionskritisch zu bestimmende — Gründe zurückgeht. Bereits damit ist die Unterscheidung von Drohworten mit kurzer Begründung (= Drohwort mit Begründung) und Drohwort mit ausführlicher Begründung (= Schelt- und Drohwort) nicht nur fragwürdig, sondern unmöglich geworden[115].

---

[112] Vgl. § 1, 1, vor allem Anm. 9 und 10.

[113] Siehe die Tabellen I—III in § 1, 1.

[114] Die Sprüche 1, 3—5; 1, 6—8; (1, 9f.); (1, 11f.); 1, 13—15; 2, 1—3; (2, 4f.) und 2, 6—16* nehmen insofern eine Sonderstellung ein, als ihr Aufbau (aB—aA—bB—bA) eine genaue Aufgliederung der Verse nicht zuläßt; so handelt es sich bei der Angabe des Verhältnisses von B und A um Näherungswerte.

[115] Gegen Balla 6 (ähnlich Fohrer, Einleitung, 388).

Das zweite Kriterium, die Selbständigkeit des Scheltworts gegenüber der folgenden Drohung, ist ebenfalls nicht so tragfähig, daß es allein zur Gattungsbestimmung ausreichte. Nur in wenigen Fällen — so hat der Strukturvergleich ergeben[116] — ist der Begründungsteil syntaktisch selbständig. Ein Überblick über diese Sprüche läßt aber auf der einen Seite im einzelnen noch große strukturelle Unterschiede erkennen[117]. Auf der anderen Seite werden diese Texte gattungskritisch unterschiedlich als »Drohwort mit Begründung« und »Schelt- und Drohwort« bestimmt[118]. In Korrespondenz dazu werden auch syntaktisch unselbständige Stücke als »Scheltwort« aufgefaßt[119]. Wie willkürlich dieses Verfahren ist, macht die Tatsache deutlich, daß von ein und demselben Forscher ein Text zunächst als Scheltwort, in der Kombination mit einem Drohwort aber dann als Begründung bestimmt wird[120].

Die Annahme einer eigentümlich prophetischen Gattung des Scheltworts gründet sich in der Form, wie sie in der gegenwärtigen Forschung von einigen Wissenschaftlern vertreten wird, also nicht auf formalen Beobachtungen, sondern scheint aus der Tradition der Gattungsforschung überkommen zu sein[121]. Als Grund für diese Übernahme läßt sich das Interesse vermuten, das damit verbundene pädagogische Prophetieverständnis im Widerstreit zu einer Ansicht festzuhalten, nach der der Prophet die Botschaft des unabänderlichen Gerichts zu verkündigen hatte[122]. Nicht eine genaue Analyse der fraglichen Sprüche scheint den Ausschlag in der Behauptung einer Gattung des prophetischen Scheltworts gegeben zu haben, sondern ein traditionelles Verständnis der prophetischen Verkündigung.

b) Damit stellt sich die Frage nach den Ergebnissen, die sich aus den vorausgegangenen Analysen der Prophetensprüche des Am und deren strukturellen Vergleich im Hinblick auf die Problematik dieser Studie ergeben. Sie können in einigen Punkten zusammengefaßt werden[123].

---

[116] Siehe oben unter 3b

[117] Man vergleiche nur die Strukturelemente der Begründung in den Sprüchen 3, 1f.*; 4, 6—12a* und 6, 1—7* miteinander!

[118] Balla z. B. bestimmt 3, 1f.* und 6, 8—10 als »Drohwort mit Begründung« und 4, 6—12a* und 6, 1—7* als »Schelt- und Drohwort« (S. 6); doch in allen Fällen ist der Begründungsteil selbständig.

[119] Vgl. z. B. die Bestimmung von 2, 6—16* als »Schelt- und Drohwort« (Balla 6).

[120] Balla bezeichnet 5, 12 als Scheltwort (S. 7), möchte aber im Falle, daß 5, 12 mit der Unheilsankündigung 5, 16f. zu verbinden ist, nicht von einem Schelt- und Drohwort sprechen, wie zu erwarten wäre, sondern von einem Drohwort mit Begründung (S. 6 Anm. 4).   [121] Vgl. dazu § 2, 1.

[122] Der forschungsgeschichtliche Überblick in § 2 macht deutlich, daß es sich bei diesen Überlegungen nicht um grundlose Spekulationen handelt, sondern um Vermutungen, die durchaus an den Theorien der Gattungsbestimmung in der gegenwärtigen Forschungssituation Anhalt haben.

[123] Es kann bei dieser Zusammenfassung darauf verzichtet werden, die einzelnen Belegstellen nochmals zu nennen. Statt dessen sei allgemein auf die vorhergegangenen Strukturvergleiche hingewiesen; vgl. Abschnitt 1—3 dieses Paragraphen.

1. Die überwiegende Mehrzahl der fraglichen Sprüche besteht aus den beiden Teilen der Begründung (B) und der Ankündigung (A); nur in einigen Fällen fehlt das Element der Begründung, dann zum Teil durch andere Redeformen ersetzt. In der Regel geht die Begründung der Ankündigung voraus, so daß sich als *Grundstruktur* B — A ergibt. Da das Strukturelement B meist aus einer allgemeinen Begründung (aB) und einer besonderen — konkretisierenden und exemplifizierenden — Begründung (bB) besteht und auch das Strukturelement A häufig in ähnlicher Weise entfaltet wird, begegnen verschiedene Abwandlungen der Grundstruktur: aB — aA — bB — bA / aB — bB — A / B — aA — bA und aA — bA — B in Abwandlung der seltenen Struktur A — B.

2. Die Sprüche sind am Anfang überwiegend ausdrücklich als Jahwerede bezeichnet oder zumindest als solche eindeutig gestaltet. Nur in wenigen Fällen ist die Begründung als Prophetenrede formuliert, die Ankündigung hingegen als Jahwerede bezeichnet[124]. Dieser Befund verbietet es, den Stil der Jahwe- bzw. Prophetenrede als Kriterium zur Unterscheidung von Gotteswort und Menschenwort aufzufassen[125]. Solche Versuche werden durch die Analyse von Am in keiner Weise gedeckt. Die Frage, ob sie nicht bereits im Ansatz verfehlt sind, kann hier zwar gestellt, aber im Rahmen dieser Untersuchung nicht beantwortet werden[126].

3. Eine genauere Untersuchung der Strukturelemente B und A zeigt ein breites Spektrum von Variationsmöglichkeiten.

---

[124] Westermann zeichnet ein etwas anderes Bild, wenn er schreibt: »In der Frühzeit wird nur die Ankündigung ausdrücklich als das durch den Boten übermittelte Gotteswort gekennzeichnet... Dann rückt — schon von Amos ab — in einigen Worten die Botenformel an den Anfang, so daß damit das ganze Wort, einschließlich der Anklage als Gotteswort gekennzeichnet ist. Allmählich überwiegt diese Stellung der Botenformel, so daß sie nun schlechthin als Einleitungsformel des ganzen Prophetenwortes erscheint.« (Grundformen, 135; vgl. auch a. a. O. 94). Westermann erklärt hier für Am noch zur Ausnahme, was bereits die Regel ist: die Stellung der Botenformel am Anfang des Spruches. Vgl. dazu auch Rendtorff, ZAW 74 (1962), 175 Anm. 30, der die Annahme, daß die Botenformel ursprünglich einheitlich zwischen Begründung und Ankündigung gestanden habe, mit ernstzunehmenden Einwänden in Zweifel zieht.

[125] Dies ist nachdrücklich gegenüber Wolff festzuhalten, der mit Hilfe formal-stilistischer Kriterien den Versuch unternommen hat, die Unheilsankündigung als offenbartes Jahwewort und die entsprechende Begründung als prophetisches Eigenwort zu erweisen (ZAW 52, 1934, 6; vgl. ders., Das Zitat im Prophetenspruch, 71 f.). Zur Auseinandersetzung mit dieser These siehe Hoffmann, Die Intention der Verkündigung Jesajas, 1974, 3—36.

[126] Vgl. dazu Alonso—Schökel, Sprache Gottes und der Menschen, 62, wonach sich zwischen Jahwe und dem Propheten eine Art »communicatio idiomatum« herausstelle, die an das »Verhältnis zwischen dem Autor und den von ihm geschaffenen Gestalten« erinnere: der Prophet als Mann Gottes und des Geistes, als Mund Gottes.

α) Der Begründungsteil ist — bis auf die völlig gleichförmigen Sprüche in Am 1—2 — fast durchweg verschieden gestaltet. In Fortführung durch den Ankündigungsteil, in anderen Sprüchen könnte er für sich bestehen, ohne daß sich eine Ankündigung anschließt. Es treten einige Sonderfälle auf: So stellen z. B. 3, 9f. eine in sich verständliche Botenanweisung (samt Botschaft) dar, 4, 6—11* bieten fünf Strophen, die der Bedeutung nach einem Geschichtsrückblick ähneln, 6, 1—6* enthalten einen in sich geschlossenen Weheruf. Jeder dieser Textabschnitte ist auch für sich allein sinnvoll und wird erst aufgrund seiner Kombination mit einer Ankündigung funktional zur Begründung. Der Prophet greift in der Begründung seiner Unheilsankündigung also bisweilen auf andere Formen zurück und sprengt damit in gewisser Weise die Grundstruktur B — A auf[127]. Wenn das Begründungselement der Ankündigung folgt (A — B), ist es stets syntaktisch unselbständig und das Gewicht der Aussage liegt auf der vorhergegangenen Ankündigung.

β) Auch der Ankündigungsteil weist keine ganz einheitliche Struktur auf. Er besteht zwar in der Mehrzahl der Fälle aus den beiden Gliedern der Beschreibung des Eingreifens Jahwes und der Schilderung von dessen Folgen. Doch fast ebenso häufig begegnen abgewandelte Formen: Es fehlt z. T. das erste, z. T. das zweite Glied. An manchen Stellen ist die Beschreibung des Eingreifens Jahwes durch eine Ankündigung von Unheil ersetzt, das nicht ausdrücklich auf Jahwe zurückgeführt wird[128]. Einmal ist die Unheilsankündigung als Vergleich gestaltet. In einigen Fällen wiederum fehlt das Strukturelement der Begründung, das Element der Ankündigung begegnet dann bei der Hälfte dieser Stellen in der Funktion der Begründung eines anderen Redeelements.

γ) Insgesamt gesehen erweist sich das Strukturelement der Begründung in stärkerem Umfange variiert als das der Ankündigung. Die Gründe hierfür sind nicht ohne weiteres erkennbar. Sollte diese unterschiedlich große Variation doch auf eine verschiedene Herkunft der beiden Teile hindeuten: B als prophetisches Eigenwort, A als offenbartes Jahwewort? Sind etwa gattungskritische Konsequenzen in der Weise zu ziehen, daß die Ankündigung als ursprünglich ohne

---

[127] Es wird für die Bestimmung der Absicht des Propheten von großem Belang sein, welche Gattung diesen Formen jeweils zugrunde liegt, auch wenn — dieses Mißverständnis gilt es abzuwehren — die Intention des Sprechers damit noch nicht eindeutig erfaßt ist; vgl. zur methodischen Unterscheidung von Gattung, Funktion und Intention § 10.

[128] Diese Beobachtung in Am deckt sich mit einer Feststellung, die Kaiser im Hinblick auf die Gattung der prophetischen Unheilsankündigung generell trifft, wonach zwischen der Ankündigung des Eingreifens Jahwes und seiner Folgen bzw. der Ankündigung des Unheils und seiner Folgen zu unterscheiden ist (Einleitung, 227).

manchen Fällen ist er syntaktisch unselbständig und bedarf der
Begründung bestehend aus dem Orakel hergeleitet wird[129]; die Begründung aber als sekundäre, durch die Verkündigungssituation bedingte Hinzufügung des Propheten angesehen wird, die andere Gattungen zu ihrer Gestaltung aufgenommen und variiert hat?

Die Beantwortung dieser Fragen erforderte eigentlich eine umfassende Untersuchung der Prophetenliteratur. Infolge der Beschränkung dieser Studie auf Am kann hier also nur der Versuch einer
Erklärung gewagt werden; eine Überprüfung an anderen Texten, die
in diesem Rahmen nicht geleistet werden kann, ist zu ihrer Verallgemeinerung nötig. Mit diesem Vorbehalt lassen sich die betreffenden Beobachtungen auswerten:

Auf der einen Seite ist festzuhalten, daß in der Regel in Am
Unheilsankündigungen aus den beiden Strukturelementen der Begründung und Ankündigung bestehen, wenn sich auch deren Gestaltung
im einzelnen als sehr differenziert erweist[130]. Auf der anderen Seite
ist auf den Befund hinzuweisen, daß diese Strukturelemente zwar
formal voneinander abzugrenzen sind, nicht aber Unterschiede in ihrer
Nähe zur Offenbarung bestehen. So dürften sich Anschauungen, die
Menschenwort und Gotteswort zu unterscheiden oder die Ankündigung
als primär, die Begründung aber als sekundär zu erweisen suchen, in
diesen Versuchen nur zu Unrecht auf die mannigfaltige Gestaltung
des Begründungsteils berufen.

---

[129] Westermann unterscheidet Gerichtsankündigungen, die aus den beiden Teilen B und
A bestehen, von Unheilsworten ohne Begründung, die sich gattungsgeschichtlich aus
der Antwort auf eine Orakelbefragung ableiten lassen (Grundformen, 115f.).

[130] Diese Tatsache macht es zweifelhaft, ob Westermann zu Recht die Teile Begründung
und Ankündigung als Grundstruktur der Gerichtsankündigung gegen das Volk
nochmals in Anklage und Entfaltung der Anklage bzw. Eingreifen Gottes und Folge
des Eingreifens aufgliedert (Grundformen, 122). Dieser Aufbau begegnet zwar in
einigen Sprüchen, doch seine Verallgemeinerung droht den Blick für wesentliche
Strukturabweichungen zu verstellen. So leuchtet es z. B. nicht unmittelbar ein,
weshalb in 4, 1—3 der Spruchteil 4, 2a (»Siehe, Tage kommen über euch«) als Eingreifen Gottes, 4, 2b. 3 (»da holt man euch ...«) aber als Folge dieses Eingreifens aufzufassen ist, oder weshalb in Jes 8, 6—8 der Spruchteil 8, 6a (»Deswegen weil dieses
Volk verachtet die Wasser Siloas, die sanft fließenden«) als Anklage, 8, 6b (»und er-
schrickt vor Rezin und dem Sohn Remaljas«) hingegen als ihre Entfaltung bezeichnet
wird (Grundformen, 124). Vielmehr wäre zu erwarten, daß im ersten Fall eine allgemeine und eine besondere Unheilsankündigung voneinander abgehoben würden, im
zweiten Fall dagegen überhaupt keine Aufgliederung vorgenommen würde. Ob
Westermann aufgrund seines forensischen Prophetieverständnisses das obige Schema
generalisiert hat? Darauf könnte auch die Tatsache hinweisen, daß er die Botenformel in der Grundstruktur des prophetischen Gerichtsworts zwischen Begründung
und Ankündigung ansiedelt, obschon diese Stellung durch den Textbefund nicht
ohne weiteres gedeckt ist; vgl. oben unter Punkt 2.

Vielmehr dürfte seine häufige Variation durch seine Bedeutung bedingt sein. Er knüpft an konkrete Situationen an und nimmt auf spezifische Geschehnisse und Taten Bezug, die seinen Hörern wohl bekannt sind[131]. Anders die Ankündigung, die zwar von nahe bevorstehenden Ereignissen, aber eben doch von der Zukunft redet. Sie kann allgemeiner formuliert werden, da sie nicht in dieser Weise wie die Begründung bestimmte vorliegende Tatbestände zu berücksichtigen hat. Die Mannigfaltigkeit in der Gestaltung der Begründung ist also durch den konkreten, situationsentsprechenden Bezug der prophetischen Verkündigung — und damit nicht zuletzt durch ein hermeneutisches Bemühen des Propheten — bedingt.

Diese Ansicht wird durch eine Überlegung gestützt, die sich aus dem Strukturvergleich der Sprüche in Am 1—2 ergibt. Diese Sprüche sind strukturell völlig gleich gestaltet: Sie bestehen aus einer Einleitungsformel, einer allgemeinen Begründung (עַל + Nomen), einer allgemeinen Unheilsankündigung (iVS im impf.), einer besonderen Begründung (עַל + Infinitivsatz), einer besonderen Unheilsankündigung (in der Regel im perf. cons.: Eingreifen Jahwes, 1. pers.; Folge für die Betroffenen, 3. pers.) und einer Schlußformel. Abweichungen von diesem strengen Aufbau weisen die als Nachträge wahrscheinlich gemachten Sprüche (1, 9f.); (1, 11f.) und (2, 4f.) sowie der Text 2, 6—16* auf, der sich anders als die voraufgegangenen Sprüche auf die Hörer selbst bezieht. Die Abweichungen im letzteren Fall, der hier allein interessiert, finden sich zwar in beiden Teilen der Unheilsankündigung — in der Begründung ebenso wie in der Ankündigung —, doch bemerkenswerterweise überwiegen sie in ersterem Strukturelement, das gegenüber den anderen Sprüchen in Am 1—2 beträchtlich an Gewicht gewonnen hat.

Der beschriebene Sachverhalt erscheint in diesem Zusammenhang in zweierlei Hinsicht bedeutsam. Erstens fällt auf, daß die Strukturmuster der Texte, die von Fremdvölkern handeln, übereinstimmen, der strukturelle Aufbau des Textes aber, der sich an das eigene Volk wendet und damit auf die Hörer direkt bezieht, abweicht. Damit bestätigt sich die Vermutung, die Redesituation bzw. der Redebezug hätten jeweils entscheidend die Gestaltung des Begründungselements bestimmt.

Zweitens erweist sich die Behauptung, die häufige Variation von B erkläre sich aufgrund seiner sekundären Formulierung durch den Propheten, auch von dieser Seite her als fragwürdig. Träfe diese Annahme zu, so müßte — als umgekehrter Schluß — ein streng an der Grundstruktur orientierter Aufbau auf die Nähe zur Offenbarung hinweisen, d. h. die Sprüche in Am 1—2 in ihrer gleichförmigen Gestaltung wären eher als »Wort Gottes« anzusprechen als strukturell sehr abweichende Sprüche wie 3, 12 o. ä. Daß dies nicht der Fall ist, der gleichförmige strukturelle Aufbau der Sprüche in Am 1—2 vielmehr gerade auf prophetische Stilisierung zurückgehen dürfte, liegt auf der Hand.

4. Der Strukturvergleich hat die Behauptung einer Gattung des prophetischen Scheltworts fragwürdig werden lassen. Es konnten keine strukturellen Übereinstimmungen gefunden werden, die zur

---

[131] Vgl. dazu z. B. die Zitierung der Hörer, die oben (Abschitt 3 b) als Stilmittel in der Gestaltung des Begründungsteils erkannt worden ist.

Unterscheidung eines Schelt- und Drohworts von einem Drohwort
mit Begründung berechtigt hätten. Das prophetische Scheltwort erwies
sich vielmehr als Postulat, seine Bestimmung beruht auf keinen präzisen Kriterien.

Doch auch die Behauptung eines prophetischen Gerichtswortes
bewährte sich an dem Textmaterial in Am nicht. Zwar konnte in
Übereinstimmung mit dieser These als Grundstruktur der Unheilsankündigung die Verknüpfung von Begründung und Ankündigung
festgestellt werden, doch ergaben sich im einzelnen so zahlreiche
strukturelle Unterschiede zu den entsprechenden Redegattungen im
Gerichtsverfahren, daß ein generelles forensisches Verständnis der
prophetischen Unheilsankündigung ausgeschlossen erscheint. Daß
damit ihre gattungsgeschichtliche Herleitung aus dem Orakel nicht
bewiesen, wenn auch wahrscheinlicher geworden ist, soll nachdrücklich festgestellt werden[132].

5. Als Ansatzpunkt für eine exakte Beschreibung der Gattung
des Scheltworts kann von den Sprüchen in Am nur die scheltwortartige Einheit 6, 12 dienen. Für dieses Vorhaben bedarf es aber einer
verbreiterten Textbasis. Es müssen mehrere Texte, die die beiden
Bedingungen der Strukturähnlichkeit mit Am 6, 12 und der literarischen Unabhängigkeit[133] voneinander erfüllen, analysiert und in
ihrer Struktur miteinander verglichen werden. Vor allem aber ist das
Vorverständnis von Schelten zu untersuchen, das dem alltäglichen
Sprachgebrauch zugrunde liegt, d. h. es ist die Frage zu klären, wann
sinnvollerweise von »*Schelt*wort« geredet wird.

---

[132] So sieht z. B. Fohrer als »Urform des Prophetenspruchs« das Orakel an (Einleitung,
386); vgl. Westermann, Grundformen, 116. Anders Boecker, Redeformen des
Rechtslebens, 157—159.

[133] Diese Bedingung erscheint notwendig, da andernfalls Strukturübereinstimmungen
aus der stilistischen Eigenart des Verfassers erklärt werden könnten; vgl. dazu § 10, 2

Kapitel 3

Das Schelten

Die bisherigen Überlegungen haben in ein Dilemma geführt: Auf der einen Seite hat die Strukturanalyse des Amosbuches den Mangel an Kriterien für die behauptete Gattung des prophetischen Scheltworts bestätigt, den zuvor bereits der forschungsgeschichtliche Überblick hat erkennen lassen. Zugleich wurde das Postulat dieser Gattung als einer eigentümlichen prophetischen Bildung durch die Ergebnisse des Strukturvergleichs der Prophetensprüche in Frage gestellt. Auf der anderen Seite hat die Formenkritik der analysierten Texte zwar zur Unterscheidung verschiedener Strukturmuster und damit Formengruppen geführt, doch welcher dieser Gruppen die Gattung »Scheltwort« zugrunde liegt, konnte nicht entschieden werden, da der dazu notwendige Vergleich mit literarisch unabhängigen Formen ebenso fehlt[1] wie eine Abklärung des Vorgangs des Scheltens im Unterschied zu anderen sprachlichen Handlungen[2].

Angesichts dieser Lage ergibt sich das weitere Vorgehen der Untersuchung von selbst. Zunächst ist der Vorgang des Scheltens ins Auge zu fassen und in seinen kennzeichnenden Momenten zu beschreiben. Dazu ist eine terminologische Klärung des betreffenden Wortfelds im Deutschen und im Hebräischen notwendig (§ 8). Sodann sind literarisch voneinander unabhängige Texte, die auf die sprachliche Handlung des Scheltens zu verweisen scheinen, zu analysieren und in ihrer Struktur miteinander zu vergleichen. Auf diese Weise können gemeinsame Strukturelemente festgestellt und eventuell als kennzeichnende Merkmale einer Gattung »Scheltwort« bestimmt werden (§ 9). Nach diesen Arbeitsschritten dürfte die Beantwortung der Themafrage nach Bezeichnung und Gestalt des Scheltworts möglich sein.

§ 8 ZUR TERMINOLOGIE

Ziel dieser Darstellung ist die Erfassung der sprachlichen Handlung, die mit dem Ausdruck »schelten« bezeichnet wird. Dazu soll in

---

[1] Zur Notwendigkeit dieses Vergleichs siehe § 10, 2; vgl. auch Anm. 133 zu § 7.

[2] Eine solche Forderung setzt den Entschluß voraus, Gattungsbezeichnungen nicht willkürlich, sondern sinnvoll zu wählen; vgl. dazu und zu dem hier vorausgesetzten Verständnis von Gattung und sprachlicher Handlung § 10, 1. 2.

dem folgenden Arbeitsschritt dieser Ausdruck zuerst im Deutschen näher untersucht werden, dann das Wortfeld, das er im Hebräischen abdeckt, abgeschritten, d. h. seine Wortäquivalente analysiert werden.

Die Untersuchung nimmt zwar die etymologische Fragestellung auf, sucht aber vor allem je die Bedeutung und Verwendung der Vokabel im Sprachgebrauch zu klären[1]. Prinzip dieses Vorgehens ist die sprachwissenschaftliche Erkenntnis, daß sich die Bedeutung eines Wortes aus einer Fülle einzelner syntaktischer und semantischer Merkmale zusammensetzt. Anders gesagt: In Modifikation der Ansicht, daß ein Wort eine selbständige Einheit mit einer eigenen Bedeutung darstellt, wird hier davon ausgegangen, daß sich seine Bedeutung im aktuellen sprachlichen Zusammenhang manifestiert. Obschon sich also die Analyse auf die Wortebene bezieht, darf dennoch die Satzebene, d. h. die syntaktische Bindung der einzelnen Lexeme, nicht außer acht gelassen werden.

1. Das Wortfeld »schelten« im Deutschen

Die Darstellung dieses Abschnittes beruht auf den Angaben vorliegender Wörterbücher und anderer Nachschlagewerke. Auf eine eigenständige Analyse des Wortfeldes konnte verzichtet werden, da die herangezogenen Lexika den gegenwärtigen Forschungsstand ausreichend beschreiben. Die Gefahr des Dilettantismus und der begrenzte Raum legten diese Beschränkung auf vorliegende Ergebnisse zudem nahe. So werden die einzelnen Bestimmungen zur Kenntnis genommen, miteinander verglichen und kritisch ausgewertet. Aufgrund dieses Verfahrens ergibt sich dieses Bild:

a) Das Wort »schelten« wird *etymologisch* meist von der althochdeutschen Wurzel »sceltan« (tadeln, schmähen) abgeleitet[2], die — so wird vermutet — mit der Wortgruppe »Schall, Schelle« [(s)kel] bzw. dem althochdeutschen Verbalstamm »scellan« (schallen, tönen, klingen, lärmen) verwandt ist, so daß sich als Grundbedeutung von »schelten« ergibt: »Lärm erheben über etwas«[3]. Manche allerdings bestreiten die Berechtigung dieser Herleitung. Das Wort sei danach

---

[1] Barr hat zu Recht darauf hingewiesen, daß die Etymologie nicht ein Schlüssel zum Bedeutungswert von Wörtern im je zeitgenössischen Gebrauch ist, dieser Wert vielmehr aus dem jeweiligen Sprachgebrauch und nicht aus einer Wortableitung zu ermitteln ist (Bibelexegese und moderne Semantik, 111). Dennoch ist der Wortgebrauch häufig von der Vorgeschichte des Wortes beeinflußt, und »die Etymologie kann möglicherweise Hinweise darauf geben, wie die Bedeutung sich entwickelt und verändert hat« (Barr a. a. O. 112).

[2] Duden, Etymologie, 599; Paul-Betz 539; Wahrig 3082.

[3] Kluge 642; ähnlich Goetze VI 49 u. a.

unbekannter Herkunft und seine ursprüngliche Bedeutung sei in der althochdeutschen Glosse: »polluit scalt, scalte, salt, schalt« zu sehen[4].

Das *Bedeutungsspektrum* des Ausdrucks wurde im wesentlichen durch einen fünffachen Gebrauch geprägt[5]: 1. Im Althochdeutschen herrscht die Bedeutung »jemanden schimpfen, schmähen, lästern, gleichsam mit Kot bewerfen, seinen Ruf beflecken« vor. 2. »Jemanden schelten« mit prädikativer Bestimmung, ihm einen Schimpf- oder Spottnamen beilegen[6]. 3. Gewöhnlich hat »schelten« die Bedeutung von »tadeln«, »Vorwürfe machen« mit mannigfachen Nuancierungen: a) Antonym zu »loben«, synonym mit »tadeln«, zuweilen von »tadeln« als der stärkere Ausdruck unterschieden; b) im Sinne eines lauten, hastigen, drohenden Sprechens als Ausdrucksweise des Zornes; c) in der Bibel häufig im Sinne von »verfluchen«[7]. 4. »Sich mit jemand schelten«, gewöhnlich in der Bedeutung »sich mit ihm zanken, sich gegenseitig Scheltworte sagen«. 5. Mannigfach sind die technischen Verwendungen von »schelten« in der Rechtssprache: a) anklagen; b) einen Handwerker, der etwas Unredliches begangen hat, aus der Innung ausschließen und durch Treibebriefe verfolgen; c) »bescholten machen« im Sinne von »für unehrlich erklären«; d) »ein Urteil schelten«[8] gleichbedeutend mit »appellieren«; e) »jemanden quitt, los schelten« heißt »jemanden für los und ledig erklären«; f) schließlich ist in diesem Zusammenhang auf die sogenannten Scheltbriefe zu verweisen, die im 15. und 16. Jh. — vor allem in Böhmen und Mähren — durchaus übliche außergerichtliche Rechtsmittel waren, mittels derer der Gläubiger den Schuldner oder die Bürgen zur Erfüllung ihrer Pflicht zu bringen versuchte[9].

---

[4] Grimm VIII 2522.　　　　[5] Siehe Grimm VIII 2522—2530.

[6] Z. B. »jemanden einen Faulpelz schelten« ist gleichbedeutend mit »jemanden einen Faulpelz nennen«. Da das Wort »schelten« ursprünglich auch scherzhaft gebraucht wurde, begegnet es ebenso mit nicht tadelnden Benennungen: »er läßt sich gnädiger Herr schelten«. — In einem »Schelten-Wörterbuch« führt Klenz Schimpf- und Spottnamen, wie auch bloße Scherznamen der verschiedensten Berufe, besonders der Handwerker, auf. Er hat sie teils aus dem Volksmund in Nord-, Mittel- und Süddeutschland, teils aus der deutschen Literatur vom 16. Jh. bis Anfang des 20. Jh. gesammelt. Unter dem Stichwort »Abgeordneter« findet sich so z. B. »Tribun, Wadenstrümpfler, Wasserstiefler« u. a. (a. a. O. 2), unter »Zigarrenhändler« der Ausdruck »Zigarrenfritze« (a. a. O. 157).

[7] Grimm VIII 2527 verweist dafür u. a. auf Num 23, 7f. und Ps 119, 21. An anderen Stellen der Bibel begegnet das Verbum auch im Sinne von Punkt 3b), häufig als Ausdruck für den Donner (Ps 104, 7; II Sam 22, 16 z. B.). Vgl. dazu unten die Aufstellung der entsprechenden hebräischen Vokabeln (Abschnitt 2).

[8] Diese Formel gehört der älteren Rechtssprache zu; sie bezeichnet einen Einspruch, mit dem stets der Zug an die höhere Instanz verbunden ist.

[9] So durfte z. B. in Böhmen der Gläubiger vierzehn Tage nach der erfolglosen Mahnung zur Selbsthilfe schreiten und Schelt-, d. h. Schmähbriefe in verschiedenen

Der heutige Sprachgebrauch greift einige dieser Bedeutungsaspekte auf, andere vernachlässigt er. So kann zwischen etwa vier
verschiedenen Verwendungsweisen von »schelten« unterschieden werden[10]: 1. »jemanden oder etwas schelten«: unwillig, ernsthaft Kritik
an jemandem oder etwas üben, mit dem bzw. womit man nicht einverstanden ist[11]; 2. »auf, über jemanden oder etwas schelten«: seinen
Unwillen über jemanden oder etwas in ärgerlichen, aber maßvollen
Worten äußern[12]; 3. »jemanden oder etwas schelten«: jemanden oder
etwas ärgerlich tadelnd oder erzürnt mit einem unfreundlichen, einen
Vorwurf enthaltenden Prädikat bedenken[13]; 4. landschaftlich wird
»schelten« auch im Sinne von »schimpfen« gebraucht[14]. Als Synonyma
sind daher »schimpfen«, »laut tadeln«, »mit strengen Worten rügen«,
»zanken« anzusehen.

Analog des Bedeutungsspektrums von »schelten« werden für den
Ausdruck »Scheltwort« in den Lexika »Wort der Beschimpfung oder
des Tadels; Schmähwort; Injurie; Lästerung«[15] bzw. »lautes Wort des
Tadels; lauter, derber Verweis; derbe Rüge; mildes Schimpfwort«[16]
aufgeführt.

Hinsichtlich der *syntaktischen* Merkmale der Verbalform ist festzuhalten, daß »schelten« im heutigen Sprachgebrauch transitiv wie
intransitiv verwendet werden und im ersteren Fall ebenso ein Objekt wie einen prädikativen Akkusativ zu sich nehmen kann. Die
Angabe des Grunds erfolgt meist durch einen Präpositionalausdruck
oder einen Kausalsatz; seine Angabe im Genitiv ist veraltet.

b) Damit die Besonderheit des Ausdrucks »schelten« und damit
die Eigenart des Vorgangs, den er bezeichnet, noch deutlicher wird,
sollen im folgenden einige *sinnverwandte Wörter* — in sprachwissenschaftlicher Sicht die unmittelbaren Feldnachbarn — vorgestellt
werden.

α) Als ursprüngliche Bedeutung von »*schimpfen*« wird allgemein
»Scherz, Kurzweil treiben« angegeben[17]. Der heutige Sprachgebrauch

---

Städten an den Pranger schlagen lassen. Wenn der Gescholtene gezahlt hatte, war
der Gläubiger verpflichtet, die Scheltbriefe an allen Orten wieder abnehmen zu lassen.
So sind Scheltbriefe »keine Racheakte, sondern Zeugen eines bestimmt geordneten
Gewohnheitsrechtes, das namentlich zwischen Adligen in Gebrauch war" (Hupp,
Scheltbrief, 7; vgl. auch 4ff.).

[10] Siehe Duden, Synonymwörterbuch, 536; Wahrig 3082.

[11] So schilt z. B. der Vater seine Kinder, weil sie ungehorsam sind.

[12] Beispiel: Die Frau schalt auf ihren Mann wegen seiner unentschlossenen Haltung.

[13] So schilt ein Freund den anderen einen Dummkopf o. ä.

[14] Vgl. z. B. die Rede: Der Lehrer hat mächtig gescholten.

[15] Siehe Grimm VIII 2532.

[16] Siehe Wahrig 3082.

[17] Noch im 18. Jh. steht »Schimpf und Ernst« für »Scherz und Ernst«; vgl. z. B.
Grimm IX 174, Paul—Betz 544, Wahrig 3099.

ist aber bereits im Althochdeutschen vorbereitet, wenn hier »skimphen«
im Sinne von »auslachen, verspotten« verwendet wird. So besitzt der
Ausdruck im Neuhochdeutschen etwa diesen Bedeutungsumfang[18]:
1. seinem Unwillen, seinem Ärger in zornigen, abfälligen Worten
(unbeherrscht) Ausdruck geben; 2. »auf, über jemanden oder etwas
schimpfen«: seinen Unwillen über jemanden oder etwas in Schmäh-
worten äußern; 3. »jemanden oder etwas schimpfen«: jemanden oder
etwas mit einer schmähenden, abfälligen Bezeichnung, einem Schimpf-
namen belegen; 4. »jemanden etwas schimpfen«: jemanden (zu Unrecht) mit einem kränkenden Namen nennen[19]. Als Synonyma sind
»schelten«, »grob tadeln«, »fluchen« aufzuführen. Syntaktisch ist bemerkenswert, daß in der Hochsprache die intransitive Verwendung,
in der Umgangssprache hingegen der transitive Gebrauch vorherrscht.

β) Die neuhochdeutsche Form »*Tadel*« geht zurück auf den mittelhochdeutschen Ausdruck »tadel« (Fehler, Mangel, Gebrechen)[20].
Ihre übliche Bedeutung »Vorwurf« (Antonym: Lob) entwickelte sich
im 17. Jh. unter dem Einfluß des Verbs »*tadeln*«, das ursprünglich
die Bedeutung »verunglimpfen« hatte, doch schon im 16. Jh. in dem
heutigen Sinn von »vorwerfen« vorkommt. Als Synonym des Verbs,
das nur transitiv verwendet wird[21], sind »schelten«, »rügen« und »zurechtweisen« anzuführen, als Antonym ist »loben« zu nennen, so daß
im heutigen Sprachgebrauch etwa dieser Sinnbereich abgedeckt ist:
für einen Fehler oder ein (leichteres) Vergehen einen Verweis erteilen;
Kritik an jemandem oder etwas üben, mit dem oder womit man nicht
einverstanden ist, was man für nicht in Ordnung oder für verbesse-
rungswürdig hält, was man mißbilligt[22].

γ) Als Grundbedeutung von »rügen« wird durch die Übereinstimmung aller altgermanischen Dialekte »etwas vor Gericht zur
Anzeige bringen«, dann auch »gerichtlich bestrafen« erwiesen[23]. Im
Mittelhochdeutschen blaßte die ursprüngliche Beziehung auf das gerichtliche Verfahren bereits zum Teil ab, indem es einerseits im Sinne
von »tadeln, schelten«, andererseits von »öffentlich bekannt machen,
mitteilen, melden« verwendet wurde. Im heutigen Sprachgebrauch begegnet der Ausdruck nur noch im Sinne von »tadeln«: jemanden für
einen begangenen Fehler, einen Verstoß tadeln, kritisieren. Die ur-

---

[18] Siehe Duden, Synonymwörterbuch, 541; Wahrig 3099.
[19] Dieser Sprachgebrauch begegnet weniger in der Hochsprache als vielmehr in der
Umgangssprache (z. B. jemanden einen Betrüger schimpfen).
[20] Die Wendung »ohne Furcht und Tadel« hat diese alte Bedeutung noch bewahrt; vgl.
Duden, Etymologie, 698.
[21] Beispiele für seine syntaktische Konstruktion: Ich muß dein Verhalten, dich für
dein Verhalten, dich wegen deines Verhaltens tadeln.
[22] Vgl. Duden, Synonymwörterbuch, 612 f.; Wahrig 3512.
[23] Siehe Grimm VIII 1412 ff.; Paul—Betz 520 u. a.

sprüngliche Beziehung auf das gerichtliche Verfahren ist damit nicht mehr vorhanden[24].

δ) Das transitive Verbum »*zurechtweisen*« meint »auf den rechten Weg weisen«, d. h. »durch einen Tadel auf das richtige Verhalten hinweisen« bzw. »jemandem wegen eines Fehlers oder wegen seines Verhaltens in entschiedener Form seine Mißbilligung zu verstehen geben, ihn in seine Schranken weisen, zur Ordnung rufen«[25]. Ursprünglich scheint das Wort der Rechtssprache anzugehören: der althochdeutsche Ausdruck »zi rehte« bedeutet »dem Recht entsprechend«.

ε) Die Vokabel »*vorwerfen*« wird in diesem Zusammenhang in figürlichem Sinn relevant, d. h. wenn die ursprünglich-räumliche Vorstellung dieses Verbs übertragen wird: einen geistigen Gegenstand vor jemandes Sinne bringen, und zwar verweisend[26]. Die Bedeutung dieses Ausdrucks, die bereits seit dem 15. Jh. belegt ist, kann somit umschrieben werden mit »jemanden wegen einer Sache, die man mißbilligt und kritisiert, tadeln und zum Ausdruck bringen, daß man wünschte, der andere hätte anders gehandelt«[27].

c) Die Darstellung hat das Profil des Ausdrucks »schelten« — und damit auch der Vokabel »Scheltwort« — erkennen lassen. In einem vergleichenden *Überblick* sollen nochmals die wesentlichen Züge herausgearbeitet werden, damit die Merkmale des Vorgangs, der im heutigen Sprachgebrauch mit »schelten« bezeichnet wird, ganz deutlich werden.

Die vorgestellten Vokabeln bringen mehr oder weniger alle die Kritik einer bestimmten Handlung oder Haltung zum Ausdruck, obschon sich im einzelnen — häufig allerdings nur graduelle — Unterschiede in der Verwendung erkennen lassen. So unterscheiden sich »schelten« und »schimpfen« von den jeweils anderen Vokabeln durch die Möglichkeit ihres intransitiven sowie prädikativen Gebrauchs, »vorwerfen« durch die Angabe des Grunds in der Form eines Akkusativobjekts.

In der Regel ist »schelten« also zwar ein unmittelbarer Vorgang, der die direkte Anrede erfordert[28], doch der prädikative und intransitive Gebrauch der Vokabel ver-

---

[24] Siehe Duden, Synonymwörterbuch, 753; Wahrig 2987.
[25] Duden, Synonymwörterbuch, 752f.; vgl. auch Grimm XVI 649f.; Wahrig 4140.
[26] Grimm XII, 2 1922; vgl. Wahrig 3920.
[27] Duden, Synonymwörterbuch, 714.
[28] Zwei Literaturbeispiele mögen diese Feststellung veranschaulichen. So findet sich in dem Jeremia-Roman F. Werfels die Passage: »Was tut ihr«, schalt er, »ihr tötet mir die Seherin noch . . . Habe ich dieses nicht verboten und einen Bund gemacht mit euch? . . . Nie wieder kommt mir ein Fremder vor ihr Antlitz . . .« (S. 68), und in »Erste Begegnung« von Bella Chagall kommt es zwischen einem Gutsbesitzer und einem Uhrmacher zu diesem Dialog: »'Was sagt ihr dazu? Meine Uhr geht schon wieder nicht. Als ich sie zu Hause hatte, war sie stehengeblieben.' Der alte Uhrma-

bieten es, diese Regel absolut zu setzen. So ist es z. B. denkbar, daß ein Lehrer auf einen Schüler in seiner Abwesenheit schilt: »Er ist ein unverschämter Kerl. Jeden Tag heckt er neue Streiche aus.« o. ä.

Die Zueinanderordnung der Ausdrücke, die aus diesen syntaktischen Beobachtungen folgt, ergibt sich auch noch von einer anderen Seite her. So weist eine differenzierende Analyse der Angaben zur Bedeutung des jeweiligen Wortes gewisse Nuancen auf: »Schimpfen« und — abgeschwächt — »schelten« bezeichnen einen emotional gefärbten Vorgang[29], im Falle von »tadeln«, »rügen« und »zurechtweisen« tritt dieses innere Beteiligtsein eher in den Hintergrund, »vorwerfen« bleibt in bezug darauf in der Schwebe.

Weiterhin gilt es, die pädagogische Komponente hervorzuheben, die den Vorgang des Scheltens charakterisiert. Ähnlich wie »tadeln« oder »rügen« bezeichnet »schelten« nämlich die Kritik einer Handlung oder Haltung, die als nicht in Ordnung befindlich beurteilt wird, und ist damit Antonym zu »loben«. Der nahverwandte Ausdruck »schimpfen« hingegen kann hier nur mit Vorbehalt eingereiht werden, da er eher schmähende, kränkende Züge enthält.

Aus dieser pädagogischen Komponente von »schelten« erklärt es sich wohl, wenn diese sprachliche Handlung im allgemeinen solchen Leuten zugeschrieben wird, die den Menschen, die sie schelten, übergeordnet oder doch zumindest gleichgeordnet sind. So schilt z. B. der Lehrer die Schüler, und die Eltern schelten die Kinder, und nicht umgekehrt die Kinder (außer sie sind erwachsen) die Eltern bzw. die Schüler den Lehrer.

Ein Vergleich mit der Vokabel »mahnen« mag schließlich diesen Überblick abrunden. Während deren Bedeutung (»erinnern, auffordern, etwas zu tun«) in die Zukunft weist, bezieht sich »schelten« auf ein Tun oder Verhalten, das in der Vergangenheit begonnen und abgeschlossen wurde bzw. bisweilen in der Gegenwart noch andauert. Obschon beiden Vokabeln eine pädagogische Komponente zu eigen ist, sind sie doch durch diesen verschiedenen temporalen Bezug und eine dadurch bedingte unterschiedliche Akzentuierung voneinander abzuheben: »mahnen« fordert zu einem bestimmten Handeln oder Verhalten direkt auf, »schelten« hingegen nur implizit, indem es an vorliegenden Haltungen und Handlungen Kritik übt und sie damit negativ wertet.

---

cher bleibt ruhig sitzen. 'Herr der Welt! Was verlangt man von mir? Es ist leicht zu schelten!...'« (S. 111).

[29] Vgl. bei der Beschreibung des Bedeutungsspektrums von »schimpfen« solche Ausdrücke wie »zornig«, »unbeherrscht«, »abfällig« oder »schmähend« bzw. von »schelten« solche wie »laut«, »unwillig«, »ärgerlich«, »zanken«.

2. Das Wortfeld »schelten« im Hebräischen

Der folgende Arbeitsgang dient einer zweifachen Aufgabe: Einerseits ist das Wortfeld zu untersuchen, das im Hebräischen dem deutschen Ausdruck »schelten« entspricht. Damit keine relevanten Vokabeln unberücksichtigt bleiben, ist diese Untersuchung möglichst breit
anzulegen. Andererseits dürfte der Arbeitsschritt Hinweise auf Scheltworte liefern, die sich in der alttestamentlichen Literatur finden, und
damit einen Ansatzpunkt zur Bestimmung der Gattung bieten.

Zur Erfassung des betreffenden hebräischen Wortfeldes wurden
drei verschiedene Wege eingeschlagen: 1. Mittels einer deutschen
Bibelkonkordanz wurden die Stellen ermittelt, an denen in der Übersetzung nach Martin Luther die Vokabel »schelten« begegnet. Es ist
dies an 39 Stellen vierzigmal der Fall[30]. Eine Durchsicht dieser Texte
in der BH³ führte auf die hebräischen Vokabeln, die in der genannten
Übersetzung mit »schelten« wiedergegeben werden: גער (Wurzel 26×),
ריב (6×), יכח (4×), דבה und זעם (je 2×). 2. Alle erreichbaren hebräischen Wörterbücher zum Alten Testament mit deutsch-hebräischem
Wörterverzeichnis wurden auf ihre Angaben zu den Ausdrücken
»schelten«, »Schelte« und »Scheltwort« hin befragt[31]. Danach sind folgende Vokabeln relevant[32]: גער (Wurzel), שסע pi., זעם, כהה pi., נקם und
ריב. 3. Auf dem Weg über die Septuaginta schließlich wurde die Basis
der Untersuchung noch erweitert. Dazu wurden zunächst mittels
eines Lexikons die griechischen Wortäquivalente für »schelten«,
»Schelte« und »Scheltwort« ermittelt[33], sodann mittels einer Konkordanz

---

[30] Die Calwer Bibelkonkordanz führt an: Gen 31, 36; Num 23, 7f.; Ruth 2, 16; II Sam
22, 16; II Reg 19, 3f.; Neh 5, 7; 13, 11. 17. 25; Hi 26, 11; Ps 9, 6; 18, 16; 31, 14;
68, 31; 76, 7; 80, 17; 104, 7; 106, 9; 119, 21; Prov 13, 8; 17, 10; Koh 7, 5; Jes 17, 13;
30, 17; 37, 4; 50, 2; 51, 20; 54, 9; 66, 15; Jer 20, 10; Ez 5, 15; Hos 4, 1. 4; Nah 1, 4;
Sach 3, 2; Mal 2, 3; 3, 11. Beachtenswert erscheint die Tatsache, daß in der Übersetzung der Zürcher Bibel (Ausgabe von 1966) nur etwa bei der Hälfte dieser Stellen
Formen von »schelten« begegnen, ansonsten aber sich statt dessen Ausdrücke wie
»verwünschen« (Num 23, 7f.), »bedrohen« (Ps 68, 31), »zanken« (Gen 31, 36), »zur
Rede stellen« (Neh 5, 7), »rechten« (Hos 4, 1) o. ä. finden. Dadurch wird der Bedeutungswandel von »schelten«, genauer: die eben festgestellte Bedeutungsveren-
gung dieser Vokabel offenkundig, wenn auch in dem einen oder anderen Fall die
unterschiedliche Übersetzung aus anderen Gründen bedingt sein mag.

[31] Es handelt sich um die Lexika von Fürst (1863), Siegfried-Stade (1893), König (1910)
und Gesenius—Buhl (1915[17], Nachdruck 1962).

[32] Die Reihenfolge der Aufzählung ist von der Häufigkeit ihrer Nennung bestimmt.

[33] In dem Lexikon von Menge—Güthling steht für »schelten«: (schmähen) λοιδορεῖν
τινά, λοιδορεῖσθαι (M.) τίνι, κακῶς, λέγειν τινά, κακολογεῖν und κακίζειν τινά,
ὀνειδίζειν τινί; (tadeln) μέμφεσθαι (M) τίνι, ψέγειν τινά, ἐγκαλεῖν τινί; (ausschelten)
ἐπιτιμᾶν, ἐπιπλήττειν τινί. Für »Schelte« sind ἡ κακολογία, ἡ λοιδορία, ἡ λοιδό-
ρησις, ἡ ἐπιτίμησις, ὁ ψόγος, ὁ ὀνειδισμός, ἡ διαβολή, für »Scheltrede, -wort« ὁ κα-
κὸς λόγος, τὸ λοιδόρημα, τὸ ὀνείδισμα aufgeführt.

zur Septuaginta die entsprechenden hebräischen Vokabeln festgestellt. Zur Abrundung des Wortfelds wurden schließlich die griechischen Wortäquivalente dieser Vokabeln in der Septuaginta bestimmt, ihre deutschen Bedeutungen überprüft und im Falle der Relevanz für das untersuchte Wortfeld ihre hebräischen Äquivalente ermittelt. Auf diese zweifache Weise konnten folgende zusätzlichen Vokabeln gewonnen werden[34]: ארר; אשמה; בינה und בין hitp.; גדופה, גדוף und גדף; חלקה I; חמס; חסד II; חפר II; חקר qal; חרפה und חרף II; נגע; נאצה; לעג; hi., ho.; כלם und כלמה pi.; יסר pi.; תוכחה, תוכחת; שטן; תנואה; תשאות. Damit dürfte das fragliche Wortfeld im Hebräischen zureichend abgesteckt sein.

Die Darstellung der Ergebnisse der einzelnen Wortanalysen soll aus dem Grund der Übersichtlichkeit an dieser Stelle allerdings nicht erfolgen; sie wird in einem Anhang zu dieser Studie nachgetragen. Statt dessen werden nur die Wurzeln, die sich als relevant erwiesen haben, hier vorgestellt und nach ihrer Bedeutsamkeit für die Fragestellung der Untersuchung beurteilt. Dabei kann diese Auswertung die Zusammenfassung der Ergebnisse der Wortuntersuchungen im Anhang voraussetzen.

a) Die hebräische Vokabel, die am zutreffendsten die sprachliche Handlung des Scheltens wiedergibt, ist גער (mit Derivaten). Bereits ihre angegebene Grundbedeutung (»laut schreien, anschreien«) läßt ihre Nähe zu dem deutschen Ausdruck »schelten« erkennen, der erwiesenermaßen mit der Wortgruppe »Schall, Schelle«, verwandt ist. Beide Vokabeln — die deutsche wie die hebräische — weisen so auch ähnliche Bedeutungsnuancen auf. Darauf machen die häufige Parallelisierung von גער mit Ausdrücken des Zorns[35], als dessen Folge das Schelten dann erscheint, ebenso wie die Zusammenstellung mit dem Verbum כלם hi. (»Schmach antun, beleidigen; schmähen«) aufmerksam[36], in dessen Richtung auch Vokabeln wie II חפר oder II חרף weisen. Auffallend ist die Tatsache, daß גער häufig ein unmittelbar wirksames Machtwort meint und damit in die Nähe des Fluchens und Bannens rückt[37], das deutsche Wort »schelten« aber auch in diesem Sinne verstanden werden konnte[38]. Doch der deutlich magische Hintergrund der hebräischen Vokabel markiert die Grenze der Übereinstimmung.

Diese Bedeutungsdifferenz kommt auch durch das mehrmalige Vorkommen der hebräischen Wurzel in Zusammenhängen, in denen

---

[34] Auf die Untersuchungen von אמר und קרא אל wurde verzichtet, da ihre Bedeutungen zu allgemein sind, als daß sie für die verhandelte Fragestellung etwas austrügen.

[35] Vgl. z. B. Ps 18, 16 (= II Sam 22, 16); Ps 76, 7; Jes 51, 20; Jes 66, 15.

[36] Siehe Ruth 2, 15 f.

[37] Vgl. z. B. Ps 106, 9; 119, 21 (ארר//גער); Nah 1, 4.

[38] So übersetzt M. Luther in Num 23, 7 f. זעם (»verwünschen«) mit »schelten«.

vom Chaoskampf Jahwes die Rede ist, zum Ausdruck. Wenn hier Gottes »Schelten« die Himmelspfeiler schwanken oder das Meer austrocknen läßt[39], so erscheint Gott als der schreckliche und heldenhafte Kämpfer mit den Chaosmächten, und »Schelten« meint nicht den Donner des Gewitters, sondern einen unmittelbar wirksamen Fluch. In ähnlicher Weise dürfte das kriegerische Schelten zur Eröffnung eines Kampfes zu verstehen sein[40].

Hinsichtlich des Sprachgebrauchs der Wurzel erscheint bemerkenswert, daß ihre theologische Verwendung dominiert. So ist in der Mehrzahl der Stellen Gott Subjekt der sprachlichen Handlung des Scheltens; hingegen ist er — auch dies ist bedeutsam — nie ihr Objekt. Gott schilt zwar, aber ihn zu schelten, wäre unangemessen.

In den selteneren Fällen profaner Verwendung, jedoch nicht auf sie beschränkt, begegnet die Wurzel meist in der Bedeutung von »tadeln, zurechtweisen«, die etwa dem heutigen Sprachgebrauch von »schelten« im Deutschen entspricht. גער meint dann eine ärgerliche Rüge mit dem Zweck, die Wiederholung bzw. Fortführung einer Handlung zu verhindern. In dieser Bedeutung begegnet die Wurzel im Alten Testament vor allem in weisheitlichen Texten (außer Hi) oder in erzählenden Passagen; Subjekt ist dabei der Vater, der Weisheitslehrer o. ä. In dieser pädagogischen Komponente treffen sich wiederum die hebräische und die deutsche Vokabel[41].

b) Die Bedeutungsverwandtschaft der Wurzel גער mit einigen anderen Ausdrücken mag ihren Sinn, genauer: ihr eigentümliches Profil, verdeutlichen.

Danach zeigt die Wurzel eine gewisse Nähe zu Vokabeln, die anscheinend primär forensischen Sinn besitzen: So dürfte יכח (»feststellen, was recht ist«) ursprünglich in den Bereich des Gerichtsverfahrens gehören und ריב, dessen Grundbedeutung umstritten ist, wird in der Mehrzahl der Fälle eindeutig in forensischer Bedeutung gebraucht. Allerdings ist zu beachten, daß diese Vokabeln auch in allgemeiner Bedeutung vorkommen: יכח vor allem im Sinne einer erzieherischen Zurechtweisung[42], ריב im Sinne eines rügenden Vorwurfs[43]. Nur durch diese unspezifische Verwendung[44] gewinnen sie

---

[39] Vgl. z. B. Hi 26, 11; Nah 1, 4.

[40] Dieser Verwendung entspricht die Konstruktion von גער mit ב (= feindliches »gegen«) und von גערה mit מן.

[41] In Prov 13, 1 z. B. steht גערה in Verknüpfung mit מוסר (»Züchtigung«); der pädagogische Sinn ist offenkundig.

[42] Vgl. z. B. Prov 9, 7f.; 15, 12; Hi 5, 17.

[43] Vgl. z. B. Gen 31, 36; Neh 13, 17.

[44] Seeligmann, Hebräische Wortforschung, 253f., führt dieses gleichzeitige Vorkommen der spezifischen und allgemeinen Bedeutung von Ausdrücken im biblischen Hebräisch auf dessen äußerst elastische Semantik und unscharfen Wortgebrauch zurück.

ihre partielle Bedeutungsnähe zu dem Ausdruck גער, der — anders als ursprünglich das deutsche Wort »schelten« — an keiner Stelle in juridischem Sinne begegnet.

Den pädagogischen Aspekt der Bedeutung der Wurzel unterstreicht die Verwandtschaft mit der Vokabel יסר (»züchtigen, zurechtweisen«). Ihr Sprachgebrauch ist dadurch ausgezeichnet, daß als Subjekt Menschen ebenso wie Gott, als Objekt hingegen nur Menschen begegnen, und korrespondiert darin der Verwendung von גער. Als Parallelausdrücke zu dem abgeleiteten Substantiv מוסר finden sich häufig תוכחת (»Zurechtweisung, Rüge«), einmal auch גערה, dessen pädagogische Bedeutung an dieser Stelle offenkundig ist[45]. Dem erzieherischen Sinn der Vokabel יסר entspricht es, wenn sie in 𝕲 meist mit παιδεύειν übersetzt ist.

Hervorzuheben ist weiterhin die Bedeutungsnuance von גער, die sich aus der bereits erwähnten Nähe der Wurzel zu Ausdrücken des Fluchens und Bannens ergibt. Hierzu ist auf die Parallelisierung von ארר (»fluchen«) bzw. זעם (»Zorn, Verwünschung«) und גער zu verweisen[46]. Auch die Vokabel קלל pi. (»beschimpfen, herabsetzen; fluchen«), die ähnlich wie גער eine den Kampf eröffnende Schmährede bezeichnen kann[47], ist in diesem Zusammenhang zu erwähnen. Mit ihr ist auch bereits eine andere Bedeutungsnuance angesprochen, die aus der Nähe zu כלם hi. im Sinne von »beleidigen, schmähen« folgt[48]. In Verbindung mit גער dürfte dieser Ausdruck eine prohibitive Zurechtweisung bezeichnen.

Schließlich sind noch zwei Wörter zu erwähnen, die an je einer Stelle eine ähnliche Bedeutung wie גער zu haben scheinen, die aber aufgrund ihres singulären Belegs nichts unmittelbar austragen: כהה pi. und שסע pi. Das erste Verb wird genauso wie גער mit ב konstruiert; im jüdisch-aramäischen Sprachgebrauch meint כהותא »Schelten«. Das zweite Verb — in der Regel mit »zerreißen« zu übersetzen — dürfte in Verknüpfung mit בדברים und mit menschlichen Konkreta als

---

»Sogar in einem und demselben Satz kann — und das wäre in einer europäischen Sprache schwer vorstellbar — das gleiche Wort in zwei völlig verschiedenen Nüancierungen vorkommen, einer technischen u. U. iuristischen und einer, so zu sagen, unverbindlichen«. (S. 254) Als Beispiele nennt er den Sprachgebrauch von גאל und ריב. Auch wenn man dieser Ansicht nur mit Vorbehalt zuzustimmen vermag, kann sie doch als Korrektiv einer »monistischen« Anschauung dienen, die keinen Bedeutungswandel anerkennt bzw. alle Vorkommen aus ihrer Grundbedeutung zu erklären sucht; vgl. zu einem solchen Verfahren auch Barr, Bibelexegese und moderne Semantik, 160—162.

[45] Prov 13, 1.
[46] Siehe Ps 119, 21; Nah 1, 6; Jes 66, 15.
[47] Vgl. I Sam 17, 43 mit Jes 30, 17.
[48] Siehe oben unter a).

Objekt als Redefigur aufzufassen und dementsprechend mit »scharf rügen, zurechtweisen« wiederzugeben sein.

c) Der Überblick über das Wortfeld »schelten« im Hebräischen hat deutlich gemacht, daß dem deutschen Ausdruck »schelten« am ehesten die hebräische Wurzel גער entspricht. Beide Vokabeln stimmen nicht nur in wesentlichen Bedeutungsaspekten überein, sondern zeigen bemerkenswerterweise auch ähnliche Bedeutungsnuancen. So könnte die sprachliche Handlung, die sie zum Ausdruck bringen, etwa in dieser Weise beschrieben werden: laut, unwillig, ärgerlich, erzürnt, maßvoll jemand tadeln, dessen Handeln oder Verhalten man mißbilligt, für falsch, für verändernswert hält[49]. Die pädagogische Komponente in diesem Sprachgebrauch ist offenkundig.

Dennoch ist damit nicht das ganze Bedeutungsspektrum beider Ausdrücke erfaßt. Vielmehr bleiben sie in ihrer Verwendung charakteristisch unterschieden — dies kann angesichts der verschiedenen Sprachräume, denen sie angehören, nicht überraschen — und decken insofern nicht völlig denselben Bedeutungsbereich ab. So ist vor allem der vorwiegend theologische Gebrauch und das Verständnis der unmittelbaren Wirksamkeit von גער festzuhalten.

Damit ist die primäre Aufgabe dieses Arbeitsganges gelöst. Das sekundäre Ziel, Hinweise auf Scheltworte zu erhalten, wird durch eine Durchsicht der entsprechenden Belege erreicht. Sie führt auf zwei Passagen, die vermutungsweise gattungskritisch als Scheltworte anzusprechen sind: Gen 37, 10* (גער) und Neh 13, 17—18* (ריב). Ob diese Vermutung zutrifft, wird im folgenden Paragraphen zu untersuchen sein.

§ 9 DAS SCHELTWORT

Der Gang der Untersuchung ist an einem Punkt angelangt, an dem die Bestimmung der Gattung des Scheltworts möglich erscheint. Auf der einen Seite wurde die sprachliche Handlung des Scheltens beschrieben, auf der anderen Seite wurden dazu entsprechende alttestamentliche Texte gefunden. Damit bietet sich als Weg zur Lösung der Aufgabe, die Gattung des Scheltworts zu beschreiben, dieses Vorgehen an: Zunächst werden solche Textpassagen, die die sprachliche Handlung des Scheltens darstellen bzw. darzustellen scheinen, literarkritisch abgegrenzt und gesondert, sprachlich analysiert und in ihrer Struktur bestimmt. Dazu dienen die beiden Texte, die nach der terminologischen Untersuchung Scheltworte sein dürften, als Ausgangs-

---

[49] Insofern trifft die Übersetzung von 𝔊, die die Wurzel zwar in etwa der Hälfte der Stellen mit ἐπιτιμᾶν (»tadeln«), ansonsten aber mehrmals mit ἀπειλεῖν (»drohen«) wiedergibt, nur bedingt zu.

punkt; strukturell ähnliche oder gleiche Texte treten hinzu[1]. Sodann werden die Strukturmuster der einzelnen Formen miteinander verglichen, um auf dieser Grundlage in einem Abstraktionsvorgang ein ihnen gemeinsames Strukturschema zu erheben. Die Frage nach der typischen Situation, auf die dieses Schema verweist, ist in diesem Zusammenhang ebenso aufzunehmen wie die nach der Bezeichnung des Texttypus, der auf dem beschriebenen Wege bestimmt wurde. Schließlich sind noch dessen individuelle Abwandlungen in den einzelnen Formen festzustellen und auf ihre Begründung hin zu untersuchen. In einem dritten Abschnitt werden dann alttestamentliche Gegenbeispiele, in einem vierten altorientalische Parallelen zur fraglichen Gattung aufgeführt. Beide, Gegenbeispiele wie Parallelen, sollen zu deren Profilierung beitragen. Ein abschließendes Resümee faßt nicht nur die Ergebnisse dieses Arbeitsschrittes zusammen, sondern versucht auch die Konsequenzen zu ziehen, die sich daraus für die Thematik dieser Studie ergeben.

1. Formenkritik

a) Gen 37, 10*

Text

10* Da schalt ihn sein Vater und sprach zu ihm: »Was ist das für ein Traum, den du geträumt hast? Sollen ich und deine Mutter und deine Brüder kommen, um uns vor dir zur Erde zu neigen?«

Abgrenzung

Der Textabschnitt läßt sich ohne weiteres von dem Kontext isolieren. V. 10aβ bildet die Einleitung zu einer direkten Rede, die in 10aγ. b den Erzählzusammenhang unterbricht. Der Subjektswechsel in v. 11 in Verbindung mit der Zeitstufe des Narrativs markiert klar die Fortführung der Erzählung. V. 10* ist damit deutlich abgegrenzt; der Vers erscheint in sich einheitlich.

Form

Die wörtliche Rede in v. 10aγ. b, die in v. 10aβ durch zwei Verbalsätze (im impf. cons.) eingeleitet wird, besteht aus zwei Frage-

---

[1] Diese Studie erhebt nicht den Anspruch, alle fraglichen Texte des Alten Testaments berücksichtigt zu haben. Ihr exemplarischer Charakter erlaubt vielmehr die Beschränkung auf einige Passagen, deren literarkritische Abgrenzung nicht problematisch ist, so daß die Gattungsbestimmung von literarkritisch bestimmten Texten ausgehen kann. Die zeitliche Einordnung dieser Texte umfaßt den ganzen Zeitraum, in dem die alttestamentliche Literatur entstanden ist, so daß eine genügend breite zeitliche Streuung gegeben zu sein scheint; vgl. zu den einzelnen Abschnitten die Einleitungswerke.

sätzen: Der erste stellt einen mit der Fragepartikel מה eingeführten Nominalsatz dar, der durch einen verbalen Relativsatz (im pf.) fortgeführt wird; der zweite einen mit הֲ eingeleiteten Verbalsatz (im impf.) — ein inf. abs. dient zur Verstärkung des Verbums —, an den sich als Äquivalent eines Finalsatzes eine Infinitivkonstruktion (inf. cs. + לְ) anschließt.

Hinsichtlich der Satzreihengliederung sind folgende Beobachtungen festzuhalten: In v. 10aγ weist die deiktische Partikel זה ebenso über die direkte Rede hinaus wie das Subjekt (2. pers.) des Relativsatzes, das das Objekt der Einleitung (v. 10aβ) aufnimmt. Die Partikel אשר wiederum verknüpft in dieser ersten Frage Haupt- und Nebensatz. In v. 10b wechselt das Subjekt, das nunmehr ein Personalpronomen der 1. pers. und — in jeweils syndetischer Verknüpfung — zwei Nomina bilden. Das Personalpronomen nimmt das Subjekt der Einleitung (v. 10aβ) auf, der angeschlossene Infinitivsatz das des Relativsatzes (v. 10aγ).

Das Verhältnis von Funktions- und Hauptwörtern ist mit etwa 1:1 ausgeglichen. Als Funktionswörter finden sich Artikel, Präpositionen, Fragepartikel, die Konjunktion וְ und das Relativpronomen אשר. Diese große Zahl verschiedener Funktionswörter deutet auf prosaischen Stil hin. Bei den Substantiva handelt es sich um menschliche Konkreta und je ein unbelebtes Konkretum und Abstraktum; Eigennamen fehlen. Als Verba begegnen ein Zustandsverbum, sonst nur Aktionsverba. Die Verteilung von Substantiva und Verba ist ziemlich ausgeglichen, so daß von einem verbalen Stil gesprochen werden kann.

Die Bedeutungsanalyse der Passage, die in Anredeform (2. pers. sg.) gehalten ist, führt zu einer Präzisierung der syntaktisch-stilistischen Ergebnisse. So besitzt die erste Frage emphatischen Charakter und ist als vorwurfsvoller Ausruf zu übersetzen[2]. Die zweite Frage ist rhetorischer Art und ebenfalls Ausdruck eines affektvollen Unwillens[3]. Dieser Beschreibung der direkten Rede entspricht ihre Einleitung durch den Ausdruck גער, der die fragliche sprachliche Handlung als Schelte bezeichnet[4]. Danach schilt ein Vater seinen Sohn wegen dessen Traum, demgemäß — so läßt sich aus v. 10b erschließen — seine Eltern und Brüder ihm königliche Ehre erweisen sollen (השתחוה).

Der Kontext von v. 10* läßt den Hintergrund dieser Schelte erkennen: Joseph, der Sohn Jakobs, hatte geträumt, Sonne, Mond und elf Sterne verneigten sich vor ihm (v. 9). Er behielt diesen Traum nicht für sich selbst, sondern erzählte ihn seinem Vater und seinen Geschwistern. In dieser Situation ist das Scheltwort gesprochen.

---

[2] Siehe G—K § 148; vgl. Gunkel, Genesis.

[3] G—K § 113q.

[4] Siehe § 8, 2.

Die Ergebnisse der Analyse lassen sich in einer Tabelle zusammenfassen, die die Struktur des Textes erkennen läßt:

	v. 10*		Vaterrede
			Anrede
(Einleitung)	v. 10aβ	ויגער־בו אביו ויאמר לו	
Vorwurfsvolle Frage	v. 10aγ	מה NS + Relativsatz: אשר VS (pf.)	חלום
Exemplifizierung	v. 10b	הֲ VS (impf.)	בוא
		Finalsatz: inf. cs. + לֹ	להשתחות

b) Neh 13, 17—18

Text

17 Da schalt ich die Vornehmen Judas und sprach zu ihnen: »Was
ist das für eine schlimme Sache, die ihr da treibt und durch die ihr
den Sabbattag entweiht?

18 Haben nicht eure Väter ebenso gehandelt, so daß unser Gott
all dies Unglück über uns und über diese Stadt gebracht hat?
Ihr aber bringt noch größeren Zorn über Israel, indem ihr den
Sabbat entweiht!«

Abgrenzung

Die Textpassage stellt eine direkte Rede (v. 17b*. 18) samt Einleitung (v. 17a. bα) dar und ist als solche ohne Schwierigkeiten von
dem Erzählzusammenhang nach vorne wie nach hinten abzuheben.
Störende Wiederholungen und Spannungen sind nicht zu beobachten;
der Text ist in sich einheitlich.

Form

Auf die beiden einleitenden Verbalsätze (im impf. cons.) folgt zu
Anfang der wörtlichen Rede eine mit מה eingeführte emphatisch vorwurfsvolle Frage[5], die aus einem Nominalsatz in Verbindung mit
einem Relativsatz besteht, den ihrerseits zwei partizipiale Nominalsätze in Syndese bilden (v. 17b*). Eine rhetorische Frage — eingeleitet
durch הלא — schließt sich v. 18aα in der Form eines invertierten
Verbalsatzes (im pf.) an, dessen Inversion durch die Hervorhebung der
funktional rückweisenden Partikel כה bedingt ist. In v. 18aβγ folgt
ein mit der Konjunktion וְ angefügter verbaler Konsekutivsatz (im
impf. cons.). Syntaktisch sind die beiden Fragen einerseits durch
Subjektswechsel voneinander getrennt, andererseits durch die Aufnahme des Subjekts von v. 17b* als Pronominalsuffix miteinander ver-

---

[5] Siehe Gen 37, 10; vgl. oben Anm. 2.

bunden. Ein partizipialer Nominalsatz in Syndese schließt in Verbindung mit einer Infinitivkonstruktion (inf. cs. + לְ) zur Angabe
des Umstands die direkte Rede ab (v. 18b). Sein Subjekt — das
Personalpronomen der 2. pers. pl. — nimmt das des Relativsatzes
(v. 17b*) auf und verknüpft damit v. 17b* eng mit v. 18b.

Bemerkenswert erscheint die große Zahl von Funktionswörtern,
die zu den Hauptwörtern etwa in dem Verhältnis 3:2 steht. Artikel
sind nicht vermieden, das Vorkommen mehrerer Präpositionen weist
auf beschreibende Elemente hin. Die Verwendung der notae accusativi
אֵת (3×), der Pronomina זֶה bzw. אֲשֶׁר und der Konjunktion וְ (4×)
unterstreicht die Prosaform des Textes. An Hauptwörtern finden sich
in v. 17b—18* etwa doppelt soviele Substantiva wie Verba, so daß
sich der nominale Stil, der auf der Satzebene beobachtet wurde, auf
der Wortebene bestätigt. Die Tatsache, daß drei der verbalen Ausdrücke in partizipialer Form begegnen, unterstreicht diese Feststellung.
Es werden ausschließlich Aktionsverba verwendet; bemerkenswerterweise kommen zwei Verba je zweimal vor und geben sich damit als
Leitwörter zu erkennen: עָשָׂה und חָלַל. Bei den Substantiva dominieren deutlich Abstrakta, so daß Wertungen die Textpassage zu bestimmen scheinen. Andere Substantivklassen treten dahinter völlig
zurück; je einmal begegnen ein menschliches und ein unbelebtes
Konkretum, ein Eigenname und der Abstraktplural אֱלֹהִים. Auffallen-
derweise finden sich auch bei den nominalen Ausdrücken zwei Kennwörter, die je zweimal vorkommen: רַע und שַׁבָּת.

Die Zusammenschau dieser syntaktisch-stilistischen Beobachtungen mit der Bedeutung der einzelnen Wörter ergibt dieses Bild: Der
Sprecher kritisiert mit unwilligen Worten die Entweihung des Sabbats, die nicht als einmalige Handlung, sondern als andauernder Zustand beschrieben wird, und qualifiziert sie negativ als »schlimme
Sache« (הַדָּבָר הָרַע). Eine rhetorische Frage, die nach der Zustimmung
der angeredeten Hörer verlangt, weist auf ein ähnliches Handeln der
Väter und dessen Folge — ein unheilvolles Eingreifen Gottes — hin.
Die abschließende Satzperiode faßt die kritisierte Handlungsweise
(לְחַלֵּל אֶת־הַשַּׁבָּת) und deren Folge — Zorn Gottes — in der Form
einer Feststellung zusammen.

Die Einleitung der direkten Rede bezeichnet diese sprachliche
Handlung als Schelte (רִיב)[6]. Diese Einführung trifft das Ziel der
Rede: die unwillige Kritik an einem bestimmten Handeln der an-
geredeten Hörer. Die Gestaltung des Textes, nämlich die beiden Fragen

---

[6] Siehe oben § 8, 2. — Wenn Blenkinsopp es für angemessener hält, »to limit the term
to that part of the structure or pattern which consists of the interrogation of the
unfaithful covenant — partner rather than using it of the entire structure« (JBL 90,
1971, 274), dann ist nicht nur seine Annahme eines Bundesverhältnisses fragwürdig,
sondern es ist auch kein Grund für die vorgeschlagene Begrenzung erkennbar.

und der geschichtliche Rückblick, zielt auf deren Einsicht und Zustimmung und verfolgt damit ein pädagogisches Ziel[7].

V. 17—18 stellen keine unabhängige literarische Einheit dar, sondern sind in einen weiteren literarischen Horizont eingebettet. Darauf weisen vor allem zwei Beobachtungen hin: Erstens wird das redende Ich (v. 17a. b α) als bekannt vorausgesetzt; zweitens schließt die Einführung an einen Erzählzusammenhang an, wie ihre Formulierung im Narrativ erkennen läßt.

Ohne daß die Frage, ob v. 17f. einer predigtartigen Erweiterung des Chronisten zugehören[8], beantwortet ist, kann doch die vorausgesetzte Situation skizziert werden: Nehemia bezieht sich in seiner Schelte der Vornehmen Judas auf eine Mißachtung des Sabbats, da an diesem Tag Handelsgeschäfte zugelassen werden.

Als Strukturmuster ergibt sich:

	v. 17—18	Rede Nehemias Anrede
(Einleitung)	v. 17a. b α	ואריבה . . . ואמרה להם
Vorwurfsvolle Frage	⎡ v. 17b*	2. pers. pl.
Handeln Israels	v. 17bα	מה NS +	הדבר הרע
Konkretisierung	v. 17bβ	Relativsatz: אשר NS (pt.)/NS (pt.)	מחללים . . . השבת
Geschichtsrückblick	v. 18a		
Handeln Israels	v. 18aα	הלא iVS (pf.)	מה־ . . . אבתיכם
Folge: unheilvolles Handeln Jahwes	v. 18aβγ	Konsekutivsatz: VS (impf. cons.)	הרעה
Schelte	⎣ v. 18b	2. pers. pl.	
Vorwurf: Handeln Israels	v. 18bα	NS (pt.)	מוסיפים חרון
Konkretisierung	v. 18bβ	Modalsatz: inf. cs. + ל	חלל את־השבת

c) Gen 44, 4b—5*

Text

4* . . . dann sprich zu ihnen: »Warum habt ihr Böses für Gutes vergolten?

---

[7] Darauf ist nachdrücklich gegenüber Boecker hinzuweisen, der aufgrund des Vorkommens von ריב den Text dem forensischen Bereich zuordnet (Redeformen des Rechtslebens, 30). Statt dessen ist Lande zuzustimmen, wenn sie v. 17b* aus einer alltäglichen Vorwurfssituation ableitet (Formelhafte Wendungen, 100). Vgl. dazu die Darstellung der Wurzel ריב (Anhang, Nummer 24). — Insofern erscheint auch die Übersetzung von ריב in der ⑹: ἐμαχεσάμην (»ich stritt, haderte, widersprach«) unzutreffend, da sie die pädagogische Abzweckung des Textes nicht erkennen läßt; vgl. Neh 5, 7; 13, 11. 25.

[8] So Galling, Die Bücher der Chronik; anders Rudolph, Esra und Nehemia.

5   ›Warum habt ihr mir den silbernen Becher gestohlen?‹ª Das ist
    doch der, aus ᵇ dem mein Herr trinkt und aus dem er wahrsagt!
    Daran habt ihr übel getan.«

    ª Mit ⑤ (vgl. ⑤ 𝔙) wird dieser Halbvers in 𝔐 eingefügt⁹; anscheinend liegt ein
    Abschreibeversehen vor.
    ᵇ Zur Konstruktion **שתה ב** (»trinken aus«) siehe G—K § 119m; vgl. Am 6, 6.

Abgrenzung

    Der Textabschnitt ist einer Redepassage entnommen, die ihrer-
seits einem Erzählzusammenhang angehört. Es handelt sich um einen
Botenauftrag, dessen Abgrenzung durch den einleitenden Ausdruck
ואמרת אלהים (v. 4bα*) bzw. die Fortsetzung der Erzählung im Narrativ (v. 6) deutlich markiert ist. Der Text kann als in sich einheitlich
gelten, obschon eine gewisse Spannung zwischen dem eingefügten und
dem folgenden Satz insofern besteht, als der Besitzer des Bechers
unterschiedlich bestimmt erscheint. Doch kann auf literarkritische
Konsequenzen verzichtet werden, da diese Verschiedenheit auf die
unterschiedliche Situation der Beauftragung bzw. Ausführung des
Auftrags zurückgehen kann oder der störende Ausdruck **לי** gar nur
emphatisch — als eine Art dativus commodi — zu verstehen ist¹⁰.

Form

    Die durch den Ausdruck **ואמרת** als direkte Rede qualifizierte
Textpassage wird durch zwei verbale Fragesätze (im pf.) eröffnet, die
als solche durch die Partikel **למה** gekennzeichnet sind. Ihr gemeinsames Subjekt (2. pers. pl.) und die syndetische Aneinanderreihung
stellen eine enge Verbindung her. Es folgt in Asyndese ein mit **הלוא** eingeleiteter Nominalsatz, dem eine Relativsatzperiode — eingeführt mit
אשר — aus zwei durch **ו** verknüpften Teilen folgt: einem Verbalsatz
(im impf.) und einem invertierten Verbalsatz (im impf.). Abweichend
vom deutschen Sprachgebrauch drückt die Frageform hier die Überzeugung aus, daß die betreffende Aussage den angesprochenen Personen bekannt bzw. unbedingt von ihnen anzunehmen ist¹¹. Der Verknüpfung mit dem eingefügten Satz dient die Aufnahme des Objekts
als Subjekt bzw. Adverbiale. Ein Aussagesatz, der wiederum das
Subjekt der beiden Fragen aufgreift, schließt die Textpassage ab: Er

---

⁹ So Kittel (BH³); anders Gunkel und von Rad in ihren Kommentaren zu Genesis.
¹⁰ Siehe G—K § 119s. Die Spannung berechtigt nicht, die Einfügung als unsachgemäß
  zurückzuweisen: 𝔐 in der vorliegenden Textgestalt enthielte eine noch größere
  Spannung, da v. 5a in diesem Fall völlig beziehungslos wäre.
¹¹ Siehe G—K § 150e.

besteht aus einem Verbalsatz (im pf.) und einem mit אֲשֶׁר angeschlossenen verbalen Relativsatz (ebenfalls im pf.).

Das Verhältnis von Funktions- und Hauptwörtern ist mit etwa
1:1 ziemlich ausgeglichen; dies entspricht der prosaischen Formulierung des Textes. Bemerkenswert ist bei den Funktionswörtern die
große Anzahl der Präpositionen. Diese Tatsache deutet auf ein häufiges
Vorkommen beschreibender Elemente hin. Ansonsten begegnen mehrmals Fragepartikel; das Relativpronomen, die Konjunktion וְ (je 2 ×)
und andere Funktionswörter treten dahinter zurück. Bei den Hauptwörtern überwiegen die verbalen Ausdrücke; dabei handelt es sich
ausschließlich um Aktionsverba. Als nominale Ausdrücke begegnen
Abstrakta und unbelebte Konkreta je zweimal, ein menschliches
Konkretum einmal. Auffallend ist, daß der Wurzelstamm רע zweimal
vorkommt.

Die Bedeutung des Textes läßt in Verbindung mit den syntaktisch-stilistischen Beobachtungen das Ziel erkennen, das dieser Abschnitt anstrebt. Die redende Person stellt zwei vorwurfsvolle Fragen:
Die erste spricht in allgemeiner Weise ein böses Handeln (רעה) der
angeredeten Personen an, das den erfahrenen Wohltaten (טובה) eigentümlich kontrastiert; die zweite konkretisiert diese Handlung als Diebstahl eines silbernen Bechers. In der Form einer bekräftigenden Frage
wird die Wichtigkeit dieses Bechers herausgestellt, der dem Herrn
des Sprechers zu mantischen Zwecken (נחש) dient. Die abschließende
Feststellung wertet das Handeln der angesprochenen Personen nochmals negativ als böse (רעע). Diese Klimax von der Frage (v. 4b*) zur
Feststellung (v. 5b), deren Verbindung auch das gemeinsame Subjekt
der Anredeform der 2. pers. pl. bestätigt, zielt ebenso wie die Kontrastierung von erfahrenen Wohltaten und begangenem Vergehen auf
die überführte Zustimmung der angeredeten Personen. Der vorwurfsvolle Charakter dieser Rede ist dabei offenkundig[12].

Der Kontext erhellt die Situation, der die fragliche Textpassage zugeordnet ist:
Joseph erteilt seinem Hausverwalter den Auftrag, seinen Brüdern nachzujagen, nachdem er tags zuvor in den Sack Benjamins seinen silbernen Becher versteckt hat. Wenn
der Verwalter die Davongezogenen eingeholt hat, soll er sie zur Rede stellen; und zwar
mit den Worten dieses Textes. Dies geschieht, doch die Brüder weisen die Beschuldigung zurück.

Damit läßt sich wiederum die Struktur des Textes in einer Tabelle
erfassen:

---

12 Es ist nicht einzusehen, weshalb diese Rede rechtlichen Charakter trägt, wie von Rad
in seinem Genesiskommentar feststellt. Diese Anschauung wird durch kein Redeelement des Textes gestützt.

	v. 4b*. 5		Rede des Hausverwalters Anrede
(Einleitung)	⌐v. 4bα*	ואמרת אלהם	
Vorwurfsvolle Frage	v. 4b*. 5aα	2. pers. pl.	
Handeln der	v. 4b*	למה VS (pf.)	רעה תחתטובה
Angeredeten			
Konkretisierung	v. 5aα	למה VS (pf.)	גב
		הלוא NS + Relativsatz:	
		אשר VS (impf.)/iVS (impf.)	
Schelte	⌐v. 5b	2. pers. pl.	
Handeln der		VS (pf.) + Relativ-	הרעתם
Angeredeten		satz: אשר VS (pf.)	

     d) Ez 33, 25—26*

Text

25*   So hat [Herr][a] Jahwe gesprochen: Auf den Bergen[b] eßt ihr und euere Augen erhebt ihr zu eueren Götzen und Blut vergießt ihr — und ihr wollt das Land in Besitz nehmen?

26   Ihr stützt euch[c] auf euer Schwert, ihr übt[d] Greuel und jeder verunreinigt die Frau seines Nächsten — und da wollt ihr das Land in Besitz nehmen?

   [a] Der Ausdruck אדני wird als Zusatz gestrichen[13].

   [b] 𝔐 (הדם »das Blut«) wird in ההרים (»die Berge«) geändert. Anscheinend liegt ein Abschreibeversehen vor, zumal דם kurz darauf folgt[14].

   [c] Wörtlich wäre zu übersetzen: »ihr stellt euch«; vgl. 31, 14.

   [d] תֶן als Endung der 2. pers. pl. m. für תֶם dürfte ein Schreibfehler sein. Oder sollte die Aussprache wegen des folgenden ת erleichtert werden[15]?

Abgrenzung

     Die Formel כה אמר יהוה als Einleitung in v. 25aα* und der Neu-einsatz . . . כה־תאמר in v. 27 grenzen den Textabschnitt gegenüber dem Kontext deutlich ab. Störende Wiederholungen oder auffällige Spannungen fehlen, der Text ist in sich einheitlich.

Form

     Die einleitende Botenformel kennzeichnet das Wort als Jahwerede. Dieses besteht aus zwei parallelen Satzperioden in Asyndese (v. 25*// v. 26), die im Anredestil gehalten sind. Im einzelnen sind zu unter-

---

[13] Mit Fohrer, Ezechiel; Zimmerli, Ezechiel; vgl. 2, 4.

[14] Mit Fohrer, Ezechiel; Bewer (BH³); anders Zimmerli, Ezechiel. Vgl. 18, 6. 11. 15.

[15] Vgl. G—K § 44k.

scheiden: V. 25* bilden vier invertierte, syndetisch aneinander gereihte Verbalsätze (im impf.), v. 26 zwei Verbalsätze (im pf.) in Asyndese, ein invertierter Verbalsatz (im pf.) in Syndese und ein ebensolcher im impf. Die asyndetische Aneinanderfügung und der Tempuswechsel trennen einerseits die beiden Verse, andererseits werden sie durch das gemeinsame Subjekt der 2. pers. pl. eng miteinander verknüpft. Obschon eine Fragepartikel fehlt, sind die beiden Satzperioden als entrüstet-vorwurfsvolle Fragen aufzufassen[16]. Eine genauere Differenzierung läßt folgende syntaktische Beziehungen erkennen: In v. 25a* handelt es sich um drei entrüstete Ausrufe, denen in v. 25b ein Ausruf zum Ausdruck einer Willensmeinung gegenübergestellt ist[17], und zwar in adversativem Sinn[18]. Der folgende Vers ist syntaktisch-stilistisch stärker gegliedert, doch lassen sich in v. 26a bzw. v. 26b dieselben Beziehungen wie zuvor in v. 25* erkennen. Bemerkenswert ist die Tatsache, daß v. 26b mit v. 25b identisch ist.

Auf der Wortebene fällt auf, daß die Hauptwörter gegenüber den Funktionswörtern überwiegen; das Verhältnis ist etwa 3:2. Als Funktionswörter sind vor allem die Konjunktion וֹ (5 ×) und Präpositionen (3 ×) verwendet. Bei den Hauptwörtern fällt die große Zahl verbaler Ausdrücke auf; sie stellen ausschließlich Aktionsverba dar. Als Substantiva begegnen vor allem unbelebte Konkreta — darunter zweimal der Ausdruck אֶרֶץ; menschliche Konkreta und ein Abstraktum treten dahinter zurück; Eigennamen fehlen.

Die Auswertung der Beobachtungen auf der Satz- und Wortebene für den Stil des Textes läßt eine drängende, hastige Redeweise erkennen, die durch eine zornige Erregung des Sprechers bedingt sein könnte. Darauf deuten die asyndetische Aneinanderfügung der beiden ersten Verbalsätze in v. 26 ebenso hin wie die jeweils abrupte Einführung der Willensmeinung in v. 25b.26b[19], die häufige Inversion oder die Dominanz der Hauptwörter. Die große Zahl von Verba berechtigt zudem, von einem verbalen Stil zu sprechen. Ob der Text poetisch geformt ist, kann nicht entschieden werden, da Langverse nicht zu erkennen sind, die Theorie des Kurzverses aber zu umstritten ist, als daß auf sie hier zurückgegriffen werden könnte[20].

Die Bedeutung des Textes läßt zwei Bereiche erkennen, in denen die Handlungen der angeredeten Personen angesiedelt sind: den kul-

---

[16] Siehe G—K § 150a. d; § 148.

[17] Siehe G—K § 107n; § 151a.

[18] Siehe zur Aneinanderreihung mit וֹ cop. G—K § 154.

[19] Vgl. G—K § 154b.

[20] So spricht Zimmerli zwar von einer gehobenen Sprache Ezechiels, doch auf eine geschlossene metrische Theorie verzichtet er (Ezechiel, 61f.*). Anders Fohrer, der die Stilform des Kurzverses annimmt (Ezechiel, VIIIf.) und entsprechend in Ez 33, 25f.* eine Strophe mit sieben Kurzversen erkennt.

tischen (v. 25*) und den sozial-ethischen (v. 26). Die adversative Gegenüberstellung dieser Handlungen und der Willensmeinung, die als solche über den Text hinaus verweist[21], macht dessen Abzweckung klar. Die aufgeführten Handlungen werden vorwurfsvoll und damit negativ herausgestellt, um die Willensabsicht, die ihnen zweimal konfrontiert ist, als unangemessen zu erweisen. Die Frageform des Textes zielt auf die einsichtsvolle Zustimmung der Hörer. Sein scheltender Charakter liegt somit auf der Hand.

Der literarische Horizont des Textabschnitts v. 25f.* läßt die Situation erkennen, in die er einzuordnen ist. Nach v. 23f. erhält der Prophet den Auftrag, zu Leuten zu sprechen, die sich — nach der Katastrophe, die Israel betroffen hat — unter Hinweis auf Abraham für berechtigt halten, das Land zu besitzen. Ihnen soll der Prophet den Kontrast zwischen ihren Handlungen und ihrer Willensabsicht vor Augen führen (v. 25f.*) und zugleich das unheilvolle Eingreifen Jahwes, das daraus folgt, ankündigen, daß sie Gott erkennen (v. 27—29).

So ergibt sich als Strukturmuster des Textes:

	v. 24—25*		Jahwerede Anrede
(Einleitung)	v. 25aα*	כה אמר יהוה	
Schelte Vorwurf: Handeln der Israeliten	v. 25a*	עַל־הֶהָרִים/גלולים/דם 3× (impf.) iVS	
Vorwurfsvolle Frage Absicht der Israeliten	⌐v. 25b	iVS (impf.)	הארץ תירשו
Schelte Vorwurf: Handeln der Israeliten	v. 26a	VS (pf.) 2×, iVS (pf.)	הרב/תועבה טמא
Vorwurfsvolle Frage Absicht der Israeliten	⌐v. 26b	iVS (impf.)	הארץ תירשו

e) Am 2, 11—12

Text

11 Ich ließ unter euren Söhnen Propheten erstehen und unter euren jungen Männern Nasiräer. Ist es nicht so, ihr Israeliten? Spruch Jahwes.

12 Doch ihr gabt den Nasiräern Wein zu trinken und den Propheten gebotet ihr: Tretet nicht als Propheten auf!

---

[21] Insofern spricht Zimmerli in seinem Kommentar zu Ezechiel in diesem Fall zu Recht von einem Diskussionsstil.

Abgrenzung

Die literarkritische Abgrenzung und Sonderung dieses Textes wurde bereits diskutiert, so daß auf deren Darlegung hier verzichtet werden kann[22].

Form

Der Text ist prosaisch formuliert[23] und als Jahwerede gestaltet. V. 11a stellt einen Verbalsatz (im impf. cons.) dar, dessen Subjekt das redende Ich Jahwes bildet. Die Konjunktion וְ, die den engen Anschluß an v. 10 herstellt, dürfte sekundär sein. In Asyndese wird in v. 11b eine rhetorische Frage angefügt, die durch die Partikel הַ in Verknüpfung mit dem bekräftigenden Ausdruck אַף eingeführt wird und einen Nominalsatz darstellt. Es folgt die Gottesspruchformel, deren Stellung sekundär sein könnte oder auch den Abschluß der Ich-Rede Jahwes anzeigen sollte[24]. In Syndese werden in v. 12a.b ein Verbalsatz (im impf. cons.) und ein — ebenfalls syndetisch verknüpfter — invertierter Verbalsatz (im pf.) angefügt; letzterer mit dem Infinitivausdruck לֵאמֹר zur Einleitung eines Zitats verbunden. Der Subjektswechsel von der 1. pers. Jahwes (v. 11a) zur 2. pers. der angeredeten Personen (v. 12) trennt zwar die beiden Verse, doch die Aufnahme des Vokativs von v. 11b bzw. des Pronominalsuffixes von v. 11a als Subjekt in v. 12 stellt eine Verbindung her. Die Inversion des letzten Verbalsatzes hebt das folgende Zitat hervor, das einen pluralischen Prohibitiv darstellt.

Funktions- und Hauptwörter stehen etwa in dem ausgeglichenen Verhältnis von 1:1. Da unter ersteren die Präpositionen vorherrschen, ist die Dominanz der beschreibenden Elemente offenkundig. Bei den Hauptwörtern finden sich etwa doppelt soviele nominale wie verbale Ausdrücke. Als Verba sind nur Aktionsverba verwendet. Bei den Substantiva begegnen vor allem menschliche Konkreta und nur je ein unbelebtes Konkretum und ein Eigenname; Abstrakta dagegen fehlen völlig. Bemerkenswert ist die Tatsache, daß die Substantiva נביאים und נזרים je zweimal vorkommen.

Sieht man diese Beobachtungen auf der Satz- und Wortebene zusammen, so läßt sich die Gestaltung des Textes deutlicher erkennen: Die als Gottesrede stilisierte Einheit stellt einem Handeln Jahwes ein Handeln der Israeliten, das durch ein Zitat belegt wird, kontrastierend gegenüber. Eine rhetorische Frage, die die Hörer direkt

---

[22] Siehe dazu oben den Abschnitt *Abgrenzung* in § 3, 8.

[23] Siehe Anm. 151 zu § 3.

[24] Siehe oben § 3, 8.

[25] »Mit den Propheten wird dem dtr. Prediger die Kette der bevollmächtigten Sprecher von Mose an ... vor Augen stehen.« (Wolff).

anredet, fordert sie zur Bestätigung dieses Sachverhalts heraus. Der Stil ist prägnant und knapp.

Dieser Gestaltung des Textes korrespondiert seine Bedeutung. In v. 11 erinnert Jahwe daran, daß er aus Israels Jugend Propheten[25] und Nasiräer[26] erweckt hat, und erfragt die Zustimmung der Hörer. In v. 12 geht der Geschichtsrückblick zur Beschuldigung über, indem dem göttlichen Handeln im Anredestil die Handlungsweise der Israeliten adversativ gegenübergestellt wird: Sie verführten die Nasiräer zu Weingenuß und suchten die Propheten an ihrer Verkündigung zu hindern. Das pädagogische Ziel dieses Textes wird auf der einen Seite durch die rhetorische Frage sichtbar, die das Volk zu einer Bestätigung des Handelns Jahwes auffordert, auf der anderen Seite durch die Anredeform der Beschuldigung, die dadurch ebenso wie durch die Kontrastierung mit Jahwes Handeln besondere Eindringlichkeit gewinnt.

	v. 11—12		Jahwerede Anrede
Geschichtsrückblick	v. 11		
Handeln Jahwes	v. 11a	VS (impf. cons.)	אקים . . . נביאים . . . נזרים
Bestätigungsfrage	v. 11bα	הֲ NS	האף אין־זאת
(Schlußformel)	v. 11bβ		נאם יהוה
Schelte	v. 12	2. pers. pl.	
Vorwurf: Handeln Israels	v. 12	VS (impf. cons.) iVS (pf.) + inf. cs.	ותשקו את־הנזרים יין ועל־הנביאים
Zitat	v. 12bβ	Prohibitiv (pl.)	לא תנבאו

f) Ps 52, 3—6

Text

3	Was rühmst du dich der Bosheit, du Held,	
	wider den Frommen[a] allezeit?	3 + 2
4	Verderben sinnst du,	
	deine Zunge ist wie ein scharfes Messer,	
	du Ränkeschmied.	2 + 3 + 2
5	Du hast Böses lieber als Gutes,	
	Lüge lieber als rechte Rede[b]. (Sela)	3 + 3
6	Du liebst lauter verderbliche Worte,	
	du trügerische Zunge.	3 + 2

---

[26] Als Nasiräer bezeichnete man ursprünglich einen Mann, der sich als einzelner Jahwe weihte und sein Leben in dessen Dienst stellte. Später trat an die Stelle der lebenslänglichen Weihung eine zeitweilige Verpflichtung vorwiegend asketischer Art; vgl. Fohrer, Religionsgeschichte, 146.

ᵃ Nach Ⓢ wird אֶל חָסְד gelesen, da 𝔐 (»die Gnade Gottes«) in diesem Zusammenhang stört[27].

ᵇ Es wird vorgeschlagen, דַּבֵּר zu streichen oder statt des inf. cs. des Verbums den st. cs. des Nomens (מִדְבַּר) zu lesen[28]. Doch besteht hierzu kein Anlaß.

Abgrenzung

Nach der Überschrift (v. 1) und der Situationsangabe (v. 2) beginnt in v. 3 die Rede des Psalmisten, in der sich die v. 3—6 insofern abheben, als in v. 7 ein Neueinsatz vorliegt, den ein Tempus- und Subjektswechsel in Verbindung mit einer Inversion deutlich markieren. Der so abgegrenzte Text v. 3—6 ist in sich einheitlich und verständlich, zu der vorgeschlagenen Streichung von v. 4bβ besteht kein Anlaß[29].

Form

Der Textabschnitt ist metrisch geformt und zeigt einen kunstvollen Aufbau. Er besteht aus vier Versen, die in synthetisch bzw. synonym parallele Reihen gegliedert sind. Bemerkenswert ist die gefühlverstärkende Anapher im dritten und vierten Vers. Ansonsten ist als poetisches Kunstmittel vor allem Assonanz zu beobachten.

Der Text wird durch eine emphatisch-vorwurfsvolle Frage eröffnet, die einen mit מה eingeleiteten Verbalsatz (im impf.) im Anredestil darstellt (v. 3). Es folgt ein invertierter Verbalsatz (im impf.), der zwar asyndetisch angeschlossen ist, durch das gemeinsame Subjekt der 2. pers. sg. aber mit v. 3 eng verbunden ist. Der folgende Nominalsatz in Asyndese, an den ein Partizipialsatz in der Funktion eines Vokativs angefügt ist, nimmt dieses Subjekt als Pronominalsuffix auf (v. 4). In v. 5 begegnet ein Verbalsatz (im pf.)[30], in dessen Gefolge sich eine Infinitivkonstruktion (inf. cs. + מן) findet. Ein Verbalsatz (im pf.) schließt den Textabschnitt ab (v. 6). Beiden Verbalsätzen ist das Subjekt der 2. pers. sg. gemeinsam, das sie eng mit v. 3 verknüpft, ebenso wie der jeweils asyndetische Anschluß.

Das Verhältnis von Funktions- und Hauptwörtern lautet mit etwa 1:4 bemerkenswert klar zugunsten letzterer. Vereinzelt sind Präpositionen verwendet, Artikel werden fast völlig vermieden, die Konjunktion וְ fehlt. Bei den Hauptwörtern überwiegen eindeutig die nominalen Ausdrücke. Dabei dominieren die Abstrakta und damit wertende

---

[27] So mit Kraus, Psalmen; Buhl (BH³); anders Weiser, Psalmen.

[28] So Buhl (BH³).

[29] Anders Kraus, Psalmen, der diesen Versteil aus metrischen Gründen als Zusatz betrachtet.

[30] Diese perfektische Formulierung bringt zum Ausdruck, daß der bezeichnete Affekt bzw. Zustand, obschon in der Vergangenheit vollendet, doch irgendwie auch in die Gegenwart noch hineinreicht; vgl. G—K § 106g; Brockelmann § 41c.

Elemente. Unbelebte und menschliche Konkreta sind selten, Eigennamen fehlen. Bemerkenswert erscheint die Tatsache, daß die beiden Wurzeln רע (v. 3. 5) und לשׁון (v. 4. 6) je zweimal vorkommen. Als Verba finden sich in fast gleicher Weise Aktions- und Zustandsverba, darunter an zwei Stellen das affektgeladene Verbum אהב. So ist zu vermuten, daß es in gleicher Weise um konkrete Handlungen wie um Einstellungen und Haltungen geht.

Der Text ist durch einen prägnanten, doch zugleich gedrängten Stil gekennzeichnet. Die überwiegende Verwendung von — zumeist recht kurzen — Verbalsätzen und der Mangel an unterbrechenden Nebensätzen bewirken in Zusammenschau mit der einleitenden emphatischen Frage den Eindruck einer erregten Rede. Diese Charakteristik wird durch das dreimalige Vorkommen der Anrede in Form eines Vokativs ebenso bestätigt wie durch das Fehlen von syndetischen Verknüpfungen.

Ob Jahwerede oder menschliche Rede vorliegt, geht aus dem Textabschnitt selbst nicht hervor. Der Kontext allerdings, der von Gott in der 3. pers. spricht (v. 7), läßt als Sprecher einen Menschen annehmen. Ihm geht es um ein Handeln bzw. Verhalten des Angeredeten, das als andauernd und zuständlich geschildert wird[31].

Faßt man die Bedeutung der Verse ins Auge, so lassen sich die syntaktisch-stilistischen Beobachtungen erst angemessen würdigen. Der Sprecher wendet sich gegen einen Mann, der sich stetig seiner Bosheit wider den Frommen rühmt (v. 3). Die Zusammenstellung der beiden Ausdrücke »Bosheit« (רעה) und »sich rühmen« (התהלל) läßt ebenso wie die Anrede als »Held« (גבור) den ironisch-bitteren Sarkasmus des Redenden erkennen. Die Entfaltung der vorwurfsvollen Frage in v. 4—6 beschreibt das Verhalten dieses »heldenhaften« Mannes näher: Sein Sinnen geht auf Unheil bzw. Verderben (הוות), sein Reden wirkt — in einem bildhaften Vergleich ausgedrückt — wie ein scharfes Messer; kurz: er übt Täuschung und Trug (רמיה), wie es die erneute Anrede herausstellt (v. 4). Statt des Guten (טוב) und des Wahren (צדק) liebt (אהב) er das Böse (רע) und die Lüge (שׁקר). So sind die einzelnen Handlungen, die dem Angeredeten vorgeworfen werden, Ausdruck einer emotional bestimmten Einstellung, d. h. die Gesinnung dieses Menschen ist völlig verkehrt. Die andringende Anrede in v. 6 faßt zum Abschluß die Vorwürfe nochmals in scharfer Weise zusammen: In einer bildhaften Rede wird der Betreffende als trügerische Zunge, d. h. als Verleumder bezeichnet.

Das Ziel des Abschnittes — unter Absehung von seinem Kontext — liegt danach in der Bewirkung einer Reaktion bei dem Angeredeten. Seine Gesinnung und die daraus resultierenden Handlungen sollen als

---

[31] Vgl. die verwendeten Tempora und Satzarten.

verkehrt überführt und ihre Änderung dadurch bewirkt werden. Dabei vermitteln der Rede die einleitende emphatische Frage und die wiederholte Anrede eine besondere Eindringlichkeit. Die ironisch-sarkastische Ausdrucksweise läßt die emotionale Beteiligung des Sprechers erkennen. So ergibt sich folgendes Strukturmuster:

	v. 3—6		(Menschenrede)
			Anrede
Vorwurfsvolle Frage	v. 3	מה VS (impf.)	התהלל ברעה
Anrede		Nomen	הגבור
Schelte	v. 4—6		
Vorwurf: Handeln			
des Angeredeten	v. 4a	iVS (impf.)	הוות תחשב
Entfaltung	v. 4bα	NS	כתער מלטש
Vergleich			
Anrede	v. 4bβ	Partizipialsatz	עשה רמיה
Vorwurf: Verhalten			
des Angeredeten	v. 5	VS (pf.)	אהבת רע ... שקר ...
Entfaltung	v. 6a	VS (pf.)	כל־דברי־בלע
Anrede	v. 6b	Nominalausdruck	לשון מרמה

g) Ein *Überblick* über die sechs Formen, die soeben beschrieben wurden, und Am 6, 12 als einzigen Spruch scheltenden Charakters in Am[32], läßt ihre Verschiedenheit erkennen — im Umfang ebenso wie in der Schallform[33], in der Stilistik ebenso wie in der Bedeutung: Es begegnen kürzere (Gen 37, 10*) und längere Texte (Ps 52, 3—6), solche mit kürzeren Sätzen (Ez 33, 25f.*) und solche mit längeren (Neh 13,17f.*). Obschon meist in Prosa gehalten, begegnet auch poetische Formung. Jeder der Texte weist stilistische Besonderheiten auf, die ihm eigentümlich sind: eine Vielzahl beschreibender (Am 2, 11f.) oder wertender Elemente (Ps 52, 3—6), ein eher nominaler (Neh 13, 17f.*) oder eher verbaler Stil (Ez 33, 25f.*). Menschliche Rede überwiegt zwar, doch kommt auch Jahwerede vor. Der Bedeutung nach handeln die Formen von einem Diebstahl (Gen 44, 4f.*) wie von einer Sabbatentweihung (Neh 13, 17f.*), von böswilliger Verleumdung (Ps 52, 3—6) wie von einem hochmütigen Traum (Gen 37, 10*).

Je niedriger die Abstraktionsstufe ist, auf der der Vergleich der Texte stattfindet, desto klarer tritt die Individualität jeder Form heraus. Die Reihe der angeführten Beispiele ließe sich daher fast beliebig verlängern. Doch kommt es in diesem Arbeitsschritt nicht so

---

[32] Siehe oben § 5, 5 und § 7, 2.

[33] Dieser Terminus bezeichnet die rhythmisch-klanglichen Eigenschaften der Sprache, der Prosa wie des Verses; vgl. Braak, Poetik in Stichworten, 53.

sehr darauf an, die syntaktisch-stilistischen oder semantischen Besonderheiten der einzelnen Passagen zu erfassen, sondern es ist zu prüfen, ob die angeführten Texte eine Gruppe strukturgleicher oder -verwandter Formen bilden. Diese Aufgabe soll durch einen Vergleich der einzelnen Strukturmuster miteinander — und damit unter Absehung von den individuellen Eigenheiten der Texte — gelöst werden.

Ein solches Verfahren läßt als gemeinsame Strukturmerkmale vor allem erkennen: 1. Die Texte sind in der Anredeform der 2. pers. gehalten, die auch in der Regel Subjekt der bezeichneten Handlung ist. 2. Als wesentliches Element begegnet in allen Formen ein Vorwurf: als Frage, als Ausruf oder/und als Aussage. Danach werden Handlungen, Haltungen oder Verhaltensweisen des/der Angeredeten, die in der Vergangenheit begonnen und beendet wurden bzw. in der Gegenwart noch andauern, von dem Sprecher in negativer Weise angeführt. Die Berechtigung, die so beschriebenen Formen als strukturverwandt zu bezeichnen und als solche zu einer Gruppe zusammenzufassen, dürfte damit nachgewiesen sein.

2. Gattungskritik

Gegenstand dieses Arbeitsschrittes ist die Formengruppe, wie sie zuvor bestimmt wurde. Die Texte, die zu ihr gehören, erfüllen die beiden Bedingungen, die Voraussetzung zur Behauptung einer Gattung sind: die Strukturverwandtschaft und die literarische Unabhängigkeit[34].

Im einzelnen werden diese Formen zunächst im Vergleich daraufhin untersucht, welche Strukturmerkmale sich so häufig finden, daß sie als typisch gelten können; d. h. es wird das Strukturschema bestimmt, das ihnen zugrunde liegt. Sodann ist die Frage nach der typischen Situation aufzunehmen, auf die das Schema weist. Anders gesagt: Der Sitz im Leben der Gattung ist festzustellen. Schließlich kann die Frage ihrer Bezeichnung ebenso wie ihrer eventuellen Abwandlungen behandelt werden.

a) Der *Strukturvergleich* vollzieht sich als Auswahl, d. h. es werden in einem Abstraktionsvorgang die Strukturmuster der fraglichen Formen auf gemeinsame, typische Strukturmerkmale hin untersucht. Zweckmäßiger geht man dabei von syntaktisch-stilistischen

---

[34] Die Ergebnisse der Einleitungswissenschaft werden hier vorausgesetzt; vgl. zu den einzelnen Passagen die Einleitungswerke von Eißfeldt, Fohrer, Kaiser, Weiser. Auch wenn sich im Detail Unterschiede in der Beurteilung ergeben, so stimmen sie doch darin überein, daß alle fraglichen Abschnitte — abgesehen von Gen 37, 10* und 44, 4f.* bzw. Am 2, 11f.* und 6, 12 — literarisch unabhängig voneinander sind. Zur Begründung der Notwendigkeit der beiden angegebenen Bedingungen siehe § 10, 2.

Beobachtungen u. ä., d. h. von der Ausdrucksseite, aus und faßt erst dann den semantischen Aspekt, die Bedeutungsseite, ins Auge. So dominieren hinsichtlich der Satzarten die Verbalsätze und damit solche Sätze, die Handlungen zum Ausdruck bringen. Doch finden sich auch mehrere Nominalsätze, die einen Zustand bzw. ein Geschehen und Handeln als dauernd beschreiben. Invertierte Verbalsätze, die der Hervorhebung eines jeweils näher zu bestimmenden Aspektes dienen, sind hingegen selten. Auffallend ist die Tatsache, daß in den betreffenden Formen nur wenige Nebensätze begegnen: meist Relativsätze, die zur Entfaltung eines Ausdrucks oder der Aussage des Hauptsatzes dienen. Nicht kompliziert gebaute Sätze und damit weitläufiger Stil, sondern einfach konstruierte, einander beigeordnete Sätze und damit ein eher gedrängter Stil kennzeichnen somit diese Formen.

Festzuhalten ist weiterhin die allen Texten gemeinsame Anredeform der 2. pers., wie sie bereits oben in der Formenkritik beobachtet wurde. Bemerkenswert ist, daß sie in der Regel als Subjekt begegnet: Der Angeredete wird als Subjekt der betreffenden Handlung dargestellt.

Die Zeitsphäre, in der er handelt, ist durch das Vorherrschen perfektischer Tempora gekennzeichnet. So ist von Handlungen die Rede, die in der Vergangenheit begonnen wurden, die aber meist in der Gegenwart noch andauern bzw. deren Wirkungen in die Gegenwart hineinragen. Die vorkommenden Imperfekta dienen in der Regel dazu, den in der hebräischen Sprache morphologisch nicht ausgeprägten Aspekt des Durativs auszudrücken. An Modi begegnet fast ausschließlich der Indikativ; an einigen Stellen finden sich auch Partizipia und Infinitive. Imperativ-, Jussiv- und Konjunktivformen hingegen fehlen. So geht es in diesen Texten nicht um Wünsche, Befehle oder Absichten, sondern um Aussagen und d. h. um Feststellungen.

An dieser Stelle ist auf ein Redeelement einzugehen, das in der Mehrzahl der Formen vorkommt: die direkte Frage. Zu ihrer Einführung dienen vorzugsweise die Partikel מה und ה, seltener sind למה und הלא verwendet oder fehlt ein besonderes Fragewort. Die Besonderheit der Verwendung der direkten Frage liegt darin, daß sie in keinem Fall eine eigentliche Frage in dem Sinne darstellt, daß der Redende über die zu erwartende Antwort völlig ungewiß ist. Vielmehr handelt es sich entweder um rhetorische[35] oder um emphatisch-vorwurfsvolle Fragen[36], die in der Regel als Ausruf zu übersetzen sind. So zielen sie auf die Zustimmung des/der Angesprochenen bzw. bringen die unwillige oder entrüstete Ablehnung eines bestimmten Sachver-

---

[35] Z. B. Am 2, 11 b; 6, 12 a

[36] Z. B. Neh 13, 17 b; Ps 52, 3; vgl. G—K § 150d Anm. 3: »... Verwendung des fragenden מה im Sinne eines scheltenden Vorwurfs ...«.

halts durch den Redenden zum Ausdruck. Anders als im forensischen
Bereich geht es also nicht um die Erforschung von Daten oder Motiven,
sondern um die Bewirkung einer Reaktion, um Zustimmung, Überzeugung oder zumindest Beeindruckung des/der Adressaten[37]. Im
Unterschied zur Aussageform spricht die Frageform den/die Betreffenden eindringlicher an, indem sie gefühlsverstärkend wirkt bzw. Erwartungen zum Ausdruck bringt[38]. So stellt die Frage in den betreffenden Formen ein Stilmittel dar, das sowohl die Nachdrücklichkeit der
Aussage unterstreicht als auch die emotionale Beteiligung des Sprechers
zum Ausdruck bringt. Daher kann in diesem Fall zu Recht von einer
pädagogischen Frageform gesprochen werden.

Auf der Wortebene fällt die Dominanz der Aktionsverba auf;
Zustandsverba treten dahinter zurück. So ist festzuhalten, daß vor
allem Handlungen, nicht so sehr Haltungen des/der Angeredeten
Gegenstand der Rede zu sein scheinen. Bemerkenswert groß ist weiter-
hin die Zahl der Abstrakta. Diese Tatsache deutet auf einen wertenden
Charakter der Texte hin.

Diese Feststellung bestätigt ein Vergleich der Bedeutungsseite
der Formen. Danach werden bestimmte Handlungen oder Verhaltensweisen, deren Subjekt der/die Angeredete(n) ist/sind, dargestellt,
und zwar in negativer Weise. Diese Wertung kann entweder ausdrücklich geschehen — z. B. durch Ausdrücke wie רע (Ps 52, 3. 5) — oder
in indirekter Weise — z. B. durch Kontrastierung mit dem Handeln
Gottes (Am 2, 11f.). So übt der Sprecher an jemandem oder etwas
Kritik, mit dem bzw. womit er nicht einverstanden ist; kurz: er schilt
den/die Angeredeten, indem er dessen/deren Handlungen oder Verhaltensweisen unter negativer Maßgabe anführt. Dazu werden wertende Termini (wie רע und טוב), die Stilform der vorwurfsvollen Frage
oder das Mittel des Kontrastes verwendet, der mit Hilfe von Adver-
sativsätzen ausgedrückt wird.

Auf der Bedeutungsebene fallen noch einige Besonderheiten ins
Auge. So kommt in zwei Texten ein Geschichtsrückblick vor: Das eine
Mal hat er die Form einer rhetorischen Frage, die die Zustimmung
der Hörer zu der Erinnerung hervorrufen will, daß ein bestimmtes
Handeln ihrer Vorfahren das unheilvolle Eingreifen Jahwes zur Folge
hatte (Neh 13, 18a). Das andere Mal schildert er in einem Aussagesatz
das Handeln Gottes, auf dessen Bestätigung durch die Hörer eine
angeschlossene rhetorische Frage abzielt (Am 2, 11).

Weiterhin ist in einigen Formen ein Vergleich oder/und eine
Metapher, mithin eine bildliche Ausdrucksweise zu finden[39]. Da solchen
Stilmitteln Gefühlseindringlichkeit und Unmittelbarkeit zu eigen

---

[37] Vgl. zu dieser Unterscheidung auch Ellermeier, Prophetie in Mari und Israel, 204f.
[38] Siehe Braak, Poetik in Stichworten, 38. 45f.
[39] Siehe die Formanalyse von Am 6, 12 und Ps 52, 3—6.

sind, dienen sie der Verlebendigung und der Veranschaulichung der Rede. Diese Beobachtung deutet — ebenso wie die vorangegangene — darauf hin, daß die Formen auf die — rationale und emotionale — Einsicht des/der Angesprochenen abzielen und damit pädagogische Ziele verfolgen.

Endlich fällt noch auf, daß in der Mehrzahl der Texte zwei Glieder der Schelte zu unterscheiden sind: zunächst ein Vorwurf in allgemeiner, begrifflicher Form, sodann seine Entfaltung, die ihn konkretisiert bzw. exemplifiziert. Damit ist die Darstellung des Vergleichs der Strukturmuster zur Frage nach deren Aufbau gelangt, der nunmehr zum Abschluß nachzugehen ist.

Auf den ersten Blick scheinen die betreffenden Strukturmuster zu vielfältig zu sein, als daß ihnen ein gemeinsamer Aufbau zugrunde liegt. Sieht man aber von individuellen Ausprägungen der Formen ab, so lassen sich gewisse gemeinsame Strukturelemente erkennen: a) das Element der Beschreibung bestimmter — vergangener oder gegenwärtiger — Handlungen oder Verhaltensweisen im Anredestil; b) das Element der unwillig-ärgerlichen Kritik dieser Handlungen oder Verhaltensweisen bzw. der betreffenden Personen. Im einzelnen sind diese beiden Elemente in der verschiedensten Form ausgeführt, doch können in der Mehrzahl der Fälle die »Schelte« in Form von Aussagesätzen und die »vorwurfsvolle Frage« bzw. der vorwurfsvoll-entrüstete Ausruf in Form von Fragesätzen unterschieden werden.

Zusammenfassend lassen sich als Kriterien, die für das *Strukturschema*, das in diesem Arbeitsschritt bestimmt wurde, konstitutiv sind, folgende Merkmale nennen[40]: a) Beschreibung von Handlungen, Haltungen oder Verhaltensweisen, die — obschon in der Vergangenheit begonnen — im Augenblick der Rede entweder noch andauern oder in ihrer Wirkung gegenwärtig sind; b) Subjekt dieser Handlungen, Haltungen oder Verhaltensweisen und damit in der Regel auch syntaktisches Subjekt ist/sind der/die Angeredete(n); c) Ablehnung dieser Handlungen, Haltungen oder Verhaltensweisen mit Hilfe entsprechend wertender Ausdrücke, der Stilform der vorwurfsvollen Frage, der Gegensatzbildung (Adversativsätze) o. ä. und damit auch Kritik an der/den betreffenden Person(en); d) emotionale Beteiligung des Sprechers (vorwurfsvolle Frage, bildliche Ausdrucksweise u. a.); e) Konzentration auf den/die Angeredeten und seine/ihre Handlungen, Haltungen oder Verhaltensweisen in eindringlicher Unmittelbarkeit und damit in pädagogischer Abzweckung.

Nachdem diese Kriterien im wesentlichen die Funktion der einzelnen Glieder des Schemas auf der Wort- und Satzebene und die

---

[40] Da es sich um eine Zusammenfassung der Ergebnisse dieses Arbeitsschrittes handelt, kann auf Verweise im folgenden verzichtet werden.

Funktion, die sich aus ihrer Anordnung ergibt, beschreiben, sollen noch die entsprechenden syntaktisch-stilistischen Merkmale aufgeführt werden; f) Formulierung fast ausschließlich in Hauptsätzen und damit ein knapper, prägnanter Stil; g) häufige Verwendung von rhetorischen oder vorwurfsvollen Fragen oder Ausrufen; h) Dominanz der perfektischen Zeitstufe bzw. des durativen Zeitaspekts; i) Vorherrschen des Modus des Indikativs; Fehlen von Imperativ- und Jussivformen; j) Dominanz der Aktionsverba; k) häufiges Vorkommen der Substantivklasse der Abstrakta.

Damit Mißverständnisse vermieden werden, sei nachdrücklich darauf hingewiesen, daß nicht in jedem Fall alle Merkmale zu beobachten sind. Das eine oder andere Kriterium mag durchaus fehlen. Entscheidend ist, daß im Zusammenspiel der Kennzeichen das Strukturschema in seinen konstitutiven Elementen erhalten bleibt.

b) Nachdem der Strukturvergleich zu einem Schema geführt hat, dessen Stukturregeln soeben beschrieben wurden, stellt sich die Frage nach dessen *Funktion* und damit nach der *typischen Situation*, auf die es verweist. Erst wenn sich eine solche angeben läßt, ist die Gattung als operationaler Ausdruck hinreichend umschrieben.

Diese Aufgabe wird in dem vorliegenden Fall dadurch erschwert, daß Formeln, also Wendungen, die in mehreren literarischen Werken begegnen, fast völlig fehlen und damit der sozio-kulturelle Hintergrund der einzelnen Formen nicht sogleich zu erkennen ist. Doch kann die Beobachtung, daß sich in der Mehrzahl der Texte eine vorwurfsvolle Frage findet, Ausgangspunkt der Überlegungen zu dem Sitz im Leben sein. So läßt sich vermuten, daß das Strukturschema auf eine Vorwurfssituation zurückgeht.

In dieselbe Richtung weist die Formel . . . מה־הדבר הרע הזה אתם עשׂים (Neh 13, 17), die aus einer alltäglichen Vorwurfssituation entstanden zu sein scheint. Die Parallelstellen bestätigen diese Annahme: Die Formel gehört nicht dem forensischen Bereich an, sondern sie begegnet in Situationen des täglichen Lebens[41].

Ein Vergleich des Ziels der Texte der Formengruppe liefert endlich die entscheidenden Kriterien zur Bestimmung der typischen Situation. In allen Fällen ist nicht eine Information der Hörer über bestimmte Sachverhalte beabsichtigt, sondern die angeredeten Personen sollen zu einer Reaktion bewogen werden. Indem ihre Handlungen, Haltungen oder Verhaltensweisen als verkehrt beurteilt und in ärgerlicher, unwilliger oder vorwurfsvoller Weise kritisiert werden, sollen sie entweder zur Änderung ihres Verhaltens oder — falls es sich um abgeschlossen vorliegende Tatbestände handelt — zur Vermeidung

---

[41] Siehe Jdc 8, 1; II Sam 12, 21; Neh 2, 19. — Vgl. Lande, Formelhafte Wendungen, 100; anders Boecker, der die Wendung als vor*gerichtliche* Beschuldigungsfrage bezeichnet (Redeformen des Rechtslebens, 26 f.).

solcher Handlungsweisen veranlaßt werden. Auf diese pädagogische
Abzweckung weisen ebenso die rhetorischen Fragen wie der Anredestil, die emphatische Redeweise ebenso wie die bildhafte Ausdrucksweise, die gefühlverstärkenden Stilmittel ebenso wie die auf Einsicht
abzielenden Redeelemente.

Ein Überblick über diese Merkmale läßt als Funktion des Strukturschemas die Schelte bestimmter Handlungen, Haltungen oder
Verhaltensweisen bzw. der betreffenden Personen erkennen. Der
Sitz im Leben eines solchermaßen geprägten sprachlichen Handlungs-
musters ist daher als die alltägliche Situation zu beschreiben, in der
Menschen unwillig, ernsthaft Kritik an jemandem oder etwas üben,
mit dem bzw. womit sie nicht einverstanden sind. Die pädagogische
Komponente des Schemas legt es nahe, diese typische Situation auf
den alltäglichen Erziehungsvorgang einzuengen, daß Eltern ihre Kinder schelten. Der soziokulturelle Bereich, der das fragliche Handlungs-
schema freigesetzt und geprägt hat, ist dann in der Familie bzw. Sippe
zu sehen.

Diese Bestimmung des Sitzes im Leben wird durch einen kriti-
schen Vergleich der je konkreten Redesituation der entsprechenden
Formen gestützt[42]. In allen Fällen handelt es sich um eine unmittel-
bare Anrede von Menschen, die Anlaß zur Kritik gegeben haben:
Ein Vater schilt seinen Sohn (Gen 37, 10*); ein Statthalter die Vor-
nehmen des Landes (Neh 13, 17f.*); ein Hausverwalter vorgebliche
Diebe (Gen 44, 4f.*); ein Prophet (?) seine Zuhörer (Am 6, 12); ein
Frommer (?) seinen Gegner (Ps 52, 3—6); Propheten im Auftrag
Jahwes bestimmte Volksgruppen (Am 2, 11f.; Ez 33, 25f.*). Alle
Formen sind in vorwurfsvollem Ton gehalten und lassen einen Unwillen des Sprechers erkennen. Schließlich kann auch mehrmals eine
Übereinstimmung in der Wirkung, die der Redende anstrebt, konstatiert werden: Die angesprochenen Personen sollen durch die Schelte
die Verkehrtheit ihrer Handlungen, Haltungen oder Verhaltensweisen
erkennen[43]. Diese Hinweise auf den Sitz im Leben des Strukturschemas bestätigen die Ergebnisse, die durch einen Vergleich des Ziels
der Formen gewonnen wurden. Damit dürfte die typische Situation,
auf die das Schema verweist, hinreichend bestimmt sein.

c) In den beiden vorangegangenen Abschnitten wurden ein geprägtes sprachliches Handlungsmuster und dessen Funktion, d. h. eine
Gattung und ihr typischer Anwendungsbereich bestimmt. Um die
wissenschaftliche Kommunikation zu erleichtern, ist es üblich, für eine
Gattung eine *Bezeichnung* einzuführen. Dieser Aufgabe stellt sich die
folgende Darstellung.

---

[42] Zur Problematik der Bestimmung des Sitzes im Leben allein auf dieser Basis
siehe unten in § 10, 2.

[43] Vgl. z. B. Gen 37, 10* mit Neh 13, 17f.* oder Am 6, 12.

Es wird vorgeschlagen, die fragliche Gattung als »Scheltwort«
zu bezeichnen. Dieser Terminus scheint unter Berücksichtigung verschiedener Gesichtspunkte für das Strukturschema am zutreffendsten
zu sein. So legen folgende Überlegungen diesen Vorschlag nahe:
1. Die Bezeichnung läßt die Funktion der Gattung erkennen, wie sie
soeben bestimmt wurde. Da ihr in diesem Fall Aussagegehalt zukommt, indem sie die situationstypische Verwendung der Gattung
zum Ausdruck bringt, erleichtert sie die wissenschaftliche Verständigung. 2. Die Bezeichnung wird für ein Strukturschema vorgeschlagen,
das — ebenso wie seine Funktion — durch nachprüfbare Kriterien
hinreichend präzise beschrieben ist. Insofern ist sie eindeutig und hängt
nicht von einer aktuellen Redesituation ab. 3. In der Umgangssprache wird die Bezeichnung etwa in demselben Sinne wie hier verwendet[44], so daß durch sie keine falschen Assoziationen geweckt
werden. 4. Schließlich dürfte die Bezeichnung auch Impulse für die
wissenschaftliche Diskussion vermitteln, da sie nicht auf einer so
hohen Abstraktionsebene liegt, daß sie platt oder nichtssagend und
damit ohne Anregung zur Theoriebildung ist. Vielmehr dürfte sie die
Auseinandersetzung mit Vorgehen und Ergebnissen dieser Studie
fördern und damit der wissenschaftlichen Kommunikation und letztlich dem wissenschaftlichen Fortschritt dienen.

Wenn in dieser Untersuchung im folgenden von der Gattung des
Scheltworts geredet wird, so bezeichnet dieser Terminus das Struktur-
schema, das durch die oben angeführten Kriterien ausgezeichnet ist.
Der Ausdruck erfährt damit gegenüber seinem früheren Gebrauch eine
Eingrenzung, da er nunmehr eine bestimmte Gattung bezeichnet, deren
Strukturregeln im einzelnen angegeben sind. Doch diese Eingrenzung
erscheint berechtigt, da das fragliche Strukturschema der sprachlichen
Handlung des Scheltens zugrunde liegt.

Damit dürfte der Forderung, die Gattungsbezeichnung »Scheltwort« als Terminus der Wissenschaftssprache exemplarisch und mit
Prädikatorenregeln einzuführen[45], Genüge geleistet sein.

An dieser Stelle soll noch kurz auf die Bezeichnungen der Formelemente eingegangen werden, die in dem Rahmen der Formenkritik zur Darstellung der Strukturmuster eingeführt wurden. Der Verfasser stand vor der Alternative, auf solche Bezeichnungen zu verzichten, um nicht den Eindruck zu erwecken, Ergebnisse des folgenden
Strukturvergleichs präjudizieren zu wollen, oder — mit dem Vorbehalt der Vorläufig-
keit — Bezeichnungen vorzuschlagen, die einerseits die Funktion der einzelnen Elemente zum Ausdruck bringen, andererseits so allgemein sind, daß die Bestimmung
der Gattung noch nicht entschieden ist. Aus Gründen der Übersichtlichkeit und Ver-
ständlichkeit der Darstellung wählte der Verfasser die zweite Möglichkeit. Er konnte

---

[44] Siehe oben die Bedeutungsbestimmung der Ausdrücke »schelten« und »Scheltwort« in
§ 8, 1.
[45] Siehe Kamlah-Lorenzen, Logische Propädeutik, 70 ff.

dies um so eher tun, als die entsprechenden Bezeichnungen in dem vorangegangenen Paragraphen (§ 8, 1) in ihrer Verwendung untersucht worden waren. Ob ein solches Verfahren zulässig ist oder eine unerlaubte Vorentscheidung darstellt, kann an dem Gang der Untersuchung selbst nachgeprüft werden.

d) Angesichts der geringen Zahl von Formen, die in dieser Arbeit analysiert werden konnten[46], ist eine Beschreibung der *Gattungsgeschichte* nur sehr begrenzt möglich. Mit diesem Vorbehalt, der eine vorschnelle Verallgemeinerung verbietet, lassen sich doch einige Beobachtungen anführen, die in diesem Zusammenhang relevant sind.

Grundlage der folgenden Darstellung sind die Ergebnisse der Einleitungswissenschaft, aufgrund derer sich etwa folgende zeitliche Reihenfolge der Texte ergibt[47]: Gen 37, 10* und Gen 44, 4f.* (9./8. Jh.); Am 6, 12 (750 v. Chr.); Ez 33, 25f.* und Am 2, 11f. (6. Jh.); Neh 13, 17f.* und Ps 52, 3—6 (5./4. Jh.).

So ist die Tatsache bemerkenswert, daß in einem der beiden zeitlich frühesten Texte der Sitz im Leben der Gattung, wie er eben bestimmt wurde, als Situationshintergrund zu erkennen ist: die Schelte eines Kindes durch seinen Vater (Gen 37, 10*). Aus diesem Lebensbereich wurde die Gattung dann vielfältig entliehen: Sie begegnet in der prophetischen Verkündigung (Am 6, 12; Ez 33, 25f.*) ebenso wie in der deuteronomistischen Predigt (Am 2, 11f.*), in kultischen Liedern (Ps 52, 3—6) ebenso wie in der Rede eines Politikers (Neh 13, 17f.*). In jedem dieser genannten Fälle sind gewisse Akzentverschiebungen festzustellen; zum Teil lassen sich völlig neue Zielsetzungen erkennen.

An einigen Beispielen sollen diese Abwandlungen veranschaulicht werden: So ist die Verbindung von Scheltwort und Unheilsankündigung hervorzuheben, wie sie sich in Ez 33, 23—29 findet. Danach dient hier das Scheltwort funktional zur Begründung der folgenden Unheilsankündigung. Dieser neuen Funktion entspricht seine Einleitung durch die Botenformel, die die Passage als Jahwerede kennzeichnet. Nur Am 2, 11f. wird noch in ähnlicher Weise als Jahwerede bezeichnet, doch läßt sich in diesem Fall trotz eines Geschichtsrück-

---

[46] Die geringe Zahl der betreffenden Texte beruht auf verschiedenen Gründen: a) Einige Passagen — wie z. B. Ez 13, 5. 7 — sind in ihrer literarkritischen Abgrenzung, andere — wie z. B. I Sam 2, 27—29* — in ihrer textlichen Fassung zu umstritten, als daß sie in diesem Zusammenhang berücksichtigt werden könnten. b) Die Auswahl, die die alttestamentliche Literatur darstellt, hat anscheinend zu einer Vernachlässigung entsprechender Texte geführt. Jedenfalls spielt die fragliche Gattung im Alten Testament — wie seine ungefähre Durchsicht ergibt — nicht eine so große Rolle, wie man annehmen könnte. c) Der Rahmen dieser Arbeit macht eine Beschränkung auf einige Texte unvermeidlich; ihr exemplarischer Charakter rechtfertigt diesen Verzicht auf Vollständigkeit.

[47] Da es hier nur um eine ungefähre zeitliche Einordnung der betreffenden Texte geht, kann auf eine Diskussion der einzelnen Datierung verzichtet werden. Vgl. im einzelnen die Einleitungswerke.

blicks eine charakteristische Abwandlung des Strukturschemas nicht beobachten. Seine Aufsprengung durch einen Geschichtsrückblick begegnet dagegen in Neh 13, 17f.*

Auffallend ist die verschiedene Funktion dieses Geschichtsrückblicks innerhalb der beiden Texte, die durch dessen unterschiedliche Bedeutung bedingt ist. So nimmt Neh 13, 18a auf ein menschliches Handeln und dessen Folge, ein unheilvolles Eingreifen Gottes, Bezug und fordert damit die einsichtsvolle Verhaltensänderung der angeredeten Personen heraus; Am 2, 11 hingegen erinnert an ein göttliches Handeln, das den menschlichen Taten kontrastiert, und unterstreicht damit deren Verkehrtheit.

In Ps 52 findet sich das Scheltwort als Element eines kultischen Klagelieds und ersetzt darin den Teil der Erzählung der Not des Beters. Indem die Passage die Anredeform des Scheltworts beibehält, obschon der Sprecher in der vorauszusetzenden Situation den betreffenden Gegner nicht unmittelbar anredet, gewinnt sie an Lebhaftigkeit und Anschaulichkeit; die Rede wird erregter und sogleich eindrücklicher. So scheint der Rückgriff auf das Scheltwort in diesem Fall ein Stilmittel zum Ausdruck der inneren Beteiligung des Beters darzustellen.

Es mag auch sein, daß in seiner Verwendung an dieser Stelle das Verständnis des Scheltens als eines unmittelbar wirksamen Machtworts mitschwingt: Die Bedeutung des Textes deckt seinen heruntermachenden Charakter auf, wie er in der hebräischen Vokabel גער zum Ausdruck kommt. So könnte man vermuten, der Sprecher habe auch deshalb auf die Gattung des Scheltworts zurückgegriffen, weil sie auf eine sprachliche Handlung verweist, die als domestiziertes Fluchen oder Bannen zu umschreiben ist. Trifft diese Annahme zu, so ergeben sich Konsequenzen für die Bestimmung des Sitzes im Leben der Gattung. Doch ist die Textbasis zu gering, als daß so weitgehende Schlüsse gezogen werden könnten. Der Hinweis auf die Bedeutungsaspekte der Vokabel גער allein genügt hierfür nicht. So muß es bei der Beschreibung des Sitzes im Leben, wie sie oben gegeben wurde, zumindest so lange bleiben, bis eine breitere Textgrundlage zu anderen Einsichten führt[48].

In ähnlicher Weise muß auch darauf verzichtet werden, die Beobachtung auszuwerten, daß die späten Texte (Ps 52, 3—6; Neh 13, 17b—18) strukturell gegliederter und mannigfaltiger sind als die frühen Texte (Gen 37, 10*; Am 6, 12). Dieser Tatbestand mag auf gattungsgeschichtlichen Entwicklungen beruhen, kann aber auch auf den Zufall der Auswahl zurückgehen. Diese Frage läßt sich hier nicht entscheiden und muß daher ebenfalls offenbleiben.

---

[48] So ist es denkbar, daß der oben bestimmte Sitz im Leben der Gattung bereits auf einer Änderung der sozio-kulturellen Bedingungen beruht, auf die das Strukturschema zurückweist, so daß er zutreffender als »Sitz in der Rede« zu bezeichnen ist.

3. Gegenbeispiele

Zur präzisen Unterscheidung des Scheltworts von anderen Gattungen erscheint es zweckmäßig, einige Gegenbeispiele einzuführen und deren geprägtes Strukturmuster mitsamt Funktion von der Gattung des Scheltworts und ihrem typischen Anwendungsbereich abzugrenzen. Der forschungsgeschichtliche Überblick im ersten Kapitel dieser Untersuchung legt es nahe, solche Texte zu wählen, die bisher als Scheltwort bezeichnet werden. Ein solches Vorgehen läßt das Profil der Gattung des Scheltworts, wie sie in dieser Studie bestimmt wurde, und damit auch den neuen Ansatz dieser Arbeit besonders deutlich werden. So soll im folgenden vor allem auf den Weheruf und die begründete Unheilsankündigung eingegangen werden. Dabei kann die Darstellung einerseits auf die Ergebnisse dieser Studie, andererseits — hinsichtlich der Weherufe — auf solche anderer Untersuchungen zurückgreifen.

a) Der begrenzte Raum gestattet es nicht, eine ausführliche Analyse aller prophetischen *Weherufe* vorzulegen. Ein solches Unternehmen erfordert eine eigene Monographie, sollen nicht kurzschlüssige Folgerungen aus wenigen Beobachtungen gezogen werden. Vielmehr werden einige Gesichtspunkte, die sich aus der Analyse dieser Sprüche in Am ergeben haben[49], mit Ergebnissen neuerer Untersuchungen zum Thema verglichen[50]. Die Konfrontation der Merkmale, die sich aus diesem Vergleich ergeben, mit den Kennzeichen des Strukturschemas des Scheltworts wird ihre Unterschiede bzw. Gemeinsamkeiten hinreichend erkennen lassen.

Charakteristisch für die betreffende Formengruppe ist die Einleitung der Texte mit dem Leichenklageruf הוי in Verbindung mit einem pluralischen Partizip. Dieses Strukturelement unterscheidet die fraglichen Sprüche bereits so deutlich von den Scheltworten, daß eine Zuordnung der Weherufe zu dieser Gattung unzulässig erscheint. Andere Beobachtungen kommen hinzu: Zwar ist in beiden Fällen von Handlungen, Haltungen oder Verhaltensweisen bestimmter Personen die Rede, doch sind die Weherufe — anders als die Scheltworte — nicht in der Anredeform der 2. pers. gehalten, sondern sprechen von den betreffenden Menschen in der 3. pers. In allen Weherufen geht es um ein Todesgeschick der Betroffenen[51]: Ihr Verhalten trägt den

---

[49] Siehe zu 5, 7. 10: § 5, 1; zu 5, 18—20*: § 5, 2; zu 6, 1—7*: § 5, 4. Die Strukturmuster dieser Formen sind in § 7, 2 kritisch verglichen.

[50] Siehe vor allem Krause, ZAW 85 (1973), 15—46, und Janzen, Mourning Cry and Woe Oracle.

[51] Darauf weist nicht nur der Ruf הוי hin, sondern auch die Bedeutungsanalyse der verwendeten Verba, Adjektiva und Substantiva; vgl. Krause a. a. O. 44.

Keim des Todes in sich[52], so daß der Prophet den Leichenklageruf הוֹי
über sie ausrufen kann. In einem Scheltwort hingegen werden Handlungen, Haltungen oder Verhaltensweisen in pädagogischer Abzweckung angeführt, indem sie mit Hilfe entsprechender Ausdrücke
und Stilmittel unwillig-vorwurfsvoll kritisiert werden. Als Sitz im
Leben des Scheltworts erscheint die Erziehungssituation im Familienverband, als sozio-kultureller Hintergrund des Weherufs die Leichenklage[53].

Diese Hinweise mögen genügen, um die strukturelle Verschiedenheit beider Formengruppen aufzuweisen. Obschon sich auch einige
syntaktisch-stilistische Beobachtungen nennen ließen, die für beide
Gruppen kennzeichnend sind — z. B. die Dominanz der Aktionsverba und der perfektischen Zeitstufe bzw. des durativen Zeitaspekts —, so sind die angeführten Unterschiede doch zu groß, als
daß der Weheruf der Gattung des Scheltworts zugeordnet werden
könnte[54]. Dieses Ergebnis entspricht der Anschauung, die in neueren
Untersuchungen vertreten wird, wonach die prophetischen Weherufe
— unabhängig von ihrer weiterhin unterschiedlichen Herleitung —
als eine eigene Gattung aufgefaßt werden[55].

Damit ist nicht bestritten, daß Weherufe hier und dort Elemente
des Scheltworts aufnehmen können. Ein Beispiel hierfür scheint der
Text Am 5, 18—20* zu sein: Darauf deuten der Wechsel von der
3. pers. in die Anredeform (v. 18b*) ebenso hin wie die Elemente der
Vergleichserzählung (v. 19) und der didaktischen Fragen (v. 18b*.
20a), die Merkmalen der Gattung des Scheltworts entsprechen. Diese
Beobachtungen berechtigen aber nicht dazu, die Passage als »Scheltwort« zu bezeichnen, der Gattung nach stellt sie weiterhin einen
Weheruf dar.

Diese Feststellung gilt auch dann, wenn ein Weheruf — wie
z. B. in Am 6, 1—7* — zur Begründung einer Unheilsankündigung
dient. Auch in diesem Fall ist es nicht gerechtfertigt, ihn als Scheltwort aufzufassen, da sein Strukturmuster nicht die entsprechenden
Kennzeichen aufweist. Statt dessen ist von einer Rahmengattung
»begründete Unheilsankündigung« und einer Gliedgattung »Weheruf«
zu sprechen.

---

[52] Wanke, ZAW 78 (1966), 218; vgl. Janzen a. a. O. 82f.

[53] Siehe Krause a. a. O. 44f.; Janzen a. a. O. 64. 83f. 87.

[54] Anders Fohrer, Einleitung, 388; Kaiser, Einleitung, 227; Wanke, ZAW 78 (1966),
218, u. a. Vgl. das Urteil Wolffs in einer früheren Arbeit: »Die Bezeichnung'Scheltwort' . . . für den neben die Drohung getretenen Hinweis auf die Sünde paßt im
strengen Sinne nur zu diesen Weherufen . . .« (ZAW 52, 1934, 5 Anm. 2).

[55] Vgl. Clifford, CBQ 28 (1966), 458—464; Koch, Formgeschichte, 270; Wolff; Krause
a. a. O. 44.

Eine gattungskritische Zuordnung des Weherufs zu dem Scheltwort hat sich damit als unzutreffend erwiesen. In Anbetracht des einleitenden הוי-Rufs, der das Todesgeschick der betreffenden Personen voraussetzt, wäre statt dessen eher eine Beziehung des Weherufs zu der begründeten Unheilsankündigung zu vermuten. Doch diese Annahme beruht nicht auf einer vergleichenden Untersuchung der Strukturschemata, sondern ist allein durch das Element des Leichenklagerufs veranlaßt und insofern unzureichend begründet. Da eine solche vergleichende Analyse den Rahmen der vorliegenden Arbeit sprengte, mag es in diesem Zusammenhang bei der Vermutung bleiben.

b) An dieser Stelle scheint es zweckmäßig zu sein, die Frage nach dem Verhältnis von Scheltwort und Unheilsankündigung aufzunehmen. Dazu sind die Ergebnisse des Strukturvergleichs in § 7 ebenso wie die Bestimmung der Gattung des Scheltworts (§ 9, 2) ins Auge zu fassen. Welche Konsequenzen ergeben sich daraus für die bezeichnete Problematik?

Voraussetzung der folgenden Überlegungen ist das Ergebnis des Strukturvergleichs der Sprüche in Am, wonach der unheilkündende Spruch des Propheten in der Regel aus den beiden Gliedern der Begründung und Ankündigung besteht. Da die sprachliche Handlung des Scheltens als ein in sich durchaus selbständiger Vorgang erkannt wurde, ist die Bezeichnung des Begründungsteils als Scheltwort nur dann berechtigt, wenn er völlig unabhängig von dem Ankündigungsteil bestehen kann bzw. wenn er das entsprechende Strukturschema eines Scheltworts aufweist.

Eine Prüfung der entsprechenden Texte in Am läßt erkennen, daß diese beiden Bedingungen nicht erfüllt sind, so daß in diesem Prophetenbuch der Begründungsteil einer Unheilsankündigung in keinem einzigen Fall ein Scheltwort darstellt.

Diese Feststellung soll im folgenden exemplarisch belegt werden. Dazu werden die Sprüche in Am herangezogen, die bisher in der Forschung als Schelt- und Drohwort bezeichnet werden[56]. Es handelt sich um: 2, 6—16; 3, 9—11; 4, 1—3; 4, 6—12a; 5, 7. 10; 5, 12. 16f.; 6, 1—7; 6, 13f.; 7, 16f.; 8, 4—7. Einige dieser Texte allerdings können bzw. müssen unberücksichtigt bleiben: 5, 7. 10 und 6, 1—7 scheiden aus, da der Begründungsteil jeweils einen Weheruf darstellt, dessen Auffassung als Scheltwort bereits als unzutreffend zurückgewiesen wurde. 6, 13f. und 7, 16f. können deshalb nicht berücksichtigt werden, da ihr Strukturmuster in dieser Studie nicht bestimmt wurde[57].

---

[56] Die Darstellung beschränkt sich auf die Forscher, die in der Übersichtstabelle in § 1, 1 aufgeführt sind. Zur Begründung dieser Auswahl siehe die Überlegungen an eben dieser Stelle.

[57] Im Falle von 6, 13f. lag der Grund hierfür in dem fragmentarischen Charakter dieses Textes, im Falle von 7, 16f. darin, daß dieser Spruch sich innerhalb des Fremdberichts 7, 10—17 befindet, der in dieser Untersuchung außer Betracht blieb; vgl. § 5, 5 und die Einleitung von Kapitel 2.

Von den sechs Texten, die damit verbleiben, weisen 4, 1—3 und 8, 4—7 ebenso
wie der Spruch 2, 6—16, der in Analogie zu den Völkersprüchen in Am 1—2* struktu-
riert ist, keinen syntaktisch selbständigen Begründungsteil auf, so daß schon allein
von dieser Tatsache her ihre Bezeichnung als Schelt- und Drohwort fragwürdig ist.

Andere Beobachtungen, die alle Texte betreffen, machen die verschiedene
Gestaltung des Begründungsteils im Vergleich zum Strukturschema des Scheltworts
deutlich. Die wesentlichsten Unterschiede sind bei den einzelnen Sprüchen:
a) 2, 6—16: Fehlen der Anredeform und damit zugleich der eindringlichen
Unmittelbarkeit der Rede; Ablehnung der beschriebenen Handlungen nur durch die
Verknüpfung mit der Unheilsankündigung erkenntlich; dementsprechend Fehlen
wertender Elemente; b) 3, 9—11: Gestaltung als Botenanweisung mit Botschaft;
Fehlen der Anredeform in bezug auf die betroffenen Personen und damit ebenfalls der
Unmittelbarkeit; c) 4, 1—3: Wechsel von der Anredeform in die 3. pers. der Rede;
Fehlen des Elements der unwillig-ärgerlichen Kritik der Handlungen der betreffenden
Menschen[58]; d) 4, 6—12a: Gestaltung als Geschichtsrückblick; e) 5, 12. 16f.: Wechsel
von der Anredeform in die 3. pers. der Rede und damit Verlust der Unmittelbarkeit;
Fehlen der emotionalen Färbung der Rede; f) 8, 4—7: Ablehnung der beschriebenen
Handlungen nur durch die Verknüpfung mit der Unheilsankündigung erkenntlich;
dementsprechend Fehlen wertender Elemente.

Ein systematisierender Vergleich der verschiedenen Hinweise führt im wesentlichen auf drei strukturelle Unterschiede zwischen diesen Begründungteilen und dem
Strukturschema des Scheltworts: 1. Der Begründungteil ist häufig syntaktisch unselbständig, ein Scheltwort hingegen könnte völlig unabhängig von der Ankündigung
bestehen. 2. In begründeten Unheilsankündigungen sind die Begründungen meist von
deskriptiver Art; die negative Wertung der beschriebenen Handlungen, Haltungen
oder Verhaltensweisen ergibt sich erst aufgrund der als Folge eingeführten Unheilsankündigung. Scheltworte hingegen weisen nicht über sich hinaus, sondern tragen
ihren Sinn in sich, d. h. sie beschreiben bestimmte Handlungen, Haltungen oder Verhaltensweisen und werten sie zugleich negativ durch entsprechende Redeelemente.
3. Die Begründungteile sind meist in der 3. pers. formuliert; kennzeichnend für ein
Scheltwort hingegen ist die Direktheit der Rede, die Unmittelbarkeit der Anredeform.

Die Feststellung dieser Verschiedenheit schließt nicht die Möglichkeit aus, daß der Begründungteil einer Unheilsankündigung —
ähnlich wie ein Weheruf — Elemente des Scheltworts aufnehmen
kann. Doch diese Tatsache berechtigt nicht dazu, in einem solchen
Fall die Begründung als Scheltwort zu bezeichnen.

Im Hinblick auf Am kann in diesem Zusammenhang u. a. auf die Sprüche
4, 1—3 und 4, 6—12a hingewiesen werden. Ersterer enthält eine schimpfende oder
höhnische Anrede[59]. Letzterer kontrastiert ein Handeln Jahwes und ein menschliches
Verhalten. Beide Male lassen sich also scheltende Züge feststellen. Daß der Begründungsteil in beiden Sprüchen dennoch kein Scheltwort darstellt, ist oben nachgewiesen
worden.

---

[58] Nur die Anrede der Frauen Samarias als »Basanskühe« ließe sich eventuell in einem
solchen Sinne verstehen.

[59] Das Verständnis des Ausdrucks »Basanskühe« an dieser Stelle ist nicht eindeutig
geklärt; siehe Anm. 168 zu § 4.

Die Gattung des Scheltworts liegt nur dann vor, wenn eine genaue Strukturanalyse der jeweiligen Texte die konstitutiven Merkmale des oben beschriebenen Strukturschemas als gegeben erweist. So ist es auch nicht ausgeschlossen, daß an einigen Stellen der Begründungsteil der Gattung nach ein Scheltwort darstellt[60]. Nur ist diese Erscheinung offenbar auf einige wenige Texte beschränkt und damit viel seltener, als bisher angenommen wurde.

Es läßt sich vermuten, daß eine genaue Untersuchung anderer Prophetenbücher zu ähnlichen Ergebnissen wie in Am führte. Eine solche Annahme liegt nahe, da der forschungsgeschichtliche Überblick keine methodischen Unterschiede in der Gattungsbestimmung in den verschiedenen Prophetenbüchern aufwies, vielmehr in allen Fällen dieselben unpräzisen, nur selten formalen Kriterien erkennen ließ. So können die Ergebnisse hinsichtlich der prophetischen Redegattungen in Am mit Vorbehalt verallgemeinert werden.

Danach besteht der unheilkündende Prophetenspruch in der Regel aus den beiden Teilen der Begründung und Ankündigung, so daß seine Gattungsbezeichnung zweckmäßigerweise »begründete Unheilsankündigung« lautet. Dieser Terminus erscheint deshalb besonders geeignet, da er anders als die Termini »Drohwort« und »Gerichtswort« nicht auf einem bestimmten Verständnis der prophetischen Verkündigung beruht, sondern die Bedeutung der Sprüche zum Ausdruck bringt, ohne ihre Auslegung zu präjudizieren[61].

In seltenen Fällen kann die Begründung einen von der Ankündigung völlig unabhängigen Teil darstellen. Sie ist dann gattungskritisch gesondert zu bestimmen. Je nachdem wird sie sich als Weheruf, Scheltwort o. ä. erweisen. Die Frage, warum gerade diese bestimmte Gattung aufgegriffen wird, ist in einem solchen Fall von besonderer Relevanz.

An einigen Stellen fehlt jede Begründung; der unheilkündende Prophetenspruch besteht nur aus einer Ankündigung. Die gattungsgeschichtliche Erklärung dieser Erscheinung geht über den Rahmen dieser Arbeit allerdings hinaus, so daß offenbleiben muß, in welcher gattungsgeschichtlichen Beziehung eine solche Unheilsankündigung zu der begründeten Unheilsankündigung steht.

---

[60] Siehe z. B. Ez 33, 23—29.

[61] Um Mißverständnissen vorzubeugen: Der Vorschlag bezieht sich nicht auf solche Texte, deren zugrunde liegende Gattung aus dem forensischen Bereich entliehen ist. In ihrem Fall sollte der Terminus »prophetische Gerichtsrede« durchaus beibehalten werden; vgl. dazu Jes 1, 2f.; Jes 3, 12—15 u. a.

4. Altorientalische Parallelen

Bisher beschränkten sich die gattungskritischen Überlegungen
auf den Bereich der alttestamentlichen Literatur. Diese Tatsache ist
durch den methodischen Grundsatz bedingt, daß nicht der Vergleich
einer einzelnen Einheit des Alten Testaments mit einer verwandten
Einheit einer anderen Literatur in anderer Sprache und aus anderer
Zeit und Gegend die Frage entscheidet, ob eine Gattung im Alten
Testament vorliegt, sondern nur der Nachweis, »daß innerhalb der
atl. Literatur mindestens zwei literarisch voneinander unabhängige
gleich oder verwandt gebaute Einheiten vorliegen«[62]. Wenn nunmehr
die Frage nach altorientalischen Parallelen aufgenommen wird, dann
kann es angesichts des begrenzten Umfangs dieser Studie nicht darum
gehen, umfassende Analysen entsprechender Texte vorzulegen. Vielmehr beschränkt sich die Darstellung auf einige Gesichtspunkte zum
Thema und versteht sich damit als Hinweis darauf, daß sich durch die
vergleichende Literaturwissenschaft neue Perspektiven zur Fragestellung eröffnen, die in einer eigenen Untersuchung zu würdigen sind[63].

a) Die Wurzel גער begegnet in mehreren altorientalischen
Sprachen[64]: im Ugaritischen (gʿr »laut rufen, wiehern; schelten«), im
Arabischen (gaʿara »brüllen«) und im Äthiopischen (gaʿara »weinen,
stöhnen«). Angesichts der Bedeutung, die der ugaritischen Sprache
hinsichtlich des Hebräischen zukommt, erscheint eine Beschränkung
auf deren Belege begründet[65].

So findet sich die Wurzel in *ugaritischen* Texten an drei Stellen,
von denen sich allerdings nur eine in diesem Zusammenhang als
relevant erweist[66]:

---

[62] Richter, Exegese, 138; zur Begründung vgl. die methodischen Überlegungen in § 10, 2.

[63] Voraussetzung einer solchen Studie ist die Kenntnis der Elemente und Regeln der
entsprechenden Sprache. Sie müssen einigermaßen zuverlässig in Wörterbüchern
und Grammatiken erfaßt sein, um eine präzise Formanalyse von Texten zu ermöglichen. Indem sich hinsichtlich dieses Punktes in der gegenwärtigen Forschungssituation häufig Schwierigkeiten ergeben, sind die Grenzen einer solchen vergleichenden
Untersuchung bezeichnet.

[64] Siehe Aistleitner, Wörterbuch, 68, und im Anhang der vorliegenden Untersuchung
unter Punkt 5.

[65] Die Bezeichnung der Texte erfolgt nach dem System von Gordon, Ugaritic Textbook.
Die Abkürzungen nach Eißfeldt werden in Klammern hinzugefügt (vgl. Aistleitner,
Wörterbuch, 348—356, mit Angabe der Erstveröffentlichungsstellen).

[66] 137, 24 (III AB, B 24); vgl. die folgende Übersetzung (nach Aistleitner, Die mythologischen und kultischen Texte, 49). — In 56, 23 (56, 23) bezeichnet die Wurzel die
Lautäußerung eines Pferdes und ist daher mit »wiehern« wiederzugeben. In 68, 28
(III AB, A 28) hängt die Übersetzung (»laut schreien« oder »schelten«) von dem Verständnis der folgenden Rede Anats ab. Da der Text an dieser Stelle nicht eindeutig

Jam sendet Boten an El mit der Forderung, Baal auszuliefern. Die mutlos-furchtsamen Götter wären schon dazu bereit, da schilt (*igʿr*) Baal ihre Feigheit: »Warum neiget ihr, Götter, euer Haupt so tief bis an eure Knie, und bis an euren Herrensitz? Vereint euch, Götter! Begegnet der Keckheit der Boten Jams, der Bevollmächtigten des Flutenbeherrschers! Erhebet, Götter, euer Haupt von euren Knien, von eurem Herrschersitz! Ich werde schon Rede stehen den Boten Jams, den Bevollmächtigten des Flutenbeherrschers!«[67]

Zwei Beobachtungen sind hervorzuheben: Zunächst wird die Rede Baals mit einer vorwurfsvollen Frage, die mit der Partikel *lm* als solche gekennzeichnet ist, eröffnet — und zwar in der direkten Rede der 2. pers. Dieses Formelement entspricht einem Merkmal der Gattung des Scheltworts, wie sie oben bestimmt wurde. Sodann wird sie durch Aufforderungen fortgesetzt und sprengt damit in bemerkenswerter Weise das fragliche Strukturschema. Diese Abwandlung macht deutlich, daß die beiden sprachlichen Handlungen des Scheltens und des Mahnens intentional dasselbe Ziel verfolgen können: die angeredeten Personen zu einer bestimmten Handlung, Haltung oder Verhaltensweise zu bewegen. Die Schelte versucht dieses Ziel zu erreichen, indem sie an gegenteiligen Handlungen oder Verhaltensweisen Kritik übt; die Mahnung, indem sie zu neuen Handlungen oder Verhaltensweisen auffordert.

b) Der sogenannte dritte Brief aus *Mari* bietet ein Briefbruchstück des Kibri-Dagan an Zimrilim. Unter der Voraussetzung, daß die vorgenommene Rekonstruktion der unsicheren Textstellen zutrifft, wird in diesem Text von einem Mann berichtet, der unaufgefordert zu einem hohen Beamten des Königs Zimrilim kommt, um ihm ein Wort des Gottes Dagan zur Weitergabe an den König zu übermitteln.

». . . [Jetzt am Tage], an dem ich diesen meinen Brief [an] meinen Herrn abgesandt habe, kam jener *muḫḫûm* zurück und sagte mir [. . . . . .] [auch] redete er zu mir sehr energisch mit folgenden Worten: ʿWollt ihr [jetzt] jenes Stadttor [denn überhaupt] nicht bauen? [Wann] wird die Arbeit getan werden? [Nichts] habt ihr erreicht!ʾ . . .«[68].

In der vorliegenden Form weist die Rede des Gottesboten eine ähnliche Struktur wie das alttestamentliche Scheltwort auf: Ein bestimmtes Verhalten — in diesem Fall die Unterlassung des Baues eines Stadttors — wird im Anredestil in Form von vorwurfsvoll-emphatischen Fragen und einem feststellenden Aussagesatz eindring-

---

ist, kann keine sichere Entscheidung getroffen werden; vgl. das unterschiedliche Verständnis von Aistleitner a. a. O. 52 und Gordon, Ugaritic Literature, 16.

[67] 137, 24—28 (III AB, B 24—28).

[68] Soden, Welt des Orient, 399, bietet dieses Bruchstück, das als Keilschrifttext in TCL 24 (ARM 78) veröffentlicht ist, in Umschrift und in der Übersetzung, die hier wiedergegeben ist. Anders Ellermeier, Prophetie in Mari und Israel, 35. 119. 135.

lich kritisiert. Diese Beobachtung ist deshalb von besonderem Interesse, da der muḫḫûm im Auftrag des Gottes Dagan spricht, d. h.
ein Scheltwort Gottes kann danach durchaus übermittelt werden.
Das Argument, die Unmittelbarkeit der scheltenden Anrede lasse die
göttliche Schelte durch einen Propheten nicht zu, wird damit als
unzutreffend erwiesen[69]. Insofern wird von den Mari-Texten her das
Ergebnis dieses Kapitels, daß die alttestamentlichen Propheten in
seltenen Fällen gescholten haben, nicht in Frage gestellt.

c) Die Suche nach altorientalischen Parallelen hat noch auf
einen letzten Aspekt aufmerksam gemacht. In Jes 30, 17 bezeichnet
die Wurzel גער eine kriegerische Handlung: die den Kampf eröffnende
Scheltrede. In der altarabischen Welt entspricht ihr das *Hidjāʾ*, ein
Schmähgedicht, das den Feind einschüchtern sollte[70]. Dahinter steht
die alte Vorstellung, daß »das von hierzu innerlich geeigneten und
befähigten Leuten unter feierlichen Umständen gesprochene Wort
eine unausbleibliche Wirkung auf jene Personen (oder auch Gegen-
stände) ausübe, auf welche sich dies gesprochene Wort bezieht«[71].
Das *Hidjāʾ* ist danach ursprünglich »a curse, an invective diatribe or
insult in verse, an insulting poem . . .«[72], dessen Wirkkraft auf der
göttlichen Inspiration seiner Sprecher beruhte[73]. Die Nähe zu Bedeutungsaspekten der sprachlichen Handlung des Scheltens, wie sie das
Alte Testament versteht, ist damit deutlich geworden. Auch wenn an
dieser Stelle aus diesem Tatbestand keine Konsequenzen gezogen
werden können, da die angedeuteten Übereinstimmungen noch einer
genauen Untersuchung bedürfen, so sollte doch auf sie aufmerksam
gemacht werden, damit die Möglichkeiten der vergleichenden Literaturwissenschaft nicht zu gering eingeschätzt werden. So läßt sich
durchaus vermuten, daß sich aus der Beschreibung des Strukturschemas des *Hidjāʾ* und der Bestimmung seines typischen Anwendungsbereichs gattungsgeschichtliche Gesichtspunkte für das alttestamentliche Scheltwort ergeben.

---

[69] Anders Westermann, Grundformen, 48, der das Scheltwort u. a. aus diesem Grund
ablehnt: »Man kann nicht durch einen Boten schelten.« An anderer Stelle bezeichnet
er den fraglichen Text zwar als Scheltwort (Forschung am Alten Testament, 184),
aber er zieht daraus nicht die Konsequenz. Ein eventueller Einwand, hier fehle ja
die Botenformel, vermag nicht nur wegen der Fragwürdigkeit der Botentheorie nicht
zu überzeugen, sondern wird von Westermann selbst widerlegt, wenn er den muḫḫûm als in göttlichem Auftrag Sprechenden bezeichnet (a. a. O.).
[70] Goldziher, Abhandlungen zur arabischen Philologie, 27.
[71] Goldziher a. a. O.
[72] The Encyclopaedia of Islam, 352 (im Original gesperrt).
[73] Vgl. die Bileam-Sprüche in Num 22—24, die als ein Beispiel des *Hidjāʾ* im Alten
Testament gelten können.

5. *Ergebnisse*

a) Der strukturelle Vergleich von Texten, die die sprachliche Handlung des Scheltens darstellen, führte auf ein Strukturschema, das durch die folgenden beiden Elemente gekennzeichnet ist: 1. das Element der Nennung bestimmter — vergangener oder gegenwärtig noch andauernder — Handlungen, Haltungen oder Verhaltensweisen der angeredeten Personen; 2. das Element der unwillig-ärgerlichen Kritik dieser Handlungen, Haltungen oder Verhaltensweisen bzw. der betreffenden Personen. Im einzelnen konnten für diese Strukturelemente formale Kriterien angegeben werden, die die Bestimmung des Strukturschemas — unter Berücksichtigung der beiden Aspekte des Ausdrucks und der Bedeutung — zureichend erlauben. Die Bestimmung des typischen Anwendungsbereichs dieses Schemas, die mit der Angabe seiner Funktion die Gattungsbeschreibung vervollständigte, führte auf die Erziehungssituation in der Familie. Dieser Sitz im Leben ebenso wie die Bedeutung des Strukturschemas legten den Vorschlag nahe, die so beschriebene Gattung als *Scheltwort* zu bezeichnen.

b) Ein Überblick über ihr Vorkommen im Alten Testament ließ erkennen, daß sie weder auf bestimmte Bücher noch auf bestimmte Zeitepochen beschränkt ist. Vielmehr begegnet sie in den erzählenden Partien des Alten Testaments ebenso wie in den Prophetenbüchern oder den Psalmen, und der zeitlichen Einordnung nach reichen ihre Belege von dem 9. Jh. bis ins 5./4. Jh. v. Chr. Die Behauptung, das Scheltwort sei eine eigentümlich prophetische Gattung, ist damit als unzutreffend erwiesen. Statt dessen gehört das Scheltwort zu den Redegattungen, die die Propheten aus dem alltäglichen Leben entliehen haben.

c) Diesem Ergebnis entspricht die Beobachtung, daß die Gattung nicht die Rolle in der prophetischen Rede spielt, wie bisher weithin angenommen wurde. So kann in Am nur ein einziger Spruch als Scheltwort bezeichnet werden. In allen anderen Fällen liegt diese Gattung nicht vor: So ist der Weheruf von dem Scheltwort strukturell eindeutig unterschieden und die angebliche Kombination von Schelt- und Drohwort erwies sich als begründete Unheilsankündigung. Damit bestätigt sich das Ergebnis des Strukturvergleichs in § 7, wonach das Schema des unheilkündenden Prophetenspruchs konstitutiv aus den beiden Teilen der Begründung und der Ankündigung besteht.

Dies schließt nicht aus, daß die Propheten in seltenen Fällen die Gattung des Scheltworts verwendet haben, sowohl in Gestalt eines eigenständigen Spruches (z. B. Am 6, 12) als auch in der Funktion der

Begründung einer Unheilsankündigung[74] (z. B. Ez 33, 23—29). An
manchen Stellen nimmt der Begründungsteil eines unheilkündenden
Prophetenspruchs auch Elemente des Scheltworts auf (z. B. vorwurfsvolle Fragen), ohne doch der Gattung nach ein Scheltwort darzustellen[75].

d) Der skizzierte Befund widerspricht den beiden gegensätzlichen
Positionen, die das breite Meinungsspektrum in der gegenwärtigen
Forschung bestimmen[76]. So kann weder die Behauptung aufrechterhalten werden, daß das Scheltwort eine eigentümlich prophetische
Redegattung sei und in der prophetischen Verkündigung häufig aufgegriffen werde, noch läßt sich die Anschauung festhalten, daß die
Propheten diese Redegattung nie verwendet hätten. Vielmehr ist
nachdrücklich auf das Ergebnis dieser Studie hinzuweisen, wonach
1. die Propheten zwar nicht sehr häufig, aber doch hier und dort die
Gattung des Scheltworts aus dem Alltagsleben entliehen haben, 2. die
betreffenden Sprüche sowohl als Propheten- als auch als Jahwerede
gestaltet sind.

e) Die Beschränkung dieser Untersuchung — einerseits auf die
Frageebene der Formen- und Gattungskritik, andererseits auf ein
begrenztes Textmaterial, im wesentlichen auf Am — läßt eine Auswertung dieser Ergebnisse für das Prophetieverständnis problematisch
erscheinen. Dennoch soll an dieser Stelle nicht darauf verzichtet werden, unter Berücksichtigung dieses Vorbehalts einige mögliche Konsequenzen anzudeuten. So stellt der Befund ein Verständnis der Propheten als Lehrer[77] ebenso in Frage wie ein solches als Ankläger[78], so
daß die prophetische Verkündigung aufgrund ihrer Redegattungen
generell weder durch pädagogische noch durch forensische Kategorien
angemessen beschrieben wird. Dementsprechend wird sich einerseits
die Anschauung, die Propheten hätten zur Umkehr gerufen, mit der
auffälligen Tatsache auseinanderzusetzen haben, daß die Gattung
des Scheltworts anscheinend von ihnen nur selten aufgegriffen wurde,
andererseits wird die Ansicht, die Propheten hätten nichts anderes als
das unabänderliche Gerichtsurteil Gottes angesagt, die Beobachtung
erklären müssen, weshalb sie Redegattungen wie das Scheltwort oder

---

[74] Es wäre denkbar, daß ein Scheltwort auch in Verbindung mit einer Heilsankündigung begegnete. Doch die Bestätigung dieser Vermutung steht noch aus. Das in
dieser Studie analysierte Textmaterial gestattet diesen Schluß jedenfalls nicht.

[75] Als Beispiel sei auf Am 4, 1—3 hingewiesen.

[76] Als Exponenten der gegensätzlichen Richtungen seien stellvertretend für andere
Fohrer (Einleitung, 384—389) und Westermann (Grundformen) genannt; vgl. § 2.

[77] So spricht z. B. Deissler, Gattungen, 312, von den Propheten als den »gottbestellten
Lehrern« des Volkes und zeichnet damit ein ähnliches Prophetenbild wie bereits
Gunkel; vgl. § 2 und Klatt, Hermann Gunkel, 212 ff.

[78] So z. B. Boecker, Die Redeformen des Rechtslebens, 92; vgl. § 2.

die Mahnung — wenn auch selten — verwendet haben. Die Problematik, die mit diesen Fragen angeschnitten ist, läßt sich hier zwar nicht klären, doch sollte der Verweis auf die Ergebnisse der vorliegenden Studie vor vorschnellen Urteilen warnen und zur differenzierenden Betrachtung anregen.

f) Der exemplarische Charakter der Arbeit begründet den Verzicht auf die Erfassung aller fraglichen Texte und die Beschränkung auf die alttestamentliche Literatur. So wird es sich im Einzelfall erweisen müssen, ob die Ergebnisse dieser Untersuchung zutreffen bzw. ob die erarbeiteten Kriterien zureichend sind. Diese Sachlage entspricht der Absicht dieser Studie, einerseits einen Beitrag zur Erforschung der prophetischen Redegattungen zu liefern, andererseits durch die exemplarische Anwendung einer sprachwissenschaftlich orientierten Methodik der Methodendiskussion Impulse zu vermitteln. Insofern ist die vorliegende Arbeit als Vorschlag zu verstehen, der der kritischen Überprüfung und Auseinandersetzung bedarf.

Kapitel 4

Methodik

Abweichend von dem sonst geübten Verfahren, methodologische Überlegungen an den Anfang einer Untersuchung zu stellen, wird es in dieser Studie vorgezogen, die methodische Reflexion des eigenen Vorgehens erst zum Abschluß auszubreiten. Ein solches Verfahren entspricht dem Prinzip dieser Darstellung, von der Beobachtung zur Interpretation, von der Konkretion zur Abstraktion voranzuschreiten. Damit soll nicht behauptet werden, daß sich beide Vorgänge im Erkenntnisprozeß voneinander trennen lassen. Vielmehr bestimmt ihn »ein stets von der Theorie geleitetes und an den Fakten kontrolliertes Wechselspiel zwischen hypothetischer Konstruktion und Test oder Beobachtung«[1], d. h. Methode und Gegenstand sind unlöslich korrelativ aneinander gebunden. Anders gesagt: Die Fragerichtung und die methodischen Schritte legen notwendigerweise immer schon eine bestimmte Perspektive fest, in der der Gegenstand erscheint, und umgekehrt hängen methodische Überlegungen von dem Gegenstand ab, den es zu untersuchen gilt[2].

Wenn die Darstellung der Methodik an den Schluß dieser Studie gerückt ist, dann geschieht dies also aus Gründen der Zweckmäßigkeit und Übersichtlichkeit. Auf diese Weise scheint die Absicht, den Leser die einzelnen Akte des Erkennens verfolgen zu lassen und ihn damit in die Denkbewegung des Verfassers einzubeziehen, am ehesten gewahrt zu sein. Indem der Leser nunmehr die Tragfähigkeit der angewandten Methodik beurteilen kann, hat er einen kritischen Maßstab zu ihrer Beurteilung und Einordnung in die wissenschaftliche Diskussion gewonnen. Damit dürfte zugleich das Postulat, wissenschaftliche Forschung habe den Kriterien der Mitteilbarkeit, Nachvollziehbarkeit und Nachprüfbarkeit zu genügen, am angemessensten erfüllt sein[3].

§ 10 METHODOLOGISCHE ÜBERLEGUNGEN

Ausgangspunkt dieser Studie war die Absicht, die Gattung des sogenannten prophetischen Scheltworts zu untersuchen. Doch die

---

[1] Bierwisch, Strukturalismus, 148. [2] Vgl. Klafki, Studien, 41.

[3] In § 2, 2 wurde das Fehlen einer Methodik, die solchen Kriterien genügt, als das entscheidende Manko der gegenwärtigen Gattungsforschung erkannt.

Annahme, ein solches Unternehmen könnte in der Methodik an entsprechende Untersuchungen anknüpfen, stellte sich bereits in der Orientierungsphase als unzutreffend heraus. Eine uneinheitliche, geradezu verwirrend vielfältige Terminologie, das Fehlen sachlich begründeter Gattungskriterien und in Entsprechung dazu ein undifferenziertes methodisches Verfahren ließen dieses Vorhaben scheitern. Sollte die gestellte Aufgabe gelöst werden, so war der Entwurf einer Methodik nötig, die der Forderung nach Intersubjektivität genügte.

Aus dieser Beschreibung der Ausgangslage ergibt sich die doppelte Aufgabe, die diesem Arbeitsschritt gestellt ist: Erstens ist die Methodik zu entwickeln, deren Entwurf diese Studie erforderlich gemacht hat. Zweitens ist das methodische Vorgehen dieser Untersuchung in Beziehung zu der vorangegangenen Grundlegung zu begründen. Da beide Aufgaben eng miteinander zusammengehören, sollen sie nicht in zwei getrennten Abschnitten behandelt werden. Vielmehr sollen sie, um Wiederholungen zu vermeiden, gleichzeitig ins Auge gefaßt werden.

Daraus ergibt sich folgende Gliederung: Zunächst sind die Voraussetzungen darzulegen, von denen aus in dieser Arbeit alttestamentliche Texte gattungskritisch analysiert wurden. Eine solche Darstellung des Vorverständnisses setzt die Leser instand, die Ergebnisse der Studie kritisch zu überprüfen[1]. Da ein solches Verfahren in der Praxis der wissenschaftlichen Forschung noch nicht Gemeingut ist, dürfte diese Darlegung der Bedingungen des Verstehens besonders nötig sein. Sodann ist die Theorie der Gattung kritisch zu würdigen und sind ihre Kriterien in Abgrenzung zu anderen Bestimmungen präzise anzugeben. Dabei wird es vor allem auf die Einführung einer exakten Terminologie ankommen. Schließlich sind aus diesen Überlegungen die Konsequenzen in der Weise zu ziehen, daß das entsprechende methodische Verfahren dargestellt wird.

---

[1] Auf die Notwendigkeit einer solchen Reflexion wies nachdrücklich Lehmann in seiner Auseinandersetzung mit dem Selbstverständnis der historisch-kritischen Methode hin: »Aber man kann sich nicht verhehlen, daß das Postulat absoluter Voraussetzungslosigkeit der 'Kritik', die alle Verbindlichkeit nur in die *zukünftige* Ermittlung der Wahrheit setzte und damit im 'Fortschritt' des Erkennens sah, sich in vielfacher Hinsicht als Illusion erwies. Dies gilt nicht bloß in dem Sinn, daß es dem Verstehenden nie ganz gelingt, sich mit seinen Vorurteilen, seiner Begrifflichkeit und seinen Denkvoraussetzungen ganz auszuschalten. Vielmehr hat gerade die jüngste Entwicklung der Philosophie und der modernen Hermeneutik gezeigt, wie tief und verborgen in jedem noch so radikalen Willen zum reinen Verstehen sich Überlieferung, eine bestimmte Sprachlichkeit und ein bestimmtes 'Denken' im endlichen Bewußtsein eingeschrieben haben.« (Der hermeneutische Horizont, 60).

1. *Voraussetzungen*

Es kann an dieser Stelle nicht darum gehen, das Vorverständnis des Verfassers in umfassender Weise zu entfalten. Einem solchen Vorhaben steht nicht nur der begrenzte Umfang dieser Studie entgegen, sondern vor allem sind der Klärung des Vorverständnisses selbst Grenzen gesetzt, die sich aus der Subjektivität des Erkenntnisaktes ergeben[2]. Statt dessen wird sich dieser Abschnitt auf einige Aspekte beschränken, die den Standort des Verfassers in der Methodendiskussion zu umschreiben vermögen[3].

a) Gegenstand der Exegese sind schriftliche Texte und damit sprachliche Phänomene. Als solche können sie als eine sprachliche Handlung aufgefaßt werden, die mit Hilfe von Graphemen fixiert ist und dadurch über die aktuelle Realisierung hinaus Bestand hat. Diese Sachlage gilt es zu berücksichtigen, damit keine falsche Alternative zwischen literatur- und sprachwissenschaftlichen Methoden aufgebaut wird[4]. Vielmehr kann die alttestamentliche Exegese auf Anregungen beider Wissenschaftszweige zurückgreifen.

Die Texte des Alten Testaments stellen also erstarrte *sprachliche Handlungen* dar, die dem Zwecke der Verständigung dienen. Eine solche Verständigung wird dadurch ermöglicht, daß die Sprache *Handlungsschemata*, d. h. geprägte potentielle Handlungen zur Verfügung stellt, die ein Sprecher aufgrund seiner Sprachkompetenz aktualisieren kann. Demnach zerfällt die Sprache nicht in eine zufällige Ansammlung einzelner Äußerungen, sondern sie besteht aus einem System von Elementen und Beziehungen, das diesen zugrunde liegt. »Sie ist also die Gesamtheit der Mittel, die die Struktur der einzelnen Sprechakte bestimmen.«[5]

Im Unterschied zu anderen Systemen stellt die Sprache zudem ein System von *Zeichen* dar, d. h. von untrennbaren Verbindungen aus den beiden Komponenten »Ausdruck« und »Bedeutung«[6]. Anders

---

[2] Zu diesem Sachverhalt vgl. die Ausführungen in: Exegese des Alten Testaments, 159.

[3] Diese Beschränkung beinhaltet den Verzicht auf eine eingehende Auseinandersetzung mit anderen Positionen. Eine solche Diskussion sprengte den Rahmen dieser Überlegungen; vgl. die ausführliche Darstellung von Richter, Exegese.

[4] So kann Sprache als Stoff der Literatur aufgefaßt werden; vgl. Wellek-Warren, Theorie der Literatur, 21f. — Die folgenden sprachtheoretischen Überlegungen entsprechen der Darstellung in: Exegese des Alten Testaments, 58ff. Als Grundlage dienten vor allem: Kamlah-Lorenzen, Logische Propädeutik; Hjelmslev, Die Sprache; Martinet, Grundzüge der allgemeinen Sprachwissenschaft; Alonso-Schökel, Sprache Gottes.

[5] Bierwisch, Strukturalismus, 81.

[6] Vgl. Hjelmslev a. a. O. 41: »Jede Sprache tritt uns unmittelbar als ein System von Zeichen entgegen, d. h. als ein System von Ausdruckseinheiten mit einem an sie geknüpften Inhalt.« Es sei nachdrücklich darauf hingewiesen, daß in der verschiede-

gesagt: Sprache kann auf vereinbarte *Zeigehandlungsschemata* zurückgreifen, die — wenn sie aktualisiert werden — etwas zu verstehen geben bzw. auf etwas hinweisen[7]. Bezeichnung und Bezeichnetes konstituieren sich damit als Struktur wechselweise.

Dieser Zeichencharakter der Sprache bedeutet, daß der Satz als die elementare sprachliche Handlung eine Lautstruktur mit einer *Bedeutung* verbindet; dabei ist mit Bedeutung die stillschweigend oder ausdrücklich vereinbarte Anwendungsmöglichkeit gemeint, »dasjenige, was ein sprachliches Zeichen zu verstehen geben *kann*«[8]. Die Bedeutung eines Satzes setzt sich aber nicht einfach aus den Bedeutungen der Morpheme als den kleinsten unteilbaren Bedeutungsträgern zusammen, sondern ergibt sich erst aus den Bezügen der Morpheme zueinander, deren Kombination auf syntaktischen Regeln beruht.

Es ist an dieser Stelle zu beachten, daß auch die Bedeutung des Morphems nur selten eindeutig festgelegt ist. Vielmehr setzt sie sich aus einer Vielzahl einzelner syntaktischer und semantischer Merkmale zusammen, die in der aktuellen Redesituation von unterschiedlicher Relevanz sind. So hat ein Lexem gleichsam einen Bedeutungsfächer, aus dem in der aktuellen Redesituation der Sprecher jeweils einen bestimmten Ausschnitt wählt — und zwar je in seiner Sprache, so daß sich ein Bedeutungsspektrum in einer Sprache mit den Fächern anderssprachlicher Lexeme gewöhnlich nicht deckt. Diese Verschiedenheit gilt es zu beachten, damit nicht die Übersetzung zum Gegenstand der Analyse wird. Vielmehr sind die Textanalyse und die Analyse der Interpretation sorgfältig voneinander zu unterscheiden.

Hervorzuheben ist, daß die lexikalische bzw. strukturelle Mehrdeutigkeit der sprachlichen Zeichen und ihrer Anordnung damit noch nicht auf Eindeutigkeit eingeengt ist. Vielmehr wird Rede immer nur als »zusammenhängende Rede« verstanden, d. h. es ist die Kenntnis des Kontextes der sprachlichen Handlung nötig. Die Plastizität der einzelnen Sprachelemente und ihrer Anordnung wird erst in einem Kontext und durch den Kontext auf Eindeutigkeit hin geprägt. Der *Inhalt* einer sprachlichen Handlung, also »das, was durch eine sprachliche Handlung ausgesagt *wird* bzw. *werden soll*«[9], ist zwar nur über die Bedeutung der Morpheme und Sätze zugänglich, wird aber erst eindeutig bestimmbar, wenn der sprachliche, literarische, soziale und situative Zusammenhang der Handlung bekannt ist.

In diesem Zusammenhang ist auf den sozialen Aspekt der Sprache hinzuweisen. Danach konstituieren die grammatischen Regeln der Sprache eine Form der sozialen

---

nen Ausdrucksweise (Bedeutung/Inhalt) nicht nur ein terminologischer, sondern auch ein sachlicher Unterschied angezeigt ist; vgl. dazu unten die Einführung dieser beiden Ausdrücke und die Diskussion der Form-Inhalt-Problematik unter Punkt 2.

[7] Vgl. zur Zeichentheorie Kamlah-Lorenzen a. a. O. 58ff.

[8] Exegese des Alten Testaments, 59.

[9] Exegese des Alten Testaments, 62.

Wirklichkeit, d. h. indem sie eine Praxis regeln, sind sie zugleich Regeln der Einübung
in eine soziale Lebensform. Indem jede Sprache als soziale Wirklichkeit existiert, sucht
sie sich also einerseits der Welt und ihrer sich aufdrängenden Gliederung anzupassen,
andererseits gibt sie der Welt erst eine Gliederung[10]. Diese Verankerung der Bedeutung
einer sprachlichen Handlung in der sozialen Wirklichkeit darf zugunsten etymologischer
Untersuchungen nicht übersehen werden, soll ein angemessenes Verständnis dieser
Handlung erreicht werden. Damit ist nicht gesagt, daß die Etymologie nicht zu relevanten Aspekten verhelfen kann. Der Hinweis auf die Tatsache, daß sprachliches
Handeln eine soziale Dimension besitzt, sollte lediglich kritisch auf ihre Grenzen aufmerksam machen.

b) Die vorstehenden Überlegungen dürften deutlich gemacht
haben, welche Position der Verfasser in der gegenwärtigen Methodendiskussion einnimmt. Nach seiner Ansicht macht es die Sachbeziehung
der alttestamentlichen Exegese zur Sprach- und Literaturwissenschaft
unvermeidlich, daß in der alttestamentlichen Wissenschaft deren
Fragestellungen und Methoden berücksichtigt werden. Eine Vernachlässigung z. B. der Linguistik als Wissenschaft läßt sich in keiner
Weise rechtfertigen, soll nicht behauptet werden, die alttestamentlichen Texte stellten keine Literatur in gewöhnlichem Sinne dar.
Mit dieser Feststellung soll nicht zum Ausdruck gebracht werden,
daß die exegetische Arbeit nicht ihren hermeneutischen Horizont und
damit auch ihre theologische Relevanz mit zu reflektieren hätte. Vielmehr ist damit gemeint, daß die alttestamentliche Wissenschaft an
den Erkenntnissen derjenigen Fachgebiete teilhaben sollte, die in
irgendeiner Weise einen Beitrag zum Verstehen von Texten der Vergangenheit leisten. Indem so die Exegese des Alten Testament die
Methoden aufnimmt, die die moderne Sprach- und Literaturwissenschaft zur Analyse zur Verfügung stellen, werden ihre Vollzüge mit-
teilbar und nachvollziehbar und damit in ihren Ergebnissen überprüfbar.
Die Beachtung der allgemeinen sprachwissenschaftlichen Methodik, vor allem in ihrer Bestimmung der Beziehung von Ausdruck und
Bedeutung, stellt damit eine Vorentscheidung dar, die das Vorgehen
dieser Untersuchung bestimmt. Eine andere Voraussetzung bildet die
Berücksichtigung der Sprachanalyse in Gestalt der »logischen Propädeutik«, vor allem hinsichtlich ihres Nachweises, daß die wissenschaftliche Begriffsbildung nicht nur logisch, sondern auch hermeneutisch begründet werden muß. Diesem Ansatz entspricht der Versuch
dieser Studie, analytische Vorgehensweise und hermeneutische Reflexion miteinander zu verbinden — und zwar mit Hilfe des sogenannten Konstruktivismus[11]. Diese Richtung bejaht hinsichtlich der Um-

---

[10] Siehe Kamlah-Lorenzen a. a. O. 49; vgl. Schmidt, Sprachliches und soziales Handeln.
[11] Seiffert, Einführung in die Wissenschaftstheorie, 119ff., bietet eine Darstellung
    dieses Denkansatzes; vgl. Kamlah-Lorenzen a. a. O. 17. 24. u. ö.

gangssprache den zirkelhaften Anfang[12] und vermeidet damit einen fragwürdigen Apriorismus, hinsichtlich der Wissenschaftssprache aber hält sie an der Forderung fest, sie systematisch von Anfang an aufzubauen, und überwindet damit den hermeneutischen Skeptizismus.

Die moderne sprachanalytische Logik hat zudem deutlich gemacht, daß die sprachlichen Handlungsschemata auf wenige, allen Sprachen gemeinsame tiefengrammatische Redeweisen zurückgeführt werden können, auch wenn sie sich in ihrer oberflächengrammatischen Struktur völlig unterscheiden[13]. Diese logische Struktur von Sprache ist zwar seit je her Grundlage der exegetischen Arbeit, doch sollte auf sie ausdrücklich aufmerksam gemacht werden, damit der Forderung nach Nachprüfbarkeit des methodischen Vorgehens Genüge geleistet wird.

c) Damit sind die wesentlichsten Voraussetzungen genannt, die das methodische Verfahren dieser Untersuchung bestimmt haben. An dieser Stelle soll nur noch die Frage des Erkenntnisinteresses aufgenommen werden, um eventuellen Mißdeutungen vorzubeugen. Dazu mag eine Skizze genügen.

Der Verfasser ist sich der Problematik eines solchen Unternehmens bewußt, möchte aber aus sachlichen Gründen nicht darauf verzichten. Der forschungsgeschichtliche Überblick in dem ersten Kapitel dieser Studie hat ja deutlich gemacht, daß eine solche Klärung des Erkenntnisinteresses in der gegenwärtigen Forschungssituation besonders nötig ist. Auch wenn nicht in jedem Fall seine explizite Darlegung erforderlich sein dürfte, so ist sie in diesem Zusammenhang doch zweckmäßig, nicht zuletzt deshalb, um auf diese Weise auf die Fragestellung nachdrücklich aufmerksam zu machen.

Es wurde bereits festgestellt, daß den Ausgangspunkt dieser Studie die Absicht bildete, die Gattung des sogenannten prophetischen Scheltworts zu untersuchen. Dabei war das Vorverständnis des Verfassers von der traditionellen Anschauung bestimmt, das Scheltwort stelle eine eigentümlich prophetische Redegattung dar und seine Verwendung sei Ausdruck der Gegenwartsbeziehung der Propheten. Das exegetische Interesse bestand danach darin, diese Meinung anhand der entsprechenden Texte kritisch zu prüfen.

Zugleich eröffnete eine solche Untersuchung die Möglichkeit, einen Beitrag zur Diskussion über das Prophetieverständnis zu liefern,

---

[12] Diese Tatsache, daß der Wissenschaftler schon immer ein vorgängiges Wissen über den Gegenstand hat, den er dann wissenschaftlich erforscht, beschreiben Kamlah-Lorenzen a. a. O. 15: »Wir müssen 'immer schon' sprechen, wenn wir Wissenschaft oder Philosophie treiben. Wir existieren 'immer schon' in einem 'Vorverständnis' der Welt und unserer selbst, ehe wir nachzudenken und zu forschen beginnen . . .«.

[13] Siehe dazu die Darstellung dieser Erscheinung in: Exegese des Alten Testaments, 162ff.; vgl. Lyons, Einführung in die moderne Linguistik, 345 u. ö.; Dressler, Einführung in die Textlinguistik, 109f.

d. h. Aspekte der Gattungsforschung zu der Frage beizutragen, ob
die Propheten als Prediger der Umkehr oder als Verkünder des
Gerichts aufzufassen sind. Da die unterschiedliche Beurteilung der
prophetischen Verkündigung ein entsprechend verschiedenes Gottesverständnis bedingt, liegt die systematisch-theologische Relevanz einer
Untersuchung der fraglichen Redegattung auf der Hand.

Ein Überblick über die Forschungsgeschichte führte aber zu
einer Modifizierung des ursprünglichen Vorhabens. Danach erwies es
sich als notwendig, einen neuen Ansatz der Methodik zu suchen, der
nicht auf unkontrollierbaren Vorentscheidungen, sondern auf nachprüfbaren Kriterien beruht. In Entsprechung zu dieser Notwendigkeit wurde das Ziel dieser Untersuchung auch insofern neu bestimmt,
als sie sich nunmehr im wesentlichen auf ein Prophetenbuch, nämlich
Am, beschränkte und in exemplarischer Weise die Behauptung einer
prophetischen Gattung des Scheltworts überprüfte. Mit der Anwendung eines solchen Verfahrens verband sich das Interesse, einerseits
gattungskritische Entscheidungen der Forschung auf ihr Vorverständnis hin zu untersuchen, andererseits den eigenen methodischen
Ansatz auf seine Tragfähigkeit hin zu prüfen. Dabei kam es dem
Verfasser stets darauf an, die aufgezeigte theologische Relevanz gattungskritischer Studien im Auge zu behalten. Insofern beruht sein
Erkenntnisinteresse nicht nur auf einem methodischen, sondern auch
auf einem spezifisch-theologischen Impetus.

2. Theorie der Gattung[14]

Die sprachtheoretischen Überlegungen haben gezeigt, daß Sprache
als menschliche Institution niemals ganz der Verfügungsgewalt eines
einzelnen unterworfen ist. Wer eine Sprache spricht, kann vielmehr
auf sprachliche Zeigehandlungsschemata zurückgreifen, deren Bedeutung auf Vereinbarung beruht. So bedient er sich in der Regel bei
gleichem Anlaß und gleicher Abzweckung der jeweils gleichen typischen
Ausdrucksmittel. Anders gesagt: Ähnliche Erfahrungen und Absichten
schaffen im räumlich und zeitlich gleichen Sprachraum ähnliche
Sprachformen, die für die jeweilige Situation typisch sind.

In der Literaturwissenschaft führte dieser Sachverhalt zur Theorie
der Gattung. Während unter *Form* danach in dieser Studie die Beschreibung eines Einzeltextes hinsichtlich seiner syntaktisch-stilistischen und semantischen Merkmale, kurz: seiner Struktur verstanden

---

[14] Die Darstellung entspricht den methodischen Überlegungen in § 7 (Formen- und
    Gattungskritik) der Einführung in die »Exegese des Alten Testaments«, die aus Vor-
    arbeiten zu dieser Studie erwachsen sind und insofern eine der Gesamtveröffent-
    lichung vorgezogene Wiedergabe darstellen.

wird, bezeichnet *Gattung* die theoretische Größe, die Einzelformen vorausliegt und sie prägt, gewissermaßen die »typische« oder »ideale« Form[15]. »'Gattung' ist also ein theoretisches Ergebnis der Wissenschaft; in der konkreten Literatur existieren nur die Formen«[16]. D. h.: Gattungen stellen sprachliche Zeigehandlungsschemata dar, denen eine bestimmte Anwendungsmöglichkeit entspricht.

In diesem Zusammenhang ist darauf hinzuweisen, daß die Termini Form und Gattung in der Forschung bisher nicht einheitlich gebraucht werden: Teilweise werden sie nicht voneinander abgehoben[17], teilweise wechselseitig als Oberbegriffe gebraucht[18]. Die hier vorgenommene terminologische Differenzierung ist eindeutig: »Form« wird dem Einzeltext zugeordnet; »Gattung« bezeichnet den Texttypus. Damit soll der methodische Fehler vermieden werden, zwei Größen, die auf verschiedenen Ebenen stehen, unmittelbar zu vergleichen: den Einzeltext, dessen spezifische Form eine syntaktisch-stilistische und semantische Analyse beschreiben, und den Texttypus, der als die den Einzelformen vorausliegende und sie prägende Größe durch einen Abstraktionsvorgang bestimmt wird.

In der neueren Literaturwissenschaft ist der Begriff der Gattung heftig umstritten, zum Teil wird er sogar abgelehnt. So wird die Anschauung vertreten, jedes Kunstwerk habe seinen Grund allein in sich selbst; es gebe keine Normen außerhalb des Werkes. Gattungen seien höchstens klassifikatorische Ordnungsbegriffe ohne Erkenntniswert[19]. Im Gegensatz hierzu steht das Ziel anderer Forscher, mit der Gattungskritik »in den innersten Kern eines Kunstwerks einzudringen und zu zeigen, wie sich von da her das geheime Leben bis in die letzten Verästelungen der Sprache, des Verses, der äußeren Form organisiert«[20].

---

[15] Vgl. Richter, Exegese, 74. 132. Seine terminologischen Festlegungen werden hier im wesentlichen aufgenommen. Im Unterschied zu seiner Bestimmung wird »Form« aber nicht in Opposition zu »Inhalt« eingeführt, da sich die Strukturanalyse eines Textes nach den sprachtheoretischen Überlegungen unter den Aspekten »Ausdruck« und »Bedeutung« vollzieht; vgl. unten die Diskussion der Form-Inhalt-Problematik und Richter a. a. O. 75ff.

[16] Richter a. a. O. 132.

[17] So spricht Fohrer z. B. wechselweise von »Redeform« oder »Gattung« (vgl. Einleitung, 384ff.); ähnlich Westermann, Grundformen.

[18] Hermisson, Studien, 138 Anm. 1, z. B. will »Form« als Oberbegriff verwendet sehen; ihr seien Gattung sowie die Merkmale, die sie kennzeichnen, unterzuordnen. Crüsemann, Studien zur Formgeschichte, 13f. Anm. 1, hingegen schlägt vor, »Gattung« als Oberbegriff anzusehen, der die Form einer sprachlichen Äußerung, ihren Sitz im Leben und ihre Funktion umfaßt.

[19] Stellvertretend für andere Forscher sei Fubini genannt, der das einzelne, individuelle dichterische Werk im Sinn des Idealismus als aprioristische Synthese von Intuition und Expression versteht; vgl. seine Abhandlung »Entstehung und Geschichte der literarischen Gattungen«.

[20] Kayser, Das sprachliche Kunstwerk, 387.

Danach soll die Untersuchung der Gattung den Literaturwissenschaft-
ler vor die »ewigen Gesetze« führen, »nach denen sich das sprachliche
Kunstwerk bildet«[21].

Wenn in dieser Studie Gattung als abstrahierte sprachliche Zeige-
handlung eingeführt wurde, dann soll dieser Vorschlag einen Weg aus
dem Dilemma zwischen diesen beiden Positionen zeigen. Im Anschluß
an die sprachanalytischen Überlegungen, wie sie oben dargestellt wurden, wird damit ein Standort zwischen den beiden einander entgegen-
gesetzten Polen des Individuellen und des Kollektiven gesucht. So
wird einerseits die soziale Dimension sprachlicher Handlungen berücksichtigt, andererseits das Verhältnis des einzelnen Textes zur
gattungsgeschichtlichen Textreihe neu bestimmt.

Der Verwendung von »Form« und »Gattung« entsprechend werden auch die
Termini *Formgeschichte* und *Gattungsgeschichte* in der Forschung bisher unterschiedlich
gebraucht. So wird einerseits Formgeschichte als »Bezeichnung der Arbeitsmethode«
(im Sinne von Formkritik) von Gattungsgeschichte als der »Benennung der Geschichte
einer bestimmten Gattung« getrennt[22]. Andererseits wird Formgeschichte als Oberbegriff für alle exegetischen Methoden bestimmt[23]. In dieser Studie wird vorgeschlagen,
den Terminus Formgeschichte entsprechend der Einführung von »Form« — auch zur
Bezeichnung einer Methode — aufzugeben und den Terminus Gattungsgeschichte
weiterhin in dem eben beschriebenen Sinn zu verwenden, d. h. zur Bezeichnung des
Arbeitsschrittes, der die synchrone Betrachtungsweise einer Gattung durch eine diachrone ergänzt[24].

Indem Gattungen als sprachliche Zeigehandlungsschemata aufgefaßt werden, denen eine vereinbarte Anwendungsmöglichkeit entspricht, gehört die Bestimmung der sozio-kulturellen Bedingungen, auf
die die Gattungen verweisen, konstitutiv zu ihrer Beschreibung.
Anders gesagt: Gattungen leiten sich von Vorgängen her, die immer
wieder stattfinden und in wesentlichen Punkten vergleichbar sind;
sie führen gewissermaßen auf eine typische Situation zurück. Diese
Situation, durch einen Abstraktionsvorgang gewonnen, heißt *Sitz
im Leben*.

Der Ausdruck *Vorgang*[25] bezeichnet danach das, was an einem Ereignis typisch
bzw. universell ist, d. h. was an ihm durch Allgemeinbegriffe beschrieben werden kann.
Ein »Vorgang (P)« ist so die Klasse aller Ereignisse P_k, P_l . . ., die sich nur durch die
Verschiedenheit der Individualien unterscheiden[26]. Die Frage nach dem Sitz im Leben
ist damit nicht auf das einzelne, einem Text jeweils zugrunde liegende Ereignis, sondern

---

[21] Kayser a. a. O.

[22] So Barth-Steck, Exegese des Alten Testaments, 55f.

[23] So Koch, Formgeschichte, 49. 66 u. ö.

[24] Vgl. dazu Richter, Exegese, 35.

[25] Vgl. die Rede von dem »Vorgang des Scheltens« in § 9.

[26] Siehe Popper, Logik der Forschung, 56f.

auf die typische sozio-kulturelle Bedingung gerichtet, auf die die dem entsprechenden Text zugrunde liegende Gattung hinweist[27].

Eine Gattung als typische Redeform ist somit erst dann hinreichend bestimmt, wenn die entsprechende typische Redesituation, d. h. ihre typische Funktion beschrieben ist[28]. Da in alttestamentlicher Zeit das gesellschaftliche Leben und damit auch die Sprache als umweltabhängige Größe eher noch stärker als heute von Institutionen, geprägten Abläufen und Riten bestimmt waren, ist die Erforschung der sozio-kulturellen Prägung der Gattungen ein besonders wichtiger Faktor der alttestamentlichen Exegese.

Mit dieser Beschreibung der Gattungstheorie, die dem methodischen Vorgehen dieser Studie zugrunde liegt, wird die Differenz zu anderen Gattungstheorien in der alttestamentlichen Wissenschaft offenkundig. So wird von vielen Forschern die Ansicht vertreten, man könne dann von einer Gattung sprechen, »wenn sich eine bestimmte Form mit einem bestimmten Inhalt verbunden hat und beide einen festen Bezugspunkt, einen bestimmten Sitz im Leben besitzen«[29]. Dieser Bestimmung steht die Anschauung gegenüber, der Ausgang von der Form sei der einzig mögliche

---

[27] Wenn Hermisson, Studien, 290ff., die Ansicht vertritt, der Sitz im Leben müsse nicht immer eine »soziologische Tatsache« sein, d. h. er sei »nicht ausschließlich, ja nicht einmal wesentlich aus soziologischen Gegebenheiten abzuleiten«, dann trifft zwar seine Polemik gegen Reventlow, Das Amt, 9ff., zu, wonach der Sitz im Leben stets ein institutionelles Amt darstelle, doch zugleich leistet er einer Sprachverwirrung Vorschub, indem er den Ausdruck »soziologische Tatsache« bzw. »soziologische Gegebenheit« auf das institutionelle Verständnis von Reventlow beschränkt. Demgegenüber ist nachdrücklich die Tatsache festzuhalten, daß der Sitz im Leben stets die sozio-kulturellen Bedingungen bezeichnet, auf die die Gattung verweist. Vgl. Koch, Formgeschichte, 35f., der Sitz im Leben als »eine gesellschaftliche Gegebenheit« versteht, »die durch das Brauchtum der jeweiligen Kultur hergebracht ist und dem Sprechenden samt Hörern oder dem Schreibenden samt den Lesern eine so feste Rolle zuweist, daß der Gebrauch eigener sprachlicher Gattungen notwendig wird« (Formgeschichte, 35f., im Original teilweise gesperrt).

[28] Vgl. Richter, Exegese, 145: »Die Funktion einer Gattung liegt also darin, ihren 'Sitz im Leben' zu erkennen . . . Wie bei der Gattung handelt es sich bei ihm um dauernd am Material zu überprüfende Annäherungswerte.« — Richters methodischer Ansatz, auch die Gattungskritik unter Absehung von dem Inhalt zu betreiben, führt ihn in ein Dilemma, insofern er selbst anerkennt, daß die Erarbeitung von Daten zur näheren Bestimmung des Sitzes im Leben nicht ohne inhaltliche Angaben auskommt (a. a. O.). Verzichtet er auf sie, so trifft der Vorwurf von Gerstenberger zu, er vernachlässige die Frage des Sitzes im Leben (»Heavy reliance upon grammatical criteria alone will inevitably lead to neglecting the life setting of the type of speech in question.« [JBL 86, 1967, 490]), berücksichtigt er sie aber, so widerlegt er sich selbst. An dieser Stelle wird deutlich, daß die in der vorliegenden Studie getroffene Unterscheidung zwischen Ausdruck, Bedeutung und Inhalt nicht nur hilfreich, sondern entscheidend wichtig ist.

[29] Kaiser, Einleitung, 46; ebenso in: Einführung in die exegetischen Methoden, 19. Ähnlich schon Gunkel, Die Grundprobleme, u. ö.

Weg, sich dem Problem der Gattung zu nähern, d. h. der Inhalt sei zugunsten der Form (im Sinne von Struktur) abzublenden[30]. Damit spitzt sich die Problematik auf die Diskussion über die Beziehung von Form und Inhalt zu.

Auch wenn diese vielschichtige Frage, die auch in anderen Wissenschaften heftig diskutiert wird, an dieser Stelle nicht ausreichend behandelt werden kann, so soll sie doch in dieser Studie nicht ausgeklammert, sondern in bezug auf die Gattungstheorie aufgenommen werden.

So ist darauf zu verweisen, daß diese Untersuchung es vermieden hat, die Ausdrücke »Form« und »Inhalt« in Opposition zueinander zu setzen, sie vielmehr in völlig neuer Weise bestimmte: »Form« als Beschreibung eines Einzeltextes aufgrund der Strukturanalyse, »Inhalt« als das, was durch eine sprachliche Handlung ausgesagt wird bzw. werden soll. Dadurch wurden einerseits die Schwierigkeiten umgangen, die sich aus der philosophischen Tradition dieser beiden Begriffe ergeben, andererseits konnte die Frage ihrer Distinktion bzw. Korrelation — zumindest im Rahmen dieser gattungskritischen Studie — außer Betracht bleiben.

Das heißt nicht, daß in dieser Arbeit die damit bezeichnete Problematik nicht berücksichtigt worden ist. Vielmehr wurde diese Frage in der Weise angegangen, daß zwischen einer Ausdrucks- und Bedeutungsseite einer sprachlichen Handlung unterschieden wurde. Damit sollte der Erkenntnis Rechnung getragen werden, daß 1. eine Berücksichtigung des konkreten Inhalts eines Textes auf der Ebene der Gattungskritik zu Fehlschlüssen führt, indem sie der Verwechslung von Form und Gattung, von Einzeltext und Texttypus Vorschub leistet[31], 2. die Vernachlässigung des semantischen Aspekts eine Gattungsbeschreibung unmöglich macht, wenn Gattung nicht nur als klassifikatorischer Ordnungsbegriff aufgefaßt werden soll[32].

Mit dieser Entscheidung wurde die traditionelle Opposition von Form und Inhalt zurückgewiesen[33]. Statt dessen wurde einem methodischen Ansatz der Vorzug gegeben, den einerseits seine Berücksichtigung sowohl der Ausdrucks- als auch der Bedeutungsseite, andererseits sein formalisierendes Vorgehen kennzeichnet: Die Gattung wurde als abstrahiertes Zeigehandlungsschema aufgefaßt, dem eine bestimmte Anwendungsmöglichkeit entspricht. Auf diese Weise sollte beiden Gefahren begegnet werden: 1. den

---

[30] Siehe Richter, Exegese, 128ff., der seine Darstellung der Gattungskritik zusammenfaßt: »Bei dem jetzigen Stand von Analyse und Theorie ist festzustellen, daß wohl ein verschiedenartiger Bezug von Inhalt und Gattung wichtig ist, aber vorläufig nicht als derart konstitutiv angesehen werden kann, daß er in die Definition der Gattung aufgenommen werden muß.« (a. a. O. 137).

[31] Vgl. Richter, Exegese, 46. 74: »Die Vermischung von Einzeltext (Form) und Typentext (Gattung) und den entsprechenden inhaltlichen Größen hat verheerende Folgen in der Forschungsgeschichte gezeitigt, die bis heute noch nicht ausgeräumt sind« (S. 46).

[32] Damit wird das methodische Verfahren der amerikanischen Linguistik abgelehnt, die die Untersuchung der Bedeutung praktisch aus der Sprachwissenschaft ausgeschlossen hat; vgl. dazu Bierwisch, Strukturalismus, 100.

[33] Ohne daß an dieser Stelle eine kritische Auseinandersetzung mit der »Negativen Dialektik« Adornos möglich wäre, verdient doch sein Hinweis festgehalten zu werden: »Daß durch die Form des Überhaupt der Gedanke jenes Sachhaltige abzuschütteln vermöchte: die Supposition absoluter Form, ist illusionär. Für die Form Sachhaltiges überhaupt ist konstitutiv die inhaltliche Erfahrung von Sachhaltigem« (a. a. O. 137).

Abstraktionsvorgang in der Gattungsbestimmung so weit voranzutreiben, daß die Gattungen platt oder nichtssagend werden und man letzten Endes als oberste Gattungen »Prosa« und »Poesie« mit allgemeinsten Strukturregeln erhält; 2. durch einen Ansatz bei den konkreten Inhalten von Texten die Unterscheidung von Form und Gattung zu übersehen und dadurch die Möglichkeit unsachgemäßer Eintragungen zu vergrößern.

Damit ist der methodische Entwurf dieser Studie zwischen den beiden Extrempositionen einzuordnen: einer inhaltsbestimmten »Formgeschichte« einerseits und einer unter Absehung von dem semantischen Aspekt verfahrenden »Gattungskritik« andererseits[34].

In Zusammenhang mit der Einführung des Terminus »Sitz im Leben« ist noch auf eine Problematik einzugehen, die in der Gattungsforschung häufig zu wenig Beachtung findet. So ist nachdrücklich darauf hinzuweisen, daß eine Gattung oft nicht ihrem Sitz im Leben entsprechend gebraucht wird und somit zwischen dem Sitz im Leben und dem *Sitz in der Rede* bzw. *Sitz in der Literatur* zu unterscheiden ist[35]. Damit sind nicht solche Fälle angesprochen, in denen eine Gattung

---

[34] Diese beiden Extrempositionen lassen sich in der Forschung allerdings nur tendenziell erkennen. So ließen sich etwa unter den neueren methodischen Entwürfen die Arbeiten von Barth—Steck und Richter einander gegenüberstellen. Während erstere »unter der Voraussetzung einer Korrelation von Inhalt und Form auf ein methodisch sachgemäßes Verständnis der Anlage und Aussageintention des betreffenden Textes« (Exegese des Alten Testaments, 64) in dem Arbeitsschritt der »Formgeschichte« abzielen, sucht letzterer unter Absehung von dem inhaltlichen Aspekt auf der Ebene der »Gattungskritik« das gemeinsame Strukturmuster einer Formengruppe zu erkennen (Exegese, 132ff.). Damit soll nicht behauptet werden, daß Barth-Steck die Ausdrucksseite und Richter die Bedeutungsseite völlig vernachlässigen. Doch ihr unterschiedlicher methodischer Ansatz führt zu einer gegensätzlichen Verteilung des Schwergewichts. So dringt die vorliegende Studie einerseits — in Übereinstimmung mit Richter — auf ein formalisierendes Verfahren der Gattungskritik, so daß die Zuordnung eines Textes zu einer Gattung nicht die Bestimmung seiner Aussageintention ermöglicht (gegen Barth—Steck a. a. O. 54. 81), andererseits betont sie — mit Barth—Steck — die Problematik eines methodischen Verfahrens, das den semantischen Aspekt abblendet, und hebt die Grenzen seiner Formalisierbarkeit hervor (gegen Richter a. a. O. 136 u. ö.). — Vgl. dazu Zenger, Ein Beispiel exegetischer Methoden, 128f., der einen dieser Studie ähnlichen Ansatz vertritt, und Bjørndalen, ZAW 82 (1970), 347ff., der in einer Analyse der Gattung des motivierenden Mahnspruchs, wie sie Richter in seiner Untersuchung »Recht und Ethos« beschrieben hat, die Opposition von Form und Inhalt als ungeeignet zur Beschreibung der unterschiedlichen Ansätze erkennt.

[35] Auf die Notwendigkeit dieser Unterscheidung hat Fohrer, ThR NF 28 (1962), 331, eindringlich hingewiesen; vgl. Hoffmann, ZAW 82 (1970), 341ff., und Schreiner, Formen und Gattungen, 196. Auch Güttgemanns, Offene Fragen zur Formgeschichte, 252f., stellt diesen Tatbestand nachdrücklich heraus. Um Mißverständnisse zu vermeiden, ist allerdings zu beachten, daß diese Darstellungen eine z. T. von dieser Studie abweichende Terminologie verwenden.

in einem Situationsbereich verwendet wird, der dem ursprünglichen
Sitz im Leben so eng verwandt ist, daß nicht von einem Wechsel,
sondern von einer Erweiterung oder Verallgemeinerung des Sitzes im
Leben zu reden ist[36]. Vielmehr sind solche Stellen gemeint, wo sich
der Situationshintergrund eines Textes nicht mit dem Sitz im Leben
der entsprechenden Gattung zur Deckung bringen läßt. In diesem
Fall wird die Gattung nicht ihrer typischen Funktion gemäß gebraucht, d. h. sie wird funktionsatypisch angewendet[37].

Die Feststellung, ob eine Gattung an einer Stelle funktionstypisch oder -atypisch
verwendet ist, beantwortet noch nicht die Frage, welche Absicht oder *Intention* der
Sprecher verfolgt. Dazu ist die Kenntnis des Kontextes — im Sinne der aktuellen
Redesituation und ihrer Voraussetzungen — nötig, innerhalb dessen der Sprecher seine
Sprachkompetenz aktualisiert. Anders gesagt: Die Bestimmung der Gattung eines
Textes, ihres Sitzes im Leben und ihrer Funktion im Textzusammenhang liefert zwar
wichtige Hinweise für ein angemessenes Verständnis des betreffenden Textes, doch ist
damit sein Inhalt noch nicht eindeutig erfaßt. Erst die Zusammenschau der Ergebnisse
aller exegetischen Schritte kann eine Antwort auf die Frage wagen, was der Text aussagt bzw. aussagen soll[38].

Die Beobachtung, daß eine Gattung funktionstypisch oder
-atypisch verwendet wird, kann für die *Gattungsgeschichte* relevant
werden, deren diachrone Betrachtungsweise solchen und ähnlichen
Erscheinungen nachspürt. Indem sie die konstanten und variablen

---

[36] Entscheidend hierfür ist die Frage, ob die Gattung noch ihrer typischen Anwendungsmöglichkeit entsprechend, d. h. funktionstypisch verwendet wird; vgl. Exegese des
Alten Testaments, 95 f.

[37] Eine solche Unterscheidung, die im Anschluß an Hoffmann a. a. O. getroffen wurde,
entspricht dem Vorschlag von Barth—Steck, Exegese des Alten Testaments, 63, den
Ausdruck »Sitz im Leben« enger zu fassen und ihn für den Lebensbereich vorzu-
behalten, der die Gattung wirksam geprägt hat. — Die Polemik von Koch (a. a. O.
48) gegen die Gleichsetzung von Funktion und Sitz im Leben trifft Hoffmann
(a. a. O.) nicht, da sie auf einer Fehlinterpretation von dessen Absicht beruht. Hoffmann setzt Sitz im Leben und Funktion gerade nicht gleich, sondern zielt auf eine
präzise Unterscheidung von Sitz im Leben, Funktion und Intention einer Gattung.

[38] Hoffmann a. a. O. hat auf diese Unterscheidung von Gattung — er spricht statt
dessen mißverständlich von »Form« —, Funktion und Intention nachdrücklich
aufmerksam gemacht. Hingegen lehnen Barth—Steck, Exegese des Alten Testaments,
65, diese Differenzierung zwischen Funktion und Intention ab, und zwar mit der
Begründung, sie lasse sich »in methodisch nachprüfbarer Weise nicht durchführen«.
Auch wenn diese methodische Skepsis bei einer Vielzahl von alttestamentlichen
Texten zu Recht besteht, da der Kontext des Schreibenden bzw. Redenden häufig
nicht mehr rekonstruierbar ist, so wird dadurch nicht die betreffende Unterscheidung irrelevant, zumal dann nicht, wenn die Aussageintention eines Textes statt
dessen kurzschlüssig aus den Ergebnissen der Gattungsbestimmung abgeleitet wird
(so Barth—Steck a. a. O. 54. 65. 81). — Vgl. dazu auch Tucker, Form Criticism, 11.
16, mit seiner Gleichsetzung von »intention« und »function«.

Elemente einer Gattung feststellt, ihre Abwandlungen und Veränderungen im Verlauf der Geschichte ihrer Verwendung untersucht — und zwar hinsichtlich ihres Strukturschemas ebenso wie der betreffenden sozio-kulturellen Bedingungen — läßt sie Differenzierungen und Beziehungen zwischen den Formengruppen, Akzentverschiebungen und neue Zielsetzungen erkennen und trägt damit zur Literaturgeschichte ebenso bei wie zur Literatursoziologie[39].

3. Methodisches Verfahren

Die Darstellung der Gattungstheorie hat das methodische Verfahren erkennen lassen, das zur Beschreibung einer Gattung führt. Danach wird die Gattung als Texttypus durch den Vergleich ähnlicher, literarisch voneinander unabhängiger Formen gewonnen, indem unter Absehung von der individuellen Gestaltung der Texte die ihnen gemeinsamen, typischen Strukturmerkmale in einem Abstraktionsvorgang bestimmt werden. Dies setzt jedoch voraus, daß eine Reihe von Texten textkritisch bearbeitet, literarkritisch abgegrenzt und gesondert[40] und in ihrer Struktur durch eine formale Analyse[41] bestimmt ist.

Im einzelnen lassen sich folgende methodischen Schritte voneinander abheben:

a) Die *Formenkritik* vergleicht die Texteinheiten miteinander, deren Struktur zuvor durch die formale Analyse bestimmt wurde,

---

[39] Güttgemanns, Offene Fragen zur Formgeschichte, 255, hat darauf hingewiesen, daß die in der allgemeinen Sprachwissenschaft geübte methodische Unterscheidung von Sprachstruktur, -gebilde, -werk, -form (langue) und Sprechakt (parole) für die Gattungskritik sehr wichtig ist, »weil sie sowohl die soziologische Strukturgesetzlichkeit der sprachlichen Gattungen als auch die dialektische Wechselwirkung von sprachlicher 'Gestalt' und literarischer Individualität innerhalb der Gattungs*geschichte* zu erklären vermag«. Dieser Hinweis macht auf sprachwissenschaftliche Fragestellungen aufmerksam, die aufzuarbeiten es noch weiterer Untersuchungen bedarf.

[40] Zur Begründung der notwendigen Vorordnung der Literaturkritik vgl. Zenger, Ein Beispiel exegetischer Methoden, 108, und Richter, Exegese, 72. Schon Balla hat diesen Grundsatz hervorgehoben, daß jede Untersuchung einer Gattung damit zu beginnen hat, »den Umfang der in Frage kommenden Einheiten« festzustellen (S. 7, im Original gesperrt).

[41] Eine solche Strukturanalyse eines Textes verläuft unter den Aspekten des Ausdrucks und der Bedeutung auf der Laut-, Wort- und Satzebene und hat zum Ergebnis die äußere und innere Struktur sowie die Funktion und den Horizont einer Texteinheit; zur Begründung und Beschreibung dieses methodischen Schrittes siehe Exegese des Alten Testaments, 57—81. Dabei kommt es darauf an, nicht bei einer Aufzählung der Elemente stehenzubleiben, sondern zu versuchen, ihre Funktion im Zusammenhang zu erkennen.

und faßt die unter Berücksichtigung der Aspekte Ausdruck und
Bedeutung strukturell ähnlichen Formen zu Gruppen zusammen.

b) Gegenstand der *Gattungskritik* sind strukturgleiche oder -ver-
wandte Einheiten, die literarisch voneinander unabhängig sind. Diese
beiden Voraussetzungen, die Strukturähnlichkeit und die literarische
Unabhängigkeit, müssen erfüllt sein, wenn eine Gattung behauptet
werden soll. Denn eine den Formen vorausliegende und sie prägende
Größe kann nur dann mit Sicherheit angenommen werden, wenn 1. die
Formen einander strukturell (nach Ausdruck und Bedeutung) so
ähnlich sind, daß die Formenkritik sie zu einer Gruppe ordnet, und
2. sie nicht literarisch voneinander abhängen oder als Konstruktion
eines Verfassers erklärt werden können[42].

Ziel dieses Strukturvergleiches ist es, durch einen Abstraktionsvorgang die gemeinsamen, kennzeichnenden Strukturmerkmale der
betreffenden Einheiten festzustellen, d. h. das Strukturschema zu erkennen, das ihnen zugrunde liegt[43]. Dieser Vergleich prüft die Strukturmuster einer Formengruppe daraufhin, welche Merkmale sich so
häufig finden, daß sie als typisch gelten können, und vollzieht sich
damit unter den Aspekten Ausdruck und Bedeutung als Auswahlvorgang. Ein Vergleich der Stile der einzelnen Formen läßt oft eine
Übereinstimmung erkennen, so daß dann von einem »Gattungsstil«
gesprochen werden kann.

Wenn auf diese Weise das Strukturschema bestimmt wurde, so
ist damit die Gattung noch nicht hinreichend beschrieben. Das Strukturschema bedarf der Ergänzung durch die Angabe seiner Funktion,
d. h. seines typischen Anwendungsbereiches. Zur Bestimmung dieses
Sitzes im Leben der Gattung werden Funktion und Horizont der entsprechenden Einheiten miteinander verglichen und auf übereinstim-
mende Merkmale geprüft. In manchen Fällen wird es hilfreich sein,
die konkrete Redesituation aller Formen zu bestimmen, die als individuelle Ausprägungen einer bestimmten Gattung erkannt sind[44].
Doch dürfen diese Beobachtungen nicht ohne weiteres verallgemeinert
werden, um die Unterscheidung zwischen Form als Einzeltext und
Gattung als Texttypus nicht zu verwischen. Auch wenn sich dadurch
möglicherweise Tendenzen ablesen und vorläufige Hinweise gewinnen

---

[42] Vgl. dazu Richter, Exegese, 138f.

[43] Der Terminus Schema weist darauf hin, daß ein solcher Texttypus als Zeichen zu
verstehen ist, d. h. ein sprachliches Zeigehandlungsschema darstellt, dem ein bestimmter Anwendungsbereich entspricht; siehe oben die Ausführungen zur Gattungstheorie.

[44] Dazu sind die Fragen Gunkels hilfreich: »Wer ist es, der redet? Wer sind die
Zuhörer? Welche Stimmung beherrscht die Situation? Welche Wirkung wird
erstrebt?« (Gunkel, Grundprobleme, 33).

lassen, die entscheidenden Kriterien zur Bestimmung des Sitzes im Leben bleiben Funktion und Horizont der entsprechenden Texte.

Nachdem die konstitutiven Merkmale einer Gattung, ein bestimmtes Strukturschema und seine typische Funktion, ermittelt sind, stellt sich die Frage nach ihrer Benennung. Eine solche Bezeichnung dient dazu, die Verständigung in der Forschung zu erleichtern; sie ist aber nicht die Sache selbst, sondern steht für die Sache. »Gegenstand weiterer Fragen bleibt ... die Formengruppe und deren Strukturmuster, Gegenstand wird nicht die Gattungsbezeichnung.«[45]

Da die alttestamentliche Literatur nur in seltenen Fällen eine Gattungsbezeichnung vorschlägt, ergibt sich die Notwendigkeit, neue Bezeichnungen zu prägen. Als Termini der Wissenschaftssprache sind sie exemplarisch und mit Prädikatorenregeln einzuführen[46]. Dabei sollten folgende Gesichtspunkte berücksichtigt werden:

1. Die umgangssprachliche Verwendung der Bezeichnung sollte Beachtung finden, damit keine Assoziationen geweckt werden, die die Verständigung erschweren. Diese Forderung entspricht der Erkenntnis, daß die wissenschaftliche Begriffsbildung im alltäglichen Handeln des Menschen verankert ist und daher nicht nur logisch, sondern auch hermeneutisch begründet werden muß[47].

2. Die Bezeichnung sollte eindeutig und nicht von einer aktuellen Redesituation abhängig sein. Damit ist nicht gemeint, daß sie außerhalb jedes Kontextes einzuführen ist, vielmehr sollte sie nur kontextinvariant sein, d. h. für stets dieselbe Verwendung vorgesehen sein.

3. Die Bezeichnung sollte die situationstypische Verwendung der Gattung, ihre Funktion, erkennen lassen. In diesem Falle käme ihr Aussagegehalt zu; die wissenschaftliche Kommunikation würde dadurch erleichtert.

4. Die Bezeichnung sollte nicht auf einer so hohen Abstraktionsstufe stehen, daß sie nichtssagend wird und der wissenschaftlichen Diskussion keine Impulse vermittelt. Anders gesagt: Sie sollte nicht zu allgemein oder blaß gewählt werden, sondern sollte durch ihre Bedeutung zur Theoriebildung anregen.

c) Als Zusammenfassung dieses Abschnittes mag das folgende Schaubild dienen, das die einzelnen methodischen Schritte der Formen- und Gattungskritik graphisch veranschaulicht.

---

[45] Richter, Exegese, 140.
[46] Siehe Kamlah—Lorenzen, Logische Propädeutik, 70ff.; vgl. § 9, 2c.
[47] Nach Seiffert, Einführung in die Wissenschaftstheorie, 1f.; vgl. Alonso—Schökel, Sprache Gottes, 105f.

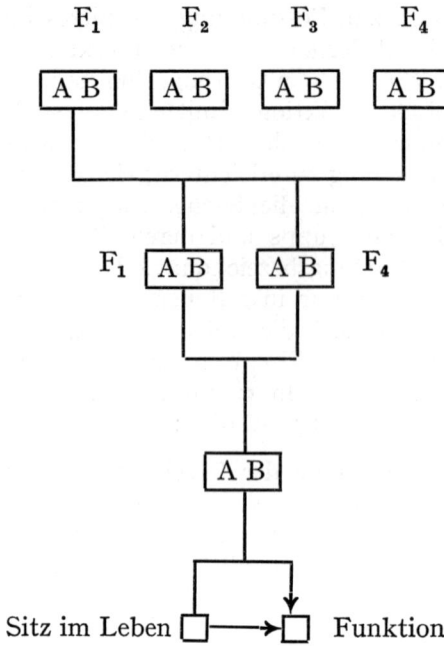

F: Form

A: Aspekt Ausdruck
B: Aspekt Bedeutung

Formenkritik
   Strukturvergleich
Formengruppe

Auswahlvorgang
   Strukturvergleich

Strukturschema:

Gattung

Schluß

Diese Untersuchung setzte es sich nicht zum Ziel, in umfassender Weise die Problematik der Gattung des Scheltworts zu behandeln. Ein solches Vorhaben verhinderte nicht nur der begrenzte Umfang dieser Studie, auf den hinzuweisen an mehreren Stellen nötig war, sondern vor allem die Forschungslage, die durch das Fehlen einer wissenschaftlich exakten Methodik und damit auch Terminologie gekennzeichnet ist. Statt dessen versuchte sie in exemplarischer Weise das Thema anzugehen und auf diesem Wege sowohl Einsichten in bezug auf die fragliche Gattung zu gewinnen als auch ein methodisches Verfahren zu entwickeln, das den Kriterien der Mitteilbarkeit und Nachprüfbarkeit genügt.

Da die Darstellung der verschiedenen Arbeitsschritte jeweils mit einer Zusammenfassung ihrer Ergebnisse abgeschlossen wurde, kann an dieser Stelle darauf verzichtet werden, die Einzelheiten zu wiederholen. Vielmehr reicht es aus, einige Schwerpunkte herauszustellen und die Frage zu prüfen, welche Konsequenzen sich daraus ergeben können.

1. Die Analyse der Sprüche des Propheten Amos hat eine Reihe von Ergebnissen gebracht, die über den Rahmen dieser Studie hinausführten und deshalb nicht ausgewertet wurden. Der zusammenfassende Überblick in § 7 stellt sie nur zum Teil dar; vor allem konnte er Beobachtungen nicht nachgehen, zu deren Stützung es weiterer exegetischer Schritte bedurft hätte. Diese Hinweise, die vor allem die Herleitung mancher Sprüche von Amos fragwürdig machen, sollten verfolgt und auf ihre Tragfähigkeit geprüft werden. Die Bedeutsamkeit einer solchen Untersuchung ist offenkundig, da sie sowohl das Verständnis des Propheten Amos verändern als auch neue Aspekte zur Geschichte seiner Wirkung beitragen könnte.

2. Die Gattung des Scheltworts, der diese Studie gilt, konnte in ihren kennzeichnenden Merkmalen beschrieben werden. So wurde das Strukturschema, das auf die sprachliche Handlung des Scheltens verweist, unter den Aspekten Ausdruck und Bedeutung erarbeitet. Die Angabe der konstitutiven Kriterien ermöglicht seine Überprüfung und eventuelle Korrektur. Sein typischer Anwendungsbereich, der Sitz im Leben der Gattung, ergab sich aus einem Vergleich der Funktion und des Horizonts der betreffenden Texteinheiten. Auch die Umrisse einer Gattungsgeschichte ließen sich zeichnen.

Eine Anwendung dieser Ergebnisse auf die Sprüche in Am führte zu der bemerkenswerten Feststellung, daß sich in diesem Propheten-

buch nur ein einziges Scheltwort findet. Bei allen anderen Texten in
Am, die dieser Gattung traditionellerweise zugeordnet werden, läßt
sich diese Bestimmung nicht aufrechterhalten. Statt dessen handelt es
sich in diesen Fällen in der Regel um ein Strukturelement der
begründeten Unheilsankündigung. Die Behauptung, daß das Scheltwort eine eigentümlich prophetische Redegattung sei, bestätigte sich
damit nicht.

In weiteren Untersuchungen wird zu klären sein, ob diese Ergebnisse nur für Am gelten oder — wie eine ungefähre Durchsicht
der anderen Prophetenbücher vermuten läßt — für die prophetische
Verkündigung insgesamt zutreffen. Sollte dies der Fall sein, so stellt
sich die Frage, wie die seltene Verwendung dieser Gattung in der
Prophetie zu erklären ist. Auch wenn die Aussageintention des
Sprechers durch die Bestimmung seiner Redegattung noch nicht eindeutig festgelegt ist, so sollte doch dieser Tatbestand, daß die Propheten die Gattung des Scheltworts nur in seltenen Fällen aufgegriffen haben, zu einer differenzierteren Betrachtungsweise ihrer
Verkündigung anleiten, als dies bisher häufig geschieht.

3. Die Studie legt einen methodischen Entwurf vor, der einerseits
auf der sprachanalytisch gewonnenen Theorie der Gattung als eines
sprachlichen Zeigehandlungsschemas basiert, andererseits Fragestellungen und Arbeitsweisen der Sprach- und Literaturwissenschaft aufnimmt. Indem sie die neue Methodik exemplarisch erprobte und theo-
retisch reflektierte, kann der Leser ihre Tragfähigkeit unmittelbar
überprüfen. Die Einführung einer präzisen Terminologie und die
genaue Beschreibung des methodischen Verfahrens setzen ihn instand,
andere Gattungen nach denselben Kriterien zu untersuchen und auf
diese Weise den methodischen Ansatz erneut zu prüfen und eventuell
zu korrigieren. Wenn die Studie dazu anregt, die Ergebnisse der
Sprach- und Literaturwissenschaft in der alttestamentlichen Exegese
aufzuarbeiten und sich kritisch mit ihnen auseinanderzusetzen, dann
hat sie eines ihrer Ziele erreicht, nämlich die Notwendigkeit der
Berücksichtigung dieser Wissenschaften zu erweisen. Insofern kommt
dem methodischen Kapitel zum Abschluß der Untersuchung die
Qualität eines Hinweises als auch eines Vorschlages zu.

An dieser Stelle wird der Prozeßcharakter der vorliegenden
Arbeit besonders deutlich. Sie weiß sich auf vorliegende Ergebnisse
der alttestamentlichen Forschung und anderer Disziplinen angewiesen
und sie verlangt nach kritischer Fortsetzung. Infolge ihrer unver-
meidlichen Aspekthaftigkeit konnten viele Fragen nur angedeutet,
aber nicht explizit behandelt werden. Doch dürfte diese Offenheit
der Studie weniger ein Mangel als ein Vorzug sein, indem sie zu einem
kritischen Dialog auffordert.

Anhang

Untersuchung zu dem Wortfeld »Schelten« im Hebräischen

Zur Anlage: Die folgende Zusammenfassung der Ergebnisse von Wortuntersuchungen ist in ihrer Darstellung von der Aufgabe bestimmt, die diesem Teil der Arbeit gestellt ist: das Wortfeld »schelten« im Hebräischen abzuschreiten. Aufgrund des gewählten Vorgehens[1] wurde auch eine Vielzahl von Vokabeln untersucht, die für das betreffende Wortfeld nicht von Belang sind. In ihrem Fall beschränkt sich die vorliegende Zusammenfassung der Ergebnisse auf einige statistische Angaben zur Konstruktion oder Datierung der Belege. Doch auch in allen anderen Fällen werden Verwendung und Bedeutung der einzelnen Ausdrücke im Hinblick auf die besondere Aufgabenstellung dargestellt. So wird in der Regel auf etymologische Angaben ebenso verzichtet wie auf Parallelen in verwandten Sprachen. Die Bedeutungsgeschichte einer Wurzel wird ebenso wie ein eventueller spezifischer Sprachgebrauch nur so weit ausgeführt, als sie Relevanz für die anstehende Problematik haben.

Im einzelnen gilt für die Anlage der Darstellung: Die verschiedenen Ausdrücke sind alphabetisch geordnet und in dieser Reihenfolge mit arabischen Ziffern numeriert; doch werden Derivate in dem Abschnitt der entsprechenden Wurzel verhandelt (z. B. מגערת bei גער). Mit * sind solche Abschnitte gekennzeichnet, auf die die Auswertung der Untersuchung des Wortfelds (§ 8, 2) zurückgreift. Die Überschrift der einzelnen Teile umfaßt die hebräischen Vokabeln — Nomina im Gegensatz zu Verba vokalisiert — und in deutscher Übersetzung die betreffenden Bedeutungsangaben der Lexika von a) Gesenius—Buhl (GB) und b) Köhler—Baumgartner (KBL). Diese Angaben sollen den Überblick erleichtern und eine schnelle Orientierung ermöglichen.

In der Darstellung der Ergebnisse stehen in der Regel an erster Stelle die statistischen Angaben über das Vorkommen der Vokabeln im Alten Testament. Häufig geschieht dies in Gestalt einer Tabelle, die eine charakteristische Streuung sogleich erkennen läßt. Gezählt wird jedes Vorkommen des betreffenden Wortes je für sich, wie es in dem nicht emendierten masoretischen Text der BH[3] belegt ist[2].

Angaben über die Datierung der Belege werden in der Regel nur in solchen Fällen gemacht, in denen ihre zeitliche Streuung signifikant ist. Obschon die chronologische Einordnung mancher Texte umstritten oder unmöglich ist[3], sollte doch auf diesen Überblick nicht verzichtet werden, da er wichtige Aufschlüsse über die Verwendung der Vokabeln und damit die Sprachgeschichte liefern kann. Angaben zum grammatisch-syntaktischen Gebrauch der Ausdrücke und — falls die Wörter für die anstehende Fragestellung bedeutsam sind — ein Überblick über ihre Verwendung

---

[1] Siehe oben § 8, 2.

[2] Zu diesem Zweck wurden die Konkordanzen sowohl von Lisowsky als auch von Mandelkern benützt, so daß die Ergebnisse durch Vergleich überprüft werden konnten.

[3] Es wurden die gängigen Einleitungswerke ausgewertet, zunächst das von Fohrer, sodann die von Eißfeldt und Kaiser.

unter semantischen Gesichtspunkten[4], im Einzelfall durch eine Darstellung der verschiedenen Belege ergänzt, vervollständigen die Abschnitte.

*1. ארר

    a) verfluchen; *ni.* verflucht werden; *pi.* verfluchen, Fluch bringen; *ho.* verflucht werden

    b) mit einem Fluch belegen; *pi.* mit einem Fluch belegen, einen Fluch bewirken; *ho.* mit einem Fluch belegt sein

	qal	pi.	ni.	ho.	total
Gen	8	1	—	—	9
Ex	1	—	—	—	1
Num	6	6	—	1	13
Dtn	18	—	—	—	18
Jos	2	—	—	—	2
Jdc	4	—	—	—	4
I Sam	3	—	—	—	3
II Reg	1	—	—	—	1
Jer	6	—	—	—	6
Mal	3	—	1	—	4
Ps	1	—	—	—	1
Hi	1	—	—	—	1
AT	54	7	1	1	63

Das Verbum ist nicht in gleicher Weise auf das ganze Alte Testament verteilt, sondern läßt eine schwerpunktartige Streuung erkennen. Es begegnet vorzugsweise in Num 5, 18—27 (6×), Num 22—24 (7×), Dtn 27,15—28, 20 (18×) und in der Prophetenliteratur in Jer (6×) und Mal (4×). Bemerkenswert an seiner grammatisch-syntaktischen Konstruktion ist seine häufige Verwendung (39×) als pt. pass. in den sogenannten אָרוּר-Formeln[5].

Für seine Bedeutung — in Abgrenzung zu anderen Verben des Fluchens (z. B. קלל pi.) — ist seine semantische Opposition zu ברך (»segnen«)[6] charakteristisch. Es kennzeichnet auch seinen Gebrauch im Alten Testament, daß Jahwe als absoluter Herr über den Fluch[7] nie Objekt von ארר wird. Im Rahmen dieser Arbeit ist schließlich von Interesse, daß sich in Ps 119, einem nachexilischen Weisheits- und

---

[4] Es sei nachdrücklich darauf hingewiesen, daß es dabei methodisch unumgänglich erschien, Stelle für Stelle den jeweiligen Kontext eines Ausdrucks zu berücksichtigen; vgl. zu diesem methodischen Grundprinzip Barr, Bibelexegese und moderne Semantik.

[5] Siehe dazu im einzelnen Schottroff, Der altisraelitische Fluchspruch, 25 ff. u. ö.

[6] Gen 9, 25 f.; 12, 3; 27, 29; Num 22, 6. 12; 24, 9; Dtn 28, 16—19; Jdc 5, 23 f.; Jer 17, 5; 20, 14; Mal 2, 2.

[7] Vgl. Keller, THAT, I 239.

Lehrgedicht[8], eine Parallelisierung von ארר und גער, dem hebräischen Wort für »schelten«[9], findet: Jahwes »Schelten« bzw. Fluch wird denen angesagt, die sich seiner Weisung nicht unterstellen (v. 21).

2. אַשְׁמָה
  a) inf. cs. qal von אשׁם; Schuld, Verschuldung
  b) Verschuldung, Schuld

Das Abstraktnomen ist im Alten Testament an neunzehn Stellen belegt, davon nur zweimal in Pluralform. Sieht man von dem text-kritisch umstrittenen Beleg Am 8, 14 ab, so finden sich alle Vor-kommen in nachexilisch zu datierenden Texten: im chronistischen Geschichtswerk (13×), in Lev (P 4×) und in Ps 69 (1×). Es handelt sich also um eine Vokabel, die erst in späterer Zeit gebräuchlich wurde. Ein spezifischer Bedeutungsunterschied zur Wurzel אשׁם läßt sich ebensowenig feststellen wie eine Relevanz für das zu untersuchende Wortfeld.

3. בִּינָה / בין hitp.
  a) auf etwas achtgeben, verstehen/Verstehn, Verständnis; Verstand, Einsicht
  b) sich einsichtig verhalten, seine Aufmerksamkeit zuwenden, sich genau an-sehen, sich umsehen nach / Einsicht

	בין hitp.	בִּינָה	total
Dtn	1	—	1
I Reg	—	1	1
Jes	2	5	7
II Jes	2	—	2
Jer	4	1	5
Ps	5	—	5
Hi	8	8	16
Prov	—	14	14
Dan	—	4	4
I Chr	—	2	2
II Chr	—	2	2
AT	22	37	59

Etwa 90% der Belege sind nachexilisch zu datieren und gehören mehrheitlich Weisheitstexten an. Subjekt des Verbums (meist im impf.) ist das Volk bzw. der einzelne, an zwei Stellen (Hi 11, 11; 30, 20) auch Jahwe. Als Objekt finden sich Abstrakta und menschliche Konkreta. Das Nomen, das bis auf eine einzige Stelle (Jes 27, 11) nur im Singular vorkommt, ist in den weisheitlichen Texten häufig mit

---

[8] So Fohrer, Einleitung, 316f.
[9] Siehe unten zu גער.

חכמה (»Weisheit«)[10], zuweilen auch mit מוּסָר (»Zucht, Mahnung«)[11] parallelisiert.

4. גדף / גְּדוּף / גְּדוּפָה

a) *pi.* höhnen, lästern / Hohnreden
b) *pi.* lästern, schmähen / Lästerworte

	גדף	גְּדוּף	גְּדוּפָה	total
Num	1	—	—	1
II Reg	2	—	—	2
I Jes	2[12]	—	—	2
II Jes	—	2	—	2
Ez	1	—	1	2
Zeph	—	1	—	1
Ps	1	—	—	1
AT	7	3	1	11

Subjekt des Verbums, das fünfmal als Perfektform und zweimal als Partizip belegt ist, sind nur Menschen; Objekt ist stets Jahwe. In ähnlicher Weise sind beide Nomina verwendet: »Lästerreden« führen nur Menschen — gegen Jahwe oder Israel, dagegen werden sie nie von Jahwe ausgesagt. Abgesehen von zwei Stellen (Zeph 2, 8; Ps 44, 17) handelt es sich um exilisch-nachexilische Belege.

*5. גער / גְּעָרָה / מִגְעֶרֶת

a) anschreien, schelten, verwehren; von Gott: bedrohen, bes. um abzuwehren / Schelten, Verweis; Drohung / Bedrohung, Fluch (Gottes)
b) schelten / Schelten, Drohung, das drohende Schelten Gottes / Bescheltung, Bedrohung

	געת		גְּעָרָה		מִגְעֶרֶת		total	
	1.[13]	2.	1.	2.	1.	2.	1.	2.
Gen	1	—	—	—	—	—	1	—
Dtn	—	—	—	—	—	1	—	1
II Sam	—	—	—	1[14]	—	—	—	1
Jes	—	1	2	—	—	—	2	1
II Jes	—	1	—	2	—	—	—	3
III Jes	—	—	—	1	—	—	—	1
Jer	1	—	—	—	—	—	1	—
Nah	—	1	—	—	—	—	—	1

[10] Z. B. Hi 28, 12. 20. 28; 38, 36; Prov 4, 5. 7.

[11] Z. B. Hi 20, 3; Prov 4, 1; 23, 23.

[12] II Reg 19, 6. 22 ist in Jes 37, 6. 23 nochmals überliefert.

[13] Es wird im folgenden zwischen profanem (1.) und spezifisch theologischem (2.) Sprachgebrauch unterschieden.

[14] II Sam 22 entspricht Ps 18. Doch sind in der Statistik beide Vorkommen gezählt.

Sach	—	2	—	—	—	—	—	2
Mal	—	2[15]	—	—	—	—	—	2
Ps	—	4	—	4	—	—	—	8
Hi	—	—	—	1	—	—	—	1
Prov	—	—	3[16]	—	—	—	3	—
Ruth	1	—	—	—	—	—	1	—
Koh	—	—	1	—	—	—	1	—
AT	3	11	6	9	—	1	9	21

14   15   1   30

Das Verbum ist in gleicher Weise in Suffix- und Präfixkonjugationen belegt. In der Regel wird das Objekt mit בְּ (= feindliches »gegen«)[17] konstruiert, in wenigen Fällen auch ohne jede Partikel[18]. Die Nomina begegnen nur in Singularform, meist in präpositionalen Verbindungen, und zwar vorzugsweise mit מִן[19]. Soweit die Vorkommen chronologisch einzuordnen sind, dominieren exilisch-nachexilische Belege[20].

Charakteristisch für den Gebrauch der Wurzel ist ihre überwiegend spezifisch theologische Verwendung: Nur in 9 (von 29) Fällen ist ein profaner Sprachgebrauch feststellbar. So sind als Subjekt des Verbums nur an drei Stellen Menschen genannt (Gen 37, 10; Jer 29, 27; Ruth 2, 16), sonst stets Jahwe. Auch die beiden Nomina beschreiben meist ein göttliches Handeln[21]. Als Objekt dagegen begegnet Jahwe kein einziges Mal, statt dessen finden sich an acht Stellen Einzelpersonen bzw. Völker (z. B. Gen 37, 10; Ps 9, 6; Jes 54, 9), je zweimal der Satan (Sach 3, 2) und das Meer (Ps 106, 9; Nah 1, 4) und einmal die Heuschrecke (Mal 3, 11).

Die Grundbedeutung der Wurzel, die auch im Ugaritischen[22] und in anderen verwandten Sprachen[23] belegt ist, wird mit »laut schreien, anschreien« angegeben[24]. Doch findet sich im Alten Testament bereits nur die eingeengte Bedeutung »scheltend schreien, schelten«.

---

[15] Mal 2, 3 ist allerdings mit BH³ u. a. in עֹרְדֶ zu ändern; vgl. ᵹ (ἀφορίζω).

[16] Prov 13, 8 dürfte mit BH³ u. a. in גֶרֶה zu ändern sein.

[17] Vgl. Brockelmann § 106h und Liedke, THAT, I 430.

[18] So in Ps 9, 6; 68, 31; 119, 21.

[19] Vgl. u. a. Ps 18, 16; 76, 7; 104, 17.

[20] Nur ± 6 (≈ 20 %) Stellen sind vorexilisch zu datieren, ± 18 (= 60%) dagegen exilisch-nachexilisch. In ≈ 5 Fällen ist eine sichere chronologische Fixierung nicht möglich.

[21] Vgl. II Sam 22, 16 (= Ps 18, 16); Jes 51, 20; Ps 76, 7; 80, 17 u. a.

[22] Gordon, Ugaritic Textbook, Nr. 606.

[23] Siehe die aramäischen, arabischen und äthiopischen Belege in den einschlägigen Lexika (GB; KBL).

[24] So Joüon, Biblica 6 (1925), 318ff.; vgl. auch Macintosh, VT 19 (1969), 471ff.

Im einzelnen ergibt sich:

1. In Gen 37, 10 schilt Jakob seinen Sohn Joseph wegen seiner Träume, indem
er diese in zwei vorwurfsvollen, ärgerlichen[25] Fragen als hochmütig qualifiziert. In Jer
29, 27 bzw. Ruth 2, 16 wird gesagt, daß der Leiter der Tempelpolizei Jeremia nicht
gescholten habe, bzw. daß die Knechte des Boas Ruth nicht schelten sollten. In beiden
Fällen bezeichnet גער eine unwillige Maßregelung, die ein bestimmtes (vergangenes
bzw. gegenwärtiges) Tun in der Absicht kritisiert, seine Wiederholung bzw. Fortführung zu verhindern.

Vielfach meint גער ein unmittelbar wirksames Machtwort Jahwes: In Ps 9, 6
wahrt Gott das Recht (משפט) des Beters, indem er dessen Feinde schilt und vernichtet
(אבד / מחה); in Ps 106, 9 (ähnlich Nah 1, 4) schilt er das Meer, so daß es austrocknet[26];
in Ps 119, 21 schilt und verflucht (ארר) er die Gesetzesübertreter; in Jes 17, 13 verjagt
und vernichtet er durchs Schelten die Völker, die Israel bedrohen; in Mal 3, 11 schilt
er die Heuschrecke und verhindert damit deren vernichtenden Fraß.

In Ps 68, 31 bittet der Beter, daß Jahwe seine Macht entfalte und das Tier im
Schilf bedrohe[27]. In Sach 3, 2 soll Jahwe den Satan schelten[28], der ihn an einem Hoheits-
akt hindern will. In Jes 54, 9 schließlich sind גער und קצף parallelisiert: Jahwe
schwört, daß er Israel nicht mehr zürnen und schelten werde. Das Schelten Gottes ist
Folge seines Zornes[29].

2. In ähnlicher Weise wie das Verbum werden die beiden Nomina verwendet.
Die weisheitlichen Stellen (Prov 13, 1; 17, 10; Koh 7, 5) belegen den tadelnden und
heruntermachenden Sinn von גערה. Ein direkt wirksames »Schelten« bezeichnet das
Nomen in den Erwähnungen des Chaoskampfes Jahwes (Ps 18, 16 = II Sam 22, 16;
Ps 104, 7; Jes 50, 2; Hi 26, 11; ähnlich Ps 76, 7; 80, 17). Auch der Zusammenhang von
göttlichem Zorn (אף u. a.) und Schelte ist wiederum belegt (Ps 18, 16 = II Sam
22, 16; Ps 76, 7; Jes 51, 20; 66, 15). In Dtn 28, 20 wird מגערה in Parallele zu מארה
gebraucht. In Jes 30, 17 schließlich bezeichnet גערה eine kriegerische Handlung; anscheinend ist damit eine Scheltrede zur Eröffnung des Kampfes gemeint[30].

Schelten — ursprünglich als ein unmittelbar wirksames Wort vorgestellt[31] — stellt nunmehr »ein sterilisiertes und domestiziertes
Fluchen oder Bannen« dar[32]. Doch nicht mehr bei allen Belegen ist
dieser magische Hintergrund erkennbar, häufig findet sich die Wurzel
auch in abgeschwächtem Sinn in der Bedeutung von »tadeln, zurecht-

---

[25] Macintosh a. a. O. 474 spricht von »angry protest«.

[26] Macintosh a. a. O. 474 urteilt: »What seems to be meant is that the sea is cursed,
even exercised and the effect of that powerful word is seen in its being dried up«.

[27] 𝔐 ist im Fortgang textlich schwierig, so daß eine sichere Grundlage zur Interpretation
fehlt.

[28] Macintosh a. a. O. 477 vermutet, daß es sich bei dem Text um eine Fluchformel
handelt.

[29] Vgl. das Urteil von Macintosh a. a. O. 473: »The words as a whole denote snorting
fury.«

[30] So Liedke a. a. O. 430.

[31] Vgl. Joüon a. a. O. 320 und Jes 17, 13; 50, 2; Ps 76, 7; Nah 1, 4 u. a.

[32] Westermann, Grundformen, 48. — Siehe die Parallelisierung von ארר und גער in
Ps 119, 21; vgl. auch Dtn 28, 20.

weisen«[33]. Herrscht dieser Bedeutungssinn in dem profanen Gebrauch der Wurzel vor, so fällt in dem spezifisch theologischen Sprachgebrauch ihre häufige Verwendung in Zusammenhängen des Chaoskampfes Jahwes auf[34], die anscheinend an die kriegerische Schelte vor dem Kampf anknüpft[35].

6. דִּבָּה

    a) Verleumdung, üble Nachrede
    b) Tuscheln, Gerede, Nachrede

Das feminine Substantiv, das mit dem akkadischen *dabābu* (»sprechen, anklagen«) verwandt sein dürfte[36], begegnet im Alten Testament neunmal, und zwar nur als Singularform: in Gen (P), Jer, Ez, Ps je einmal, in Prov zweimal und in Num (P) dreimal. An keiner Stelle ist die Vokabel auf Jahwe bezogen; Subjekt des mit ihr bezeichneten Geredes sind stets Menschen, Objekt Menschen bzw. das palästinensische Kulturland. Eine Bedeutungsverwandtschaft mit dem Ausdruck גער bzw. mit »schelten« läßt sich nicht erkennen[37].

*7. זעם / זַעַם

    a) heftig auf jemanden zürnen und ihn den Zorn fühlen lassen; verwünschen; *ni.* zornig sein / Zorn, bes. strafender Zorn Gottes, Strafgericht
    b) (fluchtartig) verwünschen, beschelten, Verwünschungen ausstoßen; *ni. (pt.)* von der Verwünschung betroffen / Verwünschung (durch den strafenden Gott), Verwünschung (der Menschen gegen Gott)

	qal	ni.	זַעַם	total
Num	3	—	—	3
Jes	—	—	5	5
III Jes	—	—	1	1
Jer	—	—	3	3
Ez	—	—	3	3
Hos	—	—	1	1
Mi	1	—	—	1
Nah	—	—	1	1
Hab	—	—	1	1
Zeph	—	—	1	1
Sach	1	—	—	1

---

[33] Vgl. גער in Gen 37, 10; Jer 29, 27; Ruth 2, 16 oder גערה in Prov 17, 10; Koh 7, 5 u. a.

[34] Vgl. z. B. Ps 18, 16; 104, 7; Nah 1, 4; Hi 26, 11.

[35] Vgl. Jes 30, 17 mit 17, 13 und Liedke a. a. O. 430.

[36] Siehe KBL.

[37] Die Lutherbibel übersetzt zwar in Jer 20, 10 und Ps 31, 14 דִּבָּה mit »Schelten«, doch erscheint diese Wiedergabe, zumindest nach dem heutigen Sprachgebrauch, als unzutreffend; vgl. die Übersetzungen in den einschlägigen Kommentaren.

Mal	1	—	—	1
Ps	1	—	4	5
Prov	2	1	—	3
Thr	—	—	1	1
Dan	1		—	2	3
AT		11	23	34

Das Verbum begegnet im Alten Testament einmal im Niphal, sonst nur in Qal. Präfix-, Suffixkonjugationen und Partizipialformen sind in gleicher Weise vertreten. Das Objekt wird einmal mit der Präposition עַל (= feindliches »gegen«)[38] konstruiert (Dan 11, 30), in allen anderen Fällen findet es sich als Akkusativobjekt. Vereinzelt ist die Vokabel auch absolut gebraucht. Das Nomen ist nur an zwei Stellen im Plural belegt (Ps 38, 4; 69, 25), beide Male mit dem Suffix der 2. pers. sg. Sonst begegnet es als Singularform, häufig wiederum mit einem Suffix. Während das Verbum in gleicher Weise in vor- bzw. nachexilischen Texten belegt ist[39], dominiert beim Nomen der exilisch-nachexilische Gebrauch[40].

Die Verwendung beider Ausdrücke ist dadurch gekennzeichnet, daß als Subjekt der durch sie bezeichneten Handlung meist Jahwe[41], als Objekt dagegen menschliche, vereinzelt unbelebte Konkreta begegnen. Die Zusammenstellung der Wurzel mit Ausdrücken des Zorns (עבר/קצף/אף) auf der einen Seite[42] und mit solchen des Fluchens (קבב/ארר) auf der anderen Seite[43] läßt als Bedeutungsfeld von זעם »Zorn, Verwünschung« erkennen. Bemerkenswert ist die mehrmalige Erwähnung in endzeitlich-apokalyptischen Zusammenhängen[44], die den theologischen Sprachgebrauch bestimmt.

Im Rahmen dieser Untersuchung ist von besonderem Interesse, daß in Nah 1, 6 und Jes 66, 15 das Nomen gemeinsam mit גער erscheint, und zwar in einem Zusammenhang, der von dem Chaoskampf Jahwes bzw. seiner Weltgerichtsepiphanie handelt. Danach ist zwar eine gewisse Bedeutungsverwandtschaft beider Wurzeln im Sinne eines

---

[38] Vgl. Brockelmann § 110 b. c.

[39] Je vier Stellen sind vor- bzw. exilisch-nachexilisch zu datieren. In drei Fällen ist eine chronologische Einordnung nicht möglich.

[40] Sieben Belege sind vorexilisch, davon fünf spätvorexilisch, und fünfzehn exilisch-nachexilisch. Eine Stelle kann nicht datiert werden.

[41] Lediglich in Num 23, 7f.; Prov 24, 24; Dan 11, 30 sind Menschen als Subjekt genannt bzw. vorausgesetzt.

[42] Vgl. Jes 10, 5. 25; Nah 1, 6; Hab 3, 12 u. a. (אף); Jer 10, 10; Ps 102, 11 (קצף) und Ez 21, 36; 22, 31 (עבר).

[43] Vgl. Num 23, 7f. (קבב/ארר) und Prov 24, 24 (קבב).

[44] Siehe Jes 26, 20; Dan 8, 19; 11, 36; vgl. auch Sach 1, 12; Jes 10, 25; 30, 27; 66, 15; Nah 1, 5.

wirksamen zürnenden Verhaltens Jahwes erkennbar, doch der eigentliche Charakter von גער, vor allem der Bedeutungssinn »schelten«, wird mit זעם nicht erfaßt[45].

8. I חֶלְקָה

a) Glätte, Schmeichelei
b) Glätte

Das feminine Substantiv ist im Alten Testament nur in Gen 27, 16 und in Prov 6, 24 belegt, beide Male als st. cs. sg. Für die hier vorgenommene Wortfelduntersuchung besitzt es keine Relevanz.

9. חָמָס

a) Gewalttat, Unrecht
b) Gewalttat, Unrecht

Das Nomen begegnet im Alten Testament 60×, ohne daß eine charakteristische Streuung erkennbar wäre. Es findet sich in vorexilischen Texten ebenso wie in nachexilischen, in erzählenden Büchern (10×, davon 4× in Gen) ebenso wie in der Prophetenliteratur (27×, davon je 6× in Ez und Hab und 4× in Jer), in Weisheitstexten (9×, davon 7× in Prov) ebenso wie in den Psalmen (14×). Meist steht das Wort im Singular, die wenigen Pluralformen[46] stellen attributive Näherbestimmungen dar.

Zunächst in der Rechtssphäre verankert, dürfte חמס ursprünglich »die Untat gemeint haben, die dinglich als Last auf dem Land liegt . . ., so daß jeder, der davon weiß, als Kläger vor der Rechtsgemeinde auftreten muß, um die Folgen abzuwenden«[47]. Indem die Vokabel vorzugsweise soziale Vergehen gegen Leben und Recht des Nächsten bezeichnet, wird sie später zum umfassenden Ausdruck für Sünde überhaupt[48]. In keinem dieser Bedeutungsaspekte ist eine Beziehung zu dem Wortfeld erkennbar, dessen Untersuchung hier ansteht.

10. II חֶסֶד

a) Schmach
b) Schmach

Das Nomen ist nur in Lev 20, 17 und Prov 14, 34 belegt und qualifiziert in beiden Fällen ein menschliches Handeln als Sünde.

---

[45] Gegen König, Wörterbuch, 645, der im deutsch-hebräischen Wörterverzeichnis unter »schelten« nur זעם aufführt. Luther übersetzt zwar in Num 23, 7f. זעם mit »schelten«, doch ist dieser Sprachgebrauch heute nicht mehr üblich; vgl. § 8, 1.

[46] II Sam 22, 49; Ps 140, 2. 5; Prov 4, 17.

[47] Stoebe, THAT, I 585.

[48] Vgl. Am 3, 10; Jer 6, 7; Ez 45, 3 mit Ez 7, 11; 28, 16; Ps 11, 5.

*11. II חפר

    a) sich schämen, beschämt, in seiner Hoffnung getäuscht werden; *hi.* beschämt werden, schändlich handeln

    b) beschämt sein; *hi.* sich beschämt wissen, sich schändlich verhalten

Das Verbum findet sich im Alten Testament 17×[49], davon 13× in Qal[50] und 4× in Hiphilform[51]. Soweit die Stellen chronologisch einzuordnen sind, dominieren die exilisch-nachexilischen Vorkommen[52].

חפר wird stets absolut gebraucht; Subjekt sind meist einzelne Menschen, nie Jahwe. Charakteristisch für seine Verwendung ist die häufige Parallelisierung mit בוש (»zuschanden werden«)[53], vorzugsweise in der Feindklage der Psalmen[54] und in Unheilsankündigungen der Prophetie[55]. Doch während dieses Verbum stärker den objektiven Aspekt des Geschehens (»zunichte werden«) zum Ausdruck bringt, hebt חפר auf den subjektiven Aspekt (»sich schämen«) ab[56].

12. חקר qal

    a) erforschen

    b) erforschen, auskundschaften

Die Vokabel, die als Qalform im Alten Testament 22× belegt ist, begegnet vorzugsweise in weisheitlichen Texten, und zwar allein sechsmal in Hi und viermal in Prov. Als Subjekt finden sich vor allem Menschen, vereinzelt begegnet als solches auch Jahwe. Als Objekt sind in gleicher Weise Menschen, unbelebte Konkreta und Abstrakta konstruiert. Eine Relevanz für das untersuchte Wortfeld ist nicht erkennbar.

*13. חרף II / חֶרְפָּה

    a) schmähen, verhöhnen; *pi.* durch höhnende Worte zum Kampfe reizen, verhöhnen, schmähen; נפשׁו sein Leben gering achten, preisgeben / Schmähung, Verhöhnung; Schmach, Schande; Gegenstand der Verhöhnung

    b) spitze Reden führen, reizen, schmähen; *pi.* schmähen; נפשׁו sich selbst gering schätzen / Schmähung, Schmach

---

[49] Berücksichtigt man die doppelte Überlieferung Ps 40, 14-18 = Ps 70 (vgl. Fohrer, Einleitung, 313) nur einmal, so verringern sich die Vorkommen auf sechzehn Stellen.

[50] Jes 2 ×, Jer 2 ×, Mi 1 ×, Ps 7 ×, Hi 1 ×.

[51] Jes 1 ×, II Jes 1 ×, Prov 2 ×.

[52] Jes 24, 23; 33, 9; 54, 4; Jer 50, 12; Ps 34, 6; 71, 24; 83, 18; Hi 6, 20.

[53] So z. B. Jes 1, 29; 24, 23; Ps 35, 26; 40, 15; Hi 6, 20.

[54] Z. B. 35, 4. 26; 40, 15; 70, 3.

[55] Z. B. Jes 1, 29; Mi 3, 7; Jer 15, 9.

[56] Vgl. Klopfenstein, Scham und Schande, 170—183, der mit der Bedeutungsangabe »beschämt, scheu, verlegen, geniert sein« den subjektiven Aspekt des Verbums bestätigt.

	qal	pi.	חֶרְפָּה	total
Gen	—	—	2	2
Jos	—	—	1	1
Jdc	—	2	—	2
I Sam	—	5	3	8
II Sam	—	2[57]	1	3
II Reg	—	4	—	4
Jes	—	4[58]	3	7
II Jes	—	—	3	3
III Jes	—	1	—	1
Jer	—	—	12	12
Ez	—	—	7	7
Hos	—	—	1	1
Joel	—	—	2	2
Mi	—	—	1	1
Zeph	—	2	2	4
Ps	2	9	20	31
Hi	1	—	2	3
Prov	1	2	2	5
Thr	—	—	3	3
Dan	—	—	4[59]	4
Neh	—	1	4	5
I Chr	—	1	—	1
II Chr	—	1	—	1
AT	4	34	73	111

38

Verbum wie Nomen lassen im Alten Testament eine schwerpunkt-artige Streuung erkennen. Ersteres begegnet vorzugsweise in I Sam 17, II Reg 19 = Jes 37 und in Ps; letzteres in Jer, Ez und ebenfalls in Ps. Der chronologischen Einordnung nach dominieren exilisch-nach-exilische Belege. Zu ihnen zählen — sieht man von nicht datierbaren Texten ab — $\pm$ 22 ($\approx$ 60%) der verbalen und $\pm$ 51 ($\approx$ 70%) der nominalen Vorkommen.

Das Verbum findet sich meist in Pielformen, und zwar im Perfekt, und nur vereinzelt im Qal[60]. Das Objekt wird häufig ohne jede Par-

---

[57] In II Sam 23, 9 ist allerdings der Text verderbt, vielleicht ist mit BH[3] בַּפַּס דַּמִּים zu lesen.

[58] Jes 37, 4. 17. 23f. entspricht II Reg 19, 4. 16. 22f. Doch berücksichtigt die Statistik *beide* Vorkommen.

[59] In Dan 12, 2 dürfte es sich bei der seltenen Pluralform לחרפות um eine Glosse handeln; siehe BH[3].

[60] In Ps 69, 10; 119, 42 und Prov 27, 11 handelt es sich jeweils um eine Partizipial-form; dagegen ist in Hi 27, 6 das Imperfekt belegt. Doch wird für diese letztere

tikel angefügt, manchmal ist es mit אֵת konstruiert oder durch Suffix-
formen ausgedrückt. Nur in II Chr 32, 17 begegnet die Konstruktion
חֵרֵף לְ.

Das Nomen findet sich in der Regel im Singular, nur an drei
Stellen ist eine Pluralform belegt[61]. In der Mehrzahl der Fälle ist es als
Akkusativobjekt konstruiert; andere Funktionen — Subjekt, Prädikat-
nomen, Adverbiale u. a. — treten dahinter zurück.

Die Verwendung beider Ausdrücke ist dadurch gekennzeichnet,
daß sie ein *menschliches* Tun bzw. dessen Ergebnis beschreiben. Dieses
Handeln kann sich in gleicher Weise gegen Jahwe (z. B. II Reg 19, 4)
wie gegen Menschen (z. B. II Sam 21, 21) oder das eigene Leben (nur
Jdc 5, 18) richten. Indem die Vokabeln besonders häufig in Klageliedern[62] bzw. in Unheils- oder Heilsankündigungen[63] gebraucht
werden, wird deutlich, daß sie in generalisierender Weise einen unheilvollen und daher beklagenswerten Vorgang bzw. Zustand beschreiben.

Unfruchtbarkeit (Gen 30, 23) oder Ehe- und Kinderlosigkeit (Jes 4, 1) werden
als Schmach, Verehrung von Fremdgöttern (Jes 65, 7) oder Bedrückung von Armen
(Prov 17, 5) als Schmähung Jahwes angesehen. Wer sich zu Jahwe hält, wird geschmäht
(z. B. Ps 69, 10); wer Gott verläßt, schmäht ihn selber (z. B. Prov 14, 31). Schmach
der Feinde bedeutet Heil (z. B. Jes 47, 3), eigene Schmach Unheil (z. B. Jer 24, 9).

*14. יכח / תּוֹכֵחָה / תּוֹכַחַת ni., hi., ho.

    a) *ni.* rechten, gerechtfertigt werden; *hi.* entscheiden, richten; für das Recht ein-
        treten; zurechtweisen, zur Rechenschaft ziehen, Vorwürfe machen; züchtigen,
        strafen; *ho.* gezüchtigt werden / Züchtigung, Strafe / Dartun, Beweisen; Zu-
        rechtweisung, Warnung; Tadel, Rüge; Einrede, Klage; Züchtigung, Strafe
    b) *ni.* sich (im Rechtsstreit) auseinandersetzen; *hi.* zurechtweisen, sich verteidi-
        gen; vorhalten, zur Rechenschaft ziehen; in Ordnung bringen; urteilen, entschei-
        den; bestimmen, zuteilen; *ho.* zurechtgewiesen werden / Züchtigung / Zurecht-
        weisung, Einrede, Vorhaltung; Entgegnung, Widerrede; Züchtigung; Vorwurf,
        Rüge

	ni.	hi.	ho.	תּוֹכֵחָה	תּוֹכַחַת	total
Gen	1	5	—	—	—	6
Lev	—	2	—	—	—	2
II Sam	—	1	—	—	—	1
II Reg	—	1	—	1	—	2
Jes	1	5[64]	—	1[64]	—	7

Stelle eine Änderung der Vokalisation erwogen, indem statt impf. qal יֶחֱרַף impf. pi.
יְחָרֵף gelesen wird; vgl. BH[3].

[61] Ps 69, 10. 11; Dan 12, 2.
[62] Vgl. die Belege in Thr; Ps 42, 11; 55, 13; Ps 74, 22; Jer 20, 8 u. v. a.
[63] Vgl. z. B. Jes 30, 5; 65, 7; Jer 31, 19; 49, 13.
[64] Jes 37, 3 (תוכחה) und 37, 4 (יכח hi.) entsprechen II Reg 19, 3f.

Jer	—	1	—	—	—	1
Ez	—	1	—	—	2	3
Hos	—	1	—	1	—	2
Am	—	1	—	—	—	1
Mi	—	1[65]	—	—	—	1
Hab	—	1	—	—	1	2
Ps	—	7	—	1	3	11
Hi	1	15	1	—	2	19
Prov	—	10	—	—	16	26
I Chr	—	2	—	—	—	2
AT	3	54	1	4	24	86

$$58$$

Die Wurzel יכח läßt im Alten Testament eine charakteristische Streuung erkennen. Sieht man von der einmaligen Hitpaelform in Mi 6, 2 ab, die in dieser Statistik unberücksichtigt bleibt[66], so finden sich 47 (der 86) Belege — etwa die Hälfte der verbalen und zwei Drittel der nominalen Vorkommen — in Weisheitstexten[67]. Dieser Konzentration auf die Weisheitsliteratur korrespondiert die chronologische Einordnung der Texte. Soweit die Vorkommen der Wurzel zu datieren sind, überwiegen die exilisch-nachexilischen Belege. So sind die beiden Nomina mindestens 14× (= 50%) und das Verbum sogar ± 40× (= 70%) in exilisch-nachexilischen Texten zu finden.

In der grammatisch-syntaktischen Konstruktion des Verbums fällt auf, daß Imperfekt- und Partizipialformen vorherrschen und nur selten andere Konjugationsformen begegnen. Das Objekt wird durch ein Suffix ausgedrückt bzw. mit/ohne את oder mit der Präposition ל angefügt. Vereinzelt findet sich die Vokabel auch in Verbindung mit anderen Präpositionen[68]. In etwa je der Hälfte der Stellen sind Menschen und Gott (logisches) Subjekt. Als Objekt von יכח begegnet Jahwe nur in Hi 13, 3. 15; 40, 2[69]. Die beiden Nomina sind als Singular- (20×) wie als Pluralform (8×) belegt. Bemerkenswert in ihrer Verwendung ist die formelhafte Verbindung יום תוכחה (»Tag der Züchtigung«)[70]

---

[65] Mi 4, 3 = Jes 2, 4.

[66] Zur Auswahl der untersuchten Verba und ihrer Formen siehe oben § 8, 2.

[67] Hierzu zählen auch die Weisheitspsalmen 73 und 105, in denen יכח hi. (105, 14) bzw. תוכחת (73, 14) begegnen.

[68] So mit ב in II Reg 19, 4 = Jes 37, 4; Prov 30, 6; mit בן in Gen 31, 37; mit אל in Hi 13, 3; mit על in Hi 19, 5; mit עם in Hi 23, 7.

[69] Vgl. תוכחת in Hab 2, 1 und Hi 23, 4.

[70] So in II Reg 19, 3 = Jes 37, 3; Hos 5, 9. Nur in Ps 149, 7, einem nachexilischen Hymnus (Fohrer, Einleitung, 318) wird das Substantiv anders gebraucht.

sowie die häufige Objektfunktion von תוכחת — meist in Parallele zu מוסר (»Zucht«) — in Prov[71].

Als Grundbedeutung der Wurzel, die sich nur im Hebräischen und Jüdisch-Aramäischen findet[72], dürfte »feststellen, was recht ist« anzunehmen sein[73]. So gehört sie wohl ursprünglich in den Bereich des Gerichtsverfahrens.

Auf diesen »Sitz im Leben« deuten nicht nur die beiden Stellen Am 5, 10 und Jes 29, 21 hin, in denen das pt. מוכיח den Schiedsmann »im Tor« bezeichnet, sondern auch solche, in denen die Wurzel neben Rechtstermini erscheint: so in Verbindung mit שפט (»richten«) in Jes 2, 4 = Mi 4, 3; Jes 11, 3f.; mit משפט (»Gericht, Urteil, Recht«) in Hab 1, 12; Hi 22, 4; 23, 4 und mit ריב (»einen Rechtsstreit führen«) in Hos 4, 4; Hi 13, 6; 40, 2. Schließlich ist auf solche Belege zu verweisen, die — wie aus dem Kontext hervorgeht — auf eine Prozeßsituation anspielen: Gen 31, 37; Hi 9, 33; 13, 3. 5; 16, 21 u. a.

Subjekt von יכח ist zunächst die Instanz, die im Prozeß das Urteil fällt[74]. Wenn Prozeßpartner Subjekt werden, wandelt sich die Bedeutung zu »beweisen, widerlegen, rechtfertigen«[75]. Beide Bedeutungen beschreiben sowohl ein menschliches wie göttliches Tun[76].

Von dieser prozessualen Verwendung abzuheben ist der Gebrauch der Wurzel im pädagogischen Sinne. Dieser Bedeutungsaspekt (»zurechtweisen, zur Rede stellen«) kommt dadurch zustande, daß יכח gegenüber jemandem gebraucht wird, der im Unrecht ist[77]. In solcher Verwendung begegnet die Wurzel besonders häufig in Prov, allerdings meist in dem Sinne, daß die erzieherische »Zurechtweisung« von Unverständigen verachtet, von Weisen aber bewahrt wird[78]. An vielen Stellen bezeichnen die Ausdrücke auch ein Reden oder Tun Gottes, mit dem er Menschen, Beter, Könige oder Frevler, auf das Rechte hinweist[79] oder in erzieherischer Absicht züchtigt[80]. So besitzt die Wurzel יכח für die Fragestellung dieser Untersuchung eine gewisse Relevanz, auch wenn ihre primäre Bedeutung, die prozessuale Verwendung, in andere Richtung weist.

---

[71] Siehe Prov 5, 12; 10, 17; 12, 1; 13, 18 u. ö.

[72] Siehe KBL.

[73] So Liedke, THAT, I 730 im Anschluß an Boecker, Redeformen des Rechtslebens, 45—47; anders Maag 152—154.

[74] Vgl. Gen 31, 37; Hi 9, 33.

[75] Vgl. z. B. Hi 6, 25f.; 13, 3. 6; 19, 5.

[76] Vgl. Am 5, 10; Hi 6, 25f. mit Jes 1, 18; Ps 50, 8. 21 u. a.

[77] So Liedke, THAT, I 731 unter Verweis auf Boecker a. a. O. 47.

[78] Vgl. Prov 1, 30; 9, 7f. mit 15, 5; 19, 25 u. a.

[79] Vgl. z. B. Ps 94, 10; 105, 14 (ähnlich I Chr 16, 21).

[80] Vgl. dazu Ps 6, 2; 38, 2; 39, 12.

*15. יסר pi.

a) züchtigen, zurechtweisen
b) zurechtbringen, richtig leiten; züchtigen, anleiten

Die Pielform des Verbums[81] begegnet im Alten Testament 31×, und zwar 2× in Lev 26, 5× in Dtn, 6× in I Reg 12, 11. 14 par. II Chr 10, 11. 14, je 7× in der prophetischen Literatur (davon 5× in Jer) und in Ps, 1× in Hi 4, 3 und 3× in Prov. Soweit die Texte zu datieren sind, halten sich vor- und nachexilische Belege in etwa die Waage. Die grammatisch-syntaktische Konstruktion des Verbums zeigt keine Besonderheiten. Präfix- und Suffixkonjugationen sind in gleicher Weise vertreten. Das Objekt wird häufig durch ein Suffix ausgedrückt, ansonsten ist es mit oder — seltener — ohne את konstruiert.

Die Verwendung der Vokabel im Alten Testament kennzeichnet, daß als (logisches) Subjekt Menschen[82] — Eltern, Weise oder der König — ebenso wie Gott[83], als Objekt dagegen nur Menschen begegnen. So hat die Züchtigung[84], die aus der Autorität einer überlegenen Persönlichkeit bzw. Gottes geübt wird, den erzieherischen Zweck, eine positive Wirkung bei dem Gezüchtigten hervorzurufen[85]. Dieser Verwendung entspricht es, wenn der Ausdruck an einigen Stellen parallel zu יכח hi. (»zurechtweisen«) steht[86], bzw. das abgeleitete Substantiv מוסר häufig mit תוכחת (»Zurechtweisung, Rüge«) oder — im Rahmen dieser Untersuchung von besonderem Belang — auch einmal mit גערה (»Schelten«) parallelisiert wird[87]. Denn diese Synonyme bestätigen die pädagogische Intention der Züchtigung, die auch 𝔊 zum Ausdruck bringt, indem sie das Verbum zumeist mit παιδεύειν wiedergibt.

---

[81] Die Vokabel kommt außer im Piel noch als Qal- (4 ×), Hiphal- (×), Hitpael- und Hiphilform (je 1 ×) vor.

[82] Vgl. u. a. Dtn 21, 18; I Reg 12, 11. 14; Prov 19, 18.

[83] Vgl. Dtn 4, 36; Jes 28, 26 u. a.

[84] Sæbo, THAT, I 739 nennt als Hauptbedeutung des Verbums »züchtigen« und versteht darunter sowohl eine körperliche Züchtigung als auch eine »Züchtigung« durch Worte im Sinne von »zurechtweisen«: »'Rute' und 'Worte' sind als Mittel nicht zu kontrastieren, denn beides gehörte zur Erziehung in der Familie . . . wie auch in der Schule der Weisen«.

[85] Wenn Sæbo a. a. O. 740f. davon die Verwendung der Vokabel in der »prophetischen Gerichtsrede« unterscheidet, indem er sie in diesem Fall im Sinne der *gerichtlichen* Strafe versteht, so scheint er zu diesem Urteil nur aufgrund seiner Gattungsbestimmung der Prophetensprüche gelangt zu sein. Sobald diese Voraussetzung nicht mehr übernommen wird, ordnet sich die Verwendung von יסר pi. in der Prophetenliteratur ohne weiteres in den allgemeinen Rahmen ein; vgl. Jer 10, 24; 30, 11 u. a.

[86] Jer 2, 19; Ps 6, 2; siehe auch Prov 9, 7.

[87] Vgl. u. a. Prov 3, 11; 5, 12; 12, 1 und 13, 1.

*16. כהה pi.

    a) verlöschen, verzagen; anfahren

    b) farblos, verzagt werden; zurechtweisen

Die Vokabel ist als Pielform im Alten Testament viermal belegt, davon dreimal ohne Objekt[88] — in exilisch-nachexilischen Texten — und einmal — in einem vorexilischen Text — mit einem Objekt, das mit der Präposition ב angefügt ist[89]. In diesem Zusammenhang ist nur die letztere Stelle von Belang, indem hier das Verbum in ähnlichem Sinne wie יסר pi. (»züchtigen, zurechtweisen«) oder יכח hi. (»zurechtweisen«) verwendet wird[90].

> Samuel wird in einer Vision und Audition beauftragt, Eli das Unheil kundzutun, das Jahwe über sein Haus beschlossen hat, »weil er (sc. Eli) wußte, daß seine Söhne Gott lästern (קלל pi.), aber gegen (ב) sie nicht einschritt (כהה pi.).«

Eine genauere Eingrenzung der Bedeutung ist nicht möglich, da für den Gebrauch des Ausdrucks in I Sam 3, 13 kein Vergleichsmaterial zur Verfügung steht. Doch sollte in diesem Zusammenhang nicht außer acht bleiben, daß dort das Verbum genauso wie גער mit ב konstruiert ist, und im jüdisch-aramäischen Sprachgebrauch כַּהוּתָא, ein von כהה abgeleitetes Substantiv, die Bedeutung »Schelten« besitzt[91]. Insofern scheint die Vokabel für das untersuchte Wortfeld eine gewisse Relevanz zu besitzen.

*17. כלם / כְּלִמָּה hi., ho.

    a) *hi.* beschämen, Schande machen; Schmach antun, beleidigen; schmähen; *ho.* beschämt werden, beleidigt werden / Scham, Schmach, Beschämung, Hohn

    b) *hi.* belästigen, beschimpfen, mit Schimpfrede widerlegen, in Schande bringen; *ho.* beschämt werden, beleidigt werden / Schimpf

Das Verbum begegnet im Alten Testament als Hiphilform zehnmal[92] und als Hophalform zweimal[93]. Häufiger ist es im Niphal belegt; doch werden diese Formen hier nicht berücksichtigt[94]. Das Objekt ist meist durch ein Suffix ausgedrückt, nur je einmal mit bzw. ohne את angefügt.

Das Nomen kommt 30× vor, davon 13× in Ez und 7× in Ps. Abgesehen von den beiden Pluralformen in Mi 2, 6 und Jes 50, 6 findet

---

[88] So Lev 13, 6. 56; Ez 21, 12.

[89] I Sam 3, 13.

[90] Vgl. Sæbo a. a. O. 740.

[91] KBL.

[92] Die Vorkommen verteilen sich auf I Sam, Prov, Hi (je 2 ×), Jdc, Jer, Ps, Ruth (je 1 ×). Allerdings erscheint in Jdc 18, 7 der Text verderbt und statt מכלים dürfte mit BH³ מחסור כל zu lesen sein. Auch für Jer 6, 15 wird mit guten Gründen eine Textänderung erwogen: Statt הַכָּלִים (pi.) wird הִכָּלֵם (ni.) gelesen; vgl. BH³.

[93] I Sam, Jer.

[94] Zur Auswahl der untersuchten Verba und ihrer Formen siehe oben § 8, 2.

es sich nur im Singular. Syntaktisch stellt es meist ein Akkusativobjekt dar (16×); nur in einigen wenigen Fällen hat es Subjektsfunktion (6×) bzw. ist es mit Präpositionen konstruiert (4×).

Die unterschiedliche Verteilung von Verbum und Nomen läßt eine verschiedenartige Verwendung vermuten. Gemeinsam ist beiden Ausdrücken, daß sie häufig mit Formen der Wurzel בוש (»zunichte werden, sich schämen«) parallelisiert sind[95]. In diesen Zusammenhängen nehmen sie meist die Bedeutung »schmähen/Schimpf« an[96] und bringen damit den objektiven Aspekt jener Wurzel zum Ausdruck[97]. Doch sind beide Vokabeln in ihrem Gebrauch insofern unterschieden, als das Verbum — das bis auf Ps 44, 10 ein menschliches Tun kennzeichnet — fast nur profan verwendet wird (vgl. I Sam 20, 34; 25, 7. 15 u. a.)[98], während das Nomen häufig in einem theologischen Sprachgebrauch belegt ist, indem es in Feindpsalmen die Not des Beters beschreibt (z. B. Ps 4, 3; 44, 16) oder in Prophetenworten das angekündigte Unheil qualifiziert (z. B. Jes 30, 3; Ez 44, 13)[99] bzw. — in Umkehrung und Negation — zur Verkündigung von Heil dient (z. B. Jes 45, 16; Ez 39, 26).

Der damit bestimmte Sprachgebrauch der Wurzel ist im Rahmen dieser Untersuchung ohne Belang. Lediglich auf Ruth 2, 15f. ist hinzuweisen. Dort erscheint כלם hi (v. 15) neben גער (v. 16), wobei beide Verba ein Verhalten beschreiben, das als prohibitive Zurechtweisung bezeichnet werden kann[100].

18. לָעַג

a) Hohn, Spott; freche, gotteslästerliche Rede

b) Stottern; Verspottung, Spott

---

[95] Vgl. u. a. Jer 6, 15; 14, 3; Hi 19, 3 (כלם); Jes 30, 3; 45, 16; Ez 16, 63; Ps 35, 26; 44, 16; 109, 29 (כלמה).

[96] Zur Grundbedeutung [»zeigen auf jemanden, jemand bloßstellen, sehen lassen, (einen) Schuldigen anzeigen, (Schuld) aufzeigen«] vgl. Klopfenstein, Scham und Schande, 121. Anders Kopf, VT 8 (1958), 179, der »verletzen« angibt.

[97] Anders als II חפר, das den subjektiven Aspekt hervorkehrt (siehe oben unter 11.); vgl. dazu Stolz, THAT, I 270.

[98] In diesem eingeschränkten Sprachgebrauch liegt ein wesentlicher Unterschied zu II חרף, das in gleicher Weise in profanen wie theologischen Zusammenhängen begegnet (siehe oben unter 13.). Daß כלם hi. in Ps 44, 10 ein göttliches Tun beschreibt, ist eine weitere Differenz zwischen beiden Verben, da II חרף Jahwe zwar mehrmals als Objekt, nie aber als Subjekt hat.

[99] Die Wendung נשא כלמה (»Schimpf tragen«), die sich in Ez mehrmals findet (z. B. 16, 52. 54; 32, 24. 30; 36, 6f.), ist nach Zimmerli als »sakralrechtliche Schulddeklarationsformel« stilisiert (S. 367).

[100] Vgl. Klopfenstein, Scham und Schande, 128f., der hier für כלם hi. die Bedeutung »zur Rede stellen« angibt.

Das Nomen begegnet im Alten Testament siebenmal, davon dreimal in Ps, zweimal in Ez und je einmal in Hos und Hi. In allen Fällen
ist es in der Singularform verwendet. Eine Relevanz für das untersuchte Wortfeld besitzt die Vokabel nicht.

19. נֶאָצָה

    a) Schmähung
    b) Schmach, Schmähung

Das feminine Substantiv kommt im Alten Testament nur in
II Reg 19, 3 (= Jes 37, 3) vor, und zwar als Singularform in der Verbindung יום ... נאצה. Es steht dort parallel zu תוכחה (»Züchtigung«)
und צרה (»Not«) und bezeichnet damit ein göttliches Strafmittel.

20. נגע pi.

    a) schlagen (vom göttlichen Strafen)
    b) schlagen, treffen

Als Pielform ist das Verbum im Alten Testament nur an drei
Stellen belegt, und zwar in Gen 12, 17; II Reg 15, 5 und II Chr 26, 20.
In allen drei Fällen bezeichnet der Ausdruck ein göttliches Strafhan-
deln in Reaktion auf ein menschliches Fehlverhalten.

21. נקם qal

    a) rächen, Rache nehmen; seine Kampfeslust oder seinen Haß befriedigen
    b) Rache nehmen, (sich) rächen

Das Verbum begegnet als Qalform im Alten Testament zwölfmal,
ohne daß eine charakteristische Streuung hinsichtlich der einzelnen
Bücher[101] oder der Datierung der Texte[102] erkennbar wäre. In vier
Fällen liegt eine partizipiale, in drei eine imperfektische Form vor; die
anderen Vorkommen verteilen sich auf inf. cs. ($2\times$), inf. abs., imp. und
pf. cons. (je $1\times$). Als Subjekt findet sich Jahwe in fünf Belegen[103],
als Objekt dagegen nie.

22. פוח qal

    a) wehen
    b) wehen

Das Verbum kommt im Qal nur in Cant 2, 17 (= 4, 6)[104] vor. Es
begegnet dort als Imperfektform; יום ist als Subjekt konstruiert. Für
das untersuchte Wortfeld ist die Vokabel ohne Belang.

---

[101] Je zweimal ist נקם qal in Lev (P), Ez oder Nah belegt; je einmal in Ex, Num (P),
Dtn, Jos (JE), I Sam, Ps.

[102] Fünf Belege entstammen vorexilischen Texten und sieben exilisch-nachexilischen.

[103] Dtn 32, 43; I Sam 24, 13; Ps 99, 8; Nah 1, 2 (2 x); vgl. auch Lev 26, 25.

[104] Cant 4, 6 stimmt mit 2, 17 wörtlich überein und dürfte Zusatz sein; vgl. BH³.

*23. קָלַל pi., pu., hi.

a) *pi.* verfluchen; *pu.* verflucht sein, als verflucht gelten; *hi.* leicht machen; verachten; verunehren, Schmach antun

b) *pi.* als verflucht bezeichnen; *pu.* als verflucht bezeichnet werden; *hi.* erleichtern, leichter machen; verächtlich behandeln

	pi.	pu.	hi.	total
Gen	2	—	—	2
Ex	2	—	1	3
Lev	7	—	—	7
Dtn	1	—	—	1
Jos	1	—	—	1
Jdc	1	—	—	1
I Sam	2	—	1	3
II Sam	8	—	1	9
I Reg	1	—	3	4
II Reg	1	—	—	1
Jes	1	—	2	3
III Jes	—	1	—	1
Jer	1[105]	—	—	1
Ez	—	—	1	1
Jon	—	—	1	1
Ps	2	1	—	3
Hi	1	1	—	2
Prov	3	—	—	3
Koh	4	—	—	4
Neh	2	—	—	2
II Chr	—	—	3	3
AT	40	3	13	56

Das Verbum läßt keine charakteristische Streuung erkennen. Allerdings fällt auf, daß es in der erzählenden Literatur häufig, in den Prophetenbüchern dagegen nur selten begegnet. So ist die Konzentration der Vorkommen in Lev 24 (4× pi.), II Sam 16 (7× pi.), I Reg 12 (3× hi.) und II Chron 10 (3× hi.) bemerkenswert.

Seine grammatisch-syntaktische Konstruktion weist ebenfalls keine Besonderheit auf. Das Objekt der Pielform wird als Akkusativ mit oder ohne אֵת angefügt[106] bzw. durch das Suffix ausgedrückt. An

---

[105] In Jer 15, 10 wird gelesen כֻּלֹּה קִלְלוּנִי; vgl. Rudolph, Jeremia (»𝔐 enthält eine Unform«); BH³.

[106] In Jes 8, 21 scheint das Objekt mit בְּ konstruiert zu sein, so daß diese Stelle zumeist übersetzt wird: »Er verflucht seinen König und seinen Gott«; vgl. GB, KBL. Doch besteht — so zu Recht Scharbert, Biblica 39 (1958), 10 — kein Grund, hier das בְּ anders aufzufassen als in I Sam 17, 43 und II Reg 2, 24, wo es zur Einführung Gottes

mehreren Stellen ist das Verbum auch absolut gebraucht. Die Hiphil-
formen finden sich häufig in Verbindung mit מִן bzw. מֵעַל, seltener
werden sie mit einem Akkusativobjekt konstruiert.

Während קלל hi. (»leicht machen[107]; verachten, Schmach antun[108]«) in diesem Zusammenhang ohne Belang ist, verdient das
Verbum im Piel bzw. Pual in seiner Verwendung und Bedeutung
genauer dargestellt zu werden.

So sind (logisches) Subjekt der mit קלל pi./pu. bezeichneten
Handlung in der Regel Menschen, nur selten — im Unterschied zu ארר
— ist es Gott[109]. Als Objekt finden sich ebenfalls in der Hauptsache
Menschen, d. h. der König[110], die Eltern[111] oder beliebig andere Per-
sonen[112]; doch ist das Verbum auch — anders als ארר — an einigen
Stellen gegen Gott gerichtet[113].

Ausgehend von der Grundbedeutung »leicht, schnell, unbedeutend,
gering sein«[114] ergibt sich als Bedeutung des Verbums im Piel bzw.
Pual »ein an keine bestimmten Formeln oder Personen gebundenes
Beschimpfen, Herabsetzen und 'Kleinmachen', das aber infolge des
Glaubens an die Macht des gesprochenen Wortes leicht die Bedeutung
'verfluchen' annehmen kann«[115]. Damit ist die Vokabel zwar mit Ausdrücken des Fluches (z. B. ארר) bedeutungsverwandt[116], doch deckt
sie einen eigenen charakteristischen semasiologischen Bereich ab,
den — im Sinne eines schädigenden Redens — der Gegensatz zu כבד
kennzeichnet[117]. Im Rahmen dieser Untersuchung ist schließlich von

---

bzw. dessen Namen dient, der angerufen wird: »unter Hinweis auf/bei . . . verwünschen«.

[107] Ex 18, 22; I Sam 6, 5; I Reg 12, 4. 9f.; Jon 1, 5; II Chr 10, 4. 9f.

[108] II Sam 19, 44; Jes 8, 23; 23, 9; Ez 22, 7.

[109] Gen 8, 21 (Objekt ist הָאֲדָמָה). Logisches Subjekt ist Gott Ps 37, 22 (Antonym בֵּרךְ)
und vielleicht auch Hi 24, 18.

[110] Vgl. Jdc 9, 27 (König Abimelek); I Sam 16, 5. 7. 9—11. 13; 19, 22; I Reg 2, 8 (Verhalten Simeis gegenüber David).

[111] Ex 21, 17; Lev 20, 9; Prov 20, 20; 30, 11.

[112] Vgl. Lev 19, 14; Koh 7, 21f.

[113] Vgl. Lev 24, 11. 14f. 23; I Sam 3, 13 (statt לָהֶם ist mit ⑥ אֱלֹהִים zu lesen; vgl. BH³).
In Ex 22, 27 steht »in Verbindung mit dem König, den man sehr wohl verfluchen
kann, ארר, in Verbindung mit Gott, den man nur 'herabsetzen, lästern', aber nicht
ausschalten kann, קלל Pi.« (Scharbert, Biblica 39, 1958, 9).

[114] Siehe GB und KBL.   [115] Scharbert a. a. O. 16.

[116] So wird Dtn 23, 5 (vgl. Neh 13, 2) und Jos 24, 9 קלל pi. für den Fluch Bileams gebraucht, während in Num 22, 6; 23, 7 derselbe Sachverhalt mit ארר wiedergegeben
ist. Obschon also die Grenze zwischen beiden Ausdrücken oft fließend ist, können sie
— wie die aufgezeigten Unterschiede deutlich machen — einander nicht gleichge-
setzt werden. Darauf weist auch nicht zuletzt das Fehlen einer ». . . אָרוּר« entsprechenden Formel von קלל hin.

[117] Siehe Pedersen, Der Eid, 80.

Interesse, daß das Verbum in I Sam 17, 43 ähnlich wie גער (Jes 30, 17) verwendet wird, indem es die den Kampf eröffnende Schimpfrede bezeichnet[118], und in Neh 13, 25 in Verbindung mit ריב steht, das hier die Bedeutung »beschelten« besitzt[119].

*24. רִיב / רִיב / מְרִיבָה

     a) hadern, streiten; Vorwürfe machen, zur Rechenschaft ziehen; jemands Sache führen; *hi.* siehe qal / Streit, Zank, *pl.* Angriffe, Entgegnungen / Zank, Hader

     b) (mit Worten, Anklagen, Behauptungen, Vorwürfen) einen Rechtsstreit führen; rechten; jemands Rechtsstreit führen; eine Rechtssache jemandem vorlegen; jemanden angreifen (mit Vorwürfen); *hi.* (mit Vorwürfen) angreifen / Rechtsstreit / Streit

	qal	hi.	רִיב	מְרִיבָה	total
Gen	4	—	1	1	6
Ex	3	—	4	—	7
Num	2	—	—	3	5
Dtn	2	—	5[120]	—	7
Jdc	8[121]	—	1	—	9
I Sam	2	1	2	—	5
II Sam	—	—	3[122]	—	3
Jes	4	—	2	—	6
II Jes	4	—	2	—	6
III Jes	1	—	1	—	2
Jer	7	—	6	—	13
Ez	—	—	1	—	1
Hos	3	1[123]	2	—	6
Am	1[124]	—	—	—	1
Mi	2	—	3	—	5
Hab	—	—	1	—	1
Ps	5	—	7	—	12
Hi	7	—	5[120. 125]	—	12

---

[118] Indem man den Gegner beschimpft und herabsetzt, glaubt man, ihn »'kleinmachen', d. h. seine Kraft lähmen zu können« (Scharbert a. a. O. 10); vgl. oben zu גער.

[119] Siehe unten zu ריב.

[120] In Dtn 17, 8 und Hi 13, 6 begegnet die Form רִיבוֹת, die entweder eine unregelmäßige Pluralbildung zu ריב darstellt oder von einem sonst nicht belegten femininen Nomen ריבה abzuleiten ist; vgl. GB und KBL.

[121] Mit Qere in Jdc 21, 22 לָרִיב; Ketib לָרוֹב.

[122] II Sam 22, 44 entspricht Ps 18, 44. Doch sind in der Statistik beide Vorkommen gezählt.

[123] Statt 𝔐 עַמְּךָ כִּמְרִיבֵי dürfte in Hos 4, 4 וְעַמְּךָ רִיבִי zu lesen sein; vgl. Wolff, Hosea.

[124] In Am 7, 4 dürfte allerdings לָרִב בָּאֵשׁ entweder in לְהַב אֵשׁ (so z. B. Rudolph) oder in לְרַבֵּב אֵשׁ (so z. B. Wolff) zu ändern sein.

[125] In Hi 33, 19 ist וְרִיב mit Occ[K] in וְרִיב zu ändern.

Prov	5[126]	—	12	—	17
Thr	1	—	2	—	3
Neh	4	—	—	—	4
II Chr	—	—	2	—	2
AT	65	2	62	4	133

Die Wurzel findet sich in allen Teilen des Alten Testaments, in erzählenden Büchern ebenso wie in den Psalmen, in der Prophetenliteratur genauso wie in Weisheitstexten. Eine charakteristische Streuung ist nicht feststellbar, wenn auch die verhältnismäßig hohe Zahl der Vorkommen in Prov, Jer, Hi und Ps auffällt. Hinsichtlich der zeitlichen Einordnung der Texte läßt sich ebenfalls keine eingeschränkte Verwendung der Wurzel beobachten. Sie begegnet in gleicher Weise in vorexilischen wie exilisch-nachexilischen Texten[127].

Die grammatisch-syntaktische Konstruktion der Wurzel zeigt keine Besonderheiten. Das Verbum ist nur selten absolut gebraucht, in der Regel ist es mit einem Akkusativobjekt oder einem Präpositionalausdruck[128] konstruiert. Die beiden Nomina stehen zumeist im Singular, nur an fünf Stellen ist eine Pluralform belegt[129]. Bemerkenswert ist die mehrfache Verbindung ריב (את־) ריב[130].

Die Grundbedeutung von ריב ist umstritten. So wird einerseits die Bedeutung »Anklage« als ursprünglich angenommen[131], andererseits unter ריב die Prozeßführung im ganzen verstanden[132]; schließlich wird mit Hinweis auf Ex 21, 28 die Grundbedeutung »in ein Handgemenge geraten«[133] vertreten. Ohne daß die Frage nach der primären Bedeutung der Wurzel hier entschieden werden kann, ist doch ihr forensischer Sinn in der Mehrzahl der alttestamentlichen Belege eindeutig. So bezeichnet ריב in absolutem Gebrauch oder in Verbindung mit עם oder את in der Regel die *gerichtliche* Auseinandersetzung (»einen Prozeß führen«)[134], in Verbindung mit ב und אל dagegen ist es meist mit »anklagen« bzw. »Anklage erheben bei« wiederzugeben[135].

---

[126] Mit Qere in Prov 3, 30 תָּרִיב; Ketib תָּרוֹב oder תָּרוֹב.

[127] So sind ± 50 % der Vorkommen vorexilisch und ± 40 % exilisch-nachexilisch zu datieren; ± 10 % lassen sich zeitlich nicht einordnen.

[128] Das Verbum findet sich in Verbindung mit עם (12 x), את (9 x), ל (5 x), אל und ב (je 4 x), על (2 x).

[129] Dtn 17, 8 und Hi 13, 6 ריבות (siehe zu dieser Form Anm. 120); II Sam 22, 44 = Ps 18, 44 und Thr 3, 58 ריבי (pl. st. cs.).

[130] I Sam 24, 16; 25, 39; Jer 50, 34; 51, 36 z. B.

[131] Würthwein, ZThK 49 (1952), 4.

[132] Begrich, Studien zu Deuterojesaja, 31.

[133] Seeligmann, Zur Terminologie für das Gerichtsverfahren, 256f.

[134] Hos 4, 1; 12, 3; Hi 9, 3 z. B.

[135] Vgl. Jdc 6, 32; 21, 22; Jer 12, 1; 25, 31 u. a. — Die vorgenommene Unterscheidung, die die Bedeutung der bei ריב stehenden Präposition berücksichtigt, ist im Anschluß

Für das untersuchte Wortfeld ist die Wurzel nur insofern von Interesse, als sie vereinzelt auch unspezifisch verwendet werden kann und dann die Bedeutung »zur Verantwortung ziehen« (Neh 5, 7), »mit Vorwürfen angreifen« (Gen 31, 36) und »beschelten« (Neh 13, 17; ähnlich 13, 11. 25) hat.

Galling — er hält Neh 13, 16—18. 26 f. für predigtartige Erweiterungen des Chronisten — übersetzt . . . רִיב אֶת (v. 11. 17) bzw. . . . . רִיב עִם (v. 25) unterschiedslos mit »schelten«; Rudolph dagegen gibt die Ausdrücke mit »Vorwürfe machen« wieder[136]. Da v. 17 f.* der Gattung nach ein Scheltwort vorliegt[137], wird hier der Übersetzung von Galling für v. 17 (ähnlich v. 11) der Vorzug gegeben. In v. 25 dagegen ist eine Entscheidung zugunsten einer der beiden Vorschläge nicht ohne weiteres möglich.

Boecker sucht . . . מַה־הַדָּבָר הָרָע הַזֶּה אֲשֶׁר אַתֶּם עֹשִׂים (v. 17) als *vorgerichtliche* Beschuldigungsfrage zu erweisen und faßt daher רִיב hier im Sinne von »anklagen«[138]. Doch seine Argumentation vermag nicht zu überzeugen. Die angeführten Belege (Jdc 8, 1—3; II Sam 12, 19—23 und auch Neh 2, 17—20) weisen gerade nicht auf eine *vorgerichtliche* Auseinandersetzung[139], sondern lassen sich besser aus einer alltäglichen Vorwurfssituation erklären[140]. Der Hinweis auf die Verwendung von רִיב allein genügt nicht als Beweis für den *vorgerichtlichen* Charakter der Wendung, zumal Boecker selbst zugesteht, daß das Wort hier nicht in seiner strengen Bedeutung steht[141].

25. רשׁע hi.

    a) für schuldig, strafbar erklären; gottlos handeln, freveln

    b) sich schuldig machen, ein schuldvolles Leben führen; für schuldig erklären, schuldig sprechen; verurteilen lassen

Die Vokabel, die im Alten Testament 25 × als Hiphilform begegnet[142], ist nicht in gleicher Weise auf alle alttestamentlichen Schriften verteilt, sondern läßt eine schwerpunktartige Streuung erkennen. So findet sich etwa die Hälfte der Belege in weisheitlichen Texten (12 ×), vor allem in Hi (8 ×), und — in Entsprechung hierzu — sind etwa 80 % der Vorkommen exilisch-nachexilisch zu datieren[143].

---

an Wolff, Hosea, 39, und Boecker, Redeformen des Rechtslebens, 54 Anm. 2, getroffen; vgl. auch Limburg, JBL 88 (1969), 291—304.

[136] Rudolph, Esra und Nehemia.

[137] Zur Begründung siehe § 9, 2.

[138] Boecker a. a. O. 26 f. — Er versteht auch in Neh 5, 7; 13, 11. 25 רִיב im Sinne einer *vorgerichtlichen* Auseinandersetzung (a. a. O. 31, vgl. auch dort Anm. 2).

[139] Boecker (a. a. O. 27) selbst urteilt zu II Sam 12, 19—23: »Es kann hier sicher keine Rede davon sein, daß die Diener dem König einen ordentlichen Prozeß machen wollen«.

[140] So mit Lande, Formelhafte Wendungen, 100.

[141] Boecker a. a. O. 30 Anm. 1.

[142] In I Sam 14, 47 dürfte allerdings יַרְשִׁיעַ mit 𝕲 in וַיּוֹשַׁע zu ändern sein; vgl. BH³.

[143] Nur drei Stellen (Ex 22, 8; Dtn 25, 1; I Reg 8, 32) sind vorexilischen Texten zuzurechnen, und bei zwei Belegen (Prov 12, 2; 17, 15) ist die chronologische Einordnung unsicher.

(Logisches) Subjekt sind meist Menschen, an einigen Stellen auch Gott. Als Objekt begegnen ebenfalls vor allem Menschen und vereinzelt Gott, doch — in metonymischer Verwendung — auch unbelebte Konkreta. Häufig ist das Verbum absolut gebraucht, so vor allem in Dan und im chronistischen Geschichtswerk. Eine Relevanz der Vokabel für das untersuchte Wortfeld ist an keiner Stelle erkennbar.

26. שָׂטַן / שׂטן

> a) anfeinden, befehden; durch Anklagen anfeinden, anklagen / Widersacher, Gegner im Kriege, vor Gericht; überhaupt: der Hindernisse in den Weg legt; mit Artikel: ein übermenschliches Wesen, das die Menschen schonungslos bei Gott anklagt, sie zur Sünde reizt.
>
> b) anschuldigen, anfeinden / Anschuldiger, Gegner; der Satan

Das Verbum kommt im Alten Testament an sechs Stellen vor, davon fünfmal in Ps[144] — Klageliedern des einzelnen — und einmal in Sach 3, 1. Es begegnet als Partizipial- (3×), Imperfektform (2×) und inf. cs. (1×). Sein Objekt wird fünfmal durch ein Suffix ausgedrückt; einmal durch ein Substantiv. Stets sind damit Menschen gemeint. Als (logisches) Subjekt finden sich in den Ps ebenfalls Menschen, in Sach der Satan.

Das Substantiv — weitaus häufiger als das Verbum — ist 27× belegt, und zwar nur in Singularform. In den vorexilisch zu datierenden Texten findet es sich stets *ohne* Artikel[145], in den exilisch-nachexilischen — außer I Chr 21, 1 — nur *mit* Artikel[146].

Diese Auffälligkeit deutet auf einen Bedeutungswandel hin. Bezeichnet das Nomen zunächst »Menschen, welche gegen andere Partei ergreifen, um ihnen zu schaden«[147], also Widersacher in der Politik[148], vor Gericht[149] usw., so wird in nachexilischer Zeit die Vokabel zur Bezeichnung eines göttlichen Funktionärs[150] und in I Chr 21, 1 sogar zum Eigennamen »Satan«.

*27. שׂטע pi.

> a) einen Riß machen, zerreißen; schelten, anfahren
> b) anreißen (ohne es abzureißen), zerreißen; schelten, auseinandertreiben

Das Verbum, das im Alten Testament als Pielform viermal belegt ist, hat als Subjekt stets Menschen, als Objekt dagegen dreimal

---

[144] Ps 38, 21; 71, 13; 109, 4. 20. 29.
[145] Siehe Num 22, 22. 32; I Sam 29, 4; II Sam 19, 23; I Reg 5, 18; 11, 14. 23. 25; Ps 109, 6.
[146] Siehe Sach 3, 1f.; Hi 1, 6—9. 12; 2, 1—4. 6f.
[147] Köhler, Theologie, 165.
[148] Vgl. z. B. I Reg 11, 14. 23. 25.
[149] Ps 109, 6.
[150] Vgl. u. a. Sach 3, 1f.; Hi 1, 6; 2, 1.

Tiere[151] und nur einmal Menschen[152]. In ersterem Fall wird es mit
»zerreißen« wiedergegeben, in letzterem — mit בדברים verbunden —
mit »schelten«[153]. Doch ist diese zweite Bedeutung nicht gesichert, da
einerseits die an dieser Stelle vorausgesetzte Situation nicht eindeutig
bestimmbar ist, andererseits es für die festgestellte Konstruktion keine
Parallelstellen gibt, die zum Vergleich herangezogen werden könnten.
So ist die Verbindung שׂסע (pi.) ... בדברים (pi.) nur mit Vorbehalt für das
untersuchte Wortfeld relevant.

28. תְּנוּאָה

a) Entfremdung (Gottes von den Menschen); *pl.* Feindschaften, Anlässe zu
Feindschaften
b) Widerstand, Befremdung; *pl.* Anlässe zu Widerstand, Befremden

Das feminine Nomen ist im Alten Testament zweimal belegt, in
Num 14, 34 als Singular- und in Hi 33, 10 als Pluralform. Beide
Texte sind nachexilisch zu datieren. Für diese Untersuchung ist die
Vokabel ohne Belang.

29. תְּשֻׁאוֹת

a) Lärm, Geschrei, Krachen
b) Lärmen, Rufe, Krachen

Das feminine Substantiv begegnet im Alten Testament viermal,
davon zweimal in Hi[154] und je einmal in Jes und Sach. Eine Relevanz
für das untersuchte Wortfeld läßt sich nicht erkennen.

---

[151] Lev 1, 17; Jdc 14, 6 (2 x).
[152] I Sam 24, 8.
[153] Siehe die einschlägigen Kommentare sowie GB und KBL.
[154] In Hi 36, 29 dürfte תשֻׁאות allerdings in משֻׁאות zu ändern sein; vgl. BH³.

Literaturverzeichnis

Abkürzungen nach RGG, VI 1962³, XX—XXXI

Die bei einigen Literaturangaben in Klammern hinzugefügten späteren Auflagen bieten gegenüber den in der vorliegenden Arbeit zitierten bezüglich der herangezogenen Passagen keine oder nur unwesentliche Änderungen.

Th. W. Adorno, Negative Dialektik, 1966.

J. Aistleitner, Die mythologischen und kultischen Texte aus Ras Schamra (Bibliotheca Orientalis Hungarica), 1959.

J. Aistleitner, Wörterbuch der ugaritischen Sprache (BGL), 1967³.

L. Alonso — Schökel, Das Alte Testament als literarisches Kunstwerk, 1971.

L. Alonso — Schökel, Sprache Gottes und der Menschen. Literarische und sprachpsychologische Beobachtungen zur Heiligen Schrift, 1968.

A. Alt, Die Ursprünge des israelitischen Rechts (BGL), 1934 (= Kleine Schriften zur Geschichte des Volkes Israel, I 1953, 278—332).

E. Balla, Die Droh- und Scheltworte des Amos, 1926.

J. Barr, Bibelexegese und moderne Semantik. Theologische und linguistische Methode in der Bibelwissenschaft, 1965.

H. Barth — O. H. Steck, Exegese des Alten Testaments. Leitfaden der Methodik, 1972³.

J. Begrich, Die priesterliche Tora, in: BZAW 66 (1936), 63—88 (= Gesammelte Studien zum Alten Testament, ThB, 1964, 232—260).

J. Begrich, Studien zu Deuterojesaja (BWANT), 1938 (Nachdruck 1963).

K.-H. Bernhardt, Die gattungsgeschichtliche Forschung am Alten Testament als exegetische Methode. Ergebnisse und Grenzen (Aufsätze und Vorträge zur Theologie und Religionswissenschaft), 1959.

Biblia Hebraica, hg. von R. Kittel (A. Alt, O. Eißfeldt), 12. Auflage, hergestellt 1961.

Biblia Hebraica Stuttgartensia, hg. von K. Elliger und W. Rudolph, 1968ff. (in Einzelheften).

Biblia Sacra iuxta Vulgatam Versionem, hg. von R. Weber, I—II 1969.

M. Bierwisch, Strukturalismus. Geschichte, Probleme und Methoden, Kursbuch 5 (1966), 77—152.

A. J. Bjørndalen, »Form« und »Inhalt« des motivierenden Mahnspruches, ZAW 82 (1970), 347—361.

S. H. Blank, Isaiah 52,5 and the Profanation of the Name, HUCA 25 (1954), 1—8.

J. Blenkinsopp, The Prophetic Reproach, JBL 90 (1971), 267—278.

H. J. Boecker, Redeformen des Rechtslebens im Alten Testament (WMANT), 1970².

R. Bohren, Dem Worte folgen. Predigt und Gemeinde (Siebenstern-Taschenbuch), 1969.

J. Braak, Poetik in Stichworten. Literaturwissenschaftliche Grundbegriffe. Eine Einführung (Hirts Stichwortbücher), 1972⁴.

C. Brockelmann, Hebräische Syntax, 1956.

K. Budde, Das hebräische Klagelied, ZAW 2 (1882), 1—52.

K. Budde, Zu Jesaja 1—5, ZAW 49 (1931), 16—40. 182—211, und ZAW 50 (1932), 38—72.

K. Budde, Zu Text und Auslegung des Buches Amos, JBL 43 (1924), 46—131, und JBL 44 (1925), 63—122.

R. Bultmann, Die Bedeutung der »dialektischen Theologie« für die neutestamentliche Wissenschaft, in: Glauben und Verstehen, I 1954², 114—133 (= ThBl 7, 1928, 57—67).

R. Bultmann, Das Problem der Hermeneutik, in: Glauben und Verstehen, II 1968⁵, 211—235 (= ZThK 47, 1950, 47—69).

Calwer Bibelkonkordanz oder vollständiges biblisches Wortregister, hg. vom Calwer Verlagsverein, 1922³.

B. Chagall, Erste Begegnung. Mit Zeichnungen von Marc Chagall, 1971.

N. Chomsky, Aspekte der Syntax-Theorie, 1969.

R. J. Clifford, The Use of Hôy in the Prophets, CBQ 28 (1966), 458—464.

K. Cramer, Amos. Versuch einer theologischen Interpretation (BWAT), 1930.

J. L. Crenshaw, Amos and the Theophanic Tradition, ZAW 80 (1968), 203—215.

R. S. Cripps, A Critical and Exegetical Commentary on the Book of Amos, 1955².

F. Crüsemann, Studien zur Formgeschichte von Hymnus und Danklied in Israel (WMANT), 1969.

G. Dalman, Arbeit und Sitte in Palästina (Schriften des Deutschen Palästina-Instituts), I—VII 1928—1942.

A. Deissler, Das Problem der literarischen Gattungen im AT, Anzeiger für die katholische Geistlichkeit 71 (1962), 204—208. 237—240. 274—276. 310—314. 354—360. 410—414. 458—462.

L. Delekat, Zum Hebräischen Wörterbuch, VT 14 (1964), 7—66.

L. Delekat, Artikel »Tor, Tür« in: BHH, III 2009f.

Deutsches Wörterbuch, hg. von der Deutschen Akademie der Wissenschaften zu Berlin, I—XVI 1854—1954.

W. Dressler, Einführung in die Textlinguistik, 1972.

Duden, Etymologie. Herkunftswörterbuch der deutschen Sprache (Der Große Duden VII), 1963.

Duden, Stilwörterbuch der deutschen Sprache. Die Verwendung der Wörter im Satz (Der Große Duden II), 1971⁶.

Duden, Vergleichendes Synonymwörterbuch. Sinnverwandte Wörter und Wendungen (Der Große Duden VIII), 1964.

B. Duhm, Anmerkungen zu den Zwölf Propheten, ZAW 31 (1911), 1—43.

O. Eißfeldt, Einleitung in das Alte Testament unter Einschluß der Apokryphen und Pseudepigraphen sowie der apokryphen- und pseudepigraphenartigen Qumrān-Schriften. Entstehungsgeschichte des Alten Testaments, 1964³.

O. Eißfeldt, Etymologische und archäologische Erklärung alttestamentlicher Wörter, Oriens Antiquus 5 (1966), 165—176 (= Kleine Schriften, IV 1968, 285—296).

F. Ellermeier, Prophetie in Mari und Israel (Theologische und Orientalistische Arbeiten), 1968.

K. Elliger, Artikel »Hamath« in: BHH, II 629f.

The Encyclopaedia of Islam, New Edition, hg. von B. Lewis, V. L. Ménage, Ch. Pellat und J. Schacht, III 1971.

Enzyklopaedie des Islam. Geographisches, ethnographisches und biographisches Wörterbuch der muhammedanischen Völker, hg. von M. Th. Houtsma, A. J. Wensinck, W. Heffening, T. W. Arnold und E. Lévi — Provençal, II 1927.

Exegese des Alten Testaments. Einführung in die Methodik, hg. von G. Fohrer —
H. W. Hoffmann — F. Huber — L. Markert — G. Wanke (Uni-Taschenbücher),
1973.

R. Fey, Amos und Jesaja. Abhängigkeit und Eigenständigkeit des Jesaja (WMANT),
1963.

G. Fohrer, Das Buch Jesaja (Zürcher Bibelkommentare), I 1966².

(E. Sellin —) G. Fohrer, Einleitung in das Alte Testament, 1969¹¹.

G. Fohrer — K. Galling, Ezechiel (HAT), 1955.

G. Fohrer, Geschichte der israelitischen Religion, 1969.

G. Fohrer, Zehn Jahre Literatur zur alttestamentlichen Prophetie (1951—1960),
ThR NF 28 (1962), 1—75. 235—297. 301—374.

G. Fohrer, Jesaja 1 als Zusammenfassung der Verkündigung Jesajas, ZAW 74 (1962),
251—268 (= Studien zur alttestamentlichen Prophetie, 1949—1965, BZAW,
1967, 148—166).

G. Fohrer, Remarks on modern interpretation of the prophets, JBL 80 (1961), 309—
319.

H. E. W. Fosbroke, The Book of Amos (The Interpreters Bible), 1956.

M. Fubini, Entstehung und Geschichte der literarischen Gattungen (Konzepte der
Sprach- und Literaturwissenschaft), 1971.

J. Fürst, Hebräisches und chaldäisches Handwörterbuch über das Alte Testament,
I—II 1863².

K. Galling, Bethel und Gilgal, ZDPV 66 (1943), 140—155, und ZDPV 67 (1945), 21—
43.

K. Galling, Die Bücher der Chronik, Esra, Nehemia (ATD), 1954.

G. Gerleman, Artikel חיה in: THAT, I 549—557.

E. Gerstenberger, Besprechung von W. Richter, Recht und Ethos. Versuch einer Ortung des weisheitlichen Mahnspruches (Studien zum Alten und Neuen Testament),
1966, in: JBL 86 (1967), 489—491.

E. Gerstenberger, The Woe-Oracles of the Prophets, JBL 81 (1962), 249—263.

H. Gese, Kleine Beiträge zum Verständnis des Amosbuches, VT 12 (1962), 417—438.

W. Gesenius — F. Buhl, Hebräisches und aramäisches Handwörterbuch über das Alte
Testament, 1951¹⁷ (Nachdruck 1962).

W. Gesenius — E. Kautzsch, Hebräische Grammatik, 1909²⁸.

I. Goldziher, Abhandlungen zur arabischen Philologie, I 1896.

C. H. Gordon, Ugaritic Literature. A comprehensive translation of the poetic and prose
texts (Scripta Pontificii Instituti Biblici), 1949.

C. H. Gordon, Ugaritic Textbook. Grammar, texts in transliteration, cuneiform selec-
tion, glossary, indices (AnOr), 1965.

H. Greßmann, Die älteste Geschichtsschreibung und Prophetie Israels (von Samuel
bis Amos und Hosea) (SAT), 1910(1921²).

H. Greßmann, Die literarische Analyse Deuterojesajas, ZAW 34 (1914), 254—297.

H. Greßmann, Der Messias (FRLANT), 1929.

E. Gütgemanns, Offene Fragen zur Formgeschichte des Evangeliums. Eine methodologische Skizze der Grundlagenproblematik der Form- und Redaktionsgeschichte,
1970.

H. Gunkel, Genesis (HK), 1964⁶.

H. Gunkel, Die Grundprobleme der israelitischen Literaturgeschichte, in: Reden und
Aufsätze, 1913, 29—38 (= DLZ 27, 1906, 1797—1800. 1861—1866).

H. Gunkel, Artikel »Propheten: II. Seit Amos« in: RGG¹, IV 1866—1886.

H. Gunkel, Die Propheten als Schriftsteller und Dichter, in: Die großen Propheten (SAT), 1915, XXXVI—LXXII.

A. H. J. Gunneweg, Mündliche und schriftliche Tradition der vorexilischen Prophetenbücher (FRLANT), 1959.

W. R. Harper, A Critical and Exegetical Commentary on Amos and Hosea (JCC), 1953⁴.

E. Hatch — H. A. Redpath, A Concordance to the Septuagint and the other Greek Versions of the Old Testament (including the Apocryphal Books), I—II 1897, Supplement 1906.

Hebräisches und aramäisches Wörterbuch zum Alten Testament, hg. von G. Fohrer in Gemeinschaft mit H. W. Hoffmann, F. Huber, J. Vollmer, G. Wanke, 1971.

J. Hempel, Die althebräische Literatur und ihr hellenistisch-jüdisches Nachleben (HLW), 1930.

J. Hempel, Worte der Profeten in neuer Übertragung und mit Erläuterungen, 1949.

H.-J. Hermisson, Studien zur israelitischen Spruchweisheit (WMANT), 1968.

H. W. Hertzberg, Artikel »Regen« in: BHH, III 1568—1571.

F. Hesse, Amos 5,4—6. 14f., ZAW 68 (1956), 1—17.

F. Hesse, Wurzelt die prophetische Gerichtsrede im israelitischen Kult?, ZAW 65 (1953), 45—53.

L. Hjemslev, Die Sprache. Eine Einführung, 1968.

H. W. Hoffmann, Zur Echtheitsfrage von Amos 9,9f., ZAW 82 (1970), 121f.

H. W. Hoffmann, Form—Funktion—Intention, ZAW 82 (1970), 341—346.

H. W. Hoffmann, Die Intention der Verkündigung Jesajas (BZAW), 1974.

F. Horst, Die Doxologien im Amosbuch, ZAW 47 (1929), 45—54 (= Gottes Recht. Gesammelte Studien zum Recht im Alten Testament, ThB, 1961, 155—166).

O. Hupp, Scheltbriefe und Schandbilder — ein Rechtsbehelf aus dem 15. und 16. Jahrhundert, 1930.

H. Jahnow, Das hebräische Leichenlied im Rahmen der Völkerdichtung (BZAW), 1923.

W. Janzen, Mourning Cry and Woe Oracle (BZAW), 1972.

E. Jenni, Artikel הוי in: THAT, I 474—477.

A. Jolles, Einfache Formen. Legende, Sage, Mythe, Rätsel, Spruch, Kasus, Memorabile, Märchen, Witz, 1958².

P. Joüon, Notes de lexicographie hébraïque, Bibl 6 (1925), 311—321.

O. Kaiser, Die alttestamentliche Exegese, in: Einführung in die exegetischen Methoden, unter Mitarbeit von O. Kaiser, W. G. Kümmel und G. Adam hg. in Verbindung mit dem Verband Deutscher Studentenschaften (Fachverband Evangelische Theologie), 1969⁴, 9—37.

O. Kaiser, Einleitung in das Alte Testament. Eine Einführung in ihre Ergebnisse und Probleme, 1970².

O. Kaiser, Der Prophet Jesaja. Kapitel 1—12 (ATD), 1963².

W. Kamlah — P. Lorenzen, Logische Propädeutik oder Vorschule des vernünftigen Redens (Hochschultaschenbücher), 1967.

W. Kayser, Das sprachliche Kunstwerk. Eine Einführung in die Literaturwissenschaft, 1969¹⁴.

C. A. Keller, Artikel ארר in: THAT, I 236—240.

U. Kellermann, Der Amosschluß als Stimme deuteronomistischer Heilshoffnung, EvTh 29 (1969), 169—183.

G. Kittel, Artikel ἀκολουθέω, ἐξ-, ἐπ-, παρ-, συνακολουθέω in: ThW, I 210—216.

W. Klafki, Das pädagogische Problem des Elementaren und die Theorie der kategorialen Bildung (Göttinger Studien zur Pädagogik), 1964.

W. Klafki, Studien zur Bildungstheorie und Didaktik, 1963.

W. Klatt, Hermann Gunkel. Zu seiner Theologie der Religionsgeschichte und zur Entstehung der formgeschichtlichen Methode (FRLANT), 1969.

H. Klenz, Schelten-Wörterbuch. Die Berufs-, bes. Handwerkerschelten und Verwandtes, 1910.

M. A. Klopfenstein, Scham und Schande nach dem Alten Testament. Eine begriffsgeschichtliche Untersuchung zu den hebräischen Wurzeln *bôš*, *klm* und *ḥpr* (AThANT), 1972.

F. Kluge — W. Mitzka, Etymologisches Wörterbuch der Deutschen Sprache, 1960[18] (1967[20]).

R. Knierim, Artikel »Haus« in: BHH, II 658—660.

R. Knierim, Artikel חטא in: THAT, I 541—549.

R. Knierim, Die Hauptbegriffe für Sünde im Alten Testament, 1965.

K. Koch, Was ist Formgeschichte ? Neue Wege der Bibelexegese, 1967[2] (1974[3]).

L. Köhler, Deuterojesaja (Jesaja 40—55) stilkritisch untersucht (BZAW), 1923.

L. Köhler — W. Baumgartner, Lexicon in Veteris Testamenti Libros, 1953 (Nachdruck 1958 mit Supplementum).

(L. Glahn—) L. Köhler, Der Prophet der Heimkehr (Jesaja 40—66), 1934.

L. Köhler, Theologie des Alten Testaments (Neue Theologische Grundrisse), 1966[4].

E. König, Hebräisches und aramäisches Wörterbuch zum Alten Testament, 1922[3].

E. König, Historisch-kritisches Lehrgebäude der hebräischen Sprache, I—III 1881—1897.

L. Kopf, Arabische Etymologien und Parallelen zum Bibelwörterbuch, VT 8 (1958), 161—215.

H.-J. Kraus, Psalmen (BK), 1961[2].

H.-J. Krause, *hôj* als profetische Leichenklage über das eigene Volk im 8. Jahrhundert, ZAW 85 (1973), 15—46.

A. Kuschke, Arm und reich im Alten Testament mit besonderer Berücksichtigung der nachexilischen Zeit, ZAW 57 (1939), 31—57.

E. Kutsch, Der Begriff בְּרִית in vordeuteronomischer Zeit, in: L. Rost-Festschrift (BZAW), 1967, 133—143.

E. Kutsch, Gesetz und Gnade. Probleme des alttestamentlichen Bundesbegriffs, ZAW 79 (1967), 18—35.

E. Kutsch, Salbung als Rechtsakt im Alten Testament und im Alten Orient (BZAW), 1963.

E. Kutsch, »Trauerbräuche« und »Selbstminderungsriten« im Alten Testament, in: ThSt 78 (1965), 25—42.

E. Kutsch, Verheißung und Gesetz. Untersuchungen zum sogenannten »Bund« im Alten Testament (BZAW), 1973.

J. Lande, Formelhafte Wendungen der Umgangssprache im Alten Testament, 1949.

H. Lausberg, Elemente der literarischen Rhetorik. Eine Einführung für Studierende der klassischen, romanischen, englischen und deutschen Philologie, 1967[3].

K. Lehmann, Der hermeneutische Horizont der historisch-kritischen Exegese, in: J. Schreiner (Hg.), Einführung in die Methoden der biblischen Exegese, 1971, 40—80.

S. Lehming, Erwägungen zu Amos, ZThK 55 (1958), 145—169.

T. Lescow, Redaktionsgeschichtliche Analyse von Micha 1—5, ZAW 84 (1972), 46—85.

G. Liedke, Artikel גער in: THAT, I 429—431.

G. Liedke, Artikel יכח in: THAT, I 730—732.

J. Limburg, The Root ריב and the Prophetic Lawsuit Speeches, JBL 88 (1969), 291—304.

J. Lindblom, Die literarische Gattung der prophetischen Literatur. Eine literargeschichtliche Untersuchung zum Alten Testament, 1924.

G. Lisowsky(—L. Rost), Konkordanz zum hebräischen Alten Testament nach dem von Paul Kahle in der Biblia Hebraica edidit Rudolf Kittel besorgten Masoretischen Text, 1958².

J. Lyons, Einführung in die moderne Linguistik, 1972².

V. Maag, Text, Wortschatz und Begriffswelt des Buches Amos, 1951.

V. Maag, Artikel »Aschera« in: BHH, I 136f.

A. A. Macintosh, A consideration of Hebrew גער, VT 19 (1969), 471—479.

S. Mandelkern, Veteris Testamenti Concordantiae Hebraicae atquae Chaldaicae . . . ., 1937² (Nachdruck 1955).

K. Marti, Das Dodekapropheton (KHC), 1904.

A. Martinet, Grundzüge der allgemeinen Sprachwissenschaft (Urban Bücherei), 1963.

J. L. Mays, Amos. A Commentary (The Old Testament Library), 1969.

I. Mendelsohn, Slavery in the Ancient Near East. A comparative study of slavery in Babylonia, Assyria, Syria, and Palestine from the middle of the third millenium to the end of the first millenium, 1949.

H. Menge — O. Güthling, Enzyklopädisches Wörterbuch der griechischen und deutschen Sprache, I 1962¹⁷, II 1963⁴.

S. Mittmann, Gestalt und Gehalt einer prophetischen Selbstrechtfertigung (Am 3,3—8), ThQ 151 (1971), 134—145.

J. Morgenstern, Amos Studies IV. The Address of Amos; Text and Commentary, HUCA 32 (1961), 295—350.

J. Muilenburg, Form Criticism and Beyond, JBL 88 (1969), 1—18.

A. Neher, Amos. Contribution à l'étude du prophétisme, 1950.

K. W. Neubauer, Erwägungen zu Amos 5,4—15, ZAW 78 (1966), 292—316.

M. Noth, Das zweite Buch Mose. Exodus (ATD), 1959 (1968⁴).

M. Noth, Könige (BK), 1968.

W. Nowack, Die kleinen Propheten übersetzt und erklärt (HK), 1922³.

K. Oberhuber, Zur Syntax des Richterbuches: Der einfache Nominalsatz und die sog. nominale Apposition, VT 3 (1953), 2—45.

D. C. von Orelli, Die zwölf kleinen Propheten (SZ), 1896².

E. Oßwald, Artikel »Trauer, Trauerbräuche« in: BHH, III 2021—2023.

H. Paul — W. Betz, Deutsches Wörterbuch, 1957 (1965⁵).

J. Pedersen, Der Eid bei den Semiten in seinem Verhältnis zu verwandten Erscheinungen sowie die Stellung des Eides im Islam (Studien zur Geschichte und Kultur des Islamischen Orients), 1914.

K. Popper, Logik der Forschung (Studien in den Grenzbereichen der Wirtschafts- und Sozialwissenschaften), 1969³.

Der Positivismusstreit in der deutschen Soziologie (Soziologische Texte), 1969.

H. D. Preuß, ». . . ich will mit dir sein!«, ZAW 80 (1968), 139—173.

H. D. Preuß, Jahweglaube und Zukunfterwartung (BWANT), 1968.

G. von Rad, Das erste Buch Mose. Genesis (ATD), 1972⁹.

G. von Rad, Theologie des Alten Testaments, II 1965⁴.

R. Rendtorff, Zu Amos 2,14—16, ZAW 85 (1973), 226f.

R. Rendtorff, Botenformel und Botenspruch, ZAW 74 (1962), 165—177.

R. Rendtorff, Zum Gebrauch der Formel neʿum jahwe im Jeremiabuch, ZAW 66 (1954), 27—37.

R. Rendtorff, Artikel »Prophetenspruch« in: RGG³, V 635—638.

R. Rendtorff, Studien zur Geschichte des Opfers im alten Israel (WMANT), 1967.

H. Graf Reventlow, Das Amt des Propheten bei Amos (FRLANT), 1962.

W. Richter, Exegese als Literaturwissenschaft. Entwurf einer alttestamentlichen Literaturtheorie und Methodologie, 1971.

W. Richter, Formgeschichte und Sprachwissenschaft, ZAW 82 (1970), 216—225.

W. Richter, Die sogenannten vorprophetischen Berufungsberichte (FRLANT), 1970.

W. Richter, Recht und Ethos. Versuch einer Ortung des weisheitlichen Mahnspruches (Studien zum Alten und Neuen Testament), 1966.

W. Richter, Traditionsgeschichtliche Untersuchungen zum Richterbuch (BBB), 1963.

Th. H. Robinson — F. Horst, Die Zwölf Kleinen Propheten (HAT), 1954² (1963⁴).

L. Rost, Die Bezeichnungen für Land und Volk im Alten Testament, in: O. Procksch—Festschrift, 1934, 125—148.

L. Rost, Israel bei den Propheten (BWAT), 1937.

W. Rudolph, Esra und Nehemia (HAT), 1949.

W. Rudolph, Hosea (KAT), 1966.

W. Rudolph, Jeremia (HAT), 1958² (1968³).

W. Rudolph, Joel — Amos — Obadja — Jona (KAT), 1971.

M. Sæbø, Artikel יסד in: THAT, I 738—742.

G. Sauer, Artikel »Karnaim« in: BHH, II 935.

J. Scharbert, Die prophetische Literatur. Der Stand der Forschung, EThL 44 (1968), 346—406.

J. Scharbert, »Fluchen« und »Segnen« im Alten Testament, Bibl 39 (1958), 1—26.

E. Scherer, Unpersönlich formulierte prophetische Orakel. Drei Formen prophetischer Rede, Diss Berlin 1964.

H. H. Schmid, Amos. Zur Frage nach der geistigen Heimat des Propheten, WuD NF 10 (1969), 85—103.

S. J. Schmidt, Sprachliches und soziales Handeln. Überlegungen zu einer Handlungstheorie der Sprache, Linguistische Berichte 2 (1969), 64—69.

W. H. Schmidt, Die deuteronomistische Redaktion des Amosbuches. Zu den theologischen Unterschieden zwischen dem Propheten und seinem Sammler, ZAW 77 (1965), 168—193.

W. H. Schmidt, Zukunftsgewißheit und Gegenwartskritik. Grundzüge prophetischer Verkündigung (BSt), 1973.

H. Schmökel, Gotteswort in Mari und Israel, ThLZ 76 (1951), 53—58.

W. Schottroff, Der altisraelitische Fluchspruch (WMANT), 1969.

W. Schottroff, »Gedenken« im Alten Orient und im Alten Testament. Die Wurzel zākar im semitischen Sprachkreis (WMANT), 1964 (1967²).

J. Schreiner, Formen und Gattungen im Alten Testament, in: J. Schreiner (Hg.), Einführung in die Methoden der biblischen Exegese, 1971, 194—231.

R. B. Y. Scott, The Literary Structure of Isaiah's Oracles, in: Th. H. Robinson — Festschrift, 1950 (Nachdruck 1957), 175—186.

I. L. Seeligmann, Zur Terminologie für das Gerichtsverfahren im Wortschatz des biblischen Hebräisch, in: Hebräische Wortforschung, W. Baumgartner-Festschrift (VT Suppl.), 1967, 251—278.

H. Seiffert, Einführung in die Wissenschaftstheorie, (Beck'sche Schwarze Reihe), I 1971³, II 1971².

E. Sellin, Das Zwölfprophetenbuch (KAT), 1922 (1929²).

Septuaginta id est Vetus Testamentum Graece iuxta LXX Interpretes, hg. von A. Rahlfs, I—II o. J., 6. Auflage.

C. Siegfried — B. Stade, Hebräisches Wörterbuch zum Alten Testament (mit zwei Anhängen), 1893.

R. Smend, Artikel »Waage« in: BHH, III 2121 f.

W. von Soden, Das altbabylonische Briefarchiv von Mâri. Ein Überblick, WO 1,3 (1948), 187—204.

W. von Soden, Verkündung des Gotteswillens durch prophetisches Wort in den altbabylonischen Briefen aus Mâri, WO 1,5 (1950), 397—403.

H. J. Stoebe, Artikel חָמָס in: THAT, I 583—587.

H. J. Stoebe, Artikel חנן in: THAT, I 587—597.

H. J. Stoebe, Das erste Buch Samuelis (KAT), 1973.

F. Stolz, Artikel בוש in: THAT, I 269—272.

A. Strobel, Artikel »Maße und Gewichte« in: BHH, II 1159—1169.

Trübners Deutsches Wörterbuch, hg. von A. Goetze — W. Mitzka im Auftrag der Arbeitsgemeinschaft für deutsche Wortforschung, I—VIII 1936—1957.

G. M. Tucker, Form Criticism of the Old Testament (Old Testament Series), 1971.

S. Ullmann, Grundzüge der Semantik. Die Bedeutung in sprachwissenschaftlicher Sicht, 1967.

W. Ulrich, Wörterbuch — Linguistische Grundbegriffe, 1973.

J. Vollmer, Geschichtliche Rückblicke und Motive in der Prophetie des Amos, Hosea und Jesaja (BZAW), 1971.

G. Wahrig (Hg.), Deutsches Wörterbuch. Mit einem »Lexikon der deutschen Sprachlehre«, 1972.

E. von Waldow, Der traditionsgeschichtliche Hintergrund der prophetischen Gerichtsreden (BZAW), 1963.

G. Wanke, אוֹי und הוֹי, ZAW 78 (1966), 215—218.

M. Wehrli, Allgemeine Literaturwissenschaft (Wissenschaftliche Forschungsberichte Geisteswissenschaftliche Reihe), 1969².

A. Weiser, Das Buch der zwölf kleinen Propheten (ATD), I 1963⁴.

A. Weiser, Einleitung in das Alte Testament, 1966⁶.

A. Weiser, Die Psalmen (ATD), 1966⁷.

R. Wellek — A. Warren, Theorie der Literatur, 1959.

J. Wellhausen, Skizzen und Vorarbeiten V. Die Kleinen Propheten übersetzt, mit Noten, 1893².

F. Werfel, Jeremias. Höret die Stimme, 1966.

C. Westermann, Die Begriffe für Fragen und Suchen im Alten Testament, KuD 6 (1960), 2—30.

C. Westermann, Grundformen prophetischer Rede, 1964² (1968³).

C. Westermann, Die Mari-Briefe und die Prophetie in Israel, in: Forschung am Alten Testament. Gesammelte Studien (ThB), 1964, 171—188.

C. Westermann, Artikel »Propheten« in: BHH, III 1497—1512.

H. Wildberger, Jahwewort und prophetische Rede bei Jeremia (Theologische Dissertationen), 1942.

H. Wildberger, Jesaja (BK), I 1972.

J. Wittmann, Theorie und Praxis eines ganzheitlichen Unterrichts in Grundschule, Hilfsschule, Volksschule, 1933².

H. W. Wolff, Amos' geistige Heimat (WMANT), 1964.

H. W. Wolff, Die Begründungen der prophetischen Heils- und Unheilssprüche, ZAW 52 (1934), 1—22 (= Gesammelte Studien zum Alten Testament, ThB, 1964, 9—35).

H. W. Wolff, Dodekapropheton 1. Hosea (BK), 1965².

H. W. Wolff, Dodekapropheton 2. Joel und Amos (BK), 1969.

H. W. Wolff, Das Zitat im Prophetenspruch. Eine Studie zur prophetischen Verkündigungsweise, 1937 (= Gesammelte Studien zum Alten Testament, 1964, 36—129).

E. Würthwein, Amos-Studien, ZAW 62 (1950), 10—52 (= Wort und Existenz. Studien zum Alten Testament, 1970, 68—110).

E. Würthwein, Der Ursprung der prophetischen Gerichtsrede, ZThK 49 (1952), 1—16 (= Wort und Existenz. Studien zum Alten Testament, 1970, 111—126).

E. Zenger, Ein Beispiel exegetischer Methoden aus dem Alten Testament, in: J. Schreiner (Hg.), Einführung in die Methoden der biblischen Exegese, 1971, 97—148.

E. Zenger, Zur Praxis biblischer Exegese, in: J. Schreiner (Hg.), Einführung in die Methoden der biblischen Exegese, 1971, 81 —83.

W. Zimmerli, Ezechiel (BK), 1969.

Weitere Hilfsmittel:

Zeitschriften- und Bücherschau in der ZAW, griechische, lateinische und neusprachliche Wörterbücher sowie deutsche Bibelausgaben.

Walter de Gruyter
Berlin·New York

Beihefte zur Zeitschrift für die
alttestamentliche Wissenschaft

Preisänderungen vorbehalten

W DE G

Walter de Gruyter
Berlin · New York

Gerhard Krause
Gerhard Müller
(Hrsg.)

Theologische Realenzyklopädie

In Gemeinschaft mit Horst Robert Balz,
Richard P. C. Hanson, Sven S. Hartman,
Richard Hentschke, Wolfgang Müller-Lauter,
Carl Heinz Ratschow, Knut Schäferdiek, Martin Schmidt,
Henning Schröer, Clemens Thoma, Gustav Wingren

25 Bände mit Registern
(Je Band 5 Lieferungen = 800 Seiten)

Subskriptionspreis je Lieferung: DM 38,—
Subskriptionspreis Band: Halbleder DM 220,—

Die Subskription ermöglicht den Bezug des Gesamtwerkes
zum Subskriptionspreis

Band I
Groß-Oktav. Etwa VIII, 800 Seiten. Mit Abbildungen.
1977. Subskriptionspreis Halbleder DM 220,—
ISBN 3 11 006944 X

Friedrich Kluge

Etymologisches Wörterbuch
der Deutschen Sprache

21., unveränderte Auflage. Lexikon-Oktav. XVI, 915 Seiten.
1975. Ganzleinen DM 48,—
ISBN 3 11 005709 3

Walther Mitzka
(Hrsg.)

Trübners Deutsches Wörterbuch

Begründet von Alfred Götze in Zusammenarbeit mit
Max Gottschalk und Günther Hahn

Lexikon-Oktav. Band 1—8. 1939/1957. Ganzleinen DM 480,—
ISBN 3 11 000319 8

Preisänderungen vorbehalten

DATE DUE

GAYLORD			PRINTED IN U.S.A.